BIBLIOTHÈQUE LATINE-FRANÇAISE

# LETTRES

DE

# PLINE LE JEUNE

TRADUITES EN FRANÇAIS

PAR

## DE SACY ET J. PIERROT

NOUVELLE ÉDITION, REVUE AVEC LE PLUS GRAND SOIN

PAR

**M. CABARET-DUPATY**

PROFESSEUR DE L'UNIVERSITÉ, AUTEUR DE DIVERS OUVRAGES CLASSIQUES

PARIS
GARNIER FRÈRES, LIBRAIRES-ÉDITEURS
6, RUE DES SAINTS-PÈRES, ET PALAIS-ROYAL. 215

BIBLIOTHÈQUE LATINE-FRANÇAISE

30

## LETTRES

DE

# PLINE LE JEUNE

Paris. — Impr. de P.-A. BOURDIER, CAPIOMONT et Cᵉ, rue des Poitevins, 6.

# LETTRES
DE
# PLINE LE JEUNE

TRADUITES EN FRANÇAIS

PAR

DE SACY ET J. PIERROT

NOUVELLE ÉDITION, REVUE AVEC LE PLUS GRAND SOIN

PAR

M. CABARET-DUPATY

PROFESSEUR DE L'UNIVERSITÉ, AUTEUR DE DIVERS OUVRAGES CLASSIQUES

PARIS

GARNIER FRÈRES, LIBRAIRES-ÉDITEURS

6, RUE DES SAINTS-PÈRES, ET PALAIS-ROYAL, 215

# ÉTUDE

SUR

# PLINE LE JEUNE

Le second siècle de la littérature romaine, qui, sous l'influence de Sénèque, s'étend de Vespasien à Trajan, est encore un grand siècle. Sans doute, il n'est ni aussi fécond, ni aussi varié, ni surtout aussi pur, que l'avait été le siècle d'Auguste; mais il ne lui cède ni pour l'éclat ni pour la force. Si le goût y peut relever plus de taches dans le style, la réflexion y découvre plus de vigueur souvent et de profondeur dans la pensée : ce sont d'autres formes, mais des formes qui ont leur beauté particulière et un charme irrésistible de hardiesse souvent heureuse. Pline l'Ancien, Quintilien, Tacite sont, même après ou plutôt à côté de Tite-Live et de Cicéron, de grands écrivains. Dans ce groupe brillant de ses contemporains, Pline le Jeune a sa place à part. Moins fortement trempé, mais aussi moins heurté que Pline l'Ancien; moins pittoresque dans l'expression que Tacite, moins puissant d'imagination, il a des qualités charmantes de finesse, de poli et de grâce. Élève de Quintilien, il en continue la tradition, moins conforme, qu'il ne le croit, à la grande tradition classique, mais ingénieuse encore, élégante, habilement rajeunie. Il est sur la limite de deux âges : cherchant, autant qu'il peut, à se rattacher à Cicéron, mais penchant cependant malgré lui vers le genre d'esprit et de diction, qui doit être celui de la décadence. Aussi la décadence l'at-elle adopté; c'est sur lui que Symmaque et Sidoine Apollinaire se modèlent, lui qu'ils cherchent à égaler. Par une rare fortune, il n'a pas moins plu aux modernes qu'aux anciens. Le dix-septième siècle le goûtait, et au dix-huitième, une traduction élégante lui donna un nouveau lustre. Notre temps lui a été également favorable; et c'est un des écrivains anciens qui est resté le plus agréable et le plus recherché. Il vaut donc de s'y arrêter; d'ailleurs en lui, nous le verrons, l'homme est à la hauteur de l'écrivain; Pline est du petit nombre de ces fermes esprits qui, dans l'abaissement de l'empire, sont restés fidèles à tout ce qui honore la vie : les lettres et la dignité du caractère.

Pline le Jeune naquit à Côme, ville de la Gaule transpadane, l'an 61 après Jésus-Christ. Orphelin de bonne heure, il eut pour tuteur Virginius Rufus, ce grand citoyen qui mérita d'avoir Tacite pour panégyriste. Virginius prit de Pline un soin particulier et le regarda toujours comme son propre fils; Pline, de son côté, conserva pour Virginius une reconnaissance filiale. L'éducation de Pline fut très-soignée. Il étudia la rhétorique sous Quintilien, dont il resta l'ami. Il entendit aussi Nicetès de Smyrne, rhéteur grec, alors à Rome. Il faut encore compter au nombre de ses maîtres son oncle Pline le Naturaliste, qui l'adopta. Puis, suivant l'ancienne coutume qui, dans la corruption des mœurs et la décadence des institutions, subsistait cependant, il dut passer par les camps pour arriver aux dignités civiles. Il fut donc envoyé en Syrie où il fit sa première campagne. Mais ce lui fut encore une occasion de se perfectionner dans l'éloquence : il se lia avec le philosophe Euphrate, vieillard aimable qui conçut de lui de hautes espérances et dont il a tracé un beau portrait. C'est préparé par une éducation aussi variée et aussi forte, que Pline entra dans la carrière du barreau.

L'éloquence, au temps où Pline débuta, était bien déchue de

sa grandeur et de son empire. Elle ne donnait plus le pouvoir, elle ne disposait plus des royaumes ; elle n'avait plus des peuples pour clients et des rois pour tributaires, les prétures et les consulats pour récompense, le Forum pour théâtre, le monde pour auditeur : plus de nuits passées à la tribune ; plus de ces harangues qui, pendant des jours entiers, tenaient le peuple attentif et agité. L'éloquence, pacifiée par Auguste, avait été plus tard soumise, même extérieurement, à des règles qui la maintenaient dans la modestie, ou l'y ramenaient : l'action oratoire resserrée dans le tribunal des centumvirs, et gênée par de lourds manteaux, perdit son ampleur et ses effets. Et pourtant, toute détrônée qu'elle était, l'éloquence était encore la plus brillante carrière que pussent suivre les caractères généreux et les intelligences cultivées, celle qui, avec le plus d'avantages, procurait le plus de gloire : elle donnait encore les richesses ; elle donnait les honneurs ; elle était un bouclier en même temps qu'un glaive ; et si, entre les mains des délateurs, elle était une arme terrible, elle était aussi contre eux le plus sûr rempart. Aussi les luttes du barreau excitaient-elles toujours un vif intérêt ; elles remplaçaient les luttes de la place publique. Là il y avait encore de l'activité et de la vie ; là trouvaient leur emploi les facultés puissantes de l'esprit et de l'âme qui, dans des temps meilleurs, eussent été heureusement consacrées à la défense de la liberté.

Les orateurs étaient donc nombreux encore : au milieu de ces brillants émules, Pline tenait le premier rang. Les procès qu'il soutint sont de deux sortes : ceux qui eurent lieu devant le tribunal des centumvirs, et ceux qui eurent lieu devant le sénat. Dans une cause que, jeune encore, il plaida devant les quatre chambres des centumvirs réunis, il eut un grand succès. Il parlait pour Accia Variola déshéritée par son père et revendiquant sa succession. Il y avait de part et d'autre beaucoup d'avocats, et pour les auditeurs privilégiés de nombreux tabourets ; en outre, une foule extraordinaire formait plusieurs cercles qui entouraient l'enceinte des juges, pourtant fort large. Le banc même, où il était assiégé, et les tribunes de la salle étaient remplies, les unes de femmes, les autres d'hommes qui s'empressaient ou d'entendre, ce qui était fort difficile, ou de voir, ce qui l'était moins. A ces détails qu'il nous donne, il est facile de reconnaître que Pline avait une prédilection pour le plaidoyer qu'il fit ce jour-là : il l'envoya à Romanus en lui disant : « Plusieurs de mes amis le regardent comme mon meilleur discours, comme mon *pro corona*. »

Au sénat, il eut des triomphes plus éclatants et dans des causes plus importantes. Quelques-unes de ces causes rappelaient le procès de Verrès. Les provinces, qui avaient plus gagné que perdu à l'empire, trouvaient, dans le sénat et au tribunal des empereurs, contre les exactions de leurs gouverneurs un recours qu'elles ne trouvaient pas toujours à la tribune aux harangues. Pline aimait à se charger de ces appels solennels des provinces contre les gouverneurs dont elles avaient à se plaindre ; il est curieux de l'y suivre.

Les habitants de la Bétique avaient intenté une accusation contre Cécilius Classicus, et prié Pline de les soutenir. Pline s'y était d'abord refusé ; mais le sénat fit un décret qui portait qu'on donnerait Pline pour avocat à ces peuples, s'ils pouvaient l'obtenir de lui-même : Pline ne refusa pas plus longtemps. Classicus s'était soustrait à une condamnation par une mort volontaire. L'affaire n'en fut pas moins poursuivie. Les biens qu'il avait acquis pendant son gouvernement furent rendus à la Bétique. Les créanciers qu'il avait payés durent rendre ce qu'ils avaient reçu. Hispanus et Probus, qui avaient trempé dans ses concussions, furent exilés pour cinq ans. Le troisième jour du procès, le sénat avait enveloppé dans la même condamnation tous les complices du crime.

Pline eut le même bonheur en défendant un gouverneur contre les habitants de sa province, qui l'accusaient. C'était Varenus, gouverneur de Bithynie. La cause fut interrompue ;

et Pline, en orateur scrupuleux, s'applaudissait de ce retard qui lui permettait de perfectionner son plaidoyer, quand l'affaire fut portée devant l'empereur qui renvoya absous son client.

Mais rien n'égala, pour l'importance et la solennité des débats, le procès de Marius Priscus, proconsul d'Afrique, accusé par les Africains d'avoir vendu la condamnation et même la vie des innocents. Ce fut sans doute un grand jour dans le sénat que le jour où l'on vit un homme consulaire et un ancien septemvir accusé devant l'empereur par les deux écrivains les plus illustres de l'époque, Pline et Tacite. Pline, qui avait tant de fois parlé devant le sénat, se sentait étonné comme si tout lui eût été inconnu. Il prit la parole pourtant, et la garda cinq heures au milieu d'un silence religieux ou des applaudissements de l'auditoire. L'empereur le fit avertir plusieurs fois par un affranchi de ménager ses forces, et de ne pas oublier la faiblesse de sa complexion. Tacite appuya Pline, et Marius Priscus fut condamné à porter au trésor les 700,000 sesterces qu'il avait reçus. Rome et l'Italie lui furent interdites. Le sénat se sentait revivre dans de pareilles journées; et Pline voyait avec une noble joie son ministère élevé à la hauteur des magistratures politiques de l'ancienne république romaine.

Plus d'une fois Pline rendit au sénat la vie des jours d'autrefois; il osa attaquer un sénateur dans le sénat même. Publicius Certus s'était souillé de crimes sous Domitien. Quand la mort de ce prince et l'avénement de Trajan eurent rendu aux citoyens quelque liberté, Pline en profita pour venger les victimes de Publicius Certus.

Tous ces triomphes de Pline ont péri; son éloquence n'a pas laissé de traces. On aimerait à la ressusciter, ou du moins à se la représenter avec ces éclairs et ces foudres que Pline, en en parlant lui-même, semble faire briller à nos yeux. Mais on se la figure difficilement ainsi; on la conçoit plus volontiers habile, tempérée, brillante, sans toutefois, au besoin, manquer de feu et de trait. Pline, on le sait, avait la prétention de suivre, de conserver la tradition de la grande éloquence, de l'éloquence cicéronienne; mais c'était une bonne intention, plus qu'une réalité. L'éloquence d'un siècle ne se stéréotype pas; elle change comme tout le reste, et j'ajoute qu'elle doit changer.

Deux écoles partageaient la critique : l'une ne voyait de salut que dans l'imitation des anciens; l'autre voulait que l'éloquence eût une forme plus moderne. Pline était pour les anciens; Tacite pour les modernes, pour l'école qui s'inspirait du présent et des passions du temps; il préférait la brièveté, le trait, aux longs développements de la période cicéronienne. Pline, au contraire, aimait la diction nombreuse et périodique, celle qui, comme des flocons de neige, tombe pressée, non interrompue, abondante, et il pensait qu'ainsi redoublée la parole avait plus de prise sur les esprits : « L'abondance des paroles ajoute une nouvelle force et comme un nouveau poids aux idées. Nos pensées entrent dans l'esprit des autres, comme le fer entre dans un corps solide; un seul coup ne suffit pas; il faut redoubler; il faut souvent entrer dans les détails. Quand on fait valoir une ferme, on n'en cultive pas seulement les vignes; on y prend soin des moindres arbrisseaux; on en laboure les terres. Dans ces terres, on ne se contente pas de semer du froment, du seigle; on y sème de l'orge, des fèves, et toutes sortes d'autres légumes : je jette ainsi à pleines mains dans une cause des moyens de toute espèce, pour en recueillir ce qui pourra venir à bien. » Toutefois le culte de Pline pour les anciens ne dégénère pas en superstition : « J'admire les anciens, dit-il, mais sans dédaigner, comme certains esprits, les génies de notre siècle; je ne puis croire que la nature soit épuisée et ne produise plus rien de bon. »

En même temps qu'orateur, Pline fut un homme politique; ce n'est pas qu'il ait joué un grand rôle; qui alors pouvait en jouer un? Mais il parcourt successivement toutes les charges publiques, charges vides et dénuées de puissance réelle, mais apparences brillantes encore. Il obtint d'abord le tribunat : fantôme vain, titre sans honneur, il le reconnaît lui-même : *Inanem umbram et sine honore nomen.* Il fut aussi consul, et il le fut même de très-bonne heure, car il dit quelque part qu'il était arrivé plus jeune que Cicéron au consulat. Enfin il fut nommé augure, et il remarquait avec plaisir que Cicéron l'avait aussi été. Sous Trajan surtout Pline prit une part active aux affaires publiques : il fut de nouveau nommé consul.

C'était la coutume que, dans l'assemblée du sénat qui suivait leur nomination, les consuls adressassent leurs remercîments à l'empereur, et demandassent pour lui quelque nouveau titre d'honneur ; c'est ce qu'on appelait : *in honorem principis censere.* Le Panégyrique de Trajan est un discours de cette espèce. Seulement il ne fut pas prononcé immédiatement après l'élection de Pline, mais à son entrée en charge. Ajoutons, pour l'honneur de Pline et de Trajan, qu'il n'a pas été prononcé en présence de l'empereur, et qu'il n'a pas été prononcé tel que nous l'avons. Pline l'a retouché, étendu, poli ; et il nous a fait connaître lui-même ces changements.

Ce panégyrique se peut diviser en deux parties : la censure de Domitien et l'éloge de Trajan ; division historique, contraste naturel.

Sous Domitien, Pline n'avait que difficilement échappé aux ombrages du prince, et il ne dut son salut qu'à la fin violente de ce tyran : on trouva parmi les papiers de Domitien un arrêt de mort contre Pline. Nul peut-être, sans en excepter même Tacite, n'avait supporté avec une plus douloureuse indignation les cruautés de ce monstre. Aussi les a-t-il retracées avec une vigueur de pinceau qui rappelle Tacite, dans ce passage surtout où il montre Domitien retiré dans la solitude de son palais, objet d'horreur pour lui-même, et d'effroi pour les autres : « Ce monstre cruel s'y enfermait comme dans son antre pour se désaltérer du sang de ses proches, ou il s'élançait de sa retraite pour se rassasier du carnage des plus illustres citoyens.

L'horreur et la menace en gardaient les portes, et l'on tremblait également d'être admis et d'être exclu. Sa rencontre seule et sa vue inspiraient l'effroi; l'orgueil éclatait sur son front et la fureur dans ses yeux; une pâleur efféminée était répandue sur son corps, et son impudence se déguisait sous la rougeur de son front. Personne n'osait l'approcher ni lui adresser la parole. Toujours renfermé dans les ténèbres d'un mystérieux asile, il ne sortait de sa solitude que pour désoler Rome. »

Dégradé, décimé sous les tyrans, le sénat se relevait avec les bons princes. Ce fut surtout la gloire de Trajan, de ranimer, autant qu'il était en lui, ce corps éteint. Tacite insiste avec complaisance sur les marques de déférence que le prince ne cessait de donner à cet ordre si élevé autrefois, si abaissé plus tard. Mais quoi que fît le prince, il ne pouvait lui rendre ce sentiment de confiance et de dignité qui ne vient que de l'indépendance : pour être libre, il faut se sentir libre ; or, le sénat savait trop que ce que l'empereur lui rendait il pouvait le lui ôter. Pline l'avoue lui-même. A côté du panégyriste, de ses déclarations officielles sur la dignité du sénat, écoutons l'homme écrivant à ses amis : « La liberté de retour nous a trouvés novices et inexpérimentés. La servitude des derniers temps a fait oublier les droits et les coutumes du sénat, aussi bien que les autres sciences utiles. Nous avons assisté tout jeunes aux séances du sénat; mais alors il était toujours tremblant et toujours muet : l'on n'y pouvait sans péril dire ce que l'on pensait, et sans infamie ce que l'on ne pensait pas; devenus sénateurs, nous avons vu les mêmes maux se perpétuer pendant plusieurs années, et nous en avons pris et ressenti si cruellement notre part de douleurs que nos esprits en ont été frappés, accablés, anéantis. »

Nous avons examiné le côté historique de ce panégyrique qui peut, outre les traits que nous avons fait ressortir, offrir beaucoup de renseignements curieux et importants sur le droit, les coutumes civiles et les institutions politiques de Rome sous les empereurs. Considérons-le maintenant au point de vue oratoire. Le genre faux mais brillant du panégyrique offrait au talent de Pline une matière favorable à ce goût d'oppositions, à ces tours symétriques, à ces recherches, à ces coquetteries de style où il se complaît; aussi s'y est-il donné pleine carrière. Sans doute, il y a dans ce discours plusieurs morceaux d'une grande beauté : le tableau des débordements du Nil, l'entrée de Trajan dans Rome, et une foule d'autres passages, pris séparément, charment le lecteur; mais l'ensemble du discours lasse et rebute par la monotonie du bel esprit. L'admiration, sentiment peu sympathique par lui-même, se communique moins encore par l'effort, même sincère, que fait constamment l'orateur pour nous l'imposer. Qu'on le remarque en effet : Pline n'a point exagéré les grandes qualités de Trajan ; ce qu'il dit, l'histoire le confirme, et y ajoute même ; mais ce que la simplicité véridique de l'histoire nous fait accepter volontiers, la recherche du panégyriste et le ton pompeux et solennel où il est constamment monté, nous le rend fade et languissant. Alfieri a refait le panégyrique de Trajan plus simplement, sinon plus heureusement. Et pourtant ce panégyrique de Pline a fait époque dans la littérature latine; il ne s'en faut pas étonner : les défauts qui nous choquent justement sont les beautés de la décadence. Toutes les qualités qui peuvent séduire des esprits dégénérés, piquer des goûts blasés, Pline le Jeune les possède à un haut degré : grâces du style, finesse des éloges, art de voiler la pensée pour la rendre plus piquante, alliances de mots brillantes, toutes les surprises enfin d'un talent ingénieux, délicat, consommé. Aussi Pline est-il resté chez les Romains le modèle du panégyrique : il ouvre cette longue liste d'orateurs officiels qui ne se ferme qu'avec Ennodius, en qui l'on peut voir comment finit cette éloquence artificielle qui commence par la recherche pour aboutir à l'énigme : image de cette puissance impériale qu'elle célébrait, et qui, allant toujours en s'amoindrissant, se perd obscurément dans Augustule.

Cette décadence du panégyrique était inévitable. Le panégyrique porte en lui-même deux genres de mort : il a contre lui le fond et la forme ; le fond : il roule nécessairement, sinon sur le mensonge, du moins sur l'exagération de l'éloge ; la forme : il est obligé de s'élever, disons mieux, de se guinder au ton oratoire, sans avoir ni la passion, ni la conviction qui soutiennent l'éloquence. L'éloge de Trajan par Pline le Jeune, bien qu'il s'adresse à un prince digne d'admiration pour ses grandes qualités, et qu'il lui soit rendu par un homme qui avait conservé le sentiment, sinon le regret de la liberté, n'en est pas moins, jusqu'à un certain point, un cérémonial officiel, un tribut imposé à l'orateur par la charge de consul autant que par la reconnaissance : c'est le langage de l'adulation substitué à l'expression libre d'un sentiment patriotique ; c'est l'art à la place du naturel : tant il est vrai que même l'éloquence des panégyriques a besoin de liberté !

Sur la fin de l'an 103, Pline fut envoyé pour gouverner le Pont et la Bithynie en qualité de proconsul. C'est surtout pendant le temps où il fut chargé du gouvernement de cette province, que se montrèrent pour lui la confiance et l'affection de Trajan. Nous avons toute la correspondance de Pline avec l'empereur, et ce n'est pas la partie la moins intéressante de ses *Lettres*, qui sont auprès de la postérité le vrai titre de Pline. Ce recueil est en effet singulièrement précieux pour la littérature : on y saisit tout le mouvement intellectuel de cette époque ; on y assiste aux lectures publiques, qui étaient alors la grande préoccupation des écrivains, poëtes, orateurs et historiens ; on y voit toute l'admiration qu'excitent certaines renommées contemporaines, et on s'y convainc aussi de leur fragilité. Que de noms n'y pourrait-on pas relever, alors fort loués et fort célèbres, et maintenant oubliés ! Qui connaît aujourd'hui Maxime à qui Pline écrivait fréquemment, et dont il paraissait faire grand cas? Qui, Caninius et le poëte Antonin? Mais Pline fut lié aussi avec des écrivains qui n'ont pas péri : Silius Italicus, dont il nous a raconté la mort avec une simplicité touchante ; Martial, qui fit pour lui des vers auxquels Pline fut très-sensible ; Suétone, qui met souvent à l'épreuve son obligeance; Tacite enfin. Pline, dans cette amitié d'un grand écrivain, cédait-il seulement au penchant qui l'entraînait, ou aussi à un désir secret de partager l'immortalité de son ami? On l'en a soupçonné ; et peut-être en effet ce motif se glissait-il un peu, sans qu'il s'en rendît bien compte, dans son admiration pour le peintre des *Histoires*; mais, j'aime mieux le croire et je le reconnais à l'accent de Pline, son attachement pour Tacite était sincère ; et c'est encore un honneur pour l'âme de Pline le Jeune d'avoir admiré là où d'autres moins généreux auraient pu envier. Quoi qu'il en soit, ces deux noms ne se peuvent séparer ; ces deux figures si différentes se détacher l'une de l'autre. Éclairées par leur contraste même, la sérénité de Pline s'anime de la rigueur de Tacite, et la gravité de Tacite s'adoucit de l'indulgence de Pline. Dans Pline, nous l'avons dit, l'homme privé valait l'homme public. Nous ne rappellerons pas ici son désintéressement envers les siens, son dévouement à ses amis, sa générosité envers ses concitoyens, sa douceur envers ses esclaves, en un mot toutes les qualités d'esprit et de cœur qui, en lui, s'alliaient heureusement : ses *Lettres* le feront assez connaître à cet égard, et montreront que la recherche du style n'est pas nécessairement l'expression de la sécheresse de l'âme : l'âme peut être franche, là même où le style est maniéré.

Intéressante pour l'histoire littéraire, la correspondance de Pline le Jeune ne l'est pas moins pour l'histoire elle-même ; mais elle le serait plus encore, si, par une coquetterie d'artiste mal entendue, Pline, au lieu de ranger ses lettres dans l'ordre où elles ont été écrites, n'eût pris un malheureux plaisir à les déplacer, à les mêler de manière qu'on n'en peut reconnaître et reconstruire le plan primitif : plus soucieux d'en assortir les différentes couleurs, d'en composer un bouquet littéraire que d'en former une galerie régulière et instructive. L'histoire ne perd pas seulement à cette symétrie artificielle; l'agrément en est beaucoup moindre aussi. Le soin de sacrifier l'instruction à l'effet, le naturel à l'esprit, de montrer moins l'homme que l'écrivain, ce soin, partout fatigant, l'est surtout dans une correspondance où l'on s'attend à plus d'abandon, où l'on aimerait à surprendre l'âme dans ses naturels épanchements; plaisir que Pline nous donne bien rarement. Prétentieux alors même qu'il exprime un sentiment bon et généreux, il gâte ce qu'il sent par la manière dont il le dit ; bel esprit encore, quand il croit n'être que simple.

Malgré ces défauts, les *Lettres* de Pline sont un des ouvrages les plus curieux à consulter; toute la vie publique, littéraire et privée des Romains s'y trouve, à une de ses plus belles époques. Si Pline n'a ni le naturel, ni l'aisance, ni la souplesse que l'on aimerait à rencontrer en de familiers et libres entretiens, il donne toujours à ses pensées ce tour fin et piquant qui plaît à l'esprit, à ses expressions ce relief qui les grave dans la pensée, et à la recherche même un air de négligence qui parfois peut tromper : « Pline, a très-heureusement dit M. Sainte-Beuve, était un *metteur en œuvre*; il ne se bornait pas à l'étude; il voulait de belles pensées et se donner le plaisir de les exprimer en termes brillants et qui se vissent de loin ; elles lui venaient le long de ce beau rivage ; il les saluait avec la joie d'un poëte qui a trouvé. »

Pline, nous le savons, n'a pas seulement été un écrivain ; il a été aussi un homme public, un consul, un gouverneur de province; et il nous a laissé en cette qualité des renseignements précieux renfermés dans le dixième livre de ses lettres, qui renferme sa correspondance officielle avec l'empereur. Pline y est préoccupé de tous les détails de l'administration ; il propose même des projets gigantesques pour une entreprise provinciale, et qui ne sauraient s'expliquer, si l'on ne connaissait les forces prodigieuses dont disposaient les Romains à cette époque, et les monuments étonnants qu'ils nous ont laissés. Il s'agit de joindre, par un canal, à la mer, un lac qui se trouve près de Nicomédie, et que l'on dit élevé de plus de 400 coudées au-dessus du niveau de l'Océan. Il demande 150 pompiers pour cette même ville de Nicomédie où vient d'éclater un terrible incendie ; il retranche des dépenses aux Byzantins ; il demande que l'on diminue le taux auquel l'État prêtait aux particuliers. Trajan se prête avec générosité à toutes ces mesures si libérales ; ses réponses sont toujours nettes, quelquefois sévères, mais toujours empreintes d'un esprit de justice et d'humanité : quand Pline le consulte sur la question des enfants libres, exposés à leur naissance et nourris pour la servitude, il n'hésite pas à déclarer qu'il faut leur rendre la liberté. Les réponses de Trajan sont toujours des modèles de bon sens, de gravité, de cette noble concision qu'on a si bien appelée l'*imperatoria brevitas*. Toutefois, en reconnaissant ce qu'il y a d'attentif, de sage, d'humain dans cette activité de Trajan, il est difficile de ne pas trembler pour une régularité administrative et pour une société qui ne reposent que sur une seule tête, cette tête fût-elle celle d'un Trajan !

Dans le dernier livre des *Lettres* de Pline, il en est une qui se détache des autres d'une manière vive et frappante : c'est celle dans laquelle Pline consulte Trajan sur la conduite qu'il doit tenir à l'égard des chrétiens ; cette lettre est un témoignage honorable de l'indulgence de Pline, de son humanité comme gouverneur et comme homme. On y voit avec quelle douceur il interroge ceux que la voix publique lui désignait comme des criminels. Comme il cherche en quelque sorte par des questions réitérées à tirer d'eux un désaveu du christianisme qui les doit sauver ! Avec quelle haute impartialité il parle de ces agapes des premiers chrétiens que les préventions populaires travestissaient en épouvantables festins !

Si l'on s'accorde à louer la conduite de Pline à l'égard des chrétiens, on est plus sévère pour la réponse de Trajan, qui, en défendant de faire des recherches contre eux, ordonne, s'ils sont accusés et convaincus, de les punir. « Étrange et insoutenable arrêt ! s'écrie Tertullien ; Trajan défend de rechercher les chrétiens parce qu'ils sont innocents, et il ordonne de les punir comme coupables ! Il épargne et il sévit, il dissimule et il condamne. Ordonnance impériale, pourquoi vous contredire si grossièrement ? Si vous condamnez les chrétiens, pourquoi ne les pas rechercher ; et si vous ne les recherchez point, pourquoi ne pas les absoudre ? » Assurément il y a là une contradiction, et la tolérance moderne, la liberté de conscience, qui est fille du christianisme, ont peine à passer condamnation sur cette espèce de compromis de Trajan entre son humanité et sa politique. Cependant Trajan ne faisait alors pour les chrétiens que ce que la raison d'État, adoucie par son humanité, lui commandait de faire. Ces contradictions apparentes, que relève facilement la logique, sont de tristes nécessités que les princes les plus sages et les époques les plus civilisées subissent également.

Si maintenant nous cherchons à rassembler les traits divers de la physionomie morale et littéraire de Pline, nous trouverons dans l'homme ces qualités douces, ces traits heureux, plus brillants que profonds, qui font l'égalité de l'âme et le bonheur de la vie : du courage contre la tyrannie, mais sans bravade ; l'amour des hommes, mais un amour égal du repos et de la solitude ; le regret de la liberté antique, mais une résignation assez facile à l'empire. On souhaiterait cette existence tout à la fois calme et active, mariant les joies de la famille aux jouissances de l'étude. La figure de Pline est une des plus douces et des plus nobles de l'antiquité : c'est la vie païenne dans son aspect le plus agréable, esprit, fortune, honneurs publics, amitiés illustres, tout s'y trouve réuni ; tout, même ce calme qui n'était plus dans les esprits. Pline le Jeune, en effet, n'a ni les inquiétudes qui agitent Sénèque, ni la tristesse amère de Pline l'Ancien, ni la sombre mélancolie de Tacite qui semble désespérer des dieux et de l'empire : il jouit pleinement du présent, et ne redoute rien de l'avenir. Ce qu'avant tout il aime, ce qui l'occupe, ce sont les doux loisirs de l'étude et la gloire des lettres ; sa vie est une suite de joies innocentes et d'heureux triomphes. Ce contentement aimable et honnête qui ne l'abandonne jamais, ses *Lettres* nous le communiquent. C'est une des plus intéressantes lectures qui se puissent faire dans le silence du cabinet, comme dans le calme et l'air pur des champs. Il y brille çà et là comme un rayon d'automne et quelque chose des teintes douces et variées de cette agréable saison. Je me suis souvent figuré l'ancien et toujours nouveau traducteur de Pline, de Sacy, avocat tout ensemble et homme de lettres, comme on l'était alors, comme quelques-uns, je le sais, le sont encore au barreau et dans la magistrature, allant passer ses vacances à la campagne ; et là, en compagnie de Pline le Jeune, respirant un double parfum d'antiquité et de fraîcheur. Cette campagne, Pline aussi l'aimait ; il y trouvait le repos de ces triomphes oratoires qu'il y avait préparés. Il s'y livrait à ses études chéries. Aussi nous y conduit-il souvent avec lui, et se plaît-il à nous en faire les honneurs ; nous étalant moins les richesses de ses magnifiques villas, que les sites heureux, les jeux de la nature, les accidents de terrain qui en font le charme pittoresque : entretiens vraiment délicieux, où il nous parle tour à tour, avec une grâce et une finesse qui n'excluent pas l'abandon, de ce qu'il y a de meilleur pour l'esprit et pour le cœur, de poésie, d'éloquence, d'amitié, et, autant qu'on le pouvait alors, de liberté !

J.-P. Charpentier.

# LETTRES
## DE
# PLINE LE JEUNE.

## LIVRE PREMIER.

### I. — *Pline à Septicius.*

Vous m'avez souvent engagé à réunir et à publier les lettres que j'ai écrites avec quelque soin. Je les ai recueillies, sans avoir égard aux dates, car il ne s'agit pas de composer une histoire : je les ai disposées dans l'ordre où elles se sont trouvées sous ma main. Je souhaite que nous ne nous repentions pas, vous de votre conseil, moi de ma condescendance. Je me verrai donc obligé de rechercher les lettres que j'avais négligées jusqu'ici, et de conserver celles que je puis ajouter aux premières. Adieu.

### II. — *Pline à Arrien.*

Comme je prévois que vous ne reviendrez pas de longtemps, je vous envoie l'ouvrage que mes dernières lettres vous avaient an-

## LIBER PRIMUS.

### I. — *Pline à Septicius.*

Frequenter hortatus es ut epistolas, si quas paulo accuratius scripsissem, colligerem publicaremque. Collegi, non servato temporis ordine (neque enim historiam componebam), sed ut quæque in manus venerat. Superest ut nec te consilii, nec me pœniteat obsequii. Ita enim fiet ut eas, quæ adhuc neglectæ jacent, requiram, et, si quas addidero, non supprimam. Vale.

### II. — *Pline à Arrien.*

Quia tardiorem adventum tuum prospicio, librum, quem prioribus epistolis pro-

noncé. Lisez-le, je vous prie, et, selon votre coutume, n'épargnez pas les corrections ; d'autant plus, que je crois n'avoir jamais fait tant d'efforts pour lutter avec les grands modèles. J'ai essayé d'imiter Démosthène, dont vous avez toujours fait vos délices, et Calvus, dont je fais depuis peu les miennes. Quand je dis imiter, je parle seulement de la tournure du style ; car, pour atteindre au génie de ces grands hommes,

Il faut compter parmi les favoris des dieux.

Mon sujet, soit dit sans amour-propre, secondait mon ambition ; il exigeait une véhémence de diction presque continuelle qui réveillait ma longue paresse, si toutefois elle peut être réveillée. Cependant je n'ai pas entièrement dédaigné les fleurs de notre Cicéron, toutes les fois que j'ai pu en cueillir sans trop m'écarter de mon chemin. Je cherchais la force, mais sans renoncer à la grâce.

N'allez pas croire que, sous ce prétexte, je veuille désarmer votre critique. Au contraire, pour la rendre encore plus sévère, sachez que mes amis et moi nous ne sommes pas éloignés de l'idée de publier cet ouvrage, pour peu que vous approuviez notre folie. Il faut bien que je publie quelque chose. Et pourquoi ne pas donner la préférence à ce qui est tout prêt? Tel est le vœu de ma paresse. Quant aux motifs qui me déterminent à faire paraître un ouvrage, j'en ai plusieurs. Le principal, c'est qu'on m'assure que mes derniers écrits sont encore entre les mains de tout le monde, quoiqu'ils aient perdu le charme de la nouveauté. Peut-être

---

miseram, exhibeo. Hunc, rogo, ex consuetudine tua et legas et emendes, eo magis quod nihil ante peræque eodem ζήλῳ scripsisse videor. Tentavi enim imitari Demosthenem, semper tuum, Calvum, nuper meum, figuris duntaxat orationis ; nam vim tantorum virorum *pauci, quos æquus amavit*, assequi possunt. Nec materia ipsa huic (vereor ne improbe dicam) æmulationi repugnavit. Erat enim prope tota in contentione dicendi, quod me longæ desidiæ indormientem excitavit, si modo is sum ego, qui excitari possim. Non tamen omnino Marci nostri τὰς ληκύθους fugimus, quoties paululum itinere decedere non intempestivis amœnitatibus admonebamur. Acres enim esse, non tristes, volebamus.

Nec est quod putes me sub hac exceptione veniam postulare. Imo, quo magis intendam limam tuam, confitebor, et ipsum me et contubernales ab editione non abhorrere, si modo tu fortasse errori nostro album calculum adjeceris. Est enim plane aliquid edendum, atque utinam hoc potissimum quod paratum est! Audis desidiæ votum. Edendum autem ex pluribus causis, maxime quod libelli quos emisimus dicuntur in manibus esse, quamvis jam gratiam novitatis exuerint, nisi tamen

les libraires nous flattent-ils. Mais laissons-les nous flatter, si leurs mensonges nous rendent nos études plus chères. Adieu.

### III. — *Pline à Caninius Rufus.*

Que devient Côme, vos délices et les miennes? que devient cette charmante maison du faubourg, et ce portique où règne un printemps éternel? et cet impénétrable ombrage de platanes? et ce canal bordé de verdure et de fleurs? et ce bassin destiné à en recevoir les eaux? et cette promenade à la fois si douce et si ferme? et ces bains que le soleil inonde et enveloppe de ses rayons? et ces salles à manger où vous recevez tant de monde? et ces autres cabinets où vous en admettez si peu? et ces appartements de jour et de nuit? Ces lieux enchanteurs vous retiennent-ils et vous possèdent-ils tour à tour? ou bien le soin de vos affaires domestiques vous force-t-il, comme de coutume, à de fréquentes excursions? Si vous jouissez de tous ces biens, vous êtes le plus heureux des mortels; sinon, vous n'êtes qu'un homme vulgaire.

Que ne confiez-vous à d'autres, il en est temps, les occupations viles et abjectes, pour vous livrer tout entier à l'étude dans cette paisible et délicieuse retraite? Que ce soient là vos affaires et votre repos, votre travail et vos délassements. Consacrez aux lettres vos veilles, votre sommeil même. Créez-vous, assurez-vous un bien que le temps ne puisse vous ôter. Toutes les autres propriétés, après vous, changeront mille fois de maîtres; mais

---

auribus nostris bibliopolæ blandiuntur. Sed sane blandiantur, dum per hoc mendacium nobis studia nostra commendent. Vale.

### III. — *Pline à Caninius Rufus.*

Quid agit Comum, tuæ meæque deliciæ? quid suburbanum amœnissimum? quid illa porticus, verna semper? quid πλατανῶν opacissimus? quid Euripus viridis et gemmeus? quid subjectus et serviens lacus? quid illa mollis, et tamen solida, gestatio? quid balineum illud, quod plurimus sol implet et circumit? quid triclinia illa popularia? quid illa paucorum? quid cubicula diurna nocturnaque? Possidentne te et per vices partiuntur? an, ut solebas, intentione rei familiaris obeundæ, crebris excursionibus avocaris? Si te possident, felix beatusque es; sin minus, unus ex multis.

Quin tu (tempus est enim) humiles et sordidas curas aliis mandas, et ipse te in alto isto pinguique secessu studiis asseris? Hoc sit negotium tuum, hoc otium; hic labor, hæc quies: in his vigiliæ, in his etiam somnus reponatur. Effinge aliquid et excude quod sit perpetuo tuum. Nam reliqua rerum tuarum post te alium atque alium dominum sortientur: hoc nunquam tuum desinet esse, si semel cœperit. Scio quem

vos œuvres littéraires ne cesseront jamais de vous appartenir. Je sais à quelle intelligence et à quel esprit je m'adresse. Tâchez seulement d'avoir pour vous l'estime que vous témoignera le public, si vous commencez par vous rendre justice à vous-même. Adieu.

### IV. — *Pline à Pompéia Célérina.*

Quelle abondance dans vos villas d'Otricoli, de Narni, d'Ascoli, de Pérouse ! quel bain commode à Narni ! Je n'ai plus besoin de vos lettres pour connaître tout cela. La lettre que je vous écrivis il y a déjà quelque temps, quoique fort courte, en est une preuve. Certes, mon bien n'est pas plus à moi que le vôtre. J'y vois pourtant une différence : vos gens me servent avec plus d'attention et d'empressement chez vous, que les miens chez moi. Peut-être aurez-vous la même chance dans les maisons qui m'appartiennent, si vous y descendez. Courez-en le risque, d'abord pour user de mon bien, comme j'use du vôtre, ensuite pour réveiller enfin l'assoupissement de mes valets qui m'attendent toujours avec une apathie voisine de la négligence. Tel est le sort des maîtres indulgents : leurs domestiques s'habituent à n'en avoir point peur. Les nouveaux objets raniment leur zèle, et ils aiment mieux plaire à leurs maîtres par le suffrage d'autrui que par leurs services personnels. Adieu.

### V. — *Pline à Voconius Romanus.*

Vîtes-vous jamais, depuis la mort de Domitien, un homme plus

---

animum, quod horter ingenium. Tu modo enitere ut tibi ipse sis tanti, quanti videberis aliis, si tibi fueris. Vale.

### IV. — *Pline à Pompéia Célérina.*

Quantum copiarum in Ocriculano, in Narniensi, in Asculano, in Perusino tuo! In Narniensi vero etiam balineum ! Ex epistolis meis (nam jam tuis opus non est) una illa brevis et vetus sufficit. Non, me hercule, tam mea sunt, quæ mea sunt, quam quæ tua. Hoc tamen differunt, quod sollicitius et intentius tui me, quam mei excipiunt. Idem fortasse eveniet etiam tibi, si quando in nostra deverteris. Quod velim facias, primum ut perinde nostris rebus, ac nos tuis, perfruaris ; deinde, ut mei expergiscantur aliquando, qui me secure ac prope negligenter exspectant. Nam mitium dominorum apud servos ipsa consuetudine metus exolescit ; novitatibus excitantur, probarique dominis per alios, magis quam per ipsos, laborant. Vale.

### V. — *Pline à Voconius Romanus.*

Vidistine quemquam Marco Regulo timidiorem humilioremque post Domitiani

lâche et plus rampant que Régulus, dont les crimes, quoique cachés, n'étaient pas moindres sous le règne de ce prince que sous celui de Néron? Il s'est avisé de craindre que je n'eusse du ressentiment contre lui. Il n'avait pas tort; je lui en voulais. Non content d'avoir fomenté la persécution exercée contre Rusticus Arulénus, il avait triomphé de sa mort, jusqu'à lire en public et à répandre un libelle, où il le traite de *singe des stoïciens*, et d'*homme qui porte les stigmates de Vitellius*. Vous reconnaissez là l'éloquence de Régulus. Il déchire avec tant d'emportement Hérennius Sénécion, que Métius Carus n'a pu s'empêcher de lui dire : *Quel droit avez-vous sur mes morts? Me voit-on remuer les cendres de Crassus ou de Camérinus?* C'étaient des personnages que, du temps de Néron, Régulus avait accusés. Persuadé que j'étais indigné de toutes ces horreurs, il ne m'invita point quand il lut son ouvrage en public.

Il se souvenait d'ailleurs qu'il m'avait exposé à un danger capital devant les centumvirs. Je parlais, à la recommandation de Rusticus Arulénus, pour Arionilla, femme de Timon, et j'avais Régulus contre moi. Je fondais en partie mon droit sur une opinion du vertueux Métius Modestus, alors exilé par Domitien. Régulus m'apostropha tout à coup ainsi : *Pline, que pensez-vous de Modestus?* Vous voyez quel péril je courais, si j'eusse rendu témoignage à la vérité; et de quel opprobre je me couvrais, si je l'eusse trahie. Je dois le dire : les dieux m'inspirèrent dans cette circonstance. *Je vous répondrai*, lui dis-je, *si c'est là la question que les centumvirs ont à juger*. Il reprit : *Je vous de-*

---

mortem, sub quo non minora flagitia commiserat, quam sub Nerone, sed tectiora? Cœpit vereri ne sibi irascerer ; nec fallebatur; irascebar. Rustici Aruleni periculum foverat, exsultaverat morte, adeo ut librum recitaret publicaretque, in quo Rusticum insectatur, atque etiam « stoicorum simiam » appellat. Adjicit « Vitelliana cicatrice stigmosum. » Agnoscis eloquentiam Reguli. Lacerat Herennium Senecionem, tam intemperanter quidem, ut dixerit ei Metius Carus : « Quid tibi cum meis mortuis? Numquid ego aut Crasso aut Camerino molestus sum? » quos ille sub Nerone accusaverat. Hæc me Regulus dolenter tulisse credebat, eoque etiam, quum recitaret librum, non adhibuerat.

Præterea reminiscebatur quam capitaliter ipsum me apud centumviros lacessisset. Aderam Arionillæ, Timonis uxori, rogatu Aruleni Rustici. Regulus contra. Nitebamur nos in parte causæ sententia Metii Modesti, optimi viri. Is tunc in exsilio erat, a Domitiano relegatus. Ecce tibi Regulus : « Quæro, inquit, Secunde, quid de Modesto sentias? » Vides quod periculum, si respondissem, **Bene**; quod flagitium, si, **Male**.

mande ce que vous pensez de Métius Modestus? Je lui répliquai que l'on ne demandait témoignage que contre des accusés, et non contre un homme condamné. — Eh bien! continua-t-il, je ne vous demande plus ce que vous pensez de Modestus, mais quelle opinion avez-vous de son attachement pour le prince? — Vous voulez, dis-je, savoir ce que j'en pense ; mais moi, je crois qu'il n'est pas même permis de mettre en question ce qui est une fois jugé. Il se tut. Les éloges et les applaudissements suivirent cette réponse qui, sans blesser ma réputation par une flatterie, utile peut-être, mais contraire à l'honneur, me tira d'un piége si artificieusement tendu.

Aujourd'hui Régulus, troublé par ses remords, s'adresse à Cécilius Céler, et ensuite à Fabius Justus ; il les prie de le réconcilier avec moi. Il ne s'en tient pas là. Il court chez Spurinna ; et, comme il est le plus abject de tous les hommes lorsqu'il a peur, il le supplie humblement de me venir voir le lendemain matin, mais de grand matin : *Je ne puis plus longtemps vivre*, dit-il, *dans l'inquiétude où je suis. Obtenez de lui, à quelque prix que ce soit, qu'il ne m'en veuille pas.* J'étais à peine éveillé, qu'un messager vint me prier, de la part de Spurinna, de vouloir bien l'attendre. Je lui fais répondre que je vais le trouver ; et, comme nous allions l'un au-devant de l'autre, nous nous rencontrons sous le portique de Livie. Il m'expose le sujet de sa mission. Il joint ses instances à celles de Régulus, mais avec la modération qui convenait à un honnête homme, sollicitant pour un personnage qui lui

---

Non possum dicere aliud tum mihi quam deos affuisse. « Respondebo, inquam, quid sentiam, si de hoc centumviri judicaturi sunt. » Rursus ille : « Quæro quid de Modesto sentias? » Iterum ego : « Solebant testes in reos, non in damnatos, interrogari. » Tertio ille : « Non jam quid de Modesto, sed quid de pietate Modesti sentias, quæro. — Quæris, inquam, quid sentiam? At ego, ne interrogare quidem fas puto, de quo pronuntiatum est. » Conticuit. Me laus et gratulatio secuta est, quod nec famam meam aliquo responso, utili fortasse, inhonesto tamen, læseram, nec me aqueis tam insidiosæ interrogationis involveram.

Nunc ergo conscientia exterritus apprehendit Cæcilium Celerem, mox Fabium Justum : rogat ut me sibi reconcilient. Nec contentus, pervenit ad Spurinnam. Huic suppliciter (ut est, quum timet, abjectissimus) : « Rogo, inquit, mane videas Plinium domi, sed plane mane; neque enim diutius ferre sollicitudinem possum; et quoquo modo eficias ne mihi irascatur. » Evigilaveram. Nuntius a Spurinna : « Venio ad te. — Imo ego, ad te. » Coimus in porticum Liviæ, quum alter ad alterum tenderemus. Exponit Reguli mandata; addit preces suas, ut decebat optimum virum pro dissimillimo, parce. Cui ego : « Dispicies ipse quid renuntiandum Regulo

ressemblait si peu. *Vous verrez vous-même*, lui dis-je, *ce qu'il faut répondre à Régulus. Je ne veux point vous tromper : j'attends Mauricus* (car il n'était pas encore revenu de son exil); *je ne puis donc vous donner aucune parole certaine; je ferai ce qu'il voudra. C'est à lui de me guider en tout ceci, et c'est à moi de suivre ses avis.*

Peu de jours après, Régulus vint me trouver dans la salle du préteur. Là, après m'avoir suivi, il me tire à l'écart, et il m'avoue qu'il craignait que je ne me souvinsse toujours des paroles qui lui étaient échappées un jour au tribunal des centumvirs (il plaidait contre Satrius et moi) : *Satrius*, avait-il dit, *et cet orateur qui, dégoûté de l'éloquence de notre siècle, se pique d'imiter Cicéron...* Je lui répondis que son aveu seul m'ouvrait l'esprit ; que jusqu'alors je n'y avais pas entendu malice, et qu'il avait pu donner un sens fort honorable à ses paroles. *Je me pique en effet*, poursuivis-je, *d'imiter Cicéron, et j'estime fort peu l'éloquence de notre temps. Je trouve ridicule, lorsqu'on se choisit des modèles, de ne pas prendre les meilleurs. Mais vous*, lui dis-je, *qui vous souvenez si bien de ce qui se passa dans cette cause, comment avez-vous oublié celle où vous me demandâtes ce que je pensais de l'attachement de Métius Modestus pour le prince?* La pâleur ordinaire de Régulus augmenta sensiblement, et il me dit avec hésitation : *Ce n'était pas à vous que je voulais nuire; c'était à Métius Modestus.* Remarquez la cruauté de cet homme qui ne craint pas d'avouer qu'il voulait nuire à un exilé ! Il ajouta, pour se justifier,

putes. Te decipi a me non oportet. Exspecto Mauricum (nondum enim ab exsilio venerat) : ideo nihil alterutram in partem respondere tibi possum, facturus quidquid ille decreverit. Illum enim esse hujus consilii ducem, me comitem, decet. »

Paucos post dies ipse me Regulus convenit in prætoris officio. Illuc me persecutus secretum petit. Ait, timere se ne animo meo penitus hæreret, quod in centumvirali judicio aliquando dixisset, quum responderet mihi et Satrio Rufo : « Satrius Rufus, et cui est cum Cicerone æmulatio, et contentus non est eloquentia seculi nostri. » Respondi, nunc me intelligere maligne dictum, quia ipse confiteretur; cæterum potuisse honorificum existimari. « Est enim, inquam, mihi cum Cicerone æmulatio, nec sum contentus eloquentia seculi nostri; nam stultissimum credo, ad imitandum non optima quæque proponere. Sed tu, qui hujus judicii meministi, cur illius oblitus es, in quo me interrogasti, quid de Metii Modesti pietate sentirem? » Expalluit notabiliter, quamvis palleat semper, et hæsitabundus inquit : « Interrogavi, non ut tibi nocerem, sed ut Modesto. » Vide hominis crudelitatem, qui se non dissimulet exsuli nocere voluisse! Subjunxit egregiam causam : « Scripsit, inquit, in epistola quadam, quæ apud Domitianum recitata est, Regulus omnium bipedum nequissimus. » Quod

une raison excellente. Modestus avait écrit une lettre qui fut lue chez Domitien, et dans laquelle il disait : *Régulus est le plus méchant des bipèdes.* En effet, Modestus l'avait écrite. Notre conversation n'alla guère plus loin ; car je voulais me réserver la liberté entière d'agir comme il me plairait, quand Mauricus serait de retour. Ce n'est pas que j'ignore qu'il est difficile de perdre Régulus. Il est riche, il est intrigant ; bien des gens le courtisent ; beaucoup plus encore le craignent ; et la crainte souvent a plus de pouvoir que l'amitié. Mais, après tout, il n'est rien que de violentes secousses ne puissent abattre. La fortune n'est pas plus fidèle aux scélérats qu'ils le sont à autrui. Au reste, je vous le répète, j'attends Mauricus. C'est un homme grave, prudent, instruit par une longue expérience, et qui saura lire l'avenir dans le passé. Ses conseils me fourniront des motifs, ou pour agir, ou pour demeurer en repos. J'ai cru devoir ce récit à l'amitié qui nous unit : elle ne me permet pas de vous laisser ignorer mes démarches, mes discours, ni même mes desseins. Adieu.

## VI. — *Pline à Tacite.*

Vous allez rire : eh bien ! riez tant qu'il vous plaira. Ce Pline que vous connaissez, a pris trois sangliers, et des plus beaux. Quoi ! lui-même ? oui, lui-même. N'allez pourtant pas croire qu'il en ait coûté beaucoup à mon repos et à ma paresse. J'étais assis près des toiles : ni épieu ni dard sous ma main ; rien qu'un poinçon et des tablettes. Je rêvais, j'écrivais, et je me préparais la con-

---

quidem Modestus verissime scripserat. Hic fere nobis sermonis terminus. Neque enim volui progredi longius, ut mihi omnia libera servarem, dum Mauricus venit. Nec me præterit, esse Regulum δυσκαθαίρετον. Est enim locuples, factiosus; curatur a multis, timetur a pluribus, quod plerumque fortius amore est. Potest tamen fieri ut hæc concussa labantur; nam gratia malorum tam infida est, quam ipsi. Verum, ut idem sæpius dicam, exspecto Mauricum. Vir est gravis, prudens, multis experimentis eruditus, et qui futura possit ex præteritis providere. Mihi et tentandi aliquid et quiescendi, illo auctore, ratio constabit. Hæc tibi scripsi, quia æquum erat te, pro amore mutuo, non solum omnia mea facta dictaque, verum etiam consilia, cognoscere. Vale.

### VI. — *Pline à Tacite.*

Ridebis, et licet rideas. Ego ille, quem nosti, apros tres, et quidem pulcherrimos, cepi. Ipse? inquis. Ipse : non tamen ut omnino ab inertia mea et quiete discederem. Ad retia sedebam : erant in proximo, non venabulum aut lancea, sed stylus et pugillares. Meditabar aliquid enotabamque, ut, si manus vacuas, plenas tamen ceras

solation de remporter mes pages pleines, si je m'en retournais les mains vides. Ne dédaignez pas cette manière d'étudier. Vous ne sauriez croire combien le mouvement du corps donne de vivacité à l'esprit ; sans compter que l'ombre des forêts, la solitude, et ce profond silence qu'exige la chasse, sont très-propres à nous inspirer. Ainsi, croyez-moi, quand vous voudrez vous livrer à cet exercice, portez votre pannetière et votre bouteille ; mais n'oubliez pas vos tablettes. Vous éprouverez que Minerve ne se plaît pas moins que Diane sur les montagnes. Adieu.

## VII. — *Pline à Octavius Rufus.*

Savez-vous que vous me placez bien haut, et que vous me donnez autant de pouvoir et d'empire qu'Homère en accorde au grand Jupiter,

Ce dieu qui n'accomplit qu'une part de nos vœux.

Car je puis, comme Jupiter, répondre à vos désirs, en accueillant l'un et en rejetant l'autre. S'il m'est permis, pour vous complaire, de refuser mon ministère aux habitants de la Bétique contre un homme qu'ils accusent, la loyauté et la constance de principes que vous chérissez en moi, ne m'interdisent pas moins de prendre la défense de cet homme contre une province que je me suis attachée au prix de tant de services, de travaux, et même de dangers. Je prendrai donc un terme moyen, et, de deux choses que vous me demandez, je vous accorderai celle qui, en satisfaisant

---

reportarem. Non est quod contemnas hoc studendi genus. Mirum est ut animus agitatione motuque corporis excitetur. Jam undique silvæ et solitudo, ipsumque illud silentium quod venationi datur, magna cogitationis incitamenta sunt. Proinde quum venabere, licebit, auctore me, ut panarium et lagunculam, sic etiam pugillares feras. Experieris non Dianam magis montibus, quam Minervam inerrare. Vale.

### VII. — *Pline à Octavius Rufus.*

Vide in quo me fastigio collocaris, quum mihi idem potestatis, idemque regni dederis, quod Homerus Jovi optimo maximo :

Τῷ δ' ἕτερον μὲν ἔδωκε πατήρ, ἕτερον δ' ἀνένευσε.

Nam ego quoque simili nutu ac renutu respondere voto tuo possum. Etenim sicut fas est mihi, præsertim te exigente, excusare Bæticis contra unum hominem advocationem, ita nec fidei nostræ, nec constantiæ, quam diligis, convenit adesse contra provinciam, quam tot officiis, tot laboribus, tot etiam periculis meis aliquando devinxerim. Tenebo ergo hoc temperamentum, ut ex duobus, quorum alterum petis,

vos désirs, ne nuira pas à l'estime dont vous m'honorez. Car je dois moins considérer ce que veut aujourd'hui un homme de votre caractère, que ce qu'il approuvera toujours. J'espère me rendre à Rome vers les ides d'octobre. J'y réitérerai à Gallus en personne la promesse que je vous fais, et je lui engagerai ma parole et la vôtre. Vous pouvez d'avance lui répondre de moi.

Il dit, et Jupiter abaissa ses sourcils.

Pourquoi ne vous citerais-je pas toujours les vers d'Homère, puisque vous ne voulez pas que je cite les vôtres? Je les attends avec une si grande impatience, qu'un tel salaire serait peut-être le seul attrait qui pût me séduire, et me faire plaider même contre les habitants de la Bétique. J'allais oublier quelque chose qui mérite pourtant bien qu'on en parle. J'ai reçu vos dattes : elles sont excellentes, et vont disputer le prix à vos figues et à vos morilles. Adieu.

### VIII. — *Pline à Pompéius Saturninus.*

On m'a remis fort à propos votre lettre où vous me priez instamment de vous envoyer quelque ouvrage de ma façon : je me disposais précisément à vous en adresser un. C'est éperonner un cheval qui ne demande qu'à courir. Vous ôtez ainsi toute excuse à votre paresse, et tout scrupule à ma discrétion. J'aurais aussi mauvaise grâce de me croire importun, que vous de me traiter de fâcheux, quand je ne fais que répondre à votre impatience. Cependant n'attendez rien de nouveau d'un paresseux. Je veux vous

---

eligam id potius, in quo non solum studio tuo, verum etiam judicio satisfaciam. Neque enim tanto opere mihi considerandum est quid vir optimus in præsentia velis, quam quid semper sis probaturus. Me circa idus octobres spero Romæ futurum, eademque hæc præsentem quoque tua meaque fide Gallo confirmaturum. Cui tamen nunc jam licet spondeas de animo meo.

Ἦ, καὶ κυανέῃσιν ἐπ' ὀφρύσι νεῦσε Κρονίων.

Cur enim non usquequaque homericis versibus agam tecum, quatenus tu me tuis agere non pateris? Quorum tanta cupiditate ardeo, ut videar mihi hac sola mercede posse corrumpi, ut vel contra Bæticos adsim. Pæne præterii, quod minime prætereundum fuit, accepisse me caryotas optimas, quæ nunc cum ficis et boletis certandum habent. Vale.

### VIII. — *Pline à Pompéius Saturnius.*

Peropportune mihi redditæ sunt litteræ tuæ, quibus flagitabas, ut tibi aliquid ex scriptis meis mitterem, quum ego id ipsum destinassem. Addidisti ergo calcaria

demander de vouloir bien reviser encore le discours que j'ai prononcé dans ma ville natale, le jour où je fondai une bibliothèque. Je me souviens que vous m'avez fait déjà, sur cette pièce, quelques remarques générales. Je voudrais aujourd'hui que votre critique ne s'attachât pas seulement à l'ensemble, mais qu'elle relevât les moindres détails avec ce goût sévère que nous vous connaissons. Nous serons libres, après cet examen, de le publier ou de le garder. Peut-être même cette revue attentive aidera-t-elle notre détermination ; car, à force de revoir et de retoucher l'ouvrage, ou nous le condamnerons à l'obscurité, ou nous le rendrons digne de paraître.

Toutefois mon incertitude vient moins de la composition que du sujet. Ne m'expose-t-il point un peu au reproche d'ostentation et de vanité? Quelque simple et réservé que soit mon style, il sera difficile que, contraint à parler de la libéralité de mes aïeux et de la mienne, je paraisse assez modeste. Le pas est dangereux et glissant, lors même que la nécessité nous y engage. Si les louanges que nous donnons aux autres ne sont déjà pas trop bien reçues, comment se promettre de faire passer celles que nous donnons à nous-mêmes ou à notre famille ? La vertu, qui toute seule fait des envieux, nous en attire bien davantage, quand la gloire et les éloges l'accompagnent ; enfin on expose moins les belles actions à la censure et à la malignité en les laissant dans l'ombre et dans l'oubli. Plein de ces pensées, je me demande souvent si je dois avoir composé mon ouvrage, quel qu'il soit, pour le public

---

sponte currenti ; pariterque et tibi veniam recusandi laboris, et mihi exigendi verecundiam sustulisti. Nam nec me timide uti decet eo quod oblatum est, nec te gravari quod depoposcisti. Non est tamen quod ab homine desidioso aliquid novi operis exspectes. Petiturus sum enim, ut rursus vaces sermoni quem apud municipes meos habui, bibliothecam dedicaturus. Memini quidem te jam quædam annotasse, sed generaliter. Ideo nunc rogo ut non tantum universitati ejus attendas, verum etiam particulas, qua soles lima, persequaris. Erit enim et post emendationem liberum nobis vel publicare vel continere. Quin imo fortasse hanc ipsam cunctationem nostram in alterutram sententiam emendationis ratio deducet, quæ aut indignum editione, dum sæpius retractat, inveniet, aut dignum, dum id ipsum experitur, efficiet.

Quanquam hujus cunctationis meæ causa non tam in scriptis, quam in ipso materiæ genere, consistunt. Est enim paulo gloriosius et elatius. Onerabit hoc modestiam nostram, etiamsi stylus ipse fuerit pressus demissusque, propterea quod cogimur, quum de munificentia parentum nostrorum, tum de nostra, disputare. Anceps hic et lubricus locus est, etiam quum illi necessitas lenocinatur. Etenim si alienæ quoque laudes parum æquis auribus accipi solent, quam difficile est obtinere, ne

ou seulement pour moi. La preuve que je dois avoir travaillé pour moi, c'est que les accessoires les plus nécessaires à une action de ce genre, ne conservent, après l'action, ni leur prix ni leur mérite.

Sans aller chercher bien loin des exemples, n'était-il pas très-utile d'expliquer les motifs de ma munificence ? D'abord j'arrêtais mon esprit sur de nobles pensées ; ensuite une longue méditation m'en dévoilait mieux la beauté ; enfin je me précautionnais contre le repentir inséparable des largesses précipitées. C'était comme une occasion de m'exercer au mépris des richesses. Car, tandis que la nature enchaîne tous les hommes à la conservation de leurs biens, l'amour longuement raisonné d'une libéralité bien entendue m'affranchissait des vulgaires entraves de l'avarice. Il me semblait que ma générosité serait d'autant plus méritoire, que j'y étais entraîné, non par le caprice, mais par la réflexion. De plus, ce n'étaient pas des spectacles ou des combats de gladiateurs que je proposais, c'étaient des pensions annuelles qui assurassent des secours à des jeunes gens de bonne famille. On n'a pas besoin de recommander les plaisirs qui charment les yeux ou les oreilles. A cet égard, l'orateur doit moins exciter que contenir notre élan. Mais, pour engager quelqu'un à se charger des ennuyeuses et pénibles fonctions d'instituteur, il faut joindre aux récompenses des encouragements délicats. Les médecins essaient par des paroles flatteuses de tempérer la salutaire amertume de leurs remèdes. A combien

---

molesta videatur oratio de se aut de suis disserentis! Nam quum ipsi honestati, tum aliquando magis gloriæ ejus prædicationique invidemus; atque ea demum recte facta minus detorquemus et carpimus, quæ in obscuritate et silentio reponuntur. Qua ex causa sæpe ipse mecum, nobisne tantum, quidquid est istud, composuisse, an et aliis, debeamus. Ut nobis, admonet istud quoque, quod pleraque, quæ sunt agendæ rei necessaria, eadem peracta nec utilitatem parem nec gratiam retinent.

Ac, ne longius exempla repetamus, quid utilius fuit, quam munificentiæ rationem etiam stylo prosequi? Per hoc enim assequebamur, primum, ut honestis cogitationibus immoraremur; deinde, ut pulchritudinem illarum longiore tractatu pervideremus; postremo, ut subitæ largitionis comitem pœnitentiam caveremus. Nascebatur ex his exercitatio quædam contemnendæ pecuniæ. Nam quum omnes homines ad custodiam ejus natura restrinxerit, nos contra multum ac diu pensitatus amor liberalitatis communibus avaritiæ vinculis eximebat; tantoque laudabilior munificentia nostra fore videbatur, quod ad illam non impetu quodam, sed consilio trahebamur. Accedebat his causis, quod non ludos aut gladiatores, sed annuos sumptus in alimenta ingenuorum pollicebamur. Oculorum porro et aurium voluptates adeo non egent commendatione, ut non tam incitari debeant oratione, quam reprimi. Ut vero aliquis libenter educationis tædium laboremque suscipiat, non præmiis modo, verum etiam

plus forte raison, en faisant à mes concitoyens un présent d'une utilité incontestable, mais peu reconnue, fallait-il l'accompagner de toutes les grâces du discours, surtout quand il s'agissait de faire approuver, à ceux qui n'ont plus d'enfants, une institution qui n'est fondée qu'en faveur de ceux qui en ont, et d'inspirer à tous assez de patience pour attendre et pour mériter une distinction restreinte au petit nombre.

Mais si, à cette époque, en exposant le but et les avantages de notre établissement, j'étais plus occupé de l'utilité publique que de ma vanité, je crains aujourd'hui, en publiant ma harangue, de paraître plus occupé de ma gloire personnelle que des intérêts d'autrui. Je n'ai pas oublié qu'il y a plus de grandeur à chercher la récompense de la vertu dans sa conscience, que dans l'éclat de la renommée. La gloire doit être la conséquence, et non le motif de nos actions ; et, s'il arrive qu'elle nous échappe, ce qui l'a méritée ne perd rien de son prix. Relever le bien qu'on a fait, c'est donner lieu de penser que l'on ne s'en glorifie pas parce qu'on l'a fait, mais qu'on l'a fait pour s'en vanter. Ainsi notre action, magnifique dans la bouche d'autrui, n'est plus rien dans la nôtre. On s'en prend à la vanité, quand on ne peut anéantir ce qui est louable. Si donc nous ne faisons rien qui nous attire des éloges, on nous blâme, et si nous faisons quelque chose de bon, on ne nous pardonne pas de le dire.

J'ai encore un scrupule qui m'est personnel ; c'est que j'ai ha-

---

exquisitis adhortationibus impetrandum est. Nam si medici salubres, sed voluptate carentes cibos, blandioribus alloquiis prosequuntur, quanto magis decuit publice consulentem, utilissimum munus, sed non perinde populare, comitate orationis inducere? Præsertim quum enitendum haberemus, ut, quod parentibus dabatur, et orbis probaretur, honoremque paucorum cæteri patienter et exspectarent et mererentur.

Sed, ut tunc communibus magis commodis, quam privatæ jactantiæ studebamus, quum intentionem effectumque muneris nostri vellemus intelligi, ita nunc in ratione edendi veremur, ne forte non aliorum utilitatibus, sed propriæ laudi servisse videamur. Præterea meminimus, quanto majore animo honestatis fructus in conscientia, quam in fama, reponatur. Sequi enim gloria, non appeti, debet ; nec, si casu aliquo non sequatur, idcirco quod gloriam meruit, minus pulchrum est. Ii vero, qui benefacta sua verbis adornant, non ideo prædicare, quia fecerint, sed ut prædicarent, fecisse creduntur. Sic, quod magnificum referente alio fuisset, ipso qui gesserat recensente, vanescit. Homines enim, quum rem destruere non possunt, jactationem ejus incessunt. Ita, si silenda feceris, factum ipsum ; si laudanda, quod non sileas ipse, culpatur.

Me vero peculiaris quædam impedit ratio ; etenim hunc ipsum sermonem non

rangué, non en public, mais dans l'assemblée des décurions. Or, je crains qu'il soit peu convenable de briguer, par cette publication, les suffrages et les applaudissements de la multitude que j'ai évités en prononçant mon discours. Il s'agissait des intérêts du peuple, et j'avais mis entre lui et moi les murs du sénat, pour ne point avoir l'air de capter sa bienveillance. Mais aujourd'hui ne semblerai-je pas mendier par vanité l'approbation de ceux même qui n'ont d'autre intérêt à mon action que celui de l'exemple quelle donne ? Vous voilà instruit de tous mes doutes ; décidez. Je m'en rapporterai à votre avis. Adieu.

### IX. — *Pline à Minutius Fundanus.*

Chose étonnante ! prenez à part chacune des journées que l'on passe à Rome, vous vous rendrez compte, ou à peu près, de son emploi. Prenez-en plusieurs ou réunissez-les toutes, il en sera autrement. En effet, demandez à quelqu'un : « Qu'avez-vous fait aujourd'hui ? — J'ai assisté, vous dira-t-il, à une prise de toge virile. J'ai été invité à des fiançailles ou à des noces. On m'a requis pour cacheter un testament. Celui-ci m'a chargé de sa cause ; celui-là m'a fait appeler à une consultation. » Chacune de ces occupations, le jour où l'on s'y est livré, a paru nécessaire ; mais quand on vient à réfléchir que c'est ainsi que se sont écoulées toutes les journées, on les trouve vides, surtout dans la retraite. On se dit alors : « A quelles bagatelles ai-je perdu mon temps ! »

apud populum, sed apud decuriones habui, nec in propatulo, sed in Curia. Vereor ergo ut sit satis congruens, quum in dicendo assentationem vulgi acclamationemque defugerim, nunc eadem illa editione sectari ; quumque plebem ipsam, cui consulebatur, limine Curiæ parietibusque discreverim, ne quam in speciem ambitionis inciderem, nunc eos etiam, ad quos ex munere nostro nihil pertinet, præter exemplum, velut obvia ostentatione conquirere. Habes cunctationis meæ causas. Obsequar tamen consilio tuo, cujus mihi auctoritas pro ratione sufficit. Vale.

### IX. — *Pline à Minutius Fundanus.*

Mirum est quam singulis diebus in Urbe ratio aut constet, aut constare videatur, pluribus cunctisque non constet. Nam si quem interroges : « Hodie quid egisti ? » respondeat : « Officio togæ virilis interfui ; sponsalia aut nuptias frequentavi ; ille me ad signandum testamentum, ille in advocationem, ille in consilium rogavit. » Hæc quo die feceris, necessaria ; eadem, si quotidie fecisse te reputes, inania videntur, multo magis quum secesseris. Tunc enim subit recordatio : « Quot dies quam frigidis rebus absumpsi ! » Quod evenit mihi, postquam in Laurentino meo aut lego aliquid, au t

C'est ce que je répète souvent dans ma villa de Laurente, où je lis, où je compose, où j'exerce mon corps dont la bonne disposition seconde les opérations de mon esprit. Je n'entends, je ne dis rien, que je me repente d'avoir entendu et d'avoir dit. Personne, devant moi, ne déchire autrui par de malins discours. Ma censure ne s'adresse qu'à moi-même, quand je suis mécontent de ce que j'écris. Point de désir, point de crainte qui m'inquiète, point de bruit qui me tourmente. Je ne m'entretiens qu'avec moi et avec mes livres. O l'agréable, ô la paisible vie ! ô le délicieux loisir ! Qu'il est honorable, et préférable peut-être à tout emploi ! O mer, ô rivage, mes vrais musées solitaires, qui fécondez mon imagination, que de pensées ne m'inspirez-vous pas ! Fuyez donc, comme moi, le fracas et le vain mouvement de la ville ; renoncez à toutes ces occupations frivoles qui vous y attachent ; livrez-vous à l'étude ou au repos, et songez au mot si profond et si plaisant de notre cher Attilius : *Il vaut mieux ne rien faire, que de faire des riens.* Adieu.

### X. — *Pline à Atrius Clémens.*

Si jamais les belles-lettres ont fleuri à Rome, c'est assurément aujourd'hui. Je pourrais vous en citer beaucoup d'illustres exemples : vous en serez quitte pour un seul ; je ne vous parlerai que du philosophe Euphrate. J'étais fort jeune quand je commençai à le connaître en Syrie, dans le service militaire. Admis chez lui, je l'étudiai à fond. Je tâchai de m'attirer son amitié, et je n'eus pas de peine à y parvenir. Il est affable, prévenant, et respire l'ur-

---

scribo, aut etiam corpori vaco, cujus fulturis animus sustinetur. Nihil audio, quod audisse, nihil dico, quod dixisse pœniteat. Nemo apud me quemquam sinistris sermonibus carpit; neminem ipse reprehendo, nisi unum me, quum parum commode scribo. Nulla spe, nullo timore sollicitor, nullis rumoribus inquietor. Mecum tantum et cum libellis loquor. O rectam sinceramque vitam ! O dulce otium, honestumque, ac pæne omni negotio pulchrius ! O mare, o littus, verum secretumque μουσεῖον ! Quam multa invenitis, quam multa dictatis ! Proinde tu quoque strepitum istum inanemque discursum, et multum inceptos labores, ut primum fuerit occasio, relinque, teque studiis vel otio trade. Satius est enim, ut Attilius noster eruditissime simul et facetissime dixit, « otiosum esse, quam nihil agere. » Vale.

### X. — *Pline à Atrius Clémens.*

Si quando urbs nostra liberalibus studiis floruit, nunc maxime floret. Multa claraque exempla sunt. Suffecerit unum, Euphrates philosophus. Hunc ego in Syria, quum adolescentulus militarem, penitus et domi inspexi, amarique ab eo laboravi,

banité qu'il enseigne. Que je serais heureux, si j'avais répondu à l'idée qu'il avait conçue de moi, comme, de son côté, il a beaucoup ajouté à son mérite personnel! Peut-être aujourd'hui ai-je plus d'admiration pour ses vertus, parce que je les connais mieux, quoique je ne les connaisse pas encore assez. S'il n'appartient qu'à un artiste de juger un peintre, un sculpteur, un statuaire, il faut, de même, posséder la sagesse pour apprécier un sage. Mais, autant que je puis m'y connaître, tant de rares qualités brillent dans Euphrate, qu'elles frappent et pénètrent les moins clairvoyants. Il a tout à la fois de la finesse, de la solidité et de la grâce dans la discussion; souvent même il reproduit le sublime et la majesté de Platon. Il règne dans ses discours une abondance, une variété qui enchantent, et surtout une douceur qui séduit et entraîne les plus rebelles. A ces qualités il joint une haute taille, un beau visage, une longue chevelure et une grande barbe blanche. Ces dehors, quelque vains et indifférents qu'ils paraissent, ajoutent singulièrement à la vénération qu'on a pour lui. Sa tenue est convenable ; son air est sérieux, sans être chagrin ; son abord inspire le respect, sans imprimer la crainte. Son extrême politesse égale la pureté de ses mœurs. Il fait la guerre aux vices, et non aux hommes. Il corrige l'erreur et ne la réprimande point. On est si charmé de l'entendre, qu'après même qu'il vous a persuadé, vous voudriez qu'il eût à vous persuader encore. Trois enfants composent sa famille. Il a deux fils qu'il élève avec le plus grand soin. Pompéius Julianus, son beau-père, est recommandable par sa vie entière. Il s'est honoré

---

etsi non erat laborandum. Est enim obvius et expositus, plenusque humanitate quam præcipit. Atque utinam sic ipse, quam spem tunc ille de me concepit, impleverim, ut ille multum virtutibus suis addidit! Aut ego nunc illas magis miror, quia magis intelligo, quanquam ne nunc quidem satis intelligo. Ut enim de pictore, sculptore, fictore, nisi artifex, judicare, ita, nisi sapiens, non potest perspicere sapientem. Quantum mihi tamen cernere datur, multa in Euphrate sic eminent et elucent, ut mediocriter quoque doctos advertant et afficiant. Disputat subtiliter, graviter, ornate ; frequenter etiam platonicam illam sublimitatem et latitudinem effingit. Sermo est copiosus et varius; dulcis in primis, et qui repugnantes quoque ducat et impellat. Ad hoc, proceritas corporis, decora facies, demissus capillus, ingens et cana barba ; quæ, licet fortuita et inania putentur, illi tamen plurimum venerationis acquirunt. Nullus horror in cultu, nulla tristitia, multum severitatis. Revereris occursum, non reformides. Vitæ sanctitas summa, comitas par. Insectatur vitia, non homines ; nec castigat errantes, sed emendat. Sequaris monentem attentus et pendens ; et persuaderi tibi, etiam quum persuaserit, cupias. Jam vero liberi tres, duo mares, quos diligentissime instituit. Socer Pompeius Julianus, quum cætera vita, tum vel hoc

surtout par le choix de son gendre, puisque, tenant le premier rang dans sa province, il a cependant choisi la vertu plutôt que la naissance et la fortune.

Mais pourquoi m'étendre davantage sur les louanges d'un ami dont il ne m'est plus permis de jouir. Ai-je donc peur de ne point sentir assez ma perte? Enchaîné à un emploi aussi important que fâcheux, je passe ma vie à siéger sur un tribunal, à répondre à des requêtes, à faire des règlements, et à écrire une infinité de lettres qui ne sont rien moins que littéraires. Je m'en plains quelquefois à Euphrate (et encore combien est-il rare que j'aie ce plaisir!). Il essaie de me consoler. « C'est, dit-il, la plus noble fonction de la philosophie, que de mettre en œuvre les maximes des philosophes, que de prendre en main les intérêts publics, de connaître, d'apprécier, de faire éclater la justice et de la rendre. » Voilà le seul point où il ne me persuade pas. Je suis encore à comprendre que de semblables occupations puissent valoir le plaisir de passer tous les jours à l'entendre et à l'étudier. Aussi, je vous le répète, vous qui êtes libre, revenez promptement à Rome, et, dès que vous y serez, allez vous former et vous perfectionner à son école. Vous voyez que je ne ressemble pas à la plupart des hommes, qui envient aux autres les avantages dont ils sont privés. Au contraire, j'éprouve un sentiment de plaisir quand je vois mes amis regorger des biens dont je ne puis jouir. Adieu.

uno magnus et clarus, quod, ipse provinciæ princeps, hunc nter altissimas conditiones generum, non honoribus principem, sed sapientia, elegit.

Quanquam quid ego plura de viro, quo mihi frui non licet? An ut magis angar, quod non licet? Nam distringor officio, ut maximo, sic molestissimo. Sedeo pro tribunali, subnoto libellos, conficio tabulas; scribo plurimas, sed illitteratissimas litteras. Soleo nonnunquam (nam idipsum quando contingit) de his occupationibus apud Euphratem queri. Ille me consolatur; affirmat etiam esse hanc philosophiæ, et quidem pulcherrimam partem, agere negotium publicum, cognoscere, judicare, promere et exercere justitiam, quæque ipsi doceant, in usu habere. Mihi tamen hoc unum non persuadet, satius esse ista facere, quam cum illo dies totos audiendo discendoque consumere. Quo magis te, cui vacat, hortor, quum in Urbem proxime veneris (venias autem ob hoc maturius), illi te expoliendum limandumque permittas. Neque enim ego, ut multi, invideo aliis bono quo ipse careo; sed contra, sensum quemdam voluptatemque percipio, si ea, quæ mihi denegantur, amicis video superesse. Vale.

## XI. — *Pline à Fabius Justus.*

Depuis longtemps vous ne me donnez point de vos nouvelles. « Je n'ai rien à vous écrire, » dites-vous. Eh bien ! écrivez-moi que vous n'avez rien à m'écrire, ou contentez-vous de me dire ce que nos ancêtres avaient coutume de mettre au commencement de leurs lettres : *Si vous êtes en bonne santé, j'en suis charmé ; pour moi, je me porte bien.* Cela me suffit ; car c'est l'essentiel. Vous croyez que je badine ? non, je parle sérieusement. Mandez-moi ce que vous faites. Je souffre trop de ne pas le savoir. Adieu.

## XII. — *Pline à Calestrius Tiron.*

J'ai fait une perte cruelle, si ce terme est assez fort pour exprimer le malheur qui nous enlève un si grand homme. Corellius Rufus est mort ; et, ce qui m'accable davantage, il est mort de son plein gré. Cette manière de quitter la vie, dont on ne peut accuser la nature ni la fatalité, me semble la plus affligeante de toutes. Lorsque nos amis meurent de maladie, nous trouvons une grande consolation dans la nécessité qui frappe tous les hommes. Mais ceux qui se livrent eux-mêmes à la mort, nous laissent l'éternel regret de penser qu'ils auraient pu vivre longtemps. Une raison suprême, qui passe pour la nécessité aux yeux des sages, a entraîné Corellius Rufus dans son dessein, quoique bien des causes l'attachassent à la vie ; une bonne conscience, une haute réputation, un crédit puissant,

---

### XI. — *Pline à Fabius Justus.*

Olim mihi nullas epistolas mittis. « Nihil est, inquis, quod scribam. » At hoc ipsum scribe, nihil esse quod scribas ; vel solum illud, unde incipere priores solebant : « Si vales, bene est ; ego valeo. » Hoc mihi sufficit ; est enim maximum. Ludere me putas ! serio peto. Fac sciam quid agas. Quod sine sollicitudine summa nescire non possum. Vale.

### XII. — *Pline à Calestrius Tiron.*

Jacturam gravissimam feci, si jactura dicenda est tanti viri amissio. Decessit Corellius Rufus, et quidem sponte, quod dolorem meum exulcerat. Est enim luctuosissimum genus mortis, quæ non ex natura nec fatalis videtur. Nam utcumque in illis, qui morbo finiuntur, magnum ex ipsa necessitate solatium est. In iis vero, quos arcessita mors aufert, hic insanabilis dolor est, quod creduntur potuisse diu vivere. Corellium quidem summa ratio, quæ sapientibus pro necessitate est, ad hoc consilium compulit, quanquam plurimas vivendi causas habentem, optimam conscientiam,

une épouse, une fille, un petit-fils, des sœurs, et, parmi tant d'objets d'affection, de véritables amis. Mais sa santé était depuis longtemps si délabrée, que les raisons de mourir l'emportèrent sur tant d'avantages qu'il trouvait à vivre. A trente-trois ans (il me l'a dit lui-même), il fut attaqué de la goutte aux pieds. Il l'avait héritée de son père; car les maux, comme les autres choses, nous viennent souvent aussi par succession. Dans la force de la jeunesse, il triompha de cette maladie par la diète et par la chasteté. Lorsque, enfin, elle se fut accrue avec l'âge, il se soutint par son énergie. Sous Domitien, j'allai le voir dans sa maison, près de Rome. Il souffrait des tourments inouïs et des douleurs atroces. Le mal n'attaquait plus seulement ses pieds, il parcourait tout son corps. Ses valets se retirèrent, selon l'usage établi chez lui. Quand un ami intime entrait dans sa chambre, tout le monde en sortait, même sa femme, quoiqu'elle fût d'une discrétion à toute épreuve. Après avoir jeté les yeux autour de lui : *Savez-vous bien*, dit-il, *pourquoi je m'obstine à supporter si longtemps mes tortures cruelles? c'est pour survivre, ne fût-ce qu'un seul jour, à ce brigand; et j'en aurais eu le plaisir, si mes forces n'eussent pas trahi mon courage.*

Le ciel exauça pourtant ses vœux en lui permettant de mourir enfin tranquille, et de rompre les liens nombreux, mais plus faibles, qui l'attachaient à la vie. Ses maux empirèrent. Il essaya de les adoucir par le régime. Ils continuèrent. Il s'en délivra par sa fermeté. Il y avait déjà quatre jours qu'il s'était abs-

---

optimam famam, maximam auctoritatem; præterea filiam, uxorem, nepotem, sorores, interque tot pignora, veros amicos. Sed tam longa, tam iniqua valetudine conflictabatur, ut hæc tanta pretia vivendi mortis rationibus vincerentur. Tertio et tricesimo anno, ut ipsum prædicantem audiebam, pedum dolore correptus est. Patrius hic illi. Nam plerumque morbi quoque per successiones quasdam, ut alia, traduntur. Hunc abstinentia, sanctitate, quoad viridis ætas, vicit et fregit; novissime cum senectute ingravescentem, viribus animi sustinebat. Quum quidem incredibiles cruciatus et indignissima tormenta pateretur (jam enim dolor non pedibus solis, ut prius, insidebat, sed omnia membra pervagabatur), veni ad eum, Domitiani temporibus, in suburbano jacentem. Servi e cubiculo recesserunt. Habebat hoc moris, quoties intrasset fidelior amicus; quim etiam uxor, quanquam omnis secreti capacissima, digrediebatur. Circumtulit oculos, et : « Cur, inquit, me putas hos tantos dolores tamdiu sustinere? ut scilicet isti latroni, vel uno die, supersim. Dedisses huic animo par corpus, fecisset quod optabat. »

Affuit tamen deus voto, cujus ille compos, ut jam securus liberque moriturus, multa illa vitæ, sed minora, retinacula abrupit. Increverat valetudo, quam tempe-

tenu de nourriture, quand Hispulla, sa femme, envoya notre ami commun, C. Géminius, m'apporter la triste nouvelle, que Corellius avait résolu de mourir ; que les supplications de sa femme et de sa fille ne gagnaient rien sur lui, et que j'étais le seul qui pouvait le rattacher à la vie. J'y courus. J'arrivais, lorsque Julius Atticus, de nouveau dépêché vers moi par Hispulla, m'annonça que moi-même je n'obtiendrais rien : tant Corellius était endurci dans sa détermination. Il venait de répondre à son médecin qui lui présentait des aliments : *Je l'ai résolu*; parole qui me remplit tout à la fois d'admiration et de douleur.

Je ne cesse de penser quel ami, quel homme j'ai perdu. Sans doute il avait passé soixante-sept ans, terme assez long, même pour les santés les plus robustes. Sans doute il est délivré des souffrances d'une maladie continuelle, et il laisse florissantes sa famille et la république, qui lui était plus chère que tous les siens. Cependant je le regrette comme s'il m'eût été ravi jeune et plein de santé. Dussiez-vous m'accuser de faiblesse, je le regrette pour moi-même. J'ai perdu, en effet, j'ai perdu le témoin, le guide, le modèle de ma vie. Vous ferai-je enfin un aveu que j'ai déjà fait à notre ami Calvisius, dans les premiers transports de ma douleur? je crains de trop m'y abandonner. Donnez-moi donc des consolations. Mais ne me dites pas : *Il était vieux, il était souffrant*; je sais cela. Il me faut d'autres motifs, des considérations plus puissantes, que je n'aie entendus, que je n'aie lus nulle part. Car tout ce que j'ai entendu, tout ce que j'ai lu, se

---

rantia mitigare tentavit, perseverantem constantia fugit. Jam dies alter, tertius, quartus; abstinebat cibo. Misit ad me uxor ejus Hispulla communem amicum C. Geminium cum tristissimo nuntio, destinasse Corellium mori; nec aut suis, aut filiæ precibus flecti; solum superesse me, a quo revocari posset ad vitam. Cucurri. Perveneram in proximum, quum mihi ab eadem Hispulla Julius Atticus nuntiat, nihil jam ne me quidem impetraturum ; tam obstinate magis ac magis induruisse. Dixerat sane medico admoventi cibum, Κέκρικα, quæ vox quantum admirationis in animo meo, tantum desiderii reliquit.

Cogito quo amico, quo viro caream. Implevit quidem annum septimum et sexagesimum, quæ ætas etiam robustissimis satis longa est; scio. Evasit perpetuam valetudinem ; scio. Decessit superstitibus suis, florente republica, quæ illi omnibus suis carior erat; et hoc scio. Ego tamen, tanquam et juvenis et firmissimi, mortem doleo ; doleo autem (licet me imbecillum putes) meo nomine. Amisi enim, amisi vitæ meæ testem, rectorem, magistrum. In summa dicam, quod recenti dolore contubernali meo Calvisio dixi : « Vereor ne negligentius vivam. » Proinde adhibe solatia mihi ; non hæc, « Senex erat, infirmus erat, » hæc enim novi ; sed nova

présente naturellement à ma pensée, mais cède à une si grande douleur. Adieu.

### XIII. — *Pline à Sosius Sénécion.*

L'année a été fertile en poëtes. Le mois d'avril n'a presque pas eu de jour où il ne se soit fait quelque lecture. J'aime à voir fleurir les lettres et les esprits se produire au grand jour, malgré le peu d'empressement de nos Romains à venir entendre les ouvrages nouveaux. La plupart se tiennent sur les places publiques, et perdent en causeries le temps qu'ils devraient consacrer à écouter. Ils envoient demander de temps en temps si le lecteur est entré, si son préambule est achevé, s'il est bien avancé dans sa lecture. Alors seulement vous les voyez venir lentement et avec circonspection. Encore n'attendent-ils pas la fin pour s'en aller. L'un s'esquive adroitement; l'autre sort sans façon et sans gêne. Quelle différence, du temps de nos pères! On raconte qu'un jour l'empereur Claude, en se promenant dans son palais, entendit un grand bruit. Il en demanda la cause. On lui dit que Nonianus faisait une lecture publique. Ce prince vint aussitôt surprendre l'assemblée. Aujourd'hui les gens les plus oisifs, longtemps avant une lecture, priés et souvent avertis, dédaignent de venir; ou, s'ils viennent, ce n'est que pour se plaindre qu'ils ont perdu un jour, justement parce qu'ils ne l'ont pas perdu. Cette nonchalance et ce dédain de la part des auditeurs rehaussent beaucoup dans mon estime le courage des écrivains qu'ils ne dégoûtent pas de la composition et des lectures publi-

---

aliqua, sed magna, quæ audierim nunquam, legerim nunquam. Nam quæ audivi, quæ legi, sponte succurrunt, sed tanto dolore superantur. Vale.

### XIII. — *Pline à Sosius Sénécion.*

Magnum proventum poetarum annus hic attulit. Toto mense aprili nullus fere dies, quo non recitaret aliquis. Juvat me, quod vigent studia, proferunt se ingenia hominum et ostentant, tametsi ad audiendum pigre coitur. Plerique in stationibus sedent, tempusque audiendi fabulis conterunt, ac subinde sibi nuntiari jubent, an jam recitator intraverit, an dixerit præfationem, an ex magna parte evolverit librum. Tum demum, ac tunc quoque lente cunctanterque, veniunt ; nec tamen permanent, sed ante finem recedunt, alii dissimulanter et furtim, alii simpliciter et libere. At hercule memoria parentum, Claudium Cæsarem ferunt, quum in palatio spatiaretur, audissetque clamorem, causam requisisse ; quumque dictum esset, recitare Nonianum, subitum recitanti inopinatumque venisse. Nunc otiosissimus quisque multo ante rogatus, et identidem admonitus, aut non venit, aut, si venit, queritur se diem, quia non

ques. Pour moi, j'ai assisté à presque toutes les lectures. A dire vrai, les auteurs étaient mes amis ; car il n'y a peut-être pas un ami des lettres qui ne soit aussi le mien. Voilà ce qui m'a retenu à Rome plus longtemps que je ne voulais. Enfin je puis regagner ma retraite, et y composer quelque ouvrage, que je me garderai bien de lire en public. Ceux dont j'ai écouté les lectures croiraient que je leur ai, non pas donné, mais seulement prêté mon attention. Car, dans ces sortes de services, comme dans tous les autres, le mérite cesse dès qu'on en demande le prix. Adieu.

### XIV. — *Pline à Junius Mauricus.*

Vous me priez de chercher un parti pour la fille de votre frère. C'est avec raison que vous me donnez cette commission plutôt qu'à tout autre : vous savez jusqu'où je portais mon admiration et mon attachement pour ce grand homme. Par quels sages conseils n'a-t-il point soutenu ma jeunesse ! Combien ses éloges ne m'ont-ils pas aidé à en mériter ! Vous ne pouviez donc me charger d'un soin plus important, d'un soin qui me fît tout à la fois plus de plaisir et plus d'honneur que celui de choisir un époux digne de faire revivre Rusticus Arulénus dans ses descendants. Ce choix demanderait beaucoup de temps, si nous n'avions pas Minucius Acilianus, qui semble fait exprès pour cette alliance. C'est un jeune homme qui m'aime comme on aime les gens de son âge (car je n'ai que quelques années plus que lui), et qui me respecte comme un

---

pediderit, perdidisse. Sed tanto magis laudandi probandique sunt, quos a scribendi recitandique studio hæc auditorum vel desidia vel superbia non retardat. Equidem prope nemini defui. Erant sane amici, neque enim quisquam est fere qui studia, ut non simul et nos, amet. His ex causis longius, quam destinaveram, tempus in Urbe consumpsi. Possum jam repetere secessum, et scribere aliquid, quod non recitem, ne videar, quorum recitationibus affui, non auditor fuisse, sed creditor. Nam, ut in cæteris rebus, ita in audiendi officio, perit gratia, si reposcatur. Vale.

### XIV. — *Pline à Junius Mauricus.*

Petis, ut fratris tui filiæ prospiciam maritum. Quod merito mihi potissimum injungis : scis enim, quantopere summum illum virum suspexerim dilexerimque, quibus ille adolescentiam meam exhortationibus foverit, quibus etiam laudibus, ut laudandus viderer, effecerit. Nihil est quod a te mandari mihi aut majus aut gratius, nihil quod honestius a me suscipi possit, quam ut eligam juvenem, ex quo nasci nepotes Aruleno Rustico deceat. Qui quidem diu quærendus fuisset, nisi paratus et quasi provisus esset Minucius Acilianus, qui me, ut juvenis juvenem (est enim minor pauculis annis),

vieillard. Il veut tenir de moi l'instruction et les principes que je dus autrefois à vos leçons.

Il est né à Brescia, ville de ce canton d'Italie où l'on conserve encore beaucoup de vestiges de la modestie, de la frugalité, et même de la simplicité antique. Minucius Macrinus, son père, n'occupa d'autre rang que celui de premier des chevaliers, parce qu'il refusa de monter plus haut. Vespasien voulut l'admettre au nombre des anciens préteurs; mais il préféra constamment un repos honorable à ce qui n'est peut-être que de l'ambition cachée sous le nom de gloire. Serrana Procula, aïeule maternelle de ce jeune homme, est du municipe de Padoue. Vous connaissez les mœurs sévères de ce pays. Serrana y est citée comme un modèle. Il a aussi pour oncle P. Acilius. C'est un personnage d'une sagesse, d'une prudence, d'une intégrité presque incroyable. En un mot, vous ne trouverez, dans toute cette famille, rien qui ne vous plaise autant que dans la vôtre. Quant à Minucius Acilianus, il joint à beaucoup de talent et d'activité une modestie extrême. Il a exercé avec honneur la questure, le tribunat, la préture, et il vous a épargné ainsi d'avance la peine de les briguer pour lui. Sa figure est noble, son teint animé et vivement coloré. Tout en lui respire la distinction, la dignité d'un sénateur. Ces avantages, selon moi, ne sont point à négliger : c'est, en quelque sorte, une récompense que l'on doit aux mœurs innocentes d'une jeune personne.

Ajouterai-je que le père est fort riche. Quand je songe au

---

familiarissime diligit, reveretur ut senem ; nam ita formari a me et institui cupit, ut ego a vobis solebam.

Patria est ei Brixia, ex illa nostra Italia, quæ multum adhuc verecundiæ, frugalitatis, atque etiam rusticitatis antiquæ retinet ac servat. Pater Minucius Macrinus, equestris ordinis princeps, quia nihil altius voluit. Allectus enim a divo Vespasiano inter prætorios, honestam quietem huic nostræ, ambitioni dicam, an dignitati? contantissime prætulit. Habet aviam maternam Serranam Proculam, e municipio patavino. Nosti loci mores : Serrana tamen Patavinis quoque severitatis exemplum est. Contigit et avunculus ei P. Acilius, gravitate, prudentia, fide prope singulari. In summa, nihil erit in domo tota, quod non tibi, tanquam in tua, placeat. Aciliano vero ipsi plurimum vigoris et industriæ, quanquam in maxima verecundia. Quæstuam, tribunatum, prætturam honestissime percucurrit, ac jam pro se tibi necessiatem ambiendi remisit. Est illi facies liberalis, multo sanguine, multo rubore suffusa; st ingenua totius corporis pulchritudo, et quidam senatorius decor. Quæ ego nequauam arbitror negligenda : debet enim hoc castitati puellarum quasi præmium dari.

Nescio a: adjiciam esse patri ejus amplas facultates. Nam, quum imaginor vos,

caractère de ceux qui veulent un gendre de ma main, je n'ose parler de sa fortune ; mais, quand je considère les mœurs publiques et même nos lois qui mettent les revenus en première ligne, cet article me semble ne devoir pas être omis. Franchement, on ne peut envisager les nombreuses conséquences du mariage, sans faire entrer la richesse dans les conditions du bonheur. Vous croyez peut-être que mon amitié s'est plu à exagérer le mérite d'Acilianus. Rapportez-vous-en à ma parole : vous verrez qu'il tiendra bien plus que je ne promets. Je vous avoue que j'ai pour ce jeune homme la plus vive affection, et il la mérite. Mais, plus je l'aime, moins je dois outrer son éloge. Adieu.

### XV. — *Pline à Septicius Clarus.*

A merveille ! vous me promettez de venir souper, et vous me manquez de parole ! Mais il y a une justice : vous me rembourserez mes frais jusqu'à la dernière obole ; et ils ne sont pas minces. J'avais préparé à chacun sa laitue, trois escargots, deux œufs, un gâteau miellé et de la neige ; car je vous compterai jusqu'à la neige, la neige surtout, puisqu'elle ne sert jamais qu'une fois. Nous avions d'excellentes olives, des courges, des oignons et mille autres mets aussi délicats. Vous auriez eu à choisir d'un comédien, d'un lecteur ou d'un musicien ; ou même, admirez ma générosité, vous les auriez eus tous ensemble. Mais vous avez préféré, chez je ne sais qui, des huîtres, des fressures de porc, des oursins, et des danseuses espagnoles. Vous me le paierez ; je ne vous dis pas

---

quibus quærimus generum, silendum de facultatibus puto ; quum publicos mores atque etiam leges civitatis intueor, quæ vel in primis census hominum spectandos arbitrantur, ne id quidem prætereundum videtur. Et sane de posteris, et his pluribus, cogitanti, hic quoque in conditionibus diligendis ponendus est calculus. Tu fortasse me putes indulsisse amori meo, supraque ista, quam res patitur, sustulisse ; at ego fide mea spondeo futurum, ut omnia longe ampliora, quam a me prædicantur, invenias. Diligo quidem adolescentem ardentissime, sicut meretur : sed hoc ipsum amantis est, non onerare eum laudibus. Vale.

### XV. — *Pline à Septicius Clarus.*

Heus ! tu promittis ad cœnam, nec venis ! Dicitur jus : ad assem impendium reddes, nec id modicum. Paratæ erant lactucæ singulæ, cochleæ ternæ, ova bina, alica cum mulso et nive (nam hanc quoque computabis, imo hanc in primis, quæ periit in ferculo), olivæ bæticæ, cucurbitæ, bulbi, alia mille non minus lauta. Audisses comœdum, vel lectorem, vel lyristen, vel (quæ mea liberalitas !) omnes. At tu, apud

comment. Vous avez été cruel : vous m'avez privé d'un grand plaisir, peut-être vous aussi ; du moins, vous y avez perdu. Comme nous eussions ri, plaisanté, moralisé ! Vous trouverez chez beaucoup d'autres des repas plus magnifiques ; mais nulle part plus de gaieté, plus de franchise, plus d'abandon. Faites-en l'épreuve ; et, après cela, si vous ne quittez toute autre table pour la mienne, je consens que vous quittiez la mienne pour toujours. Adieu.

### XVI. — *Pline à Érucius.*

Je chérissais déjà Pompéius Saturninus (je parle de notre ami), je vantais son esprit, même avant d'en connaître toute la souplesse, toute la flexibilité, toute l'étendue. Aujourd'hui il s'est emparé de moi ; il me possède, il m'absorbe tout entier. Je l'ai entendu plaider avec autant de véhémence que d'énergie, et je n'ai pas trouvé moins de pureté et d'élégance dans ses improvisations que dans ses discours étudiés. Raisonnements justes et serrés, plans sages et bien faits, diction harmonieuse et d'un goût antique, toutes ces beautés, qui vous transportent quand la chaleur et la rapidité du débit les animent, vous charment encore lorsque vous les retrouvez sur ses tablettes. Vous serez de mon avis, dès que vous aurez en main ses pièces d'éloquence. Vous n'hésiterez pas à les comparer aux plus belles que les anciens nous ont laissées, et vous avouerez qu'il égale ses modèles. Comme historien, il vous satisfera davantage par la précision, la netteté, l'agrément, quel-

---

nescio quem, ostrea, vulvas, echinos, Gaditanas maluisti. Dabis pœnas, non dico quas. Dure fecisti : invidisti, nescio an tibi, certe mihi ; sed tamen et tibi. Quantum nos lusissemus, risissemus, studuissemus ! Potes apparatius cœnare apud multos ; nusquam hilarius, simplicius, incautius. In summa, experire ; et nisi postea te aliis potius excusaveris, mihi semper excusa. Vale.

### XVI. — *Pline à Érucius.*

Amabam Pompeium Saturninum, hunc dico nostrum ; laudabamque ejus ingenium, etiam antequam scirem quam varium, quam flexibile, quam multiplex esset. Nunc vero totum me tenet, habet, possidet. Audivi causas agentem acriter et ardenter, nec minus polite et ornate, sive meditata, sive subita proferret. Adsunt aptæ crebræque sententiæ, gravis et decora constructio, sonantia verba et antiqua. Omnia hæc mire placent, quum impetu quodam et flumine prævehuntur ; placent, si retractentur. Senties quod ego, quum orationes ejus in manus sumpseris ; quas facile cuilibet veterum, quorum est æmulus, comparabis. Idem tamen in historia magis satisfaciet

quefois même par l'éclat et la sublimité de ses récits. Il n'a pas moins de vigueur dans ses harangues que dans ses plaidoyers; mais il y est plus concis, plus serré, plus pressant.

Ce n'est pas tout : il fait des vers qui valent ceux de Catulle ou de Calvus. Que de grâce, de douceur, de tendresse, et quelquefois de mordant! Aux vers faciles et coulants, il en mêle, à dessein, d'une harmonie un peu rude : c'est la manière de Catulle et de Calvus. Dernièrement il me lut des lettres qu'il disait être de sa femme. Je crus entendre Plaute ou Térence en prose. Que ces lettres soient de sa femme, comme il l'assure, ou qu'elles soient de lui, ce qu'il n'avoue pas, il mérite les mêmes éloges, ou pour les avoir écrites, ou pour avoir donné à sa femme, qu'il épousa si jeune, le talent de les écrire. Je ne le quitte donc plus de toute la journée : je le lis avant de prendre mes tablettes, quand je les quitte, quand je me délasse; et il est toujours nouveau pour moi. Je ne puis trop vous engager à m'imiter. Faut-il dédaigner ses œuvres, parce qu'il est notre contemporain? Quoi! s'il avait vécu parmi des gens que nous n'eussions jamais vus, nous rechercherions ses livres et même ses portraits; et, parce qu'il est au milieu de nous, nous serons dégoûtés de son mérite éclatant par la facilité même d'en jouir ! Il est absurde, il est injuste de ne pas admirer un homme si digne d'admiration, parce qu'on a le bonheur de le voir, de lui parler, de l'entendre, de l'embrasser, et non-seulement de le louer, mais encore de l'aimer. Adieu.

---

vel brevitate, vel luce, vel suavitate, vel splendore etiam et sublimitate narrandi. Nam in concionibus eadem, quæ in orationibus, vis est; pressior tamen, et circumscriptior, et adductior.

Præterea facit versus, quales Catullus aut Calvus. Quantum illis leporis, dulcedinis, amaritudinis, amoris! Inserit sane, sed data opera, mollibus lenibusque duriusculos quosdam ; et hoc, quasi Catullus aut Calvus. Legit mihi nuper epistolas ; uxoris esse dicebat. Plautum vel Terentium metro solutum legi credidi : quæ sive uxoris sunt, ut affirmat, sive ipsius, ut negat, pari gloria dignus est, qui aut illa componat, aut uxorem, quam virginem accepit, tam doctam politamque reddiderit. Est ergo mecum per diem totum : eumdem antequam scribam, eumdem quum scripsi, eumdem etiam quum remittor, non tanquam eumdem, lego. Quod te quoque ut facias, et hortor et moneo. Neque enim debet operibus ejus obesse, quod vivit. An, si inter eos, quos nunquam vidimus, floruisset, non solum libros ejus, verum etiam imagines conquireremus, ejusdem nunc honor præsentis et gratia, quasi satietate, languesceret? At hoc pravum malignumque est, non admirari hominem admiratione dignissimum, quia videre, alloqui, audire, complecti, nec laudare tantum, verum etiam amare contingit. Vale.

### XVII. — *Pline à Cornélius Titianus.*

Il reste encore du dévouement et de l'honneur parmi les hommes : on en voit dont l'amitié survit à leurs amis. Titinius Capito a obtenu de notre empereur la permission d'élever sur le forum une statue à L. Silanus. Qu'il est beau, qu'il est honorable de consacrer à cet usage la faveur dont on jouit, et d'employer son crédit à rendre hommage au mérite d'autrui ! Capiton s'est fait une habitude d'honorer les grands hommes. On ne saurait dire avec quelle vénération, avec quel amour il conserve chez lui, ne pouvant pas les voir ailleurs, les portraits des Brutus, des Cassius, des Catons. Il célèbre aussi en vers excellents tous les illustres personnages. Croyez-moi, l'on n'aime point tant le mérite d'autrui, sans en avoir beaucoup soi-même. L. Silanus a reçu les honneurs qui lui étaient dus, et, en lui assurant l'immortalité, Capiton a fondé la sienne. Il n'est pas, en effet, plus noble et plus glorieux de mériter une statue dans Rome, que de l'ériger à celui qui la mérite. Adieu.

### XVIII. — *Pline à Suétone.*

Vous m'écrivez qu'épouvanté par un songe, vous craignez pour le succès de votre plaidoyer. Vous me priez de demander un délai de quelques jours, ou d'obtenir au moins que vous ne plaidiez pas

---

### XVII. — *Pline à Cornélius Titianus.*

Est adhuc curæ hominibus fides et officium : sunt qui defunctorum quoque amicos agant. Titinius Capito ab imperatore nostro impetravit, ut sibi liceret statuam L. Silani in foro ponere. Pulchrum et magna laude dignum, amicitia principis in hoc uti, quantumque gratia valeas, aliorum honoribus experiri! Est omnino Capitoni in usu claros viros colere : mirum est qua religione, quo studio imagines Brutorum, Cassiorum, Catonum domi, ubi potest, habeat. Idem clarissimi cujusque vitam egregiis carminibus exornat. Scias ipsum plurimis virtutibus abundare, qui alienas sic amat. Redditus est L. Silano debitus honor, cujus immortalitati Capito prospexit pariter et suæ. Neque enim magis decorum et insigne est, statuam in foro populi romani habere, quam ponere. Vale.

### XVIII. — *Pline à Suétone.*

Scribis te perterritum somnio, vereri ne quid adversi in actione patiaris. Rogas

à la prochaine audience. Cela n'est pas facile. Cependant j'essaierai :

<blockquote>Car c'est de Jupiter que nous viennent les songes.</blockquote>

Mais il importe de savoir si d'ordinaire l'évènement est conforme ou contraire à vos rêves. En me rappelant un des miens, j'augure bien de celui qui vous fait peur. J'allais plaider la cause de Julius Pastor. Je rêvai que ma belle-mère, à mes genoux, me conjurait de ne point plaider ce jour-là. J'étais fort jeune ; je devais parler devant les quatre tribunaux assemblés ; j'avais contre moi les citoyens les plus puissants, et même les favoris de l'empereur. Toutes ces circonstances, après mon songe fatal, devaient me faire perdre la tête. Je plaidai néanmoins, en pensant que

<blockquote>Défendre sa patrie est le plus sûr présage.</blockquote>

Ma parole engagée était pour moi la patrie, et, s'il est possible, quelque chose de plus cher encore. Je réussis. C'est même cette cause qui fit d'abord parler de moi, et qui m'ouvrit les portes de la renommée. Voyez donc si cet exemple ne vous engagera point à mieux augurer de votre songe ; ou, si vous trouvez plus de sûreté à suivre ce conseil de la prudence : *dans le doute, abstiens-toi*, faites-le-moi savoir. J'imaginerai quelque prétexte, et je plaiderai pour que vous puissiez ne plaider que quand il vous plaira. Après tout, vous êtes dans une situation différente de celle où je me trouvais. L'audience des centumvirs ne souffre point de remise. Celle où

---

ut dilationem petam, et pauculos dies, certe proximum excusem. Difficile est ; sed experiar :

Καὶ γάρ τ' ὄναρ ἐκ Διός ἐστιν.

Refert tamen, eventura soleas, an contraria somniare. Mihi reputanti somnium meum, istud, quod times tu, egregiam actionem portendere videtur. Susceperam causam Julii Pastoris, quum mihi quiescenti visa est socrus mea advoluta genibus, ne agerem obsecrare. Et eram acturus adolescentulus adhuc ; eram in quadruplici judicio ; eram contra potentissimos civitatis, atque etiam Cæsaris amicos : quæ singula excutere mentem mihi post tam triste somnium poterant. Egi tamen, λογισάμενος illud,

Εἷς οἰωνὸς ἄριστος ἀμύνασθαι περὶ πάτρης.

Nam mihi patria, et si quid carius patria, fides videbatur. Prospere cessit ; atque adeo illa actio mihi aures hominum, illa januam famæ patefecit. Proinde dispice, an tu quoque sub hoc exemplo somnium istud in bonum vertas ; aut, si tutius putas illud cautissimi cujusque præceptum, « quod dubitas, ne feceris, » id ipsum rescribe. Ego aliquam stropham inveniam, agamque causam tuam, ut ipsam agere, quum

vous devez parler ne s'ajourne pas aisément ; mais enfin elle peut s'ajourner. Adieu.

### XIX. — *Pline à Romanus.*

Nés dans la même ville, instruits à la même école, nous avons, depuis notre enfance, habité la même maison. Votre père était lié d'une étroite amitié avec ma mère, avec mon oncle, avec moi, autant que le pouvait permettre la différence de nos âges. Que de raisons à la fois pour prendre intérêt à votre élévation, et pour y concourir ! Il est certain que vous avez cent mille sesterces[1] de revenu, puisque vous êtes décurion dans notre province. Pour que nous ayons le plaisir de vous posséder encore dans l'ordre des chevaliers, j'ai à votre service les trois cent mille sesterces[2] qui vous manquent, et je vous les offre. Notre ancienne amitié m'est un gage suffisant de votre reconnaissance. Je ne vous ferai pas même la recommandation que je devrais vous faire, si je n'étais persuadé que vous n'en avez pas besoin : c'est de vous gouverner avec sagesse dans ce nouvel emploi que vous tiendrez de moi. On ne peut remplir avec trop d'exactitude les devoirs de son rang, lorsqu'il faut justifier le choix de l'ami qui nous y élève. Adieu.

### XX. — *Pline à Tacite.*

J'ai de fréquentes discussions avec un homme savant et habile,

---

tu voles, possis. Est enim sane alia ratio tua, alia mea fuit. Nam judicium centumvirale differri nullo modo, istud ægre quidem, sed tamen potest. Vale.

### XIX. — *Pline à Romanus.*

Municeps tu meus et condiscipulus, et ab ineunte ætate contubernalis ; pater tuus et matri et avunculo meo, mihi etiam, quantum ætatis diversitas passa est, familiaris : magnæ et graves causæ cur suspicere et augere dignitatem tuam debeam. Esse autem tibi centum millium censum satis indicat, quod apud nos decurio es. Igitur, ut te non decurione solum, verum etiam equite romano perfruamur, offero tibi, ad implendas equestres facultates, trecenta millia nummum. Te memorem hujus muneris amicitiæ nostræ diuturnitas spondet. Ego ne illud quidem admoneo quod admonere deberem, nisi scirem sponte facturum, ut dignitate a me data quam modestissime utare. Nam sollicitius custodiendus est honor, in quo etiam beneficium amici tuendum est. Vale.

### XX. — *Pline à Tacite.*

Frequens mihi disputatio est cum quodam docto homine et perito, cui nihil æque

1. 20,450 francs.
2. 61,350 francs.

qui, dans l'éloquence du barreau, n'estime rien tant que la concision. J'avoue qu'elle n'est pas à négliger, quand la cause le permet ; autrement, ce serait une prévarication que d'omettre ce qu'il est utile de dire, et c'en serait une autre que d'effleurer, comme en courant, ce qu'on doit imprimer, inculquer, répéter. Dans la plupart des causes, l'amplification ajoute de la force et du poids aux idées. Pour qu'elles pénètrent dans l'esprit, comme le fer dans un corps, il ne suffit pas de frapper, il faut appuyer. A ces raisons, notre homme répond par des autorités : il étale à mes regards, chez les Grecs, les harangues de Lysias ; chez nous, celles des Gracques et de Caton, qui en général sont brèves et concises. A Lysias, moi j'oppose Démosthène, Eschine, Hypéride, et un grand nombre d'autres. Aux Gracques et à Caton, j'oppose Pollion, César, Célius, et surtout Cicéron, dont la plus longue harangue passe pour la plus belle. Il en est d'un bon livre comme de toute autre chose bonne en soi : son étendue ajoute à son prix. Voyez les statues, les figures en relief, les tableaux, les portraits des hommes, ceux de beaucoup d'animaux, et même d'arbres : pourvu que ces effigies soient bien faites, rien ne les relève comme leur grandeur. Il en est de même des harangues. Un ouvrage doit à son étendue je ne sais quoi de plus brillant et de plus majestueux.

Mon adversaire, homme subtil et difficile à saisir, échappe à ces raisonnements et à plusieurs autres que j'emploie pour le convaincre, par un détour assez ingénieux. Il prétend que les haran-

---

in causis agendis, ut brevitas placet. Quam ego custodiendam esse confiteor, si causa permittat : alioquin prævaricatio est transire dicenda ; prævaricatio etiam, cursim et breviter attingere quæ sint inculcanda, infigenda, repetenda. Nam plerisque longiore tractatu vis quædam et pondus accedit ; utque corpori ferrum, sic oratio animo non ictu magis, quam mora imprimitur. Hic ille mecum auctoritatibus agit, ac mihi ex Græcis orationes Lysiæ ostentat, ex nostris Gracchorum Catonisque, quorum sane plurimæ sunt circumcisæ et breves. Ego Lysiæ Demosthenem, Æschinem, Hyperidem, multosque præterea ; Gracchis et Catoni, Pollionem, Cæsarem, Cœlium, in primis Marcum Tullium oppono, cujus oratio optima fertur esse, quæ maxima. Et hercule, ut aliæ bonæ res, ita bonus liber melior est quisque, quo major. Vides ut statuas, signa, picturas, hominum denique multorumque animalium formas, arborum etiam, si modo sint decoræ, nihil magis quam amplitudo commendet. Idem orationibus evenit : quin etiam voluminibus ipsis auctoritatem quamdam et pulchritudinem adjicit magnitudo.

Hæc ille, multaque alia, quæ a me in eamdem sententiam solent dici, ut est in disputando incomprehensibilis et lubricus, ita eludit, ut contendat, hos ipsos, quo-

gues sur lesquelles je m'appuie, étaient plus courtes lorsqu'elles furent prononcées. Je pense tout autrement. Je me fonde sur une foule de harangues de divers orateurs, par exemple, sur celles de Cicéron pour Muréna, pour Varénus. L'orateur s'est contenté d'indiquer dans un simple sommaire les chefs d'accusation qu'il avait à traiter ; ce qui prouve, qu'en parlant, il s'était étendu sur bien des choses qu'il a supprimées en écrivant. Il affirme qu'en se conformant à l'ancien usage, il plaida seul pour Cluentius, et pendant quatre audiences pour C. Cornélius. Par là il fait assez comprendre que ce qu'il avait été forcé de développer dans sa plaidoirie de plusieurs jours, il avait su depuis, à force de retranchements et de corrections, le réduire à un discours, fort long sans doute, mais enfin à un seul discours. Mais, me dira-t-on, il y a une grande différence entre un bon plaidoyer et un bon discours. C'est l'opinion de quelques personnes, je le sais. La mienne (peut-être me trompé-je), c'est qu'un bon plaidoyer peut n'être pas un bon discours, mais qu'il est impossible qu'un bon discours ne soit pas un bon plaidoyer. Car le discours écrit est le type et le modèle du discours qui doit être débité. De là vient que dans les meilleurs, et dans ceux même que nous savons n'avoir jamais été prononcés, nous trouvons mille figures improvisées. Ainsi, dans une des harangues contre Verrès, nous lisons : *Un ouvrier.... comment s'appelait-il? Vous m'avertissez à propos. C'est Polyclète, disait-on.* Il faut en conclure que la meilleure plaidoirie est celle qui se rapproche le plus du discours, pourvu

---

rum orationibus nitar, pauciora dixisse quam ediderint. Ego contra puto. Testes sunt multæ multorum orationes, et Ciceronis pro Murena, pro Vareno ; in quibus brevis et nuda quasi subscriptio quorumdam criminum solis titulis indicatur. Ex his apparet, illum permulta dixisse ; quum ederet, omisisse. Idem pro Cluentio ait se totam causam veteri instituto solum perorasse, et pro C. Cornelio quatriduo egisse : ne dubitare possimus, quæ per plures dies, ut necesse erat, latius dixerit, postea recisa ac repurgata, in unum librum, grandem quidem, unum tamen, coarctasse. At aliud est actio bona, aliud oratio. Scio nonnullis ita videri. Sed ego (forsitan fallor) persuasum habeo, posse fieri ut sit actio bona, quæ non sit bona oratio ; non posse non bonam actionem esse, quæ sit bona oratio. Est enim oratio actionis exemplar, et quasi ἀρχέτυπον. Ideo in optima quaque mille figuras extemporales invenimus; in his etiam, quas tantum editas scimus, ut in Verrem, « Artificem quem? quemnam ? Recte admones. Polycletum esse dicebant. » Sequitur ergo ut actio sit absolutissima, quæ maxime orationis similitudinem expresserit, si modo justum et debitum tempus accipiat : quod si negetur, nulla oratoris, maxima judicis culpa est. Adsunt huic opinioni meæ leges, quæ longissima tempora largiuntur, nec brevitatem

qu'elle ne soit pas resserrée dans un trop court espace de temps. Si on l'y renferme, ce n'est plus la faute de l'avocat ; tout le tort appartient au juge. Les lois viennent à l'appui de mon opinion : elles ne sont point avares du temps pour l'orateur. Ce n'est point la brièveté, c'est l'attention à ne rien omettre, qu'elles lui recommandent ; et l'on ne peut s'acquitter de ce devoir que dans les petites causes, si l'on se pique d'être court.

J'ajoute ce que je tiens de l'expérience, le plus sûr de tous les maîtres. Dans mes fonctions d'avocat et de juge, comme dans mes consultations, j'ai mille fois remarqué que les mêmes raisons n'agissent pas sur tous les hommes, et que, la plupart du temps, de petites considérations produisent sur eux de grands effets. Leurs idées et leurs goûts varient à un tel point, que souvent ils prononcent diversement sur une question que l'on vient d'agiter devant eux ; et, s'il leur arrive de s'accorder, c'est quelquefois par des motifs différents. D'ailleurs on s'engoue de ce qu'on a imaginé soi-même ; et, lorsque le moyen qu'on a prévu est proposé par un autre, on le regarde comme péremptoire. Il faut donc donner à chacun quelque chose qu'il puisse saisir, qu'il puisse reconnaître. Un jour que Régulus et moi défendions le même client, il me dit : *Vous vous imaginez qu'il faut tout faire valoir dans une cause. Moi, je prends d'abord mon ennemi à la gorge ; je l'étrangle.* Il presse effectivement l'endroit qu'il saisit ; mais il se trompe souvent dans son choix. *Ne pourrait-il point arriver,* lui répondis-je, *que vous prissiez quelquefois le genou, la jambe, ou même*

---

dicentibus, sed copiam, hoc est, diligentiam suadent ; quam præstare, nisi in angustissimis causis, non potest brevitas.

Adjiciam quod me docuit usus, magister egregius. Frequenter egi, frequenter judicavi, frequenter in consilio fui. Aliud alios movet ; ac plerumque parvæ res maximas trahunt. Varia sunt hominum judicia, variæ voluntates. Inde qui eamdem causam simul audierunt, sæpe diversum, interdum idem, sed ex diversis animi motibus, sentiunt. Præterea suæ quisquis inventioni favet, et quasi fortissimum amplectitur, quum ab alio dictum est, quod ipse prævidit. Omnibus ergo dandum est aliquid, quod teneant, quod agnoscant. Dixit aliquando mihi Regulus, quum simul adessemus : « Tu omnia quæ sunt in causa putas exsequenda ; ego jugulum statim video, hunc premo. » (Premit sane quod elegit, sed in eligendo frequenter errat.) Respondi : « Posse fieri ut genu esset, aut tibia, aut talus, ubi ille jugulum putaret. At ego, inquam, qui jugulum perspicere non possum, omnia pertento, omnia experior, πάντα denique λίθον κινῶ. » Utque in agricultura non vineas tantum, verum etiam arbusta, nec arbusta tantum, verum etiam campos curo et exerceo ; utque in ipsis campis non far aut siliginem solam, sed hordeum, fabam, cæteraque legumina sero ;

le talon pour la gorge? Moi, qui ne puis apercevoir la gorge, j'essaie tout, je tente tout, je mets tout en œuvre. Je fais valoir ma cause, comme un domaine. On n'en cultive pas seulement les vignes; on prend soin des moindres arbrisseaux, on en laboure les champs. Dans ces champs, on ne se contente pas de semer du froment ou du seigle; on y sème de l'orge, des fèves et tous les autres légumes. Je jette aussi à pleines mains dans ma cause des moyens de toute espèce pour en recueillir ce qui pourra venir à bien. On ne risque pas moins de se tromper sur la certitude des jugements que sur la constance des saisons et sur la fertilité des terres. Je n'ai pas oublié qu'Eupolis, dans une de ses comédies, loue ainsi l'illustre orateur Périclès :

> Sur ses lèvres siégeait, outre la véhémence,
> Les dons les plus heureux de la persuasion ;
> Et de son ascendant telle était la puissance,
> Que seul, dans tous les cœurs, il laissait l'aiguillon.

Mais, sans sa merveilleuse abondance, Périclès eût-il exercé cet empire souverain sur les âmes, soit par la rapidité, soit par la concision de ses discours (car il ne faut pas les confondre), ou par toutes les deux ensemble? On ne parvient à plaire et à persuader qu'en prenant assez de temps pour déployer son éloquence ; et l'on ne peut laisser l'aiguillon dans les cœurs, si l'on pique sans enfoncer. Un autre poëte comique, parlant du même orateur, dit :

> Il tonnait, foudroyait, bouleversait la Grèce.

---

sic in actione plura quasi semina latius spargo, ut quæ provenerint colligam. Neque enim minus imperspicua, incerta, fallaciaque sunt judicum ingenia, quam tempestatum terrarumque. Nec me præterit summum oratorem Periclem sic a comico Eupolide laudari :

> Πρὸς δέ γ' αὐτοῦ τῷ τάχει,
> Πειθώ τις ἐπεκάθητο τοῖσι χείλεσιν·
> Οὕτως ἐκήλει, καὶ μόνος τῶν ῥητόρων
> Τὸ κέντρον ἐγκατέλιπε τοῖς ἀκροωμένοις.

Verum huic ipsi Pericli nec illa πειθώ, nec illud ἐκήλει brevitate, vel velocitate, vel utraque (differunt enim) sine facultate summa contigisset. Nam delectare, persuadere, copiam dicendi spatiumque desiderant. Reliquere vero aculeum in audientium animis is demum potest, qui non pungit, sed infigit. Adde quæ æque de eodem Pericle comicus alter :

> Ἤστραπτ', ἐβρόντα, ξυνεκύκα τὴν Ἑλλάδα.

Ce n'est pas dans un discours concis et serré, c'est dans une amplification majestueuse et sublime qu'on peut mêler la foudre aux éclairs, et jeter partout le trouble et la confusion. Il y a pourtant une juste mesure, je l'avoue. Mais celui qui n'atteint pas cette limite est-il plus estimable que celui qui la passe? Vaut-il mieux ne pas dire assez que trop dire? Aussi vous entendez souvent reprocher à tel orateur une extrême abondance, à tel autre la sécheresse et la stérilité. On dit de celui-là qu'il dépasse son sujet; de celui-ci, qu'il ne peut l'embrasser. Tous deux pèchent également, l'un par excès de force, l'autre par faiblesse. Cette fécondité sans doute marque moins de culture, mais plus d'étendue d'esprit. Quand je parle ainsi, je n'approuve pas ce discoureur sans fin que peint Homère; je songe plutôt à celui dont les paroles se précipitent,

<small>Comme à flocons pressés on voit tomber la neige.</small>

Ce n'est pas que je n'aie aussi beaucoup de goût pour l'autre,

<small>Qui sait dans peu de mots cacher un sens profond.</small>

Mais, si vous me laissez le choix, je me déclarerai pour cette éloquence *semblable à des flocons de neige*, c'est-à-dire, abondante, large, impétueuse ; c'est là ce que j'appelle une éloquence vraiment divine. Cependant, direz-vous, beaucoup d'auditeurs préfèrent la concision. Oui, sans doute, les paresseux, dont il serait ridicule de prendre pour règle la délicatesse et l'indolence. Si vous

---

<small>Non enim amputata oratio et abscissa, sed lata, et magnifica, et excelsa tonat, fulgurat, omnia denique perturbat ac miscet. Optimus tamen modus est. Quis negat? sed non minus non servat modum, qui infra rem, quam qui supra ; qui astrictius, quam qui effusius dicit. Itaque audis frequenter, ut illud « immodice et redundanter, » ita hoc « jejune et infirme. » Alius excessisse materiam, alius dicitur non implesse. Æque uterque, sed ille imbecillitate, hic viribus, peccat. Quod certe, etsi non limatioris, majoris tamen ingenii vitium est. Nec vero, quum hæc dico, illum homericum ἀμετροεπῆ probo, sed hunc,

Καὶ ἔπεα νιφάδεσσιν ἐοικότα χειμερίῃσιν.

Non quia non et ille mihi validissime placeat,

Παῦρα μὲν, ἀλλὰ μάλα λιγέως.

Si tamen detur electio, illam orationem similem nivibus hibernis, id est, crebram, assiduam et largam, postremo divinam et cœlestem volo. At est gratior multis actio brevis. Est ; sed inertibus, quorum delicias desidiamque, quasi judicium, respicere</small>

les consultez, non-seulement vous parlerez peu, mais vous ne parlerez point.

Voilà mon sentiment, que j'offre d'abandonner pour le vôtre. Toute la faveur que je vous demande, si vous êtes d'un autre avis, c'est de m'en expliquer les motifs. Quelle que soit la soumission que je dois à votre autorité, dans un sujet de cette importance, je crois qu'il est mieux encore de céder à la raison. Si donc je vous parais être dans le vrai, écrivez-le-moi, aussi brièvement que vous voudrez; mais n'y manquez pas : cela me fortifiera dans mon jugement. Si je me trompe, prouvez-le-moi dans une longue lettre. N'est-ce point vous corrompre que d'exiger seulement un billet, si vous partagez mon opinion, et une longue épître, si vous m'êtes contraire? Adieu.

### XXI. — *Pline à Paternus.*

Je ne me fie pas moins à vos yeux qu'à votre discernement; non que je vous croie fort habile (car il ne faut pas vous donner de vanité), mais je crois que vous l'êtes autant que moi; c'est encore beaucoup dire. Raillerie à part, les esclaves que vous m'avez fait acheter me paraissent d'assez bonne mine. Reste à savoir s'ils sont honnêtes. Sur ce point il vaut mieux s'en rapporter à leur réputation qu'à leur physionomie. Adieu.

### XXII. — *Pline à Catilius Sévérus.*

Une circonstance douloureuse me retient depuis longtemps à Rome. Je ne puis voir sans une profonde inquiétude la longue et

---

ridiculum est. Nam si hos in consilio habeas, non solum satius est breviter dicere, sed omnino non dicere.

Hæc est adhuc sententia mea, quam mutabo, si dissenseris tu. Sed plane cur dissentias, explices rogo. Quamvis enim cedere auctoritati tuæ debeam, rectius tamen arbitror in tanta re, ratione quam auctoritate superari. Proinde, si non errare videor, id ipsum quam voles brevi epistola, sed tamen scribe; confirmabis enim judicium meum; si errare, longissimam para. Num corrupi te, qui tibi, si mihi accederes, brevis epistolæ necessitatem; si dissentires, longissimæ imposui? Vale.

### XXI. — *Pline à Paternus.*

Ut animi tui judicio, sic oculorum plurimum tribuo; non quia multum (ne tibi placeas), sed quia tantum, quantum ego, sapis : quanquam hoc quoque multum est. Omissis jocis, credo decentes esse servos qui sunt empti mihi ex consilio tuo. Superest ut frugi sint; quod de venalibus, melius auribus, quam oculis, judicatur. Vale.

### XXII. *Pline à Catilius Sévérus.*

Diu jam in Urbe hæreo, et quidem attonitus. Perturbat me longa et pertinax

opiniâtre maladie de Titus Ariston pour qui j'ai une admiration et une tendresse extraordinaires. Rien n'égale sa sagesse, son intégrité, son savoir. Aussi me semble-t-il voir les sciences et les lettres prêtes à disparaître avec lui. Quelle connaissance du droit public et du droit particulier ! Que de faits, que d'exemples, que d'érudition il possède ! Tout ce que vous désirez apprendre, il peut vous l'enseigner. C'est pour moi un trésor où je trouve tout ce qui me manque. Quelle confiance, quel respect inspirent ses paroles ! Quelle admirable et charmante modestie dans ses décisions ! Que de choses n'embrasse-t-il pas sur-le-champ? Et cependant il doute presque toujours, il hésite, combattu par les raisons opposées que son esprit fin et pénétrant va rechercher jusque dans leur principe : il les examine, il les pèse.

Vous vanterai-je la frugalité de sa table, la simplicité de sa mise? Je retrouve dans sa chambre et jusque dans sa couche l'image des mœurs de nos pères. Il rehausse cette simplicité par une grandeur d'âme qui n'accorde rien à l'ostentation, qui donne tout au témoignage de la conscience, et n'attache point la récompense d'une bonne action aux louanges qu'elle attire, mais à l'action elle-même. En un mot, il est peu de personnes, parmi celles qui affichent au dehors le goût de la philosophie, qu'on puisse lui comparer. Il ne court point les gymnases et les portiques pour charmer, par de longs débats, l'oisiveté des autres et la sienne. Les affaires, le barreau l'occupent tout entier. Il plaide pour les uns, il donne des conseils aux autres ; et, pourtant, il ne le cède à au-

---

valetudo Titi Aristonis, quem singulariter et miror et diligo. Nihil est enim illo gravius, sanctius, doctius ; ut mihi non unus homo ; sed litteræ ipsæ omnesque bonæ artes in uno homine summum periculum adire videantur. Quam peritus ille et privati juris et publici ! quantum rerum, quantum exemplorum, quantum antiquitatis tenet ! Nihil est quod discere velis, quod ille docere non possit. Mihi certe, quoties aliquid abditum quæro, ille thesaurus est. Jam quanta sermonibus ejus fides ! quanta auctoritas ! quam pressa et decora cunctatio ! Quid est quod non statim sciat ? et tamen plerumque hæsitat, dubitat, diversitate rationum, quas acri magnoque judicio ab origine causisque primis repetit, discernit, expendit.

Ad hæc, quam parcus in victu ! quam modicus in cultu ! Soleo ipsum cubiculum ejus, ipsumque lectum, ut imaginem quamdam priscæ frugalitatis, aspicere. Ornat hæc magnitudo animi, quæ nihil ad ostentationem, omnia ad conscientiam refert ; recteque facti, non ex populi sermone, mercedem, sed ex facto petit. In summa, non facile quemquam ex istis, qui sapientiæ studium habitu corporis præferunt, huic viro comparabis. Non quidem gymnasia sectatur aut porticus, nec disputationibus longis aliorum otium suumque delectat ; sed in toga negotiisque versatur.

cun philosophe en probité, en désintéressement, en justice, magnanimité.

Si vous étiez près de lui, vous admireriez avec quelle patience il supporte la maladie, comment il triomphe de la douleur, comment il résiste à la soif, avec quel courage il souffre, immobile et couvert, les plus cruels accès de la fièvre. Dernièrement il me fit appeler avec quelques-uns de ses plus intimes amis. Il nous pria de consulter ses médecins pour se résoudre à quitter la vie, si la maladie était incurable, ou pour attendre avec constance la guérison, si elle n'était que longue et difficile. Il devait, disait-il, aux prières de sa femme, aux larmes de sa fille, aux vœux de ses amis, de ne point trahir leurs espérances par une mort volontaire, pourvu que ces espérances ne fussent pas vaines. Rien de plus noble, à mon gré, rien de plus digne d'éloges qu'un tel courage. Vous trouverez assez de gens qui courent à la mort, poussés par un aveugle instinct; mais il n'appartient qu'à une grande âme de peser la mort et la vie, et de se déterminer, d'après la raison, pour l'une ou pour l'autre.

Sans doute les médecins nous donnent de l'espoir; mais il faut que les dieux confirment leurs promesses, et me délivrent enfin de cette mortelle inquiétude. Alors je retournerai à ma villa de Laurente, c'est-à-dire à mes livres, à mes tablettes et à mes studieux loisirs. Car, tant que je garde mon ami, ou que je suis dans la perplexité, je n'ai ni le temps de lire, ni l'envie d'écrire. Vous voilà informé de mes alarmes, de mes vœux, de mes desseins. Apprenez-moi, à votre tour, mais plus gaiement, ce que vous avez fait,

---

multos advocatione, plures consilio juvat. Nemini tamen istorum castitate, pietate, justitia, fortitudine, etiam primo loco cesserit.

Mirareris, si interesses, qua patientia hanc ipsam valetudinem toleret, ut dolori resistat, ut sitim differat, ut incredibilem febrium ardorem immotus opertusque transmittat. Nuper me paucosque mecum, quos maxime diligit, advocavit; rogavitque ut medicos consuleremus de summa valetudinis, ut, si esset insuperabilis, sponte exiret e vita; sin tantum difficilis et longa, resisteret maneretque. Dandum enim precibus uxoris, dandum filiæ lacrymis, dandum etiam nobis amicis, ne spes nostras, si modo non essent inanes, voluntaria morte desereret. Id ego arduum in primis et præcipua laude dignum puto. Nam impetu quodam et instinctu procurrere ad mortem, commune cum multis; deliberare vero, et causas ejus expendere, utque suaserit ratio, vitæ mortisque consilium suscipere vel ponere, ingentis est animi.

Et medici quidem secunda nobis pollicentur: superest ut promissis deus annuat, tandemque me hac sollicitudine exsolvat; qua liberatus, Laurentinum meum, hoc est, libellos et pugillares, studiosumque otium, repetam. Nunc enim nihil legere, nihil scribere aut assidenti vacat, aut anxio libet. Habes quid timeam, quid optem,

ce que vous faites, et ce que vous voulez faire. Ce ne sera pas un faible soulagement à ma peine de savoir que vous n'avez rien qui vous afflige. Adieu.

### XXIII. — *Pline à Pompéius Falcon.*

Vous me demandez s'il convient que vous plaidiez pendant que vous êtes tribun. Avant tout, il est bon de savoir quelle idée vous vous faites de cette dignité. La regardez-vous comme une ombre vaine, comme un titre sans réalité, ou comme un pouvoir respectable pour tout le monde, même pour celui qui en est revêtu? Pour moi, lorsque j'étais tribun, j'ai peut-être eu tort de me croire un personnage important; mais je me suis conduit comme si je l'étais, et je me suis abstenu de plaider. J'ai cru qu'il était messéant que le magistrat à qui la première place est due en tout lieu, devant qui le public devait se tenir debout, se tînt debout lui-même, pendant que le public serait assis; que lui, qui a droit d'imposer silence, reçût de la clepsydre l'ordre de se taire; que lui, qu'il n'est pas permis d'interrompre, fût exposé à s'entendre dire des injures; qu'il fût traité de lâche s'il les souffrait, et de superbe s'il s'en vengeait. J'y voyais un autre écueil. Que faire, si l'une des parties venait à réclamer ma protection? Aurais-je usé de mon autorité, ou bien serais-je demeuré muet et immobile, abdiquant en quelque sorte mon pouvoir, et me réduisant à la condition de simple particulier? Par ces motifs, j'ai mieux aimé être le tribun de tous nos citoyens, que l'avocat de quelques-uns. Pour vous, je

---

quid etiam in posterum destinem : tu quid egeris, quid agas, quid velis agere, invicem nobis, sed lætioribus epistolis, scribe. Erit confusioni meæ non mediocre solatium, si tu nihil quereris. Vale.

### XXIII. — *Pline à Pompéius Falcon.*

Consulis an existimem te in tribunatu causas agere decere. Plurimum refert quid esse tribunatum putes; inanem umbram, et sine honore nomen, an potestatem sacrosanctam, et quam in ordinem cogi, ut a nullo, ita ne a se quidem, deceat. Ipse, quum tribunus essem, erraverim fortasse, qui me esse aliquid putavi; sed tanquam essem, abstinui causis agendis : primum quod deforme arbitrabar, cui assurgere, cui loco cedere omnes oporteret, hunc omnibus sedentibus stare ; et, qui jubere posset tacere quemcumque, huic silentium clepsydra indici ; et, quem interfari nefas esset, hunc etiam convicia audire; et, si inulta pateretur, inertem, si ulcisceretur, insolentem videri. Erat hic quoque æstus ante oculos, si forte me appellasset vel ille cui adessem, vel ille quem contra, intercederem et auxilium ferrem ; an quiescerem sileremque, et, quasi ejurato magistratu, privatum ipse me facerem. His

le répète, tout dépend de savoir ce que vous pensez du rang que vous occupez, et quel rôle vous avez résolu de choisir en homme sage, afin de le soutenir jusqu'au bout. Adieu.

## XXIV. — *Pline à Bébius Hispanus.*

Suétone, qui loge avec moi, veut acheter une petite terre, qu'un de vos amis, dit-on, à l'intention de vendre. Faites en sorte, je vous prie, qu'elle ne lui soit vendue que ce qu'elle vaut : c'est à ce prix qu'elle lui plaira. Un mauvais marché est toujours désagréable, surtout en ce qu'il semble nous reprocher notre sottise. Cette propriété, si d'ailleurs le prix lui paraît convenable, tente mon ami par plus d'un endroit. Elle est voisine de Rome ; la route est commode, le bâtiment peu considérable, le sol peu étendu, et plus capable d'amuser que d'occuper. Aux gens de lettres, comme notre Suétone, il ne faut que le terrain nécessaire pour délasser leur esprit, réjouir leurs yeux, se promener dans une allée, fouler un sentier, connaître toutes leurs vignes et compter tous leurs arbres. Je vous donne ces détails pour vous apprendre combien il me devra, et combien je vous devrai, s'il achète ce petit bien qui offre tant d'avantages, à des conditions dont il n'ait jamais lieu de se repentir. Adieu.

rationibus motus, malui me tribunum omnibus exhibere, quam paucis advocatum. Sed tu, iterum dicam, plurimum interest quid esse tribunatum putes ; quam personam tibi imponas, quæ sapienti viro ita aptanda est, ut perferatur. Vale.

### XXIV. — *Pline à Bébius Hispanus.*

Tranquillus, contubernalis meus, vult emere agellum, quem venditare amicus tuus dicitur. Rogo cures, quanti æquum est, emat : ita enim delectabit emisse. Nam mala emptio semper ingrata est, eo maxime, quod exprobrare stultitiam domino videtur. In hoc autem agello, si modo arriserit pretium, Tranquilli mei stomachum multa sollicitant : vicinitas Urbis, opportunitas viæ, mediocritas villæ, modus ruris, qui avocet magis quam distringat. Scholasticis porro dominis, ut hic est, sufficit abunde tantum soli, ut relevare caput, reficere oculos, reptare per limitem, unam semitam terere, omnesque viticulas suas nosse, et numerare arbusculas possint. Hæc tibi exposui, quo magis scires quantum ille esset mihi, quantum ego tibi debiturus, si prædiolum istud, quod commendatur his dotibus, tam salubriter emerit, ut pœnitentiæ locum non relinquat. Vale.

# LIVRE SECOND.

### I. — *Pline à Voconius Romanus.*

Les funérailles publiques de Virginius Rufus, citoyen dont le bonheur égale le mérite éclatant, viennent de donner aux Romains un des plus beaux et des plus mémorables spectacles qu'ils aient vus depuis quelques années. Il a survécu trente ans à sa gloire. Il a lu des poëmes et des histoires dont ses actions avaient fourni le sujet, et joui des suffrages de la postérité. Trois fois consul, il est parvenu au plus haut rang où pouvait monter un simple particulier qui n'avait pas voulu être souverain. Il a échappé aux empereurs dont ses vertus avaient excité les soupçons et la haine. Il a laissé sur le trône le meilleur des princes, qui l'honorait de son amitié, et qui semble avoir été réservé pour relever la pompe funèbre d'un si grand homme. Il a vécu plus de quatre-vingt-trois ans, entouré de vénération, dans la tranquillité la plus profonde. Sa santé fut parfaite ; et il n'eut d'autre incommodité qu'un tremblement de mains, sans aucune douleur. Il est vrai que son agonie a été longue et douloureuse ; mais elle ne fait que rehausser sa gloire.

## LIBER SECUNDUS.

### I. — *Pline à Voconius Romanus.*

Post aliquot annos insigne, atque etiam memorabile populi romani oculis spectaculum exhibuit publicum funus Virginii Rufi, maximi et clarissimi civis, et perinde felicis. Triginta annis gloriæ suæ supervixit. Legit scripta de se carmina, legit historias, et posteritati suæ interfuit. Perfunctus est tertio consulatu, ut summum fastigium privati hominis impleret, quum principis noluisset. Cæsares, quibus suspectus, atque etiam invisus virtutibus fuerat, evasit : reliquit incolumem optimum atque amicissimum, tanquam ad hunc ipsum honorem publici funeris reservatum. Annum tertium et octogesimum excessit in altissima tranquillitate, pari veneratione. Usus est firma valetudine, nisi quod solebant ei manus tremere, citra dolorem tamen : aditus tantum mortis durior longiorque, sed hic ipse laudabilis. Nam quum vocem

Il était debout, et se préparait à remercier publiquement l'empereur de l'avoir élevé au consulat, lorsqu'un gros livre qu'il tenait, échappa de ses débiles mains. Il s'empressa de le ramasser. Mais, comme le sol était uni et glissant, le pied vint à lui manquer. Il tomba et se rompit une cuisse. Elle fut mal remise, et, l'âge s'opposant aux bienfaits de la nature, les os ne purent reprendre. Les obsèques de ce grand homme honorent à la fois l'empereur, notre siècle, la tribune même et le barreau. Cornélius Tacite a prononcé son éloge : en lui donnant le plus éloquent des panégyristes, la fortune a mis le comble à son bonheur.

Il est mort chargé d'années, comblé d'honneurs, même de ceux qu'il a refusés ; et cependant nous n'en devons pas moins le pleurer et le regretter, comme le modèle des anciennes mœurs, moi surtout, qui le chérissais, qui l'admirais autant dans le commerce familier, que dans sa vie publique. Nous étions du même pays : nos villes natales étaient voisines ; nos terres et nos propriétés se touchaient. Il m'avait été laissé pour tuteur, et avait eu pour moi la tendresse d'un père. Je n'ai brigué aucune charge qu'il ne m'ait honoré de son suffrage, et qu'il ne soit accouru du fond de sa retraite pour m'appuyer de son crédit, quoique depuis longtemps il eût renoncé à ces sortes de devoirs. Enfin, le jour où les prêtres ont coutume de nommer ceux qu'ils croient les plus dignes du sacerdoce, il m'a toujours donné sa voix. Je dirai plus. Pendant sa dernière maladie, craignant d'être un des cinq membres de la commission instituée par le sénat pour travailler à la diminution des charges

---

præpararet, acturus in consulatu principi gratias, liber, quem forte acceperat grandiorem, et seni et stanti ipso pondere elapsus est. Hunc dum consequitur colligitque, per leve et lubricum parimentum, fallente vestigio, cecidit, coxamque fregit, quæ parum apte collocata, reluctante ætate, male coiit. Hujus viri exsequiæ magnum ornamentum principi, magnum seculo, magnum etiam foro et rostris attulerunt. Laudatus est a Cornelio Tacito : nam hic supremus felicitati ejus cumulus accessit, laudator eloquentissimus.

Et ille quidem plenus annis abiit, plenus honoribus, illis etiam quos recusavit. Nobis tamen quærendus ac desiderandus est, ut exemplar ævi prioris ; mihi vero præcipue, qui illum non solum publice, sed etiam privatim, quantum admirabar, tantum diligebam : primum quod utrique eadem regio, municipia finitima, agri etiam possessionesque conjunctæ ; præterea quod ille mihi tutor relictus, affectum parentis exhibuit. Sic candidatum me suffragio ornavit ; sic ad omnes honores meos ex secessibus accucurrit, quum jampridem ejusmodi officiis renuntiasset ; sic illo die, quo sacerdotes solent nominare quos dignissimos sacerdotio judicant, me semper nominabat. Quin etiam in hac novissima valetudine veritus, ne forte inter

publiques, il me choisit, malgré ma jeunesse, pour le remplacer, de préférence à tant de vieux amis et de personnages consulaires. *Quand j'aurais un fils,* me dit-il, *c'est à vous que je confierais cet emploi.* Puis-je donc ne pas pleurer auprès de vous sa mort comme prématurée? si toutefois il est permis de la pleurer, ou d'appeler mort le passage d'un si grand homme à une vie sans fin. Car il vit, et il vivra toujours, plus que jamais présent à la mémoire des hommes, et mêlé à leurs discours, depuis qu'il a disparu à leurs yeux. J'avais mille autres choses à vous mander ; mais mon esprit ne peut se détacher de Virginius ; je ne puis penser qu'à Virginius. L'imagination prête à mes souvenirs toute la force de la réalité : je crois l'entendre, l'entretenir, l'embrasser. Nous avons et nous aurons peut-être encore des citoyens qui l'égaleront en vertus ; mais nul n'égalera sa gloire. Adieu.

## II. — *Pline à Paulinus.*

Je suis fâché ; c'est peut-être à tort, mais je suis fâché. Vous savez à quel point l'amitié est quelquefois injuste, souvent exigeante, toujours pointilleuse. Néanmoins, j'aurais ici une belle occasion de me mettre en colère, si mon courroux était fondé ; et je le fais éclater, comme si le motif en était aussi légitime qu'il est grave. Quoi ! rester si longtemps sans me donner de vos nouvelles ! Vous n'avez qu'un moyen de m'apaiser : écrivez-moi désormais fort souvent, et de très-longues lettres. C'est pour moi la

---

quinqueviros crearetur, qui minuendis publicis sumptibus judicio senatus constituebantur, quum illi tot amici senes consularesque superessent, me hujus ætatis, per quem excusaretur, elegit, his quidem verbis : « Etiamsi filium haberem, tibi mandarem. » Quibus ex causis necesse est tanquam immaturam mortem ejus in sinu tuo defleam ; si tamen fas est aut flere, aut omnino mortem vocare, qua tanti viri mortalitas magis finita quam vita est. Vivit enim, vivetque semper, atque etiam latius in memoria hominum et sermone versabitur, postquam ab oculis recessit. Volui tibi multa alia scribere, sed totus animus in hac una contemplatione defixus est. Virginum cogito, Virginium jam vanis imaginibus, recentibus tamen, audio, alloquor, teneo : cui fortasse cives aliquos virtutibus pares et habemus et habebimus, gloria neminem. Vale.

## II. — *Pline à Paulinus.*

Irascor : nec liquet mihi an debeam, sed irascor. Scis quam sit amor iniquus interdum, impotens sæpe, μικραίτιος semper. Hæc tamen causa magna est, nescio an justa ; sed ego tanquam non minus justa quam magna sit, graviter irascor, quo

seule excuse véritable : je traiterai toutes les autres de mensonges. Je ne me payerai pas de ces défaites : *Je n'étais point à Rome ; j'étais accablé d'occupations.* Quant à l'excuse, *j'étais malade*, plaise aux dieux que vous n'ayez jamais à y recourir ! Pour moi, je me partage ici entre l'étude et la paresse, ces deux enfants du loisir. Adieu.

### III. — *Pline à Népos.*

Isée a dépassé la brillante réputation qui l'avait précédé. Rien n'égale la facilité, l'abondance, la richesse de son élocution. Il improvise toujours, et ses improvisations valent des discours écrits. Il a toute la grâce du langage grec ou plutôt du dialecte attique. Ses préambules ont de l'élégance, de la délicatesse et de la douceur, quelquefois de la grandeur et de la majesté. Il soumet à ses auditeurs plusieurs controverses, leur laisse le choix du sujet et souvent même du rôle. Il se lève, il s'arrange, il commence. Aussitôt tout se trouve presque au même instant sous sa main. Les pensées profondes et les expressions arrivent en foule. Mais quelles expressions ! les mieux choisies, les plus élégantes. Ses improvisations décèlent beaucoup de lecture et d'habitude d'écrire. Ses exordes sont justes, ses narrations claires, ses arguments vifs, ses pérorations véhémentes, sa diction élevée. En un mot, il instruit, il plaît, il touche, sans qu'on puisse décider en quoi il réussit le mieux. Ses pensées sont si brillantes, ses raisonnements si concis et si serrés, que la plume leur donnerait à peine autant

---

a te tamdiu litteræ nullæ. Exorare me potes uno modo, si nunc saltem plurimas et longissimas miseris. Hæc mihi sola excusatio vera, cæteræ falsæ videbuntur. Non sum auditurus, « Non eram Romæ, » vel, « Occupatior eram ; » illud enim nec dii sinant, ut « infirmior. » Ipse ad villam partim studiis, partim desidia fruor ; quorum utrumque ex otio nascitur. Vale.

### III. — *Pline à Népos.*

Magna Isæum fama præcesserat ; major inventus est. Summa est facultas, copia, ubertas. Dicit semper ex tempore, sed tanquam diu scripserit. Sermo græcus, immo atticus ; præfationes tersæ, graciles, dulces ; graves interdum et erectæ. Poscit controversias plures, electionem auditoribus permittit, sæpe etiam partes. Surgit, amicitur, incipit : statim omnia, ac pæne pariter, ad manum. Sensus recouditi, occursant verba : sed qualia ? quæsita et exculta : multa lectio in subitis, multa scriptio elucet. Proœmiatur apte, narrat aperte, pugnat acriter, colligit fortiter, ornat excelse. Postremo docet, delectat, afficit : quid maxime, dubites. Crebra

d'énergie. Sa mémoire est prodigieuse : il reprend d'un bout à l'autre un discours qu'il vient d'improviser, sans se tromper d'un seul mot. L'étude et l'exercice lui ont acquis ce merveilleux talent : car, nuit et jour, ce qu'il fait, ce qu'il entend, ce qu'il dit, tout se rapporte là. Il a plus de soixante ans, et il ne s'exerce encore que dans les écoles. C'est chez les hommes de ce genre qu'on trouve au plus haut degré la simplicité, la bonté, la franchise. Nous autres, qui passons notre vie dans les contestations réelles du barreau, nous apprenons, sans le vouloir, toutes les ruses de la chicane. Les écoles, au contraire, qui vivent de fiction, ne nous offrent que des sujets innocents, et rien n'est plus agréable, surtout dans la vieillesse. Est-il, en effet, pour elle un amusement plus doux que celui qui fait les délices du jeune âge?

Je crois donc Isée, non-seulement le plus éloquent, mais encore le plus heureux des hommes ; et vous, vous êtes le mortel le plus insensible, si vous ne brûlez de le connaître. Lors même que d'autres affaires et le désir de me voir ne vous appelleraient pas ici, vous devriez venir l'entendre. N'avez-vous jamais lu qu'un citoyen de Gadès, frappé de la réputation et de la gloire de Tite-Live, accourut des extrémités du monde pour le voir, et s'en retourna après l'avoir vu? Il faut être sans goût, sans littérature, sans émulation, j'ai presque dit sans honneur, pour ne pas céder à cette curiosité, la plus séduisante, la plus noble, enfin la plus digne d'un homme. Vous me direz peut-être : « J'ai ici des ouvrages non moins éloquents. » Oui, mais vous les lirez toujours quand il vous

νοήματα, crebri syllogismi, circumscripti et effecti, quod stylo quoque assequi magnum est. Incredibilis memoria : repetit altius quæ dixit ex tempore, ne verbo quidem labitur. Ad tantam ἕξιν studio et exercitatione perveuit ; nam diebus et noctibus nihil aliud agit, nihil audit, nihil loquitur. Annum sexagesimum excessit, et adhuc scholasticus tantum est. Quo genere hominum nihil aut simplicius, aut sincerius, aut melius. Nos enim, qui in foro verisque litibus terimur, multum malitiæ, quamvis nolimus, addiscimus. Schola et auditorium, ut ficta causa, ita res inermis, innoxia est ; nec minus felix, senibus præsertim. Nam quid in senectute felicius, quam quod dulcissimum est in juventa?

Quare ego Isæum non disertissimum tantum, verum etiam beatissimum judico, quem tu nisi cognoscere concupiscis, saxeus, ferreusque es. Proinde si non ob alia, nosque ipsos, at certe ut hunc audias, veni. Nunquamne legisti Gaditanum quemdam, Titi Livii nomine gloriaque commotum, ad visendum eum ab ultimo terrarum orbe venisse, statimque ut viderat, abiisse ? Ἀφιλόκαλον, illitteratum, iners, ac pæne etiam turpe est, non putare tanti cognitionem, qua nulla est jucundior, nulla pulchrior, nulla derique humanior. Dices : « Habeo hic quos legam, non minus diser-

plaira, et vous ne pourrez pas toujours entendre Isée. Ignorez-vous d'ailleurs ce qu'on dit partout, que le débit fait une impression bien plus profonde ? Ce que vous lisez, fût-il plus énergique, les traits que l'orateur enfonce par le geste, par la voix, par le jeu de la physionomie, entrent toujours plus avant. Révoquerons-nous en doute ce que l'on raconte d'Eschine ? Un jour qu'il lisait à Rhodes la harangue que Démosthène avait prononcée contre lui, son auditoire était dans l'enthousiasme. *Que serait-ce donc*, s'écria-t-il, *si vous eussiez entendu le monstre lui-même ?* Cependant, si l'on en croit Démosthène, Eschine avait un organe très-sonore ; et Eschine avouait néanmoins que l'auteur du discours l'avait infiniment mieux débité que lui. Dans tout ceci, quel est mon but ? C'est de vous déterminer à venir entendre Isée, ne serait-ce que pour dire que vous l'avez entendu. Adieu.

### IV. — *Pline à Calvina.*

Si votre père avait laissé des créanciers, ou même un seul créancier autre que moi, vous auriez peut-être raison de délibérer si vous devez accepter une succession dont un homme même redouterait le fardeau. Mais aujourd'hui (les liens qui nous unissent m'en imposaient le devoir), j'ai payé je ne dis pas les plus importuns, mais les plus pressés, et je suis devenu votre créancier unique. J'avais déjà contribué à votre dot d'une somme de cent mille sesterces[1], outre celle que votre père s'était engagé à payer, en

---

tos. » Etiam ; sed legendi semper occasio est, audiendi non semper. Præterea multo magis, ut vulgo dicitur, viva vox afficit. Nam licet acriora sint quæ legas, altius tamen in animo sedent, quæ pronuntiatio, vultus, habitus, gestus etiam dicentis affigit. Nisi vero falsum putamus illud Æschinis, qui quum legisset Rhodiis orationem Demosthenis, admirantibus cunctis, adjecisse fertur : Τί δὲ, εἰ αὐτοῦ τοῦ θηρίου ἀκηκόειτε; et erat Æschines, si Demostheni credimus, λαμπροφωνότατος. Fatebatur tamen longe melius eadem illa pronuntiasse ipsum qui pepererat. Quæ omnia huc tendunt, ut audias Isæum, vel ideo tantum ut audieris. Vale.

### IV. — *Pline à Calvina.*

Si pluribus pater tuus, vel unicuilibet alii, quam mihi debuisset, fuisset fortasse dubitandum, au adires hæreditatem etiam viro gravem. Quum vero ego, ductus affinitatis officio, dimissis omnibus, qui, non dico molestiores, sed diligentiores erant, creditor solus exstiterim ; quumque ego nubenti tibi in dotem centum millia contulerim, præter eam summam quam pater tuus quasi de meo dixit (erat enim solvenda

1. 20,450 francs.

quelque sorte, sur mon bien (car c'était moi qui devais en faire les fonds) : voilà des gages certains de mes dispositions pour vous. Avec cette assurance, il faut épargner une tache à votre père en acceptant sa succession ; et, pour donner de l'efficacité à mes paroles, je vous envoie une quittance générale de tout ce que me doit la succession. N'appréhendez point qu'une telle donation me soit à charge. Je ne suis pas riche, il est vrai ; mon rang exige de la dépense, et mon revenu, par la nature de mes terres, est aussi incertain que modique. Mais ce qui me manque de ce côté-là, je le retrouve dans l'économie : voilà la source de mes libéralités. Je dois pourtant éviter de la tarir à force de profusion. Mais cette précaution ne concerne qu'autrui. A votre égard, quand ma générosité passerait les bornes, j'aurai toujours bien calculé. Adieu.

### V. — *Pline à Lupercus.*

Je vous envoie un discours que vous m'avez demandé plus d'une fois, et que je vous ai souvent promis. Vous n'en recevrez pourtant aujourd'hui qu'une partie ; je corrige encore l'autre. J'ai cru devoir soumettre à votre critique ce qui m'a paru le plus achevé. Lisez, je vous prie, ce fragment avec le même soin que j'ai mis à l'écrire. Je n'avais rien fait encore qui exigeât de moi autant d'application. On n'avait à juger, dans mes autres discours, que du zèle et de la probité de l'avocat ; ici, l'on jugera de la vertu du citoyen. Aussi mon ouvrage s'est-il étendu, grâce au plaisir

---

de meo), magnum habes facilitatis meæ pignus. Cujus fiducia debes famam defuncti pudoremque suscipere : ad quod ne te verbis magis quam rebus horter, quidquid mihi pater tuus debuit, acceptum tibi ferri jubeo. Nec est quod verearis ne sit mihi onerosa ista donatio. Sunt quidem omnino nobis modicæ facultates, dignitas sumptuosa, reditus, propter conditionem agellorum, nescio minor an incertior : sed quod cessat ex reditu, frugalitate suppletur, ex qua, velut ex fonte, liberalitas nostra decurrit. Quæ tamen ita temperanda est, ne nimia profusione inarescat : sed temperanda in aliis ; in te vero facile ratio constabit, etiamsi modum excesserit. Vale.

### V. — *Pline à Lupercus.*

Actionem et a te frequenter efflagitatam, et a me sæpe promissam exhibui tibi, nondum tamen totam ; adhuc enim pars ejus perpolitur. Interim, quæ absolutiora mihi videbantur, non fuit alienum judicio tuo tradi. His tu, rogo, intentionem scribentis accommodes ; nihil enim adhuc inter manus habui, cui majorem sollicitudinem præstare deberem. Nam in cæteris actionibus existimationi hominum dili-

que j'éprouvais à louer et à célébrer ma patrie, à travailler tout ensemble à sa défense et à sa gloire. Retranchez cependant à votre gré : car, toutes les fois que je pense au goût difficile et délicat de nos lecteurs, je conçois que la brièveté même est un moyen de succès.

Néanmoins, en me recommandant à votre sévérité, je me vois forcé de vous demander une faveur toute différente : c'est de vous laisser quelquefois dérider le front. Il faut bien flatter les jeunes gens, surtout quand le sujet ne s'y oppose pas. Dans cet ouvrage, on peut prêter aux topographies qui reviendront souvent, non-seulement les ornements de l'histoire, mais peut-être encore ceux de la poésie. Si pourtant quelqu'un pensait que j'ai répandu plus d'agréments que n'en comportait la gravité du sujet, le reste de mon discours fléchira, je l'espère, ce rigoureux censeur. Je me suis efforcé, par la variété du style, d'intéresser toutes les classes des lecteurs. Ainsi, tout en craignant que ce qui pourra plaire à l'un ne déplaise à l'autre, je présume que cette diversité même sauvera l'ouvrage entier. Dans un repas, quoique nous ne touchions pas à tous les mets, nous louons pourtant l'ensemble du festin, et ce que notre palais refuse ne fait point de tort à ce qu'il admet. N'allez pas croire par là que je prétende avoir atteint au degré de perfection dont je parle : je veux seulement vous faire entendre que j'y visais. Peut-être n'aurai-je pas travaillé en vain, si vous prenez la peine de retoucher ce que je vous envoie et ce que je vous enverrai bientôt. Vous direz qu'il ne vous est pas facile de vous bien ac-

---

gentia tantum et fides nostra, in hac etiam pietas subjicietur. Inde et liber crevit, dum ornare patriam et amplificare gaudemus, pariterque et defensioni ejus servimus et gloriæ. Tu tamen hæc ipsa, quantum ratio exegerit, reseca. Quoties enim ad fastidium legentium deliciasque respicio, intelligo nobis commendationem ex ipsa mediocritate libri petendam.

Idem tamen, qui a te hanc austeritatem exigo, cogor id, quod diversum est, postulare, ut in plerisque frontem remittas. Sunt enim quædam adolescentium auribus danda, præsertim si materia non refragetur. Nam descriptiones locorum, quæ in hoc libro frequentiores erunt, non historice tantum, sed prope poetice prosequi fas est. Quod tamen si quis exstiterit, qui putet nos lætius fecisse, quam orationis severitas exigat, hujus (ut ita dixerim) tristitiam reliquæ partes actionis exorare debebunt. Adnixi certe sumus, ut quamlibet diversa genera lectorum, per plures dicendi species teneremus. Ac sicut veremur, ne quibusdam pars aliqua secundum suam cujusque naturam non probetur; ita videmur posse confidere, ut universitatem omnibus varietas ipsa commendet. Nam et in ratione conviviorum, quamvis a plerisque cibis singuli temperemus, totam tamen cœnam laudare omnes solemus, nec

quitter de ce soin sans voir toute la pièce. J'en conviens ; mais vous vous familiariserez toujours avec les morceaux que je vous soumets, et vous y trouverez quelque endroit qui peut souffrir des corrections partielles. Que l'on vous présente une tête, ou quelque autre partie d'une statue, vous ne pourrez sans doute en saisir les rapports et les proportions ; et pourtant vous ne laisserez pas de juger du mérite de cette partie. Par quel autre motif va-t-on lire çà et là les commencements d'un ouvrage, sinon parce que l'on est persuadé qu'une de ses parties peut avoir sa beauté, indépendamment du reste ? Le plaisir de m'entretenir avec vous m'a mené loin. Je finis. Quand on blâme les longs discours, on ne devrait pas faire de si longues lettres. Adieu.

### VI. — *Pline à Avitus.*

Il faudrait remonter trop haut, et la chose n'en vaut pas la peine, pour vous dire comment, malgré mon extrême réserve, je me suis trouvé à souper chez un individu, selon lui, magnifique et rangé, selon moi, somptueux et mesquin tout à la fois. Il servait pour lui et pour un petit nombre de conviés des plats excellents, et pour les autres des mets communs et grossiers. Il avait aussi partagé les vins en trois classes dans de petites bouteilles, non pour laisser la liberté de choisir, mais afin d'ôter le droit de refuser. Le premier était pour le maître et pour nous ; le second, pour les amis du second degré (car il a des amis de plusieurs rangs) ; le dernier, pour ses

---

ea quæ stomachus noster recusat, adimunt gratiam illis quibus capitur. Atque hæc ego sic accipi volo, non tanquam assecutum me esse credam, sed tanquam assequi laboraverim ; fortasse non frustra, si modo tu curam tuam admoveris, interim istis, mox iis quæ sequuntur. Dices te non posse satis diligenter id facere, nisi prius totam actionem cognoveris. Fateor : in præsentia tamen et istis tibi familiariora fient, et quædam ex his talia erunt, ut per partes emendari possint. Etenim si avulsum statuæ caput aut membrum aliquod inspiceres, non tu quidem ex illo posses congruentiam æqualitatemque deprehendere ; posses tamen judicare, an id ipsum satis elegans esset. Nec alia ex causa principia librorum circumferuntur, quam quia existimatur pars aliqua etiam sine cæteris esse perfecta. Longius me provexit dulcedo quædam tecum loquendi ; sed jam finem faciam, ne modum, quem etiam orationi adhibendum puto, in epistola excedam. Vale.

VI. — *Pline à Avitus.*

Longum est altius repetere, nec refert, quemadmodum acciderit, ut, homo minime familiaris, cœnarem apud quemdam, ut sibi videbatur, lautum et diligentem ;

affranchis et pour les nôtres. L'un de mes voisins me demanda
si j'approuvais l'ordonnance de ce festin. Je lui répondis que non.
*Comment donc en usez-vous?* me dit-il. — *Je fais servir également
tout le monde : car mon but est de réunir mes amis dans un repas,
et non de les offenser par des distinctions injurieuses. Je n'établis
aucune différence entre ceux que ma table a mis de niveau.* —
*Quoi!* reprit-il, *traitez-vous de même les affranchis?* — *Oui. Ils
ne sont plus alors à mes yeux des affranchis, mais des convives.*
— *Cela vous coûte beaucoup,* ajouta-t-il. — *Point du tout.* — *Est-il
possible?* — *Voici comment: c'est que mes affranchis ne boivent
pas le même vin que moi, mais que je bois le même vin que mes affranchis.*

Ne soyons pas trop délicats, et il ne nous en coûtera jamais bien
cher pour traiter les autres comme nous-mêmes. C'est notre propre
sensualité qu'il faut réprimer, et, pour ainsi dire, mettre à l'ordre,
quand nous voulons épargner la dépense. Il est bien plus raisonna-
le de fonder son économie sur sa tempérance, que sur l'humilia-
ion d'autrui. A quoi tend ce discours? à ne pas vous laisser impo-
er, vous dont j'estime tant l'heureux naturel, par le luxe qu'étalent
ertaines personnes à table, sous l'apparence de l'économie. L'a-
ilié que je vous porte exige que toutes les fois que je rencontre
n exemple semblable, je m'en serve pour vous avertir de ce qu'il
aut éviter. N'oubliez donc jamais que l'on ne saurait trop éviter ce
onstrueux mélange d'avarice et de prodigalité; et que, si un

mihi, sordidum simul et sumptuosum. Nam sibi et paucis opima quædam, cæteris
'lia et minuta ponebat. Vinum etiam parvulis lagunculis in tria genera descri-
erat, non ut potestas eligendi, sed ne jus esset recusandi ; et aliud sibi et nobis,
ud minoribus amicis (nam gradatim amicos habet), aliud suis nostrisque libertis.
nimadvertit qui mihi proximus recumbebat, et an probarem interrogavit. Negavi.
Tu ergo, inquit, quam consuetudinem sequeris? — Eadem omnibus pono : ad
nam enim, non ad notam, invito, cunctisque rebus exæquo, quos mensa et toro
quavi. — Etiamne libertos? — Etiam : convictores enim tunc, non libertos,
to. » Et ille : « Magno tibi constat. — Minime. — Qui fieri potest? — Potest;
ia scilicet liberti mei non idem, quod ego, bibunt, sed idem ego, quod li-
rti. »
Et hercule, si gulæ temperes, non est onerosum, quo utaris ipse, communicare
m pluribus. Illa ergo reprimenda, illa quasi in ordinem redigenda est, si sump-
us parcas, quibus aliquanto rectius tua continentia, quam aliena contumelia,
sulas. Quorsus hæc? Ne tibi optimæ indolis juveni quorumdam in mensa luxuria
cie frugalitatis imponat. Convenit autem amori in te meo, quoties tale aliquid
iderit, sub exemplo præmonere, quid debeas fugere. Igitur memento, nihil magis

seul de ces vices suffît pour ternir la réputation, ils ne peuvent que déshonorer davantage, quand ils sont réunis. Adieu.

## VII. — *Pline à Macrinus.*

Hier le sénat, sur la proposition de l'empereur, ordonna qu'il serait élevé une statue triomphale à Vestricius Spurinna, non comme à tant d'autres, qui ne se sont jamais trouvés à une bataille, qui n'ont jamais vu de camp, et qui n'ont jamais entendu la trompette que dans des spectacles, mais comme à ceux qui ont acheté cet honneur au prix de leurs fatigues, de leur sang et de leurs exploits. Spurinna, par la force des armes, a rétabli le roi des Bructères dans ses États. Il lui a suffi de paraître (et c'est sans doute la plus glorieuse de toutes les victoires), pour dompter par la terreur une nation si belliqueuse. Mais en même temps qu'on a récompensé son courage, on a consolé sa douleur. Spurinna, en son absence, a perdu son fils Cottius, et Cottius a aussi été honoré d'une statue; honneur rarement accordé à un jeune homme. Les services du père l'avaient bien mérité; et il ne fallait rien moins qu'un tel remède pour une plaie si profonde. D'ailleurs Cottius brillait déjà de tant de vertus, que l'on devait prolonger sa vie si courte par cette sorte d'immortalité. La pureté de ses mœurs, la sagesse et la supériorité même de son esprit lui permettaient de disputer de mérite avec les vieillards auxquels cette distinction l'a égalé. Un tel honneur, si je ne me trompe, ne se bor-

---

esse vitandum, quam istam luxuriæ et sordium novam societatem, quæ quum sint turpissima discreta ac separata, turpius junguntur. Vale.

## VII. — *Pline à Macrinus.*

Heri a senatu Vestricio Spurinnæ, principe auctore, triumphalis statua decreta est; non ita ut multis, qui nunquam in acie steterunt, nunquam castra viderunt nunquam denique tubarum sonum, nisi in spectaculis, audierunt, verum ut illis, qu decus istud sudore et sanguine et factis assequebantur. Nam Spurinna Bructeru regem vi et armis induxit in regnum, ostentatoque bello, ferocissimam gentem (quo est pulcherrimum victoriæ genus) terrore perdomuit. Et hoc quidem virtutis præ mium; illud solatium doloris accepit, quod filio ejus Cottio, quem amisit absens habitus est honor statuæ. Rarum id in juvene; sed pater hoc quoque merebatu cujus gravissimo vulneri magno aliquo fomento medendum fuit. Præterea Cottiu ipse tam clarum specimen indolis dederat, ut vita ejus brevis et angusta debueri hac veluti immortalitate proferri. Nam tanta ei sanctitas, gravitas, auctoritas etia

nera pas à la consolation du père et à la gloire du fils ; il éveillera l'émulation dans tous les cœurs. Les jeunes gens, animés par l'espoir de si nobles récompenses, se distingueront à l'envi dans l'exercice des vertus. Les personnages du plus haut rang élèveront leurs enfants pour avoir le bonheur de revivre en eux, s'ils les conservent, ou pour être aussi glorieusement consolés, s'ils les perdent.

Voilà pourquoi je suis charmé que, dans l'intérêt public et pour moi-même, on ait érigé une statue à Cottius. J'aimais cet excellent jeune homme aussi vivement que je le regrette aujourd'hui ; et je trouverai une bien douce consolation à contempler de temps en temps son effigie, à me retourner quelquefois pour la voir, à m'arrêter à ses pieds, à passer devant elle. Si, dans l'enceinte de nos maisons, les images des morts calment notre douleur, combien ne nous frappent-elles pas davantage, lorsque, dans une place publique, elles nous retracent, non-seulement le visage et les traits de nos amis, mais leur mérite et leur gloire! Adieu.

### VIII. — *Pline à Caninius.*

Est-ce l'étude, est-ce la pêche, est-ce la chasse, ou ces délassements réunis qui vous captivent? car on peut les goûter à la fois dans notre charmante retraite, près du lac de Côme. Le lac vous fournit du poisson ; les bois qui l'environnent sont pleins de bêtes fauves, et la profonde tranquillité du lieu invite à l'étude. Mais,

---

ut posset senes illos provocare virtute, quibus nunc honore adæquatus est. Quo quidem honore, quantum ego interpretor, non modo defuncti memoriæ, et dolori patris, verum etiam exemplo prospectum est. Acuent ad bonas artes juventutem adolescentibus quoque, digni sint modo, tanta præmia constituta ; acuent principes viros ad liberos suscipiendos et gaudia ex superstitibus, et ex amissis tam gloriosa solatia.

His ex causis, statua Cottii publice lætor, nec privatim minus. Amavi consummatissimum juvenem tam ardenter, quam nunc impatienter requiro. Erit ergo pergratum mihi hanc effigiem ejus subinde intueri, subinde respicere, sub hac consistere, præter hanc commeare. Etenim si defunctorum imagines domi positæ dolorem nostrum levant, quanto magis eæ, quibus in celeberrimo loco non modo species et vultus illorum, sed honor etiam et gloria refertur? Vale.

### VIII. — *Pline à Caninius.*

Studes? an piscaris? an venaris? an simul omnia? possunt enim omnia simul fieri ad Larium nostrum : nam lacus piscem, feras silvæ, quibus lacus cingitur,

que tous ces plaisirs ensemble ou quelqu'autre vous récréent, il ne m'est pas permis de dire que je vous porte envie. Je souffre pourtant de ne pouvoir jouir, ainsi que vous, de ces passe-temps, après lesquels je soupire comme le malade après le vin, les bains et les eaux. Ne briserai-je donc jamais les liens qui m'attachent, puisque je ne puis les dénouer? Je n'ose m'en flatter : car de nouvelles affaires se joignent aux anciennes, sans que celles-ci soient terminées. La chaîne de mes occupations s'étend et s'appesantit de jour en jour. Adieu.

### IX. — *Pline à Apollinaire.*

Je suis dans une grande perplexité au sujet des démarches de mon ami Sextus Érucius. Je ressens pour cet autre moi-même des tourments et des inquiétudes, qu'en pareille occasion je n'ai point éprouvés pour moi. D'ailleurs, il me semble que mon honneur, mon crédit et ma dignité sont compromis. J'ai obtenu de l'empereur, pour Sextus, le laticlave et la charge de questeur. Il doit à mes sollicitations la permission de demander celle de tribun. Si le sénat la lui refuse, je crains de paraître avoir abusé le prince. Je ne dois donc rien négliger pour que le jugement public confirme l'opinion que l'empereur, sur la foi de mes éloges, a bien voulu concevoir de son mérite. Quand ce motif pressant me manquerait, je n'aurais guère moins d'ardeur pour l'élévation de Sextus. C'est un

---

studia altissimus iste secessus affatim suggerit. Sed, sive omnia simul, sive aliquid facias, non possum dicere : « invideo. » Angor tamen non et mihi licere, quæ sic concupisco, ut ægri vinum, balinea, fontes. Nunquamne hos arctissimos laqueos, si solvere negatur, abrumpam? Nunquam, puto: nam veteribus negotiis nova accrescunt, nec tamen priora peraguntur. Tot nexibus, tot quasi catenis majus in dies occupationum agmen extenditur. Vale.

### IX. — *Pline à Apollinaire.*

Anxium me et inquietum habet petitio Sexti Erucii mei. Afficior cura, et, quam pro me sollicitudinem non adii, quasi pro me altero patior. Et alioquin meus pudor, mea existimatio, mea dignitas in discrimen adducitur. Ego Sexto latum clavum a Cæsare nostro, ego quæsturam impetravi : meo suffragio pervenit ad jus tribunatum petendi, quem nisi obtinet in senatu, vereor ne decepisse Cæsarem videar. Proinde annitendum est mihi, ut talem eum judicet omnes, qualem esse princeps mihi credidit. Quæ causa, si studium meum non incitaret, adjutum tamen cuperem juvenem probissimum, gravissimum, eruditissimum, omni denique laude dignissimum, et

jeune homme plein de probité, de sagesse, de savoir, et digne de tout éloge, lui et sa famille entière. Son père, Érucius Clarus, est un homme d'une vertu antique. Avocat éloquent et exercé, il honore sa profession par son intégrité parfaite, autant que par son courage et par sa modestie. C. Septicius, son oncle, est la vérité, la franchise, la candeur, la droiture même. Tous rivalisent d'affection pour moi, et cependant ils m'aiment tous également. Voici une occasion où je puis, en témoignant ma reconnaissance à un seul, m'acquitter envers tous. Je sollicite donc, je supplie, j'assiége mes amis ; je vais de maison en maison, de place en place ; et j'essaye, par mes prières, tout ce que j'ai de crédit et de considération. Veuillez, je vous en conjure, vous charger d'une partie des soins que je me suis imposés. Je vous payerai de retour, aussitôt que vous le demanderez ; je n'attendrai même pas votre demande. On vous chérit, on vous honore, on vous courtise. Manifestez seulement vos intentions, et l'on s'empressera de les seconder. Adieu.

## X. — *Pline à Octavius.*

Que vous êtes nonchalant, ou plutôt dur, j'allais dire cruel, de retenir si longtemps dans l'obscurité de si charmants ouvrages ! Jusques à quand serez-vous l'ennemi de votre gloire et de notre plaisir ? Laissez vos livres courir le monde ; qu'ils se répandent aussi loin que la langue romaine. D'ailleurs une attente si vive et

---

quidem cum tota domo. Nam pater ei Erucius Clarus, vir sanctus, antiquus, disertus, atque in agendis causis exercitatus, quas summa fide, pari constantia, nec verecundia minore defendit. Habet avunculum C. Septicium, quo nihil verius, nihil simplicius, nihil candidius, nihil fidelius novi. Omnes me certatim, et tamen æqualiter amant : omnibus nunc ego in uno referre gratiam possum. Itaque prenso amicos, supplico, ambio ; domos stationesque circumeo ; quantumque vel auctoritate vel gratia valeam, precibus experior. Te quoque obsecro, ut aliquam oneris mei partem suscipere tanti putes. Reddam vicem, si reposces : reddam etsi non reposces. Diligeris, coleris, frequentaris. Ostende modo velle te, nec decrunt, qui, id quod tu velis, cupiant. Vale.

## X. — *Pline à Octavius.*

Hominem te patientem, vel potius durum, ac pæne crudelem, qui tam insignes libros tamdiu teneas ! Quousque et tibi et nobis invidebis, tibi, maxima laude, nobis, voluptate ? Sine per ora hominum ferantur, iisdemque quibus lingua romana spatiis

si prolongée ne vous permet plus de nous faire languir davantage. Quelques-uns de vos vers ont déjà paru, et se sont fait jour malgré vous. Si vous ne prenez soin de les réunir en un seul corps, ces vagabonds trouveront quelque jour un maître. Songez que nous sommes mortels, et que ce monument peut seul vous assurer l'immortalité. Tous les autres ouvrages, aussi fragiles et périssables que les hommes, passent et disparaissent comme eux. Vous me direz, selon votre habitude : *Cela regarde mes amis.* Je souhaite que vous ayez des amis assez dévoués, assez savants, assez laborieux pour vouloir se charger de cette entreprise considérable, et pouvoir l'exécuter. Mais croyez qu'il y a peu de sagesse à se promettre des autres ce qu'on se refuse à soi-même. Ne parlons plus de publier vos vers ; ce sera quand il vous plaira. Au moins lisez-les pour vous inspirer l'envie de les publier, et donnez-vous enfin la satisfaction que je goûte d'avance pour vous depuis longtemps. Je me représente, en effet, cette foule d'auditeurs, ces transports d'admiration, ces applaudissements, ce silence même, qui, lorsque je plaide ou que je lis mes ouvrages, n'a pas moins de charmes pour moi que les applaudissements, s'il est animé par l'attention et par l'impatience d'entendre ce qui va suivre. Ne dérobez donc plus à vos veilles, par d'éternels délais, une récompense si belle et si certaine. Un plus long ajournement vous attirerait le nom d'indifférent, de paresseux, et peut-être de timide. Adieu.

---

pervagentur. Magna etiam longaque exspectatio est, quam frustrari adhuc et differre non debes. Enotuerunt quidam tui versus, et invito te claustra refregerunt. Hos nisi retrahis in corpus, quandoque, ut errones, aliquem, cujus dicantur, invenient. Habe ante oculos mortalitatem, a qua asserere te hoc uno monumento potes. Nam cætera, fragilia et caduca, non minus quam ipsi homines, occidunt desinuntque. Dices, ut soles : « Amici mei viderint. » Opto equidem amicos tibi tam fideles, tam eruditos, tam laboriosos, ut tantum curæ intentionisque suscipere et possint et velint ; sed dispice ne sit parum providum sperare ex aliis, quod tibi ipse non præstes. Et de editione quidem interim, ut voles : recita saltem, quo magis libeat emittere, utque tandem percipias gaudium, quod ego olim pro te non temere præsumo. Imaginor enim, qui concursus, quæ admiratio te, qui clamor, quod etiam silentium maneat, quo ego, quum dico vel recito, non minus quam clamore delector, sit modo silentium acre et intentum et cupidum ulteriora audiendi. Hoc fructu tanto, tam parato, desine studia tua infinita ista cunctatione fraudare. Quæ quum modum excedit, verendum est, ne inertiæ et desidiæ, vel etiam timiditatis nomen accipiat. Vale.

## XI. — *Pline à Arrien.*

Je sais quelle satisfaction vous éprouvez, quand notre sénat s'honore par un acte digne de son auguste caractère. L'amour du repos, qui vous éloigne des affaires, ne bannit pas de votre cœur la passion que vous avez pour la gloire de l'empire. Apprenez donc ce qui vient d'arriver ces jours derniers. C'est un événement fameux par la célébrité du personnage, salutaire par la sévérité de l'exemple, mémorable à jamais par son importance.

Marius Priscus, proconsul d'Afrique, accusé par les Africains, se bornait à demander des juges ordinaires, sans proposer aucune défense. Cornélius Tacite et moi, chargés par ordre du sénat de la cause de ces peuples, nous crûmes qu'il était de notre devoir de représenter que la barbarie et la cruauté imputées à Priscus ne permettaient pas de lui accorder sa demande. On l'accusait d'avoir reçu de l'argent pour condamner et faire égorger des innocents. Catius Fronton répondit, en suppliant le sénat de renfermer l'affaire dans l'accusation de péculat, et cet orateur, très-habile à tirer des larmes, fit jouer tous les ressorts de la pitié. Grande contestation, grandes clameurs de part et d'autre. Selon les uns, la loi assujettissait le sénat à juger lui-même ; selon les autres, elle lui laissait la liberté pleine et entière d'agir selon la grandeur des crimes.

Enfin, Julius Férox, consul désigné, homme droit et intègre, ouvrit un troisième avis. Il voulut que, par provision, on donnât

## XI. — *Pline à Arrien.*

Solet esse gaudio tibi, si quid actum est in senatu dignum ordine illo. Quamvis enim quietis amore secesseris, insidet tamen animo tuo majestatis publicæ cura. Accipe ergo, quod per hos dies actum est, personæ claritate famosum, severitate exempli salubre, rei magnitudine æternum

Marius Priscus, accusantibus Afris, quibus pro consule præfuit, omissa defensione, judices petiit. Ego et Cornelius Tacitus adesse provincialibus jussi, existimavimus fidei nostræ convenire, notum senatui facere, excessisse Priscum immanitate et sævitia crimina, quibus dari judices possent, quum ob innocentes condemnandos, interficiendos etiam, pecunias accepisset. Respondit Fronto Catius, deprecatusque est, ne quid ultra repetundarum legem quæreretur, omniaque actionis suæ vela, vir movendarum lacrymarum peritissimus, quodam velut vento miserationis implevit. Magna contentio, magni utrinque clamores, aliis cognitionem senatus lege conclusam, aliis liberam solutamque dicentibus, quantumque admisisset reus, tantum vindicandum.

Novissime consul designatus, Julius Ferox, vir rectus et sanctus, Mario quidem

des juges à Priscus, mais qu'on appelât les personnes auxquelle on prétend qu'il a vendu le sang innocent. Non-seulement cet avis l'emporta, mais il n'y en eut presque plus d'autres, après tant de disputes ; et l'on remarqua que, si les premiers mouvements de l'enthousiasme et de la pitié sont vifs et impétueux, la sagesse et la raison parviennent peu à peu à les apaiser. De là vient que personne n'a le courage de proposer seul ce qu'il osait soutenir en mêlant ses cris à ceux de la multitude. La vérité, obscurcie par la foule, se manifeste dès qu'on s'en sépare.

Vitellius Honoratus et Flavius Martianus, complices assignés, se rendirent à Rome. Le premier était accusé d'avoir donné trois cent mille sesterces [1] pour faire bannir un chevalier romain, et mettre à mort sept amis de cet exilé ; le second, d'avoir acheté sept cent mille sesterces [2] diverses peines imposées à un autre chevalier romain. Ce malheureux avait été d'abord condamné au fouet, puis envoyé aux mines, et à la fin étranglé en prison. Une mort opportune déroba Honoratus à la justice du sénat. Martianus fut introduit, en l'absence de Priscus. Alors Tutius Céréalis, personnage consulaire, usant de son droit de sénateur, demanda que Priscus assistât à la discussion, soit pour accroître par sa présence ou la compassion ou la haine, soit plutôt qu'il jugeât équitable que les deux accusés repoussassent en commun une accusation commune, et fussent punis ensemble, s'ils ne pouvaient se justifier. L'affaire fut renvoyée à la première assemblée du sénat, qui fut des plus augustes. Le prince y présida ; il était consul. Nous entrions dans le mois de janvier, celui

---

judices interim censuit dandos ; evocandos autem, quibus diceretur innocentium pœnas vendidisse. Quæ sententia non prævaluit modo, sed omnino post tantas dissensiones fuit sola frequens. Adnotatumque experimentis, quod favor et misericordia acres et vehementes primos impetus habent, paulatim consilio et ratione quasi restincta, considunt. Unde evenit ut, quod multi clamore permisto tuentur, nemo, tacentibus cæteris, dicere velit. Patescit enim, quum separaris a turba, contemplatio rerum, quæ turba teguntur.

Venerunt, qui adesse erant jussi, Vitellius Honoratus et Flavius Martianus ; ex quibus Honoratus trecentis millibus exsilium equitis romani, septemque amicorum ejus ultimam pœnam ; Martianus unius equitis romani septingentis millibus plura supplicia arguebatur emisse. Erat enim fustibus cæsus, damnatus in metallum, strangulatus in carcere. Sed Honoratum cognitioni senatus mors opportuna subtraxit. Martianus inductus est, absente Prisco. Itaque Tutius Cerealis consularis jure senatorio postulavit, ut Priscus certior fieret ; sive quia miserabiliorem, sive quia invi-

1. 39,158 francs 50 centimes.
2. 133,550 francs.

# LIVRE II.

de tous qui rassemble à Rome le plus de monde, et particulièrement de sénateurs. D'ailleurs, l'importance de la cause, le bruit qu'elle avait fait, l'attente qui s'était encore accrue par tant de remises, la curiosité naturelle à tous les hommes de voir de près les événements graves et extraordinaires, avaient attiré de toutes parts un immense concours. Imaginez-vous quels sujets d'inquiétude et de crainte pour nous, qui devions porter la parole dans une si grande affaire, devant une telle assemblée, et en présence de l'empereur !

J'ai plus d'une fois parlé dans le sénat; nulle part même je ne suis plus favorablement écouté ; cependant tout m'étonnait, comme si tout m'eût été nouveau. La difficulté de la cause ne m'embarrassait pas moins que le reste. J'envisageais dans la personne de Priscus, tantôt un consulaire, tantôt un septemvir, quelquefois un homme déchu de ces deux dignités. Il m'était extrêmement pénible d'accuser un homme déjà condamné pour crime de péculat. Si l'énormité du forfait aggravait sa position, la pitié qui s'attache à une première condamnation plaidait en sa faveur. Néanmoins je recueillis mes esprits et mes idées. Mon discours fut écouté avec tant de bienveillance qu'il m'avait inspiré de crainte. Je parlai près de cinq heures (car on me donna presque une heure et demie au delà des trois et demie qui m'avaient été d'abord largement accordées) : tant les parties mêmes de la cause qui m'avaient paru les plus épineuses et les plus défavorables, avant d'entrer en matière, se présentèrent sous un jour heureux, quand je vins à les

---

siorem fore arbitrabatur, si præsens fuisset; sive (quod maxime credo) quia nuissimum erat commune crimen ab utroque defendi, et, si dilui non potuisset, in utroque puniri. Dilata res est in proximum senatum, cujus ipse conspectus augustissimus fuit. Princeps præsidebat : erat enim consul. Ad hoc januarius mensis quum cetera, tum præcipue senatorum frequentia celeberrimus. Præterea causæ amplitudo, auctaque dilatione exspectatio et fama, insitumque mortalibus studium magna inusitata noscendi, omnes undique exciverat. Imaginare, quæ sollicitudo nobis, quibus metus, super tanta re, in illo cœtu, præsente Cæsare, dicendum erat. Equidem in senatu non semel egi; quin immo nusquam audiri benignius soleo. Me tamen, ut nova, omnia novo metu permovebant. Obversabatur præter illa, quæ supra dixi, causæ difficultas. Stabat modo consularis, modo septemvir epulonum, jam neutrum. Erat ergo perquam onerosum, accusare damnatum, quem, ut merebat atrocitas criminis, ita quasi peractæ damnationis miseratio tuebatur. Utcunque tamen animum cogitationemque collegi : cœpi dicere, non minore auditium assensu, quam sollicitudine mea. Dixi horis pæne quinque (nam duodecim clepsydris, quas spatiosissimas acceperam, sunt additæ quatuor): adeo illa ipsa, quæ

traiter! Les bontés de l'empereur, ses soins pour moi, je n'oserais dire ses attentions, allèrent si loin, qu'il me fit avertir plusieurs fois par un affranchi que j'avais derrière moi, de ménager ma poitrine et mes forces : il craignait que la chaleur de l'action m'emportât plus loin que ne le permettait la faiblesse de ma complexion.

Claudius Marcellinus défendit Martianus. Le sénat se sépara, et remit l'assemblée au lendemain : car il n'y avait pas assez de temps pour achever un nouveau plaidoyer avant la nuit. Le jour suivant, Salvius Libéralis parla pour Marius. Cet orateur a de la finesse, de l'art, de la véhémence, de la facilité. Il déploya dans cette occasion tous ses avantages. Cornélius Tacite répondit avec beaucoup d'éloquence, et fit admirer cette élévation majestueuse qui caractérise ses discours. Catius Fronton répliqua avec talent, et, se conformant à la circonstance, il songea plus à fléchir les juges qu'à justifier l'accusé. Il finissait son plaidoyer, quand la nuit survint. On renvoya donc les preuves au jour suivant. C'était quelque chose de beau et d'antique, que de voir le sénat trois jours de suite assemblé, trois jours de suite occupé, ne se séparer qu'à la nuit.

Cornutus Tertullus, consul désigné, homme d'un rare mérite et d'une loyauté incorruptible, opina le premier. Il fut d'avis de condamner Marius à verser dans le trésor public les sept cent mille sesterces qu'il avait reçus, et de le bannir de Rome et de l'Italie. Il alla plus loin contre Martianus, et demanda qu'il fût banni même

---

dura et adversa dicturo videbantur, secunda dicenti fuerunt! Cæsar quidem mihi tantum studium, tantam etiam curam (nimium est enim dicere sollicitudinem) præstitit, ut libertum meum post me stantem sæpius admoneret, voci laterique consulerem, quum me vehementius putaret intendi, quam gracilitas mea perpeti posset.

Respondit mihi pro Martiano Claudius Marcellinus. Missus deinde senatus, et revocatus in posterum : neque enim jam inchoari poterat actio, nisi ut noctis intervent scinderetur. Postero die dixit pro Mario Salvius Liberalis, vir subtilis, dispositus acer, disertus; in illa vero causa omnes artes suas protulit. Respondit Cornelius Tacitus eloquentissime, et, quod eximium orationi ejus inest, σεμνῶς. Dixit pro Mario rursus Fronto Catius insigniter; utque jam locus ille poscebat, plus in precibus temporis quam in defensione consumpsit. Hujus actionem vespera inclusit, non tamen sic, ut abrumperet. Itaque in tertium diem probationes exierunt. Jam hoc ipsum pulchrum et antiquum, senatum nocte dirimi, triduo vocari, triduo continer

Cornutus Tertullus, consul designatus, vir egregius, et pro veritate firmissimus censuit « septingenta millia, quæ acceperat Marius, ærario inferenda; Mario Urbi Italiaque interdicendum; Martiano hoc amplius, Africa. » In fine sententiæ adjeci

de l'Afrique. Il conclut, en proposant au sénat de déclarer que nous avions, Tacite et moi, fidèlement et dignement rempli le ministère qui nous avait été confié. Les consuls désignés, et tous les consulaires qui parlèrent ensuite, se rangèrent à cette opinion, jusqu'à Pompéius Colléga. Il proposa de condamner Marius à verser dans le trésor public les sept cent mille sesterces, et d'exiler Martianus pour cinq ans, mais de ne rien ajouter à la peine prononcée déjà contre Marius pour le crime de péculat. Chaque opinion eut de nombreux partisans; mais la balance pencha en faveur de la dernière, comme étant plus indulgente, ou moins rigoureuse : car plusieurs de ceux qui avaient adopté le sentiment de Cornutus, se déclaraient maintenant pour Colléga. Toutefois, lorsqu'on vint à compter les suffrages, les sénateurs placés près des consuls commencèrent à se ranger du côté de Cornutus. Alors ceux qui avaient donné lieu de croire qu'ils étaient de l'avis de Colléga, repassèrent de l'autre côté, en sorte que Colléga se trouva presque seul. Il exhala son chagrin en reproches amers contre ceux qui l'avaient engagé dans ce parti, principalement contre Régulus qui n'avait pas le courage de suivre un avis dont il était l'auteur. Au fait, Régulus est un esprit si léger, qu'il passe en un moment de l'extrême audace à l'extrême crainte.

Tel fut le dénoûment de cette grande affaire. Il en reste toutefois un chef qui n'est pas de petite importance : c'est ce qui regarde Hostilius Firminus, lieutenant de Marius Priscus, qui s'est trouvé impliqué dans cette accusation, et qui a eu de terribles assauts à

« Quod ego et Tacitus injuncta advocatione diligenter fortiterque functi essemus, arbitrari senatum, ita nos fecisse, ut dignum mandatis partibus fuerit. » Assenserunt consules designati, omnes etiam consulares usque ad Pompeium Collegam. Ille et septingenta millia, quæ acceperat Marius, ærario inferenda, et Martianum in quinquennium relegandum; Marium repetundarum pœnæ, quam jam passus esset, censuit relinquendum. Erant in utraque sententia multi, fortasse etiam plures in hac vel solutiore vel molliore: nam quidam ex illis quoque, qui Cornuto videbantur assensi, hunc, qui post ipsos censuerat, sequebantur. Sed, quum fieret discessio, qui sellis consulum adstiterant, in Cornuti sententiam ire cœperunt. Tum illi, qui se Collegæ annumerari patiebantur, in diversum transierunt. Collega cum paucis relictus. Multum postea de impulsoribus suis, præcipue de Regulo, questus est, qui se in sententia, quam ipse dictaverat, deseruisset. Est alioqui Regulo tam mobile ingenium, ut plurimum audeat, plurimum timeat.

Hic finis cognitionis amplissimæ : superest tamen λιτουργίον non leve, Hostilius Firminus, legatus Marii Prisci, qui, permistus causæ, graviter vehementerque vexatus est. Nam et rationibus Martiani, et sermone, quem ille habuerat in ordine Leptita-

soutenir. Il est convaincu, par les registres de Martianus, et par la harangue qu'il fit dans l'assemblée des habitants de Leptis, d'avoir rendu d'infâmes offices à Marius, et d'avoir exigé cinquante mille deniers [1] de Martianus. Il est prouvé, en outre, qu'il a reçu dix mille sesterces [2], à titre de parfumeur, titre honteux, qui ne convient pas trop mal, cependant, à un homme toujours si soigneux de sa coiffure et de la douceur de sa peau. On décida, sur l'avis de Cornutus, de renvoyer la discussion de cette dernière affaire à la séance prochaine : car, soit hasard, soit remords, Hostilius était alors absent.

Vous voilà bien informé de ce qui se passe à la ville. A votre tour donnez-moi des nouvelles de la campagne. Que deviennent vos arbres fruitiers, vos vignes, vos blés, vos brebis couvertes d'une si fine toison? Comptez que, si je ne reçois de vous une aussi longue lettre que celle-ci, vous n'en aurez plus de moi que de très-courtes. Adieu.

### XII. — *Pline à Arrien.*

Je ne sais si nous avons bien jugé ce dernier chef, qui nous restait de l'affaire de Priscus, comme je vous l'avais mandé; mais enfin nous l'avons expédié. Firminus comparut au sénat, et répondit à l'accusation, dont les motifs étaient déjà connus. Les avis se partagèrent entre les consuls désignés. Cornutus Tertullus opinait à le chasser du sénat ; Acutius Nerva, seulement à l'exclure du partage des gouvernements. Cette opinion prévalut comme

---

norum, operam suam Prisco ad turpissimum ministerium commodasse, stipulatusque de Martiano quinquaginta millia denarium probabatur; ipse praeterea accepisse sestertium decem millia, foedissimo quidem titulo, nomine unguentarii, qui titulus a vita hominis compti semper et pumicati non abhorrebat. Placuit, censente Cornuto, referri de eo proximo senatu; tunc enim, casu incertum, an conscientia, abfuerat.

Habes res urbanas : invicem rusticas scribe : quid arbusculæ tuæ, quid vineæ, quid segetes agant, quid oves delicatissimæ? In summa, nisi æque longam epistolam reddes, non est quod postea, nisi brevissimam, exspectes. Vale.

### XII. — *Pline à Arrien.*

Αὐτούργιον illud, quod superesse Marii Prisci causæ proxime sripseram, nescio an satis circumcisum, tamen et abrasum est. Firminus, inductus in senatum, respondit crimini noto. Secutæ sunt diversæ sententiæ consulum designatorum. Cornutus Ter-

---

1. 35,500 francs.
2. 3,930 francs.

la plus douce, quoiqu'elle soit plus sévère et plus fâcheuse que l'autre. Qu'y a-t-il, en effet, de plus déplorable que de s'acquitter des pénibles fonctions de sénateur, sans jouir des honneurs qui en sont la récompense? Qu'y a-t-il de plus affreux pour un homme frappé d'une telle ignominie, que de ne pouvoir pas se cacher au fond d'une solitude, et d'être obligé de rester dans cet ordre élevé qui le donne en spectacle à tous les regards? Que peut-on d'ailleurs imaginer de plus bizarre et de plus indécent, que de voir siéger au sénat un homme que le sénat a flétri? de le voir au niveau de ses propres juges? de le voir, exclus du proconsulat pour cause de prévarication dans ses fonctions de lieutenant, juger lui-même des proconsuls? de voir enfin un homme, condamné pour un crime honteux, condamner ou absoudre les autres? Mais la majorité a prononcé. On ne pèse pas les voix, on les compte ; et il ne faut attendre rien de mieux de ces assemblées, où la plus choquante inégalité est dans l'égalité même, puisque tous les membres ont la même autorité sans avoir les mêmes lumières.

J'ai accompli la promesse que je vous avais faite dans ma dernière lettre. Si je calcule bien le temps, vous devez l'avoir reçue : car je l'ai confiée à un courrier prompt et diligent, s'il n'a point rencontré d'obstacle sur son chemin. C'est à vous aujourd'hui à me récompenser de ma première et de ma seconde lettre, par des pages aussi remplies qu'on peut les écrire dans la retraite que vous habitez. Adieu.

---

tullus censuit ordine movendum; Acutius Nerva, in sortitione provinciæ rationem ejus non habendam. Quæ sententia, tanquam mitior, vicit, quum sit alioqui durior tristiorque. Quid enim miserius, quam exsectum et exemptum honoribus senatoriis, labore et molestia non carere? Quid gravius, quam tanta ignominia affectum, non in solitudine latere, sed in hac altissima specula conspiciendum se monstrandumque præbere? Præterea, quid publice minus aut congruens aut decorum, notatum a senatu in senatu sedere? ipsisque illis, a quibus sit notatus, æquari? et submotum a proconsulatu, quia se in legatione turpiter gesserat, de proconsulibus judicare? damnatumque sordium, vel damnare alios vel absolvere? Sed hoc pluribus visum est. Numerantur enim sententiæ, non ponderantur ; nec aliud in publico consilio potest fieri, in quo nihil est tam inæquale, quam æqualitas ipsa : nam, quum sit impar prudentia, par omnium jus est.

Implevi promissum, priorisque epistolæ fidem exsolvi, quam ex spatio temporis jam recepisse te colligo ; nam et festinanti et diligenti tabellario dedi, nisi quid impedimenti in via passus est. Tuæ nunc partes, ut primum illam, deinde hanc remunereris litteris, quales istinc redire uberrimæ possunt. Vale.

## XIII. — *Pline à Priscus.*

Si vous saisissez avec empressement toutes les occasions de me rendre service, il n'est personne à qui j'aime mieux avoir obligation qu'à vous. Ce double motif me détermine à vous demander une grâce que je désire vivement obtenir. Vous êtes à la tête d'une puissante armée. Ce poste met à votre disposition un grand nombre de faveurs, et, depuis le temps que vous l'occupez, vous avez pu en combler tous vos amis. Daignez maintenant songer aux miens, je veux dire à quelques-uns des miens. Vous aimeriez mieux, sans doute, les obliger tous ; mais ma discrétion se contentera de vous parler d'un ou deux, ou plutôt d'un seul, c'est-à-dire de Voconius Romanus.

Son père s'était distingué dans l'ordre des chevaliers, et son beau-père, ou plutôt son second père (car sa bonté lui a aussi mérité ce nom), s'y était acquis une illustration plus grande encore. Sa mère tenait aux premières maisons de l'Espagne Citérieure. Vous savez quel est le bon esprit, quelle est la sévérité de mœurs de cette province. Il vient d'être créé flamine. Notre tendre amitié a commencé avec nos études. Nous logions dans la même maison à la ville et à la campagne; il partageait mes affaires et mes plaisirs. Où trouver aussi une affection plus sûre, une compagnie plus agréable ? Sa conversation a un charme ravissant ; sa physionomie est pleine de douceur ; son esprit élevé, délicat, doux,

---

### XIII. — *Pline à Priscus.*

**Et** tu occasiones obligandi me avidissime amplecteris, et ego nemini libentius debeo. Duabus ergo de causis a te potissimum petere constitui, quod impetratum maxime cupio. Regis exercitum amplissimum : hinc tibi beneficiorum larga materia ; longum præterea tempus, quo amicos tuos exornare potuisti. Convertere ad nostros, nec hos multos. Malles tu quidem multos ; sed meæ verecundiæ sufficit unus aut alter, ac potius unus : is erit Voconius Romanus.

**Pater** ei in equestri gradu clarus, clarior vitricus, immo pater alius ; nam huic quoque nomini pietate successit. Mater e primis Citerioris Hispaniæ. Scis, quod judicium provinciæ illius, quanta sit gravitas. Flamen proxime fuit. Hunc ego, quum simul studeremus, arcte familiariterque dilexi : ille meus in urbe, ille in secessu contubernalis : cum hoc seria, cum hoc jocos miscui. Quid enim illo aut fidelius amico, aut sodale jucundius ? Mira in sermone, mira etiam in ore ipso vultuque suavitas. Ad hoc, ingenium excelsum, subtile, dulce, facile, eruditum in causis agendis. Epistolas quidem scribit, ut Musas ipsas latine loqui credas. Amatur a me plurimum, nec tamen vincitur. Equidem juvenis statim juveni, quantum potui per ætatem, avidis-

facile, est heureusement préparé pour les exercices du barreau
Les lettres qu'il écrit semblent dictées par les Muses elles-mêmes.
Je l'aime plus que je ne puis dire, et son amitié ne le cède pas à
la mienne. Jeune comme lui, déjà, pour le servir, je cherchais
avec empressement les occasions que notre âge pouvait me permettre. Je viens de lui obtenir, de notre bon prince, le privilége
que donne le nombre de trois enfants. Quoique l'empereur se soit
fait une loi de ne le conférer que rarement et avec choix, il a bien
voulu me l'accorder avec autant de grâce que s'il avait choisi lui-
même. Je ne puis mieux soutenir mes premiers bienfaits qu'en y
ajoutant, surtout parce que sa profonde reconnaissance en appelle
de nouveaux.

Je vous ai dit quel est Romanus, combien je l'estime, combien
il m'est cher. Traitez-le, je vous prie, comme je dois l'attendre de
votre caractère et de votre position. Veuillez surtout l'aimer.
Quelque bien que vous lui fassiez, il n'en est point de plus précieux pour lui que votre amitié. C'est pour vous prouver qu'il la
mérite, et que vous pouvez l'admettre même dans votre intimité,
que je vous ai tracé en peu de mots ses goûts, ses mœurs et sa
vie tout entière. Je renouvellerais encore ici mes recommanda-
tions, si je ne savais que vous n'aimez pas à vous faire prier longtemps, et que je n'ai pas fait autre chose dans toute cette lettre.
Car c'est prier, et prier très-efficacement, que de faire sentir la
justice de ses prières. Adieu.

### XIV. — *Pline à Maxime.*

Vous l'avez deviné : je commence à me lasser des causes que

---

sime contuli, et nuper ab optimo principe trium liberorum ei jus impetravi ; quod,
quanquam parce et cum delectu daret, mihi tamen, tanquam eligeret, indulsit. Hæc
beneficia mea tueri nullo modo melius, quam ut augeam, possum ; præsertim quum
ipse illa tam grate interpretetur, ut, dum priora accipit, posteriora mereatur.

Habes, qualis, quam probatus carusque sit nobis. Quem rogo, pro ingenio, pro
fortuna tua exornes. In primis ama hominem : nam licet tribuas ei quantum amplissimum potes, nihil tamen amplius potes amicitia tua, cujus esse eum, usque ad inti-
mam familiaritatem, capacem quo magis scires, breviter tibi studia, mores, omnem
denique vitam ejus expressi. Extenderem preces, nisi et tu rogari diu nolles, et ego
tota hoc epistola fecissem. Rogat enim et quidem efficacissime, qui reddit causas
rogandi. Vale.

### XIV. — *Pline à Maxime.*

Verum opinaris : distringor centumviralibus causis, quæ me exercent magis

je plaide devant les centumvirs. La peine passe le plaisir. La plupart sont minces et frivoles. Rarement s'en présente-t-il une qui, par le rang des personnages, ou par l'importance du sujet, attire l'attention. D'ailleurs, il s'y trouve un très-petit nombre de dignes adversaires. Le reste se compose de gens hardis et même, en grande partie, de jeunes gens obscurs qui ne viennent là que pour déclamer, mais avec si peu de respect et de retenue, que notre Attilius a eu parfaitement raison de dire : *Les enfants commencent au barreau par plaider devant les centumvirs, comme, aux écoles, par lire Homére*. En effet, au barreau comme aux ecoles, on commence par ce qu'il y a de plus difficile.

Autrefois, à ce que disaient les vieillards, les jeunes gens, même de la plus haute naissance, n'étaient point admis à parler devant les centumvirs, si quelque consulaire ne les présentait : tant on avait alors de vénération pour un si noble exercice! Aujourd'hui, les bornes de la discrétion et du respect sont franchies, et le champ est ouvert à tout le monde. On n'entre plus au barreau, on y fait irruption. Pareils aux avocats, viennent ensuite des auditeurs que l'on achète à beaux deniers comptants. Cette foule mercenaire se presse autour de l'agent de nos orateurs, au milieu même du palais, et là, comme dans une salle à manger, il leur distribue la portion. Aussi les a-t-on nommés assez plaisamment en grec σοφοκλεῖς (qui crient *très-bien!*), et en latin *laudicœni* (louangeurs pour un repas).

Cette manœuvre honteuse, flétrie dans les deux langues, gagne

quam delectant : sunt enim pleræque parvæ et exiles. Raro incidit vel personarum claritate, vel negotii magnitudine insignis. Ad hoc, perpauci, cum quibus juvet dicere. Cæteri, audaces, atque etiam magna ex parte adolescentuli obscuri, ad declamandum huc transeunt, tam irreverenter et temere, ut mihi Attilius noster expresse dixisse videatur : « Sic in foro pueros a centumviralibus causis auspicari, ut ab Homero in scholis. » Nam hic quoque, ut illic, primum cœpit esse quod maximum est.

At hercule, ante memoriam meam (ita majores natu solebant dicere), ne nobilissimis quidem adolescentibus locus erat, nisi aliquo consulari producente : tanta veneratione pulcherrimum opus colebatur ! Nunc, refractis pudoris et reverentiæ claustris, omnia patent omnibus; nec inducuntur, sed irrumpunt. Sequuntur auditores actoribus similes, conducti et redempti. Manceps convenitur in media basilica, ubi tam palam sportulæ, quam in triclinio, dantur. Ex judicio in judicium par mercede transitur. Inde jam non inurbane σοφοκλεῖς vocantur : iisdem latinum nomen impositum est, *laudicœni*.

Et tamen crescit in dies fœditas utraque lingua notata. Heri duo nomenclatores

néanmoins de jour en jour. Hier, deux de mes domestiques, de l'âge de ceux qui viennent de prendre la robe prétexte, furent forcés d'aller applaudir pour trois deniers[1]. Voilà ce qu'il en coûte pour être un grand orateur. A ce prix, il n'y a point de bancs que vous ne remplissiez, point de lieux que vous ne couvriez d'auditeurs, point de cris d'enthousiasme que vous n'arrachiez, quand le coryphée a donné le signal. Il faut bien un signal pour des gens qui ne comprennent rien, ou qui même n'écoutent pas : car la plupart ne s'en donnent pas la peine, et ce sont justement ceux-là qui approuvent le plus haut.

S'il vous arrive jamais de passer près du palais, et que vous soyez curieux de savoir comment parle chacun de nos avocats, vous n'aurez pas besoin d'entrer ni de prêter votre attention; il vous sera facile de le deviner. Sachez que plus les marques d'approbation sont bruyantes, moins l'orateur a de talent.

Largius Licinius amena le premier cette mode. Mais il se contentait de rassembler ses auditeurs. Je l'ai ouï raconter à Quintilien mon maître. « J'accompagnais, disait-il, Domitius Afer, qui plaidait devant les centumvirs avec gravité et avec lenteur; c'était sa manière. Il entendit dans le voisinage un bruit tout à fait extraordinaire. Surpris, il se tut. Quand le silence fut rétabli, il reprit le fil de son discours. Le bruit ayant recommencé, il s'arrêta encore. On fit silence. Il continua à parler une troisième fois. Interrompu de nouveau, il demanda enfin le nom de l'avocat qui plaidait. On lui répondit que c'était Licinius. *Centumvirs*, dit-il

---

mei (habent sane atatem eorum qui nuper togas sumpserint) ternis denariis ad laudandum trahebantur : tanti constat, ut sis disertissimus. Hoc pretio quamlibet numerosa subsellia implentur; hoc ingens corona colligitur; hoc infiniti clamores commoventur, quum μεσόχορος dedit signum. Opus est enim signo apud non intelligentes, ne audientes quidem : nam plerique non audiunt, nec ulli magis laudant.

Si quando transibis per basilicam, et voles scire, quomodo quisque dicat, nihil est, quod tribunal ascendas, nihil, quod præbeas aurem : facilis divinatio ; scito, eum pessime dicere, qui laudabitur maxime.

Primus hunc audiendi morem induxit Largius Licinius, hactenus tamen, ut auditores corrogaret : ita certe ex Quintiliano, præceptore meo, audisse memini. Narrabat ille : « Assectabar Domitium Afrum, quum apud centumviros diceret graviter et lente (hoc enim illi actionis genus erat). Audiit ex proximo immodicum insolitumque clamorem. Admiratus reticuit. Ubi silentium factum est, repetiit quod abruperat. Iterum clamor, iterum reticuit; et post silentium, cœpit idem tertio. Novis-

---

1. 2 francs 20 centimes.

alors, avant de reprendre son plaidoyer, *l'éloquence est perdue.*
C'est aujourd'hui que cet art, qui ne commençait qu'à se perdre
lorsque Afer le croyait déjà perdu, est entièrement éteint et
anéanti. J'ai honte de vous dire quelles acclamations sont prodi-
guées par nos auditeurs imberbes aux plus mauvais discours et
au débit le plus monotone. En vérité, il ne manque à cette psal-
modie que des battements de mains, ou plutôt que des cymbales
et des tambours. Pour des hurlements (on ne peut exprimer par
un autre terme les acclamations indécentes dont retentit le barreau), nous en avons de reste. Mon âge pourtant et l'intérêt de
mes amis m'arrêtent encore. Je crains que l'on ne me soupçonne
de fuir ces indignités beaucoup moins que le travail. Cependant
je commence à me montrer au barreau plus rarement qu'à l'ordinaire, ce qui me conduit insensiblement à l'abandonner tout à
fait. Adieu.

### XV. — *Pline à Valérien.*

Votre ancienne propriété du pays des Marses vous plaît-elle
toujours? Et votre nouvelle terre, n'a-t-elle rien perdu de ses
charmes, depuis que vous l'avez acquise? Cela n'est pas ordinaire;
celui qui possède et celui qui désire n'ont pas les mêmes yeux.
Pour moi, je n'ai pas trop à me louer des domaines que j'ai hé-
rités de ma mère. Ils me plaisent pourtant, parce qu'ils viennent
d'elle; et d'ailleurs une longue habitude m'a endurci. Voilà com-

---

sime, quis diceret, quæsivit : responsum est, Licinius. Tum, intermissa causa :
« Centumviri, inquit, hoc artificium periit. » Quod alioqui perire incipiebat, quum
periisse Afro videretur; nunc vero prope funditus exstinctum et eversum est. Pudet
referre, quæ, quam fracta pronuntiatione dicantur; quibus, quam teneris clamoribus
excipiantur. Plausus tantum, ac potius sola cymbala, et tympana illis canticis desunt :
ululatus quidem (neque enim alio vocabulo potest exprimi theatris quoque indecora
laudatio) large supersunt. Nos tamen adhuc et utilitas amicorum, et ratio ætatis moratur ac retinet. Veremur enim, ne forte non has indignitates reliquisse, sed laborem refugisse videamur. Sumus tamen solito rariores; quod initium est gradatim
desinendi. Vale.

### XV. — *Pline à Valérien.*

Quomodo te veteres Marsi tui? quomodo emptio nova? placent agri, postquam
tui facti sunt? Rarum id quidem! nihil enim æque gratum est adeptis, quam con-
cupiscentibus. Me prædia materna parum commode tractant : delectant tamen, ut

ment se terminent les longues plaintes : à la fin on a honte de se plaindre. Adieu.

### XVI. — *Pline à Annien.*

Vous me mandez, avec votre zèle ordinaire, que les codicilles d'Acilien, qui m'a institué héritier pour une part de son bien, doivent être regardés comme nuls, parce que son testament ne les confirme pas. Je n'ignore pas ce point de droit, connu du jurisconsulte le plus médiocre ; mais je me suis fait une loi particulière de respecter et d'accomplir toujours les volontés des morts, quand même les formalités y manqueraient. Les codicilles dont il s'agit sont certainement écrits de la main d'Acilien. Quoiqu'ils ne soient pas confirmés par son testament, je les exécuterai comme s'ils l'étaient, surtout n'ayant rien à craindre d'un délateur. Car peut-être devrais-je mettre plus de réserve et de prudence, si j'avais lieu d'appréhender qu'une confiscation ne détournât, au profit du trésor public, des libéralités que je veux faire. Mais, comme il est permis à un héritier de disposer à son gré des biens d'une succession, je ne vois rien qui puisse traverser l'exécution de ma loi particulière, que les lois publiques ne désapprouvent pas. Adieu.

### XVII. — *Pline à Gallus.*

Vous êtes surpris que je trouve tant de charmes à ma villa du

---

materna; et alioqui longa patientia occallui. Habent hunc finem assiduae querelae, quod queri pudet. Vale.

### XVI. — *Pline à Annien.*

Tu quidem pro caetera tua diligentia admones me, codicillos Aciliani, qui me ex parte instituit haeredem, pro non scriptis habendos, quia non sint confirmati testamento. Quod jus ne mihi quidem ignotum est, quum sit iis etiam notum, qui nihil aliud sciunt. Sed ego propriam quamdam legem mihi dixi, ut defunctorum voluntates, etiamsi jure deficerentur, quasi perfectas tuerer. Constat autem codicillos istos Aciliani manu scriptos. Licet ergo non sint confirmati testamento, a me tamen, ut confirmati, observabuntur; praesertim quum delatori locus non sit. Nam si verendum esset, ne, quod ego dedissem, populus eriperet, cunctatior fortasse et cautior esse deberem. Quum vero liceat haeredi donare, quod in haereditate subsedit, nihil est, quod obstet illi meae legi, cui publicae leges non repugnant. Vale.

### XVII. — *Pline à Gallus.*

Miraris cur me Laurentinum, vel, si ita mavis, Laurens meum tantopere delectet.

Laurentin, ou, si vous voulez, de Laurente. Vous reviendrez de votre étonnement, quand vous connaîtrez les agréments de cette demeure, les avantages de sa situation et sa distance de la mer.

Elle n'est qu'à dix-sept milles de Rome, et l'on peut s'y transporter après avoir achevé toutes ses affaires, sans rien prendre sur sa journée. Deux chemins y conduisent, celui de Laurente et celui d'Ostie ; mais on quitte le premier au quatorzième milliaire, et le second au onzième. En sortant de l'un ou de l'autre, on entre dans une voie en partie sablonneuse, où les voitures roulent avec assez de difficulté et de lenteur. A cheval, le trajet est plus court et plus doux. Ce n'est partout que paysages. Tantôt la route se resserre entre des bois, tantôt elle s'ouvre et s'étend sur de vastes prairies. Là de nombreux troupeaux de brebis, de bœufs et de chevaux, dès que l'hiver les a chassés des montagnes, s'engraissent en paissant au sein d'une température printanière.

La villa est commode, sans être d'un entretien dispendieux. L'entrée, d'une élégante simplicité, fait face à un portique courbé en forme de D, et qui entoure une petite cour charmante. C'est une retraite précieuse contre le mauvais temps : car on y est protégé par les vitres qui le ferment, et surtout par les toits qui le couvrent. Ce portique conduit à une cour intérieure fort gaie. De là on passe dans une assez belle salle à manger qui s'avance sur la mer, dont les vagues viennent mourir au pied du mur, lorsque souffle le vent du midi. De tous les côtés, cette salle est garnie de portes à deux battants et de fenêtres qui sont aussi grandes

---

Desines mirari, quum cognoveris gratiam villæ, opportunitatem loci, littoris spatium.

Decem et septem millibus passuum ab Urbe secessit ; ut peractis, quæ agenda fuerint, salvo jam et composito die, possis ibi manere. Aditur non una via : nam et laurentina et ostiensis eodem ferunt, sed laurentina a quartodecimo lapide, ostiensis ab undecimo relinquenda est. Utrinque excipit iter aliqua ex parte arenosum, junctis paulo gravius et longius, equo breve et molle. Varia hinc atque inde facies ; nam modo occurrentibus silvis via coarctatur, modo latissimis pratis diffunditur et patescit. Multi greges ovium, multa ibi equorum boumque armenta, quæ, montibus hieme depulsa, herbis et tepore verno nitescunt.

Villa usibus capax, non sumptuosa tutela. Cujus in prima parte atrium frugi, nec tamen sordidum. Deinde porticus in D litteræ similitudinem circumactæ ; quibus parvula, sed festiva, area includitur. Egregium adversus tempestates receptaculum : nam specularibus, ac multo magis imminentibus tectis muniuntur. Est contra medias cavædium hilare ; mox triclinium satis pulchrum, quod in littus excurrit : ac si quando Africo mare impulsum est, fractis jam et novissimis fluctibus leviter alluitur.

que les portes; de manière que, à droite, à gauche et en face, on découvre comme trois mers différentes. Derrière soi, on a pour horizon la cour intérieure, le portique, l'aire, puis encore le portique, enfin l'entrée, et, dans le lointain, les forêts et les montagnes. A la gauche de cette salle à manger, est une grande pièce moins avancée vers la mer; et de là, on entre dans une plus petite, qui a deux fenêtres, l'une au levant, l'autre au couchant. Celle-ci donne aussi sur la mer, que l'on voit de plus loin, mais avec plus de charme.

L'angle que forme la salle à manger avec le mur de la chambre, semble fait pour rassembler, pour concentrer tous les rayons du soleil. C'est le refuge de mes gens en hiver; c'est le théâtre de leurs exercices. Là se taisent tous les vents, excepté ceux qui chargent le ciel de nuages, et nuisent plutôt à la clarté du lieu qu'aux agréments qu'il présente. A cet angle est annexée une rotonde dont les fenêtres reçoivent successivement tous les soleils. On a ménagé dans le mur une armoire qui me sert de bibliothèque, et qui contient, non les livres qu'on lit une fois, mais ceux qu'on doit relire sans cesse. A côté sont des chambres à coucher, séparées de la bibliothèque par un conduit garni de tuyaux suspendus qui répandent et distribuent de tous côtés une chaleur salutaire. Le reste de cette aile est occupé par des affranchis ou par des valets; et cependant la plupart des pièces sont tenues si proprement, qu'on pourrait y loger des maîtres.

A l'autre aile, est un cabinet fort élégant; ensuite une grande

---

Undique valvas, aut fenestras non minores valvis habet; atque ita a lateribus et a fronte quasi tria maria prospectat. A tergo cavædium, porticum, aream, porticum rursus, mox atrium, silvas et longinquos respicit montes. Hujus a læva retractius paulo cubiculum est amplum; deinde aliud minus, quod altera fenestra admittit orientem, occidentem altera retinet : hæc et subjacens mare longius quidem, sed securius intuetur.

Hujus cubiculi et triclinii illius objectu includitur angulus, qui purissimum solem continet et accendit. Hoc hibernaculum, hoc etiam gymnasium meorum est : ibi omnes silent venti, exceptis qui nubilum inducunt, et serenum ante, quam usum loci, eripiunt. Annectitur angulo cubiculum in apsida curvatum, quod ambitum solis fenestris omnibus sequitur. Parieti ejus in bibliothecæ speciem armarium insertum est, quod non legendos libros, sed lectitandos capit. Adhæret dormitorium membrum, transitu interjacente, qui, suspensus et tubulatus, conceptum vaporem salubri temperamento huc illucque digerit et ministrat. Reliqua pars lateris hujus servorum libertorumque usibus detinetur, plerisque tam mundis, ut accipere hospites possint.

Ex alio latere cubiculum est politissimum; deinde vel cubiculum grande, vel mo-

chambre, ou une petite salle à manger que le soleil et la mer égayent à l'envi. Puis on passe dans une chambre à laquelle est jointe une antichambre. Cette salle est aussi fraîche en été par son élévation, que chaude en hiver par les abris qui la préservent de tous les vents. A côté se trouve une autre pièce et son antichambre. De là on communique dans la salle des bains où est un réservoir d'eau froide. L'emplacement est grand et spacieux. Des deux murs opposés sortent en hémicycles deux baignoires si profondes et si larges, qu'on pourrait y nager. Près de là est un cabinet de toilette, une étuve et le fourneau nécessaire au service du bain. De plain-pied se succèdent deux pièces plus élégantes que magnifiques. Le bain d'eau chaude s'y rattache d'une manière si admirable, qu'on aperçoit la mer en se baignant.

Non loin de là est un jeu de paume qui, dans les jours les plus chauds, ne reçoit le soleil qu'à son déclin. D'un côté s'élève une tour, au bas de laquelle sont deux cabinets ; deux autres sont au-dessus, avec une salle à manger d'où la vue embrasse une mer immense, de vastes côtes et de délicieuses villas. De l'autre côté est une autre tour où se trouve une chambre qui regarde le levant et le couchant. Derrière est une grande cave et un grenier. Au-dessous de ce grenier est une salle à manger, où, quand la mer est agitée, on n'entend que le bruit faible et presque amorti de ses vagues. Cette salle donne sur le jardin et sur l'allée destinée à la promenade qui règne à l'entour. L'allée est bordée de buis, ou, à son défaut, de romarin : car, dans la partie où le bâtiment abrite le buis, il conserve toute sa verdure. Mais, au grand

dica cœnatio, quæ plurimo sole, plurimo mari lucet. Post hanc cubiculum cum procœtone, altitudine æstivum, munimentis hibernum : est enim subductum omnibus ventis. Huic cubiculo aliud et procœlon communi pariete junguntur. Inde balinei cella frigidaria, spatiosa et effusa, cujus in contrariis parietibus duo baptisteria velut ejecta sinuantur, abunde capacia, si innare in proximo cogites. Adjacet unctorium, hypocaustum ; adjacet propnigeon balinei : mox duæ cellæ magis elegantes, quam sumptuosæ. Cohæret calida piscina mirifice, ex qua natantes mare aspiciunt.

Nec procul sphæristerium, quod calidissimo soli, inclinato jam die, occurrit. Hinc turris erigitur, sub qua diætæ duæ, totidem in ipsa : præterea cœnatio, quæ latissimum mare, longissimum littus, amœnissimas villas prospicit. Est et alia turris : in hac cubiculum, in quo sol nascitur conditurque ; lata post apotheca et horreum. Sub hoc triclinium, quod turbati maris non nisi fragorem et sonum patitur, eumque jam languidum ac desinentem : hortum et gestationem videt, qua hortus includitur. Gestatio buxo, aut rore marino, ubi deficit buxus, ambitur : nam buxus, qua parte

air et en plein vent, l'eau de la mer le dessèche, quoiqu'elle n'y rejaillisse que de fort loin.

Près de l'allée, croît, dans une enceinte, une vigne tendre et touffue, dont le bois ploie mollement, même sous les pieds nus. Le jardin est couvert de figuiers et de mûriers auxquels le terrain est aussi favorable qu'il est contraire à tous les autres arbres. D'une salle à manger voisine, on jouit de cet aspect, qui n'est guère moins agréable que celui de la mer dont elle est éloignée. Derrière cette salle, il y a deux appartements dont les fenêtres dominent l'entrée de la maison, et un autre jardin moins élégant, mais mieux fourni. De là se prolonge une galerie voûtée qu'on prendrait pour un monument public. Elle est percée de fenêtres des deux côtés ; mais, du côté de la mer, le nombre en est double : une seule sur le jardin répond à deux sur la mer. Quand le temps est calme et serein, on les ouvre toutes. Si le vent donne d'un côté, on ouvre, sans aucun risque, les fenêtres de l'autre. Devant cette galerie est un parterre parfumé de violettes. Le soleil, en frappant sur la galerie, en élève la température, et, la galerie, en concentrant les ardeurs du soleil, repousse et chasse l'aquilon. Ainsi, d'une part, elle retient la chaleur ; de l'autre, elle garantit du froid. Elle vous défend aussi de l'autan : de sorte que, de différents côtés, elle offre un abri contre les vents opposés. L'agrément qu'elle offre en hiver augmente en été. Avant midi, l'ombre de la galerie s'étend sur le parterre ; après midi, sur la promenade et sur la partie du jardin qui en est voisine. Selon que les jours deviennent plus longs ou plus courts, l'ombre décroît ou

---

defenditur tectis, abunde viret ; aperto cœlo apertoque vento, et, quanquam longinqua, aspergine maris, inarescit.

Adjacet gestationi interiore circuitu vinea tenera et umbrosa, nudisque etiam pedibus mollis et cedens. Hortum morus et ficus frequens vestit : quarum arborum illa vel maxime ferax est terra, malignior cæteris. Hac non deteriore, quam maris, facie cœnatio remota a mari fruitur. Cingitur diætis duabus a tergo, quarum fenestris subjacet vestibulum villæ. et hortus alius, pinguior et rusticus. Hinc cryptoporticus, prope publici operis, extenditur : utrinque fenestræ, a mari plures, ab horto singulæ, et alternis pauciores. Hæ, quum serenus dies et immotus, omnes ; quum hinc vel inde ventus inquietus, qua venti quiescunt, sine injuria patent. Ante cryptoporticum xystus violis odoratus. Teporem solis infusi repercussu cryptoporticus auget, quæ, ut tenet solem, sic Aquilonem inhibet submovetque ; quantumque caloris ante, tantum retro frigoris : similiter Africum sistit, atque ita diversissimos ventos, alium alio latere, frangit et finit. Hæc jucunditas ejus hieme, major æstate : nam ante

s'allonge, soit d'un côté, soit de l'autre. La galerie elle-même ne ressent jamais moins les effets du soleil que quand ses rayons ardents tombent d'aplomb sur la voûte. Je dirai plus : par ses fenêtres ouvertes, elle reçoit et transmet les brises, et l'air qui se renouvelle n'y devient jamais épais ni malfaisant.

A l'extrémité du parterre et de la galerie s'élève dans le jardin un pavillon que j'appelle mes délices, mes vraies délices. Je l'ai construit moi-même. Là j'ai une espèce de foyer solaire qui, d'un côté, regarde le parterre, de l'autre la mer, et de tous les deux reçoit le soleil. Son entrée répond à une chambre voisine, et une de ses fenêtres donne sur la galerie. Au milieu du côté qui a la mer pour horizon, j'ai ménagé un cabinet charmant qui, au moyen de vitres et de rideaux que l'on ouvre ou que l'on ferme, peut à volonté se joindre à la chambre ou en être séparé. Il y a place pour un lit et deux chaises. A ses pieds on voit la mer; derrière soi, des villas; en face, des forêts. Trois fenêtres réunissent ces paysages sans les confondre. De là on entre dans une chambre à coucher où la voix des valets, le bruit de la mer, le fracas des orages, les éclairs et le jour même ne peuvent pénétrer, à moins qu'on n'ouvre les fenêtres. Ce qui rend le calme de cette retraite si profond, c'est qu'entre le mur de la chambre et celui du jardin il existe un espace vide qui absorbe le bruit. A cette chambre tient une petite étuve dont l'étroite fenêtre retient ou dissipe la chaleur, selon le besoin. Plus loin on trouve une antichambre et une chambre que le soleil dore à son lever, et qu'il frappe encore

meridiem xystum, post meridiem gestationem hortique proximam partem umbra sua temperat; quæ, ut dies crevit decrevitque, modo brevior, modo longior hac vel illac cadit. Ipsa vero cryptoporticus tunc maxime caret sole, quum ardentissimus culmini ejus insistit. Ad hoc, patentibus fenestris Favonios accipit transmittitque ; nec unquam aere pigro et manente ingravescit.

In capite xysti deinceps cryptoporticus, horti diæta est, amores mei, re vera amores; ipse posui. In hac heliocamino quidem, alia xystum, alia mare, utraque solem, cubiculum autem valvis, cryptoporticum fenestra prospicit. Qua mare, contra parietem medium, zotheca perquam eleganter recedit : quæ specularibus et velis obductis reductisque modo adjicitur cubiculo, modo aufertur. Lectum et duas cathedras capit; a pedibus mare, a tergo villæ, et capite silvæ : tot facies locorum totidem fenestris et distinguit et miscet. Junctum est cubiculum noctis et somni. Non illud voces servulorum, non maris murmur, non tempestatum motus, non fulgurum lumen, ac ne diem quidem sentit, nisi fenestris apertis. Tam alti abditique secreti illa ratio, quod interjacens andron parietem cubiculi hortique distinguit, atque ita omnem sonum media inanitate consumit. Applicitum est cubiculo hypocaustum

après midi, de ses rayons obliques. Quand je suis retiré dans ce pavillon, je crois être bien loin, même de ma villa, et je m'y plais singulièrement, surtout aux Saturnales, tandis que tout le reste de la maison retentit des cris de joie autorisés par la licence de ces jours de fêtes. Ainsi je ne nuis pas plus aux plaisirs de mes gens qu'ils ne troublent mes études.

Ce qui manque à tant d'avantages, à tant d'agréments, ce sont des eaux courantes. A leur défaut, nous avons des puits ou plutôt des fontaines : car ils sont peu profonds. La nature du terrain est merveilleuse. En quelque endroit que vous le creusiez, vous avez de l'eau à souhait, mais de l'eau pure, et dont la douceur n'est nullement altérée par la proximité de la mer. Les forêts voisines fournissent du bois en abondance, et Ostie procure toutes les autres choses nécessaires à la vie. Le village même peut suffire aux besoins d'un homme frugal, et une seule maison de campagne m'en sépare. On trouve en ce lieu jusqu'à trois bains publics : ressource précieuse, lorsque une arrivée inattendue ou un départ précipité ne permet pas de se baigner chez soi. Tout le rivage est bordé de maisons contiguës ou séparées qui charment par leur diversité, et qui, vues de la mer ou même de la côte, présentent l'aspect d'une multitude de villes. Le rivage, après un long calme, offre une promenade assez douce ; mais l'agitation fréquente des flots le rend souvent impraticable. La mer n'abonde point en poissons délicats ; on y prend pourtant des soles et des squilles excellentes. La terre fournit aussi ses richesses à mon habitation. Nous avons

perexiguum, quod angusta fenestra suppositum calorem, ut ratio exegit, aut effundit, aut retinet. Procœton inde et cubiculum porrigitur in solem : quem orientem statim exceptum, ultra meridiem, obliquum quidem, sed tamen servat. In hanc ego diætam quum me recepi, abesse mihi etiam a villa mea videor, magnamque ejus voluptatem, præcipue Saturnalibus, capio, quum reliqua pars tecti licentia dierum festisque clamoribus personat ; nam nec ipse meorum lusibus, nec illi studiis meis obstrepunt.

Hæc utilitas, hæc amœnitas deficitur aqua salienti. Sed puteos, ac potius fontes habet ; sunt enim in summo, et omnino littoris illius mira natura. Quocumque loco moveris humum, obvius et paratus humor occurrit, isque sincerus, ac ne leviter quidem tanta maris vicinitate salsus. Suggerunt affatim ligna proximæ silvæ. Cæteras copias ostiensis colonia ministrat. Frugi quidem homini sufficit etiam vicus, quem una villa discernit. In hoc balinea meritoria tria : magna commoditas, si forte balineum domi vel subitus adventus, vel brevior mora calefacere dissuadeat. Littus ornant, varietate gratissima, nunc continua, nunc intermissa tecta villarum, quæ præstant multarum urbium faciem, sive mari, sive ipso littore utare : quod nonnunquam longa

surtout du lait en abondance : car c'est là que les troupeaux se rendent en quittant leurs pâturages, quand ils veulent se reposer à l'ombre ou se désaltérer.

N'ai-je pas raison d'habiter, de chérir cette retraite, et d'en faire mes délices? En vérité, vous êtes trop citadin, si elle ne vous fait pas envie. Venez, je vous en prie, venez ajouter à tous les charmes de ma villa le prix inestimable qu'elle emprunterait de votre présence. Adieu.

## XVIII. — *Pline à Mauricus.*

Quelle commission plus agréable pouviez-vous me donner que celle de chercher un précepteur pour les fils de votre frère? Grâce à vous, je reviens à l'école, et je recommence, en quelque sorte, mes plus belles années. Je m'assieds, comme autrefois, au milieu des jeunes gens, et j'éprouve combien mon goût pour les belles lettres me donne de considération auprès d'eux. J'arrivai dernièrement, tandis qu'ils discutaient ensemble dans une assemblée nombreuse, en présence de plusieurs sénateurs. J'entrai. Ils se turent. Je ne vous rapporterais pas ce détail, s'il ne leur faisait plus d'honneur qu'à moi, et s'il ne vous promettait une heureuse éducation pour vos neveux.

Il me reste maintenant à vous mander ce que je pense de chacun des professeurs, quand je les aurai entendus tous. Je tâcherai, autant du moins qu'une lettre me le permettra, de vous mettre

---

tranquillitas mollit, sæpius frequens et contrarius fluctus indurat. Mare non sane pretiosis piscibus abundat : soleas tamen et squillas optimas suggerit. Villa vero nostra etiam mediterraneas copias præstat, lac in primis ; nam illuc e pascuis pecora conveniunt, si quando aquam umbramque sectantur.

Justisne de causis eum tibi videor incolere, inhabitare, diligere secessum? quem tu, nimis urbanus es, nisi concupiscis : atque utinam concupiscas! ut tot tantisque dotibus villulæ nostræ maxima commendatio ex tuo contubernio accedat. Vale.

## XVIII. — *Pline à Mauricus.*

Quid a te mihi jucundius potuit injungi, quam ut præceptorem fratris tui liberis quærerem? Nam beneficio tuo in scholam redeo : illam dulcissimam ætatem quasi resumo. Sedeo inter juvenes, ut solebam; atque etiam experior, quantum apud illos auctoritatis ex studiis habeam. Nam proxime frequenti auditorio inter se coram multis ordinis nostri clare loquebantur. Intravi : conticuerunt. Quod non referrem, nisi ad illorum magis laudem, quam ad meam, pertineret, ac nisi sperare te vellem, posse fratris tui filios probe discere.

Quod superest, quum omnes, qui profitentur, audiero, quid de quoque sentiam,

en état de les juger, comme si vous les eussiez entendus vous-même. Je vous dois ce témoignage de zèle et d'affection ; je le dois à la mémoire de votre frère, surtout dans une affaire de cette importance : car que pouvez-vous avoir plus à cœur, que de rendre ses enfants (je dirais les vôtres, si ceux-ci ne vous inspiraient aujourd'hui une plus grande affection), que de rendre, dis-je, ses enfants dignes d'un tel père, et d'un oncle tel que vous ? Quand vous ne m'auriez pas confié ce soin, je l'aurais réclamé pour moi. Je sais que le choix d'un maître va m'exposer à des mécontentements ; mais, pour l'intérêt de vos neveux, il n'est point de mécontentements ni même de rancunes que je ne doive affronter avec autant de courage qu'un père le ferait pour ses propres enfants. Adieu.

### XIX. — *Pline à Céréalis.*

Vous m'engagez à lire mon plaidoyer dans une assemblée d'amis. Je le ferai, puisque vous le désirez ; mais je ne m'y décide pas sans peine. Je sais qu'à la lecture les harangues perdent leur véhémence et leur chaleur, elles ne méritent presque plus le nom de harangues. Rien ne leur donne ordinairement tant d'intérêt et de feu, que la présence des juges, le concours des avocats, l'attente du succès, la réputation des demandeurs et les passions diverses qui partagent l'auditoire. Ajoutez encore le geste de l'orateur, sa démarche, son action et les mouvements de tout son corps en harmonie avec

scribam ; efficiamque, quantum tamen epistola consequi potero, ut ipse omnes audisse videaris. Debeo enim tibi, debeo memoriæ fratris tui hanc fidem, hoc studium, præsertim super tanta re. Nam quid magis interest vestra, quam ut liberi (dicerem tui, nisi nunc illos magis amares) digni illo patre, te patruo reperiantur ? Quam curam mihi, etiamsi non mandasses, vindicassem. Nec ignoro suscipiendas offensas in eligendo præceptore. Sed oportet me non modo offensas, verum etiam simultates pro fratris tui filiis tam æquo animo subire, quam parentes pro suis. Vale·

### XIX. — *Pline à Céréalis.*

Hortaris ut orationem amicis pluribus recitem. Faciam, quia hortaris ; quamvis vehementer addubitem. Neque enim me præterit actiones, quæ recitantur, impetum omnem caloremque ac prope nomen suum perdere, ut quas soleant commendare simul et accendere judicum consessus, celebritas advocatorum, exspectatio eventus, fama non unius actoris, diductumque in partes audientium studium ; ad hoc dicentis gestus, incessus, discursus etiam, omnibusque motibus animi consentaneus vigor corporis. Unde accidit, ut hi, qui sedentes agunt, quamvis illis maxima ex parte

les sentiments qu'il exprime. De là vient que l'action de ceux qui déclament assis, quoiqu'ils conservent d'ailleurs une partie des avantages qu'ils pourraient avoir debout, a quelque chose de faible et de languissant. Quant à ceux qui lisent, ils ne peuvent presque se servir ni des yeux, ni des mains, auxiliaires si puissants de la déclamation. Aussi ne faut-il pas s'étonner que l'attention se refroidisse, lorsque aucune séduction extérieure ne l'entraîne, lorsque aucun aiguillon ne la réveille.

Joignez à ces désavantages celui de traiter un sujet rempli de subtilités et de chicanes. Or il est naturel de croire qu'une composition pénible sera péniblement écoutée des auditeurs. Où en trouver d'assez raisonnables pour préférer un discours grave et serré à un discours élégant et harmonieux? Il existe une différence fort peu honorable, mais qui n'en est pas moins réelle, entre les juges et les auditeurs : les uns n'aiment rien de ce qu'approuvent les autres. L'auditeur ne devrait être ému que de ce qui le toucherait lui-même, s'il était juge.

Cependant, malgré tant d'obstacles, la nouveauté pourra donner de l'attrait à mon ouvrage ; j'entends la nouveauté pour nous : car les Grecs avaient un genre d'éloquence qui, avec certaines différences, ne laissait pas de ressembler à celui-ci. Quand ils combattaient une loi comme contraire à une plus ancienne, ils prouvaient la contradiction, en comparant ces lois avec d'autres qui en déterminaient le sens. Moi, ayant à défendre la disposition que je prétendais trouver dans la loi du péculat, j'ai ajouté à l'autorité de

supersint eadem illa, quæ stantibus, tamen hoc, quod sedent, quasi debilitentur et deprimantur. Recitantium vero præcipua pronuntiationis adjumenta, oculi, manus præpediuntur : quo minus mirum est, si auditorum intentio languescit, nullis extrinsecus, aut blandimentis capta, aut aculeis excitata.

His accedit, quod oratio, de qua loquor, pugnax et contentiosa est. Porro ita natura comparatum est, ut ea, quæ scripsimus cum labore, etiam cum labore audiri putemus. Et sane quotusquisque tam rectus auditor, quem non potius dulcia hæc et sonantia, quam austera et pressa, delectent ? Est quidem omnino turpis ista discordia, est tamen : quia plerumque evenit ut, aliud auditores, aliud judices exigant, quum alioqui præcipue auditor iis affici debeat, quibus idem, si foret judex, maxime permoveretur.

Potest tamen fieri, ut, quanquam in his difficultatibus, libro isti novitas lenocinetur; novitas apud nostros; apud Græcos enim est quiddam, quamvis ex diverso, non tamen omnino dissimile. Nam, ut illis erat moris, leges, quas ut contrarias prioribus legibus arguebant, aliarum collatione convincere, ita nobis, inesse repe-

cette loi celle de plusieurs autres qui l'expliquaient. Les ignorants ne trouveront aucun charme à un ouvrage de cette nature; mais il n'en doit obtenir que plus de faveur auprès des gens instruits. Si vous persistez à vouloir que je le lise, je me composerai un auditoire des plus savants. Mais, encore une fois, examinez bien si je dois m'engager dans cette lecture; pesez tous les motifs que je viens de vous exposer pour et contre, et n'écoutez, pour vous déterminer, que la raison. Vous seul aurez besoin d'excuse; je trouverai la mienne dans ma complaisance. Adieu.

## XX. — *Pline à Calvisius.*

Que me donnerez-vous, si je vous raconte une aventure qui vaut son pesant d'or? Je vous en dirai même plus d'une : car la dernière me rappelle les précédentes; et qu'importe par laquelle je commencerai? Véranie, fille de Pison (celui qui fut adopté par Galba), était à l'extrémité. Régulus vint la voir. Quelle impudence, d'abord, à un homme qui avait toujours été l'ennemi déclaré du mari, et qui était en horreur à la femme! Passe encore pour la visite; mais il s'assied près de son lit, lui demande le jour, l'heure de sa naissance. A peine a-t-elle satisfait à ses questions, il compose son visage, tient ses yeux fixes, remue les lèvres, et compte sur ses doigts, dans le seul but de tenir en suspens l'esprit de la pauvre malade. *Vous êtes,* dit-il, *dans votre année climatérique; mais vous guérirez. Pour plus grande certi-*

---

tundarum legi, quod postularemus, quum hac ipsa lege, tum aliis colligendum fuit. Quod nequaquam blandum auribus imperitorum, tanto majorem apud doctos habere gratiam debet, quanto minorem apud indoctos habet. Nos autem, si placuerit recitare, adhibituri sumus eruditissimum quemque. Sed plane adhuc, an sit recitandum, examina tecum, omnesque, quos ego movi, in utraque parte calculos pone; idque elige, in quo vicerit ratio : a te enim ratio exigetur, nos excusabit obsequium. Vale.

## XX. — *Pline à Calvisius.*

Assem para, et accipe auream fabulam, fabulas immo; nam me priorum nova admonuit : nec refert a qua potissimum incipiam. Verania Pisonis graviter jacebat : hujus dico Pisonis quem Galba adoptavit. Ad hanc Regulus venit. Primum impudentiam hominis, qui venerit ad ægram, cujus marito inimicissimus, ipsi invisissimus fuerat. Esto, si venit tantum ; at ille etiam proximus toro sedit : quo die, qua hora nata esset, interrogavit. Ubi audivit, componit vultum, intendit oculos, movet labra, agitat digitos, computat, nihil, nisi ut diu miseram exspectatione suspendat. « Habes, inquit, climactericum tempus, sed evades. Quod ut tibi magis liqueat, aruspicem

tude, je vais consulter un devin dont je n'ai pas encore trouvé la science en défaut. A l'instant il fait un sacrifice, et affirme que les entrailles des victimes sont d'accord avec le témoignage des astres. Cette femme crédule, comme on l'est d'ordinaire dans le danger, fait un codicille, et assure un legs à Régulus. Peu après, le mal s'aggrave, et, sur son lit de mort, elle s'écrie : *Le scélérat, le perfide, qui enchérit même sur le parjure!* Il avait, en effet, juré par les jours de son fils. Ce crime est familier à Régulus. Il expose sans scrupule à la colère des dieux, qu'il trompe tous les jours, la tête de son malheureux fils.

Velléius Blésus, ce riche consulaire, voulait, pendant sa dernière maladie, changer son testament. Régulus, qui se promettait quelque avantage de ce changement, parce qu'il avait su depuis peu s'insinuer dans l'esprit du personnage, s'adresse aux médecins, et les conjure de prolonger à tout prix la vie du malade. Le testament est à peine scellé, que Régulus lève le masque, et prend un autre ton. *Eh! combien de temps,* dit-il aux médecins, *voulez-vous encore tourmenter un malheureux? Pourquoi envier une douce mort à qui vous ne pouvez conserver la vie?* Blésus meurt; et, comme s'il eût tout entendu, il ne laisse pas une obole à Régulus.

C'est bien assez de deux contes. M'en demandez-vous un troisième, selon le précepte de l'école? il est tout prêt. Aurélie, femme distinguée, allait sceller son testament. Elle se pare de ses plus belles robes. Régulus s'étant rendu à la cérémonie : *Je vous prie,*

---

consulam, quem sum frequenter expertus. » Nec mora : sacrificium facit; affirmat exta cum siderum significatione congruere. Illa, ut in periculo, credula, poscit codicillos : legatum Regulo scribit. Mox ingravescit; clamat moriens : « O hominem nequam, perfidum, ac plus etiam quam perjurum! » qui sibi per salutem filii pejerasset. Facit hoc Regulus non minus scelerate quam frequenter, quod iram deorum, quos ipse quotidie fallit, in caput infelicis pueri detestatur.

Velleius Blæsus, ille locuples consularis, novissima valetudine conflictabatur. Cupiebat mutare testamentum. Regulus, qui speraret aliquid ex novis tabulis, quia nuper captare eum cœperat, medicos hortari, rogare, quoquo modo spiritum homini prorogarent. Postquam signatum est testamentum, mutat personam, vertit allocutionem, iisdemque medicis : « Quousque miserum cruciatis? quid invidetis bonam mortem, cui dare vitam non potestis? » Moritur Blæsus; et, tanquam omnia audisset, Regulo ne tantulum quidem.

Sufficiunt duæ fabulæ. An scholastica lege tertiam poscis? est unde fiat. Aurelia, ornata femina, signatura testamentum, sumpserat pulcherrimas tunicas. Regulus,

dit-il, *de me léguer ces vêtements.* Aurélie croit qu'il plaisante ; Régulus insiste sérieusement. Enfin il la contraint d'ouvrir son testament, et de lui léguer les robes qu'elle portait. Il ne se contenta pas de la voir écrire, il examina si elle avait écrit. Il est vrai qu'Aurélie n'est pas morte ; mais, pour agir de la sorte, Régulus avait compté qu'elle n'échapperait pas. Un tel homme ne laisse pas de recueillir des successions et de recevoir des legs, comme s'il le méritait. Mais pourquoi m'en indigner dans une ville où depuis longtemps la fraude et la perversité sont autant ou même plus noblement récompensés que l'honneur et la vertu ? Voyez Régulus. Il était pauvre et misérable ; il est devenu si riche à force d'infamies, qu'il m'a dit lui-même : *Je consultais un jour les dieux pour savoir à quelle époque je parviendrais à posséder soixante millions* [1] *de sesterces. Des entrailles doubles trouvées dans la victime m'en promirent cent vingt millions* [2]. Il les aura, s'il continue à dicter ainsi des testaments, la plus odieuse de toutes les manières de commettre un faux. Adieu.

quum venisset ad signandum : « Rogo, inquit, has mihi leges. » Aurelia ludere hominem putabat ; ille serio instabat. Ne multa, coegit mulierem aperire tabulas, ac sibi tunicas, quas erat induta, legare ; observavit scribentem ; inspexit an scripsisset. Et Aurelia quidem vivit : ille tamen istud tanquam morituram coegit. Et hic hæreditates, hic legata, quasi mereatur, accipit ! Ἀλλὰ τί διατείνομαι in ea civitate, in qua jampridem non minora præmia, immo majora, nequitia et improbitas, quam pudor et virtus habent ? Aspice Regulum, qui ex paupere et tenui ad tantas opes per flagitia processit, ut ipse mihi dixerit, « quum consuleret, quam cito sestertium sexcenties impleturus esset, invenisse sese exta duplicia, quibus portendi, millies et ducenties habiturum. » Et habebit, si modo, ut cœpit, aliena testamenta (quod est improbissimum genus falsi) ipsis, quorum sunt illa, dictaverit. Vale.

1. 11,888,000 francs.
2. 22,656,000 francs.

# LIVRE TROISIÈME.

### I. — *Pline à Calvisius.*

Je ne crois pas avoir jamais passé le temps d'une manière plus agréable que dernièrement chez Spurinna. Il m'a tellement charmé, que, s'il m'est donné de vieillir, je ne sache personne à qui je voulusse davantage ressembler dans ma vieillesse. Rien n'est mieux coordonné que son genre de vie ; et j'aime l'arrangement dans la vie des hommes, surtout dans celle des vieillards, comme j'aime le cours réglé des astres. S'il y a une sorte d'abandon et de laisser aller qui ne sied pas mal aux jeunes gens, rien aussi ne convient mieux aux gens avancés en âge que l'ordre et la tranquillité. Pour eux la brigue est honteuse et l'activité hors de saison. Spurinna observe scrupuleusement cette règle. Je dis plus : il suit périodiquement et successivement ce petit plan de vie ; petit, si sa régularité journalière ne lui donnait du prix.

Le matin il reste au lit. A la seconde heure, il se chausse, et fait trois milles à pied. Il n'exerce pas moins son esprit que son corps.

# LIBER TERTIUS.

### I. — *Pline à Calvisius.*

Nescio an ullum jucundius tempus exegerim, quam quo nuper apud Spurinnam fui ; adeo quidem, ut neminem magis in senectute (si modo senescere datum est) æmulari velim. Nihil est enim illo vitæ genere distinctius. Me autem ut certus siderum cursus, ita vita hominum disposita delectat, senum præsertim. Nam juvenes adhuc confusa quædam et quasi turbata non indecent ; senibus placida omnia et ordinata conveniunt, quibus industria sera, turpis ambitio est. Hanc regulam Spurinna constantissime servat. Quin etiam parva hæc (parva, si non quotidie fiant) ordine quodam et velut orbe circumagit.

Mane lectulo continetur. Hora secunda calceos poscit ; ambulat millia passuum tria. Nec minus animum quam corpus exercet. Si adsunt amici, honestissimi sermones explicantur : si non, liber legitur ; interdum etiam præsentibus amicis, si

S'il est avec des amis, il développe des sujets de morale; s'il est seul, on lui lit quelque livre; on lit même quelquefois lorsqu'il y a des amis, si cela ne leur déplaît pas. Ensuite il se repose, et reprend un livre ou une conversation qui vaut mieux qu'un livre. Puis il monte en voiture avec sa femme, personne d'un rare mérite, ou avec quelqu'un de ses amis, comme dernièrement avec moi. Quelle douceur, quel charme dans ce tête-à-tête! Quelle connaissance de l'antiquité! Que d'actions héroïques, que de grands hommes viennent, par sa bouche, vous donner de hautes leçons! et cependant avec quel soin sa modestie n'évite-t-elle pas les airs dogmatiques! Quand on a parcouru sept milles, il marche encore un mille. Après cela, il prend quelque repos ou revient travailler dans son cabinet : car il excelle dans la poésie lyrique, en grec et en latin. Ses vers ont une douceur, une grâce, une gaieté merveilleuse, et la vertu de l'auteur en rehausse le prix.

Dès qu'on lui annonce l'heure du bain (c'est la neuvième en hiver, et la huitième en été), il se déshabille et se promène au soleil, s'il ne fait point de vent. Ensuite il joue longtemps et avec ardeur à la paume : c'est encore un genre d'exercice qui lui sert à combattre la vieillesse. Après le bain, il se met au lit, et, en attendant le repas, il écoute une lecture agréable et légère. Pendant ce temps, ses amis ont la liberté de s'occuper de la même manière, ou de toute autre, à leur choix. Sa table, aussi élégante que frugale, est servie en argent uni et d'une simplicité antique. On y voit aussi des vases de Corinthe qui l'amusent sans l'attacher. Souvent le re-

---

tamen illi non gravantur. Deinde considet, et liber rursus, aut sermo libro potior. Mox vehiculum ascendit : assumit uxorem singularis exempli, vel aliquem amicorum, ut me proxime. Quam pulchrum illud, quam dulce secretum! quantum ibi antiquitatis! quæ facta, quos viros audias! quibus præceptis imbuare! quamvis ille hoc temperamentum modestiæ suæ indixerit, ne præcipere videatur. Peractis septem millibus passuum, iterum ambulat mille, iterum residet, vel se cubiculo ac stylo reddit. Scribit enim, et quidem utraque lingua, lyrica doctissime. Mira illis dulcedo, mira suavitas, mira hilaritas : cujus gratiam cumulat sanctitas scribentis.

Ubi hora balinei nuntiata est (est autem hieme nona, æstate octava), in sole, si caret vento, ambulat nudus. Deinde movetur pila vehementer et diu ; nam hoc quoque exercitationis genere pugnat cum senectute. Lotus accubat, et paulisper cibum differt. Interim audit legentem remissius aliquid et dulcius. Per hoc omne tempus liberum est amicis vel eadem facere, vel alia, si malint. Apponitur cœna non minus nitida quam frugi, in argento puro et antiquo. Sunt in usu et corinthia, quibus delectatur, nec afficitur. Frequenter comœdis cœna distinguitur, ut voluptates

pas est entremêlé de comédies, afin d'associer les arts aux plaisirs. Le dîner occupe une partie de la nuit, même en été; et personne ne se plaint de la longueur du repas, tant sa conversation a de charmes! C'est ainsi qu'après soixante-dix-sept ans il jouit pleinement de la vue et de l'ouïe; c'est ainsi qu'il conserve la force et l'agilité du corps, et qu'il n'a d'un vieillard que la sagesse.

Je souhaite une pareille vie, je la goûte déjà d'avance, et je l'adopterai avec joie, dès que l'âge m'aura permis de sonner la retraite. Cependant je suis harassé de mille travaux; mais l'exemple de Spurinna me soutient et me console : car lui aussi, tant que l'honneur l'a commandé, il a rempli des charges publiques, occupé des places, gouverné des provinces, et il a acheté à force de fatigues le repos dont il jouit. Je me propose donc la même carrière, le même but, et j'en prends dès aujourd'hui, l'engagement devant vous : si vous voyez que jamais je m'emporte plus loin, citez-moi devant les juges, en vertu de cette lettre, et faites-moi condamner au repos, quand je n'aurai plus à craindre le reproche de paresse. Adieu.

## II. — *Pline à Maxime.*

Je crois être en droit de vous demander pour mes amis ce que je vous offrirais moi-même pour les vôtres, si j'étais à votre place. Arrianus Maturius tient le premier rang parmi les Altinates. Quand

---

quoque studiis condiantur. Sumit aliquid de nocte, et æstate. Nemini hoc longum est : tanta comitate convivium trahitur ! Inde illi post septimum et septuagesimum annum aurium oculorumque vigor integer ; inde agile et vividum corpus, solaque ex senectute prudentia.

Hanc ego vitam voto et cogitatione præsumo, ingressurus avidissime, ut primum ratio ætatis receptui canere permiserit. Interim mille laboribus conteror, quorum mihi et solatium et exemplum est idem Spurinna. Nam ille quoque, quoad honestum fuit, obiit officia, gessit magistratus, provincias rexit, multoque labore hoc otium meruit. Igitur eumdem mihi cursum, eumdem terminum statuo ; idque jam nunc apud te subsigno, ut, si me longius evehi videris, in jus voces ad hanc epistolam meam, et quiescere jubeas, quum inertiæ crimen effugero. Vale.

II. — *Pline à Maxime.*

Quod ipse amicis tuis obtulissem, si mihi eadem materia suppeteret, id nunc jure videor a te meis petiturus. Arrianus Maturius Altinatium est princeps. Quum dico

je parle de rang, je ne le règle pas sur les biens de la fortune dont il est comblé, mais sur son honnêteté, sa justice, sa sagesse et ses lumières. Ses conseils dirigent mes affaires, et son goût mes études. Il a toute la droiture, toute la sincérité, toute l'intelligence que l'on peut désirer. Il m'aime (je ne puis dire rien de plus) autant que vous m'aimez. Comme il n'a point d'ambition, il s'est tenu dans l'ordre des chevaliers, quoiqu'il eût pu aisément parvenir aux premières dignités. Je n'en regarde pas moins comme un devoir pour moi de l'élever aux honneurs. Je serais heureux de lui faire obtenir quelque distinction, sans qu'il y songeât, sans qu'il le sût, et peut-être même malgré lui ; mais j'en voudrais une qui eût de l'éclat, sans lui causer trop d'embarras. C'est une faveur que je vous demande pour lui, à la première occasion qui s'en présentera. Vous aurez en moi, comme en lui, un débiteur plein de reconnaissance : car, quoiqu'il ne convoite pas ces sortes de grâces, il les reçoit comme s'il les avait vivement désirées. Adieu.

### III. — *Pline à Corellia Hispulla.*

Je ne saurais dire si j'avais plus d'admiration que d'amitié pour votre père, homme d'une probité et d'une vertu parfaites. Mais, par respect pour sa mémoire, et pour vos qualités personnelles, je vous suis entièrement attaché. Jugez par là si tous mes vœux, si tous mes efforts doivent contribuer à rendre votre fils semblable à son aïeul ; je dis à son aïeul maternel, quoique son

---

princeps, non de facultatibus loquor, quæ illi large supersunt, sed de castitate, justitia, gravitate, prudentia. Hujus ego consilio in negotiis, judicio in studiis utor : nam plurimum fide, plurimum veritate, plurimum intelligentia præstat. Amat me (nihil possum ardentius dicere), ut tu. Caret ambitu; ideo se in equestri gradu tenuit, quum facile posset ascendere altissimum. Mihi tamen ornandus excolendusque est. Itaque magni æstimo, dignitati ejus aliquid astruere, inopinantis, nescientis, immo etiam fortasse nolentis : astruere autem quod sit splendidum, nec molestum ; cujus generis, quæ prima occasio tibi, conferas in eum, rogo : habebis me, habebis ipsum gratissimum debitorem. Quamvis enim ista non appetat, tam grate tamen excipit, quam si concupiscat. Vale.

### III. — *Pline à Corellia Hispulla.*

Quum patrem tuum, gravissimum et sanctissimum virum, suspexerim magis an amaverim, dubitem, teque in memoriam ejus, et in honorem tuum, unice diligam, cupiam necesse est, atque etiam, quantum in me fuerit, enitar, ut filius tuus avo

aïeul paternel ait joui de beaucoup d'estime et de considération, et que son père et son oncle soient parvenus au plus haut degré de gloire. Votre fils marchera sur leurs traces, si on lui inculque la vertu ; mais il est de la plus haute importance de choisir un bon guide. Jusqu'ici son enfance l'a tenu auprès de vous, et sous la direction de ses précepteurs. Là point d'erreurs ou très-peu d'erreurs à craindre. Aujourd'hui que ses études doivent dépasser le seuil domestique, il faut chercher un rhéteur dont la sévérité, la sagesse et surtout la moralité soient bien établies : car, entre autres avantages que ce jeune homme a reçus de la nature et de la fortune, il est doué d'une beauté singulière ; et c'est un motif, dans un âge si fragile, pour lui donner non-seulement un précepteur, mais un gouverneur et un guide.

Je ne vois personne plus propre à cet emploi que Julius Génitor. Je l'aime ; mais l'amitié que je lui porte ne séduit point mon jugement : c'est, au contraire, de mon jugement qu'elle est née. Génitor est un homme grave et irréprochable, peut-être un peu rude et un peu sauvage, si l'on en juge d'après la licence du siècle. Quant à son éloquence, vous pouvez vous en rapporter à l'opinion publique : car le talent oratoire se manifeste de lui-même, et on l'apprécie sur-le-champ. Il n'en est pas ainsi de la moralité : le cœur humain a des abîmes et des replis ténébreux. Sous ce rapport, je me fais la caution de Génitor. Votre fils ne lui entendra rien dire dont il ne puisse faire son profit ; il n'apprendra rien de lui, qu'il eût été mieux d'ignorer. Génitor ne lui rappellera pas

---

similis exsistat ; equidem malo, materno, quanquam illi paternus etiam clarus spectatusque contigerit. Pater quoque et patruus illustri laude conspicui. Quibus omnibus ita demum similis adolescet, si imbutus honestis artibus fuerit, quas plurimum refert a quo potissimum accipiat. Adhuc illum pueritiæ ratio intra contubernium tuum tenuit ; præceptores domi habuit, ubi est vel erroribus modica, vel etiam nulla materia. Jam studia ejus extra limen proferenda sunt ; jam circumspiciendus rhetor latinus, cujus scholæ severitas, pudor, in primis castitas constet. Adest enim adolescenti nostro, cum cæteris naturæ fortunæque dotibus, eximia corporis pulchritudo ; cui in hoc lubrico ætatis non præceptor modo, sed custos etiam rectorque quærendus est.

Videor ego demonstrare tibi posse Julium Genitorem. Amatur a me ; judicio tamen meo non obstat caritas hominis, quæ ex judicio nata est. Vir est emendatus et gravis : paulo etiam horridior et durior, ut in hac licentia temporum. Quantum eloquentia valeat, pluribus credere potes ; nam dicendi facultas aperta et exposita statim cernitur : vita hominum altos recessus magnasque latebras habet ; cujus pro

moins souvent que vous et moi la glorieuse image de ses ancêtres, et lui fera sentir les obligations que leurs grands noms lui imposent. N'hésitez donc pas, grâce aux dieux, à le mettre entre les mains d'un précepteur, qui formera d'abord ses mœurs, et lui apprendra ensuite l'éloquence que l'on apprend mal sans les bonnes mœurs. Adieu.

### IV. — *Pline à Macrin.*

Quoique ceux de mes amis qui étaient ici présents, et le public même, semblent avoir approuvé ma conduite, je serai pourtant fort aise de savoir ce que vous en pensez. Comme j'eusse voulu régler par votre avis les démarches que j'avais à faire, je désire vivement connaître votre jugement sur celles que j'ai faites.

Après avoir, en qualité de préfet du trésor, obtenu un congé, je m'étais rendu en Toscane pour faire élever à mes frais un monument public. Pendant mon absence, les députés de la Bétique vinrent supplier le sénat de me nommer leur avocat dans l'accusation qu'ils allaient intenter contre Cécilius Classicus, leur dernier proconsul. Mes collègues dans la charge de préfet du trésor, par un excès de bonté et d'amitié pour moi, représentèrent les devoirs de notre commun emploi, et tâchèrent de m'épargner cette nouvelle obligation. Le sénat prit la décision suivante qui m'est infiniment honorable, *que l'on me donnerait pour avocat à la province, si les députés pouvaient m'obtenir de moi-même.* A mon retour, les députés, introduits de nouveau dans le sénat, me

---

Genitore me sponsorem accipe. Nihil ex hoc viro filius tuus audiet, nisi profuturum : nihil discet, quod nescisse rectius fuerit. Nec minus sæpe ab illo, quam a te meque, admonebitur, quibus imaginibus oneretur, quæ nomina et quanta sustineat. Proinde, faventibus diis, trade eum præceptori, a quo mores primum, mox eloquentiam discat, quæ male sine moribus discitur. Vale.

### IV. — *Pline à Macrin.*

Quamvis et amici, quos præsentes habebam, et sermones hominum factum meum comprobasse videantur, magni tamen æstimo scire, quid sentias tu. Nam cujus integra re consilium exquirere optassem, hujus etiam peracta judicium nosse mire concupisco.

Quum publicum opus mea pecunia inchoaturus in Tuscos excucurrissem, accepto, ut præfectus ærarii, commeatu, legati provinciæ Bæticæ, questuri de proconsulatu Cæcilii Classici, advocatum me a senatu petierunt. Collegæ optimi, meique amantissimi, de communis officii necessitatibus præloculi, excusare me et eximere tenta-

conjurèrent de ne pas leur refuser mon ministère, en attestant le zèle que j'avais déployé contre Massa Bébius, et l'espèce d'alliance qui unit le défenseur aux clients. Aussitôt j'entendis s'élever ce murmure flatteur qui précède toujours les décrets du sénat. *Pères conscrits*, dis-je alors, *je cesse de croire que mes excuses étaient légitimes.* Le motif et la simplicité de cette réponse la firent bien accueillir.

Ce qui me détermina, ce ne fut pas seulement l'approbation du sénat (quoique cette considération fût la plus puissante de toutes), mais encore quelques autres raisons qui, pour être moindres, n'étaient pas à négliger. Je me rappelais que nos ancêtres vengeaient même leurs hôtes privés, en accusant spontanément leurs ennemis, et il me semblait d'autant plus honteux de manquer aux lois d'une hospitalité publique. D'ailleurs, en songeant à quels périls m'avait exposé la défense des peuples de la Bétique, dans la cause que je plaidai pour eux, je me croyais obligé d'assurer, par un second service, le mérite du premier. Car telle est la nature du cœur humain : vous détruisez vos premiers bienfaits, si vous n'en ajoutez de nouveaux. Obligez cent fois, refusez une, on ne se souviendra que du refus. La mort de Classicus m'invitait encore à me charger de cette cause, et en éloignait ce que ce genre d'affaires offre de plus affligeant, le danger où l'on expose un sénateur. Cette condescendance de ma part m'assurait autant de reconnaissance que si Classicus eût vécu, et ne me laissait nul ressentiment à craindre. Enfin je comptais que si l'on me char-

---

runt. Factum est senatusconsultum perquam honorificum « ut darer provincialibus patronus, si ab ipso me impetrassent. » Legati rursus inducti, iterum me jam præsentem advocatum postulaverunt; implorantes fidem meam, quam essent contra Massam Bæbium experti, allegantes patrocinii fœdus. Secuta est senatus clarissima assensio, quæ solet decreta præcurrere. Tum ego : « Desino, inquam, P. C., putare me justas excusationis causas attulisse. » Placuit et modestia sermonis et ratio.

Compulit autem me ad hoc consilium non solum consensus senatus, quanquam hic maxime, verum et alii quidam minores, sed tamen numeri. Veniebat in mentem, priores nostros etiam singulorum hospitum injurias accusationibus voluntariis exsecutos; quo deformius arbitrabar publici hospitii jura negligere. Præterea, quum recordarer quanta pro iisdem Bæticis priore advocatione etiam pericula subiissem, conservandum veteris officii meritum novo videbatur. Est enim ita comparatum, ut antiquiora beneficia subvertas, nisi illa posterioribus cumules ; nam quamlibet sæpe obligati, si quid unum neges, hoc solum meminerunt, quod negatum est. Ducebar etiam, quod decesserat Classicus, amotumque erat, quod in ejusmodi causis solet

geait une troisième fois d'une pareille mission contre quelqu'un qu'il ne me convînt pas d'accuser, il me serait plus facile de m'en dispenser : car tout devoir a ses bornes, et notre complaisance prépare une excellente excuse à la liberté de nos refus.

Je vous ai informé des motifs de ma détermination : c'est à vous d'en juger. Votre sincérité ne me fera pas moins de plaisir, si vous me condamnez, que votre suffrage, si vous m'approuvez. Adieu.

### V. — *Pline à Macer.*

Je suis charmé de voir que vous lisez avec tant de soin les ouvrages de mon oncle, que vous voulez les posséder tous, les connaître tous. Je ne me contenterai pas de vous les indiquer ; je vous marquerai encore dans quel ordre ils ont été écrits : c'est une connaissance qui n'est pas sans agrément pour les amis des belles-lettres.

Il était commandant de cavalerie, lorsqu'il composa en un volume *l'Art de lancer le javelot à cheval*, ouvrage où le talent et le soin se font également remarquer. Il a écrit en deux livres *la Vie de Pomponius Secundus*, qui avait eu beaucoup d'amitié pour lui : ce fut un tribut de reconnaissance qu'il payait à sa mémoire. Il nous a laissé *vingt livres sur les guerres de Germanie*. Il a rassemblé toutes celles que nous avons soutenues contre les peuples de ce pays. C'est un songe qui lui fit entreprendre cet ouvrage. Il ser-

---

esse tristissimum, periculum senatoris. Videbam ergo advocationi meæ non minorem gratiam, quam si viveret ille, propositam, invidiam nullam. In summa, computabam, si munere hoc jam tertio fungerer, faciliorem mihi excusationem fore, si quis incidisset, quem non deberem accusare ; nam, quum est omnium officiorum finis aliquis, tum optime libertati venia obsequio præparatur.

Audisti consilii mei motus. Superest alterutra ex parte judicium tuum ; in quo mihi æque jucunda erit simplicitas dissentientis, quam comprobantis auctoritas. Vale.

### V. — *Pline à Macer.*

Pergratum est mihi quod tam diligenter libros avunculi mei lectitas, ut habere omnes velis, quærasque qui sint omnes. Fungar indicis partibus, atque etiam, quo sint ordine scripti, notum tibi faciam : est enim hæc quoque studiosis non injucunda cognitio.

*De jaculatione equestri unus :* hunc, quum præfectus alæ militaret, pari ingenio curaque composuit. *De vita Pomponii Secundi duo ;* a quo singulariter

vait dans cette province, lorsqu'il crut voir, pendant son sommeil, Drusus Néron qui, après avoir poussé ses conquêtes jusqu'aux extrémités de la Germanie, y avait trouvé la mort. Ce prince lui recommandait de sauver son nom d'un injurieux oubli. Nous avons encore de lui trois livres, intitulés *l'Homme de lettres*, que leur étendue obligea mon oncle de diviser en six volumes. Il prend l'orateur au berceau, et le conduit à la plus haute perfection. Il composa *huit livres sur les difficultés de la grammaire*, pendant les dernières années de l'empire de Néron, où la tyrannie rendait dangereux tout genre d'étude plus libre et plus élevé ; *trente et un pour servir de suite à l'histoire qu'Aufidius Bassus a écrite ; — trente-sept sur l'histoire naturelle*. Ce dernier ouvrage, aussi remarquable par son étendue que par son érudition, est presque aussi varié que la nature elle-même.

Vous êtes surpris qu'un homme si occupé ait pu écrire tant de volumes, et y traiter tant de sujets si difficiles. Vous serez bien plus étonné, quand vous saurez qu'il a plaidé pendant quelque temps ; qu'il n'avait que cinquante-six ans quand il est mort, et que sa vie s'est passée dans les occupations et les embarras que donnent les grands emplois et la faveur des princes. Mais il avait un esprit ardent, un zèle infatigable, une application extrême. Il commençait ses veilles aux fêtes de Vulcain, non pour en consacrer les prémices, mais pour se mettre à l'étude, dès que la nuit était tout à fait venue ; en hiver, à la septième heure, au plus tard à

---

amatus, hoc memoriæ amici quasi debitum munus exsolvit. *Bellorum Germaniæ viginti*; quibus omnia quæ cum Germanis gessimus bella collegit. Inchoavit, quum in Germania militaret, somnio monitus. Adstitit enim quiescenti Drusi Neronis effigies, qui Germaniæ latissime victor ibi periit : commendabat memoriam sui, orabatque ut se ab injuria oblivionis assereret. *Studiosi tres*, in sex volumina propter amplitudinem divisi; quibus oratorem ab incunabulis instituit et perficit. *Dubii sermonis octo* : scripsit sub Nerone, novissimis annis, quum omne studiorum genus paullo liberius et erectius periculosum servitus fecisset. *A fine Aufidii Bassi triginta unus*. — *Naturæ historiarum triginta septem;* opus diffusum, eruditum, nec minus varium quam ipsa natura.

Miraris quod tot volumina, multaque in his tam scrupulosa, homo occupatus absolverit? Magis miraberis, si scieris, illum aliquandiu causas actitasse; decessisse anno sexto et quinquagesimo ; medium tempus distentum impeditumque, qua officiis maximis, qua amicitia principum, egisse. Sed erat acre ingenium, incredibile studium, summa vigilantia. Lucubrare a Vulcanalibus incipiebat, non auspicandi causa, sed studendi, statim a nocte multa · hieme vero, hora septima, vel quum

la huitième, souvent à la sixième. Il se livrait à volonté au sommeil, qui quelquefois le prenait et le quittait au milieu de son travail.

Avant le jour, il se rendait chez l'empereur Vespasien qui faisait aussi un bon usage des nuits. De là il allait s'acquitter des fonctions qui lui étaient confiées. De retour chez lui, il consacrait à l'étude le temps qui lui restait. Après le repas (toujours simple et léger, suivant la coutume des anciens), s'il avait quelques moments de loisir, en été, il se couchait au soleil. On lui lisait quelque livre. Il prenait des notes et faisait des extraits : car jamais il n'a rien lu sans extraire, et il disait souvent : « Qu'il n'y a point de si mauvais livre qui ne renferme quelque chose d'utile. »

Après s'être retiré du soleil, il prenait d'ordinaire un bain froid. Il mangeait légèrement, et dormait quelques instants. Ensuite, comme si un nouveau jour eût commencé, il reprenait l'étude jusqu'au souper. Pendant ce repas, nouvelle lecture, nouvelles notes prises en courant. Je me souviens qu'un jour un de ses amis interrompit le lecteur qui avait mal prononcé quelques mots, et le fit répéter. *Mais vous l'aviez compris?* lui dit mon oncle. — *Sans doute*, répondit son ami. — *Et pourquoi donc*, reprit-il, *le faire recommencer? Votre interruption nous coûte plus de dix lignes.* Voilà comment il ménageait le temps. L'été, il sortait de table avant la nuit; et, en hiver, à la première heure, comme s'il y eût été forcé par une loi. Tout cela se faisait au milieu des occupations et du tumulte de la ville. Dans la retraite, il n'y avait que le temps du bain qui fût exempt de travail, je veux dire le temps

---

tardissime octava, sæpe sexta. Erat sane somni paratissimi, nonnunquam etiam inter studia instantis et deserentis.

Ante lucem ibat ad Vespasianum imperatorem; nam ille quoque noctibus utebatur : inde ad delegatum sibi officium. Reversus domum, quod reliquum erat temporis, studiis reddebat. Post cibum sæpe (quem interdiu levem et facilem, veterum more, sumebat), æstate, si quid otii, jacebat in sole : liber legebatur. Adnotabat excerpebatque; nihil enim legit, quod non excerperet. Dicere etiam solebat : « Nullum esse librum tam malum, ut non aliqua parte prodesset. »

Post solem plerumque frigida lavabatur. Deinde gustabat, dormiebatque minimum. Mox, quasi alio die, studebat in cœnæ tempus : super hanc liber legebatur, adnotabatur, et quidem cursim. Memini quemdam ex amicis, quum lector quædam perperam pronuntiasset, revocasse et repeti coegisse; huic avunculum meum dixisse : « Intellexeras nempe? » quum ille annuisset : « Cur ergo revocabas? decem amplius versus hac tua interpellatione perdidimus. » Tanta erat parcimonia temporis. Surgebat æstate a cœna, luce : hieme, intra primam noctis, et tanquam aliqua lege cogente. Hæc inter medios labores urbisque fremitum. In secessu solum balinei tem-

qu'il passait dans l'eau : car, pendant qu'il se faisait frotter et essuyer, il écoutait une lecture ou il dictait. En voyage, comme s'il eût été dégagé de tout autre soin, il se livrait entièrement à l'étude. Il avait à ses côtés son livre, ses tablettes et son secrétaire, auquel il faisait prendre ses gants en hiver, afin que la rigueur même de la saison ne pût dérober un moment au travail. C'était par cette raison qu'à Rome il n'allait jamais qu'en litière. Je me souviens qu'un jour il me blâma de m'être promené. *Vous pouviez*, dit-il, *mettre ces heures à profit* : car il comptait pour perdu tout le temps qui n'était pas employé à l'étude. C'est par cette forte application qu'il a su achever tant d'ouvrages, et qu'il m'a laissé cent soixante cahiers d'extraits, écrits sur la page et sur le revers en très-petits caractères, ce qui rend la collection bien plus considérable. Il m'a dit que, lorsqu'il était intendant en Espagne, il n'avait tenu qu'à lui de la vendre à Largius Licinius quatre cent mille sesterces [1] ; et alors elle était un peu moins étendue.

Quand vous songez à cette immense lecture, à cette multitude d'ouvrages qu'il a composés, ne croiriez-vous pas qu'il n'a jamais été ni dans les charges, ni dans la faveur des princes? Et néanmoins, quand vous apprenez combien il sacrifiait de temps au travail, ne trouvez-vous pas qu'il aurait pu lire et composer davantage? Car, d'un côté, quels obstacles les charges et la cour n'apportent-elles point aux études ; et, de l'autre, que ne devait-on pas attendre d'une si constante application? Aussi je ne puis

---

pus studiis eximebatur : quum dico balinei, de interioribus loquor ; nam, dum destringitur tergiturque, audiebat aliquid aut dictabat. In itinere, quasi solutus cæteris curis, huic uni vacabat. Ad latus notarius cum libro et pugillaribus, cujus manus hieme manicis muniebantur; ut ne cœli quidem asperitas ullum studii tempus eriperet : qua ex causa Romæ quoque sella vehebatur. Repeto, me correptum ab eo, cur ambularem : « Poteras, inquit, has horas non perdere. » Nam perire omne tempus arbitrabatur, quod studiis non impertiretur. Hac intentione tot ista volumina peregit, Electorumque commentarios centum sexaginta mihi reliquit, opisthographos quidem, et minutissime scriptos, qua ratione multiplicatur hic numerus. Referebat ipse, potuisse se, quum procuraret in Hispania, vendere hos commentarios Largo Licinio quadringentis millibus nummum ; et tunc aliquanto pauciores erant.

Nonne videtur tibi, recordanti quantum legerit, quantum scripserit, nec in officiis ullis, nec in amicitia principum fuisse ? rursus, quum audis quid studiis laboris impenderit, nec scripsisse satis nec legisse ? Quid est enim quod non aut illæ occu-

---

[1]. 66,170 francs.

m'empêcher de rire quand on parle de mon ardeur pour le travail, moi qui, comparé à lui, suis le plus paresseux des hommes. Cependant je donne à l'étude tout ce que les devoirs publics et ceux de l'amitié me laissent de temps. Eh! parmi ceux qui consacrent toute leur vie aux belles-lettres, quel est celui qui, mis en parallèle, ne rougirait de s'être livré, pour ainsi dire, au sommeil et à la mollesse?

Quoique je n'aie eu d'autre intention que de satisfaire votre curiosité en vous apprenant quels ouvrages mon oncle a laissés, j'ai dépassé les bornes de mon sujet. Je me flatte pourtant que les détails où je suis entré ne vous feront pas moins de plaisir que les ouvrages mêmes. Ces détails peuvent non-seulement vous engager à les lire, mais encore vous enflammer d'émulation, et vous inspirer le désir d'en imiter l'auteur. Adieu.

## VI. — *Pline à Sévérus.*

Dernièrement j'ai acheté, des revenus d'une succession qui m'est échue, une statue en bronze de Corinthe. Elle est petite, mais jolie et bien travaillée, si j'en juge d'après mes connaissances qui ne vont loin en aucune matière, mais en celle-ci moins qu'en toute autre. Je crois pourtant pouvoir apprécier le mérite de cette figurine. Comme elle est nue, elle ne cache point ses défauts, et nous étale toutes ses beautés. C'est un vieillard debout. Les os, les muscles, les nerfs, les veines, les rides mêmes ont quelque chose de vivant. Les cheveux sont rares et tout en arrière, le front large,

---

pationes impedire, aut hæc instantia non possit efficere? Itaque soleo ridere, quum me quidam studiosum vocant; qui, si comparer illi, sum desidiosissimus. Ego autem tantum, quem partim publica, partim amicorum officia distringunt? Quis ex istis, qui tota vita litteris assident, collatus illi, non quasi somno et inertiæ deditus erubescat?

Extendi epistolam, quamvis hoc solum, quod requirebas, scribere destinassem, quos libros reliquisset. Confido tamen, hæc quoque tibi non minus grata quam ipsos libros futura; quæ te non tantum ad legendos eos, verum etiam ad simile aliquid elaborandum, possunt æmulationis stimulis excitare. Vale.

VI. — *Pline à Sévérus.*

Ex hæreditate, quæ mihi obvenit, emi proxime corinthium signum, modicum quidem, sed festivum et expressum, quantum ego sapio, qui fortasse in omni re, in hac certe perquam exiguum sapio. Hoc tamen signum ego quoque intelligo : est enim nudum, nec aut vitia, si qua sunt, celat, aut laudes parum ostentat. Effingit senem stantem : ossa, musculi, nervi, venæ, rugæ etiam ut spirantis apparent ; rari

le visage étroit, le cou maigre, les bras pendants, les seins flasques et le ventre rentré. Le dos seul accuse son âge, autant que le dos peut l'indiquer. Le bronze, à en juger par sa couleur, est fort ancien. Enfin tout dans cette statue peut intéresser les artistes et charmer les ignorants. C'est ce qui m'a déterminé à l'acheter, quoique je m'y entende fort peu, non pour la garder chez moi (car je ne possède encore aucun bronze de Corinthe), mais pour orner quelque lieu remarquable dans notre patrie, particulièrement le temple de Jupiter. Le présent me parait digne du temple, digne du dieu. Veuillez donc vous charger, avec le zèle que vous mettez à vous acquitter de toutes mes commissions, de commander un piédestal de quelque marbre qu'il vous plaira. On y inscrira mon nom et mes titres, si vous jugez qu'ils doivent y trouver place. A la première occasion favorable je vous enverrai la statuette; ou, mieux encore, je vous l'apporterai moi-même : car je me propose, pour peu que les devoirs de ma charge me le permettent, de faire une excursion chez vous. Je vous vois déjà sourire à cette nouvelle; mais vous allez froncer le sourcil : je ne resterai que peu de jours. Les mêmes raisons qui retardent mon départ aujourd'hui, m'interdisent une longue absence. Adieu.

### VII. — *Pline à Caninius.*

Je viens d'apprendre que Silius Italicus s'est laissé mourir de

---

et cedentes capilli, lata frons, contracta facies, exile collum ; pendent lacerti, papillæ jacent, recessit venter. A tergo quoque eadem ætas, ut a tergo. Æs ipsum, quantum verus color indicat, vetus et antiquum. Talia denique omnia, ut possint artificum oculos tenere, delectare imperitorum. Quod me, quanquam tirunculum, sollicitavit ad emendum. Emi autem, non ut haberem domi (neque enim ullum adhuc corinthium domi habeo), verum ut in patria nostra celebri loco ponerem; ac potissimum in Jovis templo. Videtur enim dignum templo, dignum deo donum. Tu ergo, ut soles omnia quæ a me tibi injunguntur, suscipe hanc curam, et jam nunc jube basim fieri, ex quo voles marmore, quæ nomen meum honoresque capiat, si hos quoque putabis addendos. Ego signum ipsum, ut primum invenero aliquem, qui non gravetur, mittam tibi ; vel ipse, quod mavis, afferam mecum : destino enim, si tamen officii ratio permiserit, excurrere isto. Gaudes, quod me venturum esse polliceor ; sed contrahes frontem, quum adjecero, ad paucos dies. Neque enim diutius abesse me eadem hæc, quæ nondum exire, patiuntur. Vale.

### VII. — *Pline à Caninius.*

Modo nuntiatus est Silius Italicus in Neapolitano suo inedia vitam finisse. Causa

aim dans sa villa près de Naples. La cause de sa mort est sa mauvaise santé. Un abcès incurable l'a dégoûté de la vie, et l'a fait courir à la mort avec une opiniâtre fermeté. Son bonheur constant ne fut troublé que par la perte de son second fils. Mais l'aîné, qui était aussi le meilleur des deux, il l'a laissé consulaire et au comble de la prospérité. Sa réputation avait reçu quelque atteinte sous le règne de Néron. Il fut soupçonné de s'être rendu volontairement délateur; mais il avait usé en homme sage et obligeant de la faveur de Vitellius. Il acquit de la gloire dans le gouvernement d'Asie; et, par une honorable retraite, il avait effacé la tache de son ancien métier. Il a vécu parmi les premiers citoyens de Rome, sans chercher la puissance ni exciter l'envie. On le visitait, on lui rendait des hommages. Quoiqu'il gardât souvent le lit, toujours entouré d'une foule que n'attirait point sa fortune, il passait les jours dans de savants entretiens. Quand il ne composait pas (et il composait avec plus d'art que de génie), il lisait quelquefois ses vers pour sonder le goût du public. Enfin, averti par l'âge, il quitta Rome pour se retirer dans la Campanie d'où rien n'a pu l'arracher depuis, pas même l'avénement du nouvel empereur. Cette liberté fait autant d'honneur au prince sous lequel on a pu se la permettre, qu'à celui qui a osé la prendre.

Il avait pour les objets d'art un goût particulier qu'il poussait jusqu'à la manie. Il achetait dans un même pays plusieurs villas; et la passion qu'il prenait pour la dernière, le dégoûtait des autres.

---

mortis, valetudo. Erat illi natus insanabilis clavus, cujus tædio ad mortem irrevocabili constantia decucurrit. Usque ad supremum diem beatus et felix, nisi quod miorem ex liberis duobus amisit, sed majorem melioremque, florentem atque etiam consularem reliquit. Læserat famam suam sub Nerone; credebatur sponte accusasse. Sed in Vitellii amicitia sapienter se et comiter gesserat : ex proconsulatu Asiæ gloriam reportaverat : maculam veteris industriæ laudabili otio abluerat. Fuit inter principes civitatis sine potentia, sine invidia. Salutabatur, colebatur; multumque in lectulo jacens, cubiculo semper, non ex fortuna, frequenti, doctissimis sermonibus dies transigebat. Quum a scribendo vacaret (scribebat carmina majore cura quam ingenio), nonnunquam judicia hominum recitationibus experiebatur. Novissime, ita cadentibus annis, ab Urbe secessit, seque in Campania tenuit; ac ne adventu quidem novi principis inde commotus est. Magna Cæsaris laus, sub quo hoc liberum fuit ; magna illius, qui hac libertate ausus est uti.

Erat φιλόκαλος usque ad emacitatis reprehensionem. Plures iisdem in locis villas possidebat, adamatisque novis, priores negligebat. Multum ubique librorum, multum statuarum, multum imaginum, quas non habebat modo, verum etiam venerabatur; Virgilii ante omnes, cujus natalem religiosius quam suum celebrabat; Neapoli

Il se plaisait à rassembler dans chacune un grand nombre de livres, de statues, de portraits, qu'il ne se contentait pas de posséder, mais qu'il honorait d'un culte religieux, le portrait de Virgile surtout. Il célébrait la naissance de ce poëte avec plus de solennité que la sienne propre, principalement à Naples, où il avait coutume de visiter son tombeau aussi respectueusement qu'un temple. Il a vécu dans cette tranquillité plus de soixante-quinze ans avec une complexion moins maladive que délicate. Dernier consul créé par Néron, il mourut aussi le dernier de tous ceux que ce prince avait honorés de cette dignité. Chose encore remarquable! il se trouvait consul à la mort de Néron, et il a survécu à tous ceux qui avaient été élevés au consulat par cet empereur.

Je ne puis me rappeler ces détails, sans être frappé de la fragilité de notre existence. Qu'y a-t-il, en effet, d'aussi court et d'aussi borné que la plus longue vie humaine? Ne vous semble-t-il pas que le règne de Néron finit à peine? Cependant, de tous ceux qui ont exercé le consulat sous lui, il n'en reste pas un seul. Mais pourquoi s'en étonner? Lucius Pison, le père de celui que Valérius Festus assassina si cruellement en Afrique, répétait naguère qu'il ne voyait plus aucun de ceux dont il avait pris l'avis dans le sénat, étant consul. Dans cette multitude infinie d'hommes répandus sur la terre, la longévité elle-même est si bornée, que je n'excuse pas seulement, mais que je loue même ces nobles larmes de Xerxès qui, après avoir contemplé son armée immense, pleura, dit-on, sur le sort de tant de milliers d'hommes qui devaient si tôt finir.

---

maxime, ubi monumentum ejus adire, ut templum, solebat. In hac tranquillitate annum quintum et septuagesimum excessit, delicato magis corpore, quam infirmo. Utque novissimus a Nerone factus est consul, ita postremus ex omnibus, quos Nero consules fecerat, decessit. Illud etiam notabile : ultimus ex neronianis consularibus obiit, quo consule Nero periit.

Quod me recordantem, fragilitatis humanæ miseratio subit. Quid enim tam circumcisum, tam breve, quam hominis vita longissima? An non videtur tibi Nero modo fuisse, quum interim ex his, qui sub illo gesserant consulatum, nemo jam superest? Quanquam quid hoc miror? Nuper Lucius Piso, pater Pisonis illius, qui a Valerio Festo per summum facinus in Africa occisus est, dicere solebat : « neminem se videre in senatu, quem consul ipse sententiam rogavisset. » Tam angustis terminis tantæ multitudinis vivacitas ipsa concluditur, ut mihi non venia solum dignæ, verum etiam laude videantur illæ regiæ lacrymæ. Nam ferunt Xerxem, quum immensum exercitum oculis obiisset, illacrymasse, quod tot millibus tam brevis immineret occasus. Sed tanto magis hoc, quidquid est temporis futilis et caduci, et non datur factis

Combien cette idée ne doit-elle pas nous engager à profiter de ce peu d'instants qui nous échappent si vite! Si nous ne pouvons les employer à des actions d'éclat qui appartiennent à d'autres mains que les nôtres, consacrons-les du moins aux belles-lettres. S'il ne nous est pas permis de vivre longtemps, laissons au moins des ouvrages qui attestent que nous avons vécu. Je sais bien que vous n'avez pas besoin d'aiguillon ; et pourtant mon amitié m'avertit de vous exciter dans votre course, comme vous m'animez dans la mienne. La rivalité est louable, quand deux amis, par de mutuelles exhortations, s'enflamment du désir de l'immortalité. Adieu.

### VIII. — *Pline à Suétone.*

Votre air de cérémonie avec moi ne se dément point, quand vous me priez avec tant de circonspection de faire passer à Césennius Silvanus, votre proche parent, la charge de tribun que j'ai obtenue pour vous de l'illustre Nératius Marcellus. Je n'aurai pas moins de plaisir à vous mettre en état de donner cette place qu'à vous la voir remplir vous-même. Je ne crois point qu'il soit juste d'envier à celui qu'on veut élever aux dignités le titre de bienfaiteur, qui seul vaut mieux que tous les honneurs ensemble. Je sais même qu'il est aussi beau de répandre les faveurs que de les mériter. Vous aurez à la fois cette double gloire, si vous cédez à un autre un poste où votre talent vous appelait. Je sens d'ailleurs que ma vanité est intéressée à ce qu'on sache, par votre exemple, que

---

(nam horum materia in aliena manu), nos certe studiis proferamus ; et quatenus nobis denegatur diu vivere, relinquamus aliquid, quo nos vixisse testemur. Scio te stimulis non egere ; me tamen tui caritas evocat, ut currentem quoque instigem, sicut tu soles me. Ἀγαθὴ δ' ἔρις, quum invicem se mutuis exhortationibus amici ad amorem immortalitatis exacuunt. Vale.

### VIII. — *Pline à Suétone.*

Facis pro cætera reverentia, quam mihi præstas, quod tam sollicite petis, ut tribunatum, quem a Neratio Marcello, clarissimo viro, impetravi tibi, in Cæsennium Silvanum, propinquum tuum, transferam. Mihi autem sicut jucundissimum, ipsum te tribunum, ita te non minus gratum, alium per te videre. Neque enim esse congruens arbitror, quem augere honoribus cupias, huic pietatis titulis invidere, qui sunt omnibus honoribus pulchriores. Video etiam, quum sit egregium et mereri beneficia et dare, utramque te laudem simul assecuturum, si, quod ipse meruisti, aliis tribuas. Præterea intelligo, mihi quoque gloriæ fore, si ex hoc tuo facto non

mes amis peuvent non-seulement exercer la charge de tribun, mais même la donner. Je me conforme donc à votre désir dans une chose si honorable. Heureusement votre nom n'a pas encore été porté sur le rôle public. Ainsi nous avons la liberté de mettre à la place celui de Silvanus. Puisse-t-il être aussi sensible à cette grâce qu'il reçoit de vous, que vous l'êtes au service que je vous rends ! Adieu.

### IX. — *Pline à Minucien.*

Je puis enfin vous faire ici le détail de tous les travaux que m'a coûtés la poursuite judiciaire dont je me suis chargé au nom de la province de Bétique. Cette cause a duré plusieurs audiences avec des succès fort différents. Pourquoi des succès différents ? pourquoi plusieurs audiences ? je vais vous le dire.

Classicus, âme basse et franchement perverse, avait gouverné cette province avec autant de cruauté que d'avarice, la même année que, sous Marius Priscus, l'Afrique éprouvait semblable sort. Priscus était originaire de la Bétique, et Classicus d'Afrique. De là ce bon mot des habitants de la Bétique (car il échappe quelquefois des bons mots à la douleur) : *L'Afrique nous rend ce que nous lui avons prêté.* Il y eut pourtant cette différence entre ces deux hommes, que Priscus ne fut poursuivi publiquement que par une seule ville à laquelle vinrent se joindre plusieurs particuliers, tandis que la province entière de Bétique fondit sur Classicus. Il prévint les suites de ce procès par une mort qu'il dut, soit au

---

fuerit ignotum, amicos meos non gerere tantum tribunatus posse, verum etiam dare. Quare ego vero honestissimæ voluntati tuæ pareo ; neque enim adhuc nomen in numeros relatum est ; ideoque liberum est nobis Silvanum in locum tuum subdere : cui cupio tam gratum esse munus tuum, quam tibi meum est. Vale.

### IX. — *Pline à Minucien.*

Possum jam prescribere tibi quantum in publica provinciæ Bæticæ causa laboris exhauserim. Nam fuit multiplex, actaque est sæpius cum magna varietate. Unde varietas ? unde plures actiones ?

Cæcilius Classicus, homo fœdus et aperte malus, proconsulatum in ea non minus violenter quam sordide gesserat, eodem anno, quo in Africa Marius Priscus. Erat autem Priscus ex Bætica, ex Africa Classicus. Inde dictum Bæticorum (ut plerumque dolor etiam venustos facit) non illepidum ferebatur : « Dedi malum, et accepi. » Sed Marium una civitas publice, multique privati reum peregerunt ; in Classicum tota provincia incubuit. Ille accusationem vel fortuita, vel voluntaria morte præ-

hasard, soit à son courage ; car sa mort, qui n'a d'ailleurs rien d'honorable, ne laisse pas d'être équivoque. S'il paraît vraisemblable qu'en perdant l'espoir de se justifier il ait voulu s'arracher la vie, il est étrange qu'un scélérat qui n'a pas rougi de commettre les actions les plus condamnables, ait affronté la mort pour se dérober à la honte de la condamnation. La Bétique néanmoins persistait à le mettre en jugement, malgré sa mort. La loi l'y autorisait ; mais cette loi était tombée en désuétude, et on la tirait de l'oubli après une longue interruption. Les peuples de cette province allaient encore plus loin : ils accusaient nommément les ministres de Classicus comme complices de ses crimes, et demandaient justice contre eux.

Je parlais pour la Bétique, et j'étais secondé par Lucéius Albinus dont l'éloquence est à la fois abondante et fleurie. Nous avions déjà de l'amitié l'un pour l'autre ; mais cette communauté de ministère me l'a rendu bien plus cher encore. Il semble que les rivaux de gloire, surtout les gens de lettres, aient quelque chose d'insociable. Cependant il n'y eut pas entre nous la moindre lutte, la moindre division. Sans écouter l'amour-propre, nous marchions d'un pas égal où nous appelait le bien de la cause. Sa grandeur et son intérêt nous parurent exiger que chacun de nous ne renfermât pas tant d'actions différentes dans un seul discours. Nous craignions que le jour, que la voix, que les poumons ne nous manquassent, si nous rassemblions, comme en un seul faisceau, tant de crimes et tant de criminels. Tous ces noms, tous

---

vertit ; nam fuit mors ejus infamis, ambigua tamen. Ut enim credibile videbatur, voluisse exire de vita, quum defendi non posset ; ita mirum, pudorem damnationis morte fugisse, quem non puduisset damnanda committere. Nihilominus Bætica etiam in defuncti accusatione perstabat : provisum hoc legibus, intermissum tamen, et post longam intercapedinem tunc reductum. Addiderunt Bætici, quod simul socios ministrosque Classici detulerunt ; nominatimque in eos inquisitionem postulaverunt.

Aderam Bæticis ; mecumque Luceius Albinus, vir in dicendo copiosus, ornatus ; quem ego quum olim mutuo diligerem, ex hac officii societate amare ardentius cœpi. Habet quidem gloria, in studiis præsertim, quiddam ἀκοινώνητον ; nobis tamen nullum certamen, nulla contentio, quum uterque pari jure non pro se, sed pro causa niteretur. Cujus et magnitudo et utilitas visa est postulare, ne tantum oneris singulis actionibus subiremus. Verebamur, ne nos dies, ne vox, ne latera deficerent, si tot crimina, tot reos uno velut fasce complecteremur ; deinde, ne judicum intentio multis nominibus multisque causis non lassaretur modo, verum etiam confunderetur ; mox, ne gratia singulorum collata atque permista, pro singulis quoque vires

ces faits divers, pouvaient d'ailleurs, non-seulement épuiser l'attention des juges, mais même confondre leurs idées. Nous appréhendions encore que le crédit particulier de chacun des accusés ne s'accrût en s'étendant à tous. Enfin nous voulions éviter que le plus puissant ne livrât le plus faible comme une victime expiatoire, et ne se sauvât en la sacrifiant : car jamais la faveur et la brigue n'exercent plus d'empire, que lorsqu'elles peuvent se couvrir du masque de la sévérité. Nous songions à Sertorius, ordonnant au plus fort et au plus faible de ses soldats d'arracher la queue d'un cheval. Vous savez le reste. Nous jugions de même que nous ne viendrions à bout d'une si grande masse d'accusés, qu'en les détachant les uns des autres. La première chose que nous crûmes devoir établir, c'est que Classicus était coupable. C'était une préparation nécessaire à l'accusation de ses officiers et de ses complices, qui ne pouvaient être reconnus criminels, s'il était innocent. Nous lui en adjoignîmes deux, dès le premier moment, Bébius Probus et Fabius Hispanus, l'un et l'autre redoutables par leur crédit, Hispanus même par son éloquence.

Classicus nous donna peu de peine. Il avait laissé un mémoire écrit de sa main, où l'on trouvait au juste ce que lui avait valu chacune de ses concussions. Nous avions même une lettre de lui pleine de morgue et d'insolence, qu'il avait écrite à une de ses maîtresses à Rome. *Victoire! victoire!* lui disait-il, *je reviens près de toi, libre de toute dette. J'ai enfin gagné quatre millions de sesterces* [1] *sur la vente d'une partie des domaines de la Bétique.*

omnium acciperet; postremo, ne potentissimi, vilissimo quoque quasi piaculari dato, alienis pœnis elaberentur. Etenim tum maxime favor et ambitio dominatur, quum sub aliqua specie severitatis delitescere potest. Erat in consilio Sertorianum illud exemplum, qui robustissimum et infirmissimum militem jussit caudam equi... reliqua nostri. Nam nos quoque tam numerosum agmen reorum ita demum videbamus posse superari, si per singulos carperetur. Placuit in primis ipsum Classicum ostendere nocentem : hic aptissimus ad socios ejus et ministros transitus erat, quia socii ministrique probari, nisi illo nocente, non poterant. Ex quibus duos statim Classico junximus; Bæbium Probum et Fabium Hispanum : utrumque gratia, Hispanum etiam facundia validum.

Et circa Classicum quidem brevis et expeditus labor. Sua manu reliquerat scriptum, quid ex quaque re, quid ex quaque causa accepisset. Miserat etiam epistolas Romam ad amiculam quamdam, jactantes et gloriosas, his quidem verbis : «Io, io, liber ad te venio. Jam sestertium quadragies redegi, parte vendita Bæticorum. »

1. 661,700 francs.

Probus et Hispanus nous embarrassèrent davantage. Avant d'entrer dans l'exposition de leurs crimes, je crus nécessaire d'établir que l'exécution d'un ordre inique était un crime ; autrement j'eusse inutilement prouvé qu'ils avaient accompli les ordres de Classicus. Car ils ne niaient pas les faits dont ils étaient chargés, mais ils s'excusaient sur la nécessité d'obéir. Habitants de la province, disaient-ils, ils étaient soumis par la crainte à toutes les volontés des proconsuls. Claudius Restitutus, qui me répliqua, a pour lui une longue habitude du barreau, et un esprit vif qui lui fournit la réponse aux arguments les moins prévus. Cependant il avoue hautement que jamais il ne fut plus troublé, plus déconcerté, que lorsqu'il se vit d'avance arracher les seules armes où il avait mis sa confiance.

Voici le dénoûment. Le sénat ordonna que les biens dont Classicus jouissait, avant qu'il prît possession de son gouvernement, seraient séparés des autres. Les premiers furent abandonnés à sa fille, les seconds rendus aux peuples dépouillés. On alla plus loin : on ordonna que les créanciers qu'il avait payés restitueraient ce qu'ils avaient reçu, et l'on exila pour cinq ans Hispanus et Probus : tant on jugea coupable ce qui d'abord avait à peine semblé suffire pour motiver une accusation !

Peu de jours après, nous plaidâmes contre Clavius Fuscus, gendre de Classicus, et contre Stillonius Priscus qui avait commandé une cohorte sous Classicus. Leur sort fut différent. On bannit Priscus de l'Italie pour deux ans ; Fuscus fut renvoyé absous. Dans la troisième audience, il nous sembla plus convenable

---

Circa Hispanum et Probum multum sudoris. Horum antequam crimina ingrederer, necessarium credidi elaborare, ut constaret, ministerium crimen esse ; quod nisi effecissem, frustra ministros probassem. Neque enim ita defendebantur, ut negarent, sed ut necessitati veniam precarentur : esse enim se provinciales, et ad omne proconsulum imperium metu cogi. Solet dicere Claudius Restitutus, qui mihi respondit, vir exercitatus et vigilans, et quamlibet subitis paratus, nunquam sibi tantum caliginis, tantum perturbationis offusum, quam quum ea praerepta et extorta defensioni suae cerneret, in quibus omnem fiduciam reponebat.

Consilii nostri exitus fuit : bona Classici, quae habuisset ante provinciam, placuit senatui a reliquis separari ; illa filiae, haec spoliatis relinqui. Additum est, ut pecuniae, quas creditoribus solverat, revocarentur. Hispanus et Probus in quinquennium relegati : adeo grave visum est, quod initio dubitabatur, an omnino crimen esset !

Post paucos dies Clavium Fuscum, Classici generum, et Stillonium Priscum, qui tribunus cohortis sub Classico fuerat, accusavimus, dispari eventu. Prisco in biennium Italia interdictum : absolutus est Fuscus. Actione tertia commodissimum puta-

de rassembler un grand nombre de complices. Il nous parut à craindre qu'en faisant traîner plus longtemps cette affaire, le dégoût et l'ennui ne refroidissent l'attention des juges, et ne lassassent leur sévérité. Il ne restait d'ailleurs que des criminels d'une moindre importance, et que nous avions tout exprès réservés pour les derniers. J'en excepte pourtant la femme de Classicus. On avait assez d'indices pour la soupçonner, mais non assez de preuves pour la convaincre. A l'égard de sa fille aussi accusée, les soupçons même manquaient. Lors donc qu'à la fin de cette audience j'eus à parler d'elle, n'ayant plus à craindre, comme au commencement, d'ôter à l'accusation quelque chose de sa force, j'obéis à l'honneur qui me faisait une loi de ne point opprimer l'innocence. Je ne me contentai pas de le penser, je le dis librement, et de plus d'une manière. Tantôt je demandais aux députés s'ils m'avaient instruit de quelque fait qu'ils pussent se promettre de prouver contre elle ; tantôt je m'adressais au sénat, et le suppliais de me dire s'il croyait qu'il me fût permis d'abuser du peu d'éloquence que je pouvais avoir pour accabler une femme innocente, et pour lui plonger le poignard dans le sein. Enfin je conclus par ces paroles : *On me dira : Vous vous érigez donc en juge? non; mais je n'oublie pas que je suis un avocat tiré du nombre des juges.*

Telle a été la fin de cette longue affaire. Les uns ont été absous, la plupart condamnés et bannis, ou à temps, ou à perpétuité. Le décret du sénat loue en termes fort honorables notre talent, notre zèle, notre fermeté ; et cela seul pouvait dignement récom-

---

vimus plures congregare, ne, si longius esset extracta cognitio, satietate et tædio quodam justitia cognoscentium severitasque languesceret. Alioqui supererant minores rei, data opera hunc in locum reservati; excepta tamen Classici uxore, quæ sicut implicita suspicionibus, ita non satis convinci probationibus visa est. Nam Classici filia, quæ et ipsa inter reos erat, ne suspicionibus quidem hærebat. Itaque, quum ad nomen ejus in extrema actione venissem (neque enim, ut initio, sic etiam in fine verendum erat, ne per hoc totius accusationis auctoritas minueretur), honestissimum credidi, non premere immerentem ; idque ipsum dixi et libere et varie. Nam modo legatos interrogabam, docuissentne me aliquid, quod re probari posse confiderent; modo consilium a senatu petebam, putaretne debere me, si quam haberem in dicendo facultatem, in jugulum innocentis, quasi telum aliquod, intendere; postremo totum locum hoc fine conclusi : « Dicet aliquis, Judicas ergo ? Ego vero non judico, memini tamen me advocatum ex judicibus datum. »

Hic numerosissimæ causæ terminus fuit, quibusdam absolutis, pluribus damnatis, atque etiam relegatis, aliis in tempus, aliis in perpetuum. Eodem senatusconsulto industria, fides, constantia nostra plenissimo testimonio comprobata est, dignum,

penser de si grands travaux. Vous comprenez aisément à quel point m'ont fatigué tant de plaidoiries, tant de débats, tant de témoins à interroger, à raffermir, à réfuter. D'un autre côté, qu'il était difficile et embarrassant de se montrer inexorable aux sollicitations secrètes, et de résister en face aux protecteurs d'un si grand nombre de coupables! En voici un exemple. Quelques-uns des juges eux-mêmes, au gré desquels je pressais trop un accusé des plus accrédités, se récrièrent hautement. *Il n'en sera pas moins innocent*, leur répliquai-je, *quand j'aurai tout dit contre lui*. Imaginez par là quelles luttes il m'a fallu essuyer, quelles inimitiés je me suis attirées! mais pour peu de temps, il est vrai! car l'intégrité, qui blesse d'abord ceux auxquels elle résiste, devient bientôt l'objet de leur admiration et de leurs louanges.

Je ne pouvais pas vous exposer plus clairement toute cette affaire. Vous allez me dire : *Elle n'en valait pas la peine; je me serais bien passé d'une si longue lettre*. Cessez donc de me demander de temps en temps ce que l'on fait à Rome; et souvenez-vous qu'une lettre n'est pas longue, lorsqu'elle embrasse tant de journées, tant d'audiences, enfin tant d'accusés et de causes différentes. Il n'était pas possible, ce me semble, de vous mander tout cela, ni en moins de mots, ni plus exactement. Mais je me vante à tort d'exactitude. Il me revient un peu tard une circonstance qui m'était échappée. Je vais la rappeler ici, quoiqu'elle n'y soit pas à sa place naturelle. Homère et tant d'habiles gens, à son exemple, n'en usent-ils pas de même? et, après tout, cela n'a-t-il pas

---

solumque par pretium tanti laboris. Concipere animo potes quam simus fatigati, quibus toties agendum, toties altercandum, tam multi testes interrogandi, sublevandi, refutandi. Jam illa quam ardua, quam molesta, tot reorum amicis secreto rogantibus negare, adversantibus palam obsistere! Referam unum aliquod ex iis, quæ dixi. Quum mihi quidam e judicibus ipsis pro reo gratiosissimo reclamarent : « Non minus, inquam, hic innocens erit, si ego omnia dixero. » Conjectabis ex hoc, quantas contentiones, quantas etiam offensas subierimus, duntaxat ad breve tempus : nam fides in præsentia eos, quibus resistit, offendit; deinde ab illis ipsis suspicitur laudaturque.

Non potui magis te in rem præsentem perducere. Dices : « Non fuit tanti : quid enim mihi cum tam longa epistola? » Nolito ergo identidem quærere, quid Romæ geratur ; et tamen memento non esse epistolam longam, quæ tot dies, tot cognitiones, tot denique reos causasque complexa sit. Quæ omnia videor mihi non minus breviter, quam diligenter persecutus. Temere dixi diligenter : succurrit quod præterieram, et quidem sero; sed, quanquam præpostere, reddetur. Facit hoc Home-

son agrément? Moi, je l'avoue, je n'y ai pas mis cette savante intention.

L'un des témoins, ou mécontent de se voir cité malgré lui, ou suborné par quelqu'un des complices qui voulait désarmer l'accusation, accusa Norbanus Licinianus, l'un des députés et des commissaires, de prévariquer en ce qui regardait Casta, femme de Classicus. Les lois veulent que l'on juge l'accusation principale, avant d'entrer en connaissance de la prévarication, parce que rien n'est plus propre à faire bien juger de la prévarication, que l'accusation même. Cependant ni la disposition des lois, ni la qualité de député, ni la fonction de commissaire ne purent garantir Norbanus : tant on avait de haine et d'indignation contre lui! C'était un scélérat qui avait profité du règne de Domitien, comme tant d'autres, et que la province avait choisi pour informer dans cette affaire, en considération, non de sa droiture et de sa fidélité, mais de sa haine déclarée contre Classicus qui l'avait fait exiler. Norbanus demandait qu'on lui accordât un jour, et qu'on établît les chefs d'accusation. On n'eut pas plus d'égard à cette seconde demande qu'à la première. Il fallut répondre sur-le-champ. Il répondit. Son caractère fourbe et méchant ne me permet pas de décider si ce fut avec audace ou avec fermeté; mais il est certain que ce fut avec beaucoup de présence d'esprit. On le chargea d'une multitude de faits particuliers qui lui firent plus de tort que la prévarication. Ce n'est pas tout. Deux consulaires, Pomponius Rufus et Libo Frugi, déposèrent contre lui que, sous le règne

rus, multique illius exemplo : est alioqui perdecorum ; a me tamen non ideo fiet.

Ex testibus quidam, sive iratus, quod evocatus esset invitus, sive subornatus ab aliquo reorum, ut accusationem exarmaret, Norbanum Licinianum, legatum et inquisitorem, reum postulavit, tanquam in causa Castæ (uxor hæc Classici) prævaricaretur. Est lege cautum, ut reus ante peragatur, tunc de prævaricatore quæratur, quia optime ex accusatione ipsa accusatoris fides æstimatur. Norbano tamen non ordo legis, non legati nomen, non inquisitionis officium præsidio fuit : tanta conflagravit invidia homo alioqui flagitiosus, et Domitiani temporibus usus, ut multi; electusque tunc a provincia ad inquirendum, non tanquam bonus et fidelis, sed tanquam Classici inimicus. Erat ab illo relegatus. Dari sibi diem, et edi crimina postulabat. Neutrum impetravit; coactus est statim respondere. Respondit ; malum pravumque ingenium hominis facit, ut dubitem, confidenter an constanter, certe paratissime. Objecta sunt multa, quæ magis, quam prævaricatio, nocuerunt. Quin etiam duo consulares, Pomponius Rufus et Libo Frugi, læserunt eum testimonio; tanquam apud judicem; sub Domitiano, Salvii Liberalis accusatoribus affuisset. Damnatus, et ninsulam relegatus est. Itaque, quum Castam accusarem, nihil magis pressi, quam

de Domitien, il avait plaidé pour les accusateurs de Salvius Libéralis. Norbanus fut condamné et relégué dans une île. Ainsi, lorsque j'accusai Casta, j'appuyai principalement sur le jugement de prévarication prononcé contre son accusateur. Mais j'appuyai inutilement ; car il arriva une chose toute nouvelle, et qui paraît impliquer contradiction. Les mêmes juges qui avaient déclaré l'accusateur convaincu de prévarication, prononcèrent l'absolution de l'accusée.

Vous êtes curieux de savoir quelle fut notre conduite dans cette conjoncture. Nous représentâmes au sénat, que nous tenions de Norbanus seul toutes nos instructions, et que, s'il était jugé prévaricateur, il nous fallait prendre des informations nouvelles. Après cela, pendant toute l'instruction de son procès, nous demeurâmes spectateurs. Pour lui, il continua d'assister à toutes les séances, et montra jusqu'à la fin, ou la même fermeté, ou la même audace.

J'examine si je n'omets pas encore quelque chose. Oui. J'allais oublier que, le dernier jour, Salvius Libéralis parla fortement contre tous les autres députés, leur reprochant d'épargner plusieurs personnes qu'ils avaient ordre d'accuser. Comme il a du feu et de l'éloquence, il les mit en danger. Je les défendis, parce que j'étais convaincu de leur probité. Ils se montrent fort reconnaissants, et ne se lassent pas de dire que je les ai sauvés d'une terrible tempête. Ce sera ici, pour le coup, la fin de ma lettre. Je n'y ajouterai pas une syllabe, quand même je m'apercevrais que j'ai oublié quelque chose. Adieu.

---

quod accusator ejus prævaricationis crimine corruisset. Pressi tamen frustra : accidit enim res contraria et nova, ut, accusatore prævaricationis damnato, rea absolveretur.

Quæris quid nos, dum hæc aguntur? Indicavimus senatui ex Norbano didicisse nos publicam causam, rursusque debere ex integro discere, si ille prævaricator probaretur ; atque ita, dum ille peragitur reus, sedimus. Postea Norbanus omnibus diebus cognitionis interfuit ; eamdemque usque ad extremum vel constantiam, vel audaciam pertulit.

Interrogo ipse me, an aliquid omiserim rursus ; et rursus pæne omisi. Summo die Salvius Liberalis reliquos legatos graviter increpuit, tanquam non omnes, quos mandasset provincia, reos peregissent ; atque, ut est vehemens et disertus, in discrimen adduxit. Protexi viros optimos, eosdemque gratissimos. Mihi certe debere se prædicant, quod illum turbinem evaserint. Hic erit epistolæ finis ; re vera finis : litteram non addam, etiamsi adhuc aliquid præteriisse me sensero. Vale.

## X. — *Pline à Spurinna et à Coccia.*

Si, la dernière fois que je me trouvai chez vous, je ne vous dis pas que j'avais composé un ouvrage à la louange de votre fils, c'est que d'abord je ne l'avais pas composé pour le dire, mais pour satisfaire à ma tendresse et à ma douleur ; ensuite, je croyais que ceux qui avaient entendu la lecture de mon ouvrage, et qui vous en avaient parlé (vous me l'avez dit vous-même, Spurinna), vous en auraient appris en même temps le sujet. Je craignais d'ailleurs de troubler vos jours de fête en rappelant un si cruel souvenir. J'ai même encore un peu hésité aujourd'hui pour savoir si je vous enverrais le fragment que j'ai lu et que vous me demandez, ou si je n'y ajouterais pas d'autres écrits que je destine à un second volume : car il ne suffit pas à ma sensibilité de ne consacrer qu'un livre à une mémoire si chère et si précieuse. Pour que la gloire de votre fils s'étende aussi loin qu'elle le mérite, il faut qu'on la répande et qu'on la divise en quelque sorte. Ne sachant donc si je vous adresserais tout ce que j'ai composé sur ce sujet, ou si j'en retiendrais une partie, j'ai trouvé qu'il convenait mieux à ma franchise et à notre amitié de vous envoyer tout, principalement après la promesse que vous me faites d'en garder le secret jusqu'à ce que je veuille publier ces écrits.

Il ne me reste plus qu'à vous demander une grâce, c'est de vouloir bien me dire avec la même franchise ce que je dois ajouter, changer, supprimer. Cette tâche sans doute est difficile

## X. — *Pline à Spurinna et à Coccia.*

Composuisse me quædam de filio vestro, non dixi vobis, quum proxime apud vos fui ; primum, quia non ideo scripseram, ut dicerem, sed ut meo amori, meo dolori satisfacerem ; deinde, quia te, Spurinna, quum audisses recitasse me, ut mihi ipse dixisti, quid recitassem simul audisse credebam. Præterea veritus sum, ne vos festis diebus confunderem, si in memoriam gravissimi luctus reduxissem. Nunc quoque paulisper hæsitavi, id solum, quod recitavi, mitterem exigentibus vobis, an adjicerem, quæ in aliud volumen cogito reservare. Neque enim affectibus meis uno libello carissimam mihi et sanctissimam memoriam prosequi satis est : cujus famæ latius consuletur, si dispensata et digesta fuerit. Verum hæsitanti mihi, omnia, quæ jam composui, vobis exhiberem, an adhuc aliqua differrem, simplicius et amicius mihi visum est, omnia, præcipue quum affirmetis intra vos futura, donec placeat emittere.

Quod superest, rogo, ut pari simplicitate, si qua existimabitis addenda, commutanda, omittenda, indicetis mihi. Difficile est bucusque intendere animum in dolore ;

dans la préoccupation de votre douleur. Je le sais ; mais agissez avec moi comme avec un sculpteur, avec un peintre, qui travaillerait à la statue, au portrait de votre fils. Vous l'avertiriez de ce qu'il doit s'attacher à rendre et à corriger. Ayez pour moi la même attention : conduisez ma main. Elle ne trace pas une image fragile et périssable, mais immortelle, comme vous le pensez. Plus cette image sera naturelle, ressemblante, parfaite, plus elle sera durable. Adieu.

### XI. — *Pline à Julius Génitor.*

Notre cher Artémidore a une si belle âme, qu'il exagère toujours les services de ses amis. Il est vrai qu'il a reçu de moi celui dont il vous a parlé ; mais, en le publiant partout, il l'estime plus qu'il ne vaut. Les philosophes avaient été chassés de Rome. J'allai le trouver dans une maison qu'il avait aux portes de la ville. J'étais alors préteur, ce qui rendait ma visite plus remarquable et plus dangereuse. Il lui fallait une somme importante pour acquitter une dette qui avait les motifs les plus honorables. Plusieurs de ses amis, riches et puissants, hésitaient. Moi, j'empruntai la somme, et je lui en fis don. A l'époque où je lui rendais ce service, on venait d'envoyer à la mort ou en exil sept de mes amis : Sénécion, Rusticus, Helvidius, à la mort ; Mauricus, Gratilla, Arria et Fannia, en exil. La foudre tombée tant de fois autour de moi semblait, d'après certains signes, menacer ma tête du même sort. Cependant je ne crois pas avoir mérité la gloire éclatante

---

difficile. Sed tamen ut sculptorem, ut pictorem, qui filii vestri imaginem faceret, admoneretis quid exprimere, quid emendare deberet; ita me quoque formate, regite, qui non fragilem et caducam, sed immortalem, ut vos putatis, effigiem conor efficere; quæ hoc diuturnior erit, quo verior, melior, absolutior fuerit. Vale.

### XI. — *Pline à Julius Génitor.*

Est omnino Artemidori nostri tam benigna natura, ut officia amicorum in majus extollat : inde etiam meum meritum, ut vera, ita supra meritum prædicatione circumfert. Equidem, quum essent philosophi ab Urbe summoti, fui apud illum in suburbano ; et quo notabilius hoc periculosiusque esset, fui prætor. Pecuniam etiam, qua tunc illi ampliore opus erat, ut æs alienum exsolveret, contractum ex pulcherrimis causis, mussantibus magnis quibusdam et locupletibus amicis, mutuatus ipse, gratuitam dedi. Atque hæc feci, quum, septem amicis meis aut occisis, aut relegatis (occisis, Senecione, Rustico, Helvidio ; relegatis, Maurico, Gratilla, Arria, Fannia),

qu'il m'accorde : je n'ai fait qu'éviter le déshonneur. C. Musonius, son beau-père, m'avait inspiré une grande admiration et une tendresse aussi vive que le permettait la différence de nos âges. Artémidore lui-même était déjà l'un de mes plus intimes amis, quand je servais, en qualité de tribun, dans l'armée de Syrie. C'est le premier témoignage que j'aie donné d'un naturel assez heureux pour avoir paru comprendre un sage, ou du moins pour un homme qui ressemble si fort à ceux qui portent ce nom. Car, parmi tous ceux qui s'arrogent aujourd'hui le titre de philosophes, vous en trouverez à peine un ou deux aussi sincères, aussi vrais que lui. Je ne vous dirai point qu'il brave également l'excès de la chaleur et du froid; qu'il est infatigable dans les travaux; qu'il n'accorde rien aux plaisirs de la table, et que ses yeux sont aussi chastes que ses désirs. Ces choses auraient de l'importance dans un autre; chez lui, elles ne sont presque rien, comparées à ses autres vertus. Il doit à ces vertus la préférence que C. Musonius lui donna sur des rivaux de tous les rangs, lorsqu'il le choisit pour gendre.

Je ne puis rappeler ces souvenirs, sans être flatté des éloges dont il me comble dans le monde et auprès de vous. Toutefois (pour en revenir à mon début) je crains que son caractère généreux n'outre-passe comme toujours, la mesure. Cet homme, d'ailleurs si sage, n'a qu'un défaut, bien honorable sans doute, mais qui n'en existe pas moins, c'est d'estimer quelquefois ses amis au delà de leur valeur. Adieu.

tot circa me jactis fulminibus quasi ambustus, mihi quoque impendere idem exitium, certis quibusdam notis augurarer. Non ideo tamen eximiam gloriam meruisse mè, ut ille prædicat, credo ; sed tantum effugisse flagitium. Nam et C. Musonium, socerum ejus, quantum licitum est per ætatem, cum admiratione dilexi; et Artemidorum ipsum jam tum quum in Syria tribunus militarem, arcta familiaritate complexus sum ; idque primum nonnullius indolis dedi specimen, quod virum aut sapientem, aut proximum simillimumque sapienti intelligere sum visus. Nam ex omnibus, qui nunc se philosophos vocant, vix unum aut alterum invenies tanta sinceritate, tanta veritate Mitto qua patientia corporis hiemes juxta et æstates ferat, ut nullis laboribus cedat, ut nihil in cibo aut potu voluptatibus tribuat, ut oculos animumque contineat. Sunt hæc magna, sed in alio; in hoc vero minima, si cæteris virtutibus comparentur, quibus meruit, ut a C. Musonio ex omnibus omnium ordinum assectatoribus gener assumeretur.

Quæ mihi recordanti est quidem jucundum, quod me quum apud alios, tum apud te, tantis laudibus cumulat. Vereor tamen ne modum excedat, quem benignitas ejus (illuc enim, unde cœpi, revertor) non solet tenere. Nam in hoc uno interdum, vir alioqui prudentissimus, honesto quidem, sed tamen errore versatur, quod pluris amicos suos, quam sunt, arbitratur. Vale.

## XII. — *Pline à Catilius.*

J'irai souper chez vous. Mais voici mes conditions : repas court et frugal ; rien en abondance que les propos philosophiques ; et, en cela même, point d'excès. Craignons d'être surpris avant le jour par ces clients que Caton lui-même ne rencontra pas impunément. Je sais bien que C. César, à cette occasion, le blâme et le loue tout ensemble. Il montre, en effet, ceux qui rencontrèrent Caton pris de vin, rougissant dès qu'ils lui eurent découvert le visage. *On eût dit*, ajoute-t-il, *que Caton les avait pris en faute, et non qu'ils venaient de surprendre Caton.* Quelle plus haute idée pouvait-on donner du caractère de Caton, que de représenter le respect qu'il inspirait encore, malgré son ivresse? Pour nous, réglons la durée, aussi bien que l'ordre et la dépense de notre repas : car nous ne sommes pas de ceux que leurs ennemis ne sauraient blâmer, sans les louer en même temps. Adieu.

## XIII. — *Pline à Romanus.*

Je vous envoie, comme vous le désiriez, le discours de remercîment que j'adresse à notre bon prince en commençant mon consulat. Vous l'auriez reçu, quand même vous ne me l'eussiez pas demandé. Ne considérez pas moins, je vous prie, la difficulté que la beauté du sujet. Dans tous les autres, la nouveauté seule suffit

---

### XII. — *Pline à Catilius.*

Veniam ad cœnam ; sed jam nunc paciscor, sit expedita, sit parca ; socraticis tantum sermonibus abundet ; in his quoque teneat modum. Erunt officia antelucana, in quæ incidere impune ne Catoni quidem licuit. Quem tamen C. Cæsar ita reprehendit, ut laudet. Scribit enim eos, quibus obvius fuerat, quum caput ebrii retexissent, erubuisse. Deinde adjicit : « Putares non ab illis Catonem, sed illos a Catone deprehensos. » Potuitne plus auctoritatis tribui Catoni, quam si ebrius quoque tam venerabilis erat ? Nostræ tamen cœnæ ut apparatus et impendii, sic temporis modus constet. Neque enim ii sumus, quos vituperare ne inimici quidem possint, nisi ut simul laudent. Vale.

### XIII. — *Pline à Romanus.*

Librum, quo nuper optimo principi consul gratias egi, misi exigenti tibi, missurus, etsi non exegisses. In hoc considerēs velim, ut pulchritudinem materiæ, ita difficultatem. In cæteris enim lectorem novitas ipsa intentum habet ; in hac, nota, vulgata, dicta sunt omnia : quo fit, ut quasi otiosus securusque lector tantum elo-

pour soutenir l'attention du lecteur. Ici tout est connu, tout a été dit et répété, en sorte que le lecteur n'ayant plus à s'occuper des faits, et tranquille sur ce point, s'attache uniquement au style ; et le style résiste difficilement à une critique dont il est le seul bojet. Plût aux dieux que l'on s'arrêtât du moins au plan, aux transitions, aux ornements du discours! Car les plus grossiers peuvent quelquefois inventer heureusement et s'exprimer en termes pompeux ; mais ordonner avec goût, et varier les figures, n'est du ressort que de l'art. Il ne faut pas même viser toujours à l'élévation et à l'éclat. Dans un tableau, rien ne fait tant valoir la lumière que le mélange des ombres. Il en est de même d'un discours : il faut savoir tour à tour en élever, en abaisser le ton. Mais j'oublie que je parle à un maître. Je devrais plutôt le prier de vouloir bien me marquer les passages à corriger. Je serai plus persuadé que vous approuvez le reste, si je vois que vous critiquez les endroits faibles. Adieu.

## XIV. — *Pline à Acilius.*

Voici un crime dont une lettre ne suffit pas pour faire sentir toute l'horreur. Les esclaves de l'ancien préteur Largius Macédo, viennent d'exercer sur lui les dernières atrocités. C'était un maître hautain, cruel, et qui avait oublié, ou plutôt qui se souvenait trop que son père avait été lui-même esclave. Il prenait un bain dans sa villa de Formies, lorsque tout à coup ses

---

cutioni vacet, in qua satisfacere difficilius est, quum sola æstimatur. Atque utinam ordo saltem, et transitus, et figuræ simul spectarentur! Nam invenire præclare, enuntiare magnifice, interdum etiam barbari solent ; disponere apte, figurare varie, nisi eruditis, negatum est. Nec vero affectanda sunt semper elata et excelsa. Nam, ut in pictura lumen non alia res magis quam umbra commendat, ita orationem tam submittere, quam attollere, decet. Sed quid ego hæc doctissimo viro? Quin potius illud : « Annota quæ putaveris corrigenda. » Ita enim magis credam cætera tibi placere, si quædam displicuisse cognovero. Vale.

### XIV. — *Pline à Acilius.*

Rem atrocem, nec tantum epistola dignam, Largius Macedo, vir prætorius, a servis suis passus est : superbus alioqui dominus et sævus, et qui, servisse patrem suum, parum, immo nimium, meminisset. Lavabatur in villa formiana. Repente eum servi circumsistunt ; alius fauces invadit, alius os verberat, alius pectus, et ventrem, atque etiam (fœdum dictu) verenda contundit ; et, quum exanimem putarent,

gens l'environnent. L'un le saisit à la gorge, l'autre le frappe au visage, celui-ci au ventre, celui-là à la poitrine, et (chose affreuse!) jusqu'aux parties naturelles. Lorsqu'ils crurent l'avoir tué, ils le jetèrent sur des dalles brûlantes pour s'assurer qu'il était sans vie. Soit qu'en effet il eût perdu le sentiment, soit qu'il feignît de ne rien sentir, Macédo demeure étendu et immobile, et les confirme dans la pensée qu'il est mort. Enfin ils l'emportent, comme s'il eût été suffoqué par la chaleur du bain. Ceux de ses esclaves qui n'étaient point complices s'approchent alors de lui. Ses concubines accourent en poussant de grands cris. Réveillé par le bruit, et ranimé par la fraîcheur du lieu, Macédo entr'ouvre les yeux, et, par un léger mouvement, annonce qu'il vit encore : il le pouvait alors sans danger. Les esclaves prennent la fuite. On en arrête une grande partie et l'on court après les autres. Quant au maître, ranimé à grand'peine, il meurt au bout de quelques jours avec la consolation d'être vengé, de son vivant, comme on venge les morts. Voyez-vous à quels périls, à quelles insolences et à quels outrages nous sommes exposés! Il ne faut pas se croire en sûreté parce qu'on est indulgent et humain : car ce n'est point par raison, mais par fureur que les esclaves égorgent leurs maîtres.

C'en est assez sur ce sujet. N'y a-t-il plus rien de nouveau? Rien. Je ne manquerais pas de vous l'écrire : car j'ai encore de la place sur mes tablettes, et c'est jour de fête. J'ajouterai pourtant ce qui me revient à propos du même Macédo. Un jour qu'il prenait à Rome un bain public, il lui arriva une aventure

---

abjiciunt in fervens pavimentum, ut experirentur, an viveret. Ille, sive quia non sentiebat, sive quia non sentire simulabat, immobilis et extentus, fidem peractæ mortis implevit. Tum demum, quasi æstu solutus, effertur. Excipiunt servi fideliores : concubinæ cum ululatu et clamore concurrunt. Ita et vocibus excitatus, et recreatus loci frigore, sublatis oculis agitatoque corpore, vivere se (et jam tutum erat) confitetur. Diffugiunt servi; quorum magna pars comprehensa est, cæteri requiruntur. Ipse paucis diebus ægre focillatus, non sine ultionis solatio decessit, ita vivus vindicatus, ut occisi solent. Vides quot periculis, quot contumeliis, quot ludibriis simus obnoxii. Nec est, quod quisquam possit esse securus, quia sit remissus et mitis ; non enim judicio domini, sed scelere perimuntur.

Verum hæc hactenus. Quid præterea novi? Quid? Nihil : alioqui subjungerem ; nam et charta adhuc superest, et dies feriatus patitur plura contexi. Addam, quod opportune de eodem Macedone succurrit. Quum in publico Romæ lavaretur, notabilis, atque etiam, ut exitus docuit, ominosa res accidit. Eques romanus a servo ejus, ut transitum daret, manu leviter admonitus, convertit se, nec servum, a quo

remarquable, et de mauvais augure, comme la suite l'a prouvé. Un de ses esclaves, pour lui ouvrir passage, poussa légèrement un chevalier romain. Celui-ci, se retournant, au lieu de s'adresser à l'esclave, donna un si rude soufflet au maître, qu'il pensa le renverser. Ainsi le bain a été en quelque sorte graduellement funeste à Macédo. La première fois, il y reçut un affront ; la seconde fois, il y trouva la mort. Adieu.

### XV. — *Pline à Proculus.*

Vous me demandez de lire vos ouvrages dans ma retraite, et de vous dire s'ils sont dignes d'être publiés. Vous employez la prière ; vous alléguez des exemples ; vous me conjurez même de dérober à mes études une partie du loisir que je leur destine, et de la consacrer à l'examen de vos travaux ; enfin, vous me citez Cicéron, qui protégeait les poëtes avec une bonté extraordinaire. Vous n'aviez nul besoin de me prier et de me presser : car j'adore la poésie, et j'ai pour vous une tendresse extrême. J'obtempérerai donc à vos désirs avec autant d'empressement que de joie. Je pourrais déjà vous mander que votre ouvrage est bon, et qu'il mérite de paraître, du moins, autant que j'en puis juger par les fragments que vous avez lus devant moi, et si votre manière de lire ne m'en a point imposé : car votre débit est plein d'art et de charme. Mais j'ai assez bonne opinion de moi-même pour croire que le prestige du débit ne va point jusqu'à m'ôter le jugement. Il peut bien le séduire et le surprendre, mais non le corrompre,

---

erat tactus, sed ipsum Macedonem tam graviter palma percussit, ut pæne concideret. Ita balineum illi, quasi per gradus quosdam, primum contumeliæ locus, deinde exitii fuit. Vale.

### XV. — *Pline à Proculus.*

Petis ut libellos tuos in secessu legam, examinemque an editione sint digni : adhibes preces; allegas exemplum ; rogas etiam, ut aliquid subsecivi temporis studiis meis subtraham, impertiam tuis ; adjicis M. Tullium mira benignitate poetarum ingenia fovisse. Sed ego nec rogandus sum, nec hortandus; nam et poeticen ipsam religiosissime veneror, et te validissime diligo. Faciam ergo quod desideras, tam diligenter, quam libenter. Videor autem jam nunc posse rescribere, esse opus pulchrum, nec supprimendum, quantum æstimare licuit ex iis, quæ me præsente recitasti : si modo mihi non imposuit recitatio tua; legis enim suavissime et peritissime. Confido tamen me non sic auribus duci, ut omnes aculei judicii mei illarum delinimentis refringantur. Hebetentur fortasse et paululum retundantur; evelli qui-

ni l'altérer. Ainsi j'ai déjà le droit de prononcer sur l'ensemble de l'ouvrage. La lecture m'apprendra ce que je dois penser de chaque partie. Adieu.

## XVI. — *Pline à Népos.*

J'avais déjà remarqué, ce me semble, que, parmi les actions et les paroles des hommes et des femmes illustres, les unes ont plus d'éclat, les autres plus de grandeur réelle. L'entretien que j'eus hier avec Fannia m'a confirmé dans cette opinion. C'est la petite-fille de cette célèbre Arria qui, par son exemple, apprit à son mari à mourir sans regret. Fannia me racontait beaucoup d'autres traits d'Arria, non moins héroïques, quoique moins connus. Je pense que vous aurez autant de plaisir à lire ces actions admirables, que j'en ai eu à les entendre.

Son mari et son fils étaient en même temps attaqués d'une maladie qui paraissait mortelle. Le fils mourut. C'était un jeune homme dont la rare modestie égalait la beauté, et plus cher encore à ses parents par ses vertus que par le nom de fils. Arria fit préparer et conduire si secrètement le deuil, que le père n'en sut rien. Je dirai plus : toutes les fois qu'elle entrait dans la chambre de son mari, elle lui faisait croire que leur fils était vivant, que même il allait mieux ; et, comme Pétus insistait souvent sur l'état de sa santé, elle répondait qu'il avait bien dormi, et mangé avec appétit. Enfin, lorsqu'elle sentait que ses larmes, longtemps contenues, allaient s'échapper et la trahir,

---

dem extorquerique non possunt. Igitur non temere jam nunc de universitate pronuntio : de partibus experiar legendo. Vale.

### XVI. — *Pline à Népos.*

Annotasse videor facta dictaque virorum feminarumque illustrium, alia clariora esse, alia majora. Confirmata est opinio mea hesterno Fanniæ sermone. Neptis hæc Arriæ illius, quæ marito et solatium mortis et exemplum fuit. Multa referebat aviæ suæ non minora hoc, sed obscuriora, quæ tibi existimo tam mirabilia legenti fore, quam mihi audienti fuerunt.

Ægrotabat maritus ejus : ægrotabat et filius : uterque mortifere, ut videbatur. Filius decessit, eximia pulchritudine, pari verecundia, et parentibus non minus ob alia carus, quam quod filius erat. Huic illa ita funus paravit, ita duxit exsequias, ut ignoraret maritus. Quin immo, quoties cubiculum ejus intraret, vivere filium, atque etiam commodiorem esse simulabat ; ac persæpe interroganti, quid ageret puer, respondebat : « Bene quievit, libenter cibum sumpsit. » Deinde, quum diu cohibitæ lacrymæ vincerent prorumperentque, egrediebatur. Tunc se dolori dabat : satiata,

elle sortait ; elle s'abandonnait à sa douleur ; et, après l'avoir soulagée, elle rentrait, les yeux secs, le visage serein, comme si elle eût laissé sa douleur à la porte. Il est beau, sans doute, de prendre, comme elle, un poignard, de l'enfoncer dans son sein, de l'en tirer tout sanglant, et de le présenter à son mari, en lui disant ces mots impérissables et sublimes : *Pétus, cela ne fait point de mal.* Mais, après tout, dans ses paroles et dans son acte, elle était soutenue par la gloire et l'immortalité présentes à ses yeux. Combien n'est-il pas plus grand, en l'absence de ces brillantes illusions, de cacher ses larmes, d'ensevelir son deuil, et de jouer encore le rôle de mère, quand on n'a plus de fils !

Scribonien avait pris les armes en Illyrie contre l'empereur Claude. Pétus avait suivi le parti de la révolte, et, après la mort de Scribonien, on le traînait à Rome. On allait l'embarquer. Arria conjurait les soldats de la recevoir avec lui. *Vous devez*, leur disait-elle, *accorder à un consulaire quelques esclaves qui le servent à table, qui l'habillent, qui le chaussent. Seule, je lui rendrai tous ces services.* Sur leur refus, elle loua une petite barque de pêcheur, et se mit à suivre le grand navire. Arrivée à Rome, elle rencontra dans le palais de l'empereur la femme de Scribonien qui révélait les complices, et qui voulut lui parler. *Moi, t'écouter,* lui dit-elle, *toi qui as vu égorger ton mari entre tes bras, et qui vis encore !* Il est aisé de juger par là qu'Arria s'était décidée longtemps d'avance à sa glorieuse mort.

Un jour Thraséas, son gendre, la conjurait de renoncer à la

---

siccis oculis, composito vultu redibat, tanquam orbitatem foris reliquisset. Præclarum quidem illud ejusdem, ferrum stringere, perfodere pectus, extrahere pugionem, porrigere marito, addere vocem immortalem ac pæne divinam : Pæte, *non dolet.* Sed tamen facienti ista dicentique gloria et æternitas ante oculos erant : quo majus est sine præmio æternitatis, sine præmio gloriæ, abdere lacrymas, operire luctum, amissoque filio, matrem adhuc agere.

● Scribonianus arma in Illyrico contra Claudium moverat. Fuerat Pætus in partibus, et, occiso Scriboniano, Romam trahebatur. Erat ascensurus navem. Arria milites orabat, ut simul imponeretur. « Nempe enim, inquit, daturi estis consulari viro servulos aliquos, quorum e manu cibum capiat, a quibus vestiatur, a quibus calcietur : omnia sola præstabo. » Non impetravit. Conduxit piscatoriam naviculam, ingensque navigium minimo secuta est. Eadem apud Claudium uxori Scriboniani, quum illa profiteretur indicium : « Ego, inquit, te audiam, cujus in gremio Scribonianus occisus est, et vivis! » Ex quo manifestum est, ei consilium pulcherrimæ mortis non subitum fuisse.

Quin etiam, quum Thrasea, gener ejus, deprecaretur, ne mori pergeret, interque

résolution de mourir : *Vous voulez donc*, lui dit-il entre autres choses, *si l'on me force à quitter la vie, que votre fille la quitte avec moi? — Oui*, répondit-elle, *quand elle aura vécu avec vous aussi longtemps, et dans une aussi parfaite union que j'ai vécu avec Pétus*. Ces paroles avaient redoublé l'inquiétude de sa famille. On l'observait avec plus d'attention. Elle s'en aperçut : *Vous perdrez votre temps*, dit-elle. *Vous pouvez, sans doute, m'épargner une mort cruelle; mais il n'est pas en votre pouvoir de m'empêcher de mourir*. En achevant ces paroles, elle s'élança de son siége, se frappa la tête avec une extrême violence contre le mur, et tomba sans connaissance. Revenue à elle-même, *Je vous avais bien avertis*, dit-elle, *que je saurais trouver la mort par les voies les plus pénibles, si vous me fermiez les plus douces*. Ces traits ne vous paraissent-ils pas plus héroïques encore que le *Pétus, cela ne fait pas de mal*, auquel d'ailleurs ils conduisent naturellement? Tout le monde parle de ce dernier trait; les autres sont inconnus. Je conclus, ce que je disais en commençant, que parmi les belles actions les unes ont plus d'éclat, les autres plus de grandeur réelle. Adieu.

### XVII. — *Pline à Servien.*

Tout va-t-il bien? J'en doute. Il y a si longtemps que je n'ai reçu de vos nouvelles! Si tout va bien, êtes-vous occupé? Si vous ne l'êtes pas, les occasions d'écrire sont-elles rares, ou vous man-

---

alia dixisset : « Tu vis ergo filiam tuam, si mihi pereundum fuerit, mori mecum? » respondit : « Si tam diu tantaque concordia vixerit tecum, quam ego cum Pæto, volo. » Auxerat hoc responso curam suorum. Attentius custodiebatur. Sensit, et : « Nihil agitis, inquit. Potestis enim efficere, ut male moriar; ne moriar, non potestis. » Dum hæc dicit, exsiluit cathedra, adversoque parieti caput ingenti impetu impegit, et corruit. Focillata : « Dixeram, inquit, vobis, inventuram me quamlibet duram ad mortem viam, si vos facilem negassetis. » Videturne hæc tibi majora illo « Pæte, non dolet, » ad quod per hæc perventum est? Quum interim illud quidem ingens fama, hæc nulla circumfert. Unde colligitur, quod initio dixi, alia esse clariora, alia majora. Vale.

### XVII. *Pline à Servien.*

Rectene omnia, quod jampridem epistolæ tuæ cessant? An, omnia recte, sed occupatus es tu? An, tu non occupatus, sed occasio scribendi vel rara, vel nulla? Exime hunc mihi scrupulum, cui par esse non possum. Exime autem vel data opera

quent-elles? Tirez-moi de cette inquiétude que je ne puis plus supporter. Envoyez-moi un courrier, s'il le faut. Qu'il vienne m'annoncer ce que je désire; je lui paierai son voyage; je lui ferai même un cadeau. Pour moi, je me porte bien; si c'est se bien porter que de vivre dans l'incertitude et dans les alarmes, que d'attendre à chaque instant, que de craindre pour la tête la plus chère tous les malheurs qui nous menacent. Adieu.

### XVIII. — *Pline à Sévérus.*

Les devoirs du consulat m'obligeaient à remercier le prince au nom de la république. Après m'en être acquitté dans le sénat avec la brièveté qu'exigeaient le lieu, le temps, la coutume, j'ai pensé qu'en bon citoyen, je devais écrire le discours que j'avais prononcé, et donner au sujet plus de développement et d'étendue. Mon dessein a été d'abord, par un sincère éloge, de rendre à notre empereur ses vertus plus chères, et ensuite de tracer à ses successeurs, par son exemple mieux que par aucun précepte, la route qu'ils devaient suivre pour arriver à la même gloire. Car, s'il est beau d'enseigner aux princes leurs devoirs, cette tâche offre quelques difficultés et décèle quelque présomption. Mais louer un prince accompli, montrer, comme du haut d'un phare, aux empereurs futurs une lumière qui les guide, c'est être aussi utile et plus modeste.

Voici, au reste, une circonstance qui m'a été fort agréable.

---

tabellario misso. Ego viaticum, ego etiam præmium dabo : nuntiet mihi modo, quod opto. Ipse valeo; si valere est, suspensum et anxium vivere, exspectantem in horas, timentemque pro capite amicissimo quidquid accidere homini potest. Vale.

### XVIII. — *Pline à Sévérus.*

Officium consulatus injunxit mihi ut reipublicæ nomine principi gratias agerem. Quod ego in senatu quum ad rationem et loci et temporis ex more fecissem, bono civi convenientissimum credidi, eadem illa spatiosius et uberius volumine amplecti : primum ut imperatori nostro virtutes suæ veris laudibus commendarentur ; deinde ut futuri principes non quasi a magistro, sed tamen sub exemplo præmonerentur, qua potissimum via possent ad eamdem gloriam niti. Nam præcipere, qualis esse debeat princeps, pulchrum quidem, sed onerosum, ac prope superbum est; laudare vero optimum principem, ac per hoc posteris, velut e specula, lumen quod sequantur ostendere, idem utilitatis habet, arrogantiæ nihil.

Cepi autem non mediocrem voluptatem, quod, hunc librum quum amicis recitare

Quand je voulus lire cet ouvrage à mes amis, je ne les invitai point par billets ou par circulaires. Je les priai de venir, si cela ne les gênait en rien, s'ils étaient entièrement libres (et vous savez qu'à Rome on n'a jamais, ou presque jamais, le loisir ou la fantaisie d'assister à une lecture). Cependant, ils sont venus deux jours de suite, et par le temps le plus affreux ; et quand, par discrétion, je voulais borner là ma lecture, ils exigèrent de moi une troisième séance. Est-ce à Pline, est-ce aux lettres qu'ils ont fait cet honneur? J'aime mieux croire que c'est aux lettres dont l'amour presque éteint se rallume aujourd'hui.

Mais pour quel sujet ont-ils montré tant d'empressement? Comment se fait-il que ce qui nous ennuyait pour quelques moments d'attention, même dans le sénat, où il fallait bien le souffrir, on se plaise aujourd'hui à le lire et à l'écouter pendant trois jours? Ce n'est pas que l'orateur soit plus éloquent ; mais son discours a été écrit avec plus de liberté, et par conséquent avec plus de plaisir. Le règne de notre prince aura donc encore cette gloire, que l'on y verra ces harangues, odieuses naguère parce qu'elles étaient fausses, devenir agréables à tous parce qu'elles sont sincères. Pour moi, je n'ai pas été moins charmé du goût de mes auditeurs que de leur empressement. Je me suis aperçu que les endroits les moins fleuris obtenaient le plus d'estime. Il est vrai que je n'ai lu qu'à peu de personnes cet ouvrage fait pour tout le monde. Cependant cette approbation éclairée me flatte singulièrement : elle semble me répondre de celle du public. Si l'on a vu

---

voluissem, non per codicillos, non per libellos, sed si commodum esset, et si valde vacaret, admoniti (nunquam porro, aut valde raro, vacat Romæ, aut commodum est audire recitantem), fœdissimis insuper tempestatibus, per biduum convenerunt ; quumque modestia mea finem recitationi facere voluisset, ut adjicerem tertium diem, exegerunt. Mihi hunc honorem habitum putem, an studiis? Studiis malo, quæ prope exstincta refoventur.

At cui materiæ hanc sedulitatem præstiterunt? nempe quam in senatu quoque, ubi perpeti necesse erat, gravari tamen vel puncto temporis solebamus, eamdem nunc et qui recitare et qui audire triduo velint, inveniuntur ; non quia eloquentius quam prius, sed quia liberius, ideoque etiam libentius scribitur. Accedet ergo hoc quoque laudibus principis nostri, quod res antea tam invisa quam falsa, nunc ut vera, ita amabilis facta est. Sed ego quum studium audientium, tum judicium mire probavi. Animadverti enim severissima quæque vel maxime satisfacere. Memini quidem me non multis recitasse, quod omnibus scripsi ; nihilominus tamen, tanquam sit eadem omnium futura sententia, hac severitate aurium lætor. Ac sicut olim theatra male musicos canere docuerunt, ita nunc in spem adducor posse fieri, ut

jadis des musiciens enseigner à mal chanter sur nos théâtres, j'espère qu'aujourd'hui les mêmes théâtres vont enseigner à bien chanter. Car ceux qui écrivent pour plaire se règlent toujours sur le goût général. Toutefois, dans ce genre de composition, j'ai cru devoir me permettre les agréments du style, attendu que ce qu'il y a de sérieux et d'austère dans mon ouvrage pourra paraître moins naturellement amené que ce que j'ai écrit avec enjouement et avec abandon. Je n'en souhaite pas moins ardemment que ce jour vienne enfin (et fût-il déjà venu!), où le style mâle et nerveux bannira le style agréable et joli des sujets même où il règne le plus légitimement.

Voilà ce que j'ai fait pendant trois jours. Je ne veux pas que votre absence vous dérobe rien des plaisirs que votre amitié pour moi et votre goût pour les belles-lettres vous eussent donné, si vous aviez été présent. Adieu.

### XIX. — *Pline à Calvisius Rufus.*

J'ai, selon ma coutume, recours à vos conseils pour une affaire domestique. Une terre voisine des miennes, et qui s'y trouve enclavée, est à vendre. Bien des raisons m'engagent à l'acheter; quelques autres, non moins fortes, m'en détournent. Le plaisir de joindre cette terre à celle que je possède; première amorce. Seconde tentation, l'agrément, et tout à la fois l'avantage de n'être obligé, pour les visiter toutes deux, ni à double voyage, ni à double

---

eadem theatra bene canere musicos doceant. Omnes enim qui placendi causa scribunt, qualia placere viderint, scribent. Ac mihi quidem confido in hoc genere materiæ lætioris styli constare rationem, quum ea potius quæ pressius et astrictius, quam illa quæ hilarius et quasi exsultantius scripsi, possint videri arcessita et inducta. Non ideo tamen segnius precor, ut quandoque veniat dies (utinamque jam venerit!), quo austeris illis severisque dulcia hæc blandaque vel justa possessione decedant.

Habes acta mea tridui. Quibus cognitis volui tantum te voluptatis absenten, et studiorum nomine et meo capere, quantum præsens percipere potuisses. Vale.

### XIX. — *Pline à Calvisius Rufus.*

Assumo te in consilium rei familiaris, ut soleo. Prædia agris meis vicina, atque etiam inserta, venalia sunt. In his me multa sollicitant; aliqua nec minora deterrent. Sollicitat primum ipsa pulchritudo jungendi : deinde, quod non minus utile quam voluptuosum, posse utraque eadem opera, eodem viatico invisere, sub eodem procuratore, ac pæne iisdem actoribus habere, unam villam colere et ornare, alte-

dépense ; de les régir par un même intendant, et presque par les mêmes fermiers ; de cultiver et d'embellir l'une et de me contenter d'entretenir l'autre. Je compte encore que je m'épargne les frais d'un mobilier nouveau, des portiers, des jardiniers, d'autres ouvriers, et des équipages de chasse. Il n'est pas indifférent d'avoir à faire ces dépenses en un seul lieu ou en plusieurs.

D'un autre côté, je crains qu'il n'y ait quelque imprudence à exposer un bien si considérable aux mêmes accidents, aux influences du même climat. Il me paraît plus sûr de se précautionner contre les caprices de la fortune par la différente situation de nos terres. Et même n'est-il pas agréable de changer quelquefois de terrain et d'air, et le voyage d'une villa à l'autre n'a-t-il pas ses charmes ? Mais venons au point capital. Le terroir est gras, fertile, arrosé. Le bien consiste en terres labourables, en vignes et en bois dont la coupe est d'un revenu modique, mais certain. Cependant l'indigence des cultivateurs nuit à la fécondité de la terre. Le dernier propriétaire a vendu plus d'une fois tout ce qui servait à la faire valoir ; et, par cette vente, en diminuant pour le présent les arrérages dont les fermiers étaient redevables, il leur ôtait tous les moyens de se relever, et les surchargeait de nouvelles dettes. Il faut donc établir un grand nombre de bons fermiers : car nulle part je n'emploie d'esclaves enchaînés, et tout le monde en use comme moi dans le pays.

Je n'ai plus qu'à vous instruire du prix de cette terre : il est de trois millions de sesterces[1]. Il s'est élevé autrefois jusqu'à cinq[2].

---

ram tantum tueri. Inest huic computationi sumptus supellectilis, sumptus atriensium, topiariorum, fabrorum, atque etiam venatorii instrumenti ; quæ plurimum refert, unum in locum conferas, an in diversa dispergas.

Contra, vereor ne sit incautum, rem tam magnam iisdem tempestatibus, iisdem casibus subdere. Tutius videtur incerta fortunæ possessionum varietatibus experiri. Habet etiam multum jucunditatis soli cœlique mutatio, ipsaque illa peregrinatio intersita. Jam, quod deliberationis nostræ caput est, agri sunt fertiles, pingues, aquosi : constant campis, vineis, silvis, quæ materiam et ex ea reditum sicut modicum, ita statum præstant. Sed hæc felicitas terræ imbecillis cultoribus fatigatur. Nam possessor prior sæpius vendidit pignora ; et, dum reliqua colonorum minuit ad tempus, vires in posterum exhausit, quarum defectione rursus reliqua creverunt. Sunt ergo instruendi complures frugi mancipes ; nam nec ipse usquam vinctos habeo, nec ibi quisquam.

Superest ut scias quanti videantur posse emi : sestertio tricies ; non quia non

---

1. 411,800 francs.
2. 919,000 francs.

Mais la diminution du revenu, causée, soit par le manque de cultivateurs, soit par la misère des temps, a naturellement diminué le prix du fonds. Vous me demandez si je puis aisément rassembler trois millions de sesterces. Il est vrai que la plus grande partie de mon bien est en terres. J'ai pourtant quelque argent dans le commerce; et d'ailleurs je ne me ferais pas scrupule d'emprunter. J'ai toujours une ressource prête dans la bourse de ma belle-mère où je puise aussi librement que dans la mienne. Ainsi, que cela ne vous arrête point, si le reste vous plaît. Apportez-y, je vous prie, la plus grande attention : car, en économie, comme en toutes choses, vous avez infiniment d'expérience et de sagesse. Adieu.

### XX. — *Pline à Maxime.*

Vous avez lu souvent (vous devez vous en souvenir) quelles luttes excita la loi qui créait le scrutin secret, quels applaudissements, quels reproches elle attira d'abord à son auteur. Cependant le sénat vient de l'adopter sans contradiction, comme une mesure fort sage. Le jour des comices, chacun a demandé le scrutin. Il faut avouer que la coutume de donner son suffrage publiquement et à haute voix avait banni de nos assemblées toute bienséance. On ne savait plus ni parler à son tour, ni se taire à propos, ni se tenir en place. C'était partout des clameurs discordantes. Chacun courait de tous côtés avec les candidats qu'il protégeait. Des groupes tumultueux, formés en vingt endroits, pré-

---

aliquando quinquagies fuerint, verum et hac penuria colonorum, et communi temporis iniquitate, ut reditus agrorum, sic etiam pretium retro abiit. Quæris an hoc ipsum tricies facile colligere possimus? Sum quidem prope totus in prædiis. Aliquid tamen fenero ; nec molestum erit mutuari. Accipiam a socru, cujus arca non secus ac mea utor. Proinde hoc te non moveat, si cætera non refragantur. Quæ velim quam diligentissime examines ; nam quum in omnibus rebus, tum in disponendis facultatibus, plurimum tibi et usus et providentiæ superest. Vale.

### XX. — *Pline à Maxime.*

Meministine te sæpe legisse quantas contentiones excitarit lex tabellaria, quantumque ipsi latori vel gloriæ, vel reprehensionis attulerit? At nunc in senatu sine ulla dissensione hoc idem, ut optimum, placuit. Omnes comitiorum die tabellas postulaverunt. Excesseramus sane manifestis illis apertisque suffragiis licentiam concionum. Non tempus loquendi, non tacendi modestia, non denique sedendi

sentaient la plus indécente confusion : tant nous nous étions éloignés des habitudes de nos pères chez qui l'ordre, la modestie, le calme, répondaient à la majesté du lieu et au respect qu'il exige!

Des vieillards m'ont souvent décrit les anciens comices. Celui qui se présentait pour une charge était appelé à haute voix. Il se faisait un profond silence. Le candidat prenait la parole. Il rendait compte de sa conduite, et citait pour témoins et pour garants, ou celui sous les ordres duquel il avait porté les armes, ou celui dont il avait été questeur, ou l'un et l'autre, s'il le pouvait. Il nommait quelques-uns de ses protecteurs. Ceux-ci parlaient en sa faveur avec autorité et en peu de mots. Ce témoignage était plus puissant que les prières. Quelquefois le candidat attaquait la naissance, l'âge ou même la moralité de son compétiteur. Le sénat écoutait avec une gravité austère, et le mérite l'emportait ainsi presque toujours sur le crédit.

Ces coutumes, altérées par l'excès de la brigue, nous ont forcés de chercher un remède dans les suffrages secrets; et certainement il a été efficace, parce qu'il était nouveau et imprévu. Mais je crains que de ce remède même ne dérivent dans la suite d'autres maux, et que le mystère du scrutin ne protége l'impudeur. Combien se trouve-t-il de personnes sur qui la probité garde autant d'empire en secret qu'en public? Bien des gens craignent l'opinion, très-peu leur conscience. Mais je m'alarme trop tôt sur l'avenir. En attendant, grâce au scrutin, nous aurons pour ma-

---

dignitas custodiebatur. Magni undique dissonique clamores ; procurrebant omnes cum suis candidatis ; multa agmina in medio, multique circuli et indecora confusio : adeo desciveramus a consuetudine parentum, apud quos omnia disposita, moderata, tranquilla, majestatem loci pudoremque retinebant!

Supersunt senes ex quibus audire soleo hunc ordinem comitiorum. Citato nomine candidati, silentium summum. Dicebat ipse pro se, vitam suam explicabat, testes et laudatores dabat, vel eum sub quo militaverat, vel eum cui quæstor fuerat, vel utrumque, si poterat. Addebat quosdam ex suffragatoribus : illi graviter et paucis loquebantur. Plus hoc quam preces proderat. Nonnunquam candidatus aut natales competitoris, aut annos, aut etiam mores arguebat. Audiebat senatus gravitate censoria : ita sæpius digni, quam gratiosi, prævalebant.

Quæ nunc immodico favore corrupta, ad tacita suffragia, quasi ad remedium, decucurrerunt. Quod interim plane remedium fuit; erat enim novum et subitum. Sed vereor ne, procedente tempore, ex ipso remedio vitia nascantur. Est enim periculum ne tacitis suffragiis impudentia irrepat. Nam quotocuique eadem honestatis cura secreto, quæ palam? Multi famam, conscientiam pauci verentur. Sed ni-

gistrats ceux qui sont les plus dignes de l'être. Il en a été, dans cette élection, comme dans les jugements récupératoires : pris au dépourvu, nous avons été justes.

Je vous ai mandé ces détails, d'abord pour vous apprendre quelque chose de nouveau, ensuite pour m'entretenir de temps en temps avec vous des affaires de l'État. Nous devons d'autant plus profiter des occasions qui s'offrent d'en parler, qu'elles sont plus rares pour nous qu'elles ne l'étaient pour les anciens. Franchement, je suis dégoûté de ces formules banales qui reviennent sans cesse : *Eh bien! comment cela va-t-il? Êtes-vous en bonne santé?* Donnons à notre correspondance un ton plus noble et plus élevé ; ne la renfermons pas dans le cercle de nos affaires domestiques. Il est vrai que l'empire dépend de la volonté d'un seul homme qui, en vue de l'intérêt public, se charge des soins et des travaux de tous. Cependant, par une heureuse combinaison, de cette source de bonté découlent jusqu'à nous quelques ruisseaux où nous pouvons puiser nous-mêmes, et où nos lettres doivent aider nos amis à puiser à leur tour. Adieu.

### XXI. — *Pline à Priscus.*

J'apprends que Valérius Martial est mort, et j'en suis affligé. C'était un homme d'un esprit fin, vif et prompt, dont le style était plein de sel et de mordant, et néanmoins plein de candeur. A son départ de Rome, je lui fournis les frais de son voyage. Je ne devais pas moins à son amitié et aux vers qu'il a faits pour

---

mis cito de futuris. Interim beneficio tabellarum habebimus magistratus, qui maxime fieri debuerunt. Nam ut in recuperatoriis judiciis, sic nos in his comitiis, quasi repente apprehensi, sinceri judices fuimus.

Hæc tibi scripsi, primum ut aliquid novi scriberem ; deinde, ut nonnunquam de republica loquerer, cujus materiæ nobis quanto rarior, quam veteribus, occasio, tanto minus omittenda est. Et hercule quousque illa vulgaria? « Eho, quid agis? ecquid commode vales? » Habeant nostræ quoque litteræ aliquid non humile, nec sordidum, nec privatis rebus inclusum. Sunt quidem cuncta sub unius arbitrio, qui pro utilitate communi solus omnium curas laboresque suscepit. Quidam tamen, salubri temperamento, ad nos quoque velut rivi ex illo benignissimo fonte decurrunt, quos et haurire ipsi, et absentibus amicis quasi ministrare epistolis possumus. Vale.

### XXI. — *Pline à Priscus.*

Audio Valerium Martialem decessisse, et moleste fero. Erat homo ingeniosus, acutus, acer, et qui plurimum in scribendo et salis haberet et fellis, nec candoris minus. Prosecutus eram viatico secedentem : dederam hoc amicitiæ, dederam etiam

moi. On accordait jadis des honneurs ou des récompenses pécuniaires à ceux qui avaient écrit à la gloire des villes ou de quelques particuliers. Aujourd'hui la mode en est passée avec tant d'autres qui n'avaient guère moins de noblesse et de grandeur. Nous méprisons la louange depuis que nous cessons de faire des actions louables. Vous êtes curieux de savoir quels étaient les vers que je crus dignes de ma reconnaissance. Je vous renverrais au livre même, si je ne me souvenais de quelques-uns. S'ils vous plaisent, vous chercherez les autres dans le recueil. Le poëte adresse la parole à sa Muse. Il lui recommande de se rendre à ma maison des Esquilies, et de m'aborder avec respect :

> Mais ne va pas, dès le matin,
> Dans la folle gaîté du vin,
> Frapper brusquement à sa porte.
> Car, en son studieux séjour,
> Minerve et sa sévère escorte
> L'absorbent durant tout le jour.
> C'est là qu'il compose en silence
> Ces beaux discours de grand renom
> Que l'on croirait de Cicéron,
> Son seul rival en éloquence.
> Choisis plutôt l'heure du soir :
> Il daignera te recevoir.
> C'est l'heure du joyeux délire,
> L'heure des parfums et des fleurs,
> Où Bacchus échauffe les cœurs,
> Où les Catons pourraient me lire.

versiculis, quos de me composuit. Fuit moris antiqui, eos qui vel singulorum laudes, vel urbium scripserant, aut honoribus aut pecunia ornare. Nostris vero temporibus, ut alia speciosa et egregia, ita hoc in primis exolevit. Nam, postquam desiimus facere laudanda, laudari quoque ineptum putamus. Quæris qui sint versiculi, quibus gratiam retulerim? Remitterem te ad ipsum volumen, nisi quosdam tenerem. Tu, si placuerint hi, cæteros in libro requires. Alloquitur Musam; mandat, ut domum meam in Esquiliis quærat, adeat reverenter :

> Sed, ne tempore non tuo disertam
> Pulses ebria januam, videto.
> Totos dat tetricæ dies Minervæ,
> Dum centum studet auribus virorum,
> Hoc quod secula posterique possint
> Arpinis quoque comparare chartis.
> Seras tutior ibis ad lucernas.
> Hæc hora est tua, quum furit Lyæus,
> Quum regnat rosa, quum madent capilli:
> Tunc me vel rigidi legant Catones.

Ne croyez-vous pas que celui qui m'a loué en ces termes ait bien mérité de recevoir des marques de mon affection à son départ et de ma douleur à sa mort? Tout ce qu'il avait de meilleur, il me l'a donné; il m'aurait donné davantage, s'il avait pu. Cependant quel don plus rare et plus précieux que celui de la gloire et de l'immortalité? Mais les poésies de Martial seront-elles immortelles? Peut-être; il les a du moins écrites dans la pensée qu'elles le seraient. Adieu.

Meritone eum qui hæc de me scripsit, et tunc dimisi amicissime, et nunc, ut amicissimum, defunctum esse doleo? Dedit enim mihi quantum maximum potuit, daturus amplius, si potuisset. Tametsi quid homini potest dari majus, quam gloria, et laus, et æternitas? At non erunt æterna quæ scripsit? Non erunt fortasse : ille tamen scripsit, tanquam essent futura. Vale.

# LIVRE QUATRIÈME.

I. — *Pline à Fabatus.*

Vous désirez depuis longtemps nous voir ensemble, votre petite-fille et moi. Ce désir nous flatte, et certes, nous le partageons. Nous ne sommes pas moins dans la plus vive impatience de nous transporter près de vous, et nous ne différerons pas davantage. Nous faisons déjà nos paquets. Nous hâterons notre marche, autant que les chemins le permettront. Nous ne nous arrêterons qu'une fois, mais peu de temps. Nous passerons par la Toscane, non pour visiter nos terres et nos domaines (car cela peut se différer), mais pour nous acquitter d'un devoir indispensable.

Près de mes biens est un bourg qu'on appelle Tiferne, sur le Tibre. Je sortais à peine de l'enfance, que ses habitants me choisirent pour leur protecteur avec un empressement d'autant plus vif qu'il était plus aveugle. Ils fêtent mon arrivée, s'affligent de mon départ, se réjouissent de mes honneurs. Pour leur témoi-

# LIBER QUARTUS.

I. — *Pline à Fabatus.*

Cupis post longum tempus neptem tuam meque una videre. Gratum est utrique nostrum quod cupis; mutuo mehercule. Nam invicem nos incredibili quodam desiderio vestri tenemur, quod non ultra differemus. Atque adeo jam sarcinulas alligamus, festinaturi quantum itineris ratio permiserit. Erit una, sed brevis, mora. Deflectemus in Tuscos, non ut agros remque familiarem oculis subjiciamus (id enim postponi potest), sed ut fungamur necessario officio.

Oppidum est praediis nostris vicinum; nomen Tifernum Tiberinum; quod me paene adhuc puerum patronum cooptavit, tanto majore studio, quanto minore judicio. Adventus meos celebrat, profectionibus angitur, honoribus gaudet. In hoc ego, ut referrem gratiam (nam vinci in amore turpissimum est), templum mea pecunia

gner ma reconnaissance (car il est honteux de se laisser vaincre en affection), j'ai fait bâtir en ce lieu un temple à mes dépens. Comme il est achevé, je ne pourrais sans impiété en différer la dédicace. Nous y passerons donc le jour destiné à cette cérémonie que j'ai résolu d'accompagner d'un grand festin. Peut-être demeurerons-nous encore le jour suivant ; mais nous n'en ferons ensuite que plus de diligence. Puissé-je seulement vous trouver en bonne santé, vous et votre fille. Pour de la joie, je suis sûr que vous en aurez, si nous arrivons heureusement. Adieu.

## II. — *Pline à Clémens.*

Régulus vient de perdre son fils. Il méritait tous les maux, excepté celui qu'il vient de subir, parce qu'il ne le regarde peut-être pas comme un mal. C'était un enfant d'un esprit vif, mais équivoque. Il eût pu suivre la bonne voie, s'il n'eût ressemblé à son père. Régulus l'émancipa pour lui faire recueillir la succession de sa mère. Après l'avoir acheté par ce bienfait (c'est l'expression que suggérait à chacun le caractère de l'homme), il briguait les bonnes grâces de son fils par une affectation d'indulgence aussi rare que honteuse dans un père. Cela vous paraît incroyable ; mais songez qu'il s'agit de Régulus.

Cependant il pleure follement son fils. Cet enfant avait un grand nombre de petits chevaux de trait et de main, des chiens de toute taille, des rossignols, des perroquets et des merles. Régulus a tout

exstruxi ; cujus dedicationem, quum sit paratum, differre longius irreligiosum est. Erimus ergo ibi dedicationis die, quem epulo celebrare constitui. Subsistemus fortasse et sequenti ; sed tanto magis viam ipsam corripiemus. Contingat modo te filiamque tuam fortes invenire ! nam hilares certum est, si nos incolumes receperitis. Vale.

## II. — *Pline à Clémens.*

Regulus filium amisit ; hoc uno malo indignus, quod nescio an malum putet. Erat puer acris ingenii, sed ambigui ; qui tamen posset recta sectari, si patrem non referret. Hunc Regulus emancipavit, ut hæres matris exsisteret. Mancipatum (ita vulgo ex moribus hominis loquebantur) fœda et insolita parentibus indulgentiæ simulatione captabat. Incredibile est ; sed Regulum cogita.

Amissum tamen luget insane. Habebat puer mannulos multos et junctos et solutos ; habebat canes majores minoresque ; habebat luscinias, psittacos, merulas : omnes Regulus circa rogum trucidavit. Nec dolor erat ille, sed ostentatio doloris.

fait égorger sur le bûcher ; et ce n'était pas douleur, c'était comédie. Chose inouïe ! on se rend chez lui de toutes parts. Quoiqu'on le haïsse et qu'on le déteste, on s'empresse de lui rendre visite, comme s'il était l'objet d'une estime et d'une affection universelles ; bref, pour vous dire ma pensée, en faisant la cour à Régulus, on suit son exemple. Il s'est retiré dans ses jardins au delà du Tibre, où il a rempli d'immenses portiques une vaste étendue de terrain, et couvert le rivage de ses statues : car personne ne sait mieux associer la magnificence à la lésine, la vanité à l'infamie. Il incommode toute la ville qu'il déplace dans une saison si contraire ; et, dans la peine qu'il cause, il trouve une consolation. Il dit qu'il veut se marier : nouvelle absurdité à joindre à tant d'autres. Préparez-vous à apprendre au premier jour les noces d'un homme en deuil, les noces d'un vieillard, quoique ce soit se marier à la fois et trop tôt et trop tard. Vous me demanderez pourquoi j'ajoute foi à cette folie ? Ce n'est point parce qu'il affirme la chose (car personne ne sait mieux mentir) ; mais c'est parce qu'on ne saurait douter que Régulus fera toujours ce que l'on ne doit pas faire. Adieu.

### III. — *Pline à Antonin.*

Que vous ayez deux fois géré le consulat avec autant de gloire que les consuls de l'ancienne Rome ; que vous vous soyez conduit dans le gouvernement d'Asie de manière à n'avoir eu après

---

Convenitur ad eum mira celebritate. Cuncti detestantur, oderunt, et, quasi probent, quasi diligant, cursant, frequentant ; utque breviter, quod sentio, enuntiem, in Regulo demerendo Regulum imitantur. Tenet se trans Tiberim in hortis, in quibus latissimum solum porticibus immensis, ripam statuis suis occupavit, ut est in summa avaritia sumptuosus, in summa infamia gloriosus. Vexat ergo civitatem insaluberrimo tempore ; et, quod vexat, solatium putat. Dicit se velle ducere uxorem : hoc quoque, sicut alia, perverse. Audies brevi nuptias lugentis, nuptias senis ; quorum alterum immaturum, alterum serum est. Unde hoc augurer quæris ? non quia affirmat ipse (quo mendacius nihil est), sed quia certum est, Regulum esse facturum, quidquid fieri non oportet. Vale.

### III. — *Pline à Antonin.*

Quod semel atque iterum consul fuisti, similis antiquis ; quod proconsul Asiæ, qualis ante te, qualis post te vix unus aut alter (non sinit enim me verecundia tua dicere, nemo) ; quod sanctitate, quod auctoritate, ætate quoque princeps civitatis,

vous qu'un ou deux imitateurs, je dirais même aucun imitateur, si votre modestie pouvait me le permettre ; que vous soyez le premier de Rome par votre intégrité, comme par l'ascendant de votre âge et de vos vertus ; tout cela, sans doute, mérite nos hommages et nos louanges. Cependant je vous admire bien plus dans vos délassements : car il n'est pas moins beau que difficile de savoir tempérer l'austérité par la grâce, la gravité par l'enjouement ; et c'est à quoi vous réussissez à merveille dans vos entretiens comme dans vos ouvrages. On ne peut vous entendre parler sans se représenter ce vieillard d'Homère dont les paroles coulaient plus douces que le miel ; ni vous lire, sans croire que les abeilles parfument vos ouvrages de la plus pure essence des fleurs.

C'est ce qui m'est arrivé dernièrement, quand j'ai lu vos épigrammes grecques et vos iambes. Que d'élégance ! que d'agrément ! que de douceur ! Quel goût de l'antiquité ! quelle finesse et quelle justesse à la fois ! Je croyais lire Callimaque, Hérode, ou d'autres auteurs plus délicats encore, s'il y en a : car aucun de ces deux poètes n'a excellé ou ne s'est exercé dans ces deux genres de poésie. Est-il possible qu'un Romain parle si bien grec ? En vérité, je ne crois pas qu'Athènes possède mieux l'atticisme. Enfin j'envie aux Grecs la préférence que vous avez accordée à leur idiome sur le nôtre ; car il n'est pas difficile de deviner ce que vous pourriez faire dans votre propre langue, quand vous avez su écrire de si beaux ouvrages dans une langue étrangère. Adieu.

---

est quidem venerabile et pulchrum ; ego tamen te vel magis in remissionibus miror. Nam severitatem istam pari jucunditate condire, summæque gravitati tantum comitatis adjungere, non minus difficile quam magnum est. Id tu quum incredibili quadam suavitate sermonum, tum vel præcipue stylo assequeris. Nam et loquenti tibi illa homerici senis mella profluere, et quæ scribis, complere apes floribus et innectere videntur.

Ita certe sum affectus ipse, quum græca epigrammata tua, quum iambos proxime legerem. Quantum ibi humanitatis, venustatis ! quam dulcia illa ! quam antiqua ! quam arguta ! quam recta ! Callimachum me, vel Herodem, vel si quid his melius, tenere credebam ; quorum tamen neuter utrumque aut absolvit, aut attigit. Hominemne romanum tam græce loqui ? Non, medius fidius, ipsas Athenas tam atticas dixerim. Quid multa ? invideo Græcis quod illorum lingua scribere maluisti. Neque enim conjectura eget, quid sermone patrio exprimere possis, quum hoc insititio et inducto tam præclara opera perfeceris. Vale.

## IV. — *Pline à Sossius.*

J'ai la plus tendre amitié pour Calvisius Népos. C'est un homme laborieux, sage, éloquent; qualités que je place en première ligne. Il est proche parent de C. Calvisius qui demeure dans la même maison que moi, et qui est votre ami : c'est le fils de sa sœur. Faites-lui obtenir, je vous prie, une charge de tribun pour six mois, et que cette dignité l'élève à ses propres yeux et à ceux de son oncle. Vous m'obligerez; vous obligerez aussi notre cher Calvisius; vous obligerez Népos lui-même qui certainement, en fait de reconnaissance, n'est pas un débiteur moins solvable que nous. Vous avez souvent accordé des grâces; mais j'ose vous assurer que vous n'en avez jamais mieux placé aucune, et à peine une ou deux aussi bien. Adieu.

## V. — *Pline à Sparsus.*

On dit qu'un jour Eschine, à la prière des Rhodiens, lut sa harangue et celle de Démosthène, et que l'une et l'autre excitèrent le plus vif enthousiasme. Les applaudissements que reçurent les ouvrages de ces illustres orateurs ne m'étonnent plus, depuis que, dernièrement, lisant un de mes écrits devant une réunion de savants, j'ai trouvé le même empressement, la même approbation, la même constance pendant deux jours de suite. Cependant leur attention n'était stimulée ni par le parallèle de deux

---

### IV. — *Pline à Sossius.*

Calvisium Nepotem validissime diligo, virum industrium, rectum, disertum, quod apud me vel potissimum est. Idem C. Calvisium, contubernalem meum, amicum tuum, arcta propinquitate complectitur : est enim filius sororis. Hunc rogo semestri tribunatu splendidiorem et sibi et avunculo suo facias. Obligabis me, obligabis Calvisium nostrum, obligabis ipsum, non minus idoneum debitorem, quam nos putas. Multa beneficia in multos contulisti : ausim contendere, nullum te melius, æque bene vix unum aut alterum collocasse. Vale.

### V. — *Pline à Sparsus.*

Æschinem aiunt petentibus Rhodiis legisse orationem suam, deinde Demosthenis, summis utramque clamoribus. Quod tantorum virorum contigisse scriptis non miror, quum orationem meam proxime doctissimi homines hoc studio, hoc assensu, hoc etiam labore per biduum audierint ; quamvis hanc intentionem eorum nulla hinc

ouvrages rivaux, ni par une espèce de lutte oratoire. Outre le mérite des deux discours, les Rhodiens étaient encore animés par le plaisir de les comparer. Le mien a su plaire, quoique privé de ce dernier attrait. Est-ce avec justice? vous en jugerez, quand vous aurez lu cet ouvrage dont l'étendue ne souffre pas une plus longue préface. Il faut que ma lettre soit courte, puisque je puis la faire telle, pour mériter du moins que vous m'excusiez d'avoir donné à mon ouvrage la dimension qu'exigeait au reste la nature du sujet. Adieu.

### VI. — *Pline à Nason.*

La grêle a ravagé ma terre de Toscane. Tout abonde, m'écrit-on, dans celle qui est située au delà du Pô ; mais aussi tout s'y donne pour rien. Celle de Laurente est la seule qui me rapporte. Je n'y possède, il est vrai, qu'une maison et un jardin. Le reste n'est que sable ; et cependant c'est le seul bien qui m'offre un revenu. J'y écris beaucoup. A la place des terres que je n'ai pas, j'y cultive mon esprit. Ailleurs je puis vous montrer des granges pleines ; ici un portefeuille bien garni. Si donc vous convoitez un fonds d'un produit riche et certain, venez en acheter un sur ce rivage. Adieu.

### VII. — *Pline à Lépide.*

Je vous le répète souvent : Régulus a de l'énergie ; il poursuit

---

et inde collatio, nullum quasi certamen accenderet. Nam Rhodii quum ipsis orationis virtutibus, tum etiam comparationis aculeis excitabantur : nostra oratio sine æmulationis gratia probabatur. An merito, scies, quum legeris librum, cujus amplitudo non sinit me longiore epistola præloqui. Oportet enim nos in hac certe, in qua possumus, breves esse, quo sit excusatius, quod librum ipsum, non tamen ultra causæ amplitudinem, extendimus. Vale.

### VI. — *Pline à Nason.*

Tusci grandine excussi ; in regione transpadana summa abundantia, sed par vilitas nuntiatur : solum mihi Laurentinum meum in reditu. Nihil quidem ibi possideo præter tectum et hortum, statimque arenas : solum tamen mihi in reditu. Ibi enim plurimum scribo ; nec agrum (quem non habeo), sed ipsum me studiis excolo, ac jam possum tibi, ut aliis in locis horreum plenum, sic ibi scrinium ostendere. Igitur tu quoque, si certa et fructuosa prædia concupiscis, aliquid in hoc littore para. Vale.

### VII. — *Pline à Lépide.*

Sæpe tibi dico inesse vim Regulo. Mirum est quam efficiat in quod incubuit,

opiniâtrément son but. Il s'est mis en tête de pleurer son fils : il le pleure mieux qu'homme du monde. Il lui a pris fantaisie d'en avoir une foule de statues et de portraits : tous les ateliers y travaillent. Couleurs, cire, bronze, argent, or, ivoire, marbre, tout est mis en œuvre pour le représenter.

Dernièrement, devant une nombreuse assemblée, il lut la biographie de son fils, la biographie d'un enfant. Peu content d'en avoir répandu mille copies dans toute l'Italie et dans les provinces, il a écrit une circulaire qui invite les décurions à choisir le lecteur le plus harmonieux pour lire ce livre au peuple. On l'a fait. Que ne pouvait-on pas attendre d'un tel homme, s'il eût tourné vers de dignes objets cette énergie, ou, si vous l'aimez mieux, cette obstination pour arriver à ses fins Au reste, les méchants ont toujours plus d'énergie que les bons. Comme la hardiesse naît de l'ignorance du danger, et la timidité de la réflexion, l'honnête homme perd de ses avantages par la modestie, tandis que le scélérat trouve de nouvelles forces dans son audace. Régulus en est un exemple. Il a la poitrine faible, l'air embarrassé, la langue épaisse, l'imagination paresseuse, une mémoire infidèle; enfin, il n'a pour tout mérite qu'un esprit extravagant. Cependant, sans autre secours que sa démence et son effronterie, il passe auprès de bien des gens pour orateur. C'est donc fort heureusement qu'Hérennius Sénécion, renversant la définition de l'orateur que Caton nous a laissée, l'applique à Régulus et dit : *L'orateur est un méchant homme qui ignore l'art*

---

Placuit ei lugere filium : luget, ut nemo. Placuit statuas ejus et imagines quam plurimas facere : hoc omnibus officinis agit. Illum coloribus, illum cera, illum ære, illum argento, illum auro, ebore, marmore effingit.

Ipse vero et nuper, adhibito ingenti auditorio, librum de vita ejus recitavit; de vita pueri recitavit : tamen eumdem librum, in exemplaria transcriptum mille. p. r totam Italiam provinciasque dimisit. Scripsit publice, ut a decurionibus eligeretur vocalissimus aliquis ex ipsis, qui legeret eum populo : factum est. Hanc ille vim ( seu quo alio nomine vocanda est intentio, quidquid velis, obtinendi ) si ad potiora ertisset, quantum boni efficere potuisset! quanquam minor vis bonis quam malis inest, ac sicut ἀμαθία μὲν θράσος, λογισμὸς δὲ ὄκνον φέρει, ita recta ingenia debilitat verecundia, perversa confirmat audacia. Exemplo est Regulus. Imbecillum latus, os confusum, hæsitans lingua, tardissima inventio, memoria nulla ; nihil denique præter ingenium insanum : et tamen eo impudentia ipsoque illo furore pervenit, ut a plurimis orator habeatur. Itaque Herennius Senecio mirifice Catonis ❡ud de oratore

*de parler.* En vérité, Caton n'a pas mieux défini son parfait orateur, que Sénécion n'a caractérisé Régulus.

Avez-vous de quoi payer cette lettre de la même monnaie? Je vous tiendrai quitte, si vous pouvez m'apprendre que cette complainte de Régulus a été lue dans votre ville par quelqu'un de mes amis ou par vous-même, à la manière d'un charlatan, sur la place publique, en vociférant, comme dit Démosthène, sur un ton gai d'une voix glapissante. Car cette pièce est d'une telle ineptie, qu'elle doit plutôt exciter le rire que les larmes. On la croirait composée, non pour un enfant, mais par un enfant. Adieu.

### VIII. — Pline à Arrien.

Vous me félicitez de ma promotion à la dignité d'augure, et vous avez raison : d'abord, parce qu'il est glorieux d'obtenir même dans les moindres choses, l'approbation d'un empereur aussi sage ; ensuite, parce que ce sacerdoce antique et religieux est consacré par un privilége, celui de ne se perdre qu'avec la vie. Il est d'autres sacerdoces dont les prérogatives sont à peu près égales. Mais si on les accorde, ils peuvent être ravis ; celui-ci, la fortune ne peut que le donner. Ce qui en rehausse le prix à mes yeux, c'est que je succède à Julius Frontinus, homme du premier rang. A chaque élection, depuis plusieurs années, il me donnait son suffrage, et paraissait ainsi me désigner pour son successeur. L'événement a si bien secondé ses

---

in hunc e contrario vertit : « Orator est vir malus, dicendi imperitus. » Non, mehercule, Cato ipse tam bene verum oratorem, quam hic Regulum expressit.

Habesne quo tali epistolæ parem gratiam referas? Habes, si scripseris, num aliquis in municipio vestro ex sodalibus meis, num etiam ipse tu hunc luctuosum Reguli librum, ut circulator, in foro legeris, ὑπάρας scilicet, ut ait Demosthenes, τὴν φωνὴν καὶ γεγηθώς, καὶ λαρυγγίζων. Est enim tam ineptus, ut risum magis possit exprimere quam gemitum. Credas non de puero scriptum, sed a puero. Vale.

### VIII. — Pline à Arrien.

Gratularis mihi quod acceperim auguratum. Jure gratularis : primum, quod gravissimi principis judicium in minoribus etiam rebus consequi pulchrum est ; deinde quod sacerdotium ipsum quum priscum et religiosum, tum hoc quoque sacrum plane et insigne est, quod non adimitur viventi. Nam alia, quamquam dignitate propemodum paria, ut tribuuntur, sic auferuntur ; in hoc fortunæ hactenus licet, ut dari possit. Mihi vero etiam illud gratulatione dignum videtur, quod successi Julio Fron

vœux, qu'il semble que le hasard n'y soit pour rien. Mais ce qui vous plaît davantage, si j'en crois votre lettre, c'est que Cicéron fut augure. Vous me voyez avec joie revêtu des mêmes honneurs que le personnage que je voudrais égaler dans la carrière des lettres. Plût au ciel qu'après être parvenu, beaucoup plus jeune que lui, au consulat et au sacerdoce, je pusse, au moins dans ma vieillesse, posséder une partie de ses talents! Mais si les faveurs dont les hommes disposent peuvent arriver jusqu'à moi et jusqu'à d'autres, il n'est pas moins difficile d'acquérir que présomptueux de se promettre celles qui ne dépendent que des immortels. Adieu.

### IX. — *Pline à Ursus.*

Ces jours passés, on a plaidé la cause de Junius Bassus. C'est un homme célèbre par les épreuves et par les infortunes qu'il a souffertes. Il fut accusé par deux particuliers sous Vespasien. Renvoyé au sénat, il attendit longtemps qu'on décidât de son sort. Enfin il se justifia pleinement et fut absous. Ami de Domitien, il craignit Titus, et Domitien lui-même le bannit. Rappelé par Nerva, il obtint la Bithynie, et, à son retour, il fut accusé de malversation. Aussi vivement poursuivi que fidèlement défendu, il n'a pas eu tous les juges en sa faveur. Le plus grand nombre pourtant a été de l'avis le plus doux. Rufus parla le premier contre lui avec sa facilité et sa véhémence ordinaires. Il fut se-

---

tino, principi viro, qui me nominationis die per hos continuos annos inter sacerdotes nominabat, tanquam in locum suum cooptaret; quod nunc eventus ita comprobavit, ut non fortuitum videatur. Te quidem, ut scribis, ob hoc maxime delectat auguratus meus, quod Marcus Tullius augur fuit : lætaris enim, quod honoribus ejus insistam, quem æmulari in studiis cupio. Sed utinam ut sacerdotium idem et consulatum, multo etiam junior quam ille, sum consecutus; ita senex saltem ingenium ejus aliqua ex parte assequi possim! Sed nimirum quæ sunt in manu hominum, et mihi et multis contigerunt : illud vero ut adipisci arduum, sic etiam sperare nimium est, quod dari nisi a diis non potest. Vale.

### IX. — *Pline à Ursus.*

Causam per hos dies dixit Julius Bassus, homo laboriosus, et adversis suis clarus. Accusatus est sub Vespasiano a privatis duobus. Ad senatum remissus, diu pependit; tandem absolutus vindicatusque est. Titum timuit, ut Domitiani amicus; a Domitiano relegatus est. Revocatus a Nerva, sortitusque Bithyniam, rediit reus. Accusatus non minus acriter quam fideliter defensus, varias sententias habuit,

condé par Théophane, l'un des députés, le chef et instigateur de l'accusation.

Je répliquai : car Bassus m'avait chargé de jeter, pour ainsi dire, les fondements de sa défense, de faire valoir toute la considération que lui donnaient sa naissance et ses dangers, de dévoiler la conspiration des délateurs qui vivaient de ce vil métier, et de mettre au jour les motifs qui lui avaient attiré la haine des gens les plus factieux, et particulièrement de Théophane. Bassus m'avait aussi recommandé de réfuter le chef d'accusation qui l'effrayait le plus : car, sur les autres points, quoiqu'ils fussent plus graves en apparence, au lieu de châtiment, il méritait des éloges. La charge la plus forte contre lui, c'était qu'avec sa simplicité, ennemie de toute précaution, il avait reçu, à titre d'ami, quelques cadeaux des gens de la province où il avait déjà exercé la questure. Voilà ce que ses accusateurs appelaient des vols et des rapines. Pour lui, il n'y voyait que des présents ; mais les présents mêmes sont interdits par la loi. Que pouvais-je faire ? Quel système de défense adopter ? Nier le fait ? c'était reconnaître tacitement pour vol ce que l'on n'osait avouer. D'un autre côté, contester ce qui se trouvait manifestement prouvé, c'était aggraver le crime, loin de le détruire. D'ailleurs, Bassus n'en avait pas laissé la liberté aux avocats. Il avait dit à beaucoup de personnes, et même au prince, qu'il avait reçu et envoyé quelques bagatelles, le jour de sa naissance seulement et aux Saturnales. Devais-je donc recourir à la clémence ? C'était

plures tamen, quasi mitiores. Egit contra eum Pomponius Rufus, vir paratus et vehemens. Rufo successit Theophanes, unus ex legatis, fax accusationis et origo. Respondi ego : nam mihi Bassus injunxerat, ut totius defensionis fundamenta jacerem ; dicerem de ornamentis suis, quæ illi et ex generis claritate, et ex periculis ipsis magna erant ; dicerem de conspiratione delatorum, quam in quæstu habebant ; dicerem causas, quibus factiosissimum quemque, ut illum ipsum Theophanem, offendisset. Eumdem me voluerat occurrere crimini quo maxime premebatur : in aliis enim, quamvis auditu gravioribus, non absolutionem modo, verum etiam laudem merebatur. Hoc illum onerabat, quod homo simplex et incautus quædam a provincialibus, ut amicis, acceperat : nam fuerat in provincia eadem quæstor. Hæc accusatores furta et rapinas, ipse munera vocabat : sed lex munera quoque accipi vetat. Hic ego quid agerem ? Quod iter defensionis ingrederer ? Negarem ? verebar ne plane furtum videretur, quod confiteri timerem. Præterea rem manifestam inficiari, augentis erat crimen, non diluentis ; præsertim quum reus ipse nihil integrum advocatis reliquisset. Multis enim, atque etiam principi dixerat, sola se munuscula duntaxat natali suo, aut Saturnalibus, accepisse, et plerisque misisse. Veniam ergo

enfoncer le poignard dans le sein de l'accusé. On est criminel, dès qu'on a besoin de grâce. Fallait-il soutenir que son action était innocente? Sans le justifier, je me déshonorais. Dans cet embarras, je crus qu'il était nécessaire de chercher un moyen terme; et je m'imagine l'avoir trouvé.

La nuit, qui termine les combats, mit fin à mon plaidoyer. J'avais parlé pendant trois heures et demie; il me restait encore une heure et demie à remplir : car, suivant la loi, l'accusateur avait six heures, et l'accusé neuf. Bassus avait partagé le temps entre moi et l'orateur qui devait me succéder : il m'avait donné cinq heures, et le reste à l'autre avocat. Le succès de mon discours m'invitait au silence : car il y a de la témérité à ne se pas contenter de ce qui nous a réussi. J'avais encore à craindre que, si je recommençais le jour suivant, les forces ne me manquassent. Or il est plus difficile de se remettre au travail que de le poursuivre, quand on est en haleine. Je courais même un autre risque : l'interruption pouvait rendre languissant ce qui me restait à dire, ou ennuyeux ce qu'il fallait répéter. De même qu'un flambeau, constamment agité, conserve la vivacité de sa flamme, et, une fois éteint, se rallume difficilement; la chaleur de l'avocat et l'attention des juges se soutiennent par la continuité de l'action, et s'amortissent par l'interruption et le repos. Cependant Bassus me pressait avec instance, et presque les larmes aux yeux, d'employer en sa faveur ce qui me restait de temps. J'obéis, et je sacrifiai mon intérêt au sien. Le succès couronna mes efforts. Je trouvai dans les sénateurs une attention si nouvelle et si vive,

---

peterem? jugulassem reum, quem ita deliquisse concederem, ut servari, nisi venia, non posset. Tanquam recte factum tuerer? non illi profuissem, sed ipse impudens exstitissem. In hac difficultate placuit medium quiddam tenere : videor tenuisse.

Actionem meam, ut prœlia solet, nox diremit. Egeram horis tribus et dimidia; supererat sesquihora. Nam quum ex lege accusator sex horas, novem reus accepisset, ita diviserat tempus reus inter me, et eum, qui dicturus post erat, ut ego quinque horis, ille reliquis uteretur. Mihi successus actionis silentium finemque suadebat : temerarium est enim, secundis non esse contentum. Ad hoc verebar, ne mox corporis vires iterato labore desererent, quem difficilius est repetere quam jungere. Erat etiam periculum, ne reliqua actio mea et frigus, ut deposita, et tædium, ut resumpta, pateretur. Ut enim faces ignem assidua concussione custodiunt, dimissum ægerrime reparant, sic et dicentis calor et audientis intentio continuatione servatur, intercapedine et quasi remissione languescit. Sed Bassus multis precibus, pæne etiam lacrymis, obsecrabat, implerem meum tempus. Parui, utilitatemque

qu'ils paraissaient plutôt excités que rassasiés par le discours précédent.

Lucius Albinus prit la parole après moi, et avec tant d'adresse, que nos plaidoyers offraient la variété de deux morceaux différents, et semblaient n'en former qu'un par leur liaison. Hérennius Pollio répliqua avec une énergie pressante ; et, après lui, Théophane prit la parole pour la seconde fois. Son impudence se montra en cela, comme en toutes choses. Il voulut parler après deux personnages consulaires, après deux orateurs éloquents, et il parla longuement. Il plaida non-seulement jusqu'à la nuit, mais pendant la nuit, à la lueur des flambeaux. Le lendemain, Titius Homullus et Fronton plaidèrent pour Bassus, et firent des prodiges. Le quatrième jour, les témoins furent entendus, et on opina. Bébius Macer, consul désigné, déclara Bassus convaincu de péculat. Cépion Hispo fut d'avis que Bassus conservât son rang dans le sénat, et qu'on renvoyât l'affaire devant les juges ordinaires. Tous deux avaient raison. Comment cela peut-il être, dites-vous, dans un si grand conflit de sentiments ? C'est que Macer s'en tenait à la lettre de la loi, et que, suivant la rigueur de cette loi, on ne pouvait se dispenser de condamner celui qui l'avait violée en recevant des présents. Cépion, au contraire, persuadé que le sénat peut étendre ou modérer la rigueur des lois, comme effectivement il le peut, croyait avoir droit de pardonner une prévarication autorisée par l'usage. L'avis de Cépion l'emporta. Il fut même prévenu, dès qu'il se leva pour opiner, par ces

---

ejus prætuli meæ. Bene cessit : inveni ita erectos animos senatus, ita recentes, ut priore actione incitati magis, quam satiati viderentur.

Successit mihi Lucius Albinus tam apte, ut orationes nostræ varietatem duarum, contextum unius habuisse credantur. Respondit Herennius Pollio instanter et graviter ; deinde Theophanes rursus. Fecit enim hoc quoque, ut cætera, impudentissime, quod post duos, et consulares et disertos, tempus sibi, et quidem laxius vindicavit. Dixit in noctem, atque etiam nocte, illatis lucernis. Postero die egerunt pro Basso Titius Homullus et Fronto, mirifice. Quartum diem probationes occupaverunt. Censuit Bæbius Macer, consul designatus, lege repetundarum Bassum teneri ; Cæpio Hispo, salva dignitate, judices dandos : uterque recte. Qui fieri potest, inquit, quum tam diversa censuerint ? quia scilicet et Macro, legem intuenti, consentaneum fuit damnare eum qui contra legem munera acceperat ; et Cæpio, quum putaret licere senatui, sicut licet, eo mitigare leges et intendere, non sine ratione veniam dedit facto, vetito quidem, non tamen inusitato. Prævaluit sententia Cæpionis. Quin immo consurgenti ei ad censendum acclamatum est, quod solet residen-

acclamations qui ne se font entendre ordinairement que lorsqu'on se rassoit, après avoir opiné. Jugez des applaudissements qui suivirent son discours par ceux qui le précédèrent.

Cependant, sur cette affaire, Rome n'est pas moins partagée que le sénat. Les uns accusent Macer d'une rigueur extrême; les autres reprochent à Cépion une faiblesse qui choque toutes les bienséances. Comment comprendre, disent-ils, qu'un homme renvoyé devant des juges, puisse garder sa place dans le sénat !

Valérius Paulinus ouvrit un troisième avis : ce fut d'ajouter à celui de Cépion, que l'on informerait contre Théophane, après qu'il aurait accompli sa mission. Paulinus soutenait que cet homme, dans le cours de l'accusation, avait lui-même, en plusieurs chefs, contrevenu à la loi qu'il invoquait pour faire condamner Bassus. Mais, quoique ce dernier avis plût fort à la majorité du sénat, les consuls le laissèrent tomber. Paulinus n'en recueillit pas moins tout l'honneur que méritaient sa justice et sa fermeté. Le sénat s'étant séparé, Bassus fut accueilli par une foule nombreuse avec de grandes acclamations et de vifs transports de joie. Le souvenir de ses anciens périls rappelé par un péril nouveau, un nom fameux par ses disgrâces, une taille élevée jointe aux dehors d'une vieillesse triste et malheureuse, tout lui avait concilié l'intérêt général.

Cette lettre vous tiendra lieu de préface. Quant au discours entier, vous attendrez longtemps : car vous comprenez qu'il ne

---

tibus. Ex quo potes æstimare quanto consensu sit exceptum, quum diceret, quod tam favorabile fuit, quum dicturus videretur.

Sunt tamen, ut in senatu, ita in civitate, in duas partes hominum judicia divisa. Nam quibus sententia Cæpionis placuit, sententiam Macri, ut duram rigidamque, reprehendunt; quibus Macri, illam alteram dissolutam atque etiam incongruentem vocant. Negant enim congruens esse retinere in senatu, cui judices dederis.

Fuit et tertia sententia. Valerius Paulinus assensus Cæpioni, hoc amplius censuit, referendum de Theophane, quum legationem renuntiasset. Arguebatur enim multa in accusatione fecisse, quæ illa ipsa lege, qua Bassum accusaverat, tenerentur. Sed hanc sententiam consules (quanquam maximæ parti senatus mire probabatur) non sunt persecuti. Paulinus tamen et justitiæ famam et constantiæ tulit. Misso senatu, Bassus, magna hominum frequentia, magno clamore, magno gaudio exceptus est. Fecerat eum favorabilem renovata discriminum vetus fama, notumque periculis nomen, et in procero corpore mœsta et squalida senectus.

Habebis hanc interim epistolam ut πρόδρομον. Exspectabis orationem plenam

suffit pas de retoucher légèrement et en courant un sujet de cette importance. Adieu.

### X. — *Pline à Sabinus.*

Vous me marquez que Sabine, qui nous a fait ses héritiers, ne paraît, par aucune disposition de son testament, avoir affranchi Modestus son esclave, et que cependant elle lui laisse un legs en ces termes : *Je lègue à Modestus, à qui j'ai déjà donné la liberté.* Vous me demandez mon avis. J'ai parlé à des jurisconsultes. Tous prétendent que nous ne devons à cet esclave, ni la liberté, parce qu'elle ne lui a point été donnée, ni le legs qu'on lui a fait, parce qu'il est fait à un esclave. Mais moi, je ne doute pas que Sabine ne se soit trompée ; et je suis persuadé que nous ne devons pas hésiter à faire ce que nous ferions, si elle avait écrit ce qu'elle croyait écrire. Je me flatte que vous partagerez mon opinion, vous qui avez coutume d'être religieux observateur de la volonté des morts. Elle tient lieu de toutes les lois du monde à de dignes héritiers, dès qu'ils la peuvent entrevoir. L'honneur n'a pas moins de pouvoir sur des personnes comme nous que la nécessité sur les autres. Laissons donc Modestus jouir de la liberté ; laissons-le jouir de son legs, comme si la testatrice avait suivi exactement toutes les formalités légales. C'est les prendre toutes que de bien choisir ses héritiers. Adieu.

### XI. — *Pline à Minucien.*

Avez-vous ouï dire que Valérius Licinien donne des leçons en

onustamque; exspectabis diu : neque enim leviter et cursim, ut de re tanta, retractanda est. Vale.

### X. — *Pline à Sabinus.*

Scribis mihi, Sabinam, quæ nos reliquit hæredes, Modestum servum suum nusquam liberum esse jussisse ; eidem tamen sic ascripsisse legatum : « Modesto, quem liberum esse jussi. » Quæris quid sentiam? Contuli cum prudentibus. Convenit inter omnes nec libertatem deberi, quia non sit data ; nec legatum, quia servo suo dederit. Sed mihi manifestus error videtur ; ideoque puto nobis, quasi scripserit Sabina, faciendum, quod ipsa scripsisse se credidit. Confido accessurum te sententiæ meæ, quum religiosissime soleas custodire defunctorum voluntatem, quam bonis hæredibus intellexisse pro jure est. Neque enim minus apud nos honestos, quam apud alios necessitas valet. Moretur ergo in libertate, sinentibus nobis ; fruatur legato, quasi omnia diligentissime caverit : cavit enim, quæ hæredes bene elegit. Vale.

### XI. — *Pline à Minucien.*

Audistine Valerium Licinianum in Sicilia profiteri? Nondum te puto audisse, est

Sicile? J'imagine que vous ne le savez pas encore, car la nouvelle est toute fraîche. Après avoir été préteur, il occupait naguère le premier rang au barreau. Quelle chute! de sénateur, le voilà exilé! d'avocat, le voilà rhéteur! Lui-même, dans son discours d'ouverture, en prit occasion de s'écrier d'un ton grave et triste : *Fortune! ce sont là de tes jeux! tu fais passer les rhéteurs de l'école au sénat, et, du sénat, tu renvoies les sénateurs à l'école.* Il y a bien du dépit et de l'aigreur dans cette pensée, et je serais tenté de croire que Licinien n'a ouvert école que pour la débiter. Lorsqu'il entra couvert d'un manteau grec (car les bannis perdent le droit de porter la toge), après avoir composé son maintien et promené ses yeux sur son vêtement : *C'est en latin*, dit-il, *que je vais parler*. Vous allez vous écrier : *Quel triste et déplorable sort! digne pourtant de celui qui a déshonoré sa profession par un inceste!* Il est vrai qu'il a avoué le crime; mais on ignore si c'est la crainte ou la vérité qui lui arracha cet aveu.

Domitien frémissait de rage de se voir abandonné au milieu de la haine universelle. Il s'était mis en tête de faire enterrer vive la grande vestale, Cornélie, croyant illustrer son siècle par un tel scandale. Usant de son droit de souverain pontife, ou plutôt déployant toute la cruauté d'un tyran, de son autorité impériale, il convoque les autres pontifes, non dans son palais, mais dans sa maison d'Albe. Là, par un crime plus affreux que celui qu'il voulait punir, il déclare incestueuse cette vestale, sans la citer, sans l'entendre; lui qui, non content d'avoir commis un

---

enim recens nuntius. Prætorius hic modo inter eloquentissimos causarum actores habebatur. Nunc eo decidit, ut exsul de senatore, rhetor de oratore fieret. Itaque ipse in præfatione dixit dolenter et graviter : « Quos tibi, fortuna, ludos facis! Facis enim ex professoribus senatores, ex senatoribus professores. » Cui sententiæ tantum bilis, tantum amaritudinis inest, ut mihi videatur ideo professus, ut hoc diceret. Idem, quum græco pallio amictus intrasset (carent enim togæ jure, quibus aqua et igni interdictum est), postquam se composuit, circumspexitque habitum suum : « Latine, inquit, declamaturus sum. » Dices, tristia et miseranda; dignum tamen illum, qui hæc ipsa studia incesti scelere maculaverit! Confessus est quidem incestum; sed incertum, utrum quia verum erat, an quia graviora metuebat, si negasset.

Fremebat enim Domitianus, æstuabatque ingenti invidia destitutus. Nam quum Corneliam Vestalium maximam defodere vivam concupisset, ut qui illustrari seculum suum ejusmodi exemplo arbitraretur, pontificis maximi jure, seu potius immanitate tyranni, licentia domini, reliquos pontifices non in regiam, sed in Albanam villam convocavit; nec minore scelere, quam quod ulcisci videbatur, absentem inauditamque damnavit incesti, quum ipse fratris filiam incesto non polluisset solum, ve-

inceste avec sa nièce, avait encore causé sa mort ; car, étant veuve, elle périt en se faisant avorter. Aussitôt les pontifes furent envoyés pour en ordonner l'exécution. Cornélie, levant les mains au ciel, invoque tantôt Vesta, tantôt les autres dieux ; et, entre plusieurs exclamations, répète souvent celle-ci : *Quoi ! César me déclare incestueuse, moi dont les sacrifices l'ont fait vaincre, l'ont fait triompher !* On ne sait si, par ces paroles, elle voulait flatter ou insulter le prince ; si le témoignage de sa conscience, ou son mépris pour l'empereur les lui suggérait. Ce qu'il y a de certain, c'est qu'elle ne cessa de les répéter jusqu'au lieu du supplice où elle fut conduite, peut-être innocente? je l'ignore, du moins comme une criminelle. En descendant au fatal souterrain, sa robe s'étant accrochée, elle se retourna, et en ramena les plis. Le bourreau lui présentait la main. Par un dernier acte de chasteté, elle le repoussa avec horreur, comme si ce hideux contact eût pu souiller la pureté de son corps, et, accomplissant tout ce qu'exigeait la plus sévère bienséance,

Elle mit tous ses soins à tomber décemment.

Ajoutez que lorsque Céler, chevalier romain, que l'on donnait pour complice à Cornélie, fut battu de verges dans le Comitium, il ne dit que ces mots : *Qu'ai-je fait? je n'ai rien fait.*

Comme l'injustice et la cruauté de Domitien étaient criantes, il se rejeta sur Licinien, sous prétexte qu'il avait caché une affranchie de Cornélie dans ses terres. Ceux qui s'intéressaient à lui le

rum etiam occidisset ; nam vidua abortu periit. Missi statim pontifices, qui defodiendam necandamque curarent. Illa nunc ad Vestam, nunc ad cæteros deos manus tendens, multa, sed hoc frequentissime, clamitabat : « Me Cæsar incestam putat ; qua, sacra faciente, vicit, triumphavit ! » Blandiens hæc, an irridens, ex fiducia sui, an ex contemptu principis dixerit, dubium est. Dixit, donec ad supplicium, nescio an innocens, certe tanquam nocens, ducta est. Quin etiam, quum in illud subterraneum cubiculum demitteretur, hæsissetque descendenti stola, vertit se ac recollegit : quumque ei carnifex manum daret, aversata est, et resiliit, fœdumque contactum, quasi plane a casto puroque corpore, novissima sanctitate rejecit, omnibusque numeris pudoris, πολλὴν πρόνοιαν εἶχεν ὡς σχήμως πέσοιν. Præterea Celer, eques romanus, cui Cornelia objiciebatur, quum in comitio virgis cæderetur, in hac voce perstiterat : « Quid feci ? nihil feci. »

Ardebat ergo Domitianus et crudelitatis et iniquitatis infamia. Arripit Licinianum, quod in agris suis occultasset Corneliæ libertam. Ille ab iis quibus erat curæ, præmonetur, si comitium et virgas pati nollet, ad confessionem confugeret, quasi ad

firent avertir qu'un aveu seul pouvait lui obtenir sa grâce. Il s'y résigna. Sénécion, en portant la parole pour lui pendant son absence, égala la brièveté de ce mot d'Homère : *Patrocle est mort;* car il dit : *D'avocat je suis devenu courrier. Licinien s'est retiré* Cette nouvelle fut si agréable à Domitien, que sa joie le trahit *Licinien*, s'écria-t-il, *nous a pleinement absous*. Puis il ajouta *Il ne faut pas pousser à bout sa discrétion*. Il lui permit d'emporter tout ce qu'il pourrait de ses biens, avant qu'ils fussent vendus à l'encan, et lui assigna, comme prix de sa complaisance, un lieu d'exil des plus commodes. La bonté de Nerva l'a depuis transféré en Sicile. Là il tient école aujourd'hui, et se venge de la fortune dans les exordes de ses leçons.

Vous voyez quelle est ma soumission à vos ordres, avec quel soin je vous informe, et des nouvelles de Rome, et des nouvelles étrangères, en remontant à leur origine. Je me suis douté qu'en raison de votre absence, vous auriez seulement entendu dire qu'on avait banni Licinien pour inceste. La renommée rapporte le fond des choses, mais néglige le détail. Je mérite bien qu'à votre tour vous m'écriviez ce qui se passe, soit dans votre ville, soit aux environs : car il y arrive quelquefois des événements remarquables. Enfin écrivez tout ce qu'il vous plaira, pourvu que votre lettre soit aussi longue que la mienne. Je compterai, non-seulement les pages, mais encore les lignes et les syllabes. Adieu.

veniam : fecit. Locutus est pro absente Herennius Senecio tale quiddam, quale est illud, Κεῖται Πάτροκλος. Ait enim : « Ex advocato nuntius factus sum : recessit Licinianus. » Gratum hoc Domitiano, adeo quidem ut gaudio proderetur, diceretque : « Absolvit nos Licinianus. » Adjecit etiam, « non esse verecundiæ ejus instandum : » ipsi vero permisit, si qua posset, ex rebus suis raperet, antequam bona publicarentur : exsilium molle, velut præmium, dedit. Ex quo tamen postea, clementia divi Nervæ, translatus est in Siciliam, ubi nunc profitetur, seque de fortuna præfationibus vindicat.

Vides, quam obsequenter paream tibi, qui non solum res urbanas, verum etiam peregrinas tam sedulo scribo, ut altius repetam. Et sane putabam te, quia tunc abfuisti, nihil aliud de Liciniano audisse, quam relegatum ob incestum. Summam enim rerum nuntiat fama, non ordinem. Mereor, ut vicissim, quid in oppido tuo, quid in finitimis agatur (solent enim notabilia quædam incidere) præscribas : denique quidquid voles, dummodo non minus longa epistola nunties. Ego non paginas tantum, sed etiam versus syllabasque numerabo. Vale.

## XII. — *Pline à Arrien.*

Vous aimez Égnatius Marcellinus, et vous me le recommandez souvent. Vous l'aimerez et vous me le recommanderez encore davantage, quand vous saurez ce qu'il vient de faire. Il était allé exercer la charge de questeur dans une province. Le secrétaire, que le sort lui avait donné, mourut avant que ses appointements fussent échus. Marcellinus sentit qu'il ne devait point garder ce qui lui avait été donné pour ce secrétaire. A son tour, il supplia l'empereur, et ensuite, par ordre de l'empereur, le sénat, de lui indiquer l'emploi qu'il devait faire de ces fonds. La question était peu importante, mais c'était toujours une question. Les héritiers, d'une part, de l'autre, les préfets du trésor réclamaient la somme. La cause a été plaidée des deux côtés. Cécilius Strabon a opiné pour le fisc ; Bébius Macer, pour les héritiers. L'avis de Strabon a été suivi. Louez Marcellinus comme je l'ai fait sur-le-champ. Quoique l'approbation publique du prince et du sénat ne lui laisse rien à désirer, la vôtre lui fera plaisir. Tel est le caractère de tous ceux qui se passionnent pour la gloire : l'applaudissement et l'éloge, même des moindres personnes, ont pour eux le plus grand charme. Quelle impression votre jugement fera-t-il sur Marcellinus qui n'a pas moins de vénération pour vous que de confiance en vos lumières! Que dis-je? pourra-t-il apprendre que le bruit de son action a pénétré jusque dans le pays où vous êtes sans être ravi

## XII. — *Pline à Arrien.*

Amas Egnatium Marcellinum, atque etiam mihi sæpe commendas : amabis magis, commendabisque, si cognoveris recens ejus factum. Quum in provinciam quæstor exisset, scribanique, qui sorte obtigerat, ante legitimum salarii tempus amisisset, quod acceperat scribæ daturus, intellexit et statuit subsidere apud se non oportere. Itaque reversus, Cæsarem, deinde, Cæsare auctore, senatum consuluit, quid fieri de salario vellet. Parva quæstio, sed tamen quæstio. Hæredes scribæ sibi, præfecti ærarii populo, vindicabant. Acta causa est : dixit hæredum advocatus, deinde populi : uterque percommode. Cæcilius Strabo ærario censuit inferendum ; Bæbius Macer hæredibus dandum. Obtinuit Strabo. Tu lauda Marcellinum, ut ego statim feci. Quamvis enim abunde sufficiat illi quod est et a principe et a senatu probatus, gaudebit tamen testimonio tuo. Omnes enim qui gloria famaque ducuntur, mirum in modum assensio et laus, a minoribus etiam profecta, delectat. Te vero Marcellinus ita reveretur, ut judicio tuo plurimum tribuat. Accedit bis, quod, si cognoverit factum suum isto usque penetrasse, necesse est laudis suæ spatio et cursu et peregri-

de tout le chemin que sa réputation aura fait? Car je ne sais pourquoi les hommes sont plus touchés de l'étendue que de la grandeur de la gloire. Adieu.

## XIII. — *Pline à Tacite.*

Je me réjouis que vous soyez de retour à Rome en bonne santé. Vous ne pouviez jamais arriver pour moi plus à propos. Je ne resterai que fort peu de jours encore dans ma villa de Tusculum pour achever un opuscule que j'y ai commencé. Je crains que, si je l'interromps sur la fin, je n'aie de la peine à le reprendre. Cependant, afin que mon impatience n'y perde rien, je vous demande d'avance par cette lettre une grâce que je me promets de vous demander bientôt de vive voix. Mais, avant de vous exposer le sujet de ma demande, il faut vous dire ce qui m'engage à vous l'adresser.

Dernièrement, me trouvant à Côme où je suis né, un enfant de quatorze ans, fils d'un de mes compatriotes, vint me saluer. *Vous étudiez?* lui dis-je. — *Oui*, me répondit-il. — *En quel lieu?* — *A Milan.* — *Pourquoi pas ici?* Son père qui l'accompagnait, et qui me l'avait présenté, prend la parole : *Parce qu'ici nous n'avons point de maîtres.* — *Et pourquoi n'en avez-vous point? Il serait pourtant de l'intérêt de tous les pères* (cela venait à propos, car beaucoup de pères m'écoutaient) *de faire instruire ici leurs enfants. Où leur trouver un séjour plus agréable que la patrie? où*

---

natione lætetur. Etenim, nescio quo pacto, vel magis homines juvat gloria lata, quam magna. Vale.

### XIII. — *Pline à Tacite.*

Salvum te in Urbem venisse gaudeo. Venisti autem, si quando alias, nunc maxime mihi desideratus. Ipse pauculis adhuc diebus in Tusculano commorabor, ut opusculum, quod est in manibus, absolvam. Vereor enim ne, si hanc intentionem jam in finem laxavero, ægre resumam. Interim, ne quid festinationi meæ pereat, quod sum præsens petiturus, hac quasi præcursoria epistola rogo. Sed prius accipe causas rogandi, deinde ipsum quod peto.

Proxime quum in patria mea, fui, venit ad me salutandum municipis mei filius prætextatus. Huic ego : « Studes? » inquam. Respondit : « Etiam. — Ubi? — Mediolani. — Cur non hic? » Et pater ejus (erat enim una, atque etiam ipse adduxerat puerum) : « Quia nullos hic præceptores habemus. — Quare nullos? Nam vehementer intererat vestra, qui patres estis (et opportune complures patres audiebant), liberos vestros hic potissimum discere. Ubi enim aut jucundius morarentur,

*former leurs mœurs plus sûrement que sous les yeux de leurs parents? où les entretenir à moins de frais que chez vous? Qu'en coûterait-il donc de faire une collecte pour payer des maîtres? A peine faudrait-il ajouter aux fonds votés ce que vous dépensez en voyages et en logements : car tout s'achète, lorsqu'on n'est pas chez soi. Eh bien! moi qui n'ai pas encore d'enfants, je suis prêt, en faveur de notre patrie commune que j'aime avec la tendresse d'un fils ou d'un père, à donner le tiers de la somme que vous voudrez mettre à cet établissement. J'offrirais bien la somme entière ; mais je craindrais que la brigue n'abusât quelquefois de ma libéralité, comme je le vois en divers lieux où l'on a fondé des chaires de professeurs. Il n'y a qu'un moyen de prévenir ce désordre : c'est de ne confier qu'aux pères le soin d'engager les maîtres, et de les obliger à bien choisir par la nécessité de la contribution. Car ceux qui peut-être ne seraient pas attentifs au bon usage du bien d'autrui, veilleront certainement à l'emploi du leur; et ils n'oublieront rien pour remettre en de dignes mains le fonds que j'aurai fait, s'ils ont eux-mêmes contribué à le faire. Prenez donc une résolution commune; unissez vos efforts, et réglez-les sur les miens. Je souhaite sincèrement que la part que je devrai fournir soit considérable. Vous ne pouvez rien faire de plus honorable pour vos enfants, rien de plus agréable à votre patrie. Que vos enfants reçoivent l'éducation au lieu même où ils ont reçu la naissance. Accoutumez-les, dès l'âge le plus tendre, à se plaire, à se fixer dans*

---

quam in patria? aut pudicius continerentur, quam sub oculis parentum? aut minore sumptu, quam domi? Quantulum est ergo, collata pecunia, conducere præceptores ! quodque nunc in habitationes, in viatica, in ea quæ peregre emuntur (omnia autem peregre emuntur), impenditis, adjicere mercedibus? Atque adeo ego, qui nondum liberos habeo, paratus sum pro republica nostra, quasi pro filia vel parente, tertiam partem ejus, quod conferre vobis placebit, dare. Totum etiam pollicerer, nisi timerem, ne hoc munus meum quandoque ambitu corrumperetur, ut accidere multis in locis video, in quibus præceptores publice conducuntur. Huic vitio occurri uno remedio potest, si parentibus solis jus conducendi relinquatur, iisdemque religio recte judicandi necessitate collationis addatur. Nam qui fortasse de alieno negligentes, certe de suo diligentes erunt; dabuntque operam, ut a me pecuniam non nisi dignus accipiat, si accepturus et ab ipsis erit. Proinde consentite, conspirate, majoremque animum ex meo sumite, ui cupio esse quam plurimum, quod debeam conferre. Nihil honestius præstare liberis vestris nihil gratius patriæ potestis. Edoceantur hic, qui hic nascuntur ; statimque ab infantia natale solum amare, frequentare con-

leur pays natal. Puissiez-vous choisir de si excellents maîtres, que les villes voisines peuplent vos écoles! Puissent celles qui voient venir vos enfants étudier chez elles, envoyer bientôt les leurs étudier chez vous!

J'ai repris les choses d'un peu haut pour vous mieux faire entendre combien je serais sensible au bon office que je vous impose. Je vous charge donc, en considération d'une entreprise si importante, de vouloir bien, dans cette foule de savants qu'attire de toutes parts auprès de vous la réputation de votre esprit, me procurer des professeurs habiles, sans toutefois m'engager envers eux : car je laisse les pères maîtres absolus du choix. Je leur abandonne l'examen et la décision ; je ne me réserve que la dépense et les soins. S'il s'en trouve quelqu'un qui ait assez de confiance en ses talents, qu'il vienne ; mais qu'il ne compte que sur son mérite. Adieu.

## XIV. — *Pline à Paternus.*

Peut-être réclamez-vous, comme à votre ordinaire, et attendez-vous quelque plaidoyer. Moi, je vous envoie mes jeux d'esprit, comme si c'étaient des curiosités étrangères et exquises. Vous recevrez avec cette lettre des *hendécasyllabes* que j'ai faits en voiture, au bain, à table, pour charmer mes loisirs. J'y exprime tour à tour la gaieté, la folie, l'amour, la douleur, la plainte, le dépit. Mes descriptions sont tantôt simples, tantôt nobles. Par cette variété

---

suescant. Atque utinam tam claros præceptores inducatis, ut a finitimis oppidis studia hinc petantur, utque nunc liberi vestri aliena in loca, ita mox alieni in hunc locum confluant! »

Hæc putavi altius et quasi a fonte repetenda ; quo magis scires quam gratum mihi foret, si susciperes quod injungo. Injungo autem, et pro rei magnitudine rogo, ut ex copia studiosorum, quæ ad te ex admiratione ingenii tui convenit, circumspicias præceptores, quos sollicitare possimus ; sub ea tamen conditione, ne cui fidem meam obstringam. Omnia enim libera parentibus servo. Illi judicent, illi eligant : ego mihi curam tantum et impendium vindico. Proinde si quis fuerit repertus, qui ingenio suo fidat, eat illuc ea lege, ut hinc nihil aliud certum, quam fiduciam suam, ferat. Vale.

### XIV. — *Pline à Paternus.*

Tu fortasse orationem, ut soles, et flagitas et exspectas ; at ego, quasi ex aliqua peregrina delicataque merce, lusus meos tibi prodo. Accipies cum hac epistola hendecasyllabos nostros, quibus nos in vehiculo, in balineo, inter cœnam oblectamus otium temporis. His jocamur, ludimus, amamus, dolemus, querimur, irascimur :

j'essaie de satisfaire les différents goûts, et d'assurer peut-être à quelques morceaux l'approbation publique.

Si par hasard vous trouvez des endroits un peu libres, votre érudition voudra bien se rappeler que les personnages les plus illustres et les plus graves qui ont écrit dans ce genre, n'ont pas été fort chastes dans le choix de leurs sujets, et qu'ils n'ont pas même reculé devant la crudité de l'expression. C'est une licence que j'évite, non que je me pique d'être plus austère (et de quel droit?), mais parce que je suis plus timide. Nous savons d'ailleurs que la véritable règle pour la poésie fugitive est donnée ainsi par Catulle :

> Le poëte doit être sage.
> Pour ses vers, il importe peu :
> Ils n'auraient ni grâce ni feu,
> Sans un air de libertinage.

Voyez quel prix j'attache à votre opinion! J'ai préféré votre critique sur l'ensemble à vos éloges sur quelques passages choisis, quoique des morceaux fort agréables cessent de le paraître, quand on les lit après d'autres du même genre. De plus, un lecteur d'esprit et de goût ne doit pas comparer ensemble des poésies de caractères différents, mais examiner chaque pièce en soi, et ne pas juger l'une inférieure à l'autre, si elle est parfaite dans son genre.

Mais pourquoi tant discourir? Vouloir, par une longue préface,

describimus aliquid modo pressius, modo elatius ; atque ipsa varietate tentamus efficere, ut alia aliis, quædam fortasse, omnibus placeant.

Ex quibus tamen si nonnulla tibi paulo petulantiora videbuntur, erit eruditionis tuæ cogitare, summos illos et gravissimos viros qui talia scripserunt, non modo lascivia rerum, sed ne verbis quidem nudis, abstinuisse; quæ nos refugimus, non quia severiores (unde enim?), sed quia timidiores sumus. Scimus alioqui hujus opusculi illam esse verissimam legem, quam Catullus expressit :

> Nam castum esse decet pium poetam
> Ipsum; versiculos nihil necesse est.
> Qui tunc denique habent salem et leporem,
> Si sunt molliculi et parum pudici.

Ego quanti faciam judicium tuum, vel ex hoc potes æstimare, quod malui omnia a te pensitari, quam electa laudari. Et sane quæ sunt commodissima, desinunt videri, quum paria esse cœperunt. Præterea sapiens subtilisque lector non debet diversis conferre diversa, sed singula expendere, nec deterius alio putare, quod est in suo genere perfectum.

Sed quid ego plura? Nam longiore præfatione vel excusare, vel commendare

justifier ou faire valoir des niaiseries, c'est de toutes les niaiseries la plus ridicule. Je crois seulement devoir vous avertir que je me propose d'intituler ces bagatelles, *Hendécasyllabes*, titre qui n'a de rapport qu'à la mesure des vers. Vous les pouvez donc appeler épigrammes, idylles, églogues, ou simplement poésies, comme plusieurs l'ont fait ; enfin, de tel autre nom qu'il vous plaira : je ne m'engage, moi, qu'à vous donner des hendécasyllabes. J'exige seulement de votre sincérité, que vous me disiez de mon livre tout ce que vous en direz aux autres ; et cela ne vous coûtera guère. Si cet opuscule était le seul ou le plus important qui fût sorti de mes mains, il y aurait peut-être de la dureté à me dire : *Cherchez d'autres occupations* ; mais vous pouvez, sans blesser la politesse, me dire : *Vous avez tant d'autres occupations!* Adieu.

## XV. — *Pline à Fundanus.*

Si j'ai quelque discernement, je le prouve en aimant Asinius Rufus de toute mon âme. C'est un homme rare, ami passionné des gens de bien comme moi ; car pourquoi ne pas me mettre du nombre ? Il est encore intimement lié avec Tacite ; et vous connaissez le mérite d'un tel personnage. Ainsi, puisque c'est la ressemblance des mœurs qui serre le plus étroitement les liens de l'amitié, si vous avez de l'estime pour Tacite et pour moi, vous en accorderez nécessairement à Rufus. Il a plusieurs enfants : car il a compté parmi les obligations d'un bon citoyen, celle de donner

ineptias, ineptissimum est. Unum illud prædicendum videtur, cogitare me has nugas meas ita inscribere, *Hendecasyllabi*, qui titulus sola metri lege constringitur. Proinde sive epigrammata, sive idyllia, sive eclogas, sive (ut multi) poematia, seu quod aliud vocare malueris, licebit voces : ego tantum hendecasyllabos præsto. A simplicitate tua peto, quod de libello meo dicturus es aliis, mihi dicas. Neque est difficile, quod postulo : nam si hoc opusculum nostrum, aut potissimum esset, aut solum, fortasse posset durum videri dicere : « Quære quod agas ; » molle et humanum est : « Habes quod agas. » Vale.

XV. — *Pline à Fundanus.*

Si quid omnino, hoc certe judicio facio, quod Asinium Rufum singulariter amo. Est homo eximius, et bonorum amantissimus ; cur enim non me quoque inter bonos numerem ? Idem Cornelium Tacitum (scis quem virum) arcta familiaritate complexus est. Proinde si utrumque nostrum probas, de Rufo quoque necesse est idem sentias, quum sit ad connectendas amicitias vel tenacissimum vinculum, morum similitudo. Sunt ei liberi plures : nam in hoc quoque functus est optimi civis officio, quod fe-

des sujets à l'État ; et cela, dans un siècle où il est si avantageux de n'avoir pas d'enfants, que la plupart ne veulent pas même un fils unique. Il a méprisé ces bénéfices et n'a pas craint le nom d'aïeul. Il a des petits-fils de Saturius Firmus, son gendre, homme que vous aimerez autant que je l'aime, quand vous le connaîtrez autant que je le connais.

Vous voyez quelle nombreuse famille vous obligerez à la fois par une seule grâce. Cette grâce, nous avons été conduits à vous la demander, d'abord par un vœu que nous formons, ensuite par je ne sais quel espoir de le voir accompli. Nous vous souhaitons, et nous espérons pour vous le consulat, la prochaine année. Vos vertus et le discernement du prince nous autorisent à vous faire cette prédiction.

Les mêmes raisons vous donnent pour questeur Asinius Bassus, l'aîné des fils de Rufus. C'est un jeune homme.... (je ne sais ce que je dois dire : le père veut que je dise et que je pense que son fils vaut mieux que lui ; la modestie du fils me le défend). Quoique vous n'hésitiez jamais à me croire sur parole, vous lui croirez difficilement, sur ma seule assurance, l'activité, la probité, l'érudition, l'esprit, l'application, la mémoire, que l'expérience vous fera découvrir en lui. Je voudrais que notre siècle fût assez fécond en vertus pour qu'on pût trouver des jeunes gens dignes d'être préférés à Bassus. Je serais le premier à vous avertir, à vous presser d'y regarder plus d'une fois, et de peser longtemps, avant de faire pencher la balance. Par malheur, aujourd'hui.... Mais je ne veux

---

cunditate uxoris large frui voluit, eo sæculo, quo plerisque etiam singulos filios orbitatis præmia graves faciunt : quibus ille despectis, avi quoque nomen assumpsit. Est enim avus, et quidem ex Saturio Firmo, quem diliges, ut ego, si, ut ego, propius inspexeris.

Hæc eo pertinent, ut scias, quam copiosam, quam numerosam domum uno beneficio sis obligaturus : ad quod petendum, voto primum, deinde bono quodam omine adducimur. Optamus enim tibi, ominamurque in proximum annum consulatum. Ita nos virtutes tuæ, ita judicia principis augurari volunt.

Concurrit autem, ut sit eodem anno quæstor, maximus ex liberis Rufi, Asinius Bassus, juvenis (nescio an dicam, quod me pater et sentire et dicere cupit, adolescentis verecundia vetat) ipso patre melior. Difficile est, ut mihi de absente credas, quamquam credere soles omnia, tantum in illo industriæ, probitatis, eruditionis, ingenii, studii, memoriæ denique esse, quantum expertus invenies. Vellem tam ferax sæculum bonis artibus haberemus, ut aliquos Basso præferre deberes : tum ego te primus hortarer monerenque, circumferres oculos, ac diu pensitares, quem

pas vous vanter trop mon ami ; je dirai seulement qu'il mériterait que vous l'adoptassiez pour fils, selon la coutume de nos ancêtres. Ceux qui se distinguent, comme vous, par leur sagesse doivent accepter de la république des enfants tels qu'ils voudraient en avoir reçu de la nature. Ne vous sera-t-il pas honorable, lorsque vous serez consul, d'avoir pour questeur le fils d'un homme qui a exercé la préture, et le proche parent de plusieurs consulaires, sur lesquels, tout jeune qu'il est, et d'après leur avis, il répand autant d'éclat qu'il en reçoit d'eux ?

Ayez donc égard à mes prières, ne négligez pas mes conseils, et surtout pardonnez à une sollicitation prématurée. L'amitié est impatiente, et court au-devant du temps par ses désirs. D'ailleurs, dans une ville où tout semble fait pour le premier qui s'en empare, on trouve que le moment d'agir est passé, si l'on attend qu'il soit venu. Enfin, il est doux de jouir par avance des succès que l'on désire. Que déjà Bassus vous respecte comme son consul : vous, aimez-le comme votre questeur ; et moi, qui vous chéris également l'un et l'autre, que je puisse goûter une double joie. Car, dans la tendre amitié qui m'attache à vous et à Bassus, je suis disposé à tout employer, mes soins, mes sollicitations, mon crédit, pour élever tout ensemble aux honneurs, et Bassus, quel que soit le consul dont il sera le questeur, et le questeur que vous aurez choisi, quel qu'il puisse être. Jugez donc de ma satisfaction, si mon amitié pour Bassus, d'accord avec les intérêts de votre consulat, rassemblait tous mes vœux sur lui seul ! si enfin vous

---

potissimum eligeres. Nunc vero.... sed nihil volo de amico meo arrogantius : hoc solum dico, dignum esse juvenem, quem more majorum in filii locum assumas. Debent autem sapientes viri, ut tu, tales quasi liberos a republica accipere, quales a natura solemus optare. Decorus erit tibi consuli quæstor patre prætorio, propinquis consularibus; quibus, judicio ipsorum, quanquam adolescentulus adhuc, jam tamen invicem ornamento est.

Proinde indulge precibus meis, obsequere consilio; et, ante omnia, si festinare videor, ignosce : primum, quia votis suis amor plerumque præcurrit; deinde, quod in ea civitate, in qua omnia quasi ab occupantibus aguntur, quæ legitimum tempus exspectant, non matura, sed sera sunt; deinde, quod rerum, quas assequi cupias, præsumptio ipsa jucunda est. Revereatur jam te Bassus, ut consulem ; tu dilige eum, ut quæstorem ; nos denique, utriusque vestrum amantissimi, duplici lætitia perfruamur. Etenim, quum sic te, sic Bassum diligamus, ut et illum cujuscumque, et tuum quemcumque quæstorem in petendis honoribus omni opera, labore, gratia simus juvaturi; perquam jucundum nobis erit, si in eumdem juvenem studium nos-

me secondiez dans mes sollicitations, vous dont les avis sont d'un si grand poids, et dont le témoignage fait autorité dans le sénat! Adieu.

### XVI. — *Pline à Valérius Paulinus.*

Réjouissez-vous pour vous, pour moi, pour notre siècle : les lettres sont encore en honneur. Dernièrement je devais plaider devant les centumvirs. La foule était immense, et je ne pus trouver passage qu'à travers le tribunal et l'assemblée des juges. Que dis-je ? un jeune homme d'un rang distingué eut sa tunique déchirée, ainsi qu'il arrive souvent dans la foule. Il n'en resta pas moins, et durant sept heures entières, couvert seulement de sa toge : car je parlai sept heures avec beaucoup de fatigue et plus de succès encore. Travaillons donc, et ne donnons plus pour excuse à notre paresse l'indifférence du public. Nous ne manquerons ni d'auditeurs ni de lecteurs. Ayons soin, à notre tour, qu'ils ne manquent ni de bons discours à écouter, ni de bons livres à lire. Adieu.

### XVII. — *Pline à Gallus.*

Vous m'avertissez que C. Cécilius, consul désigné, poursuit en justice Corellia, absente en ce moment de cette ville, et vous me priez de la défendre. Je vous remercie de l'avis; mais je me plains de la prière. Je dois être averti pour savoir ce qui se passe; mais

---

trum, et amicitiæ meæ et consulatus tui ratio contulerit ; si denique precibus meis tu potissimum adjutor accesseris, cujus senatus et suffragio libentissime indulgeat, et testimonio plurimum credat. Vale.

### XVI. — *Pline à Valérius Paulinus.*

Gaude meo, gaude tuo, gaude etiam publico nomine. Adhuc honor studiis durat. Proxime, quum dicturus apud centumviros essem, adeundi mihi locus, nisi a tribunali, nisi per ipsos judices, non fuit : tanta stipatione cætera tenebantur! Ad hoc, quidam ornatus adolescens, scissis tunicis, ut in frequentia solet fieri, sola velatus toga perstitit, et quidem horis septem. Nam tamdiu dixi magno cum labore, sed majore cum fructu. Studeamus ergo, nec desidiæ nostræ prætendamus alienam. Sunt qui audiant, sunt qui legant : nos modo dignum aliquid auribus, dignum chartis elaboremus. Vale.

### XVII. — *Pline à Gallus.*

Et admones, et rogas, ut suscipiam causam absentis Corelliæ contra C. Cæcilium, consulem designatum. Quod admones, gratias ago; quod rogas, queror. Admoneri

on ne doit pas me prier de faire ce qu'il serait déshonorant pour moi de négliger. Balancerais-je à me déclarer pour la fille de Corellius ? Il est vrai que j'ai avec son adversaire, non des rapports intimes, mais des rapports d'amitié. Il jouit, je le sais, d'une grande considération, et la dignité qui l'attend exige de moi d'autant plus d'égards que j'en ai été revêtu moi-même ; car il est naturel de vouloir élever dans l'opinion publique les honneurs que l'on a possédés. Mais toutes ces considérations s'évanouissent, quand je songe que je vais défendre la fille de Corellius.

Je me représente cet illustre personnage, le plus grave, le plus vertueux, le plus spirituel de notre siècle. Mon attachement pour lui naquit de l'admiration qu'il m'avait inspirée ; et il arriva, contre l'ordinaire, que je l'admirai bien plus encore, quand je vins à le mieux connaître. Je puis dire que je l'ai connu à fond : car il partageait avec moi ses secrets, ses plaisirs, ses affaires, sa joie et ses peines. J'étais encore tout jeune, et il avait pour moi, non-seulement les égards, mais, j'ose le dire, le respect qu'il aurait eu pour une personne de son âge. Je n'ai point sollicité de dignité, qu'il ne m'ait appuyé de sa voix et de son témoignage. Je n'ai pris possession d'aucune charge, qu'il ne m'ait accompagné, qu'il ne se soit mêlé à mon cortége. Je n'en ai point exercé, qu'il n'ait été mon conseiller et mon guide. En un mot, chaque fois qu'il s'est agi de mes intérêts, quoique vieux et infirme, il semblait retrouver, pour les soutenir, sa jeunesse et sa vigueur.

enim debeo, ut sciam ; rogari non debeo, ut faciam, quod mihi non facere turpissimum est. An ego tueri Corellii filiam dubitem? Est quidem mihi cum isto, contra quem me advocas, non plane familiaris, sed tamen amicitia. Accedit huc dignitas hominis, atque hic ipse, cui destinatus est, honor ; cujus nobis hoc major habenda reverentia est, quod jam illo functi sumus. Naturale est enim ut ea, quæ quis adeptus est ipse, quam amplissima existimari velit. Sed mihi cogitanti affuturum me Corellii filiæ, omnia ista frigida et inania videntur.

Obversatur oculis ille vir, quo neminem ætas nostra graviorem, sanctiorem, subtiliorem denique tulit. Quem ego, quum ex admiratione diligere cœpissem, quod evenire contra solet, magis admiratus sum, postquam penitus inspexi. Inspexi enim penitus : nihil a me ille secretum, non joculare, non serium, non triste, non lætum. Adolescentulus eram, et jam mihi ab illo honor, atque etiam (audebo dicere), reverentia, ut æquali, habebatur. Ille meus in petendis honoribus suffragator et testis; ille in inchoandis deductor et comes ; ille in gerendis consiliator et rector ; ille denique in omnibus officiis nostris, quanquam et imbecillus et senior, quasi juvenis et validus, conspiciebatur.

Quel soin ne prenait-il pas, soit en particulier, soit en public, soit à la cour, pour établir ma réputation! Un jour, chez l'empereur Nerva, la conversation tomba sur les jeunes gens d'un heureux naturel. La plupart me comblèrent d'éloges. Corellius, après avoir quelque temps gardé le silence (ce qui donnait encore du poids à ses paroles) : *Pour moi, dit-il de ce ton grave que vous lui connaissez, je suis obligé de louer Pline plus sobrement; car il ne fait rien que par mes conseils.* Par là il m'accordait plus de gloire que je n'aurais osé le désirer : c'était proclamer la haute sagesse de toutes mes actions, que de les attribuer aux conseils du plus sage de tous les hommes. Enfin, en mourant, il dit à sa fille, qui souvent prend plaisir à le répéter : *Je vous ai fait beaucoup d'amis dans le cours de ma longue vie; mais comptez particulièrement sur l'affection de Pline et de Cornutus.*

Je ne puis me rappeler ces paroles, sans songer à tout ce que je dois faire pour n'être pas accusé de trahir sa confiance et de démentir son jugement. Corellia peut donc compter sur moi : je la défendrai, quand je devrais me faire un ennemi de son adversaire. Mais j'ose compter sur le pardon et même sur les éloges de Cécilius qui, dites-vous, hasarde ce procès dans l'espérance d'avoir affaire seulement à une femme, lorsque, pour justifier ma conduite, ou plutôt pour m'en faire honneur, j'aurai développé dans mon plaidoyer, avec la force et l'étendue que ne permet point une lettre, tout ce que je viens de vous exposer dans celle-ci. Adieu.

---

Quantum ille famæ meæ domi, quantum in publico, quantum etiam apud principem astruxit! Nam, quum forte de bonis juvenibus apud Nervam imperatorem sermo incidisset, et plerique me laudibus ferrent, paulisper se intra silentium tenuit, quod illi plurimum auctoritatis addebat, deinde gravitate quam noras : « Necesse est, inquit, parcius laudem Secundum, quia nihil nisi ex consilio meo facit. » Qua voce tribuit mihi, quantum petere voto immodicum erat; nihil me facere non sapientissime, quum omnia ex consilio sapientissimi viri facerem. Quin etiam moriens, filiæ suæ (ut ipsa solet prædicare) : « Multos quidem amicos, inquit, tibi in longiore vita paravi, præcipuos tamen Secundum et Cornutum. »

Quod dum recordor, intelligo mihi laborandum, ne qua parte videar hanc de me fiduciam providentissimi viri destituisse. Quare ego vero Corelliæ adero promptissime; nec subire offensas recusabo. Quanquam non solum veniam me, verum etiam laudem apud istum ipsum, a quo, ut ais, nova lis, fortasse ut feminæ, intenditur, arbitror consecuturum, si hæc eadem in actione, latius scilicet et uberius quam epistolarum angustiæ sinunt, contigerit mihi vel in excusationem, vel etiam in commendationem meam dicere. Vale.

## XVIII. — *Pline à Antonin.*

J'ai essayé de traduire élégamment en latin quelques-unes de vos épigrammes grecques. Puis-je mieux vous prouver à quel point j'en suis charmé? J'ai bien peur de les avoir gâtées ; et j'en accuse avant tout la faiblesse de mon esprit, ensuite la stérilité, ou, pour parler comme Lucrèce, la pauvreté de notre langue. Si vous trouvez quelque agrément dans la traduction, qui est en latin et de ma façon, imaginez les grâces de l'original, qui est en grec et de votre main ! Adieu.

## XIX. — *Pline à Hispulla.*

Je connais votre cœur. Vous chérissez votre vertueux frère autant qu'il vous aimait lui-même, et sa fille a trouvé en vous, non-seulement l'affection d'une tante, mais toute la tendresse du père qu'elle a perdu. Vous apprendrez donc avec une extrême joie qu'elle est toujours digne de son père, digne de son aïeul, digne de vous. Elle a beaucoup d'esprit, beaucoup d'économie : elle m'aime, et c'est une preuve de sa vertu. De plus, elle a du goût pour les lettres, et ce goût lui a été inspiré par l'envie de me plaire. Elle a continuellement mes ouvrages entre les mains ; elle ne cesse de les lire ; elle les apprend par cœur. Vous ne pouvez vous imaginer son inquiétude avant que je plaide, sa joie après que j'ai

---

### XVIII. — *Pline à Antonin.*

Quemadmodum magis approbare tibi possum, quantopere mirer epigrammata tua græca, quam quod quædam æmulari latine et exprimere tentavi? In deterius quidem. Accidit hoc, primum imbecillitate ingenii mei, deinde inopia, ac potius, ut Lucretius ait, egestate patrii sermonis. Quod si hæc, quæ sunt et latina, et mea, habere tibi aliquid venustatis videbuntur, quantum putas inesse eis gratiæ, quæ et a te, et græce proferuntur ! Vale.

### XIX. — *Pline à Hispulla.*

Quum sis pietatis exemplum, fratremque optimum, et amantissimum tui, pari caritate dilexeris, filiamque ejus, ut tuam, diligas, nec tantum amitæ ejus, verum etiam patris amissi affectum repræsentes, non dubito maximo tibi gaudio fore quum cognoveris, dignam patre, dignam te, dignam avo evadere. Summum est acumen, summa frugalitas, amat me, quod castitatis indicium est. Accedit his studium litterarum, quod ex mei caritate concepit. Meos libellos habet, lectitat, ediscit etiam. Qua illa sollicitudine, quum videor acturus, quanto, quum egi, gaudio afficitur! Disponit, qui nuntient sibi, quem assensum, quos clamores excitarim, quem eventum

plaidé. Elle charge toujours quelqu'un de venir lui apprendre quels applaudissements j'ai reçus, quel enthousiasme j'ai excité, quel succès a obtenu la cause. S'il m'arrive de lire un ouvrage en public, elle se tient dans le voisinage, derrière un rideau, et écoute avidement les louanges que l'on me donne. Instruite, non par un artiste habile, mais par l'amour, le meilleur de tous les maîtres, elle chante mes vers en s'accompagnant de la lyre. J'ai donc raison de me promettre que le temps ne fera que cimenter de plus en plus notre union : car ce n'est pas la jeunesse ou la beauté, dont chaque jour amortit et diminue l'éclat, mais la gloire qu'elle chérit en moi.

On ne pouvait attendre autre chose d'une personne élevée sous vos yeux, formée par vos leçons, qui n'a rien vu près de vous que des exemples de vertu et d'honneur, et qui, enfin, apprit à m'aimer en m'entendant louer de votre bouche? Vos sentiments pour ma mère, que vous respectez comme la vôtre, et la part que vous preniez à mon éducation, vous ont accoutumée à me vanter dès ma plus tendre enfance. Vous prédisiez alors ce qu'il semble à ma femme que je sois aujourd'hui. Ainsi nous vous remercions à l'envi d'avoir uni, en nous donnant l'un à l'autre, deux personnes si bien faites pour s'aimer. Adieu.

## XX. — *Pline à Maxime.*

Je vous ai mandé mon sentiment sur chacune des parties de votre ouvrage, à mesure que je les ai lues. Voici maintenant ce que je pense de son ensemble. Il est parfait, plein de vigueur, de

---

judicii tulerim. Eadem, si quando recito, in proximo, discreta velo, sedet, laudesque nostras avidissimis auribus excipit. Versus quidem meos cantat formatque cithara, non artifice aliquo decente, sed amore, qui magister est optimus. His ex causis in spem certissimam adducor, perpetuam nobis majoremque in dies futuram esse concordiam : non enim ætatem meam, aut corpus, quæ paulatim occidunt ac senescunt, sed gloriam diligit.

Nec aliud decet tuis manibus educatam, tuis præceptis institutam ; quæ nihil in contubernio tuo viderit, nisi sanctum honestumque ; quæ denique amare me ex tua prædicatione consueverit. Nam, quum matrem meam parentis loco venerarere, me quoque a pueritia statim formare, laudare, talemque ; qualis nunc uxori meæ videor, ominari solebas. Certatim ergo tibi gratias agimus ; ego, quod illam mihi ; illa, quod me sibi dederis, quasi invicem elegeris. Vale.

### XX. — *Pline à Maxime.*

Quid senserim de singulis libris tuis, notum tibi, ut quemque perlegeram, feci.

véhémence, d'élévation, de variété, d'élégance, de pureté. Les ornements et l'étendue même de la composition ajoutent encore à la gloire de l'auteur. Votre esprit et votre douleur ont ensemble déployé toute leur force, et se sont réciproquement soutenus. L'esprit y donne de la magnificence et de la majesté à la douleur ; et la douleur donne à l'esprit de l'énergie et une tristesse amère. Adieu.

### XXI. — *Pline à Vélius Céréalis.*

Que le sort des Helvidies est affreux et déplorable ! Ces deux sœurs sont mortes en couches, toutes deux après avoir mis au monde une fille. J'en suis profondément affligé, et je n'ai que trop de raison de l'être : tant il me paraît cruel de perdre, par une malheureuse fécondité, ces deux aimables personnes dans la fleur de leur âge ! Je plains de pauvres enfants, à qui le même instant donne le jour et enlève leur mère ; je plains des maris excellents ; je me plains moi-même : car j'aime encore le père des Helvidies, tout mort qu'il est, avec cette vive tendresse dont mon plaidoyer et mes écrits sont de fidèles témoins. Il ne lui reste plus qu'un seul de ses trois enfants ; un seul soutient maintenant sa maison, si glorieuse naguère de ses trois appuis. Ce sera néanmoins un grand adoucissement à ma douleur, si la fortune nous conserve au moins ce fils en bonne santé, si elle nous rend en sa personne son illustre père et son illustre aïeul. Je tremble d'autant plus pour

---

Accipe nunc, quid de universis generaliter judicem. Est opus pulchrum, validum, acre, sublime, varium, elegans, purum, figuratum, spatiosum etiam, et cum magna tua laude diffusum. In quo tu ingenii simul dolorisque velis latissime vectus es, et horum utrumque invicem adjumento fuit. Nam dolori sublimitatem et magnificentiam ingenium, ingenio vim et amaritudinem dolor addidit. Vale.

### XXI. — *Pline à Vélius Céréalis.*

Tristem et acerbum casum Helvidiarum sororum ! Utraque a partu, utraque filiam enixa decessit. Afficior dolore, nec tamen supra modum doleo : ita mihi luctuosum videtur, quod puellas honestissimas in flore primo fecunditas abstulit. Angor infantium sorte, quæ sunt parentibus statim, et dum nascuntur, orbatæ. Angor optimorum maritorum, angor etiam meo nomine. Nam patrem illarum defunctum quoque perseverantissime diligo, ut actione mea, librisque testatum est, cui nunc unus ex tribus liberis superest, domumque, pluribus adminiculis paulo ante fundatam, desolatus fulcit ac sustinet. Magno tamen fomento dolor meus acquiescet, si hunc saltem fortem et incolumem, paremque illi patri, illi avo fortuna servaverit.

sa vie et ses mœurs, qu'il est unique aujourd'hui. Vous qui connaissez ma faiblesse et mes alarmes pour les personnes que j'aime, vous ne serez pas surpris de me voir tant craindre pour un jeune homme sur lequel reposent de si hautes espérances. Adieu.

### XXII. — *Pline à Sempronius Rufus.*

J'ai été appelé au conseil de notre excellent prince pour lui donner mon avis. On célébrait à Vienne des jeux publics, fondés par le testament d'un particulier. Trébonius Rufinus, homme d'un rare mérite, et notre ami, les abolit pendant qu'il était duumvir. On soutenait qu'il n'avait pu s'attribuer ce pouvoir. Il plaida lui-même avec autant de succès que d'éloquence. Ce qui ajouta à l'éclat de sa défense, c'est que, dans une question personnelle, il parla en Romain, en bon citoyen, avec sagesse et dignité. Lorsqu'on recueillit les avis, Junius Mauricus, dont rien n'égale la franchise et la fermeté, ne se contenta pas de dire, qu'il ne fallait pas rétablir ces spectacles à Vienne ; il ajouta : *Je voudrais même qu'on pût les supprimer à Rome.*

C'est, direz-vous, montrer beaucoup de courage et d'énergie. Mais cela n'est pas surprenant dans Mauricus. Ce qu'il dit à la table de Nerva n'est pas moins hardi. Cet empereur soupait avec un petit nombre de ses amis. Veiento était près de lui, et même penché sur son sein. Vous nommer le personnage, c'est vous en dire assez. La conversation tomba sur Catullus Messalinus qui,

---

Cujus ego pro salute, pro moribus, hoc sum magis anxius, quod unicus factus est. Nosti in amore mollitiem animi mei, nosti metus. Quo minus te mirari oportebit, quod plurimum timeam, de quo plurimum spero. Vale.

### XXII. — *Pline à Sempronius Rufus.*

Interfui principis optimi cognitioni, in consilium assumptus. Gymnicus agon apud Viennenses, ex cujusdam testamento, celebrabatur. Hunc Trebonius Rufinus, vir egregius nobisque amicus, in duumviratu suo tollendum abolendumque curavit. Negabatur ex auctoritate publica fecisse. Egit ipse causam non minus feliciter, quam diserte. Commendabat actionem, quod tanquam homo romanus et bonus civis in negotio suo mature et graviter loquebatur. Quum sententiæ perrogarentur, dixit Junius Mauricus (quo viro nihil firmius, nihil verius), non esse restituendum Viennensibus agona; adjecit : « Vellem etiam Romæ tolli posset. »

Constanter, inquis, et fortiter. Quidni? Sed hoc Maurico novum non est. Idem apud Nervam imperatorem non minus fortiter. Cœnabat Nerva cum paucis; Veiento

naturellement cruel, avait, en perdant la vue, achevé de perdre tout sentiment d'humanité. Il ne connaissait plus ni respect, ni honte, ni pitié. Il était, entre les mains de Domitien, comme le trait qui part et frappe aveuglément, et cet empereur barbare le lançait le plus souvent contre les citoyens vertueux. Chacun, pendant le souper, s'entretenait de la scélératesse de Messalinus et de ses conseils sanguinaires. *Que pensez-vous*, dit alors Nerva, *qu'il lui serait arrivé, s'il vivait encore? —Il souperait avec nous*, répondit Mauricus.

J'ai fait une trop longue digression, mais à dessein. On prononça la suppression de ces jeux qui avaient gâté les mœurs de Vienne, comme nos jeux corrompent les mœurs de l'univers. Car les vices des Viennois sont renfermés dans leurs murailles; les nôtres se répandent bien plus loin; et, dans le corps politique, comme dans le corps humain, la plus dangereuse des maladies, est celle qui vient de la tête. Adieu.

### XXIII. — *Pline à Pomponius Bassus.*

J'ai ressenti un extrême plaisir quand j'ai appris, par nos amis communs, que vous jouissez et disposez de votre loisir d'une manière digne de votre sagesse; que vous habitez un séjour délicieux; que vous vous promenez souvent, soit sur terre, soit sur mer; que vous donnez beaucoup de temps aux discussions, aux conférences, à la lecture; et qu'il n'est point de jour où vous n'a-

---

proximus, atque etiam in sinu recumbebat. Dixi omnia, quum hominem nominavi. Incidit sermo de Catullo Messalino qui, luminibus orbatus, ingenio sævo mala cæcitatis addiderat. Non verebatur, non erubescebat, non miserebatur: quo sæpius a Domitiano, non secus ac tela, quæ et ipsa cæca et improvida feruntur, in optimum quemque contorquebatur. De hujus nequitia sanguinariisque sententiis in commune omnes super cœnam loquebantur, quum ipse imperator: « Quid putamus passurum fuisse, si viveret? » Et Mauricus: « Nobiscum cœnaret. »

Longius abii, libens tamen. Placuit agona tolli, qui mores Viennensium infecerat, ut noster hic omnium. Nam Viennensium vitia intra ipsos resident, nostra late vagantur; utque in corporibus, sic in imperio, gravissimus est morbus, qui a capite diffunditur. Vale.

### XXIII. — *Pline à Pomponius Bassus.*

Magnam cepi voluptatem, quum ex communibus amicis cognovi, te, ut sapientia tua dignum est, et disponere otium, et ferre; habitare amœnissime, et nunc terra, nunc mari corpus agitare; multum disputare, multum audire, multum lectitare;

joutiez à votre immense érudition. C'est ainsi que doit vieillir un homme qui s'est distingué dans les plus hautes fonctions de la magistrature, qui a commandé des armées, et qui s'est dévoué au service de la république, tant que l'honneur l'a voulu. Nous devons à la patrie le premier et le second âge de notre vie; mais nous nous devons le dernier à nous-mêmes : les lois semblent nous le conseiller, lorsqu'à soixante ans elles nous rendent au repos. Quand jouirai-je de cette liberté? Quand l'âge me permettra-t-il de vous imiter dans votre glorieuse retraite? Quand mon loisir ne sera-t-il plus appelé paresse, mais tranquillité? Adieu.

### XXIV. — *Pline à Valens.*

Dernièrement, comme je plaidais devant les centumvirs, les quatre tribunaux assemblés, je me souvins que la même chose m'était arrivée dans ma jeunesse. Mes réflexions, comme de coutume, m'emportèrent plus loin. Je commençai à me rappeler ceux qui suivaient avec moi la carrière du barreau à l'une et à l'autre époque. J'étais le seul qui se fût trouvé aux deux jugements : tant les lois de la nature, tant les caprices de la fortune amènent de changements! Les uns sont morts, les autres bannis. L'âge ou les infirmités ont condamné celui-ci au silence; la sagesse ménage à celui-là un délicieux loisir. L'un commande une armée; la faveur du prince dispense l'autre des devoirs de la vie civile. Moi-même, quelles vicissitudes n'ai-je point éprouvées! Les belles-lettres m'ont élevé d'abord, exposé ensuite au péril, et enfin relevé.

---

quumque plurimum scias, quotidie tamen aliquid addiscere. Ita senescere oportet virum, qui magistratus amplissimos gesserit, exercitus rexerit, totumque se reipublicæ, quamdiu decebat, obtulerit. Nam et prima vitæ tempora et media patriæ, extrema nobis impertire debemus, ut ipsæ leges monent, quæ majorem annis sexaginta otio reddunt. Quando mihi licebit? Quando per ætatem honestum erit imitari istud pulcherrimæ quietis exemplum? Quando secessus mei non desidiæ nomen, sed tranquillitatis accipient? Vale.

### XXIV. — *Pline à Valens.*

Proxime quum apud centumviros in quadruplici judicio dixissem, subiit recordatio egisse me juvenem æque in quadruplici. Processit animus, ut solet, longius : cœpi reputare quos in hoc judicio, quos in illo socios laboris habuissem. Solus eram qui in utroque dixissem : tantas conversiones aut fragilitas mortalitatis, aut fortunæ mobilitas facit! Quidam ex iis, qui tunc egerant, decesserunt; exsulant alii; huic ætas et valetudo silentium suasit; hic sponte beatissimo otio fruitur; alius exercitum

Mes liaisons avec les gens de bien m'ont été tour à tour avantageuses et nuisibles ; elles me sont utiles aujourd'hui. Si vous comptez les années, le temps vous paraîtra court ; si vous comptez les événements, vous croirez parcourir un siècle. Tant de changements, dans une période si rapide, sont bien propres à nous apprendre à ne désespérer de rien, à ne compter sur rien. J'ai coutume de vous communiquer toutes mes pensées, de vous adresser les mêmes leçons, de vous proposer les mêmes exemples qu'à moi-même. Ne cherchez pas d'autre intention dans cette lettre. Adieu.

### XXV. — *Pline à Messius Maximus.*

Je vous avais bien dit qu'il était à craindre que le scrutin secret n'amenât quelque désordre. A la dernière élection des magistrats, dans quelques billets, on a trouvé une foule de plaisanteries, et même des impertinences grossières : l'un d'eux, à la place du nom des candidats, portait le nom des protecteurs. Le sénat fit éclater son indignation, et appela à grands cris la colère du prince sur l'auteur de cette insolence. Mais il a échappé à tous ces ressentiments ; il est demeuré ignoré, et peut-être était-il un de ceux qui criaient le plus haut. Que ne doit-il pas oser chez lui, l'homme qui, dans une fonction si importante, dans une circonstance si grave, se permet des bouffonneries de ce genre, l'homme qui, en plein sénat, fait le railleur, le spirituel, l'agréable ? Pour arriver à cet excès d'audace, une âme dépravée n'a besoin que de cette ré-

---

regit; illum civilibus officiis principis amicitia exemit. Circa nos ipsos quam multa mutata sunt! Studiis processimus; studiis periclitati sumus, rursusque processimus. Profuerunt nobis bonorum amicitiæ, et obfuerunt, iterumque prosunt. Si computes annos, exiguum tempus; si vices rerum, ævum putes. Quod potest esse documento, nihil desperare, nulli rei fidere, quum videamus tot varietates tam volubili orbe circumagi. Mihi autem familiare est omnes cogitationes meas tecum communicare, iisdemque te vel præceptis vel exemplis monere, quibus ipse me moneo : quæ ratio hujus epistolæ fuit. Vale.

### XXV. — *Pline à Messius Maximus.*

Scripseram tibi verendum esse, ne ex tacitis suffragiis vitium aliquod exsisteret : factum est. Proximis comitiis, in quibusdam tabellis multa jocularia, atque etiam fœda dictu; in una vero, pro candidatorum nominibus, suffragatorum nomina inventa sunt. Excanduit senatus, magnoque clamore ei, qui scripsisset, iratum principem est comprecatus. Ille tamen fefellit, et latuit, fortasse etiam inter indignantes

flexion : *Qui le saura?* Demander des tablettes, prendre la plume, baisser la tête pour écrire, ne pas redouter le témoignage d'autrui, mépriser le sien, voilà tout ce qu'il faut pour en venir à ces insultes dignes de la scène et des tréteaux. Que faire? Quel remède employer? le mal est plus fort que le remède. Mais ce soin regarde quelque autre plus élevé que nous, au zèle et aux travaux duquel notre inertie et notre licence effrénée préparent de jour en jour de nouveaux sujets de réforme. Adieu.

## XXVI. — *Pline à Népos.*

Vous voulez que je m'occupe à relire et à corriger l'exemplaire de mes ouvrages que vous avez mis tant d'empressement à acheter. Je le ferai. De quel soin plus agréable pourrais-je me charger, surtout quand vous m'en priez? Lorsqu'un homme aussi grave, aussi éclairé, aussi éloquent, et, de plus, aussi occupé que vous, croit devoir, en partant pour le gouvernement d'une grande province, emporter mes livres avec lui, avec quelle attention ne dois-je point veiller à ce que cette partie de son bagage ne l'embarrasse pas comme un fardeau inutile? Je tâcherai donc de vous rendre vos compagnons de voyage le plus agréables que je pourrai, et d'en préparer d'autres, pour votre retour, que vous désiriez joindre aux anciens : car rien ne peut m'engager plus vivement à composer de nouveaux ouvrages, qu'un lecteur tel que vous. Adieu.

fuit. Quid hunc putamus domi facere, qui in tanta re, tam serio tempore, tam scurriliter ludat? qui denique omnino in senatu dicax et urbanus et bellus est? Tantum licentiæ pravis ingeniis adjicit illa fiducia : « Quis enim sciet? » Poposcit tabellas, stylum accepit, demisit caput; neminem veretur, se contemnit. Inde ista ludibria, scena et pulpito digna. Quo te vertas? quæ remedia conquiras? Ubique vita remedio fortiora : ἀλλὰ ταῦτα τῶν ὑπὲρ ἡμᾶς ἄλλῳ μελήσει, cui multum quotidie vigiliarum, multum laboris adjicit hæc nostra iners, sed tamen effrenata petulantia. Vale.

### XXVI. — *Pline à Népos.*

Petis, ut libellos meos, quos studiosissime comparasti, legendos recognoscendosque curem : faciam. Quid enim suscipere libentius debeo, te præsertim exigente? nam quum vir gravissimus, doctissimus, disertissimus, super hæc occupatissimus, maximæ provinciæ præfuturus, tanti putes scripta nostra circumferre tecum, quanto opere mihi providendum est, ne te hæc pars sarcinarum, tanquam supervacua, offendat? Annitar ergo primum, ut comites istos quam commodissimos habeas; deinde, ut reversus invenias, quos istis addere velis: neque enim mediocriter me ad nova opera tu lector hortaris. Vale.

## XXVII. — Pline à Falcon.

Il y a trois jours que j'entendis avec un plaisir extrême, et même avec admiration, la lecture des ouvrages de Sentius Augurinus. Il les appelle ses petits poëmes. Il y en a de simples, de nobles, de galants, de tendres, de doux, de piquants. Il n'a rien paru, selon moi, de plus achevé dans ce genre, depuis quelques années, si je ne suis point aveuglé par l'amitié que je lui porte, ou par les louanges qu'il me donne dans une de ses pièces. Elle roule sur la fantaisie que j'ai quelquefois de composer des poésies fugitives. Vous allez vous-même apprécier mon jugement, si le second vers de cette pièce me revient, car je tiens les autres. Bon ! le voilà revenu :

> Qu'ai-je besoin de Calvus, de Catulle,
> Quand je m'amuse à cadencer des riens ?
> De Pline seul je veux être l'émule ;
> Pline pour moi vaut seul tous les anciens.
> Ses vers, dictés par l'amoureuse ivresse,
> Loin du barreau prouvent qu'il sait charmer.
> — Pline, dis-tu, se livre à la tendresse !...
> Graves Catons, refusez donc d'aimer.

Vous voyez quelle finesse, quelle justesse, quelle vivacité ! Le livre entier est écrit dans ce goût. Je vous en promets un exemplaire, dès qu'il aura vu le jour. Aimez toujours ce jeune homme par

### XXVII. — Pline à Falcon.

Tertius dies est, quod audivi recitantem Sentium Augurinum cum summa mea voluptate, immo etiam admiratione. Poematia appellat : multa tenuiter, multa sublimiter, multa venuste, multa tenere, multa dulciter, multa cum bile. Aliquot annis puto nihil generis ejusdem absolutius scriptum, nisi forte me fallit aut amor ejus, aut quod me ipsum laudibus vexit : nam lemma sibi sumpsit, quod ego interdum versibus ludo. Atque adeo judicii mei te judicem faciam, si mihi ex hoc ipso lemmate secundus versus occurrerit, nam cæteros teneo : et jam explicui :

> Canto carmina versibus minutis,
> His, olim quibus et meus Catullus,
> Et Calvus, veteresque. Sed quid ad me ?
> Unus Plinius est mihi priores.
> Mavult versiculos, toro relicto ;
> Et quærit quod amet, putatque amari.
> — Ille o Plinius, ille ! quid Catones ?...
> I nunc, qui sapias, amare noli.

Vides quam acuta omnia, quam apta, quam expressa ! Ad hunc gustum totum librum

avance, et félicitez notre siècle d'avoir produit un si beau génie, qu'accompagnent d'ailleurs toutes les vertus. Il passe sa vie tantôt auprès de Spurinna, tantôt auprès d'Antonin, allié de l'un, intime ami de tous les deux. Jugez par là du mérite d'un jeune homme qui est tant aimé de si vénérables vieillards. Car rien de plus vrai que cette maxime :

<blockquote>On est tel que les gens qu'on aime à fréquenter.</blockquote>

Adieu.

## XXVIII. — *Pline à Sévérus.*

Hérennius Sévérus, homme érudit, tient beaucoup à placer dans sa bibliothèque les portraits de deux de vos compatriotes, ceux de Cornélius Népos et de Titus Cassius. Si vous avez ces portraits dans votre ville, comme cela est probable, il me prie de lui en envoyer des copies. En vous chargeant spécialement de ce soin, j'ai considéré d'abord votre amitié qui se prête avec une extrême obligeance à mes désirs, ensuite votre passion pour les belles-lettres et votre amour pour ceux qui les cultivent ; enfin, le respect et la tendresse que vous inspirent tous ceux qui ont fait honneur à la patrie, non moins que la patrie elle-même. Veuillez donc choisir le peintre le plus habile : car, s'il est difficile de saisir la ressemblance d'après un original, combien ne l'est-il pas davan-

---

repromitto ; quem tibi, ut primum publicaverit, exhibebo. Interim ama juvenem, et temporibus nostris gratulare pro ingenio tali, quod ille moribus adornat. Vivit cum Spurinna, vivit cum Antonino, quorum alteri affinis, utrique contubernalis est. Possis ex hoc facere conjecturam, quam sit emendatus adolescens qui a gravissimis senibus sic amatur. Est enim illud verissimum :

. . . . . . . . . . γιγνώσκων, ὅτι
Τοιοῦτός ἐσθ', οἷοισπερ ἥδεται ξυνών.

Vale.

## XXVIII. — *Pline à Sévérus.*

Herennius Severus, vir doctissimus, magni æstimat in bibliotheca sua ponere imagines municipum tuorum, Cornelii Nepotis et Titi Cassii ; petitque, si sunt istic, ut esse credibile est, exscribendas pingendasque delegem. Quam curam tibi potissimum injungo : primum, quia desideriis meis amicissime obsequeris ; deinde, quia tibi studiorum summa reverentia, summus amor studiosorum ; postremo, quod patriam tuam, omnesque qui nomen ejus auxerunt, ut patriam ipsam, veneraris et diligis. Peto autem, ut pictorem quam diligentissimum assumas : nam quum est arduum similitudinem effingere ex vero, tum longe difficillima est imitationis imi-

tage d'après une copie? Tâchez, je vous prie, que l'artiste ne sacrifie pas la vérité, même pour l'embellir. Adieu.

### XXIX. — *Pline à Romanus.*

Allons, paresseux, ne manquez pas, à la première audience qui se tiendra, de venir exercer vos fonctions de juge. Ne comptez pas que vous puissiez vous en reposer sur moi. On ne s'en dispense pas impunément. Le préteur Licinius Népos, personnage ferme et sévère, vient de condamner à l'amende un sénateur même. Le sénateur a plaidé sa cause dans le sénat; il l'a plaidée en homme qui demande grâce. L'amende lui a été remise; mais il l'a redoutée, mais il a prié, mais il a eu besoin de pardon. Tous les préteurs, dites-vous, ne sont pas aussi sévères. Vous vous trompez : il faut de la sévérité pour établir ou pour ramener de tels exemples. Mais quand ils sont une fois établis ou ramenés, les plus indulgents même peuvent les imiter. Adieu.

### XXX. — *Pline à Licinius.*

Je vous ai rapporté de mon pays, pour présent, une question digne d'exercer votre profond savoir. Une fontaine prend sa source dans une montagne, coule entre des rochers, passe dans une petite salle de réunion faite de main d'homme, s'y arrête quelque temps, et enfin tombe dans le lac de Côme. Voici le merveilleux : trois

---

tatio. A qua, rogo ut artificem, quem elegeris, ne in melius quidem, sinas aberrare. Vale.

### XXIX. — *Pline à Romanus.*

Eia tu, quum proxime res agentur, quoquo modo ad judicandum veni. Nihil est quod in dexteram aurem fiducia mei dormias : non impune cessatur. Ecce Licinius Nepos, prætor, acer et fortis vir, multam dixit etiam senatori. Egit ille in senatu causam suam ; egit autem sic, ut deprecaretur. Remissa est mulcta ; sed timuit, sed rogavit, sed opus venia fuit. Dices : « Non omnes prætores tam severi. » Falleris ; nam vel instituere, vel reducere ejusmodi exemplum, non nisi severi ; institutum, reductumve exercere, etiam lenissimi possunt. Vale.

### XXX. — *Pline à Licinius.*

Attuli tibi ex patria mea pro munusculo quæstionem, altissima ista eruditione dignissimam. Fons oritur in monte, per saxa decurrit, excipitur cœnatiuncula manu facta. Ibi paululum retentus in Larium lacum decidit. Hujus mira natura : ter in

fois le jour, elle s'élève et s'abaisse par un flux et un reflux réguliers. Ce phénomène frappe les yeux, et on l'observe avec un extrême plaisir. On s'assied sur le bord, on y mange, on boit même de l'eau de la fontaine, car elle est très-fraîche ; et on la voit, à des temps fixes, monter ou se retirer graduellement. On place un anneau ou tout autre objet, à sec, sur le bord. L'eau le mouille peu à peu, et enfin le couvre tout à fait. Bientôt, il reparaît, et l'eau l'abandonne insensiblement. Si l'on prolonge ses observations, on voit le même phénomène se renouveler jusqu'à deux ou trois fois.

Quelque vent souterrain ouvrirait-il ou fermerait-il la source de cette fontaine, selon qu'il entre ou se retire avec force ? C'est ce qui arrive dans les flacons et dans tous les vases dont l'ouverture se resserre, et qui n'ont pas d'abord toute leur largeur. Même quand on les penche, l'air, en s'efforçant d'y pénétrer, retarde l'écoulement de l'eau par des hoquets fréquents. Cette source aurait-elle la même propriété que l'Océan? Le flux et le reflux fait-il aussi croître ou décroître ce mince filet d'eau ? Ou bien, comme les fleuves qui portent leurs eaux à la mer sont refoulés par les vents contraires ou par le reflux, y aurait-il de même quelque obstacle interne qui repousse par moments les eaux de cette fontaine? Peut-être encore les conduits secrets qui l'alimentent ont-ils une capacité déterminée. Tandis qu'ils rassemblent la même quantité d'eau qu'ils viennent d'épancher, le ruisseau diminue et coule plus lentement ; au lieu qu'il s'enfle et se précipite, lorsque

---

die, statis auctibus ac diminutionibus, crescit decrescitque. Cernitur id palam, et cum summa voluptate deprehenditur. Juxta recumbis et vesceris, atque etiam ex ipso fonte (nam est frigidissimus) potas. Interim ille certis dimensisque momentis vel subtrahitur, vel assurgit. Annulum, seu quid aliud, ponis in sicco ; alluitur sensim, ac novissime operitur. Detegitur rursus, paulatimque deseritur. Si diutius observes, utrumque iterum ac tertio videas.

Spiritusne aliquis occultior os fontis et fauces modo laxat, modo includit, prout illatus occurrit, aut decessit expulsus? Quod in ampullis cæterisque generis ejusdem videmus accidere, quibus non hians, nec statim patens exitus. Nam illa quoque, quanquam prona et vergentia, per quasdam obluctantis animæ moras crebris quasi singultibus sistunt, quod effundunt. An quæ Oceano natura, fonti quoque ? quaque ille ratione aut impellitur, aut resorbetur, hac modicus hic humor vicibus alternis supprimitur, vel egeritur? An, ut flumina, quæ in mare deferuntur, adversantibus ventis, obvioque æstu retorquentur, ita est aliquid, quod hujus fontis excursum per momenta repercutiat? An latentibus venis certa mensura, quæ dum colligit quod

ces canaux sont remplis. Enfin y aurait-il une espèce d'écluse mise en jeu par un ressort caché et inconnu qui renouvellerait l'épanchement des eaux, lorsque le bassin serait vide, et qui arrêterait et suspendrait leur cours, lorsque le bassin serait plein?

C'est à vous à découvrir les causes de ce grand phénomène. Personne ne le peut mieux que vous. Pour moi, je suis content, si j'ai bien exposé le fait. Adieu.

exhauserat, minor rivus et pigrior; quum collegit, agilior majorque profertur? An, nescio quod, libramentum abditum et cæcum, quod quum exinanitum est, suscitat et elicit fontem; quum repletum, moratur et strangulat?

Scrutare tu causas (potes enim), quæ tantum miraculum efficiunt. Mihi abunde est, si satis expressi quod efficitur. Vale.

# LIVRE CINQUIÈME.

### I. — *Pline à Sévérus.*

On vient de me faire un petit legs que j'estime plus qu'un legs considérable. Vous demandez pourquoi. Le voici. Pomponia Gratilla, ayant déshérité son fils Assudius Curianus, m'institua héritier avec Sertorius Sévérus, l'ancien préteur, et avec quelques chevaliers romains, distingués dans leur ordre. Curianus me pressa de vouloir bien lui donner ma part dans la succession, et d'établir par là un précédent en sa faveur; mais en même temps il m'offrait de me laisser, par une stipulation secrète, cette même portion que je lui donnerais. Je lui répondis qu'il ne convenait pas à mon caractère d'agir en particulier autrement qu'en public; que d'ailleurs je ne croyais pas qu'il fût honorable de faire une donation à un homme riche et sans enfants; qu'enfin cette donation serait inutile à ses desseins; qu'au contraire, un désistement de mon droit les favoriserait beaucoup, et que j'étais prêt à me désister, si j'étais bien convaincu qu'il eût été déshérité injustement. J'y

# LIBER QUINTUS.

### I. — *Pline à Sévérus.*

Legatum mihi obvenit modicum, sed amplissimo gratius. Cur amplissimo gratius? Pomponia Gratilla, exhæredato filio Assudio Curiano, hæredem reliquerat me. Dederat cohæredes Sertorium Severum, prætorium virum, aliosque equites romanos splendidos. Curianus orabat ut sibi donarem portionem meam, seque præjudicio juvarem : eamdem tacita conventione salvam mihi pollicebatur. Respondebam, non convenire moribus meis aliud palam, aliud agere secreto ; præterea non esse satis honestum donare et locupleti et orbo ; in summa, non profuturum ei, si donassem; profuturum, si cessissem; esse autem me paratum cedere, si inique exhæredatum mihi liqueret. Ad hoc ille : « Rogo cognoscas. » Cunctatus paulum : « Fa-

*consens*, reprit-il, *et je m'en rapporte à vous*. Après avoir hésité un moment : *Je le veux bien*, lui dis-je ; *car je ne vois pas pourquoi j'aurais de moi moins bonne opinion que vous-même. Mais souvenez-vous que rien n'ébranlera ma fermeté, si la justice m'engage à décider pour votre mère.* — *Comme vous voudrez*, répondit-il ; *car vous ne voudrez que ce qui sera juste*. Je choisis donc, pour prononcer avec moi, deux des hommes qui jouissaient alors dans Rome de la plus haute estime, Corellius et Frontinus. Assis au milieu d'eux, je donnai audience à Curianus dans une chambre. Il dit tout ce qu'il crut lui être favorable. Je répliquai en peu de mots ; car personne n'était là pour défendre l'honneur de la testatrice. Après cela, je me retirai ; et ensuite, de l'avis de mon conseil, je lui dis : *Il paraît, Curianus, que le ressentiment de votre mère était juste.*

Quelque temps après, il fait assigner mes cohéritiers devant les centumvirs ; il n'excepte que moi. Le jour du jugement approchait. Tous mes cohéritiers souhaitaient une transaction ; non qu'ils se défiassent de leur cause, mais les circonstances leur faisaient peur. Ils appréhendaient (ce qu'ils avaient vu plus d'une fois arriver à d'autres), qu'au sortir d'un procès civil devant les centumvirs, ils ne tombassent dans un procès capital. Il en était plusieurs contre qui l'amitié de Gratilla et de Rusticus pouvait fournir un prétexte d'accusation. Ils me prient d'en conférer avec Curianus. Je me rends avec lui dans le temple de la Concorde. Là je lui dis : *Si votre mère vous eût institué héritier pour un quart de son bien,*

---

ciam, inquam : neque enim video cur ipse me minorem putem quam tibi videor. Sed jam nunc memento, non defuturam mihi constantiam, si ita fides duxerit, secundum matrem tuam pronuntiandi. — Ut voles, ait : voles enim quod æquissimum. » Adhibui in consilium duos, quos tunc civitas nostra spectatissimos habuit, Corellium et Frontinum. His circumdatus in cubiculo meo sedi. Dixit Curianus quæ pro se putabat. Respondi paucis ego (neque enim aderat alius qui defunctæ pudorem tueretur) ; deinde secessi, et ex consilii sententia : « Videtur, inquam, Curiane, mater tua justas habuisse causas irascendi tibi. »

Post hoc ille cum cæteris subscripsit centumvirale judicium, mecum non subscripsit. Appetebat judicii dies. Cohæredes mei componere et transigere cupiebant, non diffidentia causæ, sed metu temporum. Verebantur, quod videbant multis accidisse, ne ex centumvirali judicio capitis rei exirent. Et erant quidam in illis, quibus objici et Gratillæ amicitia et Rustici posset. Rogant me ut cum Curiano loquar. Convenimus in ædem Concordiæ. Ibi ego : « Si mater, inquam, te ex parte quarta scripsisset hæredem, num queri posses? Quid si hæredem quidem instituisset ex

ou si même elle vous eût fait son unique héritier, mais que par des legs elle eût si fort chargé sa succession, qu'il ne vous en restât que le quart, auriez-vous droit de vous plaindre? Vous devez donc être content, si, étant déshérité par votre mère, ses héritiers vous abandonnent le quart de ce qu'ils recevront. Je veux pourtant encore y ajouter du mien. Vous savez que vous ne m'avez point assigné, et qu'une possession de deux années met ma portion d'héritage à couvert. Cependant, pour que mes cohéritiers vous trouvent plus traitable, et pour que la considération dont vous m'honorez ne vous coûte rien, je vous en offre autant pour ma part. Le témoignage secret de ma conscience ne fut pas le seul fruit que je recueillis de cette action ; elle me fit honneur. C'est donc ce même Curianus qui m'a laissé un legs pour rendre un éclatant hommage à mon désintéressement, qui, si je ne me flatte point trop, est digne de nos ancêtres.

Je vous donne ce détail, parce que j'ai coutume de m'entretenir avec vous, comme avec moi-même, de tout ce qui me cause de la peine ou du plaisir. Je crois, d'ailleurs, qu'il serait pénible de garder pour moi seul toute ma joie, et d'en frustrer mon ami : car ma sagesse ne va point jusqu'à ne compter pour rien cette sorte de récompense que la vertu trouve dans l'approbation de ceux qui l'estiment. Adieu.

## II. — *Pline à Flaccus.*

Toutes les ressources de ma villa de Laurente et celles de la

asse, sed legatis ita exhausisset, ut non amplius apud te, quam quarta, remaneret? Igitur sufficere tibi debet, si, exhæredatus a matre, quartam partem ab hæredibus ejus accipias, quam tamen ego augebo. Scis te non subscripsisse mecum, et jam biennium transisse, omniaque me usucepisse. Sed, ut te cohæredes mei tractabiliorem experiantur, utque tibi nihil abstulerit reverentia mei, offero pro mea parte tantumdem. » Tuli fructum non conscientiæ modo, verum etiam famæ. Ille ergo Curianus legatum mihi reliquit, et factum meum, nisi forte blandior mihi, antiquum, nobili honore signavit.

Hæc tibi scripsi, quia de omnibus quæ me vel delectant vel angunt, non aliter tecum, quam mecum, loqui soleo ; deinde, quod durum existimabam, te amantissimum mei fraudare voluptate quam ipse capiebam : neque enim sum tam sapiens, ut nihil mea intersit, an iis, quæ honeste fecisse me credo, testificatio quædam, et quasi præmium accedat. Vale.

## II. — *Pline à Flaccus.*

Accepi pulcherrimos turdos, cum quibus parem calculum ponere, nec ullis copiis

mer, par un temps si orageux, ne sauraient me fournir de quoi vous rendre l'équivalent des magnifiques grives que vous m'avez envoyées. Attendez-vous donc à une lettre stérile et franchement ingrate. Je ne veux pas même imiter l'adresse de Diomède à échanger des présents. Mais je connais votre indulgence : vous me pardonnerez d'autant plus facilement, que je me reconnais moins digne de pardon. Adieu.

### III. — *Pline à Ariston.*

Parmi mes innombrables obligations envers vous, je compte pour une des plus grandes, que vous ayez bien voulu me raconter avec tant de franchise la longue discussion qui s'est élevée chez vous sur mes vers, et les divers jugements que l'on en porte. Vous m'apprenez que plusieurs personnes, sans trouver mes vers mauvais, me blâment, en amis vrais et sincères, d'en composer et de les lire. Ma réponse me rendra encore bien plus coupable à leurs yeux. Je fais de temps en temps des vers légers ; je compose des comédies, et je vais en écouter au théâtre ; j'assiste au spectacle des mimes ; je lis volontiers les poëtes lyriques ; je m'amuse même des vers *sotadiques*; enfin, il m'arrive quelquefois de rire, de plaisanter, de badiner ; et, pour exprimer en un mot tous les plaisirs innocents auxquels je me livre, je suis homme.

Je ne suis point fâché que ceux qui ignorent que les personnages les plus savants, les plus graves, les plus irréprochables ont com-

---

ex Laurentino, nec maris tam turbidis tempestatibus possum. Recipies ergo epistolas steriles, et simpliciter ingratas, ac ne illam quidem solertiam Diomedis in permutando munere imitantes. Sed, quæ facilitas tua, hoc magis dabis veniam, quod se non mereri fatentur. Vale.

### III. — *Pline à Ariston.*

Quum plurima officia tua mihi grata et jucunda sunt, tum vel maxime, quod me celandum non putasti, fuisse apud te de versiculis meis multum copiosumque sermonem, eumque diversitate judiciorum longius processisse ; exstitisse etiam quosdam, qui scripta quidem ipsa non improbarent, me tamen amice simpliciterque reprehenderent, quod hæc scriberem recitaremque. Quibus ego, ut augeam meam culpam, ita respondeo : Facio nonnunquam versiculos, severos parum ; facio comœdias, et audio ; et specto mimos, et lyricos lego, et Sotadicos intelligo ; aliquando præterea rideo, jocor, ludo ; utque omnia innoxiæ remissionis genera breviter amplectar, homo sum.

Nec vero moleste fero, hanc esse de moribus meis existimationem, ut, qui nes-

posé de ces bagatelles, soient surpris de me voir y consacrer quelques instants. Mais j'ose me flatter que ceux qui connaissent mes guides, me pardonneront aisément, si je m'égare sur leurs pas. Ce sont des hommes illustres, qu'il n'est pas moins glorieux d'imiter dans leurs amusements que dans leurs occupations. Je ne veux nommer personne parmi les vivants pour ne pas me rendre suspect de flatterie. Mais dois-je rougir de faire ce qu'ont fait Cicéron, C. Calvus, Asinius Pollion, M. Messala, Q. Hortensius, M. Brutus, L. Sylla, Q. Catulus, Q. Scévola, Ser. Sulpicius, Varron, Torquatus, ou plutôt les Torquatus, C. Memmius, Lentulus, Gétulicus, Ann. Sénèque, et, de nos jours encore, Virginius Rufus? Si les exemples des particuliers ne suffisent pas, je citerai Jules César, Auguste, Nerva, Titus. Je ne parle point de Néron; et cependant un goût ne cesse pas d'être légitime pour être quelquefois celui des méchants, tandis qu'une chose reste honorable par cela seul que les gens de bien en ont souvent donné l'exemple. Dans ce nombre on doit compter P. Virgile, Cornélius Népos, et, avant eux, Ennius et Accius. Il est vrai qu'ils n'étaient pas sénateurs; mais la vertu n'admet point la distinction des rangs.

Toutefois, dira-t-on, je lis publiquement mes ouvrages, et peut-être n'ont-ils pas lu les leurs. J'en conviens. C'est qu'ils pouvaient s'en rapporter à leur propre jugement. Moi, j'ai une conscience trop modeste pour croire parfait ce qui me paraît tel. Je lis donc à mes amis, et j'y trouve plus d'un avantage. D'abord, par respect pour l'auditoire qui doit l'écouter, un auteur apporte

ciunt, talia doctissimos, gravissimos, sanctissimos homines scriptitasse, me scribere mirentur. Ab illis autem, quibus notum est, quos quantosque auctores sequar, facile impetrari posse confido, ut errare me, sed cum illis, sinant, quorum non seria modo, verum etiam lusus exprimere, laudabile est. An ego verear (neminem viventium, ne quam in speciem adulationis incidam, nominabo), sed ego verear, ne me non satis deceat, quod decuit M. Tullium, C. Calvum, Asinium Pollionem, M. Messalam, Q. Hortensium, M. Brutum, L. Sullam, Q. Catulum, Q. Scævolam, Ser. Sulpicium, Varronem, Torquatum (immo Torquatos), C. Memmium, Lentulum, Gætulicum, Annæum Senecam, et proxime Virginium Rufum; et si non sufficiunt exempla privata, divum Julium, divum Augustum, divum Nervam, T. Cæsarem? Neronem enim transeo, quamvis sciam non corrumpi in deterius, quæ aliquando etiam a malis; sed honesta manere, quæ sæpius a bonis fiunt. Inter quos vel præcipue numerandus est P. Virgilius, Cornelius Nepos, et prius Ennius Acciusque. Non quidem hi senatores; sed sanctitas morum non distat ordinibus.

Recito tamen; quod illi an fecerint, nescio. Etiam. Sed illi judicio suo poterant

plus de soin à ses écrits ; ensuite, s'il a des doutes sur son ouvrage, il les résout, comme à la pluralité des voix. Enfin il reçoit différents avis de différentes personnes ; et, si on ne lui en donne point, les yeux, l'air, un geste, un signe, un murmure, le silence même, parlent assez clairement à quiconque ne les confond pas avec le langage de la politesse. C'est au point, que si quelqu'un de ceux qui m'ont écouté voulait prendre la peine de lire ce qu'il a entendu, il trouverait que j'ai changé ou retranché des endroits d'après son avis même, quoiqu'il ne m'en ait pas dit un mot. Et notez que je me défends, comme si j'avais rassemblé le peuple dans une salle publique, et non pas mes amis dans ma chambre. Avoir beaucoup d'amis a souvent fait honneur, et n'a jamais attiré de reproche. Adieu.

### IV. — *Pline à Valérien.*

Voici une affaire assez mince, dont les suites peuvent avoir de l'importance. Solers, ancien préteur, a demandé au sénat la permission d'établir des marchés sur ses terres. Les députés de Vicente s'y sont opposés ; et Tuscilius Nominatus s'est présenté pour les défendre. L'affaire fut remise. Les Vicentins revinrent au sénat un autre jour, mais sans avocat. Ils se plaignirent d'avoir été trompés, soit qu'ils le crussent ainsi, soit que ce mot leur fût échappé. Le préteur Népos leur demanda quel avocat ils avaient chargé de leur cause. — Le même, répondirent-ils, qui nous avait accompa-

---

esse contenti. Mihi modestior conscientia est, quam ut satis absolutum putem, quod a me probetur. Itaque has recitandi causas sequor : primum, quod ipse, qui recitat, aliquanto acrius scriptis suis, auditorum reverentia, intendit ; deinde, quod, de quibus dubitat, quasi ex consilii sententia statuit. Multa etiam a multis admonetur ; et, si non admoneatur, quid quisque sentiat, perspicit ex vultu, oculis, nutu, manu, murmure, silentio ; quæ satis apertis notis judicium ab humanitate discernunt. Atque adeo, si cui forte eorum, qui interfuerunt, curæ fuerit eadem illa legere, intelliget me quædam aut commutasse, aut præterisse, fortasse etiam ex suo judicio, quamvis ipse nihil dixerit mihi. Atque hæc ita disputo, quasi populum in auditorium, non in cubiculum amicos advocarim, quos plures habere, multis gloriosum, reprehensioni nemini fuit. Vale.

### IV. — *Pline à Valérien.*

Res parva, sed initium non parvæ. Vir prætorius Solers a senatu petiit, ut sibi instituere in agris suis nundinas permitteretur. Contradixerunt Vicentinorum legati. Affuit Tuscilius Nominatus. Dilata causa est. Alio senatu Vicentini sine advocato

gnés la première fois. — Que lui avez-vous donné? Six mille sesterces[1]. — Ne lui avez-vous rien donné depuis? — Mille deniers[2]. Népos a requis que Nominatus fût mandé. C'est tout ce qui s'est passé ce jour-là. Toutefois, si je ne me trompe, cette affaire ira plus loin; car il est bien des choses qu'il suffit de remuer ou de toucher légèrement pour qu'elles parcourent un grand espace. J'ai éveillé votre curiosité. Mais que de temps, que de prières ne vous faudra-t-il pas pour que je vous apprenne le reste, à moins que, pour le savoir plus tôt, vous ne veniez à Rome, et que vous n'aimiez mieux être spectateur que lecteur! Adieu.

### V. — *Pline à Maxime.*

On me mande que C. Fannius est mort. Cette nouvelle m'a plongé dans une profonde affliction. J'aimais sa politesse et son éloquence, et je prenais volontiers ses avis. Il était pénétrant, exercé dans les affaires et fertile en expédients. Ce qui ajoute à mes regrets, c'est sa propre infortune. Il est mort, laissant un ancien testament, dans lequel il oublie ses meilleurs amis, et comble de biens ses ennemis les plus déclarés. Mais on peut néanmoins s'en consoler. Ce qui est plus fâcheux, c'est qu'il n'a pu terminer l'excellent ouvrage auquel il travaillait. Ses affaires au barreau ne l'empêchaient pas d'écrire les aventures des malheureux que Néron avait bannis ou mis à mort. Déjà trois livres de cet ouvrage étaient achevés, et l'on

---

intraverunt. Dixerunt se deceptos; lapsine verbo, an quia ita sentiebant? Interrogati a Nepote prætore quem docuissent, responderunt, quem prius. Interrogati an tunc gratis affuisset, responderunt, sex millibus nummum ; an rursus aliquid dedissent, dixerunt, mille denarios. Nepos postulavit ut Nominatus induceretur. Hactenus illo die. Sed, quantum auguror, longius res procedet. Nam pleraque tacta tantum et omnino commota latissime serpunt. Erexi aures tuas. Quam diu nunc oportet, quam blande roges, ut reliqua cognoscas, si tamen non ante ob hæc ipsa veneris Romam, spectatorque malueris esse, quam lector! Vale.

### V. — *Pline à Maxime.*

Nuntiatum mihi est, C. Fannium decessisse. Qui nuntius me gravi dolore confudit : primum, quod amavi hominem elegantem et disertum ; deinde, quod judicio ejus uti solebam. Erat enim natura acutus, usu exercitatus, varietate promptissimus. Angit me, super ista, casus ipsius. Decessit veteri testamento. Omisit quos maxime diligebat ; prosecutus est quibus offensior erat. Sed hoc utcumque tolerabile. Gra-

---

1. 1,228 francs.
2. 710 francs.

y admirait la simplicité du récit, l'exactitude des faits, la pureté du style. Le ton tenait le milieu entre celui de la conversation et celui de l'histoire. L'empressement qu'on témoignait à les lire ajoutait au désir qu'il avait d'achever les autres.

Il me semble que la mort des écrivains qui consacrent leurs veilles à des œuvres immortelles, est toujours précoce et prématurée. Ceux qui, livrés aux plaisirs, vivent au jour le jour, meurent à la fin de chaque journée ; mais ceux qui songent à la postérité et qui veulent éterniser leur mémoire, sont toujours surpris par la mort, puisqu'elle interrompt toujours un travail commencé.

Il est vrai que C. Fannius eut, longtemps avant de mourir, un pressentiment de sa destinée. Il crut se voir, en songe, couché dans son lit, et dans l'attitude d'un homme qui étudie. Il avait, selon l'usage, son portefeuille devant lui. Il s'imagina bientôt voir entrer Néron qui s'assit sur sa couche, saisit le premier livre, déjà publié, où ses forfaits étaient tracés, le lut d'un bout à l'autre, prit ensuite et lut de même le second, le troisième, et se retira. Fannius, saisi de frayeur, se persuada, en interprétant ce songe, qu'il n'en écrirait pas plus que Néron n'en avait lu ; et son pressentiment s'est réalisé.

Je ne puis y penser, sans le plaindre d'avoir perdu tant de travaux et tant de veilles. Mon esprit se trouve naturellement ramené à l'idée de ma mort et à celle de mes écrits. Je ne doute pas

---

vius illud, quod pulcherrimum opus imperfectum reliquit. Quamvis enim agendis causis distringeretur, scribebat tamen exitus occisorum aut relegatorum a Nerone; et jam tres libros absolverat, subtiles, et diligentes, et latinos, atque inter sermonem historiamque medios. Ac tanto magis reliquos perficere cupiebat, quanto frequentibus hi lectitabantur.

Mihi autem videtur acerba semper et immatura mors eorum qui immortale aliquid parant. Nam qui, voluptatibus dediti, quasi in diem vivunt, vivendi causas quotidie finiunt. Qui vero posteros cogitant, et memoriam sui extendunt, his nulla mors non repentina est, ut quæ semper inchoatum aliquid abrumpat.

Caius quidem Fannius, quod accidit, multo ante præsensit. Visus est sibi per nocturnam quietem jacere in lectulo suo compositus in habitu studentis, habere ante se scrinium; ita solebat. Mox imaginatus est venisse Neronem, in toro resedisse, promsisse primum librum, quem de sceleribus ejus ediderat, eumque ad extremum revolvisse, idem in secundo ac tertio fecisse, tunc abiisse. Expavit; et sic interpretatus est, tanquam idem sibi futurus esset scribendi finis, qui fuisset illi legendi ; et fuit idem.

Quod me recordantem miseratio subit, quantum vigiliarum, quantum laboris

que cette réflexion ne vous inspire les mêmes alarmes pour ceux auxquels vous travaillez encore. Ainsi, tandis que nous jouissons de la vie, cherchons à dérober à la mort le plus d'ouvrages que nous pourrons. Adieu.

### VI. — *Pline à Apollinaire.*

J'ai été sensible à votre attention pour moi et à votre inquiétude, lorsque, informé que je devais aller cet été à ma villa de Toscane, vous avez essayé de m'en détourner, parce que vous ne croyez pas que l'air en soit bon. Il est vrai que le canton de Toscane qui s'étend le long de la mer est malsain et dangereux. Mais ma villa en est éloignée ; que dis-je, elle est au pied de l'Apennin dont l'air est plus pur que celui d'aucune autre montagne. Et, afin que vous soyez bien guéri de votre peur pour moi, voici quelle est la température du climat, la situation du pays et la beauté de la villa. Vous aurez autant de plaisir à lire ma description que moi à vous la faire.

En hiver, l'air y est froid et glacé. Le climat proscrit et repousse les myrtes, les oliviers et les autres espèces d'arbres qui exigent une chaleur continuelle. Cependant il souffre les lauriers auxquels il donne même le plus vif éclat. S'ils y meurent quelquefois, ce n'est pas plus souvent qu'aux environs de Rome. L'été y est d'une douceur merveilleuse. Un souffle rafraîchissant ne cesse d'agiter l'air. Mais c'est plutôt la brise que le vent. Aussi l'on y voit beau-

---

exhauserit frustra. Occursant animo mea mortalitas, mea scripta. Nec dubito te quoque eadem cogitatione terreri pro istis quæ inter manus habes. Proinde, dum suppetit vita, enitamur, ut mors quam paucissima, quæ abolere possit, inveniat. Vale.

### VI. — *Pline à Apollinaire.*

Amavi curam et sollicitudinem tuam, quod, quum audisses me æstate Tuscos meos petiturum, ne facerem suasisti, dum putas insalubres. Et sane gravis et pestilens ora Tuscorum, quæ per littus extenditur. Sed hi procul a mari recesserunt; quin etiam Apennino, saluberrimo montium, subjacent. Atque adeo, ut omnem pro me metum ponas, accipe temperiem cœli, regionis situm, villæ amœnitatem. Quæ et tibi auditu, et mihi relatu jucunda erunt.

Cœlum est hieme frigidum et gelidum. Myrtos, oleas, quæque alia assiduo tepore lætantur, aspernatur ac respuit. Laurum tamen patitur, atque etiam nitidissimam profert; interdum, sed non sæpius quam sub urbe nostra, necat. Æstatis mira clementia. Semper aer spiritu aliquo movetur ; frequentius tamen auras, quam ventos

coup de vieillards, les aïeuls et les bisaïeuls de jeunes gens déjà faits. On entend raconter de vieilles histoires et les conversations de ses ancêtres. Quand on est en ce lieu, on se croit d'un autre siècle.

La disposition du terrain est d'une beauté ravissante. Imaginez-vous un amphithéâtre immense, tel que la nature seule peut le créer, une vaste plaine, environnée de montagnes que couronnent de hautes et antiques forêts. Toute espèce de gibier y abonde. Des taillis couvrent la pente des montagnes. Entre ces taillis sont des coteaux d'un terroir si bon et si gras, qu'il serait difficile d'y trouver une pierre, quand même on l'y chercherait. Leur fertilité ne le cède point à celle de la plaine; et, quoique plus tardives, les moissons n'y mûrissent pas moins. Au pied de ces montagnes, sur le flanc des coteaux se prolongent des vignobles qui semblent se toucher et n'en former qu'un seul. Ces vignobles sont partout bordés d'arbrisseaux. Ensuite s'étendent des prairies et des terres labourables si fortes, que les meilleures charrues et les bœufs les plus robustes ont peine à en ouvrir le sol. Comme la terre est très-compacte, le fer ne peut la fendre sans se charger de glèbes énormes, et, pour les briser, il faut repasser le soc jusqu'à neuf fois.

Les prés, émaillés de fleurs, y fournissent du trèfle et d'autres sortes d'herbes, toujours aussi tendres et aussi fraîches que si elles venaient d'éclore. Ils doivent cette fertilité aux ruisseaux intarissables qui les arrosent. Cependant, en des lieux où l'on

---

habet. Hinc senes multos videas, avos proavosque jam juvenum; audias fabulas veteres, sermonesque majorum; quumque veneris illo, putes alio te sæculo natum.

Regionis forma pulcherrima. Imaginare amphitheatrum aliquod immensum, et quale sola rerum natura possit effingere. Lata et diffusa planities montibus cingitur. Montes summa sui parte procera nemora et antiqua habent. Frequens ibi et varia venatio. Inde cæduæ silvæ cum ipso monte descendunt. Has inter pingues terrenique colles (neque enim facile usquam saxum, etiam si quæratur, occurrit) planissimis campis fertilitate non cedunt, opimamque messem serius tantum, sed non minus percoquunt. Sub his per latus omne vineæ porriguntur, unamque faciem longe lateque contexunt; quarum a fine imoque quasi margine arbusta nascuntur. Prata inde, campique; campi, quos nonnisi ingentes boves et fortissima aratra perfringunt. Tantis glebis tenacissimum solum, quum primum prosecatur, assurgit, ut nono demum sulco perdometur.

Prata florida et gemmea, trifolium, aliasque herbas, teneras semper et molles, et quasi novas alunt. Cuncta enim perennibus rivis nutriuntur. Sed ubi aquæ pluri-

trouve tant d'eaux, on ne voit point de marécages, parce que le terrain, disposé en pente, verse dans le Tibre toutes celles qu'il n'a point absorbées. Ce fleuve, qui passe au milieu des champs, est navigable, et sert en hiver et au printemps à transporter toutes les provisions de Rome. En été, il baisse si fort, que son lit est presque à sec. C'est en automne qu'il reprend son nom de grand fleuve. On trouve un plaisir extrême à contempler cet horizon du haut d'une montagne. On croit voir, non des propriétés, mais un paysage dessiné d'après un modèle idéal : tant les yeux, de quelque côté qu'ils se tournent, sont charmés par la disposition et par la variété des objets!

La villa, quoique située au bas d'un coteau, a la même perspective que si elle était au sommet. Ce coteau s'élève par une pente si douce, que l'on s'aperçoit qu'on est monté, sans avoir senti que l'on montait. Derrière la villa, mais assez loin d'elle, est l'Apennin. Dans les jours même les plus calmes et les plus sereins, elle en reçoit des vents frais qui n'ont plus rien de vif et d'impétueux : leur force s'est amortie et brisée en chemin. L'exposition est presque entièrement au midi, et semble inviter le soleil, en été vers le milieu du jour, en hiver un peu plus tôt, à venir dans une galerie fort large et longue à proportion.

Le bâtiment se compose de plusieurs ailes. L'entrée même respire le goût antique. Devant le portique se présente un parterre divisé en plusieurs planches bordées de buis ; ensuite un tapis de verdure en talus et peu élevé, sur lequel le buis dessine

---

mum; palus nulla, quia devexa terra, quidquid liquoris accepit, nec absorbuit, effundit in Tiberim. Medios ille agros secat, navium patiens, omnesque fruges devehit in Urbem, hieme duntaxat et vere; æstate submittitur, immensique fluminis nomen arenti alveo deserit, autumno resumit. Magnam capies voluptatem, si hunc regionis situm ex monte prospexeris. Neque enim terras tibi, sed formam aliquam, ad eximiam pulchritudinem pictam, videberis cernere. Ea varietate, ea descriptione, quocumque incideriut, oculi reficiuntur.

Villa in colle imo sita prospicit quasi ex summo. Ita leniter et sensim, clivo allente, consurgit, ut, quum ascendere te non putes, sentias ascendisse. A tergo Apenninum, sed longius habet. Accipit ab hoc auras quamlibet sereno et placido die, non tamen acres et immodicas, sed spatio ipso lassas et infractas. Magna sui parte meridiem spectat, æstivumque solem ab hora sexta, hibernum aliquanto maturius, quasi invitat in porticum latam, et pro modo longam.

Multa in hac membra; atrium etiam ex more veterum. Ante porticum xystus concisus in plurimas species, distinctusque buxo ; demissus inde pronusque pulvinus,

des figures d'animaux opposées symétriquement l'une à l'autre. Plus bas se joue une souple et ondoyante draperie d'acanthes qu'entoure une allée d'arbres toujours verts, pressés les uns contre les autres, et diversement taillés. Puis on aperçoit une promenade circulaire, environnée de buis aux mille formes et d'arbustes qu'on a soin de tenir bas en arrêtant leur croissance. Cet ensemble est enclos de murailles qu'un buis étagé abrite et dérobe à la vue. De l'autre côté on découvre une prairie, aussi remarquable par sa beauté naturelle que les objets précédents par les efforts de l'art. Ensuite sont des champs, des prés et des arbrisseaux.

Au bout du portique se prolonge une salle à manger dont les portes donnent sur l'extrémité du parterre, et les fenêtres sur les prairies et sur une grande étendue de campagne. Par ces fenêtres on aperçoit de côté le parterre, la partie de la villa qui s'avance en saillie et le haut des arbres du manége. De l'un des côtés de la galerie et vers le milieu, on entre dans un appartement qui environne une petite cour ombragée de quatre platanes. Au milieu de la cour se trouve un bassin de marbre, d'où l'eau qui s'échappe entretient par une douce rosée la fraîcheur des platanes et des arbustes qui sont au-dessous. Dans cet appartement est une chambre à coucher où ne pénètre ni la voix, ni le bruit, ni le jour. Ensuite vient une salle à manger où l'on traite ordinairement les intimes amis. Une autre galerie donne sur cette petite cour, et jouit de tous les horizons que je viens de décrire. Il y a encore une chambre que le voisinage d'un platane fait jouir de la ver-

cui bestiarum effigies invicem adversas buxus inscripsit. Acanthus in plano mollis, et pæne dixerim, liquidus. Ambit hunc ambulatio pressis varieque tonsis viridibus inclusa. Ab his gestatio in modum circi, quæ buxum multiformem, humilesque et retentas manu arbusculas circumit. Omnia maceria muniuntur : hanc gradata buxus operit et subtrahit. Pratum inde non minus natura, quam superiora illa arte, visendum. Campi deinde porro, multaque alia prata et arbusta.

A capite porticus triclinium excurrit; valvis xystum desinentem, et porticus pratum, multumque ruris videt fenestris. Hac latus xysti, ut quod prosilit villæ, hac adjacentis hippodromi nemus comasque prospectat. Contra mediam fere porticum diæta paulum recedit; cingit areolam, quæ quatuor platanis inumbratur. Inter has marmoreo labro aqua exundat, circumjectasque platanos, et subjecta platanis leni aspergine fovet. Est in hac diæta dormitorium cubiculum, quod diem, clamorem sonumque excludit; junctaque quotidiana amicorum cœnatio. Areolam illam porticus alia, eademque omnia, quæ porticus, aspicit. Est et aliud cubiculum a proxima

dure et de la fraîcheur. Elle est revêtue de marbre jusqu'à hauteur d'appui ; et, ce qui ne le cède point à la beauté du marbre, c'est une peinture qui représente des oiseaux perchés sur un branchage. Au-dessous est une petite fontaine et un bassin où l'eau, en s'échappant par plusieurs canaux, produit un délicieux murmure.

D'un coin de la galerie on passe dans une grande chambre qui fait face à la salle à manger. Elle a ses fenêtres, d'un côté sur le parterre, de l'autre sur la prairie ; et, immédiatement au-dessous de ses fenêtres, s'étend une pièce d'eau qui charme également les yeux et les oreilles : car l'eau tombe de haut dans un bassin de marbre, blanchissante d'écume. Cette chambre est fort chaude en hiver, parce que le soleil l'enveloppe de toutes parts. On y trouve un poêle qui, lorsque le temps est couvert, supplée par sa chaleur aux rayons du soleil. De l'autre côté est un vestiaire vaste et gai, et ensuite la salle du bain d'eau froide, garnie d'une fraîche et large baignoire. Si vous voulez un bain plus spacieux ou plus chaud, vous le trouvez dans la cour, et, tout auprès, un puits qui fournit de l'eau froide quand la chaleur incommode. A côté de la salle du bain froid est celle du bain tiède, échauffée par le soleil, mais moins que celle du bain chaud, parce que celle-ci est en saillie. On descend dans cette dernière par trois escaliers dont deux sont exposés au soleil ; le troisième l'est beaucoup moins, sans être pour cela plus obscur. Au-dessus du vestiaire on voit un jeu de paume, divisé en plusieurs compartiments, pour différentes sortes d'exercices.

platano viride et umbrosum, marmore excultum podio tenus. Nec cedit gratiæ marmoris, ramos, insidentesque ramis aves imitata pictura. Cui subest fonticulus : in hoc fonte crater, circa siphunculi plures miscent jucundissimum murmur. In cornu porticus amplissimum cubiculum a triclinio occurrit ; aliis fenestris xystum, aliis despicit pratum, sed ante piscinam, quæ fenestris servit ac subjacet, strepitu visuque jucunda : nam ex edito desiliens aqua, suscepta marmore, albescit. Idem cubiculum hieme tepidissimum, quia plurimo sole perfunditur. Cohæret hypocauston, et, si dies nubilus, immisso vapore, solis vicem supplet. Inde apodyterium balinei laxum et hilare excipit cella frigidaria, in qua baptisterium amplum atque opacum. Si natare latius aut tepidius velis, in area piscina est, in proximo puteus, ex quo possis rursus astringi, si pœniteat teporis. Frigidariæ cellæ connectitur media, cui sol benignissime præsto est : caldariæ magis ; prominet enim. In hac tres descensiones : duæ in sole, tertia a sole longius, a luce non longius. Apodyterio superpositum est sphæristerium, quod plura genera exercitationis, pluresque circulos capit.

Non loin du bain, un escalier conduit dans une galerie fermée, et, auparavant, dans trois appartements, dont l'un a vue sur la petite cour ombragée de platanes, l'autre sur la prairie; le troisième, qui donne sur des vignes, a autant de perspectives que d'ouvertures différentes. A l'extrémité de la galerie fermée est une chambre prise dans la galerie même, et qui regarde le manége, les vignes, les montagnes. Près de cette chambre s'en trouve une autre, exposée au soleil, surtout pendant l'hiver. De là on entre dans un appartement qui joint le manége à la maison. Voici l'aspect qu'il présente de face. A l'un des côtés s'élève une galerie fermée, tournée vers le midi, et où les vignes semblent être si près, que l'on croit y toucher. Au milieu de cette galerie on voit une salle à manger qui reçoit des vallées de l'Apennin une brise salutaire. La vue plonge de là sur des vignes, par de larges fenêtres et même par les portes, en traversant toute la galerie. Le côté où cette salle n'a point de fenêtres recèle un escalier dérobé destiné au service de la table. A l'extrémité est une chambre pour laquelle le coup d'œil de la galerie n'est pas moins agréable que celui des vignes. Au-dessous règne une galerie presque souterraine, et si froide en été, que sa température naturelle lui suffit, et qu'elle ne reçoit ni ne laisse désirer aucun souffle rafraîchissant. Après ces deux galeries fermées est une salle à manger suivie d'un portique, froid avant midi, chaud quelques heures après. Il conduit à deux appartements, l'un composé de quatre chambres, l'autre de trois, que le soleil, en tournant, éclaire ou laisse dans l'ombre.

Nec procul a balineo scalæ, quæ in cryptoporticum ferunt, prius ad diætas tres. Harum alia areolæ illi, in qua platani quatuor, alia prato, alia vineis imminet, diversasque cœli partes, ut prospectus, habet. In summa cryptoporticu cubiculum, ex ipsa cryptoporticu excisum, quod hippodromum, vineas, montes intuetur. Jungitur cubiculum obvium soli, maxime hiberno. Hinc oritur diæta, quæ villæ hippodromum annectit. Hæc facies, hic visus a fronte. A latere æstiva cryptoporticus in edito posita; quæ non aspicere vineas, sed tangere videtur. In media triclinium saluberrimum afflatum ex Apennini vallibus recipit. Post latissimis fenestris vineas, valvis æque vineas, sed per cryptoporticum, quasi admittit. A latere triclinii, quod fenestris caret, scalæ convivio utilia secretiore ambitu suggerunt. In fine cubiculum, cui non minus jucundum prospectum cryptoporticus ipsa, quam vineæ præbent. Subest cryptoporticus, subterraneæ similis; æstate incluso frigore riget, contentaque aere suo, nec desiderat auras, nec admittit. Post utramque cryptoporticum, unde triclinium desinit, incipit porticus; ante medium diem hiberna, inclinato die æstiva. Hac adeuntur diætæ duæ, quarum in altera cubicula quatuor, altera tria, ut circuit sol, aut sole utuntur, aut umbra.

Devant ces bâtiments, si agréables et si bien disposés, s'étend un vaste manége, ouvert par le milieu. On l'aperçoit tout entier en entrant. Il est entouré de platanes tapissés de lierre ; en sorte qu'à la cime de ces arbres verdit leur propre feuillage, et au bas un feuillage étranger. Ce lierre circule autour du tronc et des branches, et enlace de ses guirlandes les platanes voisins. Entre ces platanes croissent des buis, et ces buis sont par dehors environnés de lauriers qui marient leur ombre à celle des platanes. L'allée du manége est droite ; mais à son extrémité elle change de figure, et se termine en hémicycle. Ce manége est entouré et couvert de cyprès qui en rendent l'ombre plus épaisse et plus sombre. Les allées circulaires, en grand nombre dans l'intérieur, reçoivent le jour le plus pur. Les roses y naissent de tous côtés, et la chaleur du soleil contraste agréablement avec la fraîcheur de l'ombre. Après une infinité de labyrinthes, on rentre dans l'allée droite qui, des deux côtés, en a beaucoup d'autres séparées par des buis. Là est une petite prairie ; ici le buis même est taillé en mille figures différentes, quelquefois en lettres qui indiquent le nom du maître ou celui de l'ouvrier. Entre ces buis vous voyez s'élever tantôt de petites colonnes, tantôt des arbres chargés de fruits. A l'œuvre de l'art se mêle tout à coup l'imitation de la nature champêtre. Un double rang de petits platanes décore le milieu.

Aux platanes succède l'acanthe flexible, serpentant de tous côtés, et ensuite un plus grand nombre de figures et de noms. A

---

Hanc dispositionem amœnitatemque tectorum longe lateque præcedit hippodromus. Medius patescit, statimque intrantium oculis totus offertur. Platanis circumitur ; illæ hedera vestiuntur, utque summæ suis, ita imæ alienis frondibus virent. Hedera truncum et ramos pererrat, vicinasque platanos transitu suo copulat : has buxus interjacet. Exteriores buxos circumvenit laurus, umbræque platanorum suam confert. Rectus hic hippodromi limes in extrema parte hemicyclo frangitur, mutatque faciem. Cupressis ambitur et tegitur, densiore umbra opacior nigriorque ; interioribus circulis (sunt enim plures) purissimum diem recipit. Inde etiam rosas effert, umbrarumque frigus non ingrato sole distinguit. Finito vario illo multipliceque curvamine, recto limiti redditur, nec huic uni. Nam viæ plures, intercedentibus buxis, dividuntur. Alibi pratulum, alibi ipsa buxus intervenit in formas mille descripta, litteris interdum, quæ modo nomen domini dicunt, modo artificis. Alternis metulæ surgunt, alternis inserta sunt poma ; et in opere urbanissimo subita velut illati ruris imitatio. Medium spatium brevioribus utrinque platanis adornatur.

Post has acanthus hinc inde lubricus et flexuosus, deinde plures figuræ, pluraque nomina. In capite stibadium, candido marmore, vite protegitur. Vitem quatuor

l'extrémité est un lit de repos de marbre blanc, abrité par une treille que soutiennent quatre colonnes de marbre de Caryste. De ce lit s'échappe l'eau, comme si le poids de ceux qui s'y couchent la faisait jaillir. De petits tuyaux la conduisent dans une pierre creusée exprès ; et de là elle est reçue dans un joli bassin de marbre, d'où elle s'écoule si imperceptiblement et dans de telles proportions, qu'il est toujours plein, sans déborder jamais. Si l'on veut manger en ce lieu, on place les mets les plus lourds sur les bords du bassin, et les plus légers flottent dans des corbeilles qui figurent des barques et des oiseaux. Vis-à-vis est une fontaine jaillissante qui donne et reçoit l'eau en même temps : car l'eau, après s'être élancée, retombe sur elle-même, et, par deux ouvertures qui se joignent, elle descend et s'élève tour à tour.

En face du lit de repos, une chambre lui donne autant d'agrément qu'elle en reçoit. Elle est toute brillante de marbre ; ses portes sont entourées et comme bordées de verdure. Au-dessus et au-dessous des fenêtres, on ne voit aussi que verdure de toutes parts. Immédiatement après, un petit cabinet semble à la fois s'enfoncer dans la même chambre et en être séparé. On y trouve un lit ; et, malgré les fenêtres qui l'éclairent de tous côtés, l'ombrage qui l'environne le rend sombre. En effet, une vigne féconde l'embrasse de ses pampres et monte jusqu'au faîte. A la pluie près, que l'on n'y sent point, on croirait être couché dans un bois. On y trouve aussi une fontaine qui se perd dans le lieu même de sa source. En différents endroits sont placés des siéges de marbre qui

---

columellæ carystiæ subeunt. E stibadio aqua, velut expressa cubantium pondere, siphunculis effluit. Cavato lapide suscipitur, gracili marmore continetur, atque ita occulte temperatur, ut impleat ; nec redundet. Gustatorium, graviorque cœnatio, margini imponitur ; levior navicularum et avium figuris innatans circumit. Contra fons egerit aquam et recipit ; nam expulsa in altum in se cadit, junctisque hiatibus et absorbetur et tollitur.

E regione stibadii adversum cubiculum tantum stibadio reddit ornatus, quantum accipit ab illo. Marmore splendet, valvis in viridia prominet et exit. Alia viridia superioribus inferioribusque fenestris suspicit despicitque. Mox zothecula refugit quasi in cubiculum idem atque aliud. Lectus hic, et undique fenestræ, et tamen lumen obscurum, umbra premente. Nam lætissima vitis per omne tectum in culmen nititur et ascendit. Non secus ibi, quam in nemore, jaceas : imbrem tantum, tanquam in nemore, non sentias. Hic quoque fons nascitur, simulque subducitur. Sunt locis pluribus disposita sedilia e marmore, quæ ambulatione fessos, ut cubiculum ipsum, juvant. Fonticuli sedilibus adjacent ; per totum hippodromum inductis fistulis stre-

reçoivent, ainsi que la chambre, ceux qui sont fatigués de la promenade. Près de ces siéges sont de petits fontaines, et dans tout le manége murmurent des ruisseaux, en suivant, le long des conduits secrets, la direction qui leur est imprimée. Ainsi ils arrosent tantôt certaines plantations, tantôt d'autres, quelquefois toutes en même temps.

J'aurais abrégé depuis longtemps ces détails qui vous paraîtront minutieux, si je n'eusse résolu de parcourir avec vous, dans cette lettre, tous les recoins de ma villa. J'ai pensé que vous deviez lire sans ennui la description d'un lieu que vous auriez du plaisir à visiter, surtout étant libre d'interrompre votre lecture, de laisser là ma lettre, et de vous reposer à loisir. D'ailleurs j'ai cédé à mon penchant, et j'aime les ouvrages que j'ai commencés moi-même en grande partie, ou auxquels j'ai mis la dernière main. En un mot (car pourquoi ne pas vous découvrir mon goût, ou, si vous voulez, mon illusion?), je crois que la première obligation de tout homme qui écrit, c'est de songer à son titre. Il doit plus d'une fois se demander quel est le sujet qu'il traite, et savoir que, s'il ne s'en écarte point, il n'est jamais long; mais qu'il est toujours prolixe, s'il recourt à des ornements étrangers. Voyez combien de vers Homère et Virgile emploient à décrire, l'un les armes d'Achille, l'autre celles d'Énée. Ils sont courts cependant, parce qu'ils ne font que ce qu'ils s'étaient proposé de faire. Voyez Aratus rechercher et rassembler les plus petites étoiles. Néanmoins il garde la mesure : car ce n'est point une digression de son ouvrage : c'est son sujet même. Ainsi, du petit au grand, dans la description que

---

punt rivi, et, qua manus duxit, sequuntur. His nunc illa viridia, nunc hæc, interdum simul omnia lavantur.

Vitassem jamdudum, ne viderer argutior, nisi proposuissem omnes angulos tecum epistola circumire. Neque enim verebar, ne laboriosum esset legenti tibi, quod visenti non fuisset, præsertim quum interquiescere, si liberet, depositaque epistola, quasi residere, sæpius posses. Præterea indulsi amori meo. Amo enim quæ maxima ex parte ipse inchoavi, aut inchoata percolui. In summa (cur enim non aperiam tibi vel judicium meum vel errorem?), primum ego officium scriptoris existimo, ut titulum suum legat, atque identidem interroget se, quid cœperit scribere; sciatque, si materiæ immoratur, non esse longum; longissimum, si aliquid arcessit atque attrahit. Vides quot versibus Homerus, quot Virgilius arma, hic Æneæ, Achillis ille, describat : brevis tamen uterque est, quia facit quod instituit. Vides ut Aratus minutissima etiam sidera consectetur et colligat : modum tamen servat. Non enim excursus hic ejus, sed opus ipsum est. Similiter nos, ut parva magnis, quum totam

je vous fais de ma villa, si je ne m'égare point en détours hors du sujet, ce n'est pas ma lettre, c'est la villa elle-même qui est grande.

Je reviens à ma thèse, pour ne pas être condamné par mes propres règles, en faisant une trop longue digression. Vous voilà instruit des raisons que j'ai de préférer ma terre de Toscane à celles que je possède à Tusculum, à Tibur, à Préneste. Indépendamment des autres avantages dont je vous ai parlé, le loisir y est plus complet, plus sûr, et par conséquent plus doux. Point de cérémonial à observer ; les fâcheux ne sont point à votre porte ; tout y est calme et paisible ; et ce profond repos ajoute encore à la salubrité du climat, à la sérénité du ciel, à la pureté de l'air. Là se fortifient à la fois mon corps et mon esprit, l'un par l'exercice de la chasse, l'autre par l'étude. Mes gens aussi jouissent en ce lieu d'une santé parfaite ; du moins, grâce aux dieux, je n'ai jusqu'ici perdu aucun de ceux que j'ai amenés avec moi. Puissent-ils me continuer toujours la même faveur, et conserver à ce séjour les mêmes priviléges ! Adieu.

## VII. — *Pline à Calvisius.*

Il est certain que l'on ne peut, ni instituer l'État héritier, ni rien lui léguer. Cependant Saturninus, qui m'a fait son héritier, lègue à notre patrie un quart de sa succession, et ensuite fixe ce quart à une somme de quatre cent mille sesterces [1]. Si l'on con-

---

villam oculis tuis subjicere conamur, si nihil inductum et quasi devium loquimur, non epistola, quæ describit, sed villa, quæ describitur, magna est.

Verum illuc, unde cœpi ; ne secundum legem meam jure reprehendar, si longior fuero in hoc, in quod excessi. Habes causas cur ego Tuscos meos Tusculanis, Tiburtinis, Præstinisque meis præponam. Nam, super illa quæ retuli, altius ibi otium et pinguius, eoque securius : nulla necessitas togæ ; nemo arcessitor ex proximo. Placida omnia et quiescentia ; quod ipsum salubritati regionis, ut purius cœlum, ut aer liquidior, accedit. Ibi animo, ibi corpore maxime valeo. Nam studiis animum, venatu corpus exerceo. Mei quoque nusquam salubrius degunt : usque adhuc certe neminem ex iis, quos eduxeram mecum, venia sit dicto, ibi amisi. Dii modo in posterum hoc mihi gaudium, hanc gloriam loco servent ! Vale.

V I. — *Pline à Calvisius.*

Nec hæredem institui, nec præcipere posse rempublicam, constat. Saturninus autem, qui nos reliquit hæredes, qua(r)tantem reipublicæ nostræ, deinde pro qua-

---

1. 66,170 francs 50 centimes.

sulte la loi, le legs est nul. Si l'on s'en tient à la volonté du testateur, le legs est valable et régulier. Or la volonté du testateur (je ne sais comment les jurisconsultes prendront ceci) est pour moi plus sacrée que la loi, surtout lorsqu'il s'agit de conserver à notre patrie le bien qu'on lui a fait. Quelle apparence qu'après lui avoir donné onze cent mille sesterces[1] de mon propre bien, je voulusse lui disputer un legs étranger qui n'est guère plus du tiers de cette somme? Je ne doute pas que vous n'approuviez ma décision, vous qui aimez notre patrie en bon citoyen. Je vous prie donc de vouloir bien, à la première assemblée des décurions, expliquer la disposition du droit, mais en peu de mots et avec simplicité. Vous ajouterez ensuite, que je suis prêt à payer les quatre cent mille sesterces que Saturninus a légués. Rendons à sa libéralité tout l'honneur qui lui est dû ; ne nous réservons que le mérite de l'obéissance.

Je n'ai pas voulu en écrire directement à l'assemblée. Ma confiance en votre amitié et en vos talents m'a fait penser que vous deviez et que vous pouviez, en cette occasion, parler pour moi comme pour vous-même. J'ai même appréhendé que ma lettre ne parût s'écarter de cette mesure qu'il vous sera aisé de garder dans le discours. L'air de la personne, le geste, le ton, déterminent le sens de ce qu'elle dit ; mais la lettre, privée de tous ces secours, est exposée à de malignes interprétations. Adieu.

drante præceptionem quadringentorum millium dedit. Hoc, si jus aspicias, irritum ; si defuncti voluntatem, ratum et firmum est. Mihi autem defuncti voluntas (vereor quam in partem jurisconsulti, quod sum dicturus, accipiant) antiquior jure est, utique in eo, quod ad communem patriam voluit pervenire. An, cui de meo sestertium undecies contuli, huic quadringentorum millium paulo amplius tertiam partem ex adventitio denegem? Scio te quoque a judicio meo non abhorrere, quum eamdem rempublicam, ut civis optimus, diligas. Velim ergo, quum proxime decuriones contrahentur, quid sit juris indices, parce tamen et modeste ; deinde subjungas nos quadringenta millia offerre, sicut præcepit Saturninus. Illius hoc munus, illius liberalitas ; nostrum tantum obsequium vocetur.

Hæc ego scribere publice supersedi ; primum, quod memineram, pro necessitudine amicitiæ nostræ, pro facultate prudentiæ tuæ, et debere te et posse perinde meis ac tuis partibus fungi ; deinde, quia verebar, ne modum, quem tibi in sermone custodire facile est, tenuisse in epistola non viderer. Nam sermonem vultus, gestus, vox ipsa moderatur ; epistola, omnibus commendationibus destituta, malignitati interpretantium exponitur. Vale.

1. 1,808,450 francs.

## VIII. — *Pline à Capiton.*

Vous m'engagez à écrire l'histoire, et vous n'êtes pas le seul : beaucoup d'autres m'ont donné ce conseil, et il est fort de mon goût. Ce n'est pas que je me flatte de réussir en ce genre (il y aurait de la légèreté à se le promettre, sans avoir essayé); mais je ne vois rien de plus glorieux que d'assurer l'immortalité à ceux qui méritent de vivre à jamais, et d'éterniser le nom des autres avec le sien. Quant à moi, rien ne me touche autant qu'une longue renommée; rien ne me paraît plus digne d'un homme, surtout de celui dont la conscience est tranquille, et qui n'a point à redouter les jugements de la postérité. Je songe donc nuit et jour par quelle voie aussi

> Je pourrais m'élever au-dessus de la terre;

c'est assez pour moi ; car

> De la Renommée occuper les cent voix,

c'est ce qui surpasse mon ambition. *Si cependant!...* mais non : je veux me contenter de ce que le genre historique semble promettre presque seul : car les harangues et la poésie ont peu d'attrait, à moins d'être excellentes; l'histoire plaît de quelque manière qu'elle soit écrite. Les hommes sont naturellement curieux; le plus simple récit des faits les intéresse à un tel point qu'ils s'amusent de contes même et de fables.

Un exemple domestique m'invite encore à ce genre de compo-

## VIII. — *Pline à Capiton.*

Suades ut historiam scribam, et suades non solus : multi hoc me sæpe monuerunt, et ego volo; non quia commode facturum esse confidam (id enim temere credas, nisi expertus), sed quia mihi pulchrum in primis videtur, non pati occidere, quibus æternitas debeatur, aliorumque famam cum sua extendere. Me autem nihil æque ac diuturnitatis amor et cupido sollicitat; res homine dignissima, præsertim qui nullius sibi conscius culpæ, posteritatis memoriam non reformidet. Itaque diebus ac noctibus cogito, si qua me quoque possim « Tollere humo » (id enim voto meo sufficit) : illud supra votum, « victorque virum volitare per ora.... » « Quanquam o ! » Sed hoc satis est, quod prope sola historia polliceri videtur. Orationi enim et carmini parva gratia, nisi eloquentia est summa; historia, quoquo modo scripta, delectat. Sunt enim homines natura curiosi, et quamlibet nuda rerum cognitione capiuntur, ut qui sermunculis etiam fabellisque ducantur.

Me vero ad hoc studium impellit domesticum quoque exemplum. Avunculus meus,

sition. Mon oncle maternel, qui est aussi mon père par adoption, a écrit l'histoire avec une scrupuleuse fidélité ; et les sages m'apprennent que rien n'est plus beau que de marcher sur les traces de ses aïeux, quand ils vous ont ouvert la bonne voie.

Qui m'arrête donc ? Le voici. J'ai plaidé de grandes et d'importantes causes. Quoique je m'en promette peu de gloire, je me propose de les retoucher, de peur qu'en leur refusant ce dernier soin, je n'expose à périr avec moi un travail qui m'a tant coûté : car, à l'égard de la postérité, rien de ce qui n'est pas achevé, n'est commencé. « Vous pouvez, direz-vous, revoir vos plaidoyers, et en même temps travailler à l'histoire. » Plût aux dieux qu'il en fût ainsi ! Mais ces deux ouvrages sont si considérables, que c'est déjà beaucoup que d'en exécuter un. J'ai plaidé ma première cause à dix-neuf ans ; et je ne commence qu'à peine à entrevoir, confusément encore, tout ce qu'exige la perfection de l'art oratoire. Que sera-ce si à ce fardeau j'en ajoute un autre ? L'éloquence et l'histoire ont, sans doute, de grands rapports ; mais, dans ces rapports mêmes, il se rencontre plus d'une différence. L'une et l'autre racontent, mais diversement. La première s'accommode souvent de faits vulgaires, méprisables et communs ; la seconde aime les actions extraordinaires, brillantes, sublimes. Dans celle-là, les os, les muscles, les nerfs peuvent paraître ; l'éclat et l'embonpoint conviennent à celle-ci. L'éloquence veut de l'énergie, de la véhémence, du mordant ; l'histoire demande de la majesté, de la grâce, de la douceur. L'une et l'autre diffèrent par les ter-

---

idemque per adoptionem pater, historias, et quidem religiosissime, scripsit. Invenio autem apud sapientes, honestissimum esse majorum vestigia sequi, si modo recto itinere præcesserint.

Cur ergo cunctor ? Egi magnas et graves causas. Has (etiamsi mihi tenuis ex eis spes) destino retractare, ne tantus ille labor meus, nisi hoc, quod reliquum est, studii addidero, mecum pariter intercidat : nam si rationem posteritatis habeas, quidquid non est peractum, pro non inchoato est. Dices : « Potes simul et rescribere actiones, et componere historiam. » Utinam ! sed utrumque tam magnum est, ut abunde sit alterum efficere. Undevicesimo ætatis anno dicere in foro cœpi, et nunc demum, quid præstare debeat orator, adhuc tamen per caliginem, video. Quid, si huic oneri novum accesserit ? Habent quidem oratio et historia multa communia, sed plura diversa in his ipsis, quæ communia videntur. Narrat sane illa, narrat hæc, sed aliter. Huic pleraque humilia et sordida, et ex medio petita ; illi omnia recondita, splendida, excelsa conveniunt. Hanc sæpius ossa, musculi, nervi ; illam tori quidam et quasi jubæ decent. Hæc vel maxime vi, amaritudine, instantia ; illa tractu et suavitate, atque etiam dulcedine, placet. Postremo alia verba, alius sonus, alia

mes, par le nombre, par la composition. Thucydide l'a dit : Autre chose est *élever un monument*, comme l'historien, autre chose est *livrer un combat*, comme l'orateur.

Voilà ce qui m'empêche de confondre des ouvrages si peu semblables, et que leur seule importance suffit pour séparer. Je crains que, troublé par un mélange si hétérogène, je n'aille brouiller les deux genres. En conséquence, pour parler toujours le langage du barreau, je demande un sursis. Pensez néanmoins dès à présent aux époques que nous devons aborder. Si nous choisissons les temps anciens dont nous avons déjà l'histoire, nos matériaux sont tout prêts; mais la comparaison sera redoutable. Si nous entamons les temps modernes, nous nous ferons peu d'amis et beaucoup d'ennemis : car, outre que, dans une si grande corruption de mœurs, il y a bien plus d'actions à reprendre qu'à louer, on trouvera toujours que vous censurez trop ou que vous louez trop peu, lors même que vous aurez loué avec générosité et critiqué avec réserve. Mais ce n'est pas ce qui m'arrête : je me sens assez de courage pour être vrai. Tout ce que je vous demande c'est de m'ouvrir la voie que vous m'engagez à parcourir. Choisissez-moi un sujet, afin que, prêt à écrire, je n'aie plus aucun motif raisonnable de remettre et de différer. Adieu.

### IX. — *Pline à Saturnin.*

Votre lettre a fait sur moi des impressions diverses, car elle contenait tout à la fois d'agréables et de fâcheuses nouvelles.

---

constructio. Nam plurimum refert, ut Thucydides ait, κτῆμα sit, an ἀγώνισμα, quorum alterum oratio, alterum historia est.

His ex causis non adducor ut duo dissimilia, et hoc ipso diversa quod maxima, confundam misceamque, ne, tanta quasi colluvione turbatus, ibi faciam, quod hic debeo. Ideoque interim veniam (ut ne a meis verbis discedam) advocandi peto. Tu tamen jam nunc cogita, quæ potissimum tempora aggrediamur. Vetera et scripta aliis? parata inquisitio, sed onerosa collatio. Intacta et nova? graves offensæ, levis gratia : nam præter id, quod in tantis vitiis hominum plura culpanda sunt quam laudanda, tum si laudaveris, parcus, si culpaveris, nimius fuisse dicaris, quamvis illud plenissime, hoc restrictissime feceris. Sed hæc me non retardant ; est enim mihi pro fide satis animi. Illud peto, præstruas, ad quod hortaris, eligasque materiam ; ne mihi, jam scribere parato, alia rursus cunctationis et moræ justa ratio nascatur. Vale.

### IX. — *Pline à Saturnin.*

Varie me affecerunt litteræ tuæ : nam partim læta, partim tristia continebant.

Les nouvelles agréables sont que vous restez à Rome. Vous en êtes fâché, dites-vous ; mais, moi, j'en suis ravi. Vous m'annoncez encore que vous attendez mon retour pour faire une lecture de vos ouvrages ; et je vous rends grâces de vouloir bien m'attendre.

Les nouvelles fâcheuses sont que Julius Valens est fort malade ; encore, à ne consulter que son intérêt, doit-on le plaindre ? il ne peut rien lui arriver de plus heureux que d'être au plus tôt délivré d'un mal incurable. Mais ce qui est vraiment triste, ce qui est déplorable, c'est la mort de Julius Avitus, au moment où il revenait de sa questure : il a expiré dans le navire même, loin d'un frère qui l'aimait tendrement, loin de sa mère et de ses sœurs. Toutes ces circonstances ne sont plus rien pour lui, maintenant qu'il est mort ; mais qu'elles lui ont été cruelles, dans ses derniers moments ! qu'elles le sont encore à ceux qui lui survivent ! Quel chagrin de voir s'éteindre, dans la fleur de l'âge, un jeune homme d'une si belle espérance, et que ses vertus auraient élevé au plus haut rang, si elles eussent eu le temps de mûrir ! Quel amour n'avait-il point pour les lettres ! que n'a-t-il point lu ! combien n'a-t-il point écrit ! que de biens perdus avec lui pour la postérité ! Mais pourquoi me laisser aller à la douleur ? Quand on s'y livre sans réserve, il n'est point pour elle de sujet léger. Il faut finir ma lettre, si je veux arrêter le cours des larmes qu'elle me fait répandre. Adieu.

---

Læta, quod te in Urbe teneri nuntiabant. Nollem, inquis ; sed ego volo : præterea, quod recitaturum statim, ut venissem, pollicebantur. Ago gratias quod exspector.

Triste illud, quod Julius Valens graviter jacet ; quanquam ne hoc quidem triste, si illius utilitatibus æstimetur, cujus interest quam maturissime inexplicabili morbo liberari. Illud plane non triste solum, verum etiam luctuosum, quod Julius Avitus decessit, dum ex quæstura redit. Decessit in navi, procul a fratre amantissimo, procul a matre, a sororibus. Nihil ista ad mortuum pertinent ; sed pertinuerunt, quum moreretur ; pertinent ad hos qui supersunt. Iam quod in flore primo tantæ indolis juvenis exstinctus est, summa consecuturus, si virtutes ejus maturuissent ! Quo ille studiorum amore flagrabat ! quantum legit, quantum etiam scripsit ! quæ nunc omnia cum ipso sine fructu posteritatis aruerunt. Sed quid ego indulgeo dolori ? cui si frenos remittas, nulla materia non maxima est. Finem epistolæ faciam, ut facere possim etiam lacrymis, quas epistola expressit. Vale.

## X. — *Pline à Antonin.*

Je ne sens jamais mieux toute la supériorité de vos vers que lorsque j'essaie de les imiter. Le peintre qui veut représenter une figure d'une beauté parfaite, sait rarement en conserver toutes les grâces. Comme lui, je reste, malgré mes efforts, au-dessous de mon modèle. Je vous en prie plus que jamais, donnez-nous beaucoup de semblables ouvrages, que tout le monde veuille imiter, et dont personne ou presque personne ne puisse approcher. Adieu.

## XI. — *Pline à Suétone.*

Acquittez enfin la promesse de mes hendécasyllabes qui ont annoncé vos ouvrages à nos amis communs. On les souhaite, on les demande tous les jours avec tant d'empressement, que je crains qu'à la fin ils ne soient cités à comparaître. Vous savez que j'hésite autant qu'un autre, quand il s'agit de publier. Mais ma lenteur n'est point comparable à la vôtre. Ne différez donc plus à nous satisfaire ; ou craignez que je n'arrache par des vers épigrammatiques ce que des vers flatteurs n'ont pu obtenir. Votre ouvrage est arrivé à son point de perfection. La lime, au lieu de le polir, ne pourrait plus que le gâter. Donnez-moi le plaisir de voir votre nom à la tête d'un livre ; d'entendre dire que l'on copie, qu'on lit, qu'on débite les œuvres de mon cher Suétone. Il est bien juste,

---

### X. — *Pline à Antonin.*

Quum versus tuos æmulor, tum maxime, quam sint boni, experior. Ut enim pictores pulchram absolutamque faciem raro, nisi in pejus, effingunt ; ita ego ab hoc archetypo labor et decido. Quo magis hortor, ut quam plurima proferas, quæ imitari omnes concupiscant, nemo, aut paucissimi, possint. Vale.

### XI. — *Pline à Suétone.*

Libera tandem hendecasyllaborum meorum fidem, qui scripta tua communibus amicis spoponderunt. Appellantur quotidie et flagitantur ; ac jam periculum est ne cogantur ad exhibendum formulam accipere. Sum et ipse in edendo hæsitator ; tu mora tamen meam quoque cunctationem tarditatemque vicisti. Proinde aut rumpe jam moras, aut cave ne eosdem illos libellos, quos tibi hendecasyllabi nostri blanditiis elicere non possunt, convicio scazontes extorqueant. Perfectum opus absolutumque est, nec jam splendescit lima, sed atteritur. Patere me videre titulum tuum ; patere audire, describi, legi, venire volumina Tranquilli mei. Æquum est, nos in

dans notre mutuelle amitié, que vous me rendiez la joie que je vous ai donnée. Adieu.

### XII. — *Pline à Fabatus.*

Votre lettre m'apprend que vous avez décoré notre ville d'un superbe portique, en votre nom et en celui de votre fils ; que le lendemain, vous avez promis un fonds pour l'embellissement des portes, afin que votre première libéralité fût le commencement d'une autre. Je me réjouis premièrement de votre gloire dont une partie rejaillit sur moi par notre alliance ; ensuite de ce que la mémoire de mon beau-père soit assurée par de si beaux monuments ; enfin, je suis charmé que notre patrie reçoive des ornements de quelque main que ce soit, mais particulièrement de la vôtre.

Il ne me reste qu'à prier les dieux de vous conserver dans cette disposition, et de ménager à cette disposition de longues années. Car je ne puis douter qu'après avoir achevé l'ouvrage que vous venez de promettre, vous n'en commenciez un autre. La libéralité ne sait point s'arrêter, quand une fois elle a pris son essor. Plus elle se répand, plus elle acquiert de prix. Adieu.

### XIII. — *Pline à Scaurus.*

Dans le dessein de lire un petit discours que je songe à publier,

---

amore tam mutuo eamdem percipere ex te voluptatem, qua tu perfrueris ex nobis. Vale.

### XII. — *Pline à Fabatus.*

Recepi litteras tuas, ex quibus cognovi speciosissimam te porticum sub tuo filiique tui nomine dedicasse ; sequenti die in portarum ornatum pecuniam promisisse, ut initium novæ liberalitatis esset consummatio prioris. Gaudeo primum tua gloria, cujus ad me pars aliqua pro necessitudine nostra redundat ; deinde, quod memoriam soceri mei pulcherrimis operibus video proferri ; postremo, quod patria nostra florescit, quam mihi a quocumque excoli jucundum, a te vero lætissimum est.

Quod superest, deos precor, ut animum istum tibi, animo isti tempus quam longissimum tribuant. Nam liquet mihi futurum, ut peracto, quod proxime promisisti, inchoes aliud. Nescit enim semel incitata liberalitas stare, cujus pulchritudinem usus ipse commendat. Vale.

### XIII. — *Pline à Scaurus.*

Recitaturus oratiunculam, quam publicare cogito, advocavi aliquos, ut vererer ;

j'ai rassemblé assez d'amis pour avoir à redouter leur jugement, et assez peu pour apprendre la vérité. Car j'avais un double but dans cette lecture : le premier, de redoubler mon attention par le désir de plaire ; le second, de profiter de celle d'autrui, pour découvrir des défauts que ma prévention pouvait m'avoir cachés. Mon but a été atteint : j'ai reçu des avis ; et moi-même j'ai marqué quelques endroits à retoucher. J'ai donc corrigé la pièce que je vous envoie. Le titre vous apprendra le sujet, et l'ouvrage vous expliquera le reste. Il est bon de l'accoutumer, dès aujourd'hui, à se passer de préface pour être entendu. Mandez-moi, je vous prie, ce que vous pensez de l'ensemble du discours et de chacune de ses parties. Votre sentiment m'autorisera à le garder avec prudence, ou à le publier avec courage. Adieu.

### XIV. — *Pline à Valérien.*

Vous me priez (et je me suis engagé à me rendre là-dessus à vos prières) de vous mander quel succès avait eu l'accusation intentée par Népos contre Tuscilius Nominatus.

On fit entrer Nominatus. Il plaida lui-même sa cause, et personne ne parla contre lui : car les députés des Vicentins non-seulement ne le chargèrent point, mais l'aidèrent même à sortir d'embarras. Le précis de sa défense fut, *qu'il avait manqué de courage plutôt que de fidélité ; qu'il était sorti de chez lui, résolu de plaider ; qu'il avait même paru à l'audience ; mais qu'il s'était*

---

paucos, ut verum audirem. Nam mihi duplex ratio recitandi : una, ut sollicitudine intendar ; altera, ut admonear, si quid forte me, ut meum, fallit. Tuli quod petebam : inveni, qui mihi copiam consilii sui facerent ; ipse praeterea quaedam emendanda annotavi. Emendavi librum quem misi tibi. Materiam ex titulo cognosces ; caetera liber explicabit : quem jam nunc oportet ita consuescere, ut sine praefatione intelligatur. Tu velim, quid de universo, quid de partibus sentias, scribas mihi. Ero enim vel cautior in continendo, vel constantior in edendo, si huc vel illuc auctoritas tua accesserit. Vale.

### XIV. — *Pline à Valérien.*

Et tu rogas, et ego promisi, si rogasses, scripturum me tibi, quem habuisset eventum postulatio Nepotis circa Tuscilium Nominatum.

Inductus est Nominatus. Egit ipse pro se, nullo accusante. Etenim legati Vicentinorum non modo non presserunt eum, verum etiam sublevaverunt. Summa defensionis, « non fidem sibi in advocatione, sed constantiam defuisse ; descendisse ut

retiré, *effrayé par les discours de ses amis ; qu'on lui avait conseillé de ne pas s'opposer au désir d'un sénateur qui ne voyait plus dans l'affaire un simple établissement de marchés, mais une question qui touchait son crédit, son honneur et sa dignité ; que, s'il négligeait cet avis, il devait s'attendre à un ressentiment implacable.* En effet, lorsqu'il s'était retiré, quelques personnes, mais en très-petit nombre, avaient applaudi à sa détermination. Il acheva sa défense par des excuses accompagnées de beaucoup de larmes ; et même, avec son habileté ordinaire, il avait tourné tout son discours de manière à paraître plutôt demander grâce que justice : c'était le parti le plus adroit et le plus sûr.

Afranius Dexter, désigné consul, fut d'avis de l'absoudre. Il avoua *que Nominatus eût mieux fait de soutenir la cause des Vicentins avec le même courage qu'il s'en était chargé ; mais il prétendit que, puisqu'il n'était entré aucun artifice coupable dans la faute de Nominatus, que d'ailleurs il n'était convaincu d'aucune action punissable, il devait être renvoyé absous, sans autre condition que de rendre aux Vicentins ce qu'il en avait reçu.*

Tout le monde partagea cet avis, excepté Flavius Aper. Il voulut qu'on suspendît Nominatus, pendant cinq ans, des fonctions d'avocat ; et, quoique son autorité n'eût entraîné personne, il demeura inébranlable dans son sentiment. Il alla même, en invoquant un règlement du sénat, jusqu'à faire jurer à Afranius Dexter (le premier qui avait opiné pour l'absolution), qu'il croyait cet avis salutaire à la république. Plusieurs se récrièrent contre cette pro-

---

acturum, atque etiam in curia visum ; deinde sermonibus amicorum deterritum recessisse ; monitum enim, ne desiderio senatoris, non jam quasi de nundinis, sed quasi de gratia, fama, dignitate certantis, tam pertinaciter, præsertim in senatu, repugnaret, alioqui majorem invidiam, quam proxime, passurus. » Erat sane prius, a paucis tamen, acclamatum exeunti. Inde subjunxit preces multumque lacrymarum ; quin etiam tota actione homo in dicendo exercitatus operam dedit, ut deprecari magis (id enim et favorabilius et tutius), quam defendi videretur.

Absolutus est sententia designati consulis Afranii Dextri, cujus hæc summa : « Melius quidem Nominatum fuisse facturum, si causam Vicentinorum eodem animo, quo susceperat, pertulisset ; quia tamen in hoc genus culpæ non fraude incidisset, nihilque dignum animadversione admisisse convinceretur, liberandum, ita tamen, ut Vicentinis, quod acceperat, redderet. »

Assenserunt omnes, præter Flavium Aprum. Is interdicendum ei advocationibus in quinquennium censuit ; et, quamvis neminem auctoritate traxisset, constanter in sententia mansit : quin etiam Dextrum, qui primus diversum censuerat,

position, toute juste qu'elle était, parce qu'elle semblait taxer de corruption celui qui avait opiné. Mais, avant qu'on recueillît les voix, Nigrinus, tribun du peuple, lut une remontrance pleine d'éloquence et de force, où il se plaignait que les avocats vendissent leur ministère ; qu'ils vendissent même leur prévarication ; que l'on trafiquât des causes ; et qu'à la noble récompense de la gloire on substituât le revenu assuré que l'on tirait de la riche dépouille des citoyens. Il cita les lois faites sur ce sujet ; il rappela les décrets du sénat, et conclut que, puisque les lois et les décrets méprisés ne pouvaient arrêter le mal, il fallait supplier l'empereur de vouloir bien y remédier lui-même. Peu de jours après, le prince a fait publier un édit sévère et modéré tout ensemble. Vous le lirez : il est dans les archives publiques.

Combien je me félicite de n'avoir jamais fait aucune convention pécuniaire pour mes plaidoyers, et d'avoir refusé toute espèce de présents, même les plus légers ! Il est vrai qu'on doit éviter le mal, non parce qu'il est défendu, mais parce qu'il déshonore. On est pourtant flatté de voir défendre publiquement ce que l'on ne s'est jamais permis. Il y aura peut-être (et il n'en faut même pas douter), il y aura moins d'honneur et moins de gloire dans mon procédé, lorsque tout le monde sera forcé d'imiter mon désintéressement volontaire. En attendant, je jouis du plaisir d'entendre les uns m'appeler devin, les autres me dire, en plaisantant, qu'on a voulu réprimer ma cupidité et mes rapines. Adieu.

---

prolata lege de senatu habendo, jurare coegit e republica esse, quod censuisset. Cui, quanquam legitimæ, postulationi a quibusdam reclamatum est. Exprobrare enim censenti ambitionem videbatur. Sed, priusquam sententiæ dicerentur, Nigrinus, tribunus plebis, recitavit libellum disertum et gravem, quo questus est venire advocationes, venire etiam prævaricationes ; in lites coiri ; et gloriæ loco poni ex spoliis civium magnos et statos reditus. Recitavit capita legum, admonuit senatusconsultorum : in fine dixit, petendum ab optimo principe, ut, quia leges, quia senatusconsulta contemnerentur, ipse tantis vitiis mederetur. Pauci dies, et liber principis severus, et tamen moderatus. Leges ipsum : est in publicis actis.

Quam me juvat, quod in causis agendis non modo pactione, dono, munere, verum etiam xeniis semper abstinui ! Oportet quidem quæ sunt inhonesta, non quasi illicita, sed quasi pudenda, vitare. Jucundum tamen, si prohiberi publice videas, quod nunquam tibi ipse permiseris. Erit fortasse, immo non dubie, hujus propositi mei et minor laus, et obscurior fama ; quum omnes ex necessitate facient, quod ego sponte faciebam. Interim fruor voluptate, quum alii divinum me, alii meis rapinis, meæ avaritiæ occursum, per ludum ac jocum dictitant. Vale.

## XV. — *Pline à Pontius.*

J'étais à Côme, quand j'ai appris que Cornutus Tertullus avait reçu la mission de surveiller les travaux de la voie Émilienne. Je ne puis vous exprimer combien j'en suis satisfait, tant pour lui que pour moi : pour lui, parce que, malgré sa modestie qui fuit les honneurs, il doit cependant être flatté d'une distinction qui est venue le chercher ; pour moi, parce que la gloire d'avoir été chargé des mêmes fonctions que Cornutus en double le prix à mes yeux. Car, s'il est flatteur d'être élevé en dignité, il ne l'est pas moins d'être égalé aux gens de bien. Et où trouver un homme meilleur, plus vertueux que Cornutus ? Où trouver un plus parfait modèle de toutes les vertus antiques ? Et ces qualités, je ne les connais pas seulement par la haute réputation dont il jouit à si bon droit ; j'en parle sur la foi d'une longue expérience. Nous avons toujours eu, nous avons encore pour amis, dans l'un et l'autre sexe, presque toutes les personnes distinguées de notre temps. Cette communauté d'affection nous a très-étroitement unis. Les charges publiques ont encore resserré nos nœuds. Vous savez, en effet, que le Sort, comme s'il eût entendu mes vœux, me l'a donné pour collègue dans la charge de préfet du trésor et dans le consulat. C'est alors que j'ai connu dans tout leur éclat ses vertus et ses talents. Je l'écoutais comme un maître, je le respectais comme un père ; et, en cela, j'accordais bien moins à son âge qu'à la sagesse. Voilà ce qui m'engage à me réjouir, au-

## XV. — *Pline à Pontius.*

Secesseram in municipium, quum mihi nuntiatum est, Cornutum Tertullum accepisse Æmiliæ viæ curam. Exprimere non possum, quanto sim gaudio affectus et ipsius et meo nomine : ipsius, quod, sit licet, sicut est, ab omni ambitione longe remotus, debet tamen ei jucundus esse honor ultro datus ; meo, quod aliquanto magis me delectat mandatum mihi officium, postquam par Cornuto datum video. Neque enim augeri dignitate, quam æquari bonis, gratius. Cornuto autem quid melius ? quid sanctius ? quid in omni genere laudis ad exemplar antiquitatis expressius ? Quod mihi cognitum est non fama, qua alioqui optima et meritissima fruitur, sed longis magnisque experimentis. Una diligimus, una dileximus omnes fere, quos ætas nostra in utroque sexu æmulandos tulit : quæ societas amicitiarum arctissima nos familiaritate conjunxit. Accessit vinculum necessitudinis publicæ. Idem enim mihi, ut scis, collega, quasi voto petitus, in præfectura ærarii fuit : fuit et in consulatu. Tum ego, qui vir, et quantus esset, altissime inspexi, quum sequerer ut magistrum, ut parentem vererer : quod non tam ætatis maturitate, quam vitæ, merebatur. His

tant pour moi que pour lui, autant en public qu'en particulier, de ce qu'enfin la vertu ne conduit plus comme autrefois aux dangers, mais aux honneurs.

Je ne finirais point, si je m'abandonnais à ma joie. Je veux plutôt vous dire dans quelles occupations votre lettre m'a trouvé. J'étais avec l'aïeul, avec la tante paternelle de ma femme, et avec des amis que je n'avais point vus depuis longtemps. Je visitais mes terres. Je recevais les plaintes des paysans. Je lisais leurs comptes, en courant, et bien malgré moi : car je suis habitué à d'autres lectures, à d'autres écrits. Je commençais même à me disposer au retour, attendu que mon congé est près d'expirer, et que la nouvelle même de la charge accordée à Cornutus me rappelle aux devoirs de la mienne. Je souhaite fort que vous quittiez votre Campanie dans le même temps, afin qu'après mon retour à Rome, il n'y ait aucun jour de perdu pour notre intimité. Adieu.

### XVI. — *Pline à Marcellin.*

Je vous écris accablé de tristesse. La plus jeune des filles de notre ami Fundanus vient de mourir. Je n'ai jamais vu une personne plus enjouée, plus aimable, plus digne de vivre longtemps, plus digne de vivre toujours. Elle n'avait pas encore quatorze ans, et déjà elle montrait toute la prudence de la vieillesse, toute la gravité d'une femme accomplie, sans rien perdre de cette pudeur et de cette grâce naïve qui fait le charme du jeune âge. Avec

---

ex causis ut illi, sic mihi gratulor; nec privatim magis, quam publice, quod tandem homines non ad pericula, ut prius, verum ad honores virtute perveniunt.

In infinitum epistolam extendam, si gaudio meo indulgeam. Praevertor ad ea, quæ me agentem hic nuntius deprehendit. Eram cum prosocero meo, eram cum amita uxoris, eram cum amicis diu desideratis. Circumibam agellos; audiebam multum rusticarum querelarum ; rationes legebam invitus et cursim (aliis enim chartis, aliis sum litteris initiatus) : cœperam etiam itineri me præparare. Nam includor angustiis commeatus, eoque ipso, quod delegatum Cornuto audio officium, mei admoneor. Cupio te quoque sub idem tempus Campania tua remittat, ne quis, quum in Urbem rediero, contubernio nostro dies pereat. Vale.

### XVI. — *Pline à Marcellin.*

Tristissimus hæc tibi scribo. Fundani nostri filia minor est defuncta. Qua puella nihil unquam festivius, amabilius, nec modo longiore vita, sed prope immortalitate, dignius vidi. Nondum annos quatuordecim impleverat, et jam illi anilis prudentia, matronalis gravitas erat ; et tamen suavitas puellaris cum virginali verecundia. Ut illa patris cervicibus inhærebat! ut nos amicos paternos et amanter et modeste

quelle tendresse elle embrassait son père! avec quel abandon et en même temps quelle modestie elle recevait ceux qu'il aimait! Avec quelle équité elle partageait son attachement entre ses nourrices et les maîtres qui avaient cultivé son esprit ou ses mœurs! Quel goût, quelle intelligence dans ses lectures! Quelle sage réserve dans ses jeux! Quelle modération, quelle patience, quel courage même dans sa dernière maladie! Elle était docile aux ordonnances des médecins; elle consolait son père et sa sœur; lors même que ses forces l'eurent abandonnée, son énergie la soutenait encore. Cette force d'âme l'a accompagnée jusqu'à sa dernière heure, sans que ni la longueur de la maladie ni la crainte de la mort aient pu l'abattre, comme pour augmenter encore notre douleur et nos regrets.

O mort affreuse et cruelle! ô mort que les circonstances rendent plus pénible encore! Elle allait épouser un jeune homme distingué. Le jour des noces était fixé. Nous y étions déjà invités. Quel deuil a succédé à tant de joie! Je ne puis vous exprimer de quel coup je me suis senti frappé, quand j'ai appris que Fundanus, inspiré par la douleur, toujours féconde en tristes inventions, a ordonné lui-même que tout l'argent qui devait être dépensé en parures, en perles, en diamants, fût employé en encens, en baumes et en parfums. C'est un homme savant et sage qui s'est formé de bonne heure par les études les plus profondes. Mais aujourd'hui il méprise tout ce qu'il a entendu dire, tout ce que souvent il a dit lui-même. Il oublie toutes ses vertus, pour ne plus se souvenir que de sa tendresse.

complectebatur! ut nutrices et pædagogos, ut præceptores, pro suo quemque officio, diligebat! Quam studiose, quam intelligenter lectitabat! Ut parce custoditeque ludebat! Qua illa temperantia, qua patientia, qua etiam constantia novissimam valetudinem tulit! Medicis obsequebatur. Sororem, patrem adhortabatur, ipsamque se destitutam corporis viribus, vigore animi sustinebat. Duravit hic illi usque ad extremum, nec aut spatio valetudinis, aut metu mortis infractus est; quo plures gravioresque nobis causas relinqueret et desiderii et doloris.

O triste plane acerbumque funus! o morte ipsa mortis tempus indignius! Jam destinata erat egregio juveni, jam electus nuptiarum dies, jam nos vocati. Quod gaudium quo mœrore mutatum est! Non possum exprimere verbis, quantum animo vulnus acceperim, quum audivi Fundanum ipsum (ut multa luctuosa dolor invenit) præcipientem, quod in vestes, margaritas, gemmas fuerat erogaturus, hoc in thura et unguenta et odores impenderetur. Est quidem ille eruditus et sapiens, ut qui se ab ineunte ætate altioribus studiis artibusque dediderit. Sed nunc omnia, quæ audiit, sæpeque dixit, aspernatur; expulsisque virtutibus aliis, pietatis est totus.

Vous lui pardonnerez, vous l'approuverez même, quand vous songerez à la perte qu'il a faite. Il a perdu une fille qui, par son âme, autant que par les traits de son visage, était le vivant portrait de son père. Si donc vous lui écrivez sur la cause d'une douleur si légitime, souvenez-vous de mettre moins de raison et de force que de douceur et de sensibilité dans vos consolations. Le temps contribuera beaucoup à les lui faire goûter. Une blessure récente redoute la main qui la soigne; ensuite elle la supporte, et enfin la recherche. Ainsi une affliction vive éloigne et repousse d'abord les consolations. Bientôt elle les désire et s'y complaît, lorsqu'elles sont ménagées avec adresse. Adieu.

### XVII. — Pline à Spurinna.

Je sais combien vous vous intéressez à la prospérité des belles-lettres, et avec quelle joie vous apprenez que des jeunes gens d'une naissance illustre marchent dignement sur les traces de leurs ancêtres. Je m'empresse donc de vous dire que je suis allé hier entendre Calpurnius Pison. Il a lu son poëme des *Métamorphoses en astres*, sujet profond et brillant. Il l'a traité en vers élégiaques, d'un tour coulant, gracieux et facile, mais plein de majesté, quand l'occasion l'exige. Son style, par une agréable variété, s'élève et s'abaisse tour à tour. Il joint, avec un talent qui ne se dément jamais, la noblesse à la simplicité, la légèreté à la grandeur, la sévérité à l'agrément. La douceur de son accent faisait valoir son ouvrage, et sa modestie ajoutait au charme de

---

Ignosces, laudabis etiam, si cogitaveris quid amiserit. Amisit enim filiam, quæ non minus mores ejus, quam os vultumque referebat, totumque patrem similitudine exscripserat. Proinde, si quas ad eum de dolore tam justo litteras mittes, memento adhibere solatium, non quasi castigatorium et nimis forte, sed molle et humanum. Quod ut facilius admittat, multum faciet medii temporis spatium. Ut enim crudum adhuc vulnus medentium manus reformidat, deinde patitur, atque ultro requirit; sic recens animi dolor consolationes rejicit ac refugit: mox desiderat, et clementer admotis acquiescit. Vale.

### XVII. — Pline à Spurinna.

Scio, quantopere bonis artibus faveas, quantum gaudium capias, si nobiles juvenes dignum aliquid majoribus suis faciant. Quo festinantius nuntio tibi fuisse me hodie in auditorio Calpurnii Pisonis. Recitabat καταστερισμῶν, eruditam sane luculentamque materiam. Scripta elegis erat fluentibus, et teneris, et enodibus, sublimibus etiam, ut poposcit locus. Apte enim et varie nunc attollebatur, nunc residebat : excelsa

sa voix. Il rougissait, et l'on voyait sur son visage cette crainte qui recommande si bien un lecteur. La timidité a, dans l'homme de lettres, je ne sais quelle grâce que n'a pas la confiance.

Je pourrais ajouter beaucoup d'autres particularités, aussi remarquables dans un homme de cet âge que rares dans un homme de cette condition; mais il faut abréger. La lecture finie, j'embrassai Pison à plusieurs reprises ; et, persuadé qu'il n'y a point de plus puissant aiguillon que la louange, je l'engageai à continuer comme il avait commencé, et à illustrer ses descendants, comme il avait été illustré par ses aïeux. Je félicitai son excellente mère ; je félicitai aussi son frère qui, dans cette occasion, ne se fit pas moins remarquer par sa tendresse fraternelle, que Calpurnius par son éloquence : tant son inquiétude et ensuite sa joie se manifestèrent pendant la lecture! Plaise aux dieux que j'aie souvent de semblables nouvelles à vous donner! Car je fais tout pour que mon siècle ne soit point languissant et stérile, et je souhaite ardemment que nos patriciens n'attachent pas toute leur noblesse aux portraits de leurs ancêtres. Quant aux Pisons, il me semble que les images muettes de leurs pères les applaudissent, les encouragent, et (ce qui suffit à la gloire des deux frères) les avouent pour leur sang. Adieu.

### XVIII. — *Pline à Macer.*

Je suis content, puisque vous l'êtes. Vous avez avec vous votre

---

depressis, exilia plenis, severis jucunda mutabat ; omnia ingenio pari. Commendabat hæc voce suavissima, vocem verecundia : multum sanguinis, multum sollicitudinis in ore, magna ornamenta recitantis. Etenim, nescio quo pacto, magis in studiis homines timor, quam fiducia, decet.

Ne plura (quanquam libet plura, quo sunt pulchriora de juvene, rariora de nobili), recitatione finita, multum ac diu exosculatus adolescentem, qui est acerrimus stimulus monendi, laudibus incitavi, « pergeret, qua cœpisset, lumenque quod sibi majores sui prætulissent, posteris ipse præferret. » Gratulatus sum optimæ matri, gratulatus et fratri, qui ex auditorio illo non minorem pietatis gloriam, quam ille alter eloquentiæ tulit : tam notabiliter pro fratre recitante primum metus ejus, mox gaudium eminuit! Dii faciant ut talia tibi sæpius nuntiem! faveo enim sæculo, ne sit sterile et effetum, mireque cupio, ne nobiles nostri nihil in domibus suis pulchrum, nisi imagines habeant : quæ nunc mihi hos adolescentes tacite laudare, adhortari, et, quod amborum gloriæ satis magnum est, agnoscere videntur. Vale.

### XVIII. — *Pline à Macer.*

Bene est mihi, quia tibi bene est. Habes uxorem tecum, habes filium. Frueris

femme et votre fils. Vous jouissez de la mer, de vos fontaines, de vos arbres, de vos champs, de votre délicieuse villa ; délicieuse sans doute, puisqu'elle a été la retraite d'un homme plus heureux alors que lorsqu'il fut parvenu au comble du bonheur. Pour moi, dans ma villa de Toscane, je me livre tour à tour à la chasse et à l'étude, quelquefois à l'une et à l'autre en même temps. Cependant je ne saurais encore décider lequel est le plus difficile à faire, une bonne chasse ou un bon ouvrage. Adieu.

### XIX. — *Pline à Paulinus.*

Je vous avouerai ma douceur pour mes gens, d'autant plus franchement, que je sais avec quelle bonté vous traitez les vôtres. J'ai constamment dans l'esprit ce vers d'Homère :

Il eut toujours pour eux le cœur d'un tendre père ;

et ce nom de *père de famille*, que parmi nous on donne aux maîtres. Mais, quand je serais naturellement insensible et dur, je serais encore touché de la maladie de mon affranchi Zosime. Je lui dois d'autant plus d'égards, qu'ils lui sont plus nécessaires. Il est honnête, complaisant, instruit. Son talent principal, et son titre, pour ainsi dire, c'est celui de comédien. Il déclame avec feu, avec goût, avec justesse, même avec grâce, et il sait jouer de la lyre plus habilement qu'un comédien n'a besoin de le savoir. Ce n'est pas tout : il lit des harangues, des histoires et des vers aussi parfaitement que s'il n'avait jamais appris autre chose.

mari, fontibus, viridibus, agro, villa amœnissima. Neque enim dubito esse amœnissimam, in qua se composuerat homo, felicior ante, quam felicissimus fieret. Ego in Tuscis et venor et studeo ; quæ interdum alternis, interdum simul facio : nec tamen adhuc possum pronuntiare, utrum sit difficilius capere aliquid, an scribere. Vale.

### XIX. — *Pline à Paulinus.*

Video quam molliter tuos habeas ; quo simplicius tibi confitebor, qua indulgentia meos tractem. Est mihi semper in animo et homericum illud, πατὴρ δ' ὡς ἤπιος ἦεν, et hoc nostrum, « paterfamilias. » Quod si essem natura asperior et durior, frangeret me tamen infirmitas liberti mei Zosimi, cui tanto major humanitas exhibenda est, quanto nunc illa magis eget. Est homo probus, officiosus, litteratus ; et ars quidem ejus, et quasi inscriptio, comœdus, in qua plurimum facit. Nam pronuntiat acriter, sapienter, apte, decenter etiam ; utitur et cithara perite, ultra quam comœdo necesse est. Idem tam commode orationes et historias et carmina legit, ut hoc solum didicisse videatur.

Je suis entré dans ce détail pour vous apprendre combien cet homme seul me rend de services, et de services agréables. Ajoutez-y l'affection que j'ai pour lui depuis longtemps, et que son danger a redoublée. Car nous sommes faits ainsi : rien ne donne plus d'ardeur et de vivacité à notre tendresse que la crainte de perdre ce que nous aimons. Et ce n'est pas la première fois que je crains pour sa vie. Il y a quelques années que, déclamant avec force et avec véhémence, il vint tout à coup à cracher le sang. Je l'envoyai en Égypte pour se rétablir ; et, après y avoir fait un long séjour, il en est revenu depuis peu en assez bon état. Mais, ayant voulu forcer sa voix plusieurs jours de suite, une petite toux le menaça d'une rechute, et son crachement de sang le reprit. Pour essayer de le guérir, j'ai résolu de l'envoyer à votre terre de Frioul. Je me souviens de vous avoir souvent ouï dire que l'air y est sain, et le lait très-bon pour ces sortes de maladies. Je vous prie donc d'écrire à vos gens de le recevoir dans votre maison, et de fournir même aux dépenses qui lui seront nécessaires. Peu de chose lui suffira : car il est si frugal et si modéré, qu'il refuse, non-seulement les douceurs que peut demander l'état d'un malade, mais les choses même que cet état semble exiger. Je lui donnerai pour son voyage ce qu'il faut à un homme qui se rend chez vous. Adieu.

## XX. — Pline à Ursus.

Peu de temps après le jugement de Julius Bassus, les Bithyniens

Hæc tibi sedulo exposui, quo magis scires quam multa unus mihi et quam jucunda ministeria præstaret. Accedit longa jam caritas hominis, quam ipsa pericula auxerunt. Est enim ita natura comparatum, ut nihil æque amorem incitet et accendat, quam carendi metus, quem ego pro hoc non semel patior. Nam ante aliquot annos, dum intente instanterque pronuntiat, sanguinem rejecit, atque ob hoc in Ægyptum missus a me, post longam peregrinationem confirmatus rediit nuper. Deinde, dum per continuos dies nimis imperat voci, veteris infirmitatis tussicula admonitus, rursus sanguinem reddidit. Qua ex causa destinavi eum mittere in prædia tua, quæ Forojulii possides. Audivi enim te sæpe referentem, esse ibi et aerem salubrem, et lac ejusmodi curationibus accommodatissimum. Rogo ergo, scribas tuis, ut illi villa, ut domus pateat ; offerant etiam sumptibus ejus, si quid opus erit ; erit autem opus modico. Est enim tam parcus et continens, ut non solum delicias, verum etiam necessitates valetudinis, frugalitate restringat. Ego proficiscenti tantum viatici dabo, quantum sufficiat eunti in tua. Vale.

## XX. — Pline à Ursus.

Iterum Bithyni, post breve tempus a Julio Basso, etiam Rufum Varenum pro-

formèrent une nouvelle accusation contre Varénus, leur proconsul, Varénus qu'ils avaient sollicité et accepté pour avocat contre Bassus. Lorsqu'ils eurent été introduits dans le sénat, ils demandèrent l'information. Varénus, de son côté, réclama la faculté de faire entendre les témoins à décharge. Les Bithyniens s'y étant opposés, il fallut plaider. Je parlai pour lui avec succès. L'ai-je fait bien ou mal : le plaidoyer vous l'apprendra. La fortune a toujours sur l'issue d'un procès une influence propice ou funeste. La mémoire, le débit, le geste, la conjoncture même, enfin les préventions favorables ou contraires à l'accusé, donnent ou enlèvent à l'orateur beaucoup d'avantages ; au lieu que le plaidoyer, à la lecture, ne se ressent ni des affections ni des haines ; il n'y a pour lui ni hasard heureux, ni circonstance fatale.

Fontéius Magnus, l'un des Bithyniens, me répliqua, et dit très peu de choses en beaucoup de paroles. La plupart des Grecs prennent, comme lui, la volubilité pour l'abondance. Ils lancent d'une seule haleine, avec la rapidité d'un torrent, les plus longues et les plus froides périodes. Cependant, comme dit fort bien Julius Candidus, *loquacité n'est pas éloquence*. L'éloquence n'a été départie qu'à un homme ou à deux, et même à personne, si l'on en croit Marc Antoine. Mais cette faconde, dont parle Candidus, est le talent de beaucoup de gens, et particulièrement celui des effrontés.

Le jour suivant, Homullus plaida pour Varénus avec adresse, avec chaleur, avec élégance. La réponse de Nigrinus fut concise,

---

consulem detulerunt ; Varenum, quem nuper adversus Bassum advocatum et postularant et acceperant. Inducti in senatum, inquisitionem postulaverunt. Tum Varenus petiit ut sibi quoque defensionis causa evocare testes liceret. Recusantibus Bithynis, cognitio suscepta est. Egi pro Vareno, non sine eventu : num bene an male, liber indicabit. In actionibus enim utramque in partem fortuna dominatur. Multum commendationis et detrahit et affert memoria, vox, gestus, tempus ipsum ; postremo vel amor vel odium rei. Liber offensis, liber gratia, liber et secundis casibus, et adversis caret. Respondit mihi Fonteius Magnus, unus ex Bithynis, plurimis verbis, paucissimis rebus. Est plerisque Græcorum, ut illi, pro copia volubilitas : tam longas, tamque frigidas periodos uno spiritu, quasi torrente, contorquent. Itaque Julius Candidus, non invenuste solet dicere : « Aliud esse eloquentiam, aliud loquentiam. » Nam eloquentia vix uni aut alteri, immo, si M. Antonio credimus, nemini. Hæc vero, quam Candidus loquentiam appellat, multis atque etiam impudentissimo cuique maxime contingit.

Postero die dixit pro Vareno Homullus callide, acriter, culte ; contra Nigrinus presse, graviter, ornate. Censuit Acilius Rufus, consul designatus, inquisitionem

noble et fleurie. Acilius Rufus, consul désigné, permit aux Bithyniens d'informer. Il garda le silence sur la demande de Varénus : c'était assez clairement s'y opposer. Cornélius Priscus, personnage consulaire, voulut qu'on accordât également aux accusateurs et à l'accusé ce qu'ils demandaient; et la majorité adopta son avis.

Nous avons ainsi obtenu une décision qui n'avait pour elle ni la loi ni l'usage, et qui pourtant était juste. Pourquoi juste? je ne vous le dirai pas dans cette lettre, pour vous faire désirer mon plaidoyer; car, si nous en croyons Homère,

Les chants les plus nouveaux sont les plus agréables;

et je dois faire en sorte qu'une lettre indiscrète n'enlève pas à mon petit discours cette grâce et cette fleur de nouveauté qui en font le principal mérite. Adieu.

## XXI. — *Pline à Rufus.*

Je m'étais rendu dans la basilique Julienne pour entendre les avocats auxquels je devais répondre dans l'audience suivante. Les juges avaient pris place, les décemvirs étaient arrivés, les avocats étaient prêts, le silence régnait depuis longtemps. Enfin un envoyé du préteur se présente. On congédie les centumvirs. L'affaire est ajournée, à ma grande satisfaction : car je ne suis jamais si bien préparé, qu'un délai ne me fasse plaisir. La cause de cette

---

Bithynis dandam, postulationem Vareni silentio præteriit. Hæc forma negandi fuit. Cornelius Priscus consularis, et accusatoribus quæ petebant, et reo tribuit, vicitque numero.

Impetravimus rem nec lege comprehensam, nec satis usitatam, justam tamen. Quare justam, non sum epistola exsecuturus, ut desideres actionem. Nam si verum est homericum illud,

Τὴν γὰρ ἀοιδὴν μᾶλλον ἐπικλείουσ' ἄνθρωποι,
Ἥτιρ ἀκουόντεσσι νεωτάτη ἀμφιπέληται,

apud te providendum est mihi ne gratiam novitatis et florem, quæ oratiunculam illam vel maxime commendat, epistolæ loquacitate præcerpam. Vale.

## XXI. — *Pline à Rufus.*

Descenderam in basilicam Juliam, auditurus quibus proxima comperendinatione respondere debebam. Sedebant judices, decemviri venerant, obversabantur advocati; silentium longum, tandem a prætore nuntius. Dimittuntur centumviri. Eximitur

remise est le préteur Népos qui fait revivre les lois du barreau. Il venait de publier un édit fort court par lequel il avertissait et les accusateurs et les accusés qu'il exécuterait le décret du sénat transcrit à la suite de son édit. Par ce décret *il était ordonné à tous ceux qui avaient un procès, de quelque nature qu'il fût, de prêter serment, avant de plaider, qu'ils n'avaient fait, pour le plaidoyer, ni don ni promesse, et qu'ils n'avaient exigé aucune garantie.* Par ces termes, et par beaucoup d'autres, il était défendu aux avocats de vendre leur ministère, et aux parties de l'acheter. Néanmoins on permettait, une fois le procès terminé, de donner jusqu'à la concurrence de dix mille sesterces [1]. Le préteur qui préside aux centumvirs, embarrassé par cette action de Népos, et voulant examiner s'il devait suivre son exemple, nous a donné ce loisir imprévu. Cependant toute la ville blâme ou loue l'édit de Népos. Beaucoup de gens s'écrient : *Nous avons donc trouvé un censeur! Mais quoi! n'avions-nous point de préteurs avant lui? Quel est cet homme qui se mêle de réformer les mœurs publiques!* D'autres disent : *Que pouvait-il faire de plus sage en entrant en charge? il a consulté la loi; il a lu les décrets du sénat; il a aboli un trafic honteux, et ne peut souffrir que la fonction du monde la plus glorieuse soit vénale.* Voilà les opinions qui se discutent dans les deux partis, et dont l'événement décidera. Rien de moins raisonnable, mais rien de plus commun, que de voir les résolutions honorables ou honteuses obtenir, suivant le

---

dies, me gaudente qui nunquam ita paratus sum, ut non mora lætor. Causa dilationis, Nepos prætor, qui legibus quærit. Proposuerat breve edictum : admonebat accusatores, admonebat reos, exsecuturum se, quæ senatuscousulto continerentur. Suberat edicto senatusconsultum, « hoc omnes, quidquid negotii haberent, jurare prius, quam agerent, jubebantur, nihil se ob advocationem cuiquam dedisse, promisisse, cavisse. » His enim verbis, ac mille præterea, et venire advocationes et emi vetabantur. Peractis tamen negotiis, permittebatur pecuniam duntaxat decem millium dare. Hoc facto Nepotis commotus prætor, qui centumviralibus præsidet, deliberaturus an sequeretur exemplum, inopinatum nobis otium dedit. Interim tota civitate Nepotis edictum carpitur, laudatur. Multi : « Invenimus, qui curva corrigeret. Quid? ante hunc prætores non fuerunt? Quis autem hic est, qui emendet publicos mores?. » Alii contra : « Rectissime fecit initurus magistratum : jura recognovit : senatusconsulta legit ; reprimit fœdissimas pactiones ; rem pulcherrimam turpissime venire non patitur. » Tales ubique sermones; qui tamen alterutram in partem ex eventu prævalebunt. Est omnino iniquum, sed usu receptum, quod ho-

1. 1,035 francs.

succès, le blâme ou l'approbation. Aussi la même action est-elle qualifiée tour à tour de zèle ou de vanité, de liberté ou de folie. Adieu.

nesta consilia vel turpia, prout male aut prospere cedunt, ita vel probantur vel reprehenduntur. Inde plerumque eadem facta, modo diligentiæ, modo vanitatis, modo libertatis, modo furoris nomen accipiunt. Vale.

# LIVRE SIXIÈME

### I. — *Pline à Tiron.*

Tant que nous étions, vous dans le Picénum, moi au delà du Pô, je m'inquiétais moins de votre absence. Mais me voici de retour à Rome, et vous êtes encore dans le Picénum. C'est maintenant surtout que je vous regrette. Peut-être les lieux où nous avons coutume d'être ensemble me rappellent-ils plus vivement votre souvenir. Peut-être ce désir de revoir les absents augmente-t-il à mesure qu'on se rapproche d'eux, et l'impatience de posséder un bien s'irrite-t-elle d'autant plus, que l'espérance d'en jouir est plus prochaine. Quoi qu'il en soit, délivrez-moi de ce tourment. Venez à Rome, ou bien je retourne aux lieux que j'ai eu l'imprudence de quitter, ne fût-ce que pour éprouver, lorsque vous vous trouverez à Rome sans moi, si vous m'écrivez du style dont je vous écris. Adieu.

### II. — *Pline à Arrien.*

Je songe quelquefois à M. Régulus dans nos audiences : car je ne

## LIBER SEXTUS.

### I. — *Pline à Tiron.*

Quandiu ego trans Padum, tu in Piceno, minus te requirebam. Postquam ego in Urbe, tu adhuc in Piceno, multo magis; seu quod ipsa loca, in quibus esse una solemus, acrius me tui commonent; seu quod desiderium absentium nihil perinde ac vicinitas acuit, quoque propius accesseris ad spem fruendi, hoc impatientius careas. Quidquid in causa, eripe me huic tormento Veni, aut ego illuc unde inconsulte properavi revertar, vel ob hoc solum, ut experiar an mihi, quum sine me Romæ cœperis esse, similes his epistolas mittas. Vale.

### II. — *Pline à Arrien.*

Soleo nonnunquam in judiciis quærere M. Regulum : nolo enim dicere, deside-

veux pas dire que je l'y regrette. Demandez-vous pourquoi j'y songe? C'est qu'il rendait hommage à l'importance de notre ministère : il tremblait, il pâlissait en parlant; il écrivait ses discours. Il est vrai qu'il ne pouvait se défaire de certaines habitudes; comme de se couvrir d'un enduit l'œil droit, s'il plaidait pour le demandeur, et l'œil gauche, s'il parlait pour le défendeur ; de transporter ainsi le bandeau blanc tour à tour de l'un à l'autre sourcil, et de céder à des superstitions ridicules en consultant toujours les aruspices sur le succès de sa cause. Mais tout cela prouvait encore la haute idée qu'il attachait à ses fonctions. Il était d'ailleurs fort agréable de plaider avec lui; car il demandait pour les plaidoiries un temps illimité, et se chargeait de réunir des auditeurs. Quel plaisir de pouvoir, sous la responsabilité d'un autre, discourir autant qu'on le veut, et parler avec faveur dans un auditoire assemblé pour lui seul !

Quoi qu'il en soit, Régulus a bien fait de mourir, et il eût mieux fait encore de mourir plus tôt. Car aujourd'hui, sous un empereur comme le nôtre, qui ne lui laisserait pas le pouvoir de nuire, sa vie n'aurait rien d'alarmant pour le public. Voilà pourquoi il est permis de penser quelquefois à lui. Depuis sa mort, la coutume s'est partout établie de ne donner, de ne demander même, pour plaider, qu'une ou deux clepsydres, et souvent qu'une demi-clepsydre : car ceux qui parlent aiment mieux avoir plaidé que de plaider, et ceux qui écoutent songent plus à expédier qu'à juger : tant est grande la négligence, la paresse, le mépris de ses

rare. Cur ergo quæro? Habebat studiis honorem, timebat, pallebat, scribebat Quamvis non posset dediscere illud ipsum, quod oculum modo dextrum, modo sinistrum circumlinebat, dextrum, si a petitore, alterum, si a possessore esset acturus quod candidum splenium in hoc aut in illud supercilium transferebat ; quod semper aruspices consulebat de actionis eventu. anili superstitione. Sed tamen et a magno studiorum honore veniebat. Jam illa perquam jucunda una dicentibus, quod libera tempora petebat, quod auditoros corrogabat. Quid enim jucundius, quam sub alterius invidia, quandiu velis, et in alieno auditorio quasi deprehensum commode dicere?

Sed utcumque se habent ista, bene fecit Regulus, quod est mortuus; melius, ante. Nunc enim sane poterat sine malo publico vivere sub eo principe, sub qu nocere non poterat Ideo fas est nonnunquam eum quærere. Nam postquam obi ille, increbuit passim et invaluit consuetudo, binas vel singulas clepsydras, interdu et dimidias, et dandi et petendi : nam et qui dicunt, egisse malunt quam agere; qui audiunt, finire quam judicare : tanta negligentia, tanta desidia, tanta deniqu

propres travaux, l'indifférence pour les dangers des parties!
Sommes-nous plus sages que nos ancêtres? plus justes que les
lois qui accordent tant d'heures, tant de jours, tant de remises?
Nos pères étaient-ils donc si stupides et si lourds? Parlons-nous
avec plus de clarté? comprenons-nous plus vite? jugeons-nous
plus consciencieusement pour dépêcher les causes en moins
d'heures qu'ils n'y employaient de jours? Où êtes-vous, Régulus,
vous qui, par l'intrigue, obteniez de tous les juges ce que très-peu
d'entre eux accordent au devoir?

Pour moi, toutes les fois que je suis juge (ce qui m'arrive
plus souvent que d'être avocat), je donne libéralement tout le
temps qu'on me demande. Je trouve qu'il y a de la témérité à
deviner combien doit durer une cause que l'on n'a point entendue, à prescrire des bornes à l'explication d'une affaire qu'on ne
connaît pas; et je suis persuadé que la religion d'un juge doit lui
faire compter la patience entre ses premiers devoirs, et pour une
des plus importantes parties de la justice. Sans doute on dit beaucoup de choses inutiles. Soit; mais ne vaut-il pas mieux les entendre, que de ne pas laisser dire toutes celles qui peuvent être
nécessaires? D'ailleurs, comment connaître leur inutilité, quand
elles n'ont point encore été dites?

Mais il vaut mieux réserver pour nos entretiens ces abus et
plusieurs autres qui se font sentir à Rome. L'amour du bien public vous inspire, aussi bien qu'à moi, le désir de voir réformer
des usages qu'il serait fort difficile d'abolir tout à fait. Venons
maintenant à nos familles. Tout va-t-il bien dans la vôtre? Il n'y a

---

irreverentia studiorum periculorumque est! An nos sapientiores majoribus nostris?
nos legibus ipsis justiores, quæ tot horas, tot dies, tot comperendinationes largiuntur? Hebetes illi et supra modum tardi? Nos apertius dicimus, celerius intelligimus,
religiosius judicamus, qui paucioribus clepsydris, præcipitamus causas, quam diebus
explicari solebant? O Regule, qui ambitione ab omnibus obtinebas, quod fidei paucissimi præstant!

Equidem quoties judico, quod sæpius facio quam dico, quantum quis plurimum
postulat aquæ do. Etenim temerarium existimo divinare quam spatiosa sit causa
inaudita, tempusque negotio finire, cujus modum ignores; præsertim quum primam
religioni suæ judex patientiam debeat, quæ pars magna justitiæ est. At quædam
supervacua dicuntur. Etiam; sed satius est et hæc dici, quam non dici necessaria.
Præterea an sint supervacua, nisi quum audieris, scire non possis.

Sed de his melius coram, ut de pluribus vitiis civitatis. Nam tu quoque amore
communium soles emendari cupere, quæ jam corrigere difficile est. Nunc respicia-

rien de nouveau dans la mienne. Mais du caractère dont je suis, plus je jouis d'un bien, plus il me devient précieux; et plus je souffre d'un abus, plus l'habitude me le rend léger. Adieu.

### III. — *Pline à Vérus.*

Je vous remercie de vous être chargé de faire valoir la petite terre que j'ai autrefois donnée à ma nourrice. Lorsque je lui en fis présent, elle était estimée cent mille sesterces [1]; ensuite la diminution du revenu en avait déprécié le fonds qui reprendra par vos soins sa première valeur. Souvenez-vous seulement que ce ne sont ni les arbres, ni la terre, que je vous recommande le plus, mais le don que j'en ai fait. Celle qui l'a reçu n'a pas plus d'intérêt à le voir fructifier, que moi qui l'ai offert. Adieu.

### IV. — *Pline à Calpurnie.*

Jamais je ne me suis tant plaint de mes occupations, que lorsqu'elles ne m'ont permis, ni de vous accompagner quand votre santé vous obligea de partir pour la Campanie, ni de vous suivre immédiatement après votre départ. C'est surtout alors que j'eusse désiré d'être avec vous, pour juger par mes yeux si vos forces revenaient, si ce corps délicat se rétablissait, et comment enfin votre tempérament se trouvait des plaisirs de la solitude et de la

---

mus domes nostras. Ecquid omnia in tua recte? in mea novi nihil. Mihi autem et gratiora sunt bona, quod perseverant; et leviora incommoda, quod assuevi. Vale.

### III. — *Pline à Vérus.*

Gratias ago quod agellum, quem nutrici meæ donaveram, colendum suscepisti. Erat, quum donarem, centum millium nummum; postea, decrescente reditu, etiam pretium minuit, quod nunc, te curante, reparabit. Tu modo memineris commendari tibi a me non arbores et terram (quanquam hæc quoque), sed munusculum meum; quod esse quam fructuosissimum non illius magis interest, quæ accepit, quam mea, qui dedi. Vale.

### IV. — *Pline à Calpurnie.*

Nunquam sum magis de occupationibus meis questus, quæ me non sunt passæ aut proficiscentem te valetudinis causa in Campaniam prosequi, aut profectam e vestigio subsequi. Nunc enim præcipue simul esse cupiebam, ut oculis meis crederem, quid viribus, quid corpusculo acquireres, ecquid denique secessus voluptates regionisque

---

[1] 20,450 francs.

fertilité du pays. Quand vous vous porteriez bien, je ne supporterais qu'avec peine votre absence : car rien n'inquiète et ne tourmente plus que de ne recevoir quelquefois aucune nouvelle de la personne qu'on aime le plus tendrement. Mais votre absence et votre maladie me jettent dans une profonde perplexité. Je crains tout ; je me forge mille chimères ; et, comme il arrive quand on est dominé par les alarmes, je suppose toujours ce que je redoute le plus. Je vous prie donc instamment de prévenir mes anxiétés par une et même par deux lettres chaque jour. Je serai plus tranquille, tant que je lirai ; mais je retomberai dans mes premières inquiétudes, dès que j'aurai lu. Adieu.

### V. — *Pline à Ursus.*

Je vous ai écrit que Varénus avait obtenu la permission de faire entendre ses témoins. Ce décret a paru juste à la majorité des sénateurs ; mais quelques-uns l'ont critiqué, et ont soutenu leur avis avec opiniâtreté ; entre autres, Licinius Népos qui, à l'assemblée suivante où l'on délibérait sur un autre sujet, a parlé du dernier sénatus-consulte, et a traité de nouveau la question jugée. Il a même ajouté qu'il fallait prier les consuls de demander au sénat, si son intention était qu'à l'avenir on agît à l'égard du péculat comme à l'égard de la brigue, et que, dans l'une et l'autre accusation, il fût permis à l'accusé, aussi bien qu'à l'accusateur, de produire des témoins.

abundantiam inoffensa transmitteres. Equidem etiam fortem te non sine cura desiderarem : est enim suspensum et anxium de eo, quem ardentissime diligas, interdum nihil scire. Nunc vero me quum absentiæ, tum infirmitatis tuæ ratio incerta et varia sollicitudine exterret. Vereor omnia, imaginor omnia ; quæque natura metuentium est, ea maxime mihi, quæ maxime abominor, fingo. Quo impensius rogo, ut timori meo quotidie singulis, vel etiam binis epistolis consulas. Ero enim securior, dum legam ; statimque timebo, quum legero. Vale.

### V. — *Pline à Ursus.*

Scripseram tenuisse Varenum ut sibi evocare testes liceret. Quod pluribus æquum, quibusdam iniquum, et quidem pertinaciter, visum ; maxime Licinio Nepoti, qui sequenti senatu, quum de rebus aliis referretur, de proximo senatusconsulto disseruit, finitamque causam retractavit. Addidit etiam petendum a consulibus ut referrent, sub exemplo legis ambitus, de lege repetundarum, an placeret in futurum ad eam legem adjici, ut, sicut accusatoribus inquirendi, testibusque denuntiandi potestas ex ea lege esset, ita reis quoque fieret.

Cette remontrance a déplu à quelques personnes comme tardive et déplacée. Elles trouvaient qu'après avoir négligé l'occasion de s'opposer au décret, on blâmait ce qui était fait, et ce que le décret avait pu prévenir. Le préteur, Jubentius Celsus, dans un discours plein d'énergie, blâmait Népos de s'être érigé en réformateur du sénat. Népos répondit, Celsus répliqua, et ni l'un ni l'autre ne ménagea les injures. Je ne veux pas répéter ce que j'ai été fâché de leur entendre dire. Jugez si j'ai dû approuver la conduite de quelques-uns de nos sénateurs qui, entraînés par la curiosité, couraient tour à tour à Celsus et à Népos, selon que l'un ou l'autre parlait. Ils semblaient tantôt exciter et échauffer la dispute, tantôt l'adoucir et l'apaiser ; souvent ils réclamaient, comme dans un spectacle, la protection de César pour l'un ou pour l'autre et quelquefois pour tous deux.

Mais ce que j'ai trouvé de plus indigne, c'est que chacun était instruit de ce que son adversaire devait dire contre lui : car Celsus tenait à la main sa réponse écrite sur une feuille, et Népos avait sa réplique tracée sur ses tablettes. L'indiscrétion de leurs amis les a si bien servis, que ces deux hommes, qui devaient se disputer, savaient d'avance tout le détail de leur querelle, comme s'ils l'eussent concertée. Adieu.

### VI. — *Pline à Fundanus.*

Jamais je ne vous ai tant souhaité à Rome qu'en ce moment, et

---

Fuerunt quibus hæc ejus oratio, ut sera et intempestiva et præpostera, displiceret; quæ, omisso contradicendi tempore, castigaret peractum, cui potuisset occurrere. Jubentius quidem Celsus prætor, tanquam emendatorem senatus, et multis et vehementer increpuit. Respondit Nepos, rursusque Celsus : neuter contumeliis temperavit. Nolo referre quæ dici ab ipsis moleste tuli. Quo magis quosdam e numero nostro improbavi, qui modo ad Celsum, modo ad Nepotem, prout hic vel ille diceret, cupiditate audiendi cursitabant; et nunc quasi stimularent et accenderent, nunc quasi reconciliarent componerentque, frequentius singulis, ambobus interdum propitium Cæsarem, ut in ludicro aliquo, precabantur.

Mihi quidem illud etiam peracerbum fuit, quod sunt alter alteri quid pararent indicati : nam et Celsus Nepoti ex libello respondit, et Celso Nepos ex pugillaribus. Tanta loquacitas amicorum fuit, ut homines jurgaturi id ipsum invicem scirent, tanquam convenissent. Vale.

### VI. — *Pline à Fundanus.*

Si quando, nunc præcipue cuperem esse te Romæ, et sis rogo. Opus est mihi

je vous prie d'y venir. J'ai besoin d'un ami qui s'associe à mes désirs, à mes fatigues, à mes inquiétudes. Jules Nason aspire aux honneurs ; il a beaucoup de concurrents, des concurrents pleins de mérite qu'il lui sera aussi difficile que glorieux de vaincre. A mon anxiété, à mes alternatives d'espérance et de crainte, je ne croirais pas avoir jamais été consul : il me semble que je sollicite pour la première fois les charges que j'ai remplies. Nason mérite cet empressement par l'affection qu'il m'a vouée depuis longtemps. Mon amitié pour lui n'est pas un bien qu'il ait hérité de son père, car son père et moi nous étions d'âges trop différents pour avoir pu être amis. Toutefois, dans mon enfance, on me le montrait avec les plus grands éloges. Il n'aimait pas seulement les lettres ; il chérissait ceux qui les cultivaient : il assistait presque tous les jours aux leçons de Quintilien et de Nicètes Sacerdos, alors mes professeurs. C'était d'ailleurs un homme qui avait un nom et de la considération. Sa mémoire devrait aujourd'hui servir très-utilement son fils. Mais, dans le sénat, beaucoup de personnes ne l'ont pas connu, et beaucoup d'autres, qui l'ont connu, ne font cas que des vivants. Nason doit donc, sans trop compter sur la gloire de son père, qui lui donnera plus de lustre que de crédit, ne rien attendre que de ses soins et de ses efforts.

Il semble qu'il ait prévu la position où il se trouve, et qu'elle ait toujours réglé sa conduite. Il s'est fait des amis, et il les a cultivés. Il s'est attaché à moi, et m'a choisi pour modèle dès qu'il a été en état de pouvoir choisir. Toutes les fois que je plaide, il s'empresse

voti, laboris, sollicitudinis socio. Petit honores Julius Naso ; petit cum multis, cum bonis, quos ut gloriosum, sic est difficile superare. Pendeo ergo, et exerceor spe, afficior metu, et me consularem esse non sentio. Nam rursus mihi videor omnium, quæ decucurri, candidatus. Meretur hanc curam longa mei caritate. Est mihi cum illo non sane paterna amicitia, neque enim esse potuit per meam ætatem. Solebat tamen vixdum adolescentulo mihi pater ejus cum magna laude monstrari. Erat non studiorum tantum, verum etiam studiosorum amantissimus; ac prope quotidie ad audiendos, quos tunc ego frequentabam, Quintilianum et Niceten Sacerdotem ventitabat : vir alioqui clarus et gravis, et qui prodesse filio memoria sui debeat. Sed multi nunc in senatu, quibus ignotus ille, multi quibus notus; sed nonnisi viventes reverentur : quo magis huic, omissa gloria patris, in qua magnum ornamentum, gratia infirma, ipsi enitendum, ipsi laborandum est.

Quod quidem semper, quasi provideret hoc tempus, sedulo fecit; paravit amicos; quos paraverat, coluit : me certe, ut primum sibi judicare permisit, ad amorem imitationemque delegit. Dicenti mihi sollicitus assistit, assidet recitanti ; primis

de venir m'écouter ; il assiste à mes lectures. Quand je compose quelque nouvel ouvrage, il le voit, pour ainsi dire, naître et grandir. Il partageait ma confiance avec un frère qu'il a récemment perdu, et dont je dois prendre la place. Quel sujet de regret pour moi ! l'un est fatalement enlevé avant le temps ; l'autre est privé de l'appui du meilleur des frères, et abandonné à la protection de ses seuls amis.

J'exige donc de votre attachement que vous veniez au plus tôt appuyer mon suffrage du vôtre. Il est d'une grande importance pour moi de vous montrer partout, et d'aller partout avec vous. Tel est votre ascendant, que mes prières, soutenues des vôtres, seront plus efficaces, même auprès de mes amis. Rompez tous les engagements qui pourraient vous retenir. Vous devez ce sacrifice aux intérêts, à la confiance, et j'ajouterai à l'honneur d'un ami. J'ai pris le candidat sous ma protection, et tout le monde le sait. C'est donc moi qui sollicite, c'est moi qui cours des dangers. En un mot, si l'on accorde à Nason ce qu'il demande, l'avantage en sera tout à lui ; s'il ne l'obtient pas, c'est moi qui subirai la honte du refus. Adieu.

### VII. — *Pline à Calpurnie.*

Vous me dites que mon absence vous cause beaucoup d'ennui, que votre unique consolation est de lire mes ouvrages, et souvent même de les mettre à ma place auprès de vous. Vos regrets me flattent, et la manière dont vous les calmez ne me flatte pas moins.

---

etiam et quum maxime nascentibus opusculis meis interest, nunc solus, ante cum fratre, cujus nuper amissi ego suscipere partes, ego vicem debeo implere. Doleo enim et illum immatura morte indignissime raptum, et hunc optimi fratris adjumento destitutum, solisque amicis relictum.

Quibus ex causis exigo ut venias, et suffragio meo tuum jungas. Permultum interest mea, te ostentare, tecum circumire. Ea est auctoritas tua, ut putem me efficacius tecum etiam meos amicos rogaturum. Abrumpe, si qua te retinent : hoc tempus meum, hoc fides, hoc etiam dignitas postulat. Suscepi candidatum ; et suscepisse me notum est : ego ambio, ego periclitor. In summa, si datur Nasoni quod petit, illius honor ; si negatur, mea repulsa est. Vale.

### VII. — *Pline à Calpurnie.*

Scribis te absentia mea non mediocriter affici ; unumque habere solatium, quod pro me libellos meos teneas, sæpe etiam in vestigio meo colloces. Gratum est quod nos requiris, gratum quod his fomentis acquiescis. Invicem ego epistolas tuas lec-

De mon côté, je relis vos lettres, et les reprends de temps en temps, comme si je venais de les recevoir; mais elles ne servent qu'à rendre plus vif le chagrin que j'ai de ne point vous voir. Quelle douceur ne doit-on point trouver dans la conversation d'une personne dont les lettres ont tant de charmes! Ne laissez pas pourtant de m'écrire souvent, quoique ce plaisir ne soit pas pour moi sans tourment. Adieu.

## VIII. — *Pline à Priscus.*

Vous connaissez Attilius Crescens; vous l'aimez : car y a-t-il quelque personne un peu considérable qui ne le connaisse et qui ne l'aime ? Pour moi, je ne me contente pas de l'affection que tout le monde lui porte ; je le chéris avec une tendresse particulière. Les villes où nous sommes nés ne sont qu'à une journée l'une de l'autre. Notre amitié a commencé dès nos plus jeunes ans ; et ce sont là les amitiés les plus vives. Le temps et la raison, loin de l'affaiblir, n'ont fait que l'augmenter. Tous ceux qui nous connaissent le savent parfaitement : car il se vante partout de mon attachement pour lui, et je ne laisse ignorer à personne combien son honneur, son repos et sa fortune m'intéressent. C'est au point que, pour le rassurer un jour contre l'insolence d'un homme qui allait exercer la charge de tribun, je lui dis :

> Nul, tant que je vivrai, je t'en donne ma foi,
> Nul ici n'osera porter la main sur toi.

---

tito, atque identidem in manus quasi novas sumo; sed eo magis ad desiderium tui accendor. Nam cujus litteræ tantum habent suavitatis, hujus sermonibus quantum dulcedinis inest! Tu tamen frequentissime scribe, licet hoc ita me delectet, ut torqueat. Vale.

### VIII. — *Pline à Priscus.*

Attilium Crescentem et nosti et amas. Quis enim illum spectatior paulo aut non novit, aut non amat? Hunc ego non ut multi, sed arctissime diligo. Oppida nostra unius diei itinere dirimuntur. Ipsi amare invicem, qui est flagrantissimus amor, adolescentuli cœpimus. Mansit hic postea, nec refrixit judicio, sed invaluit. Sciunt qui alterutrum nostrum familiarius intuentur : nam et ille amicitiam meam latissima prædicatione circumfert, et ego præ me fero quam sit mihi curæ modestia, quies, securitas ejus. Quin etiam, quum insolentiam cujusdam tribunatum plebis inituri vereretur, idque indicasset mihi, respondi :

Οὔτις, ἐμεῦ ζῶντος καὶ ἐπὶ χθονὶ δερκομένοιο,
Σοὶ κοίλῃς παρὰ νηυσὶ βαρείας χεῖρας ἐποίσει.

Pourquoi ces détails? pour vous apprendre que, de mon vivant, Attilius ne recevra jamais d'outrage. Encore une fois, me direz-vous, où voulez-vous en venir? Le voici. Valérius Varus devait de l'argent à Attilius. Il est mort en laissant Maxime pour son héritier. Quoique Maxime soit de mes amis, il est encore plus des vôtres. Je vous conjure donc, et j'exige de vous, au nom de notre amitié, que vous fassiez en sorte qu'Attilius soit entièrement remboursé de tout ce qui lui est dû, non-seulement en capital, mais en intérêts échus depuis plusieurs années. C'est un homme tout à fait désintéressé, attentif à conserver son bien, et sans aucun emploi lucratif. Sa frugalité fait tout son revenu : car il ne cultive les belles-lettres, où il excelle, que pour son plaisir ou pour sa gloire. La plus petite perte lui est d'autant plus onéreuse, qu'il lui est difficile de la réparer. Délivrez-nous l'un et l'autre de cette inquiétude. Laissez-moi jouir de la douceur et des agréments de sa conversation : car je ne puis voir dans le chagrin celui dont la gaieté dissipe ma tristesse. Enfin vous connaissez son enjouement. Prenez garde, je vous prie, qu'une injustice ne le change en amertume et en mauvaise humeur. Par la vivacité de sa tendresse, jugez quelle serait la violence de son ressentiment. Une âme si grande et si fière ne supportera pas un si outrageant préjudice ; et, s'il le supportait, je le poursuivrais, moi, comme une atteinte à mes propres intérêts, comme une injure personnelle, ou plutôt, j'en serais plus indigné que si j'en souffrais moi-même.

Mais pourquoi ces déclarations et ces sortes de menaces ? Il est

---

Quorsus hæc? Ut scias non posse Attilium, me incolumi, injuriam accipere. Iterum dices : Quorsus hæc? Debuit ei pecuniam Valerius Varus. Hujus est hæres Maximus noster, quem et ipse amo; sed conjunctius tu. Rogo ergo, exigo etiam pro jure amicitiæ, cures, ut Attilio meo salva sit non sors modo, sed etiam usura plurium annorum. Homo est alieni abstinentissimus, sui diligens. Nullis quæstibus sustinetur; nullus illi, nisi ex frugalitate, reditus : nam studia, quibus plurimum præstat, ad voluptatem tantum et gloriam exercet. Gravis est ei vel minima jactura, quia reparare, quod amiseris, gravius est. Exime hunc illi, exime hunc mihi scrupulum : sine me suavitate ejus, sine leporibus perfrui : neque enim possum tristem videre, cujus hilaritas me tristem esse non patitur. In summa, nostri facetias hominis, quas velim attendas, ne in bilem et amaritudinem vertat injuria. Quam vim habeat offensus, crede ei, quam in amore habet. Non feret magnum et liberum ingenium cum contumelia damnum. Verum ut ferat ille, ego meum damnum, meam contumeliam vindicabo ; sed non tanquam pro mea, hoc est, gravius, irascar.

Quanquam quid denuntiationibus et quasi minis ago? Quin potius, ut cœperam,

bien plus sûr de finir comme j'ai commencé, et de vous supplier, de vous conjurer de mettre tout en usage pour ne pas donner lieu de croire, ni à lui (ce que je crains très-fortement) que j'ai négligé ses affaires, ni à moi que vous avez négligé les miennes. Vous en viendrez à bout, si vous tenez autant à remplir un de ces devoirs, que je tiens à remplir l'autre. Adieu.

### IX. — *Pline à Tacite.*

Vous me recommandez Jules Nason qui aspire aux charges publiques. A moi, me recommander Nason! c'est comme si vous me recommandiez à moi-même. Je vous excuse pourtant, et vous le pardonne : car je vous aurais fait la même recommandation, si, vous étant à Rome, j'en eusse été absent. Voilà les inquiétudes de l'amitié : elle croit tout nécessaire. Cependant, je vous le conseille, sollicitez tout autre que moi : je seconderai, je soutiendrai vos instances auxquelles je m'associe. Adieu.

### X. — *Pline à Albin.*

J'ai été visiter ma belle-mère dans sa villa d'Alsium qui appartenait autrefois à Virginius Rufus. Ce lieu a renouvelé ma douleur et mes regrets en me rappelant un illustre et excellent homme. Il se plaisait dans cette retraite qu'il avait coutume d'appeler le nid de sa vieillesse. Partout où se portaient mes pas, mon cœur et mes yeux le cherchaient. J'ai même voulu voir son tombeau, et j'ai regretté de l'avoir vu : car il n'est pas encore achevé, et l'on ne peut

rogo, oro, des operam, ne ille se, quod validissime vereor, a me, ego me neglectum a te putem. Dabis autem, si hoc perinde curæ est tibi, quam illud mihi. Vale.

### IX. — *Pline à Tacite.*

Commendas mihi Julium Nasonem candidatum. Nasonem mihi? quid si me ipsum? Fero tamen et ignosco. Eumdem enim commendassem tibi, si, te Romæ morante, ipse abfuissem. Habet hoc sollicitudo, quod omnia necessaria putat. Tu tamen censeo alios roges; ego precum tuarum minister, adjutor, particeps ero. Vale.

### X. — *Pline à Albinus.*

Quum venissem in socrus meæ villam Alsiensem, quæ aliquando Rufi Virginii fuit, ipse mihi locus optimi illius et maximi viri desiderium non sine dolore renovavit. Hunc enim incolere secessum, atque etiam senectutis suæ nidulum vocare consueverat. Quocumque me contulissem, illum animus, illum oculi requirebant. Libuit

s'excuser sur la difficulté du travail. Le monument est plus que modeste : il faut accuser la négligence de celui à qui le soin en a été confié. J'éprouve à la fois l'indignation et la pitié, quand je vois, dix ans après sa mort, les restes d'un homme dont la gloire est répandue par toute la terre, abandonnés, sans inscription et sans honneur. Il s'était pourtant occupé lui-même de son tombeau. Il avait ordonné qu'on y gravât ces vers qui rappellent une action sublime et immortelle :

> Ci-gît Rufus, dont la victoire
> De Vindex punit l'attentat,
> Et qui ne voulut d'autre gloire
> Que la liberté de l'État.

Il faut si peu compter sur les amis, et les morts sont sitôt oubliés, que c'est à nous à bâtir nous-mêmes notre tombeau, et à devancer les soins de nos héritiers. Car comment ne pas craindre ce que nous voyons arriver à Virginius, dont la célébrité rend plus indigne et plus notoire en même temps l'outrage qu'il a reçu ? Adieu.

### XI. — *Pline à Maxime.*

O jour heureux ! le préfet de la ville m'ayant appelé à siéger avec lui, j'ai entendu plaider, l'un contre l'autre, deux jeunes gens d'une grande espérance, d'un noble caractère, Fuscus Salinator et Numidius Quadratus. Tous deux par leur mérite feront hon-

---

etiam monumentum ejus videre, et vidisse pœnituit : est enim adhuc imperfectum. Nec difficultas operis in causa, modici, ac potius exigui ; sed inertia ejus cui cura mandata est. Subit indignatio cum miseratione, post decimum mortis annum, reliquias neglectumque cinerem sine titulo, sine nomine jacere, cujus memoria orbem terrarum gloria pervagetur. At ille mandaverat caveratque, ut divinum illud et immortale factum versibus inscriberetur :

> Hic situs est Rufus, pulso qui Vindice quondam,
> Imperium asseruit non sibi, sed patriæ.

Tam rara in amicitiis fides, tam parata oblivio mortuorum, ut ipsi nobis debeamus etiam conditoria exstruere, omniaque hæredum officia præsumere. Nam cui non est verendum, quod videmus accidisse Virginio, cujus injuriam ut indigniorem, sic etiam notiorem ipsius claritas facit ? Vale.

### XI. — *Pline à Maxime.*

O bien lætum ! adhibitus in consilium a præfecto urbis, audivi ex diverso agentes summæ spei, summæ indolis, juvenes duos, Fuscum Salinatorem et Numidium Qua-

neur à notre siècle et aux lettres elles-mêmes. Ils ont une intégrité parfaite qui n'ôte rien à leur énergie, un air distingué, une prononciation nette, une voix mâle, une mémoire sûre, un esprit élevé, un jugement exquis. Cet ensemble m'a causé du plaisir. Mais ce qui m'en a fait le plus, c'est qu'ils avaient les yeux attachés sur moi, comme sur leur guide, comme sur leur maître, et que les auditeurs trouvaient qu'ils voulaient m'imiter et marcher sur mes traces. O jour heureux! je le répète, ô jour que je dois compter parmi les plus beaux de ma vie! Qu'y a-t-il, en effet, de plus intéressant pour le public, que de voir des jeunes gens d'une naissance illustre chercher à se faire une réputation et un nom par les lettres, et de plus délicieux pour moi, que d'être choisi comme modèle par ceux qui veulent se former au bien? Puissent les dieux me faire goûter éternellement cette joie! Puissent-ils (je vous en prends à témoin) rendre meilleurs que moi tous ceux qui me jugeront digne d'être imité! Adieu.

## XII. — *Pline à Fabatus.*

Vous ne devez pas me recommander timidement ceux que vous jugez dignes de votre protection. Il vous sied d'être utile à beaucoup de gens, et à moi d'acquitter toutes les obligations dont vous pouvez être chargé. Comptez que je rendrai à Vectius Priscus tous les services dont je serai capable, particulièrement sur mon terrain, c'est-à-dire, au tribunal des centumvirs. Vous me priez d'oublier

---

dratum, egregium par, nec modo temporibus nostris, sed litteris ipsis ornamento futurum. Mira utrique probitas, constantia salva, decorus habitus, os planum, vox virilis, tenax memoria, magnum ingenium, judicium æquale. Quæ singula mihi voluptati fuerunt; atque inter hæc illud, quod et ipsi me ut rectorem, ut magistrum intuebantur, et iis qui audiebant, me æmulari, meis instare vestigiis videbantur. O diem (repetam enim) lætum, notandumque mihi candidissimo calculo! Quid enim aut publice lætius, quam clarissimos juvenes nomen et famam ex studiis petere, aut mihi optatius, quam me ad recta tendentibus quasi exemplar esse propositum? Quod gaudium ut perpetuo capiam deos oro. Ab iisdem, teste te, peto, ut omnes qui me imitari tanti putabunt, meliores esse quam me velim. Vale.

### XII. — *Pline à Fabatus.*

Tu vero non debes suspensa manu commendare mihi quos tuendos putas. Nam et te decet multis prodesse, et me suspicere quidquid ad curam tuam pertinet. Itaque Vectio Prisco quantum plurimum potuero præstabo, præsertim in arena mea, hoc est, apud centumviros. Epistolarum, quas mihi, ut ais, aperto pectore scripsisti,

les lettres que vous m'avez, dites-vous, écrites à cœur ouvert ; mais il n'en est point dont je conserve plus chèrement le souvenir. Elles me font vivement sentir combien vous m'aimez, lorsque je vois que vous en usez avec moi comme vous le faisiez avec votre fils. Je l'avoue même, elles m'ont flatté d'autant plus, que je n'avais rien à me reprocher : car j'avais satisfait avec le plus grand zèle à tous les devoirs que vous vouliez m'imposer. Je vous supplie donc avec instance de me traiter toujours avec la même franchise, et de ne pas m'épargner les reproches, quand vous me croirez coupable de négligence (je dis *quand vous me croirez coupable*, car je ne le serai jamais). Nous aurons ainsi tous deux le plaisir de savoir, moi, que ces reproches viennent de l'excès de votre tendresse, vous, que je ne les ai pas mérités. Adieu.

### XIII. — *Pline à Ursus.*

Avez-vous jamais vu un homme plus tourmenté, plus persécuté que mon ami Varénus ? Il a été obligé de soutenir, et, pour ainsi dire, de demander encore une fois ce qu'il avait déjà obtenu avec beaucoup de peine. Les Bithyniens ont eu l'audace, non-seulement de censurer et de battre en brèche auprès des consuls la décision du sénat, mais encore de l'inculper aux yeux de l'empereur, qui n'était pas présent quand ce décret fut rendu. Renvoyés par lui devant le sénat, ils n'en poursuivirent pas moins leur requête. Claudius Capito parla le premier, je ne dirai pas avec fermeté, mais sans ménagement, en homme qui accusait un sénatus-

---

oblivisci me jubes ; at ego nullarum libentius memini. Ex illis enim vel præcipue sentio quantopere me diligas, quum sic exegeris mecum, ut solebas cum tuo filio. Nec dissimulo hoc mihi jucundiores eas fuisse, quod habeam bonam causam, quum summo studio curassem, quod tu curari volebas. Proinde etiam atque etiam rogo, ut mihi semper eadem simplicitate, quoties cessare videbor (videbor dico, nunquam enim cessabo), convicium facias, quod et ego intelligam a summo amore proficisci, et tu non meruisse me gaudeas. Vale.

### XIII. — *Pline à Ursus.*

Unquamne vidisti quemquam tam laboriosum et exercitum, quam Varenum meum ? cui quod summa contentione impetraverat, defendendum et quasi rursus petendum fuit. Bithyni senatusconsultum apud consules carpere ac labefactare sunt ausi, atque etiam absenti principi criminari. Ab illo ad senatum remissi, non destiterunt. Egit

consulte dans le sénat même. Fronto Catius répondit avec autant d'énergie que de sagesse. Le sénat lui-même s'est admirablement conduit : car ceux qui, avant le décret, avaient été d'avis de rejeter les demandes de Varénus, ont déclaré qu'on ne pouvait pas refuser après avoir accordé. Ils ont pensé que, lorsque l'affaire était indécise, chacun avait pu opiner selon ses lumières ; mais qu'après la décision, l'avis qui avait prévalu devait être adopté par tout le monde. Il n'y eut qu'Acilius Rufus, et avec lui sept ou huit autres, soyons exacts, sept autres seulement, qui persistèrent dans leur premier sentiment. Il y en avait dans ce petit nombre auxquels la gravité de circonstance, ou plutôt, la gravité apparente semblait ridicule. Jugez pourtant, par tout ce que nous coûte ce prélude et cette escarmouche, quels assauts j'aurai à soutenir dans le véritable combat. Adieu.

### XIV. — *Pline à Mauricus.*

Vous me pressez d'aller vous voir à votre villa de Formium. J'irai, à condition que vous ne vous gênerez en rien pour moi, condition réciproque dont je prétends bien profiter à mon tour. Car ce n'est ni la mer, ni ses rivages ; c'est vous, c'est le loisir, c'est la liberté que je cherche. Sans cela, il vaudrait mieux demeurer à Rome. Il faut tout faire à son gré, ou tout au gré d'autrui. Tel est mon caractère ; je ne veux rien à demi. Adieu.

Claudius Capito irreverenter magis quam constanter, ut qui ipsum senatusconsultum apud senatum accusaret. Respondit Fronto Catius graviter et firme. Senatus ipse mirificus : nam illi quoque, qui prius negarant Vareno quæ petebat, eadem danda, postquam erant data, censuerunt. Singulos enim, integra re, dissentire fas esse ; peracta, quod pluribus placuisset, cunctis tuendum. Acilius tantum Rufus, et cum eo septem, an octo ? septem immo, in priore sententia perseverarunt. Erant in hac paucitate nonnulli, quorum temporaria gravitas, vel potius gravitatis imitatio ridebatur. Tu tamen æstima quantum nos in ipsa pugna certaminis maneat, cujus quasi prælusio atque præcursio has contentiones excitavit. Vale.

### XIV. — *Pline à Mauricus.*

Sollicitas me in Formianum. Veniam ea conditione, ne quid contra commodum tuum facias ; qua pactione invicem mihi caveo. Neque enim mare et littus, sed te, otium, libertatem sequor : alioqui satius est in Urbe remanere. Oportet enim omnia aut ad alienum arbitrium, aut ad suum facere. Mei certe stomachi hæc natura est, ut nihil nisi totum et merum velit. Vale.

## XV. — *Pline à Romanus.*

Voici une scène assez plaisante dont vous n'avez pas été témoin. J'étais absent aussi ; mais on me l'a contée à mon retour de Rome. Passiénus Paulus, illustre chevalier romain, et personnage fort savant, fait des vers élégiaques : c'est un goût de famille. Il est du pays de Properce, et même il le compte parmi ses ancêtres. Il lisait en public un ouvrage qui commençait par ces mots : *Priscus, vous ordonnez...* A cela, Javolénus Priscus, qui assistait à la lecture, comme intime ami de Paulus, s'empresse de répondre : *Moi ! je n'ordonne rien.* Imaginez-vous les éclats de rire et les plaisanteries qui suivirent. Javolénus n'a pas l'esprit fort sain. Cependant il prend part aux devoirs de la vie publique ; on le choisit pour conseiller dans nos tribunaux ; son opinion est même légalement admise dans les débats judiciaires, ce qui rend encore plus ridicule et plus remarquable ce qu'il fit alors. Cette extravagance, dont Paulus n'était pas responsable, ne laissa pas de refroidir un peu sa lecture : tant il importe à ceux qui doivent lire leurs ouvrages en public, non-seulement d'être sensés eux-mêmes, mais encore de n'avoir que des gens sensés pour auditeurs ! Adieu.

## XVI. — *Pline à Tacite.*

Vous me demandez des détails sur la mort de mon oncle, afin d'en transmettre plus fidèlement le récit à la postérité. Je vous en

---

### XV. — *Pline à Romanus.*

Mirificæ rei non interfuisti ; ne ego quidem, sed me recens fabula excepit. Passienus Paulus, splendidus eques romanus, et in primis eruditus, scribit elegos : gentilitium hoc illi. Est enim municeps Propertii, atque etiam inter majores suos Propertium numerat. Is quum recitaret, ita cœpit dicere : « Prisce, jubes ? » Ad hoc Javolenus Priscus (aderat enim ut Paulo amicissimus) : « Ego vero non jubeo. » Cogita qui risus hominum, qui joci. Est omnino Priscus dubiæ sanitatis. Interest tamen officiis, adhibetur consiliis, atque etiam jus civile publice respondet : quo magis, quod tunc fecit, et ridiculum et notabile fuit. Interim Paulo aliena deliratio aliquantum frigoris attulit : tam sollicite recitaturis providendum est, non solum ut sint ipsi sani, verum etiam ut sanos adhibeant ! Vale.

### XVI. — *Pline à Tacite.*

Petis ut tibi avunculi mei exitum scribam, quo verius tradere posteris possis.

remercie : car je ne doute pas qu'une gloire impérissable ne s'attache à ses derniers moments, si vous en retracez l'histoire. Quoique dans un désastre qui a ravagé la plus belle contrée du monde, il ait péri avec des peuples et des villes entières, victime d'une catastrophe mémorable qui doit éterniser sa mémoire ; quoiqu'il ait élevé lui-même tant de monuments durables de son génie, l'immortalité de vos ouvrages ajoutera beaucoup à celle de son nom. Heureux les hommes auxquels les dieux ont accordé le privilége de faire des choses dignes d'être écrites, ou d'en écrire qui soient dignes d'être lues ! plus heureux encore ceux auxquels ils ont départi ce double avantage ! Mon oncle tiendra son rang parmi les derniers, et par vos écrits et par les siens. J'entreprends donc volontiers la tâche que vous m'imposez, ou plutôt, je la réclame.

Il était à Misène où il commandait la flotte. Le neuvième jour avant les calendes de septembre, vers la septième heure, ma mère l'avertit qu'il paraissait un nuage d'une grandeur et d'une forme extraordinaire. Après sa station au soleil et son bain d'eau froide, il s'était jeté sur un lit où il avait pris son repas ordinaire, et il se livrait à l'étude. Il demande ses sandales et monte en un lieu d'où il pouvait aisément observer ce phénomène. La nuée s'élançait dans l'air, sans qu'on pût distinguer à une si grande distance de quelle montagne elle sortait. L'événement fit connaître ensuite que c'était du mont Vésuve. Sa forme approchait de celle d'un arbre, et particulièrement d'un pin : car, s'élevant vers le

---

Gratias ago : nam video morti ejus, si celebretur a te, immortalem gloriam esse propositam. Quamvis enim pulcherrimarum clade terrarum, ut populi, ut urbes, memorabili casu, quasi semper victurus, occiderit ; quamvis ipse plurima opera et mansura condiderit ; multum tamen perpetuitati ejus scriptorum tuorum æternitas addet. Equidem beatos puto, quibus deorum munere datum est aut facere scribenda, aut scribere legenda ; beatissimos vero quibus utrumque. Horum in numero avunculus meus et suis libris et tuis erit. Quo libentius suscipio, deposco etiam quod injungis.

Erat Miseni, classemque imperio præsens regebat. Nonum calendas septembres, hora fere septima, mater mea indicat ei apparere nubem inusitata et magnitudine et specie. Usus ille sole, mox frigida, gustaverat jacens, studebatque. Poscit soleas, ascendit locum, ex quo maxime miraculum illud conspici poterat. Nubes (incertum procul intuentibus ex quo monte, Vesuvium fuisse postea cognitum est) oriebatur, cujus similitudinem et formam non alia magis arbor quam pinus expresserit : nam longissimo velut trunco elata in altum, quibusdam ramis diffundebatur ; credo, quia

ciel comme sur un tronc immense, sa tête s'étendait en rameaux. Peut-être le souffle puissant qui poussait d'abord cette vapeur ne se faisait-il plus sentir; peut-être aussi le nuage, en s'affaiblissant ou en s'affaissant sous son propre poids, se répandait-il en surface. Il paraissait tantôt blanc, tantôt sale et tacheté, selon qu'il était chargé de cendre ou de terre.

Ce phénomène surprit mon oncle, et, dans son zèle pour la science, il voulut l'examiner de plus près. Il fit appareiller un navire liburnien, et me laissa la liberté de le suivre. Je lui répondis que j'aimais mieux étudier; il m'avait par hasard donné lui-même quelque chose à écrire. Il sortait de chez lui, lorsqu'il reçut un billet de Rectine, femme de Césius Bassus. Effrayée de l'imminence du péril (car sa villa était située au pied du Vésuve, et l'on ne pouvait s'échapper que par la mer), elle le priait de lui porter secours. Alors il change de but, et poursuit par dévouement ce qu'il n'avait d'abord entrepris que par le désir de s'instruire. Il fait préparer des quadrirèmes, et y monte lui-même pour aller secourir Rectine et beaucoup d'autres personnes qui avaient fixé leur habitation sur cette côte riante. Il se rend à la hâte vers des lieux d'où tout le monde s'enfuyait; il va droit au danger, la main au gouvernail, l'esprit tellement libre de crainte, qu'il décrivait et notait tous les mouvements, toutes les formes que le nuage ardent présentait à ses yeux.

Déjà sur ses vaisseaux volait une cendre plus épaisse et plus chaude, à mesure qu'ils approchaient ; déjà tombaient autour d'eux

---

recenti spiritu erecta, deinde senescente eo destituta, aut etiam pondere suo victa, in latitudinem vanescebat; candida interdum, interdum sordida et maculosa, prout terram cineremve sustulerat.

Magnum propiusque noscendum, ut eruditissimo viro, visum. Jubet liburnicam aptari : mihi, si venire una vellem, facit copiam. Respondi studere me malle ; et forte ipse quod scriberem dederat. Egrediebatur domo ; accipit codicillos Rectinæ Cæsii Bassi, imminenti periculo exterritæ (nam villa ejus subjacebat, nec ulla, nisi navibus, fuga) ; ut se tanto discrimini eriperet, orabat. Vertit ille consilium, et quod studioso animo inchoaverat, obit maximo. Deducit quadriremes, ascendit ipse non Rectinæ modo, sed multis (erat enim frequens amœnitas oræ) laturus auxilium. Properat illuc unde alii fugiunt ; rectumque cursum, recta gubernacula in periculum tenet, adeo solutus metu, ut omnes illius mali motus, omnes figuras, ut deprehenderat oculis, dictaret enotaretque.

Jam navibus cinis inciderat, quo propius accederet, calidior et densior; jam pumices etiam, nigrique et ambusti et fracti igne lapides ; jam vadum subitum, rui-

des éclats de rochers, des pierres noires, brûlées et calcinées par le feu ; déjà la mer, abaissée tout à coup, n'avait plus de profondeur, et les éruptions du volcan obstruaient le rivage. Mon oncle songea un instant à retourner ; mais il dit bientôt au pilote qui l'y engageait : *La fortune favorise le courage. Menez-nous chez Pomponianus.* Pomponianus était à Stabie, de l'autre côté d'un petit golfe, formé par la courbure insensible du rivage. Là, à la vue du péril qui était encore éloigné, mais imminent, car il s'approchait par degrés, Pomponianus avait transporté tous ses effets sur des vaisseaux, et n'attendait, pour s'éloigner, qu'un vent moins contraire. Mon oncle, favorisé par ce même vent, aborde chez lui, l'embrasse, calme son agitation, le rassure, l'encourage ; et, pour dissiper, par sa sécurité, la crainte de son ami, il se fait porter au bain. Après le bain, il se met à table, et mange avec gaieté, ou, ce qui ne suppose pas moins d'énergie, avec les apparences de la gaieté.

Cependant, de plusieurs endroits du mont Vésuve, on voyait briller de larges flammes et un vaste embrasement dont les ténèbres augmentaient l'éclat. Pour calmer la frayeur de ses hôtes, mon oncle leur disait que c'étaient des maisons de campagne abandonnées au feu par les paysans effrayés. Ensuite, il se livra au repos, et dormit réellement d'un profond sommeil, car on entendait de la porte le bruit de sa respiration que sa corpulence rendait forte et retentissante. Cependant la cour par où l'on entrait dans son appartement commençait à s'encombrer tellement

---

naque montis littora obstantia. Cunctatus paulum an retro flecteret, mox gubernatori ut ita faceret monenti : « Fortes, inquit, fortuna juvat. Pomponianum pete. » Stabiis erat, diremptus sinu medio. Nam sensim circumactis curvatisque littoribus mare infunditur. Ibi, quanquam nondum periculo appropinquante, conspicuo tamen, et, quum cresceret, proximo, sarcinas contulerat in naves, certus fugæ, si contrarius ventus resedisset, quo tunc avunculus meus secundissimo invectus, complectitur trepidantem, consolatur, hortatur ; utque timorem ejus sua securitate leniret, deferri se in balineum jubet, lotus accubat, cœnatque hilaris ; aut, quod est æque magnum, similis hilari.

Interim e Vesuvio monte pluribus locis latissimæ flammæ, altaque incendia relucebant, quorum fulgor et claritas tenebris noctis excitabatur. Ille agrestium trepidatione igni relictas desertasque villas per solitudinem ardere, in remedium formidinis, dictitabat. Tum se quieti dedit, et quievit verissimo quidem somno : nam meatus animæ, qui illi propter amplitudinem corporis gravior et sonantior erat, ab iis qui limini obversabantur, audiebatur. Sed area, ex qua diæta adibatur, ita jam

de cendres et de pierres, que, s'il y fût resté plus longtemps, il lui eût été impossible de sortir. On l'éveille. Il sort, et va rejoindre Pomponianus et les autres qui avaient veillé. Ils tiennent conseil, et délibèrent s'ils se renfermeront dans la maison, ou s'ils erreront dans la campagne : car les maisons étaient tellement ébranlées par les effroyables tremblements de terre qui se succédaient, qu'elles semblaient arrachées de leurs fondements, poussées dans tous les sens, puis ramenées à leur place. D'un autre côté, on avait à craindre, hors de la ville, la chute des pierres, quoiqu'elles fussent légères et minées par le feu. De ces périls, on choisit le dernier. Chez mon oncle, la raison la plus forte prévalut sur la plus faible ; chez ceux qui l'entouraient, une crainte l'emporta sur une autre. Ils attachent donc avec des toiles des oreillers sur leurs têtes : c'était une sorte d'abri contre les pierres qui tombaient.

Le jour recommençait ailleurs ; mais autour d'eux régnait toujours la nuit la plus sombre et la plus épaisse, sillonnée cependant par des lueurs et des feux de toute espèce. On voulut s'approcher du rivage pour examiner si la mer permettait quelque tentative ; mais on la trouva toujours orageuse et contraire. Là mon oncle se coucha sur un drap étendu, demanda de l'eau froide, et en but deux fois. Bientôt des flammes et une odeur de soufre qui en annonçait l'approche, mirent tout le monde en fuite, et forcèrent mon oncle à se lever. Il se lève appuyé sur deux jeunes esclaves, et au même instant il tombe mort. J'imagine que cette épaisse vapeur arrêta sa respiration et le suffoqua. Il avait naturellement la

cinere, mixtisque pumicibus oppleta surrexerat, ut, si longior in cubiculo mora, exitus negaretur. Excitatus procedit, seque Pomponiano, cæterisque qui pervigilarant, reddit. In commune consultant, intra tecta subsistant, an in aperto vagentur : nam crebris vastisque tremoribus tecta nutabant, et quasi emota sedibus suis, nunc huc nunc illuc abire aut referri videbantur. Sub dio rursus, quanquam levium exesorumque, pumicum casus metuebatur. Quod tamen periculorum collatio elegit ; et apud illum quidem ratio rationem, apud alios timorem timor vicit. Cervicalia capitibus imposita linteis constringunt. Id munimentum adversus decidentia fuit.

Jam dies alibi, illic nox omnibus noctibus nigrior densiorque, quam tamen faces multæ variaque lumina solvebant. Placuit egredi in littus, et e proximo aspicere ecquid jam mare admitteret, quod adhuc vastum et adversum permanebat. Ibi super abjectum linteum recubans, semel atque iterum frigidam poposcit, hausitque. Deinde flammæ, flammarumque prænuntius odor sulfuris, alios in fugam vertunt, excitant illum. Innixus servulis duobus assurrexit, et statim concidit, ut ego conjecto, crassiore caligine spiritu obstructo clausoque stomacho, qui illi natura invalidus, an-

poitrine faible, étroite et souvent haletante. Lorsque la lumière reparut (trois jours après le dernier qui avait lui pour mon oncle), on retrouva son corps entier, sans blessure. Rien n'était changé dans l'état de son vêtement, et son attitude était celle du sommeil plutôt que de la mort.

Pendant ce temps, ma mère et moi nous étions à Misène. Mais cela n'intéresse plus l'histoire, et vous n'avez voulu savoir que ce qui concerne la mort de mon oncle. Je finis donc, et je n'ajoute plus qu'un mot : c'est que je ne vous ai rien dit, que je n'aie vu ou que je n'aie appris dans ces moments où la vérité des événements n'a pu encore être altérée. C'est à vous de choisir ce que vous jugerez le plus important. Il est bien différent d'écrire une lettre ou une histoire ; d'écrire pour un ami, ou pour le public. Adieu.

### XVII. — *Pline à Restitutus.*

Il faut absolument que j'exhale dans une lettre la petite indignation qui vient de me saisir chez un de nos amis, puisque je suis privé du plaisir de vous l'exprimer de vive voix. On lisait un ouvrage excellent. Deux ou trois auditeurs, hommes de talent, si l'on s'en rapporte à eux et à quelques-uns de leurs amis, écoutaient comme des sourds-muets. Pas un mouvement de lèvres, pas un geste ; ils ne se levèrent pas même une fois au moins par fatigue d'être assis. Est-ce gravité ? est-ce sévérité de goût ? ou n'est-ce point plutôt paresse et orgueil ? Quel travers ! que dis-je ? quelle

---

gustus, et frequenter interæstuans erat. Ubi dies redditus (is ab eo, quem novissime viderat, tertius), corpus inventum est integrum, illæsum, opertumque, ut fuerat indutus : habitus corporis quiescenti, quam defuncto, similior.

Interim Miseni ego et mater. Sed nihil ad historiam, nec tu aliud quam de exitu ejus scire voluisti. Finem ergo faciam : unum adjiciam, omnia me, quibus interfueram, quæque statim, quum maxime vera memorantur, audiveram, vere persecutum : tu potissima excerpes. Aliud est enim epistolam, aliud historiam ; aliud amico, aliud omnibus scribere. Vale.

### XVII. — *Pline à Restitutus.*

Indignatiunculam, quam in cujusdam amici auditorio cepi, non possum mihi temperare, quominus apud te, quia non contingit coram, per epistolam effundam. Recitabatur liber absolutissimus. Hunc duo aut tres, ut sibi et paucis videntur, diserti, surdis mutisque similes audiebant. Non labra diduxerunt, non moverunt manum, non denique assurrexerunt saltem lassitudine sedendi. Quæ tanta gravitas?

folie d'employer une journée entière à blesser un homme, à s'en faire un ennemi, lorsqu'on n'est venu chez lui qu'en témoignage d'intime amitié! Votre supériorité doit vous rendre d'autant moins jaloux : car la jalousie est un aveu d'infériorité. Que vous ayez plus de mérite, que vous en ayez moins, que vous en ayez autant, louez ou votre inférieur, ou votre maître, ou votre égal : votre maître, parce que, s'il ne mérite point d'éloges, vous n'en sauriez mériter vous-même ; votre inférieur ou votre égal, parce que votre gloire est intéressée à élever celui qui marche au dessous ou à côté de vous. Pour moi, je respecte et j'admire tous ceux qui tentent de se distinguer dans les lettres. C'est une carrière qui offre des difficultés, des peines, des dégoûts, et qui dédaigne ceux qui la méprisent. Peut-être penserez-vous différemment ; et cependant qui révère plus que vous la littérature? qui est plus indulgent pour les ouvrages d'autrui? C'est pour cela que je vous ai fait part de mon indignation, certain qu'aucun autre ne pouvait mieux la partager. Adieu.

### XVIII. — *Pline à Sabinus.*

Vous me priez de plaider la cause des Firmiens. Je le ferai, quoique je sois surchargé d'affaires. J'ai un désir trop vif d'attacher à ma clientèle cette illustre colonie, et de vous rendre un service qui vous soit agréable. Est-ce à vous que je refuserais quelque chose, à vous qui daignez publier que vous avez recher-

---

quæ tanta sapientia? quæ immo pigritia, arrogantia, sinisteritas, ac potius amentia, in hoc totum diem impendere, ut offendas, ut inimicum relinquas, ad quem tanquam amicissimum veneris? Disertior ipse es, tanto magis ne invideris : nam qui invidet minor est. Denique sive plus, sive minus, sive idem præstas, lauda vel inferiorem, vel superiorem, vel parem ; superiorem, quia nisi laudandus ille est, non potes ipse laudari ; inferiorem aut parem, quia pertinet ad tuam gloriam quam maximum videri, quem præcedis vel exæquas. Equidem omnes, qui aliquid in studiis faciunt, venerari etiam mirarique soleo. Est enim res difficilis, ardua, fastidiosa, et quæ eos, a quibus contemnitur, dedignetur. Nisi forte aliud judicas tu : quanquam quis uno te reverentior hujus operis, quis benignior æstimator? Qua ratione ductus, tibi potissimum indignationem meam prodidi, quem habere socium maxime poteram. Vale.

### XVIII. — *Pline à Sabinus.*

Rogas ut agam Firmianorum publicam causam; quod ego, quanquam plurimis occupationibus distentus, annitar. Cupio enim et ornatissimam coloniam advoca-

ché dans mon amitié un honneur et un appui tout ensemble?
D'ailleurs c'est pour votre patrie que vous sollicitez. Or, qu'y
a-t-il de plus puissant que la prière d'un ami, et de plus glorieux que celle d'un bon citoyen? Vous pouvez donc m'engager à
vos Firmiens, ou plutôt aux nôtres. Quand la considération dont
jouit leur ville ne mériterait pas seule mon dévouement et mes
soins, je ne pourrais me défendre d'une haute estime pour
un pays qui a produit un homme aussi estimable que vous.
Adieu.

### XIX. — *Pline à Népos.*

Savez-vous que les terres ont augmenté de prix, particulièrement aux environs de Rome? La cause de cette augmentation subite est un désordre dont on a souvent parlé, et qui, dans les derniers comices, avait provoqué une généreuse décision du sénat.
Cette décision défendait aux candidats de donner des repas, d'envoyer des présents et de consigner de l'argent. De ces abus, les
deux premiers dégénéraient en scandale public; l'autre, quoique
secret, n'était pas moins notoire. Homullus, notre ami, eut soin
de profiter de cette disposition du sénat. Quand son tour d'opiner
fut venu, il pria les consuls de vouloir bien faire connaître à l'empereur le vœu général, et lui demander de comprendre dans les
désordres sagement arrêtés, la répression de ce nouvel abus.
L'abus a été réprimé. Une loi contre la brigue a proscrit les dépenses des candidats, ces dépenses infâmes qui les déshonoraient.

---

tionis officio, et te gratissimo tibi munere obstringere. Nam quum familiaritatem
nostram, ut soles prædicare, ad præsidium ornamentumque tibi sumpseris, nihil est
quod negare debeam, præsertim pro patria petenti. Quid enim precibus aut honestius piis, aut efficacius amantis? Proinde Firmianis tuis, ac jam potius nostris, obliga
fidem meam; quos labore et studio meo dignos quum splendor ipsorum, tum hoc
maxime pollicetur, quod credibile est optimos esse, inter quos tu talis exstiteris.
Vale.

### XIX. — *Pline à Népos.*

Scis tu accessisse pretium agris, præcipue suburbanis? Causa subitæ caritatis,
res multis agitata sermonibus proximis comitiis honestissimas voces senatui expressit : « Candidati ne conviventur, ne mittant munera, ne pecunias deponant. » Ex
quibus duo priora tam aperte quam immodice fiebant; hoc tertium, quanquam
occultaretur, pro comperto habebatur. Homullus deinde noster vigilanter usus hoc
consensu senatus, sententiæ loco postulavit, ut consules desiderium universorum

Elle les oblige en même temps à placer le tiers de leur bien en fonds de terre. Le prince était justement indigné que, tout en aspirant aux charges de l'État, on regardât Rome et l'Italie, non comme sa patrie, mais comme une hôtellerie, comme un séjour étranger qu'on habite en passant. De là grand mouvement parmi les candidats. Tout ce qui est à vendre, ils l'achètent ; et leur empressement inspire à d'autres l'envie de vendre. Ainsi, êtes-vous dégoûté de vos terres d'Italie, saisissez cette double occasion de vous en défaire, et d'en acquérir de nouvelles dans les provinces de l'empire où nos magistrats futurs s'empressent de vendre pour acheter ici. Adieu.

## XX. — *Pline à Tacite.*

La lettre où je vous ai donné les détails que vous me demandiez sur la mort de mon oncle, vous a inspiré, me dites-vous, le désir de connaître les alarmes et les dangers même auxquels je fus exposé à Misène où j'étais resté ; car c'est là que j'avais interrompu mon récit.

<blockquote>Quoique ce souvenir me saisisse d'horreur,<br>
J'obéirai. . . . . . . .</blockquote>

Après le départ de mon oncle, je continuai l'étude qui m'avait empêché de le suivre. Vint ensuite le bain, le repas ; je dormis quelques instants d'un sommeil agité. Depuis plusieurs jours, un

---

notum principi facerent, peterentque sicut aliis vitiis, huic quoque providentia sua occurreret. Occurrit. Nam sumptus candidatorum, fœdos illos et infames, ambitus lege restrinxit. Eosdem patrimonii tertiam partem conferre jussit in ea, quæ solo continerentur, deforme arbitratus, ut erat, honorem petituros, Urbem Italiamque non pro patria, sed pro hospitio aut stabulo, quasi peregrinantes, habere. Concursant ergo candidati certatim : quidquid venale audiunt, emptitant ; quoque sint plura venalia, efficiunt. Proinde, si pœnitet te italicorum prædiorum, hoc vendendi tempus, tam hercule quam in provinciis comparandi, dum iidem candidati illic vendunt, ut hic emant. Vale.

## XX. — *Pline à Tacite.*

Ais te adductum litteris, quas exigenti tibi de morte avunculi mei scripsi, cupere cognoscere, quos ego Miseni relictus (id enim ingressus abruperam) non solum metus, verum etiam casus pertulerim.

<blockquote>Quanquam animus meminisse horret....,<br>
Incipiam. . . . .</blockquote>

Profecto avunculo, ipse reliquum tempus studiis (ideo enim remanseram) im-

tremblement de terre s'était fait sentir. Il nous avait peu effrayés, parce qu'on y est habitué en Campanie. Mais il redoubla cette nuit avec tant de violence, qu'on eût dit, non-seulement une secousse, mais un bouleversement général. Ma mère se précipita dans ma chambre. Je me levais pour aller l'éveiller, si elle eût été endormie. Nous nous assîmes dans la cour qui ne forme qu'une étroite séparation entre la maison et la mer. Comme je n'avais que dix-huit ans, je ne sais si je dois appeler fermeté ou imprudence ce que je fis alors. Je demandai un Tite-Live. Je me mis à le lire, comme dans le plus grand calme, et je continuai à en faire des extraits. Un ami de mon oncle, récemment arrivé d'Espagne pour le voir, nous trouva assis, ma mère et moi. Je lisais. Il nous reprocha, à ma mère son sang-froid, et à moi ma confiance. Je n'en continuai pas moins attentivement ma lecture.

Nous étions à la première heure du jour, et cependant on ne voyait encore qu'une lumière faible et douteuse. Les maisons, autour de nous, étaient si fortement ébranlées, qu'elles étaient menacées d'une chute infaillible dans un lieu si étroit, quoiqu'il fût découvert. Nous prenons enfin le parti de quitter la ville. Le peuple épouvanté s'enfuit avec nous ; et comme, dans la peur, on met souvent sa prudence à préférer les idées d'autrui aux siennes, une foule immense nous suit, nous presse et nous pousse. Dès que nous sommes hors de la ville, nous nous arrêtons ; et là, nouveaux phénomènes, nouvelles frayeurs. Les voitures que nous

---

pendi : mox balineum, cœna, somnus inquietus et brevis. Præcesserat per multos dies tremor terræ minus formidolosus, quia Campaniæ solitus. Illa vero nocte ita invaluit, ut non moveri omnia, sed verti crederentur. Irrumpit cubiculum meum mater. Surgebam invicem, si quiesceret, excitaturus. Residimus in area domus, quæ mare a tectis modico spatio dividebat. Dubito constantiam vocare an imprudentiam debeam ; agebam enim duodevicesimum annum. Posco librum Titi Livii, et quasi per otium lego, atque etiam, ut cœperam, excerpo. Ecce amicus avunculi, qui nuper ad eum ex Hispania venerat, ut me et matrem sedentes, me vero etiam legentem videt, illius patientiam, securitatem meam corripit. Nihilo segnius ego intentus in librum.

Jam hora diei prima, et adhuc dubius et quasi languidus dies ; jam quassatis circumjacentibus tectis, quanquam in aperto loco, angusto tamen, magnus et certus ruinæ metus. Tum demum excedere oppido visum. Sequitur vulgus attonitum, quodque in pavore simile prudentiæ, alienum consilium suo præfert, ingentique agmine abeuntes premit et impellit. Egressi tecta consistimus. Multa ibi miranda, multas formidines patimur. Nam vehicula quæ produci jusseramus, quanquam in planissimo campo, in contrarias partes agebantur, ac ne lapidibus quidem fulta, in eodem ves-

avions emmenées avec nous, étaient, quoiqu'en pleine campagne, entraînées dans tous les sens, et l'on ne pouvait, même avec des pierres, les maintenir à leur place. La mer semblait refoulée sur elle-même, et comme chassée du rivage par l'ébranlement de la terre. Ce qu'il y a de certain, c'est que le rivage était agrandi, et que beaucoup de poissons étaient restés à sec sur le sable. De l'autre côté, une nuée noire et horrible, déchirée par des tourbillons de feu, laissait échapper de ses flancs entr'ouverts de longues traînées de flammes, semblables à d'énormes éclairs.

Alors l'ami dont j'ai parlé revint plus vivement encore à la charge. *Si votre frère, si votre oncle est vivant,* nous dit-il, *il veut sans doute que vous vous sauviez; et, s'il est mort, il a voulu que vous lui surviviez. Qu'attendez-vous donc pour partir?* Nous lui répondîmes *que nous ne pourrions songer à notre sûreté, tant que nous serions incertains de son sort.* A ces mots, il s'élance, et cherche son salut dans une fuite précipitée. Presque aussitôt après la nue s'abaisse sur la terre et couvre les flots. Elle dérobait à nos yeux l'île de Caprée, qu'elle enveloppait, et nous cachait la vue du promontoire de Misène. Ma mère me conjure, me presse, m'ordonne de me sauver, de quelque manière que ce soit. Elle me dit que la fuite est facile à mon âge; que pour elle, affaiblie et appesantie par les années, elle mourrait contente, si elle n'était pas cause de ma mort. Je lui déclare qu'il n'y a de salut pour moi qu'avec elle. Je lui prends la main, je la force à doubler le pas. Elle m'obéit à regret, et s'accuse de ralentir ma marche.

---

tigio quiescebant. Præterea mare in se resorberi, et tremore terræ quasi repelli videbatur. Certe processerat littus, multaque animalia maris siccis arenis detinebat. Ab altero latere nubes atra et horrenda, ignei spiritus tortis vibratisque discursibus rupta, in longas flammarum figuras dehiscebat : fulgoribus illæ et similes et majores erant.

Tum vero ille idem ex Hispania amicus acrius et instantius : « Si frater, inquit, tuus, si tuus avunculus vivit, vult esse vos salvos. Si periit, superstites voluit. Proinde quid cessatis evadere? » Respondimus : « Non commissuros nos, ut de salute illius incerti, nostræ consuleremus. » Non moratus ultra proripit se, effusoque cursu periculo aufertur. Nec multo post, illa nubes descendere in terras, operire maria. Cinxerat Capreas et absconderat; Miseni quod procurrit, abstulerat. Tum mater orare, hortari, jubere, « quoquo modo fugerem ; posse enim juvenem ; se et annis et corpore gravem bene morituram, si mihi causa mortis non fuisset. » Ego contra, « salvum me, nisi una, non futurum. » Deinde manum ejus amplexus, addere gradum cogo. Paret ægre, incusatque se quod me moretur.

La cendre commençait à tomber sur nous, quoiqu'en petite quantité. Je tourne la tête, et j'aperçois derrière nous une épaisse fumée qui nous suivait en se répandant sur la terre comme un torrent. *Pendant que nous voyons encore, quittons le grand chemin*, dis-je à ma mère, *de peur d'être écrasés dans les ténèbres par la foule qui se presse sur nos pas.* A peine nous étions-nous arrêtés, que les ténèbres s'épaissirent encore. Ce n'était pas seulement une nuit sombre et chargée de nuages, mais l'obscurité d'une chambre où toutes les lumières seraient éteintes. On n'entendait que les gémissements des femmes, les plaintes des enfants, les cris des hommes. L'un appelait son père, l'autre son fils, l'autre sa femme; ils ne se reconnaissaient qu'à la voix. Celui-ci s'alarmait pour lui-même, celui-là pour les siens. On en vit à qui la crainte de la mort faisait invoquer la mort même. Ici on levait les mains au ciel; là on se persuadait qu'il n'y avait plus de dieux, et que cette nuit était la dernière, l'éternelle nuit qui devait ensevelir le monde. Plusieurs ajoutaient aux dangers réels des craintes imaginaires et chimériques. Quelques-uns disaient qu'à Misène tel édifice s'était écroulé, que tel autre était en feu : bruits mensongers qui étaient accueillis comme des vérités.

Il parut une lueur qui nous annonçait, non le retour de la lumière, mais l'approche du feu qui nous menaçait. Il s'arrêta pourtant loin de nous. L'obscurité revint. La pluie de cendres recommença plus forte et plus épaisse. Nous nous levions de temps en temps pour secouer cette masse qui nous eût engloutis et étouffés

---

Jam cinis, adhuc tamen rarus. Respicio : densa caligo tergis imminebat, quæ nos, torrentis modo infusa terræ, sequebatur. « Deflectamus, inquam, dum videmus, ne in via strati, comitantium turba in tenebris obteramur. » Vix consederamus, et nox non quasi illunis aut nubila, sed qualis in locis clausis lumine exstincto. Audires ululatus feminarum, infantium quiritatus, clamores virorum. Alii parentes, alii liberos, alii conjuges vocibus requirebant, vocibus noscitabant. Hi suum casum, ille suorum miserabantur. Erant qui metu mortis mortem precarentur. Multi ad deos manus tollere, plures nusquam jam deos ullos, æternamque illam et novissimam noctem mundo interpretabantur. Nec defuerunt qui fictis mentitisque terroribus vera pericula augerent. Aderant qui Miseni illud ruisse, illud ardere, falso, sed credentibus nuntiabant.

Paulum reluxit, quod non dies nobis, sed adventantis ignis indicium videbatur : et ignis quidem longius substitit; tenebræ rursus, cinis rursus multus et gravis. Hunc identidem assurgentes excutiebamus; operti alioquin, atque etiam oblisi pondere essemus. Possem gloriari non gemitum mihi, non vocem parum fortem in

sous son poids. Je pourrais me vanter qu'au milieu de si affreux dangers, il ne m'échappa ni une plainte ni une parole qui annonçât de la faiblesse ; mais j'étais soutenu par cette pensée déplorable et consolante à la fois, que tout l'univers périssait avec moi. Enfin cette noire vapeur se dissipa, comme une fumée ou comme un nuage. Bientôt après nous revîmes le jour et même le soleil, mais aussi blafard qu'il apparaît dans une éclipse. Tout se montrait changé à nos yeux troublés encore. Des monceaux de cendres couvraient tous les objets, comme d'un manteau de neige.

Nous retournâmes à Misène. Chacun s'y rétablit de son mieux, et nous y passâmes une nuit entre la crainte et l'espérance. Mais la crainte l'emportait toujours, car le tremblement de terre continuait. La plupart, égarés par de terribles prédictions, aggravaient leurs infortunes et celles d'autrui. Cependant, malgré nos périls passés et nos périls futurs, il ne nous vint pas la pensée de nous éloigner, avant d'avoir appris des nouvelles de mon oncle.

Vous lirez ces détails ; mais vous ne les ferez point entrer dans votre ouvrage. Ils ne sont nullement dignes de l'histoire ; et, si vous ne les trouvez pas même convenables dans une lettre, ne vous en prenez qu'à vous seul qui les avez exigés. Adieu.

### XXI. — *Pline à Caninius.*

Je suis du nombre de ceux qui admirent les anciens, mais sans dédaigner, comme certains esprits, les génies de notre siècle. Je

---

tantis periculis excidisse, nisi me cum omnibus, omnia mecum perire, misero, magno tamen, mortalitatis solatio credidissem. Tandem illa caligo tenuata quasi in fumum nebulamve decessit. Mox dies vere ; sol etiam effulsit, luridus tamen, qualis esse, quum deficit, solet. Occursabant trepidantibus adhuc oculis mutata omnia, altoque cinere, tanquam nive, obducta.

Regressi Misenum, curatis utcumque corporibus, suspensam dubiamque noctem spe ac metu exegimus. Metus prævalebat : nam et tremor terræ perseverabat, et plerique, lymphati terrificis vaticinationibus, et sua et aliena mala ludificabantur. Nobis tamen ne tunc quidem, quanquam et expertis periculum, et exspectantibus, abeundi consilium, donec de avunculo nuntius.

Hæc, nequaquam historia digna, non scripturus leges ; et tibi, scilicet qui requisisti, imputabis, si digna ne epistola quidem videbuntur. Vale.

### XXI. — *Pline à Caninius.*

Sum ex iis qui mirer antiquos ; non tamen, ut quidam, temporum nostrorum

ne puis croire que la nature soit épuisée de fatigue et ne produise plus rien de bon. Je suis donc allé dernièrement entendre Virginius Romanus. Il lisait à un petit nombre d'amis une comédie composée sur le modèle de la comédie ancienne. L'ouvrage est si remarquable, qu'il pourra quelque jour servir lui-même de modèle. Je ne sais si vous connaissez Romanus, quoique vous deviez le connaître. C'est un homme distingué par sa probité, par l'élégance de son esprit et par la variété de ses ouvrages. Il a composé des *mimiambes* pleins de légèreté, de finesse, de grâce et fort éloquemment écrits dans leur genre : car il n'est point de genre où l'éloquence n'ait sa place, lorsqu'on y excelle. Il a fait des comédies dans le goût de Ménandre et des autres poëtes de cette époque. Vous pourrez marquer leur rang entre celles de Plaute et de Térence. C'est la première fois qu'il s'est essayé dans la comédie ancienne, quoique ces nouvelles productions ne ressemblent pas à des essais. Force, grandeur, délicatesse, sel, douceur, grâce, rien ne lui manque. Il flétrit le vice et donne de l'attrait à la vertu. Ses allusions sont pleines de goût ; et, s'il nomme ses personnages, c'est avec convenance. Je n'ai à lui reprocher qu'un excès de prévention pour moi. Mais, après tout, le mensonge est permis aux poëtes. Enfin je tâcherai de lui escamoter sa pièce, et je vous l'enverrai pour la lire, ou plutôt pour l'apprendre par cœur : car je suis sûr que, une fois que vous l'aurez entre vos mains, vous ne pourrez plus la quitter. Adieu.

---

ingenia despicio. Neque enim quasi lassa et effœta natura, ut nihil jam laudabile pariat. Atque adeo nuper audii Virginium Romanum paucis legentem comœdiam, ad exemplar veteris comœdiæ scriptam, tam bene, ut esse quandoque possit exemplar. Nescio an noris hominem, quanquam nosse debes. Est enim probitate morum, ingenii elegantia, operum varietate monstrabilis. Scripsit mimiiambos tenuiter, argute, venuste, atque in hoc genere eloquentissime. Nullum est enim genus, quod absolutum non possit eloquentissimum dici. Scripsit comœdias, Menandrum aliosque ætatis ejusdem æmulatus. Licet has inter Plautinas Terentianasque numeres. Nunc primum se in vetere comœdia, sed non tanquam inciperet, ostendit. Non illi vis, non granditas, non subtilitas, non amaritudo, non dulcedo, non lepos defuit. Ornavit virtutes, insectatus est vitia. Fictis nominibus decenter, veris usus est apte. Circa me tantum benignitate nimia modum excessit, nisi quod tamen poetis mentiri licet. In summa, extorquebo ei librum, legendumque immo ediscendum, mittam tibi. Neque enim dubito futurum, ut non deponas, si semel sumpseris. Vale.

## XXII. — Pline à Tiron.

Il vient de se passer une chose qui intéresse grandement ceux qui sont destinés au gouvernement des provinces et ceux qui se livrent aveuglément à leurs amis. Lustricus Bruttianus, ayant découvert plusieurs crimes de Montanus Atticinus, son lieutenant, en informa l'empereur. Atticinus renchérit sur ses désordres pour accuser celui qu'il avait trompé. Le procès a été instruit. J'étais du nombre des juges. L'un et l'autre ont plaidé leur cause, mais brièvement, et en se bornant à exposer les chefs et les arguments principaux : c'est le moyen le plus court de connaître la vérité. Bruttianus représenta son testament qu'il disait écrit de la main d'Atticinus. Rien ne pouvait mieux prouver la secrète liaison qui les unissait, et la nécessité qui forçait Bruttianus à se plaindre d'un homme qu'il avait tant aimé. Tous les chefs d'accusation parurent à la fois révoltants et d'une évidence manifeste. Atticinus, ne pouvant se justifier, récrimina contre Bruttianus. Sa défense révéla son opprobre, et ses accusations trahirent sa scélératesse. Après avoir corrompu l'esclave du secrétaire de Bruttianus, il avait surpris et altéré les registres, et poussé la lâcheté jusqu'à tourner contre son ami le crime qu'il avait commis lui-même. La conduite de l'empereur fut admirable. Sans daigner rien prononcer pour absoudre Bruttianus, il passa aussitôt à Atticinus, le condamna et le relégua dans une île. On a rendu un éclatant témoignage de l'intégrité de Bruttianus. Sa fermeté même lui a fait hon-

---

### XXII. — Pline à Tiron.

Magna res acta est omnium qui sunt provinciis præfuturi, magna omnium qui se simpliciter credunt amicis. Lustricus Bruttianus quum Montanum Atticinum, comitem suum, in multis flagitiis deprehendisset, Cæsari scripsit. Atticinus flagitiis addidit, ut quem deceperat, accusaret Recepta cognitio est. Fui in consilio. Egit uterque pro se, egit autem carptim, et κατὰ κεφάλαια, quo genere veritas statim ostenditur. Protulit Bruttianus testamentum suum, quod Atticini manu scriptum esse dicebat. Hoc enim et arcana familiaritas, et querendi de eo, quem sic amasset, necessitas indicabatur. Enumeravit crimina fœda manifestaque. Ille, quum diluere non posset, ita regessit, ut, dum defenditur, turpis, dum accusat, sceleratus probaretur. Corrupto enim scribæ servo, interceperat commentarios, interciderat que, ac per summum nefas utebatur adversus amicum crimine suo. Fecit pulcherrime Cæsar. Non enim de Bruttiano, sed statim de Atticino perrogavit. Damnatus et in insulam relegatus. Bruttiano justissimum integritatis testimonium redditum, quem quidem etiam

neur : car, après s'être justifié en très-peu de mots, il a vivement soutenu l'accusation qu'il avait intentée, et il a montré autant de vigueur que de loyauté et de franchise.

Je vous écris tout ceci pour vous avertir que, dans le gouvernement où vous êtes appelé, vous devez compter sur vous-même plus que sur tout autre; et en même temps pour vous apprendre que, si l'on venait à vous tromper (ce qu'aux dieux ne plaise!), vous avez ici une vengeance toute prête. Mais prenez bien garde de n'en pas avoir besoin; car il est moins doux d'être vengé, que pénible d'être trompé. Adieu.

### XXIII. — *Pline à Triarius.*

Vous me priez avec instance de me charger d'une cause à laquelle vous prenez un grand intérêt, et qui d'ailleurs a de l'importance et de l'éclat. Je m'en chargerai; mais il vous en coûtera quelque chose. Quoi! direz-vous, se peut-il que Pline.... Oui, cela se peut; car le salaire que j'exige me fera plus d'honneur qu'une plaidoirie gratuite. Voici donc mon marché. Crémutius Ruson plaidera avec moi. J'ai coutume d'en user ainsi, et c'est un bon office que j'ai déjà rendu à plusieurs jeunes gens de grande famille. J'ai un désir extrême d'introduire au barreau les jeunes orateurs, et de les signaler à la renommée. Mon cher Ruson, plus que personne, avait droit à ce service : je le dois à sa naissance, je le dois à la noble affection qu'il me porte. Je m'estime heureux de le faire

---

constantiæ gloria secuta est. Nam defensus expeditissime, accusavit vehementer; nec minus acer, quam bonus et sincerus, apparuit.

Quod tibi scripsi, ut te sortitum provinciam præmonerem, plurimum tibi credas, nec cuiquam satis fidas; deinde scias, si quis forte te, quod abominor, fallat, paratam ultionem, qua tamen ne sit opus, etiam atque etiam attende. Neque enim tam jucundum est vindicare, quam decipi miserum. Vale.

### XXIII. — *Pline à Triarius.*

Impense petis ut agam causam pertinentem ad curam tuam, pulchram alioquin et famosam. Faciam, sed non gratis. Qui fieri potest, inquis, ut non gratis tu? Potest : exigam enim mercedem honestiorem gratuito patrocinio. Peto, atque etiam paciscor, ut simul agat Cremutius Ruso. Solitum hoc mihi, et jam in pluribus claris adolescentibus factitatum; nam mire concupisco, bonos juvenes ostendere foro, assignare famæ. Quod si cui, præstare Rusoni meo debeo, vel propter natales ipsius, vel propter eximiam mei caritatem; quem magni æstimo in iisdem judiciis, ex iisdem

paraître dans les mêmes causes et plaider pour les mêmes parties
que moi. Hâtez-vous de m'obliger avant qu'il plaide ; car, dès qu'il
aura plaidé, vous me remercierez. Je vous garantis qu'il répondra
parfaitement à vos désirs, à ma confiance et à la grandeur de la
cause. Il a les plus rares dispositions, et, dès que je l'aurai produit, il sera bientôt lui-même en état de produire les autres. Car,
malgré toute la supériorité du génie d'un homme, il ne faut pas
s'attendre qu'il puisse percer, si le sujet, si l'occasion lui manque,
ou même un protecteur et un patron. Adieu.

### XXIV. — *Pline à Macer.*

Combien la différence des personnes n'en met-elle pas dans le
jugement qu'on porte de leur conduite ! Les mêmes actions sont
élevées jusqu'aux nues ou ravalées, suivant le nom illustre ou
obscur de leurs auteurs. Je me promenais dernièrement sur le lac
de Côme avec un vieillard de mes amis. Il me montra une villa,
et même une chambre qui s'avance sur le lac. *C'est de là*, me
dit-il, *qu'un jour une femme de notre pays s'est précipitée avec
son mari.* J'en demandai la raison. Depuis longtemps le mari était
rongé d'un ulcère aux parties secrètes du corps. Sa femme le pria
de permettre qu'elle examinât son mal, et l'assura que personne
ne lui dirait plus sincèrement qu'elle s'il pouvait guérir. Elle ne
l'eut pas plutôt vu, qu'elle en désespéra. Elle l'exhorta à se
donner la mort, l'accompagna pour cet objet, lui montra le che-

---

etiam partibus, conspici, audiri. Obliga me; obliga, antequam dicat ; nam, quum
dixerit, gratias ages. Spondeo sollicitudini tuæ, spei meæ, magnitudini causæ suffecturum. Est iudolis optimæ, brevi producturus alios, si interim provectus fuerit a
nobis. Neque enim cuiquam tam clarum statim ingenium est, ut possit emergere,
nisi illi materia, occasio, fautor etiam commendatorque contingat. Vale.

### XXIV. — *Pline à Macer.*

Quam multum interest quid a quo fiat ! Eadem enim facta claritate vel obscuritate facientium aut tolluntur altissime, aut humillime deprimuntur. Navigabam per
Larium nostrum, quum senior amicus ostendit mihi villam, atque etiam cubiculum,
quod in lacum prominet. « Ex hoc, inquit, aliquando municeps nostra cum marito
se præcipitavit. » Causam requisivi. Maritus ex diutino morbo circa velanda corporis
ulceribus putrescebat. Uxor, ut inspiceret, exegit ; neque enim quemquam fidelius
indicaturum, possetne sanari. Vidit, desperavit. Hortata est ut moreretur, comes-
que ipsa mortis, dux immo, et exemplum, et necessitas fuit. Nam se cum marito
ligavit, abjecitque in lacum. Quod factum ne mihi quidem, qui municeps, nisi

ain, lui donna l'exemple, et le mit dans la nécessité de l'imiter, car, après s'être attachée avec lui, elle se jeta dans le lac. Ce fait ne m'est connu que depuis peu de temps, quoique je sois de la ville. Et cependant est-il moins digne de mémoire que le dévouement tant vanté d'Arria? Non; mais Arria avait un nom plus illustre. Adieu.

## XXV. — *Pline à Hispanus.*

Vous me mandez que Robustus, illustre chevalier romain, a fait route avec Attilius Scaurus, mon ami, jusqu'à Otricoli, et que, depuis, on ne l'a plus revu. Vous me priez de faire venir Scaurus, pour nous aider, s'il est possible, à retrouver les traces de son compagnon de voyage. Il viendra; mais je crains que ce ne soit inutilement. J'appréhende que Robustus n'ait eu le même sort que Métilius Crispus, mon compatriote. Je lui avais obtenu de l'emploi dans l'armée; je lui avais même donné à son départ quarante mille sesterces pour se monter et s'équiper; et je n'ai reçu depuis ni lettre de lui, ni nouvelles de sa mort. On ne sait s'il a été tué par ses gens, ou avec eux. Ce qui est certain, c'est que ni lui ni aucun d'eux n'a reparu. Plaise au ciel qu'il n'en soit pas ainsi de Robustus! Cependant prions Scaurus de venir : c'est le moins qu'on puisse accorder à vos instances, aux généreuses prières d'un fils, dont l'ardeur à rechercher son père est à la fois si tendre et si généreuse. Puissent les dieux le lui faire retrouver, comme il a retrouvé déjà celui qui l'accompagnait! Adieu.

---

proxime auditum est; non quia minus illo clarissimo Arriæ facto, sed quia minor ipsa. Vale.

### XXV. — *Pline à Hispanus.*

Scribis Robustum, splendidum equitem romanum, cum Attilio Scauro, amico meo, Ocriculum usque commune iter peregisse, deinde nusquam comparuisse. Petis ut Scaurus veniat, nosque, si potest, in aliqua inquisitionis vestigia inducat. Veniet; vereor ne frustra : suspicor enim tale nescio quid Robusto accidisse, quale aliquando Metilio Crispo municipi meo. Huic ego ordines impetraveram, atque etiam proficiscenti quadraginta millia nummum ad instruendum se ornandumque donaveram; nec postea aut epistolas ejus, aut aliquem de exitu nuntium accepi. Interceptusne sit a suis, an cum suis, dubium : certe non ipse, non quisquam ex servis ejus apparuit. Utinam ne in Robusto idem experiamur ! Tamen arcessamus Scaurum. Demus hoc tuis, demus optimi adolescentis honestissimis precibus, qui pietate mira, mira etiam sagacitate, patrem quærit. Dii faveant, ut sic inveniat ipsum, quemadmodum jam, cum quo fuisset, invenit ! Vale.

## XXVI. — *Pline à Servien.*

Je suis ravi que vous destiniez votre fille à Fuscus Salinator, e je vous en félicite. Sa famille est patricienne, son père est u homme des plus honorables, et sa mère n'a pas moins de droits l'estime. Pour lui, il chérit l'étude, il est instruit dans les lettres il est même éloquent. Il a la simplicité d'un enfant, l'enjouemen d'un jeune homme, la sagesse d'un vieillard ; et ma tendresse pou lui ne m'abuse point. Je l'aime infiniment, sans doute, et il s'en est rendu digne par son dévouement, par son respect. Mais mon amitié ne me rend point aveugle : je le juge d'autant plus sévère ment, que je l'aime davantage. J'ai appris à le connaître à fond, et je vous réponds que vous aurez en lui le meilleur gendre que vous puissiez même espérer. Il ne lui reste plus qu'à vous rendre bientôt grand-père de petits-enfants qui lui ressemblent. Qu'il sera doux pour moi, le temps où je pourrai prendre entre vos bras ses enfants et vos petits-enfants, pour les tenir dans les miens avec la même tendresse que s'ils étaient à moi! Adieu.

## XXVII. — *Pline à Sévérus.*

Vous me priez d'examiner quels honneurs vous pourriez décerner à l'empereur, lorsque vous aurez pris possession du consulat. Il est aussi aisé de trouver que difficile de choisir, car ses vertus fournissent une ample matière. Je vous écrirai pourtant ce

### XIV. — *Pline à Servien.*

Gaudeo, et gratulor, quod Fusco Salinatori filiam tuam destinasti. Domus patricia, pater honestissimus, mater pari laude. Ipse est studiosus, litteratus, etiam disertus ; puer simplicitate, comitate juvenis, senex gravitate : neque enim amore decipior. Amo quidem effuse (ita officiis, ita reverentia meruit), judico tamen, et quidem tanto acrius, quanto magis amo ; tibique, ut qui exploraverim, spondeo habiturum te generum, quo melior fingi ne voto quidem potuit. Superest, ut avum te quam maturissime similium sui faciat. Quam felix tempus illud, quo mihi liberos illius, nepotes tuos, ut meos vel liberos vel nepotes, ex vestro sinu sumere, et quasi pari jure tenere continget! Vale.

### XXVII. — *Pline à Sévérus.*

Rogas ut cogitem quid designatus consul in honorem principis censeas. Facilis inventio, non facilis electio : est enim ex virtutibus ejus larga materia. Scribam tamen, vel, quod malo, coram indicabo, si prius hæsitationem meam ostendero.

que je pense, ou plutôt je vous le dirai de vive voix, après vous avoir exposé d'abord mon incertitude. Je ne sais si le parti que j'ai pris moi-même est celui que je dois vous conseiller. Désigné consul, je supprimai un éloge, qui sans doute n'était pas une flatterie, mais qui en avait l'apparence. En cela, je n'affectais ni liberté ni hardiesse ; mais je connaissais le prince, et je savais que la louange la plus digne de lui, c'était de ne lui en accorder aucune par nécessité. Je me souvenais que l'on avait prodigué les honneurs aux plus méchants princes, et qu'on ne pouvait mieux distinguer notre excellent empereur qu'en ne le traitant pas comme eux. J'énonçais ouvertement et à haute voix ma pensée, de peur que mon silence ne passât pour oubli. Voilà ce que je crus devoir faire alors. Mais les mêmes choses ne plaisent pas et ne conviennent pas à tout le monde. D'ailleurs les motifs qui déterminent nos actions changent avec les hommes, les événements, les circonstances ; et l'on ne peut nier que les derniers exploits de notre grand prince n'offrent une juste occasion de lui déférer des distinctions nouvelles, des honneurs éclatants. J'en reviens donc à ce que je disais d'abord. J'ignore si je dois vous conseiller de faire ce que j'ai fait ; mais je sais bien que, pour vous guider dans votre conduite, j'ai dû vous rappeler celle que j'ai tenue moi-même. Adieu.

### XXVIII. — *Pline à Pontius.*

Je sais les raisons qui vous ont empêché d'arriver avant moi

Dubito, num idem tibi suadere, quod mihi, debeam. Designatus ego consul, omni hac, etsi non adulatione, specie tamen adulationis, abstinui : non tanquam liber et constans, sed tanquam intelligens principis nostri ; cujus videbam hanc esse principuam laudem, si nihil quasi ex necessitate decernerem. Recordabar etiam plurimos honores pessimo cuique delatos ; a quibus hic optimus separari non alio modo magis poterat, quam diversitate censendi ; quod ipsum dissimulatione et silentio non praeterii, ne forte non judicium illud meum, sed oblivio videretur. Hoc tunc ego. Sed non omnibus eadem placent, nec conveniunt quidem. Praeterea, faciendi aliquid vel non faciendi vera ratio quum hominum ipsorum, tum rerum etiam ac temporum conditione mutatur. Nam recentia opera maximi principis praebent facultatem nova, magna, vera censendi. Quibus ex causis, ut supra scripsi, dubito, an idem nunc tibi, quod tunc mihi, suadeam. Illud non dubito, debuisse me in parte consilii tui ponere, quod ipse fecissem. Vale.

### XXVIII. — *Pline à Pontius.*

Scio, quae tibi causa fuerit impedimento, quominus praecurrere adventum meum

dans la Campanie. Mais, malgré votre absence, je vous y ai trou*
tout entier : tant on m'a prodigué en votre nom les provisions *
la ville et de la campagne! Moi, en homme avide, j'ai tout pri*
Vos gens me pressaient avec instance, et je craignais d'ailleur*
en refusant, de vous irriter contre moi et contre eux. Une aut*
fois, mettez des bornes à votre profusion, ou j'en mettrai mo*
même. J'ai d'avance averti vos domestiques que, s'ils m'appo*
taient encore tant de choses, ils remporteraient tout. Vous m*
direz que je dois user de votre bien, comme s'il était à moi. D'a*
cord ; mais je l'épargnerai comme le mien. Adieu.

## XXIX. — Pline à Quadratus.

Avidius Quiétus, qui avait pour moi la plus tendre amitié, *
qui m'honorait d'une estime dont le souvenir ne m'est pas moi*
cher, me parlait souvent de Thraséas avec lequel il avait été in*
timement lié. Entre autres choses, il rappelait que ce grand homm*
prescrivait à l'orateur de se charger de trois sortes de causes, *
celles de ses amis, des causes abandonnées, et de celles qui in*
téressent l'exemple. De celles de ses amis : cela n'a pas besoi*
d'explication ; des causes abandonnées, parce que c'est là que *
montrent surtout et la grandeur d'âme et la générosité d'un avo*
cat ; des causes qui intéressent l'exemple, parce qu'il n'est p*
indifférent que l'exemple donné soit bon ou mauvais. A ces tro*
genres de causes j'ajouterai, par orgueil peut-être, celles qui o*

---

in Campaniam posses. Sed, quanquam absens, totus huc migrasti : tantum mihi e*
piarum tam urbanarum quam rusticarum nomine tuo oblatum est! Quas om*
improbe quidem, accepi tamen. Nam me tui, ut ita facerem, rogabant ; et vereba*
ne et mihi et illis irascereris, si non fecissem. In posterum, nisi adhibueris modu*
ego adhibebo. Etiam tuis denuntiavi, si rursus tam multa attulissent, omnia re*
turos. Dices, oportere me tuis rebus, ut meis, uti : etiam ; sed perinde illis ac m*
parco. Vale.

### XXIX. — Pline à Quadratus.

Avidius Quietus, qui me unice dilexit, et quo non minus gaudeo, probavit, *
multa alia Thraseæ (fuit enim familiaris), ita hoc sæpe referebat, præcipere solit*
suscipiendas esse causas, ut amicorum, aut destitutas, aut ad exemplum pertinent*
Cur amicorum? non eget interpretatione. Cur destitutas? quod in illis maxime *
constantia agentis et humanitas cerneretur. Cur pertinentes ad exemplum? q*
plurimum referret bonum an malum induceretur. Ad hæc ego genera causaru*

de l'éclat : car il est juste de plaider quelquefois pour sa réputation et pour sa gloire, c'est-à-dire de plaider sa propre cause.

Voilà, puisque vous me demandez mon avis, quelles règles j'assigne à votre dignité et à votre délicatesse. Je sais que l'usage passe pour le meilleur maître d'éloquence, et qu'il l'est en effet. Je vois même beaucoup de gens médiocres, illettrés, parvenir à bien plaider en plaidant souvent. Mais pour moi, j'éprouve la vérité de ce que disait Pollion, ou de ce qu'on lui a fait dire : « Bien plaider m'a fait plaider souvent ; plaider souvent m'a fait plaider moins bien. » C'est qu'en effet l'habitude donne plus de facilité que de talent. Au lieu de confiance, c'est de la présomption qu'elle inspire. Isocrate, avec sa faible voix et sa timidité naturelle, n'a pu parler en public. En a-t-il moins passé pour un grand orateur? Lisez donc, écrivez, méditez, pour être en état de parler quand vous le voudrez, et vous parlerez quand il vous conviendra de le vouloir.

Voilà la règle que j'ai presque toujours suivie. J'ai quelquefois obéi à la nécessité qui tient elle-même sa place entre les meilleures raisons. J'ai plaidé des causes par ordre du sénat. C'étaient de celles que Thraséas a comprises dans sa troisième classe, et qui étaient importantes pour l'exemple. J'ai soutenu les peuples de la Bétique contre Bébius Massa. Il s'agissait de savoir si on leur permettrait d'informer. La permission leur en fut donnée. J'ai prêté mon ministère aux mêmes peuples dans l'accusation qu'ils ont intentée contre Cécilius Classicus. Il était question d'examiner si les officiers de la province devaient être punis comme complices et

---

ambitiose fortasse, addam tamen claras et illustres. Æquum enim est agere nonnunquam gloriæ et famæ, id est, suam causam.

Hos terminos, quia me consuluisti, dignitati ac verecundiæ tuæ statuo. Nec me præterit usum et esse et haberi optimum dicendi magistrum. Video etiam multos parvo ingenio, litteris nullis, ut bene agerent, agendo consecutos. Sed et illud, quod vel Pollionis, vel tanquam Pollionis accepi, verissimum experior : « Commode agendo factum est, ut sæpe agerem; sæpe agendo, ut minus commode. » Quia scilicet assiduitate nimia facilitas magis quam facultas, nec fiducia, sed temeritas paratur. Nec vero Isocrati, quominus haberetur summus orator, offecit, quod infirmitate vocis, mollitie frontis, ne in publico diceret impediebatur. Proinde multum lege, scribe, meditare, ut possis, quum voles, dicere; dices quum velle debebis.

Hoc fere temperamentum ipse servavi. Nonnunquam necessitati, quæ pars rationis est, parui. Egi enim quasdam a senatu jussus, quæ tertio in numero fuerunt ex illa Thraseæ divisione, hoc est, ad exemplum pertinentes. Adfui Bæticis contra Bæbium Massam. Quæsitum est an danda esset inquisitio : data est. Adfui rursus iisdem

ministres du proconsul. Ils l'ont été. J'ai accusé Marius Priscus. Condamné pour péculat, il se retranchait derrière une loi trop douce, et dont la sévérité était loin d'égaler l'énormité de ses crimes. Il a été exilé. J'ai défendu Julius Bassus. Je fis voir qu'il avait été plus imprudent et malavisé que coupable. On lui a donné des juges, et il a conservé sa place au sénat. Enfin j'ai plaidé dernièrement pour Varénus qui demandait à produire aussi des témoins. Il l'a obtenu. Puisse-t-on toujours ainsi ne m'ordonner de plaider que des causes dont je pourrais avec honneur me charger volontairement! Adieu.

## XXX. — *Pline à Fabatus.*

Oui, nous devons célébrer l'anniversaire de votre naissance comme la nôtre, puisque tout le bonheur de nos jours dépend des vôtres, et que, grâce à votre zèle et à vos soins, nous vous sommes redevables de notre joie à Rome et de notre sûreté à Côme. Votre villa de Campanie, ancien domaine de Camillius, a été maltraitée par le temps. Cependant les parties du bâtiment qui ont le plus de prix sont encore entières ou fort peu endommagées. Nous songeons donc à le faire parfaitement rétablir. Je crois avoir beaucoup d'amis; mais de l'espèce dont vous les cherchez, et tels que l'affaire présente les demande, je n'en ai presque pas un seul. Ce sont tous gens de robe, que leurs emplois attachent à la ville, tandis que l'inspection des terres veut un robuste campagnard,

---

querentibus de Cæcilio Classico. Quæsitum est, an provinciales, ut socios ministrosque proconsulis, plecti oporteret : pœnas luerunt. Accusavi Marium Priscum, qui, lege repetundarum damnatus, utebatur clementia legis, cujus severitatem immanitate criminum excesserat : relegatus est. Tuitus sum Julium Bassum, ut incustoditum nimis et incautum, ita minime malum : judicibus acceptis, in senatu remansit. Dixi proxime pro Vareno, postulante ut sibi invicem evocare testes liceret : impetratum est. In posterum opto ut ea potissimum jubear, quæ me deceat vel sponte fecisse. Vale.

### XXX. — *Pline à Fabatus.*

Debemus mehercule natales tuos perinde ac nostros celebrare, quum lætitia nostrorum ex tuis pendeat, cujus diligentia et cura hic hilares, istic securi sumus. Villa Camilliana, quam in Campania possides, est quidem vetustate vexata; ea tamen quæ sunt pretiosiora, aut integra manent, aut levissime læsa sunt. Attendimus ergo ut quam saluberrime reficiantur. Ego videor habere multos amicos; sed hujus generis, cujus et tu quæris, et res exigit, prope neminem. Sunt enim omnes togati et

qui ne trouve ni la fatigue pénible, ni l'emploi vil, ni la solitude ennuyeuse. Vous avez bien raison de songer à Rufus, puisqu'il a été l'ami de votre fils. J'ignore cependant quels services il pourra nous rendre en cette occasion. Je crois seulement qu'il a le plus vif désir de nous être utile. Adieu.

### XXXI. — *Pline à Cornélien.*

L'empereur a daigné m'appeler au conseil qu'il a tenu en son palais, nommé palais des Cent-Chambres. Rien ne peut se comparer au plaisir que j'y ai goûté. Quel bonheur de voir la justice, la sagesse, l'affabilité du prince, surtout dans le secret où ces vertus se révèlent davantage! On a jugé différents procès, propres à exercer de plus d'une manière la capacité du juge. Claudius Ariston, le plus éminent citoyen d'Éphèse, y a été entendu. C'est un homme bienfaisant, et qui, par sa popularité sans intrigue, s'est attiré l'envie. Suscité par des gens qui ne lui ressemblent guère, un délateur est venu l'accuser. Ariston a été absous et vengé. Le jour suivant, on a jugé Galitta, accusée d'adultère. Mariée à un tribun des soldats qui allait bientôt solliciter les charges publiques, elle avait déshonoré le rang de son mari et le sien par ses relations intimes avec un centurion. Le mari en avait écrit au lieutenant consulaire, et celui-ci au prince. L'empereur, après avoir pesé toutes les preuves, cassa le centurion, et l'exila. Il restait encore à punir la moitié du crime qui,

---

urbani; rusticorum autem prædiorum administratio poscit durum aliquem et agrestem, cui nec labor ille gravis, nec cura sordida, nec tristis solitudo videatur. Tu de Rufo honestissime cogitas; fuit enim filio tuo familiaris. Quid tamen nobis ibi præstare possit ignoro : velle plurimum credo. Vale.

### XXXI. — *Pline à Cornélien.*

Evocatus in consilium a Cæsare nostro ad Centumcellas (hoc loco nomen), longe maximam cepi voluptatem. Quid enim jucundius, quam principis justitiam, gravitatem, comitatem in secessu quoque, ubi hæc maxime recluduntur, inspicere? Fuerunt variæ cognitiones, et quæ virtutes judicis per plures species experirentur. Dixit causam Claudius Ariston, princeps Ephesiorum, homo munificus, et innoxie popularis. Inde invidia, et ab dissimillimis delator immissus. Itaque absolutus vindicatusque est. Sequenti die audita est Galitta, adulterii rea. Nupta hæc tribuno militum honores petituro, et suam et mariti dignitatem centurionis amore maculaverat. Maritus legato consulari, ille Cæsari scripserat. Cæsar, excussis probationibus,

de sa nature, est nécessairement le crime de deux. Mais l'amour retenait le mari dont la faiblesse fut blâmée. Car, même après avoir accusé sa femme d'adultère, il l'avait gardée chez lui, comme si c'était assez pour lui que son rival fût éloigné. On l'avertit qu'il devait achever ses poursuites : il ne les acheva qu'à regret. Mais, malgré l'accusateur, il fallait condamner l'accusée. Aussi fut-elle condamnée et abandonnée aux peines portées par la loi Julia. L'empereur, dans la sentence qu'il prononça, eut soin de nommer le centurion, et de rappeler qu'il agissait dans l'intérêt de la discipline militaire, pour ne pas paraître évoquer à son tribunal toutes les causes d'adultère.

Le troisième jour, on traita une affaire qui avait occupé et partagé les esprits. On informa relativement aux codicilles de Julius Tiron, dont une partie était reconnue vraie, et dont l'autre, disait-on, était fausse. Sempronius Sénécion, chevalier romain, et Eurythmus, affranchi de l'empereur, et l'un de ses agents, étaient accusés. Les héritiers, par une lettre écrite en commun, avaient supplié le prince, pendant son expédition contre les Daces, de vouloir bien se réserver la connaissance de cette affaire. Il se l'était réservée. De retour à Rome, il leur avait donné jour pour les entendre. Quelques-uns des héritiers ayant voulu, comme par respect pour Eurythmus, se désister de l'accusation, l'empereur dit cette belle parole : *Il n'est point Polyclète, et je ne suis pas Néron.* Il avait pourtant accordé un délai aux accusateurs, après lequel il voulut prononcer. Il ne parut que deux héritiers, qui se

---

centurionem exauctoravit, atque etiam relegavit. Supererat crimini, quod nisi duorum esse non poterat, reliqua pars ultionis. Sed maritum, non sine aliqua reprehensione patientiæ, amor uxoris retardabat. Quam quidem, etiam post delatum adulterium, domi habuerat, quasi contentus æmulum removisse. Admonitus, ut perageret accusationem, peregit invitus. Sed illam damnari, etiam invito accusatore, necesse erat. Damnata, et Juliæ legis pœnis relicta est. Cæsar et nomen centurionis, et commemorationem disciplinæ militaris sententiæ adjecit, ne omnes ejusmodi causas revocare ad se videretur.

Tertio die inducta cognitio est, multis sermonibus et vario rumore jactata, de Julii Tironis codicillis, quos ex parte veros esse constabat, ex parte falsi dicebantur. Substituebantur crimini Sempronius Senecio, eques romanus, et Eurythmus, Cæsaris libertus et procurator. Hæredes, quum Cæsar esset in Dacia, communiter epistola scripta, petierant ut susciperet cognitionem. Susceperat. Reversus diem dederat ; et, quum ex hæredibus quidam, quasi reverentia Eurythmi, omitterent accusationem, pulcherrime dixerat : *Nec ille Polycletus est, nec ego Nero.* In-

bornèrent à demander que, tous ayant intenté l'accusation, tous fussent obligés de la soutenir, ou qu'il leur fût permis à eux-mêmes, comme aux autres, de l'abandonner. L'empereur parla avec autant de modération que de noblesse ; et l'avocat de Sénécion et d'Eurythmus ayant dit que l'on ne pouvait refuser d'entendre les accusés, sans les livrer à toute la malignité des soupçons : *Ce qui m'inquiète*, dit-il, *ce n'est pas qu'ils y soient livrés; c'est de m'y voir livré moi-même.* Après cela, se tournant vers nous : *Voyez*, dit-il, *ce que nous avons à faire; car ces gens-là veulent qu'on examine s'ils ont eu le droit de ne pas accuser.* Alors, de l'avis du conseil, il prononça, ou que tous les héritiers seraient tenus de poursuivre l'accusation, ou que chacun d'eux produirait les motifs de son désistement; sinon qu'ils seraient condamnés eux-mêmes comme calomniateurs.

Vous voyez quelles occupations nobles et austères remplissaient ces jours qui s'achevaient dans les délassements les plus agréables. L'empereur nous admettait toujours à sa table, très-frugale pour un si grand prince. Quelquefois il faisait jouer des scènes fort piquantes; d'autres fois la conversation se prolongeait avec charme dans la nuit. Le dernier jour, avant notre départ, il prit soin (tant sa bonté est attentive!) de nous envoyer à chacun des présents. Autant j'étais ravi de la dignité qui règne dans ces jugements, de l'honneur d'y être consulté, de la douce et simple affabilité du prince, autant j'étais enchanté de la beauté même du lieu. Représentez-vous une magnifique villa, environnée de vertes

---

dulserat tamen petentibus dilationem ; cujus tempore exacto, consederat auditurus. A parte hæredum intraverunt duo. Omnino postularunt, ut omnes hæredes agere cogerentur, quum detulissent omnes, aut sibi quoque desistere permitteretur. Locutus est Cæsar summa gravitate, summa moderatione. Quumque advocatus Senecionis et Eurythmi dixisset suspicionibus relinqui reos, nisi audirentur : « Non curo, inquit, an isti suspicionibus relinquantur : ego relinquor. » Dein, conversus ad nos, « Ἐπίστασθε quid facere debeamus ; isti enim quæri volunt, quod sibi licuerit non accusare. » Tum ex consilii sententia jussit denuntiari hæredibus omnibus, aut agerent, aut singuli approbarent causas non agendi, alioquin se vel de calumnia pronuntiaturum.

Vides quam honesti, quam severi dies, quos jucundissimæ remissiones sequebantur. Adhibebamur quotidie cœnæ; erat modica, si principem cogitares. Interdum ἀκροάματα audiebamus; interdum jucundissimis sermonibus nox ducebatur. Summo die abeuntibus nobis (quam diligens in Cæsare humanitas!) xenia sunt missa. Sed mihi, ut gravitas cognitionum, consilii honor, suavitas simplicitasque convictus, ita

campagnes, et dominant le rivage où un port se construit en ce moment. De solides ouvrages en fortifient la partie gauche ; or travaille à l'autre côté. Devant le port s'élève une île, destinée à rompre les flots que les vents y poussent avec violence, et qui protége des deux côtés le passage des vaisseaux. Elle est formée avec un art digne d'attirer l'attention. D'énormes pierres y sont apportées sur un large navire. Jetées sans cesse l'une sur l'autre, elles demeurent fixées par leur propre poids, et s'amoncellent peu à peu en forme de digue. Déjà apparait et se dresse la cime du rocher qui brise et lance au loin dans les airs les flots dont il est assailli. La mer s'agite avec fracas, blanchissante d'écume. On lie cette masse de pierres par des constructions faites pour donner un jour à cet ouvrage l'apparence d'une île naturelle. Ce port s'appellera du nom de celui qui l'a construit, et il sera fort commode ; car c'est une retraite sur une côte qui s'étend fort loin, et qui n'en offrait aucune. Adieu.

### XXXII. — *Pline à Quintilien.*

Quoique vous soyez d'une modération extrême, et que vous ayez donné à votre fille l'éducation qui convenait à la fille de Quintilien et à la petite-fille de Tutilius, cependant, comme elle doit épouser Nonius Céler, homme des plus distingués et auquel ses fonctions publiques imposent une certaine représentation, il faut qu'elle règle sa toilette et son train sur le rang de son mari. Ces

---

locus ipse perjucundus fuit. Villa pulcherrima cingitur viridissimis agris. Imminet littori, cujus in sinu fit quum maxime portus. Hujus sinistrum brachium firmissimo opere munitum est ; dextrum elaboratur. In ore portus insula assurgit, quæ illatum vento mare objacens frangat, tutumque ab utroque latere decursum navibus præstet. Assurgit autem arte visenda. Ingentia saxa latissima navis provehit. Hæc alia super alia dejecta ipso pondere manent, ac sensim, quodam velut aggere construuntur. Eminet jam et apparet saxeum dorsum ; impactosque fluctus in immensum elidit et tollit. Vastus illic fragor, canumque circa mare. Saxis deinde pilæ adjiciuntur ; quæ procedenti tempore enatam insulam imitentur. Habebit hic portus etiam nomen auctoris, eritque vel maxime salutaris. Nam per longissimum spatium littus importuosum hoc receptaculo utetur. Vale.

### XXXII. — *Pline à Quintilien.*

Quamvis et ipse sis continentissimus, et filiam tuam ita institueris, ut decebat filiam tuam, Tutilii neptem, quum tamen sit nuptura honestissimo viro, Nonio Ce-

accessoires extérieurs n'ajoutent pas au mérite, mais ils le font valoir. Or je sais que, si vous êtes riche des biens de l'âme, vous l'êtes peu de ceux de la fortune. Je prends donc sur moi une partie de vos obligations; et, comme un second père, je donne à notre chère fille cinquante mille sesterces [1]. Je ne me bornerais pas là, si je n'étais persuadé que la médiocrité du présent pourra seule déterminer votre délicatesse à l'accepter. Adieu.

### XXXIII. — *Pline à Romanus.*

*Suspendez,* leur dit-il, vos travaux commencés.

Et vous aussi, soit que vous écriviez, soit que vous lisiez, abandonnez, quittez tout pour prendre mon divin plaidoyer, comme les ouvriers de Vulcain pour forger les armes d'Énée. Pouvais-je plus fièrement débuter? Aussi s'agit-il du meilleur de mes plaidoyers : car c'est bien assez pour moi de lutter avec moi-même. Je l'ai composé pour Accia Variola. Le rang de la personne, la singularité de la cause, la solennité du jugement lui donnent de l'intérêt. Cette femme, d'une naissance illustre, mariée à un homme qui avait été préteur, s'était vue déshéritée par un père octogénaire, onze jours après qu'entraîné par une folle passion il avait donné une belle-mère à sa fille. Elle revendiquait sa succession devant les quatre tribunaux des centumvirs réunis. Cent quatre-vingts juges siégeaient dans cette affaire : c'est tout ce qu'en ren-

leri, cui ratio civilium officiorum necessitatem quamdam nitoris imponit, debet secundum conditiones mariti veste, comitatu (quibus non quidem augetur dignitas, ornatur tamen) instrui. Te porro animo beatissimum, modicum facultatibus scio. Itaque partem oneris tui mihi vindico, et tanquam parens alter puellæ nostræ, confero quinquaginta millia nummum; plus collaturus, nisi a verecundia tua sola mediocritate munusculi impetrari posse confiderem, ne recusares. Vale.

### XXXIII. — *Pline à Romanus.*

*Tollite* cuncta, inquit, cœptosque auferte labores.

Seu scribis aliquid, seu legis, tolli, auferri jube; et accipe orationem meam, ut illi arma, divinam. Num superbius potui? Revera, ut inter meas, pulchram : nam mihi satis est certare mecum. Est hæc pro Accia Variola, et dignitate personæ, et exempli raritate, et judicii magnitudine insignis. Nam femina splendide nata, nupta prætorio viro, exhæredata ab octogenario patre, intra undecim dies, quam ille novercam ei, amore captus, induxerat, quadruplici judicio bona paterna repetebat.

1. 11,250 francs.

ferment les quatre tribunaux. De part et d'autre, les avocats remplissaient en grand nombre les siéges qui leur avaient été destinés. La foule des auditeurs environnait de cercles redoublés la vaste enceinte du tribunal. On se pressait même autour des juges, et les galeries hautes de la basilique étaient encombrées, les unes de femmes, les autres d'hommes, avides d'entendre, ce qui n'était pas facile, et de voir, ce qui était fort aisé. Grande était l'attente des pères, des filles, et même des belles-mères.

Les avis se partagèrent : deux tribunaux furent pour nous, et les deux autres contre. C'est chose remarquable et surprenante qu'une même cause, plaidée par les mêmes avocats, entendue par les mêmes juges, ait été dans le même temps si diversement jugée, ce semble par un effet du hasard, mais sans qu'il parût s'en être mêlé. Enfin la belle-mère a perdu son procès. Elle était instituée héritière pour un sixième. Subérinus n'a pas eu plus de succès, lui qui, après avoir été déshérité par son père, sans avoir jamais osé se plaindre, avait l'impudence de venir demander la succession du père d'un autre.

Je vous ai donné ces détails, d'abord pour que ma lettre vous apprît ce que mon plaidoyer ne pouvait vous apprendre ; et puis, je vous avouerai mon artifice, pour vous mettre en état de lire mon discours avec plus de plaisir, quand vous croirez moins lire un plaidoyer qu'assister à un jugement. Quoiqu'il soit long, j'espère qu'il vous plaira autant que s'il était des plus courts : car

---

Sedebant judices centum et octoginta : tot enim quatuor consiliis conscribuntur. Ingens utrinque advocatio, et numerosa subsellia ; præterea densa circumstantium corona latissimum judicium multiplici circulo ambibat. Ad hoc, stipatum tribunal, atque etiam ex superiore basilicæ parte, qua feminæ, qua viri, et audiendi, quod erat difficile, et quod facile, visendi studio imminebant. Magna exspectatio patrum, magna filiarum, magna etiam novercarum.

Secutus est varius eventus. Nam duobus consiliis vicimus, totidem victi sumus. Notabilis prorsus res et mira : eadem in causa, iisdem judicibus, iisdem advocatis, eodem tempore tanta diversitas accidit casu quidem, sed non ut casus videretur. Victa est noverca, ipsa hæres ex parte sexta. Victus Suberinus, qui, exhæredatus a patre, singulari impudentia alieni patris bona vindicabat, non ausus sui petere.

Hæc tibi exposui, primum ut ex epistola scires, quæ ex oratione non poteras ; deinde (nam detegam artes) ut orationem libentius legeres, si non legere tibi, sed interesse judicio videreris. Quam, sit licet magna, non despero gratiam brevissimæ impetraturam ; nam et copia rerum, et arguta divisione, et narratiunculis pluribus, et eloquendi varietate renovatur. Sunt multa (non auderem nisi tibi dicere) elata, multa pugnantia, multa subtilia. Intervenit enim acribus illis et erectis frequens

l'abondance des matières, l'ordre ingénieux des divisions, les courtes narrations dont il est semé, et la variété de l'expression semblent le renouveler sans cesse. Vous y trouverez tour à tour (je n'oserais le dire à d'autres) de l'élévation, de la vigueur, de la simplicité. En effet, j'ai souvent été obligé de mêler des calculs à ces choses nobles et véhémentes, et de demander presque des jetons et un registre; si bien que le tribunal des centumvirs semblait changé tout à coup en tribunal domestique. J'ai donné l'essor à mon indignation, à ma colère, à ma douleur, et, dans une si grande cause, j'ai manœuvré, comme en pleine mer, sous plusieurs vents différents. En un mot, la plupart de mes amis regardent ce plaidoyer (je le répète) comme mon chef-d'œuvre. C'est ma harangue pour Ctésiphon. Vous en jugerez mieux que personne, vous qui connaissez si bien mes plaidoyers : il vous suffira de lire celui-ci pour le comparer à tous les autres. Adieu.

## XXXIV. — *Pline à Maxime.*

Vous avez fort bien fait de promettre un combat de gladiateurs à nos chers habitants de Vérone qui depuis longtemps vous aiment, vous admirent, vous honorent. Votre épouse, d'ailleurs, était de Vérone. Ne deviez-vous pas à la mémoire d'une femme que vous aimiez et que vous estimiez tant, quelque monument public, quelque spectacle, et celui-ci surtout qui convient si bien à des funérailles? D'ailleurs, on vous le demandait si unanimement, qu'il y aurait eu plus de dureté que de fermeté à repousser

---

necessitas computandi, ac pæne calculos tabulamque poscendi, ut repente in privati judicii formam centumvirale vertatur. Dedimus vela indignationi, dedimus iræ, dedimus dolori; et in amplissima causa, quasi magno mari pluribus ventis sumus vecti. In summa, solent quidam ex contubernalibus nostris existimare hanc orationem (iterum dicam) præcipuam, ut inter meas, ὡς ὑπὲρ Κτησιφῶντος esse. An vere, tu facillime judicabis, quia tam memoriter tenes omnes, ut conferre cum hac, dum hanc solam legis, possis. Vale.

### XXXIV. — *Pline à Maxime.*

Recte fecisti, quod gladiatorium munus Veronensibus nostris promisisti, a quibus olim amaris, suspiceris, ornaris. Inde etiam uxorem carissimam tibi et probatissimam habuisti; cujus memoriæ aut opus aliquod, aut spectaculum, atque hoc potissimum, quod maxime funeri, debebatur. Præterea, tanto consensu rogabaris, ut negare non constans, sed durum videretur. Illud quoque egregium, quod tam facilis,

le vœu général. Ce qui ajoute encore à votre générosité, c'est que vous y ayez satisfait de si bonne grâce et avec tant d'éclat : car la noblesse de l'âme se montre jusque dans ce genre de munificence. J'aurais voulu que les panthères d'Afrique que vous aviez achetées en si grand nombre fussent arrivées à temps. Mais, quoiqu'elles aient manqué à la fête, retenues par les orages, vous méritez pourtant qu'on vous en ait toute l'obligation, puisqu'il n'a pas tenu à vous de les y faire paraître. Adieu.

tam liberalis in edendo fuisti : nam per hæc etiam magnus animus ostenditur. Vellem Africanæ, quas coemeras plurimas, ad præfinitum diem occurrissent. Sed, licet cessaverint illæ, tempestate detentæ, tu tamen meruisti, ut acceptum tibi fieret, quod quominus exhiberes, non per te stetit. Vale.

# LIVRE SEPTIÈME

### I. — *Pline à Restitutus.*

L'opiniâtreté de votre maladie m'épouvante ; et, quoique je vous connaisse très-sobre, je crains qu'elle ne vous permette pas d'être toujours assez maître de vous. Je vous exhorte donc à résister avec courage : la tempérance est à la fois le plus noble et le plus salutaire des remèdes. Ce que je vous conseille n'est point au-dessus des forces humaines. Voici ce que j'ai toujours dit, en bonne santé, aux gens de ma maison : « Je me flatte que, s'il m'arrive d'être malade, je ne voudrai rien que je puisse rougir ou regretter d'avoir voulu. Mais si la force du mal venait à l'emporter sur ma résolution, je vous l'ordonne expressément, ne me donnez rien sans la permission des médecins ; et sachez-le bien, si vous cédiez à mes prières, j'en aurais autant de ressentiment contre vous, que d'autres en ont contre ceux qui leur résistent. » Je me souviens même qu'un jour, après une fièvre brûlante, dans

## LIBER SEPTIMUS.

### I. — *Pline à Restitutus.*

Terret me hæc tua pertinax valetudo, et, quanquam te temperantissimum noverim, vereor tamen ne quid illi etiam in mores tuos liceat. Proinde moneo patienter resistas : hoc laudabile, hoc salutare. Admittit humana natura quod suadeo. Ipse certe sic agere sanus cum meis soleo : « Spero quidem, si forte in adversam valetudinem incidero, nihil me desideraturum vel pudore vel pœnitentia dignum. Si tamen superaverit morbus, denuntio ne quid mihi detis, nisi permittentibus medicis; sciatisque, si dederitis, ita vindicaturum, ut solent alii, quæ negantur. » Quin etiam quum perustus ardentissima febri, tandem remissus unctusque acciperem a medico potionem, porrexi manum, utque tangeret, dixi, admotumque jam labris poculum reddidi. Postea quum vicesimo valetudinis die balineo præpararer, mus-

un moment où mon corps affaibli était humide de sueur, le médecin m'offrit à boire. Je lui tendis la main, en l'invitant à la toucher et je rendis la coupe qu'il avait déjà approchée de mes lèvres. Quelque temps après, le vingtième jour de ma maladie, je me disposais à entrer dans le bain, lorsque je vis tout à coup les médecins parler bas entre eux. Je demandai ce qu'ils disaient. Ils me répondirent qu'ils croyaient le bain sans danger, mais qu'ils ne pouvaient cependant se défendre de quelque inquiétude. *Quelle nécessité de se presser?* leur dis-je, et aussitôt je renonçai tranquillement à l'espoir du bain où il me semblait déjà me voir porter. Je repris mon régime d'abstinence, du même cœur et du même air que je me préparais tout à l'heure à le quitter. Je vous mande tout ceci pour soutenir mes conseils par mes exemples, et pour m'obliger moi-même par cette lettre à la retenue que je prescris. Adieu.

## II. — *Pline à Justus.*

Comment se fait-il que vous soyez, comme vous le dites, accablé d'affaires, et qu'en même temps vous me pressiez de vous envoyer mes ouvrages qui obtiennent à peine des désœuvrés quelques moments fugitifs? Je laisserai donc passer l'été, pendant lequel les occupations vous assiègent et vous tourmentent, et lorsque enfin le retour de l'hiver me permettra de croire que vous pouvez du moins disposer de vos nuits, je chercherai parmi mes bagatelles ce que je puis vous offrir. Jusque-là ce sera assez pour moi que mes lettres ne vous soient pas importunes;

---

santesque medicos repente vidissem, causam requisivi. Responderunt posse me tuto lavari, non tamen omnino sine aliqua suspicione. Quid, inquam, necesse est? Atque ita spe balinei, cui jam videbar inferri, placide leniterque dimissa, ad abstinentiam rursus, non secus ac modo ad balineum, animum vultumque composui. Quæ tibi scripsi, primum ut te non sine exemplo monerem; deinde ut in posterum ipse ad eamdem temperantiam astringerer, quum me hac epistola, quasi pignore, obligavissem. Vale.

II. — *Pline à Justus.*

Quemadmodum congruit, ut simul et affirmes te assiduis occupationibus impediri, et scripta nostra desideres, quæ vix ab otiosis impetrare aliquid perituri temporis possunt? Patiar ergo æstatem inquietam vobis exercitamque transcurrere, et hieme demum, quum credibile erit noctibus saltem vacare te posse, quæram quid potissi-

t, comme elles ne peuvent manquer de l'être, je les ferai courtes. Adieu.

### III. — *Pline à Présens.*

Serez-vous donc éternellement tantôt en Lucanie, tantôt en Campanie? Vous êtes, dites-vous, Lucanien, et votre femme est Campanienne. C'est un juste motif de prolonger votre absence, mais non de la perpétuer. Que ne revenez-vous donc enfin à Rome où vous rappellent et la considération dont vous jouissez, et votre gloire et vos amis de tout rang? Jusques à quand vivrez-vous en prince? prétendez-vous toujours veiller et dormir à votre gré? passer les journées sans prendre un instant la chaussure de la ville et la toge? jouir de votre liberté à toute heure? Il est temps de revenir participer à nos ennuis, ne fût-ce que pour prévenir la satiété qui diminuerait vos plaisirs. Venez faire des saluts à nos citadins pour recevoir plus agréablement ceux qu'on vous fera. Venez essuyer les embarras de la foule, afin de mieux jouir ensuite des douceurs de la solitude.

Mais (imprudent que je suis!) je vous arrête, en voulant vous rappeler. Peut-être tout ce que je vous dis ne fera-t-il que vous engager davantage à vous envelopper dans votre repos. Je veux, au reste, non que vous y renonciez, mais que vous l'interrompiez de temps en temps. Comme dans un repas, je joindrais à des mets doux d'autres mets apéritifs et piquants qui réveilleraient l'appétit émoussé et assoupi par les premiers; j'agis de même, en vous

---

quum ex nugis meis tibi exhibeam. Interim abunde est, si epistolæ non sunt molestæ. Sunt autem, et ideo breviores erunt. Vale.

### III. — *Pline à Présens.*

Tantane perseverantia tu modo in Lucania, modo in Campania? Ipse enim, inquis, Lucanus, uxor Campana. Justa causa longioris absentiæ, non perpetuæ tamen. Quin ergo aliquando in Urbem redis? ubi dignitas, honor, amicitiæ tam superiores, quam minores. Quousque regnabis? quousque vigilabis, quum voles? dormies quamdiu voles? quousque calcei nusquam? toga feriata? liber totus dies? Tempus est te revisere molestias nostras, vel ob hoc solum, ne voluptates istæ satietate languescant. Saluta paulisper, quo sit tibi jucundius salutari; terere in hac turba, ut te solitudo delectet.

Sed quid imprudens, quem revocare conor, retardo? Fortasse enim his ipsis admoneris, ut te magis ac magis otio involvas; quod ego non abrumpi, sed intermitti volo. Ut enim si cœnam tibi facerem, dulcibus cibis acres acutosque miscerem, ut

conseillant d'assaisonner quelquefois de pénibles occupations les délices d'une vie tranquille. Adieu.

## IV. — *Pline à Pontius.*

Vous avez lu, dites-vous, mes hendécasyllabes; vous voulez même savoir comment un homme si austère, selon vous, et qui, je dois l'avouer, ne me paraît point à moi-même trop frivole, s'est avisé d'écrire en ce genre. Je vous répondrai, en reprenant les choses de plus haut, que je ne me suis jamais senti d'éloignement pour la poésie. Je fis même une tragédie grecque à quatorze ans. Quelle tragédie? dites-vous. Je n'en sais rien : on l'appelait une tragédie. Peu après, comme je revenais de l'armée, retenu par les vents contraires dans l'île d'Icarie, je m'amusai à faire des vers élégiaques, et contre la mer et contre l'île. J'ai aussi essayé quelquefois un poëme en vers héroïques. Quant aux hendécasyllabes, ce sont ici les premiers qui m'échappent. En voici l'occasion. On me lisait, à ma villa de Laurente, l'ouvrage où Asinius Gallus établit un parallèle entre son père et Cicéron. Il se présenta, dans la lecture, une épigramme de ce dernier sur son cher Tiron. M'étant retiré ensuite, vers le milieu du jour, pour dormir (nous étions alors en été), et ne pouvant fermer l'œil, je vins à penser que les plus grands orateurs avaient aimé la poésie, et s'étaient fait honneur de la cultiver. Je tendis les ressorts de mon esprit, et, contre mon attente, je parvins en quelques instants, malgré une si longue interruption de cet exer-

---

obtusus illis et oblitus stomachus his excitaretur, ita nunc hortor, ut jucundissimum genus vitæ nonnullis interdum quasi acoribus condias. Vale.

### IV. — *Pline à Pontius.*

Ais legisse te hendecasyllabos meos; requiris etiam quemadmodum cœperim scribere, homo, ut tibi videor, severus, ut ipse fateor, non ineptus. Nunquam a poetice (altius enim repetam) alienus fui. Quin etiam quatuordecim natus annos græcam tragœdiam scripsi. Qualem? inquis. Nescio : tragœdia vocabatur. Mox quum e militia rediens, in Icaria insula ventis detinerer, latinos elegos in illud ipsum mare ipsamque insulam feci. Expertus sum me aliquando et heroo. Hendecasyllabis nunc primum, quorum hic natalis, hæc causa est. Legebantur in Laurentino mihi libri Asini Galli de comparatione patris et Ciceronis. Incidit epigramma Ciceronis in Tironem suum. Dein quum meridie (erat enim æstas) dormiturus me recepissem, nec obreperet somnus, cœpi reputare maximos oratores hoc studii genus, et in oblectationibus habuisse, et in laude posuisse. Intendi animum, contraque opinionem meam

## LIVRE VII.           253

cice, à tracer ainsi les motifs mêmes qui m'avaient engagé à écrire des vers :

> Dans le livre où Gallus (Gallus ! le croirait-on ?)
> Préfère hardiment son père à Cicéron,
> J'ai vu que cet illustre et grave personnage,
> Pour conformer ses mœurs aux mœurs de plus d'un sage,
> Des folâtres plaisirs prisait fort l'enjoûment,
> Et qu'il eut pour Tiron un vif attachement.
> En amant, il se plaint qu'un soir avec adresse
> Tiron lui refusa quelques baisers permis.
> Qui doute, dis-je alors, que d'un peu de tendresse,
> Après un tel exemple, il ne nous soit permis
> De dérider le front de l'austère sagesse?
> Comme son affranchi, montrons que des amours
> Nous connaissons aussi les larcins et les tours.

De là je passai à des vers élégiaques que je fis aussi rapidement. J'en ajoutai d'autres, séduit par la facilité que je trouvais à composer. De retour à Rome, je les lus à mes amis qui les approuvèrent. Depuis, dans mes heures de loisir, particulièrement en voyage, j'ai fait des vers de toute sorte de mesures. Enfin je me suis décidé, à l'exemple de beaucoup d'autres, à donner un volume séparé d'hendécasyllabes, et je ne m'en repens point. On les lit, on les transcrit, on les chante. Les Grecs même, auxquels cet opuscule a donné le goût de notre langue, les accompagnent tour à tour de leurs cithares et de leurs lyres.

post longam desuetudinem, perquam exiguo temporis momento, id ipsum quod me ad scribendum sollicitaverat, his versibus exaravi :

> Quum libros Galli legerem, quibus ille parenti
> Ausus de Cicerone dare est palmamque decusque,
> Lascivum inveni lusum Ciceronis, et illo
> Spectandum ingenio, quo seria condidit, et quo
> Humanis salibus, multo varioque lepore
> Magnorum ostendit mentes gaudere virorum.
> Nam queritur quod fraude mala frustratus amantem
> Paucula cœnato sibi debita suavia Tiro
> Tempore nocturno subtraxerit. His ego lectis,
> Cur post hæc, inquam, nostros celamus amores?
> Nullumque in medium timidi damus? atque fatemur
> Tironisque dolos, Tironis nosse fugaces
> Blanditias, et furta novas addentia flammas?

Transii ad elegos : hos quoque non minus celeriter explicui. Addidi alios facilitate corruptus. Deinde in Urbem reversus, sodalibus legi. Probaverunt. Dein plura metra, si quid otii, maxime in itinere, tentavi. Postremo placuit exemplo multorum unum separatim hendecasyllaborum volumen absolvere, nec pœnitet. Legitur, describitur, cantatur etiam; et a Græcis quoque, quos latine hujus libelli amor docuit, nunc cithara, nunc lyra personatur.

Mais pourquoi parler de moi avec tant de vanité? Que voulez-vous? un peu de folie se pardonne aux poëtes. D'ailleurs ce n'est point la bonne opinion que j'ai de mes vers, mais celle qu'en ont les autres, que je rappelle ici; et leurs éloges, mérités ou non, me font plaisir. Je ne forme qu'un souhait, c'est que la postérité, à tort ou à raison, en juge comme eux. Adieu.

### V. — *Pline à Calpurnie.*

On ne saurait croire à quel point je souffre de votre absence, d'abord parce que je vous aime, ensuite, parce que nous n'avons pas l'habitude d'être séparés. De là vient que je passe une grande partie des nuits à penser à vous; que, pendant le jour et aux heures où j'avais coutume de vous voir, mes pieds, comme on dit, me portent d'eux-mêmes à votre appartement ; et que, ne vous y trouvant pas, j'en reviens aussi triste et aussi honteux que si l'on m'avait refusé la porte. Le seul temps où je suis affranchi de ces tourments, c'est lorsque, au barreau, les affaires de mes amis viennent m'accabler. Jugez quelle est la vie d'un homme qui ne trouve de repos que dans le travail, de soulagement que dans les tourments et les fatigues. Adieu.

### VI. — *Pline à Macrinus.*

Il vient de se présenter dans l'affaire de Varénus un incident rare et remarquable, quoique le dénoûment en soit encore dou-

---

Sed quid ego tam gloriose? quanquam poetis furere concessum est ; et tamen non de meo, sed de aliorum judicio loquor, qui, sive judicant, sive errant, me delectant. Unum precor, ut posteri quoque aut errent similiter, aut judicent. Vale.

### V. — *Pline à Calpurnie.*

Incredibile est quanto desiderio tui tenear. In causa amor primum; deinde, quod non consuevimus abesse. Inde est quod magnam partem noctium in imagine tua vigil exigo; inde quod interdiu, quibus horis te visere solebam, ad diætam tuam ipsi me, ut verissime dicitur, pedes ducunt; quod denique æger et mœstus, ac similis excluso, a vacuo limine recedo. Unum tempus his tormentis caret, quo in foro et amicorum litibus conteror. Æstima tu quæ vita mea sit, cui requies in labore, in miseria curisque solatium. Vale.

### VI. — *Pline à Macrinus.*

Rara et notabilis res contigit Vareno, sit licet adhuc dubia. Bithyni accusationem

teux. On dit que les Bithyniens ont renoncé à leur accusation, et qu'ils la déclarent mal fondée. Mais pourquoi employer ce mot *on dit?* Un député est arrivé de Bithynie, apportant un décret du conseil de cette province. Il l'a remis à César ; il l'a remis à beaucoup de personnages distingués ; il nous l'a remis à nous-mêmes, avocats de Varénus. Cependant Magnus, l'accusateur dont je vous ai parlé, persiste toujours, et il pousse même obstinément Nigrinus, qui est un homme de bien. Il a exigé qu'il demandât aux consuls que Varénus fût forcé de produire ses registres. J'accompagnais Varénus, seulement comme ami, et j'avais résolu de me taire. Nommé avocat par le sénat, rien ne me semblait plus contradictoire que de défendre, comme accusé, celui qui ne devait plus paraître tel. Les consuls ayant cependant tourné les yeux sur moi, quand Nigrinus eut fini de parler : *Vous connaîtrez,* leur dis-je, *que nous ne nous taisons pas sans raison, quand vous aurez entendu les véritables députés de Bithynie. — A qui ont-ils été envoyés?* demanda Nigrinus. — *A moi-même, entre autres personnes,* répondis-je ; *j'ai en main le décret de la province. — Vous n'en êtes que mieux éclairé sur l'affaire,* reprit Nigrinus. — *Si vous l'êtes, vous, dans des intérêts opposés,* répliquai-je, *je puis l'être aussi sur ce qu'il est à propos de faire dans l'intérêt de mon ami.* Alors le député Polyénus expliqua la raison du désistement des Bithyniens, et il demanda qu'on ne préjugeât rien dans une cause soumise à l'empereur. Magnus répondit. Polyénus répliqua. J'entremêlai quelques mots à leurs discours, et du reste je gardai un profond silence.

ejus, ut temere inchoatam, omisisse narrantur; narrantur dico? adest provinciæ legatus. Attulit decretum concilii ad Cæsarem, attulit ad multos principes viros, attulit etiam ad nos, Vareni advocatos. Perstat tamen idem ille Magnus; quin etiam Nigrinum, optimum virum, pertinacissime exercet. Per hunc a consulibus postulabat, ut Varenus exhibere rationes cogeretur. Assistebam Vareno jam tantum ut amicus, et tacere decreveram. Nihil enim tam contrarium, quam si advocatus a senatu datus, defenderem ut reum, cui opus esset ne reus videretur. Quum tamen, finita postulatione Nigrini, consules ad me oculos retulissent : *Scietis,* inquam, *constare nobis silentii nostri rationem, quum veros legatos provinciæ audieritis.* Contra Nigrinus : *Ad quem missi sunt?* Ego : *Ad me quoque : habeo decretum provinciæ.* Rursus ille : *Potest tibi liquere.* Ad hoc ego : *Si tibi ex diverso liquet, potest et mihi, quod est melius in causa liquere.* Tum legatus Polyænus causas abolitæ accusationis exposuit, postulavitque ne cognitioni Cæsaris præjudicium fieret. Respondit Magnus; iterumque Polyænus. Ipse raro et breviter interlocutus, multum me intra silentium tenui.

Je l'ai appris, en effet : il y a souvent autant d'éloquence à se taire qu'à parler, et je me souviens que, dans certaines affaires capitales, j'ai mieux servi les accusés par mon silence, que je n'aurais pu le faire par le discours le mieux travaillé. Qu'il me soit permis de m'arrêter sur cette vérité qui intéresse notre art, quoique j'aie pris la plume dans un autre but. Une mère, à la mort de son fils, avait accusé de faux et d'empoisonnement, devant le prince, les affranchis de ce même fils qui les avait institués cohéritiers avec elle. Julius Servianus lui fut donné pour juge. Je défendis les accusés devant une assemblée nombreuse : car la cause avait fait du bruit et devait être plaidée par des orateurs en renom. Pour terminer l'affaire, on ordonna la question, qui fut en faveur des accusés. Bientôt la mère se présenta à l'empereur, et lui assura qu'elle avait découvert de nouvelles preuves. Servianus reçut l'ordre de revoir le procès déjà fini, et de s'assurer si en effet on produisait quelque nouvel indice. Julius Africanus plaidait pour la mère. C'était le petit-fils de ce Julius l'orateur qui fit dire à Passiénus Crispus devant lequel il venait de parler : *Bien, fort bien, en vérité; mais pourquoi si bien?* Son petit-fils avait de l'esprit, mais peu d'adresse. Après avoir longtemps plaidé et rempli la mesure de temps qui lui avait été assignée, il avait dit : *Je vous supplie, Servianus, de me permettre d'ajouter quelques mots.* Tous les yeux se tournèrent bientôt sur moi, dans la croyance que je ferais une longue réplique : *J'aurais répondu,* dis-je alors, *si Africanus eût ajouté ces quelques mots qui sans doute eussent renfermé tout ce qu'il avait promis de nouveau.* Je ne me souviens

---

Accepi enim, non minus interdum oratorium esse tacere quam dicere; atque adeo repeto, quibusdam me capitis reis vel magis silentio quam oratione accuratissima profuisse. Mater, amisso filio (quid enim prohibet, quanquam alia ratio scribendæ epistolæ fuerit, de studiis disputare?) libertos ejus, eosdemque cohæredes suos, falsi et veneficii reos detulerat ad principem, judicemque impetraverat Julium Servianum. Defenderam reos ingenti quidem cœtu : erat enim causa notissima, præterea utrinque ingenia clarissima. Finem cognitioni quæstio imposuit, quæ secundum reos dedit. Postea mater adiit principem : affirmavit se novas probationes invenisse. Præceptum est Serviano, ut vacaret finitam causam retractanti, si quid novi afferret. Aderat matri Julius Africanus, nepos Julii oratoris (quo audito, Passienus Crispus dixit : *Bene, mehercule, bene : sed quo tam bene?*). Hujus nepos, juvenis ingeniosus, sed parum callidus, quum multa dixisset, assignatumque tempus implesset : *Rogo,* inquit, *Serviane, permittas mihi unum versum adjicere.* Tum ego, quum omnes me, ut diu responsurum, intuerentur: *Respondissem,* inquam, *si unum illum*

point d'avoir jamais reçu tant d'applaudissements en plaidant, que j'en reçus alors en ne plaidant pas.

Aujourd'hui mon silence, dans l'affaire de Varénus a eu la même approbation et le même succès. Les consuls, comme le demandait Polyénus, ont réservé au prince l'entière connaissance, de la cause, et j'attends sa décision avec une extrême inquiétude. Car ce jour me rendra, pour Varénus, la sécurité et le repos, ou me rejettera dans mes premiers travaux et dans mes premières alarmes. Adieu.

### VII. — *Pline à Saturninus.*

Selon vos désirs, j'ai dernièrement renouvelé deux fois à Priscus les assurances de votre gratitude; et je l'ai fait de grand cœur. Je suis ravi que deux hommes de votre mérite, et que j'aime tant, soient si étroitement unis et se croient mutuellement engagés l'un envers l'autre : car, de son côté, Priscus publie que rien ne lui est plus doux au monde que votre amitié. Il y a entre vous un noble combat de tendresse réciproque, et le temps ne fera que resserrer les nœuds de votre union. Je regrette bien vivement que vous soyez retenu par vos affaires, et que vous ne puissiez vous donner à vos amis. Cependant, si l'on juge un de vos procès, et que vous-même vous coupiez court à l'autre, comme vous le dites, vous pourriez jouir d'abord, dans le lieu où vous êtes, des douceurs du repos, et, après vous en être rassasié, revenir ici. Adieu.

*versum Africanus adjecisset, in quo non dubito omnia nova fuisse.* Non facile me repeto tantum consecutum assensum agendo, quantum tunc non agendo.

Similiter nunc et probatum et exceptum est, quod pro Vareno hactenus non tacui. Consules, ut Polyænus postulabat, omnia integra principi servaverunt ; cujus cognitionem suspensus exspecto. Nam dies ille nobis pro Vareno aut securitatem et otium dabit, aut intermissum laborem renovata sollicitudine injunget. Vale.

### VII. — *Pline à Saturninus.*

Et proxime Prisco nostro, et rursus, quia ita jussisti, gratias egi, libentissime quidem. Est enim mihi perjucundum, quod viri optimi mihique amicissimi adeo cohæsistis, ut invicem vos obligari putetis. Nam ille quoque præcipuam se voluptatem ex amicitia tua capere profitetur, certatque tecum honestissimo certamine mutuæ caritatis, quam ipsum tempus augebit. Te negotiis distineri ob hoc moleste fero, quod deservire studiis non potes. Si tamen alteram litem per judicem, alteram, ut ais, ipse finieris, incipies primum illic otio frui, deinde satiatus ad nos reverti. Vale.

## VIII. — *Pline à Priscus.*

Je ne puis vous exprimer tout le plaisir que me fait notre cher Saturninus en m'écrivant lettre sur lettre pour me charger auprès de vous des témoignages de sa vive reconnaissance. Continuez comme vous avez commencé : aimez-le tendrement. C'est un excellent homme dont l'amitié sera pour vous pleine de charmes, et vous promet une longue jouissance. Car, s'il possède toutes les vertus, il est surtout d'une rare constance dans ses affections. Adieu.

## IX. — *Pline à Fuscus.*

Vous me demandez un plan d'études à suivre dans la retraite dont vous jouissez depuis longtemps. Un des exercices les plus utiles, et que beaucoup de personnes recommandent, c'est de traduire du grec en latin, ou du latin en grec. Par là vous acquérez la justesse et la beauté de l'expression, la richesse des figures, l'abondance des développements ; et, dans cette imitation des auteurs les plus excellents, vous puisez le talent d'écrire comme eux. Ajoutez qu'en traduisant, on saisit bien des choses qui eussent échappé en lisant : la traduction ouvre l'esprit et forme le goût.

Il sera bon encore de choisir dans vos lectures un morceau dont vous ne prendrez que le fond et le sujet pour le traiter vous-même

---

### VIII. — *Pline à Priscus.*

Exprimere non possum quam jucundum sit mihi, quod Saturninus noster summas tibi apud me gratias aliis super alias epistolis agit. Perge ut cœpisti, virumque optimum quam familiarissime dilige, magnam voluptatem ex amicitia ejus percepturus, nec ad breve tempus. Nam quum omnibus virtutibus abundat, tum hac præcipue, quod habet maximam in amore constantiam. Vale.

### IX. — *Pline à Fuscus.*

Quæris quemadmodum in secessu, quo jamdiu frueris, putem te studere oportere. Utile in primis, et multi præcipiunt, vel ex græco in latinum, vel ex latino vertere in græcum. Quo genere exercitationis proprietas splendorque verborum, copia figurarum, vis explicandi, præterea imitatione optimorum similia inveniendi facultas paratur. Simul quæ legentem fefellissent, transferentem fugere non possunt : intelligentia ex hoc et judicium acquiritur.

Nihil obfuerit, quæ legeris hactenus, ut rem argumentumque teneas, quasi æmu-

avec l'intention d'établir une lutte entre l'auteur et vous. Vous comparerez ensuite son ouvrage et le vôtre, et vous examinerez soigneusement dans quel endroit vous l'avez surpassé, dans quel autre il vous est supérieur. Quelle joie d'apercevoir qu'on a eu quelquefois l'avantage! quelle confusion, si l'on est toujours demeuré au-dessous! Vous pourrez aussi de temps en temps faire un choix des passages les plus célèbres, et chercher à les égaler. Comme cette lutte est secrète, elle suppose plus de courage que de témérité. Nous voyons même un grand nombre de personnes pour lesquelles ces sortes de combats n'ont pas été sans gloire. Elles n'aspiraient qu'à suivre leurs modèles, et, pleines d'une noble confiance, elles les ont devancés.

De plus, quand vous aurez perdu de vue votre ouvrage, vous pourrez le remanier, en conserver une partie, retrancher l'autre, ajouter, changer à votre gré. C'est sans doute une besogne pénible et fort ennuyeuse; mais, malgré la difficulté, il est utile de reprendre son premier feu, de rendre à son esprit une ardeur épuisée et qu'on a laissée s'éteindre, enfin d'adapter, sans troubler l'ordre déjà établi, de nouveaux membres à un corps qui semblait achevé.

Je sais que votre étude principale est l'éloquence du barreau. Cependant je ne vous conseillerais pas de vous en tenir toujours à ce style de controverse et de combat. Comme les champs se plaisent à changer de semences, nos facultés intellectuelles demandent aussi à être exercées par différentes études. Appliquez-vous tantôt à traiter quelque sujet historique, tantôt à

---

lum scribere, lectisque conferre, ac sedulo pensitare, quid tu, quid ille commodius. Magna gratulatio, si nonnulla tu; magnus pudor, si cuncta ille melius. Licebit interdum et notissima eligere, et certare cum electis. Audax hæc, non tamen improba, quia secreta, contentio. Quanquam multos videmus ejusmodi certamina sibi cum multa laude sumpsisse, quosque subsequi satis habebant, dum non desperant, antecessisse.

Poteris et quæ dixeris, post oblivionem retractare, multa retinere, plura transire, alia interscribere, alia rescribere. Laboriosum istud et tædio plenum, sed difficultate ipsa fructuosum, recalescere ex integro, et resumere impetum fractum omissumque, postremo, nova velut membra peracto corpori intexere, nec tamen priora turbare.

Scio nunc tibi esse præcipuum studium orandi. Sed non ideo semper pugnacem hunc et quasi bellatorium stylum suaserim. Ut enim terræ variis mutatisque seminibus, ita ingenia nostra nunc hac, nunc illa meditatione recoluntur. Volo interdum aliquem ex historia locum apprehendas; volo epistolam diligentius scribas. Nam

écrire une lettre avec soin : car, dans les plaidoyers même, il est souvent nécessaire de tracer non-seulement des tableaux historiques, mais encore des descriptions demi-poétiques. Quant aux lettres, elles nous donnent un style concis et châtié. On peut encore se délasser en composant des vers. Je ne parle pas de ces ouvrages de longue haleine qu'on ne peut achever que dans un parfait loisir, mais de ces petites pièces légères qui trouvent leur place dans l'intervalle des occupations les plus graves. C'est ce qu'on nomme des jeux ; mais ces jeux quelquefois ne font pas moins d'honneur que des écrits sérieux. Je vous dirai donc, pour vous conseiller en vers, de cultiver la poésie :

> Ainsi que nous voyons, sous une main savante,
> S'arrondir, se plier la cire obéissante,
> Et, docile à son gré, devenir tour à tour
> Minerve, Jupiter, Mars, Vénus ou l'Amour ;
> Comme, en de longs canaux sagement répartie,
> L'onde arrose les prés et dompte l'incendie ;
> Les préceptes de l'art éclairent les talents,
> Préviennent leurs écarts et guident leurs élans.

C'est ainsi que s'exerçaient ou se délassaient les grands orateurs et même que les plus grands hommes ; ou plutôt, c'est ainsi qu'ils se délassaient et s'exerçaient tout ensemble. On ne saurait croire combien ces opuscules raniment et reposent l'esprit. L'amour, la haine, la colère, la pitié, le badinage, enfin tout ce qu'on voit le

---

sæpe in orationes quoque non historicæ modo, sed prope poeticæ descriptionis necessitas incidit ; et pressus sermo purusque ex epistolis petitur. Fas est et carmine remitti, non dico continuo et longo (id enim perfici nisi in otio non potest), sed hoc arguto et brevi, quod apte quantaslibet occupationes curasque distinguit. Lusus vocantur ; sed hi lusus non minorem interdum gloriam, quam seria consequuntur ; atque adeo (cur enim te ad versus non versibus adhortor ?),

> Ut laus est ceræ, mollis cedensque sequatur,
> Si doctos digitos, jussaque fiat opus ;
> Et nunc informet Martem castamve Minervam,
> Nunc Venerem effingat, nunc Veneris puerum ;
> Utque sacri fontes non sola incendia sistunt,
> Sæpe etiam flores vernaque prata juvant ;
> Sic hominum ingenium flecti ducique per artes
> Non rigidas docta mobilitate decet.

Itaque summi oratores, summi etiam viri sic se aut exercebant aut delectabant, immo delectabant exercebantque. Nam mirum est ut his opusculis animus intendatur

plus souvent dans le monde, au barreau, dans les affaires, peut en fournir le sujet. Ce travail, ainsi que toute autre composition poétique, procure cet avantage, qu'après avoir été gêné par la mesure, on aime à retrouver la liberté de la prose, et qu'on écrit avec plus de plaisir dans un genre dont la comparaison a fait ressortir la facilité.

Voilà peut-être plus de conseils que vous n'en demandiez. J'ai pourtant oublié un point essentiel : je n'ai point dit ce qu'il fallait lire, quoique ce soit l'avoir assez dit, que d'avoir marqué ce qu'il fallait écrire. Souvenez-vous seulement de bien choisir les meilleurs livres dans chaque genre : car on a fort bien dit *qu'il fallait beaucoup lire, mais peu de livres*. Je ne vous marque point ces livres ; ils sont si universellement connus, qu'il n'est pas nécessaire de les indiquer. D'ailleurs je me suis si fort étendu dans cette lettre, qu'en voulant vous donner des avis sur la manière d'étudier, j'ai dérobé du temps à vos études. Reprenez donc au plus tôt vos tablettes ; commencez quelqu'un des ouvrages que je vous ai proposés, ou continuez ce que vous avez commencé. Adieu.

### X. — *Pline à Macrinus.*

Quand une fois j'ai su le commencement d'une histoire, j'aime à en connaître la fin, comme si on me l'avait dérobée. J'ai donc pensé que vous seriez bien aise, ainsi que moi, de savoir la suite du procès de Varénus et des Bithyniens. La cause a été plaidée

---

remittaturque. Recipiunt enim amores, odia, iras, misericordiam, urbanitatem, omnia denique quæ in vita atque etiam in foro causisque versantur. Inest his quoque eadem quæ aliis carminibus utilitas, quod metri necessitate devincti, soluta oratione lætamur, et quod facilius esse comparatio ostendit, libentius scribimus.

Habes plura etiam fortasse quam requirebas ; unum tamen omisi. Non enim dixi quæ legenda arbitrarer ; quanquam dixi, quum dicerem quæ scribenda. Tu memineris sui cujusque generis auctores diligenter eligere. Aiunt enim, *mullum legendum esse non multa*. Qui sint hi, adeo notum pervulgatumque est, ut demonstratione non egeant ; et alioquin tam immodice epistolam extendi, ut, dum tibi, quemadmodum studere debeas, suadeo, studendi tempus abstulerim. Quin ergo pugillares resumis, et aliquid ex his, vel istud ipsum, quod cœperas, scribis. Vale.

### X. — *Pline à Macrinus.*

Quia ipse, quum prima cognovi, jungere extrema, quasi avulsa, cupio, te quoque existimo velle de Vareno et Bithynis reliqua cognoscere. Acta causa hinc a Polyæno,

devant l'empereur, d'un côté par Polyénus, de l'autre par Magnus. Après leurs plaidoyers, l'empereur dit : *Aucune des parties ne se plaindra du retard. J'aurai soin de m'informer des véritables intentions de la province.* Cependant Varénus obtient un grand avantage. Car enfin, combien est-il douteux qu'on l'accuse avec justice, quand il n'est pas même certain qu'on l'accuse ! Ce qui reste à désirer, c'est que la province n'en revienne pas au parti qu'elle semble avoir condamné, et qu'elle ne se repente pas de s'être repentie. Adieu.

### XI. — *Pline à Fabatus.*

Vous êtes surpris que mon affranchi Hermès, sans attendre l'enchère que j'avais ordonnée, ait vendu à Corellia mes cinq douzièmes des terres de la succession, à un prix qui établirait la valeur de toutes les terres réunies à sept cent mille sesterces[1]. Vous ajoutez qu'on les pourrait vendre neuf cent mille[2], et, d'après ce calcul, vous désirez d'autant plus savoir si je ratifie le marché. Oui, je le ratifie, et voici mes raisons ; car je désire que vous m'approuviez, et que mes cohéritiers m'excusent, si, pour satisfaire à un devoir plus puissant, je sépare mes intérêts des leurs. J'ai pour Corellia le plus grand respect et la plus vive amitié. D'abord elle est sœur de Corellius Rufus, dont la mémoire m'est sacrée ; ensuite elle était amie intime de ma mère. Une ancienne liaison

---

inde a Magno. Finitis actionibus, Cæsar : *Neutra*, inquit, *pars de mora queretur. Erit mihi curæ explorare provinciæ voluntatem.* Multum interim Varenus tulit. Etenim quam dubium est an merito accusetur, qui an omnino accusetur, incertum est? Superest, ne rursus provinciæ, quod damnasse dicitur, placeat, agatque pœnitentiam pœnitentiæ suæ. Vale.

### XI. — *Pline à Fabatus.*

Miraris quod Hermes, libertus meus, hæreditarios agros, quos ego jusseram proscribi, non exspectata auctione, pro meo quincunce ex septingentis millibus Corelliæ addixerit. Adjicis posse eos nongentis millibus venire, ac tanto magis quæris, an quod gessit ratum servem. Ego vero servo : quibus ex causis, accipe. Cupio enim et tibi probatum, et cohæredibus meis excusatum esse, quod me ab illis, majore officio jubente, secerno. Corelliam cum summa reverentia diligo ; primum, ut sororem Corellii Rufi, cujus mihi memoria sacrosancta est ; deinde, ut matri meæ

---

1. 127,910 francs.
2. 179,450 francs.

m'attache aussi à Minucius Fuscus, son mari, le meilleur des hommes. Enfin son fils a été mon ami particulier, au point que, sous ma préture, il se chargea de donner les jeux en mon nom. Corellia, au dernier voyage que je fis dans le pays, me témoigna le désir de posséder quelques terres aux environs de notre lac de Côme. Je lui en offris des miennes ce qu'elle voudrait et au prix qu'elle le voudrait, exceptant toutefois les biens de mon père et de ma mère : car, pour ceux-là, je n'y puis renoncer, même en faveur de Corellia. Les terres dont il s'agit m'étant donc échues en succession, je lui écrivis qu'elles allaient être mises en vente. Hermès lui rendit ma lettre. Elle voulut qu'il lui adjugeât sur-le-champ ma portion d'héritage. Il le fit. Vous voyez si je dois hésiter à ratifier un accord que mon affranchi a conclu d'après les sentiments qu'il me connaît. Il me reste à prier mes cohéritiers de trouver bon que j'aie vendu séparément ce que j'avais pleinement le droit de vendre. Rien ne les oblige à suivre mon exemple. Ils n'ont point les mêmes engagements avec Corellia. Ils peuvent donc chercher les avantages dont l'amitié m'a tenu lieu. Adieu.

## XII. — *Pline à Minucius.*

Je vous envoie, comme vous l'avez exigé, le mémoire que j'ai composé pour votre ami, ou plutôt pour le nôtre. Qu'y a-t-il, en effet, qui ne soit commun entre nous? Il pourra s'en servir au

---

familiarissimam. Sunt mihi et cum marito ejus, Minucio Fusco, optimo viro, vetera jura. Fuerunt et cum filio maxima, adeo quidem ut, prætore me, ludis meis præsederit. Hæc, quum proxime istic fui, indicavit mihi cupere se aliquid circa Larium nostrum possidere. Ego illi ex prædiis meis quod vellet, et quanti vellet, obtuli, exceptis paternis maternisque; his enim cedere ne Corelliæ quidem possum. Igitur quum obvenisset mihi hæreditas, in qua prædia ista, scripsi ei venalia futura. Has epistolas Hermes tulit, exigentique, ut statim portionem meam sibi addiceret, paruit. Vides quam ratum habere debeam, quod libertus meus meis moribus gessit. Superest ut cohæredes æquo animo ferant, separatim me vendidisse, quod mihi licuit omnino vendere. Nec vero coguntur imitari meum exemplum. Non enim illis eadem cum Corellia jura sunt. Possunt ergo intueri utilitatem suam, pro qua mihi fuit amicitia. Vale.

XII. — *Pline à Minucius.*

Libellum formatum a me, sicut exegeras, quo amicus tuus, immo noster (quid enim non commune nobis?), si res posceret, uteretur, misi tibi ideo tardius, ne tempus emendandi eum, id est, disperdendi haberes. Habebis tamen, an emendandi nescio,

besoin. Je vous l'envoie plus tard que je ne vous l'avais promis, afin que vous n'ayez pas le temps de le corriger, ou, pour mieux dire, de le gâter. Après tout, vous trouverez toujours assez de temps, sinon pour le corriger, au moins pour le gâter, en retranchant, par un zèle indiscret, tout ce qu'il y a de meilleur. Si cela vous arrive, j'en ferai mon profit. Plus tard, quand l'occasion s'en présentera, j'userai de ces suppressions comme de mon bien, et je devrai à votre critique dédaigneuse de pouvoir m'en faire honneur. Tels sont les passages que vous trouverez notés, et tout ce que j'ai écrit en interligne d'un autre style que le texte du mémoire. Comme je soupçonnais que vous trouveriez enflé ce qui n'est en effet qu'éclatant et sublime, j'ai jugé à propos de vous épargner la torture d'un nouveau travail, et d'ajouter au même endroit quelque chose de plus modeste et de plus simple, ou, pour mieux dire, de plus bas et de plus médiocre, mais bien meilleur à votre goût : car je ne puis m'empêcher de faire partout la guerre à votre pusillanimité.

Jusqu'ici j'ai voulu rire pour vous distraire un moment de vos occupations. Voici du sérieux. Songez à me rembourser les frais de course d'un exprès que je vous ai dépêché. Vous m'avez bien l'air, quand vous aurez lu ce passage, de condamner, non pas quelques parties du mémoire, mais le mémoire tout entier, et de ne trouver aucune valeur à une chose dont on réclame le prix. Adieu.

### XIII. — *Pline à Férox.*

Votre lettre m'assure en même temps que vous étudiez et que

---

utique disperdendi (ὑμεῖς γὰρ κακόζηλοι), optima quæque si detraxeris. Quod si feceris, boni consulam. Postea enim illis ex aliqua occasione, ut meis, utar, et beneficio fastidii tui ipse laudabor, ut in eo quod annotatum invenies, et supra scripto aliter explicitum. Nam, quum suspicarer futurum ut tibi tumidius videretur, quod est sonantius et elatius, non alienum existimavi, ne te torqueres, addere statim pressius quiddam et exilius, vel potius humilius et pejus, vestro tamen judicio rectius. Cur enim non usquequaque tenuitatem vestram insequar et exagitem?

Hæc, ut inter istas occupationes aliquid aliquando rideres : illud serio. Vide, ut mihi viaticum reddas, quod impendi, data opera cursore dimisso. Næ tu, quum hoc legeris, non partes libelli, sed totum libellum improbabis, negabisque ullius pretii esse, cujus pretium reposceris. Vale.

### XIII. — *Pline à Férox.*

Eadem epistola et studere te, et non studere significat. Ænigmata loquor. Ita

vous n'étudiez pas. Je vous parle par énigmes ; oui, sans doute ; mais je vais m'expliquer plus clairement. Vous me dites que vous n'étudiez pas, et votre lettre est si bien écrite, qu'elle ne peut l'avoir été que par quelqu'un qui étudie. S'il en est autrement, vous êtes le plus heureux des hommes d'écrire ainsi en vous jouant et sans étude. Adieu.

### XIV. — *Pline à Corellia.*

C'est vraiment de votre part une extrême délicatesse que de me prier avec tant d'instances et d'exiger même que je reçoive le prix de mes terres, non sur le pied de sept cent mille sesterces, suivant votre marché avec mon affranchi, mais sur le pied de neuf cent mille[1], conformément à la vente du vingtième que le fisc vous a faite. A mon tour, je vous supplie et vous conjure, après avoir songé à ce qui est digne de vous, de songer à ce qui est digne de moi, et de souffrir qu'ici seulement ma soumission pour vous se démente par les mêmes raisons qui partout ailleurs lui servent de principe. Adieu.

### XV. — *Pline à Saturninus.*

Vous me demandez ce que je fais. Je me livre aux occupations que ous connaissez. Je m'emploie pour mes amis, je donne quelques eures à l'étude. Combien il me serait, je n'ose pas dire mieux, mais u moins plus doux de les lui consacrer toutes ! Pour vous, je souffri-

---

lane, donec distinctius, quod sentio, enuntiem. Negat enim te studere ; sed est m polita, quæ, nisi a studente, non potest scribi. Aut es tu super omnes beatus, talia per desidiam et otium perficis. Vale.

### XIV. — *Pline à Corellia.*

Tu quidem honestissime, quod tam impense et rogas et exigis, ut accipi jubeam te pretium agrorum non ex septingentis millibus, quanti illos a liberto meo, sed nongentis, quanti a publicanis partem vicesimam emisti. Invicem ego et rogo et igo, ut non solum quid te, verum etiam quid me deceat, aspicias, patiarisque e in hoc uno tibi eodem animo repugnare, quo in omnibus obsequi soleo. Vale.

### XV. — *Pline à Saturninus.*

Requiris quid agam. Quo nosti distringor oficio, amicis deservio, studeo interm, quod non interdum, sed solum semperque facere, non audeo dicere rectius,

---

1. Voir p. 262.

rais de vous voir obligé de faire tout autre chose que ce que vous voudriez, si vos travaux étaient moins honorables. Rien de plus glorieux, en effet, que de veiller aux intérêts de l'État, et de rétablir la paix entre des amis. Je savais que la société de notre cher Priscus vous serait agréable. Je connaissais sa droiture et la douceur de son commerce. En m'écrivant qu'il se souvient avec tant de plaisir des bons offices qu'il a reçus de moi, vous m'apprenez ce qui m'était moins connu, c'est qu'il est l'homme du monde le plus reconnaissant. Adieu.

### XVI. — *Pline à Fabatus.*

Calestrius Tiro est de mes plus intimes amis, et nous tenons l'un à l'autre par tous les liens publics et particuliers. Nous avons fait nos campagnes ensemble ; nous avons été ensemble questeurs du prince. Il me devança dans la charge de tribun du peuple, par le privilége que donne le nombre des enfants ; je le rejoignis dans celle de préteur, le prince m'ayant accordé la dispense d'un an qui me manquait. Je me suis souvent retiré dans ses terres ; souvent il est venu rétablir sa santé dans les miennes. En ce moment, il va, en qualité de proconsul, prendre possession du gouvernement de la Bétique, et doit passer par Ticinum. J'espère, ou plutôt je compte obtenir aisément qu'il se détournera de sa route pour aller vous voir. Si vous voulez affranchir pleinement les esclaves auxquels vous avez, en présence de vos amis, accordé dernièrement la liberté, ne craignez pas de déranger un homme qui

---

certe beatius erat. Te alia omnia, quam quæ velis, agere, moleste ferrem ; nisi ea quæ agis, essent honestissima. Nam et reipublicæ servire negotiis, et disceptare inter amicos, laude dignissimum est. Prisci nostri contubernium jucundum tibi futurum sciebam. Noveram simplicitatem ejus, noveram comitatem. Eumdem esse, quod minus noram, gratissimum experior, quum tam jucunde officiorum nostrorum meminisse eum scribas. Vale.

### XVI. — *Pline à Fabatus.*

Calestrium Tironem familiarissime diligo, et privatis mihi et publicis necessitudinibus implicitum. Simul militavimus, simul quæstores Cæsaris fuimus. Ille me in tribunatu liberorum jure præcessit ; ego illum in prætura sum consecutus, quum mihi Cæsar annuum remisisset. Ego in villas ejus sæpe secessi ; ille in domo mea sæpe convaluit. Hic nunc proconsul provinciam Bæticam per Ticinum est petiturus. Spero, immo confido, facile me impetraturum, ut ex itinere deflectat ad te. Si voles

ferait sans peine le tour du monde pour me rendre service. Renoncez donc à cette excessive discrétion que je vous connais, et ne consultez que votre bon plaisir. Il est aussi agréable à Calestrius Tiro de m'obliger qu'à moi de vous obéir. Adieu.

### XVII. — *Pline à Céler.*

Chacun a ses motifs pour faire des lectures publiques. Les miennes sont, comme je l'ai dit souvent, que, si j'ai commis quelque faute (et il en échappe toujours), on m'en avertît. Aussi suis-je d'autant plus surpris de ce que vous me mandez. Quelques personnes, dites-vous, trouvent mauvais que je lise en public mes plaidoyers. Les ouvrages de ce genre, suivant elles, doivent donc seuls n'être pas corrigés? Je demanderais volontiers à mes censeurs pourquoi ils conviennent (s'ils en conviennent pourtant), qu'on doit lire un ouvrage historique, dans lequel on ne cherche point l'éclat, mais l'exactitude et la vérité; une tragédie, qui demande, au lieu d'un auditoire, une scène et des acteurs; des vers lyriques, qui veulent, non pas un lecteur, mais un chœur et un lyre?

L'usage, dira-t-on, a autorisé la lecture de ces sortes de compositions. — Faut-il donc condamner celui qui l'a introduit? Les Grecs et quelques Romains n'ont-ils pas lu aussi publiquement leurs plaidoyers? — Mais il est inutile de lire ce que vous avez débité en public. — Oui, si vous lisiez les mêmes choses aux mêmes personnes, si vous lisiez en sortant de l'audience. Mais

---

vindicta liberare, quos proxime inter amicos manumisisti, nihil est quod verearis, ne sit hoc illi molestum, cui orbem terrarum circumire non erit longum mea causa. Proinde nimiam verecundiam pone, teque, quid velis, consule. Illi tam jucundum quod ego, quam mihi quod tu jubes. Vale.

### XVII. — *Pline à Céler.*

Sua cuique ratio recitandi; mihi, quod sæpe jam dixi, ut, si quid me fugit, ut certe fugit, admonear. Quo magis miror quod scribis, fuisse quosdam qui reprehenderent, quod orationes omnino recitarem; nisi vero has solas non putant emendandas. A quibus libenter requisierim cur concedant (si concedant tamen) historiam debere recitari, quæ non ostentationi, sed fidei veritatique componitur; cur tragœdiam, quæ non auditorium, sed scenam et actores, cur lyrica, quæ non lectorem, sed chorum et lyram poscunt.

At horum recitatio usu jam recepta est. Num ergo culpandus est ille qui cœpit? quanquam orationes quoque et nostri quidam, et Græci lectitaverunt. — Super-

si vous ajoutez, si vous changez beaucoup de passages ; si vos auditeurs ne vous ont point entendu, ou ne vous ont entendu qu'à une époque déjà éloignée, pourquoi y aurait-il moins de motifs pour lire ce que vous avez prononcé, que pour le donner au public ? — Mais il est difficile qu'un plaidoyer fasse plaisir, quand il est lu. — C'est une besogne de plus pour le lecteur, et non une raison pour ne pas lire.

Pour moi, je ne songe pas à être loué quand je lis, mais à l'être quand je suis lu. Je ne fuis donc aucune espèce de critique. D'abord je retouche moi-même ce que j'ai composé ; ensuite je le lis à deux ou trois personnes ; puis je le donne à d'autres pour y faire leurs remarques, et ces remarques, si elles me laissent quelque scrupule, je les pèse avec un ou deux de mes amis. Enfin je lis devant une assemblée plus nombreuse ; et c'est là, je vous l'assure, que je suis le plus ardent à corriger. Mon attention est alors d'autant plus éveillée, que mon inquiétude est plus grande. Le respect, la retenue, la crainte sont d'excellents censeurs. Qu'on y songe, en effet : n'est-on pas moins troublé, si l'on doit parler devant un homme seul, quelque savant qu'il soit, que si l'on doit discourir devant plusieurs, fussent-ils ignorants ? N'est-ce pas, quand on se lève pour plaider, qu'on se défie le plus de soi ? qu'alors on voudrait avoir changé, je ne dis pas une partie de son discours, mais son discours tout entier, surtout si le théâtre est vaste et le cercle nombreux ? Les juges les plus vils et les plus grossiers semblent alors redoutables. Si l'on pense que

---

vacuum tamen est recitare, quæ dixeris. — Etiam, si eadem omnia, si iisdem omnibus, si statim recites. Si vero multa inseras, multa commutes, si quosdam novos, quosdam eosdem, sed post tempus, assumas, cur minus probabilis sit causa recitandi quæ dixeris, quam edendi ? — Sed, difficile est, ut oratio, dum recitatur, satisfaciat. — Jam hoc ad laborem recitantis pertinet, non ad rationem non recitandi.

Nec vero ego, dum recito, laudari, sed dum legor, cupio. Itaque nullum emendandi genus omitto. Ac primum quæ scripsi mecum ipse pertracto ; deinde duobus aut tribus lego ; mox aliis trado annotanda, notasque eorum, si dubito, cum uno rursus aut altero pensito ; novissime pluribus recito, ac, si quid mihi credis, tunc acerrime emendo. Nam tanto diligentius, quanto sollicitius, intendo. Optime autem reverentia, pudor, metus judicant. Idque adeo sic habe : nonne, si locuturus es cum aliquo, quamlibet docto, uno tamen, minus commoveris, quam si cum multis vel indoctis ? Nonne, quum surgis ad agendum, tunc maxime tibi ipse difidis ? tunc commutata, non dico plurima, sed omnia cupis ? utique, si latior scena et corona

le début n'a pas réussi, ne se sent-on point découragé, consterné? Le motif, selon moi, c'est qu'il y a dans le nombre même je ne sais quelle opinion imposante et générale. Chacun des auditeurs peut avoir peu de goût ; réunis, il en ont beaucoup. Aussi Pomponius Sécundus, le fameux auteur tragique, disait-il ordinairement, lorsqu'il tenait à conserver quelque endroit de ses pièces qu'un intime ami lui conseillait de supprimer : *J'en appelle au peuple* ; et, d'après le silence ou l'approbation du peuple, il suivait l'avis de son ami ou le sien : tant il accordait au jugement de la multitude ! Avait-il tort ou raison? peu m'importe. Je ne lis pas au peuple ; je lis dans une assemblée de personnes choisies dont je puisse consulter les visages, dont je suive les avis, que j'estime séparément en même temps que je les redoute réunies. Ce que M. Cicéron disait du travail écrit, je le dis de la crainte : la crainte est le plus sévère des censeurs. Cette seule pensée, que nous devons lire en public, corrige nos ouvrages. Paraître devant une assemblée, pâlir, trembler, regarder autour de soi, tout contribue à nous réformer.

Je ne me repens donc pas d'une coutume dont je recueille tant d'avantages ; et, loin de m'émouvoir de la malveillance de mes censeurs, je vous prie de m'indiquer quelque nouveau secret pour ajouter encore à la correction de mes écrits : car je ne suis jamais satisfait de mon travail. Je songe combien il est périlleux de livrer un ouvrage aux mains du public ; et je ne puis me persuader que l'on ne doive pas retoucher souvent, et

---

diffusior. Nam illos quoque sordidos pullatosque reveremur. Nonne, si prima quæque improbari putas, debilitaris et considis? Opinor, quia in numero ipso est quoddam magnum collatumque consilium ; quibusque singulis judicii parum, omnibus plurimum. Itaque Pomponius Secundus, hic scriptor tragœdiarum, si quid forte familiarior amicus tollendum, ipse retinendum arbitraretur, dicere solebat : *Ad populum provoco;* atque ita ex populi vel silentio vel assensu, aut suam aut amici sententiam sequebatur : tantum ille populo dabat! Recte an secus? nihil ad me. Ego enim non populum advocare, sed certos electosque soleo, quos intuear, quibus credam, quos denique et tanquam singulos observem, et tanquam non singulos timeam. Nam quod M. Cicero de stylo, ego de metu sentio. Timor est emendator asperrimus. Hoc ipsum, quod nos recitaturos cogitamus, emendat ; quod auditorium ingredimur, emendat ; quod pallemus, horrescimus, circumspicimus, emendat.

Proinde non pœnitet me consuetudinis meæ, quam utilissimam experior ; adeoque non deterreor sermunculis istorum, ut ultro te rogem monstres aliquid, quod his addam : nihil enim curæ meæ satis est. Cogito, quam sit magnum dare aliquid in

en réunissant beaucoup d'avis, ce qui tend à plaire toujours et à tout le monde. Adieu.

### XVIII. — Pline à Caninius.

Vous me consultez pour savoir comment vous pouvez assurer après vous la destination d'une somme que vous avez offerte à nos compatriotes pour un festin public. Votre confiance m'honore ; mais le conseil n'est pas facile à donner. Compterez-vous le capital à l'État ? il est à craindre qu'on ne le dissipe. Engagerez-vous des biens-fonds ? ils seront négligés, comme propriétés publiques. Je ne vois rien de plus sûr que le moyen que j'ai pris moi-même. J'avais promis cinq cent mille sesterces[1] pour assurer des aliments à des personnes de condition libre. Je fis à l'agent du fisc de la cité une vente simulée d'une terre dont la valeur dépassait beaucoup cinq cent mille sesterces. Je repris ensuite cette terre, chargée envers l'État d'une rente annuelle et perpétuelle de trente mille sesterces[2]. Par là le fonds donné à l'État ne court aucun risque, le revenu n'est point incertain, et le bien rendant beaucoup plus que la rente dont il est chargé, ne manquera jamais de maître qui prenne soin de le faire valoir. Je n'ignore pas que j'ai donné plus qu'il ne paraît, puisque la charge de cette rente déprécie beaucoup la valeur d'une si belle terre ; mais il est trop juste de donner la préférence à l'utilité publique sur l'utilité particulière,

---

manus hominum ; nec persuadere mihi possum, non et cum multis et sæpe tractandum, quod placere et semper et omnibus cupias. Vale.

### XVIII. — Pline à Caninius.

Deliberas mecum, quemadmodum pecunia, quam municipibus nostris in epulum obtulisti, post te quoque salva sit. Honesta consultatio, non expedita sententia. Numeres reipublicæ summam ? verendum est ne dilabatur. Des agros ? ut publici, negligentur. Equidem nihil commodius invenio, quam quod ipse feci. Nam pro quingentis millibus nummum, quæ in alimenta ingenuorum promiseram, agrum ex meis, longe pluris, actori publico mancipavi. Eumdem vectigali imposito recepi, tricena millia annua daturus. Per hoc enim et reipublicæ sors in tuto, nec reditus incertus, et ager ipse propter id quod vectigal large supercurrit, semper dominum, a quo exerceatur, inveniet. Nec ignoro, me plus aliquanto, quam donasse videor, erogavisse, quum pulcherrimi agri pretium necessitas vectigalis infregerit ; sed oportet

---

1. 91,900 francs.
2. 5,985 francs.

à l'éternité sur le temps, et de prendre beaucoup plus de soin de son bienfait que de son bien. Adieu.

### XIX. — Pline à Priscus.

La maladie de Fannia me désole. Elle l'a gagnée en veillant auprès de la vestale Junia, d'abord volontairement et à titre de parente, ensuite par l'ordre même des pontifes. Car, lorsque la force du mal oblige les vestales à sortir du temple de Vesta, on les confie aux soins et à la garde de femmes respectables; et c'est en remplissant religieusement ce devoir, que Fannia s'est vue atteinte à son tour. Elle a une fièvre continue; sa toux augmente; sa maigreur et sa faiblesse sont extrêmes. Il n'y a que son âme et son esprit qui aient conservé leur vigueur, et qui restent dignes d'Helvidius, son mari, et de Thraséas, son père. Le reste l'abandonne, et son état me jette non-seulement dans une frayeur, mais dans une douleur mortelle. Je gémis de voir une femme si admirable disparaître de Rome où l'on ne verra peut-être jamais rien qui lui ressemble. Quelle chasteté! quelle pureté de mœurs! quelle sagesse! quelle fermeté! Elle a suivi deux fois son mari en exil, et elle y a été envoyée une troisième fois à cause de lui. Car Sénécion, accusé d'avoir écrit la vie d'Helvidius, dit, pour sa justification, qu'il ne l'avait fait qu'à la prière de Fannia. Métius Carus, l'accusateur, demanda d'un air menaçant à Fannia, *si elle l'en*

---

privatis utilitatibus publicas, mortalibus æternas anteferre, multoque diligentius muneri suo consulere, quam facultatibus. Vale.

### XIX. — *Pline à Priscus.*

Angit me Fanniæ valetudo. Contraxit hanc, dum assidet Juniæ virgini, sponte primum (est enim affinis), deinde etiam ex auctoritate pontificum. Nam virgines, quum vi morbi atrio Vestræ coguntur excedere, matronarum curæ custodiæque mandantur. Quo munere Fannia dum sedulo fungitur, hoc discrimine implicita est. Insident febres, tussis increscit, summa macies, summa defectio; animus tantum et spiritus viget, Helvidio marito, Thrasea patre dignissimus. Reliqua labuntur, meque non metu tantum, verum etiam dolore conficiunt. Doleo enim maximam feminam eripi oculis civitatis, nescio an aliquid simile visuris. Quæ castitas illius! quæ sanctitas! quanta gravitas! quanta constantia! Bis maritum secuta in exsilium est, tertio ipsa propter maritum relegata. Nam quum Senecio reus esset, quod de vita Helvidii libros composuisset, rogatumque se a Fannia in defensione dixisset, quærente minaciter Metio Caro an rogasset, respondit, *Rogavi*; an commentarios scripturo dedisset; *Dedi*; an sciente matre, *Nesciente*. Postremo nullam vocem cedentem

avait prié. — *Oui*, répondit-elle. — *Si elle avait donné des mémoires.* — *Oui*. — *Si sa mère le savait ?*— *Non*. Enfin elle ne laissa pas échapper une seule parole qui parût inspirée par la crainte. Je dirai plus. Un décret du sénat, arraché par le malheur et la nécessité des temps, supprima l'ouvrage, exila Fannia et confisqua ses biens. Elle n'en conserva pas moins l'ouvrage supprimé, et emporta avec elle dans son exil la cause même de son exil. Qu'elle était agréable et douce ! combien, par un rare privilége, elle était digne à la fois d'amour et de respect ! Nous pourrons certainement un jour la proposer à nos femmes pour modèle, et trouver nous-mêmes dans sa vie de grands exemples de courage. Maintenant qu'il nous est encore permis de la voir et de l'entendre, nous ne l'admirons pas moins que celles dont nous lisons l'histoire. Pour moi, il me semble que cette maison est ébranlée jusque dans ses fondements, et prête à tomber en ruines. Quoique Fannia laisse des descendants, par quelles vertus pourront-ils effacer l'idée que leur race a fini avec cette illustre femme ?

Un surcroît de douleur et d'angoisse pour moi, c'est qu'il me semble que je perds encore une fois sa mère, la mère, dis-je, d'une si admirable femme. Cet éloge renferme tout. Comme elle la représentait et la faisait revivre à nos yeux, elle nous l'enlèvera avec elle. La mort de l'une rouvrira la plaie que l'autre avait faite au fond de mon cœur. Je les vénérais, je les chérissais toutes deux : je ne sais pour laquelle ces sentiments étaient les plus vifs ; et elles-mêmes ne voulaient pas de distinction. Elles

periculo emisit. Quin etiam illos ipsos libros, quanquam ex necessitate et metu temporum abolitos senatusconsulto, publicatis bonis, servavit, habuit, tulitque in exsilium exsilii causam. Eadem quam jucunda, quam comis, quam denique (quod paucis datum est) non minus amabilis quam veneranda ! Erit sane, quam postea uxoribus nostris ostentare possimus : erit, a qua viri quoque fortitudinis exempla sumamus, quam sic cernentes audientesque miramur, ut illas, quæ leguntur. Ac mihi domus ipsa nutare, convulsaque sedibus suis ruitura supra videtur, licet adhuc posteros habeat. Quantis enim virtutibus, quantisque factis assequentur, ut hæc non novissima occiderit ?

Me quidem illud etiam affligit et torquet, quod matrem ejus, illam (nihil possum illustrius dicere) tantæ feminæ matrem, rursus videor amittere, quam hæc, ut reddit ac refert nobis, sic auferet secum, meque et novo pariter et rescisso vulnere afficiet. Utramque colui, utramque dilexi : utram magis, nescio ; nec discerni volebant. Habuerunt officia mea in secundis ; habuerunt in adversis. Ego solatium relegatarum, ego ultor reversarum. Non feci tamen paria, atque eo magis hanc cupio ser-

ont éprouvé mon dévouement dans la prospérité, elles l'ont éprouvé dans les revers. Je les ai consolées dans leur exil, et vengées à leur retour. Je ne leur ai pourtant pas rendu tout ce que je leur dois; c'est ce qui me fait souhaiter davantage de conserver celle qui nous reste pour avoir le temps de m'acquitter. Voilà ce qui me préoccupe en vous écrivant. Je compterai pour rien mes alarmes, si quelque divinité vient les changer en joie. Adieu.

## XX. — *Pline à Tacite.*

J'ai lu votre livre, et j'ai noté avec tout le soin possible ce que je crois nécessaire d'y changer ou d'en retrancher: car j'ai autant l'habitude de dire la vérité, que vous aimez à l'entendre; et d'ailleurs, on ne trouve point de gens plus dociles à la censure que ceux qui méritent le plus de louanges. Je m'attends qu'à votre tour vous me renverrez mon livre avec vos critiques. Quel doux, quel noble échange! quel plaisir de penser que si la postérité s'occupe de nous, on parlera partout de notre union, de notre franchise, de notre amitié! Ce sera un spectacle rare et intéressant que celui de deux hommes à peu près de même âge et de même rang, de quelque célébrité dans les lettres (si je n'en dis pas plus de vous, c'est que je parle en même temps de moi), qui s'animaient mutuellement dans leurs études. Pour moi, dès ma plus tendre jeunesse, en vous voyant déjà dans l'éclat de votre gloire, je désirais

vari, ut mihi solvendi tempora supersint. In his eram curis, quum scriberem ad te; quas si deus aliquis in gaudium verterit, de metu non querar. Vale.

## XX. — *Pline à Tacite.*

Librum tuum legi, et, quam diligentissime potui, annotavi quæ commutanda, quæ eximenda arbitrarer: nam et ego verum dicere assuevi, et tu libenter audire; neque enim ulli patientius reprehenduntur, quam qui maxime laudari merentur. Nunc a te librum meum cum annotationibus tuis exspecto. O jucundas, o pulchras vices! Quam me delectat, quod, si qua posteris cura nostri, usquequaque narrabitur qua concordia, simplicitate, fide vixerimus! Erit rarum et insigne, duos homines ætate, dignitate propemodo æquales, nonnullius in litteris nominis (cogor enim de te quoque parcius dicere, quia de me simul dico) alterum alterius studia fovisse. Equidem adolescentulus, quum jam tu fama gloriaque floreres, te sequi, tibi *longo, sed proximus, intervallo* et esse et haberi concupiscebam. Et erant multa clarissima ingenia; sed tu mihi (ita similitudo naturæ ferebat) maxime imitabilis, maxime imitandus videbaris. Quo magis gaudeo, quod, si quis de studiis sermo, una nomi-

ardemment de vous suivre, de paraître marcher et de marcher en effet sur vos traces,

Loin de vous, mais enfin, le premier après vous.

Il y avait alors à Rome beaucoup d'illustres génies ; mais la conformité de nos esprits vous montrait à moi comme celui que je pouvais le mieux imiter, et comme le plus digne modèle. Voilà pourquoi je suis si flatté qu'on nous désigne ensemble dans les entretiens littéraires, et qu'on pense à moi dès qu'on parle de vous. Il est plus d'un écrivain qu'on nous préfère ; mais que m'importe le rang, pourvu qu'on m'y place avec vous ? Venir après vous, c'est être le premier. Vous avez dû même remarquer que, dans les testaments, excepté ceux de quelques amis particuliers, on ne fait point de legs à l'un de nous qu'on n'en fasse un pareil à l'autre. Nous ne saurions donc trop nous aimer, nous que les études, les caractères, la réputation, enfin les dernières volontés des hommes unissent par tant de nœuds. Adieu.

### XXI. — *Pline à Cornutus.*

J'obéis, mon bien cher collègue, et je prends soin de mes yeux, comme vous me l'ordonnez. Je suis arrivé ici dans une voiture fermée où j'étais comme dans ma chambre. Non-seulement je n'écris point, mais je ne lis même pas. Il m'en coûte beaucoup, à la vérité, mais enfin je ne lis pas, et je n'étudie plus que par

---

namur; quod de te loquentibus statim occurro. Nec desunt qui utrique nostrum præferantur; sed nihil interest mea quo loco jungimur : nam mihi primus, qui a te proximus. Quin etiam in testamentis debes annotasse, nisi quis forte alterutri nostrum amicissimus, eadem legata, et quidem pariter, accipimus. Quæ omnia huc spectant, ut invicem ardentius diligamus, quem tot vinculis nos studia, mores, fama, suprema denique hominum judicia constringant. Vale.

### XXI. — *Pline à Cornutus.*

Pareo, collega carissime, et infirmitati oculorum, ut jubes, consulo. Nam et huc tecto vehiculo undique inclusus, quasi in cubiculo, perveni, et hic non stylo modo verum etiam lectionibus difficulter, sed abstineo, solisque auribus studeo. Cubicula obductis velis opaca, nec tamen obscura, facio. Cryptoporticus quoque, adopertis inferioribus fenestris, tantum umbræ quantum luminis habet. Sic paulatim lucem ferre condisco. Balineum assumo, quia prodest ; vinum, quia non nocet ; parcissime

les oreilles. Avec des rideaux, mon appartement est sombre, sans être obscur. En fermant les fenêtres basses de ma galerie, j'y entretiens autant d'ombre que de lumière ; et, par là, j'apprends peu à peu à supporter le jour. J'use du bain, parce qu'il m'est bon ; du vin, parce qu'il ne m'est pas contraire; sobrement pourtant, selon ma coutume ; et d'ailleurs j'ai quelqu'un qui m'observe. J'ai reçu avec plaisir, comme venant de vous, la poularde que vous m'avez envoyée; et j'ai eu les yeux assez bons, quoiqu'encore faibles, pour m'apercevoir qu'elle est fort grasse. Adieu.

## XXII. — *Pline à Falcon.*

Vous serez moins surpris que je vous aie demandé avec tant d'instances la charge de tribun pour un de mes amis, quand vous saurez quel est cet ami, et combien il a de mérite. Je puis bien vous dire son nom, et vous faire son portrait, aujourd'hui que vous m'avez accordé ma demande. C'est Cornélius Minucianus, l'honneur de notre province, et par son caractère et par ses mœurs. Sa famille est illustre, sa fortune considérable ; et cependant il aime les lettres autant que s'il était pauvre. On ne peut trouver un juge plus intègre, un avocat plus zélé, un plus fidèle ami. C'est vous qui croirez m'avoir obligation quand vous le connaîtrez pleinement. Il n'est au dessous d'aucun honneur, d'aucune charge ; et c'est par égard pour sa modestie, que je n'en dis pas davantage. Adieu.

---

tamen. Ita assuevi, et nunc custos adest. Gallinam, ut a te missam, libenter accepi; quam satis acribus oculis, quanquam adhuc lippus, pinguissimam vidi. Vale.

### XXII. — *Pline à Falcon.*

Minus miraberis me tam instanter petisse, ut in amicum meum conferres tribunatum, quum scieris quis ille, qualisque. Possum autem jam tibi et nomen indicare, et describere ipsum, postquam polliceris. Est Cornelius Minucianus, ornamentum regionis meæ, seu dignitate, seu moribus. Natus splendide, abundat facultatibus; amat studia, ut solent pauperes. Idem rectissimus judex, fortissimus advocatus, fidelissimus amicus. Accepisse te beneficium credes, quum propius inspexeris hominem, omnibus honoribus, omnibus titulis (nihil volo elatius de modestissimo viro dicere) parem. Vale.

### XXIII. — *Pline à Fabatus.*

Je suis charmé sans doute que vos forces vous permettent d'aller au-devant de Tiron jusqu'à Milan ; mais, afin que vous les conserviez plus longtemps, je vous prie de renoncer à une course pénible qui ne convient pas à votre âge. Je vous conseille même d'attendre Tiron chez vous, dans votre maison, dans votre chambre. Je l'aime comme un frère, et il ne serait pas juste qu'il exigeât d'une personne que j'honore comme un père des devoirs dont il eût dispensé le sien. Adieu.

### XXIV. — *Pline à Géminius.*

Numidia Quadratilla vient de mourir, âgée d'un peu moins de quatre-vingts ans. Dans un corps plus solide et plus robuste que son sexe et sa condition ne semblaient le permettre, elle a joui d'une parfaite santé jusqu'à sa dernière maladie. Son testament est fort sage. Elle a institué héritiers son petit-fils pour deux tiers, sa petite-fille pour l'autre tiers. Je connais peu la petite-fille ; mais le petit-fils est de mes intimes amis ; c'est un jeune homme d'un rare mérite, et qui n'est pas seulement aimable pour ceux auxquels l'attachent les liens du sang. Il a été d'une beauté singulière, sans avoir jamais fait parler de lui, ni pendant son enfance, ni pendant sa jeunesse. A vingt-quatre ans il était marié, et il aurait pu être père, si le ciel l'eût permis. Il a vécu dans la société

### XXIII. — *Pline à Fabatus.*

Gaudeo quidem esse te tam fortem, ut Mediolani occurrere Tironi possis ; sed, ut perseveres esse tam fortis, rogo, ne tibi contra rationem ætatis tantum laboris injungas. Quinimmo denuntio, ut illum et domi, et intra domum, atque etiam intra cubiculi limen exspectes. Etenim quum a me ut frater diligatur, non debet ab eo, quem ego parentis loco observo, exigere officium, quod parenti suo remisisset. Vale.

### XXIV. — *Pline à Géminius.*

Numidia Quadratilla paulo minus octogesimo ætatis anno decessit, usque ad novissimam valetudinem viridis, atque etiam ultra matronalem modum, compacto corpore et robusto. Decessit honestissimo testamento. Reliquit hæredes, ex besse nepotem, ex tertia parte neptem. Neptem parum novi. Nepotem familiarissime diligo, adolescentem singularem, nec iis tantum, quos sanguine attingit, inter propinquos amandum. Ac primum, conspicuus forma omnes sermones malignorum et

d'une aïeule amie des plaisirs, et il a su concilier ses complaisances pour elle avec les mœurs les plus austères. Elle avait chez elle des pantomines, et les protégeait plus qu'il ne convenait à une femme de son rang. Quadratus n'assistait jamais à leurs jeux, ni au théâtre, ni même dans la maison, et elle n'exigeait pas qu'il en fût témoin. Quelquefois, en me priant de surveiller les études de son petit-fils, elle me disait que, comme femme, et pour amuser l'oisiveté à laquelle son sexe est condamné, elle jouait souvent aux échecs, ou faisait venir ses pantomimes ; mais alors elle renvoyait toujours son fils à ses études. C'était, je pense, autant par respect que par tendresse pour lui.

Vous serez surpris, comme moi, de ce qu'il me dit aux derniers jeux sacrés où les pantomimes parurent sur le théâtre. Nous en sortions ensemble, Quadratus et moi : *Savez-vous bien*, me dit-il, *que j'ai vu aujourd'hui, pour la première fois, danser l'affranchi de mon aïeule ?* Mais, pendant que le petit-fils en usait ainsi, des personnes étrangères, pour faire honneur à Quadratilla (j'ai honte d'avoir si mal placé le mot d'honneur), pour lui plaire par des flagorneries, parcouraient le théâtre, sautaient, battaient des mains, s'émerveillaient, et venaient en chantant répéter devant elle tous les gestes de ses bouffons. Pour prix de ces services de théâtre, ils recevront de très-petits legs des mains d'un héritier qui n'a jamais assisté à leurs jeux.

Pourquoi ces détails ? parce que vous aimez les nouvelles, et que je me plais à rappeler, en vous les écrivant, toute la joie

---

puer et juvenis evasit, intra quartum et vicesimum annum maritus, et si deus annuisset, pater. Vixit in contubernio aviæ delicatæ severissime, et tamen obsequentissime. Habebat illa pantomimos, fovebatque effusius, quam principi feminæ conveniret. Hos Quadratus non in theatro, non domi spectabat ; nec illa exigebat. Audivi ipsam, quum mihi commendaret nepotis sui studia, solere se, ut feminam, in illo otio sexus, laxare animum lusu calculorum, solere spectare pantomimos suos ; sed quum factura esset alterutrum, semper se nepoti suo præcepisse abiret, studeretque : quod mihi non amore ejus magis facere, quam reverentia videbatur.

Miraberis, et ego miratus sum. Proximis sacerdotalibus ludis, productis in commissione pantomimis, quum simul theatro ego et Quadratus egrederemur, ait mihi : *Scis me hodie primum vidisse saltantem aviæ meæ libertum ?* Hoc nepos. At hercule, alienissimi homines in honorem Quadratillæ (pudet me dixisse honorem), per adulationis officium, in theatrum cursitabant, exsultabant, plaudebant, mirabantur ; ac deinde singulos gestus dominæ cum canticis reddebant ; qui nunc exiguissima legata, theatralis operæ corollarium, accipient ab hærede qui non spectabat.

Quorsum hæc ? quia soles, si quid incidit novi, non invitus audire ; deinde quia

qu'elles m'ont fait éprouver. J'applaudis donc à la tendresse de Quadratilla, et à la justice rendue à un jeune homme si estimable. Je me réjouis de voir enfin que la maison de Caius Cassius, ce fondateur et ce père de l'école cassienne, soit habitée par un maître qui ne le cède point au premier. Quadratus la remplira dignement, il lui rendra toute sa réputation, sa splendeur et sa gloire. A un habile jurisconsulte aura succédé un habile orateur. Adieu.

## XXV. — *Pline à Rufus.*

Que de savants cachés et soustraits à la renommée par la modestie ou l'amour du repos ! Cependant avons-nous à parler ou à lire en public, nous ne craignons que ceux qui produisent leur savoir ; tandis que ceux qui se taisent n'en témoignent que mieux par le silence leur estime pour un bel ouvrage. Ce que je vous en écris, c'est par expérience. Térentius Junior, après avoir servi honorablement dans la cavalerie, et s'être dignement acquitté de l'intendance de la Gaule narbonnaise, se retira dans ses terres, et préféra un paisible loisir à tous les honneurs qui l'attendaient. Un jour il m'invita à venir chez lui. J'y consentis ; et, le regardant comme un bon père de famille, comme un honnête laboureur, je me disposais à l'entretenir du seul sujet que je lui croyais familier. J'avais déjà commencé, lorsqu'il sut doctement ramener la conversation sur la littérature. Quelle élégance dans ses paroles ! Comme il s'exprime en latin et en grec ! Il possède si bien les deux lan-

---

jucundum est mihi, quod ceperim gaudium, scribendo retractare. Gaudeo enim pietate defunctæ, honore optimi juvenis. Lætor etiam quod domus aliquando C. Cassii, hujus, qui cassianæ scholæ princeps et parens fuit, serviet domino non minori. Implebit enim illam Quadratus meus, et decebit ; rursusque ei pristinam dignitatem, celebritatem gloriamque reddet, quum tantus orator inde procedet, quantus juris ille consultus. Vale.

### XXV. — *Pline à Rufus.*

O quantum eruditorum aut modestia ipsorum, aut quies operit ac subtrahit famæ ! At nos eos tantum dicturi aliquid aut lecturi timemus, qui studia sua proferunt, quum illi qui tacent, hoc amplius præstent, quod maximum opus silentio reverentur. Expertus scribo quod scribo. Terentius Junior, equestribus militiis, atque etiam procuratione narbonensis provinciæ integerrime functus, recepit se in agros suos, paratisque honoribus tranquillissimum otium prætulit. Hunc ego invitatus hospitio,

gues, qu'il semble toujours que celle qu'il parle est celle qu'il sait le mieux. Quelle érudition ! quelle mémoire ! vous croiriez que cet homme vit à Athènes, et non pas au village. En un mot, il a redoublé mes inquiétudes, et m'a fait redouter, à l'avenir, le jugement de ces campagnards inconnus, autant que celui des hommes dont je connais la science profonde. Je vous conseille d'en user de même. Lorsque vous y regarderez de près, vous trouverez beaucoup de gens dans l'empire des lettres, comme dans les armées, qui, sous un habit grossier, cachent les plus hautes vertus et les plus rares talents. Adieu.

### XXVI. — *Pline à Maxime.*

Dernièrement l'état de maladie d'un de mes amis me fit faire cette réflexion, que nous sommes très-vertueux quand nous sommes malades. Est-il un seul malade entraîné par l'avarice ou par la débauche ? Il est indifférent à l'amour, il ne convoite point les honneurs, il néglige la richesse, et quelque peu qu'il possède, il en a toujours assez, persuadé qu'il doit le quitter. Il croit alors aux dieux, il se souvient alors qu'il est homme. Il n'envie, il n'admire, il ne méprise personne. Les médisances ne lui font ni impression ni plaisir. Il ne rêve que bains et que fontaines : c'est là l'objet de ses vœux, le terme de ses désirs ; et, s'il a le bonheur d'échapper, il n'a en vue désormais qu'une vie douce et oisive, c'est-à-dire innocente et heureuse. Je puis donc, de tout ceci, tirer en

---

ut bonum patremfamiliæ, ut diligentem agricolam intuebar, de his locuturus, in quibus illum versari putabam ; et cœperam, quum ille me doctissimo sermone revocavit ad studia. Quam tersa omnia ! quam latina ! quam græca ! Nam tantum utraque lingua valet, ut ea magis videatur excellere, quam quum maxime loquitur. Quantum ille legit ! quantum tenet ! Athenis vivere hominem, non in villa putes. Quid multa ? auxit sollicitudinem meam, effecitque ut illis, quos doctissimos novi, non minus hos seductos et quasi rusticos verear. Idem suadeo tibi. Sunt enim ut in castris, sic etiam in litteris nostris plures cultu pagano, quos cinctos et armatos, et quidem ardentissimo ingenio, diligentius scrutatus invenies. Vale.

### XXVI. — *Pline à Maxime.*

Nuper me cujusdam amici languor admonuit optimos esse nos, dum infirmi sumus. Quem enim infirmum aut avaritia aut libido sollicitat ? Non amoribus servit, non appetit honores, opes negligit, et quantulumcumque, ut relicturus, satis habet. Tunc

peu de mots pour nous deux une leçon que les philosophes noient dans de longs discours et dans d'interminables volumes : c'est que, dans la santé, nous devons toujours être ce que nous nous promettons d'être pendant la maladie. Adieu.

### XXVII. — *Pline à Sura.*

Le loisir dont nous jouissons, nous permet, à vous d'enseigner, à moi d'apprendre. Je serais donc curieux de savoir si vous pensez que les spectres sont quelque chose de réel, et qu'ils ont une forme qui leur soit propre ; si vous leur attribuez une puissance divine, ou si ce ne sont que de vains fantômes auxquels notre frayeur donne de la consistance. Ce qui me porterait à croire sérieusement qu'il existe des revenants, c'est l'aventure arrivée, dit-on, à Curtius Rufus. Encore sans fortune et sans nom, il avait suivi en Afrique le gouverneur de cette province. Sur le déclin du jour, il se promenait sous un portique, lorsqu'une femme d'une taille et d'une beauté surhumaines se présente à lui. La peur le saisit : *Je suis l'Afrique*, lui dit-elle ; *je viens te prédire ta destinée. Tu iras à Rome, tu rempliras les plus grandes charges ; tu reviendras ensuite gouverner cette province, et tu y mourras.* L'événement vérifia la prédiction. On ajoute que, lorsqu'il aborda à Carthage, et sortit de son vaisseau, le même fantôme lui apparut sur le rivage. Ce qu'il y a de certain, c'est qu'il tomba malade, et que,

---

deos, tunc hominem esse se meminit. Invidet nemini, neminem miratur, neminem despicit ; ac ne sermonibus quidem malignis aut attendit, aut alitur. Balinea imaginatur et fontes : hæc summa curarum, summa votorum ; mollemque in posterum et pinguem, si contingat evadere, hoc est, innoxiam beatamque destinat vitam. Possum ergo, quod plurimis verbis, plurimis etiam voluminibus philosophi docere conantur, ipse breviter tibi mihique præcipere, ut tales esse sani perseveremus, quales nos futuros profitemur infirmi. Vale.

### XXVII. — *Pline à Sura.*

Et mihi discendi, et tibi docendi facultatem otium præbet. Igitur perquam velim scire, esse aliquid phantasmata, et habere propriam figuram, numenque aliquod putes, an inania et vana ex metu nostro imaginem accipere. Ego, ut esse credam, in primis eo ducor, quod audio accidisse Curtio Rufo. Tenuis adhuc et obscurus obtinenti Africam comes hæserat. Inclinato die spatiabatur in porticu. Offertur ei mulieris figura, humana grandior pulchriorque. Perterrito, *Africam se, futurorum prænuntiam,* dixit ; *iturum enim Romam, honoresque gesturum, atque etiam*

augurant de l'avenir par le passé, de son malheur par sa bonne fortune, il désespéra de sa guérison, quand tous les siens en conservaient l'espoir.

Voici une autre histoire plus effrayante encore, et non moins surprenante. Je vous la donne telle qu'elle m'a été contée. Il y avait à Athènes une maison vaste et spacieuse, mais décriée et funeste. Dans le silence de la nuit, on entendait un bruit de fer, et, en écoutant avec attention, un froissement de chaînes qui semblait d'abord venir de loin et ensuite s'approcher. Bientôt apparaissait le spectre : c'était un vieillard maigre et hideux, à la barbe longue, aux cheveux hérissés. Ses pieds étaient chargés d'entraves et ses mains de fers qu'il secouait. De là des nuits affreuses et sans sommeil pour ceux qui habitaient cette maison. A l'insomnie succédait la maladie, et, l'effroi s'augmentant sans cesse, amenait la mort. Car, même pendant le jour, quoique le fantôme eût disparu, son souvenir errait devant les yeux, et la terreur durait encore après la cause qui l'avait produite. Aussi, dans la solitude et l'abandon auquel elle était condamnée, cette maison resta livrée tout entière à son hôte mystérieux. On y avait cependant suspendu un écriteau, dans l'espoir qu'ignorant un tel désastre, quelqu'un pourrait l'acheter ou la louer.

Le philosophe Athénodore vient à Athènes, lit l'écriteau, demande le prix dont la modicité lui inspire des soupçons. Il s'informe. On l'instruit de tout, et, malgré ses renseignements, il

*cum summo imperio in eamdem provinciam reversurum, ibique moriturum. Facta sunt omnia. Præterea accedenti Carthaginem, egredientique navem, eadem figura in littore occurrisse narratur. Ipse certe implicitus morbo, futura præteritis, adversa secundis auguratus, spem salutis, nullo suorum desperante, projecit.*

*Jam illud nonne et magis terribile, et non minus mirum est, quod exponam ut accepi? Erat Athenis spatiosa et capax domus, sed infamis et pestilens. Per silentium noctis sonus ferri, et, si attenderes acrius, strepitus vinculorum longius primo, deinde e proximo reddebatur. Mox apparebat idolon, senex macie et squalore confectus, promissa barba, horrenti capillo, cruribus compedes, manibus catenas gerebat quatiebatque. Inde inhabitantibus tristes diræque noctes per metum vigilabantur. Vigiliam morbus, et, crescente formidine, mors sequebatur. Nam interdiu quoque, quanquam abscesserat imago, memoria imaginis oculis inerrabat; longiorque causis timor erat. Deserta inde et damnata solitudine domus, totaque illi monstro relicta. Proscribebatur tamen, seu quis emere, seu quis conducere ignarus tanti mali vellet.*

*Venit Athenas philosophus Athenodorus, legit titulum, auditoque pretio, quia suspecta vilitas, percunctatus, omnia docetur, ac nihilominus, immo tanto magis*

s'empresse d'autant plus de louer la maison. Vers le soir, il se fait dresser un lit dans la salle d'entrée, demande ses tablettes, son poinçon, de la lumière. Il renvoie ses gens dans l'intérieur de la maison, se met à écrire, et applique au travail son esprit, ses yeux, sa main, de peur que son imagination oisive ne lui représente les spectres dont on lui a parlé, et ne lui crée de vaines terreurs. D'abord un profond silence, le silence des nuits ; bientôt un froissement de fer, un bruit de chaînes. Lui, sans lever les yeux, sans quitter ses tablettes, invoque son courage pour rassurer ses oreilles. Le fracas augmente, s'approche, se fait entendre près de la porte, et enfin dans la chambre même. Le philosophe se retourne. Il voit, il reconnaît le fantôme tel qu'on l'a décrit. Le spectre était debout, et semblait l'appeler du doigt. Athénodore lui fait signe d'attendre un instant, et se remet à écrire. Mais le bruit des chaînes retentit de nouveau à ses oreilles. Il tourne encore une fois la tête, et voit que le spectre continue à l'appeler du doigt. Alors, sans tarder davantage, Athénodore se lève, prend la lumière, et le suit. Le fantôme marchait d'un pas lent : il semblait accablé sous le poids des chaînes. Arrivé dans la cour de la maison, il s'évanouit tout à coup aux yeux du philosophe. Celui-ci entasse des herbes et des feuilles pour reconnaître le lieu où il a disparu. Le lendemain, il va trouver les magistrats, et leur conseille d'ordonner de fouiller en cet endroit. On y trouva des ossements enlacés dans des chaînes. Le corps, consumé par le temps et par la terre, n'avait laissé aux fers que ces restes nus et dépouillés.

---

conducit. Ubi cœpit advesperascere, jubet sterni sibi in prima domus parte, poscit pugillares, stylum, lumen ; suos omnes in interiora dimittit ; ipse ad scribendum animum, oculos, manum intendit, ne vacua mens audita simulacra, et inanes sibi metus fingeret. Initio, quale ubique, silentium noctis ; deinde concuti ferrum, vincula moveri. Ille non tollere oculos, non remittere stylum, sed obfirmare animum, auribusque prætendere. Tum crebrescere fragor, adventare, et jam ut in limine, jam ut intra limen audiri. Respicit, videt, agnoscitque narratam sibi effigiem. Stabat innuebatque digito, similis vocanti. Hic contra, ut paulum exspectaret, manu significat, rursusque ceris et stylo incumbit. Illa scribentis capiti catenis insonabat. Respicit rursus idem, quod prius, innuentem ; nec moratus tollit lumen, et sequitur. Ibat illa lento gradu, quasi gravis vinculis. Postquam deflexit in aream domus, repente dilapsa deserit comitem. Desertus herbas et folia concerpta signum loco ponit. Postero die adit magistratus ; monet ut illum locum effodi jubeant. Inveniuntur ossa inserta catenis et implicita, quæ corpus ævo terraque putrefactum nuda et excsa

On les rassembla, on les ensevelit publiquement, et, après ces derniers devoirs, le mort ne troubla plus le repos de la maison.

Cette histoire, je la crois sur la foi d'autrui. Pour moi, voici ce que je puis affirmer. J'ai un affranchi, nommé Marcus, qui ne manque pas d'instruction. Tandis qu'il était couché avec son jeune frère, il crut voir quelqu'un assis sur son lit qui approchait des ciseaux de sa tête, et qui lui coupait les cheveux au-dessus du front. Au point du jour, on s'aperçut qu'il avait le haut de la tête rasé, et ses cheveux furent trouvés épars autour de lui. Peu de temps après, une nouvelle aventure du même genre vint confirmer la vérité de l'autre. Un de mes jeunes esclaves dormait avec ses compagnons dans leur dortoir. Deux hommes vêtus de blanc (c'est ainsi qu'il le raconte) vinrent par les fenêtres, lui rasèrent la tête pendant son sommeil, et s'en retournèrent par la même voie. Le lendemain, dès que le jour parut, on le trouva également rasé, et les cheveux, qu'on lui avait coupés, étaient répandus sur le plancher. Ces aventures n'eurent aucune suite remarquable, si ce n'est que je ne fus point accusé devant Domitien qui régnait alors. Je ne l'eusse point échappé, s'il eût vécu plus longtemps : car on trouva dans son portefeuille un mémoire de Carus contre moi. De là on peut conjecturer que la coutume des accusés étant de laisser croître leurs cheveux, les cheveux coupés de mes esclaves m'annonçaient un péril, heureusement écarté.

---

reliquerat vinculis. Collecta publice sepeliuntur. Domus postea rite conditis manibus caruit.

Et hæc quidem affirmantibus credo. Illud affirmare aliis possum. Est libertus mihi Marcus, non illitteratus. Cum hoc minor frater eodem lecto quiescebat. Is visus est sibi cernere quemdam in toro residentem, admoventemque capiti suo cultros, atque etiam ex ipso vertice amputantem capillos. Ubi illuxit, ipse circa verticem tonsus, capilli jacentes reperiuntur. Exiguum temporis medium, et rursus simile aliud priori fidem fecit. Puer in pædagogio mixtus pluribus dormiebat. Venerunt per fenestras (ita narrat) in tunicis albis duo, cubantemque detonderunt ; et, qua venerant, recesserunt. Hunc quoque tonsum, sparsosque circa capillos dies ostendit. Nihil notabile secutum, nisi forte, quod non fui reus, futurus, si Domitianus, sub quo hæc acciderunt, diutius vixisset. Nam in scrinio ejus datus a Caro de me libellus inventus est. Ex quo conjectari potest, quia reis moris est submittere capillum, recisos meorum capillos depulsi, quod imminebat, periculi signum fuisse.

Je vous supplie donc de mettre en œuvre toute votre érudition. Le sujet est digne d'une méditation longue et profonde, et peut-être mérité-je que vous me fassiez part de vos lumières. Si, selon votre coutume, vous pesez les deux opinions contraires, faites pourtant que la balance penche de quelque côté pour me tirer de la perplexité où je suis, car je ne vous consulte que pour m'en délivrer. Adieu.

## XXVIII. — *Pline à Septicius.*

Vous prétendez qu'on me reproche de louer mes amis en toute occasion, et sans mesure. J'avoue mon crime, et j'en fais gloire : rien de plus honorable que de pécher par excès d'indulgence. Quels sont, au reste, ceux qui connaissent mieux mes amis que moi-même ? et, quand ils les connaîtraient mieux, pourquoi m'envier une si douce erreur ? Si mes amis ne sont pas tels que je le dis, je suis toujours heureux de le croire. Que ces critiques portent donc ailleurs leur fâcheuse délicatesse. Assez d'autres, sous le nom de justice font la satire de leurs amis. Pour moi, on ne me persuadera jamais que j'aime trop les miens. Adieu.

## XXIX. — *Pline à Montanus.*

Vous allez rire, vous indigner, et rire encore, en lisant ceci : car vous ne pourrez y croire sans l'avoir lu. On voit sur le chemin de

---

Proinde rogo eruditionem tuam intendas. Digna res est, quam diu multumque consideres : ne ego quidem indignus, cui copiam scientiæ tuæ facias. Licet etiam utramque in partem, ut soles, disputes, ex altera tamen fortius, ne me suspensum incertumque dimittas, quum mihi consulendi causa fuerit, ut dubitare desinerem. Vale.

### XXVIII. — *Pline à Septicius.*

Ais quosdam apud te reprehendisse, tanquam amicos meos, ex omni occasione, ultra modum laudem. Agnosco crimen, amplector etiam : quid enim honestius culpa benignitatis ? Qui sunt tamen isti, qui amicos meos melius me norint ? Sed ut norint, quid invident mihi felicissimo errore ? Ut enim non sint tales, quales a me prædicantur, ego tamen beatus, quod mihi videntur. Igitur ad alios hanc sinistram diligentiam conferant. Nec sunt parum multi, qui carpere amicos suos judicium vocant. Mihi nunquam persuadebunt, ut meos amari a me nimium putem. Vale.

### XXIX. — *Pline à Montanus.*

Ridebis, deinde indignaberis, deinde ridebis, si legeris ; quod nisi legeris, non

Tibur, à un mille de Rome (j'en ai fait la remarque dernièrement), un tombeau de Pallas avec cette inscription : *Pour récompenser son attachement et sa fidélité envers ses maîtres, le sénat lui a décerné les marques de distinction réservées aux préteurs, et le don de quinze millions de sesterces* [1]. *Et il s'est contenté de la distinction honorifique.* Je n'ai jamais été surpris de ces élévations où la fortune a souvent plus de part que le mérite. Je l'avoue pourtant, à la vue d'une telle épitaphe, j'ai songé combien il y avait d'hypocrisie et d'absurdité dans les inscriptions que l'on prostitue quelquefois à ces âmes sales, pétries de boue et d'ordure, dans les distinctions que cet infâme scélérat ose accepter, ose refuser, en se proposant même à la postérité pour un exemple de modération. Mais pourquoi m'indigner ? il vaut mieux rire, afin que les favoris de la fortune ne s'applaudissent pas d'être montés bien haut, lorsqu'elle n'a fait que les exposer à la risée publique. Adieu.

### XXX. — *Pline à Génitor.*

Je suis profondément affligé que vous ayez perdu un disciple de la plus haute espérance. Sachant avec quelle exactitude vous remplissiez tous vos devoirs, et quel attachement vous avez pour ceux que vous estimez, je ne m'étonne point que sa maladie et sa mort aient dérangé vos études. Quant à moi, les embarras de la ville me poursuivent jusqu'ici. Un grand nombre me prend pour juge

---

potes credere. Est via tiburtina intra primum lapidem (proxime annotavi) monumentum Pallantis ita inscriptum : *Huic senatus, ob fidem pietatemque erga patronos, ornamenta prætoria decrevit, et sestertium centies quinquagies. Cujus honore contentus fuit.* Equidem nunquam sum miratus quæ sæpius a fortuna, quam a judicio proficiscerentur. Maxime tamen hic me titulus admonuit, quam essent mimica et inepta, quæ in hoc cœnum, in has sordes abjicerentur ; quæ denique ille furcifer et recipere ausus est, et recusare, atque etiam, ut moderationis exemplum, posteris prodere. Sed quid indignor ? Ridere satius, ne se magnum aliquod adeptos putent, qui huc felicitate perveniunt, ut rideantur. Vale.

### XXX. — *Pline à Génitor.*

Torqueor, quod discipulum, ut scribis, optimæ spei amisisti, cujus et valetudine et morte impedita studia tua quidni sciam, quum sis omnium officiorum observantissimus, quumque omnes, quos probas, effusissime diligas ? Me huc quoque urbana negotia persequuntur. Non desunt enim qui me judicem aut arbitrum faciant. Acce-

---

[1] 2,629,500 francs.

ou pour arbitre. Ajoutez à cela les plaintes des paysans qui profitent amplement du droit qu'ils ont de se faire écouter après une si longue absence. D'ailleurs je suis occupé du soin de chercher des fermiers; nécessité fâcheuse, car il est très-rare d'en trouver de bons. Je ne puis donc étudier qu'à la dérobée. J'étudie pourtant, car je lis et je compose. Mais, lorsque je lis, la comparaison me fait sentir combien je compose mal. Il ne tient pas à vous que vous ne me consoliez, quand vous comparez l'ouvrage que j'ai composé pour venger la mémoire d'Helvidius à la harangue de Démosthène contre Midias. Il est vrai de dire, qu'en y travaillant, je lisais sans cesse l'œuvre de Démosthène. Je n'aspirais pas à l'égaler (il y aurait de la témérité, pour ne pas dire de la folie à y prétendre); mais je me proposais de l'imiter et de marcher sur ses traces, autant que le permettaient la différence des sujets et la distance d'un génie du premier ordre à un esprit du dernier Adieu.

### XXXI. — *Pline à Cornutus.*

Claudius Pollion souhaite fort d'être de vos amis. Il m'en paraît digne, puisqu'il vous aime: car il n'arrive guère de demander l'amitié de quelqu'un sans lui avoir déjà donné la sienne. C'est d'ailleurs un homme droit, intègre, doux, modeste à l'excès, s'il est vrai qu'il se puisse trouver de l'excès dans la modestie. Je l'ai connu quand nous étions ensemble à l'armée, et plus intimement qu'on ne connaît un simple compagnon d'armes. Il commandait

---

duat quereiæ rusticorum, qui auribus meis post longum tempus suo jure abutuntur. Instat et necessitas agrorum locandorum perquam molesta : adeo rarum est invenire idoneos conductores! Quibus ex causis precario studeo : studeo tamen. Nam et scribo aliquid et lego; sed quam lego; ex comparatione sentio quam male scribam. Licet tu mihi bonum animum facias, qui libellos meos de ultione Helvidii, orationi Demosthenis κατὰ Μειδίου confers. Quam sane, quum componerem illos, habui in manibus; non ut æmularer (improbum enim ac pæne furiosum), sed tamen imitarer et sequerer, quantum aut diversitas ingeniorum, maximi et minimi, aut causæ dissimilitudo pateretur. Vale.

### XXXI. — *Pline à Cornutus.*

Claudius Pollio amari a te cupit ; dignus hoc ipso quod cupit, deinde quod ipse te diligit (neque enim fere quisquam exigit illud, nisi qui facit) ; vir alioquin rectus, integer, quietus, ac pæne ultra modum (si quis tamen ultra modum) verecundus. Hunc, quum simul militaremus, non solum ut commilito inspexi. Præerat alæ mil-

une aile de cavalerie. Je fus chargé par le lieutenant du consul d'examiner les comptes des escadrons et des cohortes. Je fus aussi frappé de sa probité parfaite et de son exactitude scrupuleuse, que du désordre extrême et de la basse cupidité de quelques autres. Élevé ensuite aux plus brillants emplois, il n'a pas une seule fois démenti l'amour de la modération qui semble né avec lui. Jamais il ne fut enflé de ses succès ; jamais on ne le vit, étourdi par la diversité de ses occupations, cesser un instant d'être affable et poli. Il a porté dans les plus grands travaux la force d'esprit qu'il montre maintenant dans la retraite. Il l'a quittée quelque temps, et c'est avec beaucoup de gloire. Notre cher Corellius, chargé de l'achat et du partage des terres que l'on devait à la munificence de l'empereur Nerva, l'associa à ses travaux ; et quelle gloire, d'avoir mérité qu'un si grand personnage, dont le choix pouvait s'arrêter sur tant d'autres, lui donnât la préférence ! Si vous voulez savoir quelle est sa fidélité, sa tendresse pour ses amis, consultez les testaments de quelques-uns d'entre eux, et particulièrement celui de Musonius Bassus, si distingué par son mérite. Pollion ne se contente pas d'honorer sans cesse sa mémoire, et de publier partout ce qu'il lui doit ; il a même écrit sa vie : car il n'a pas moins de goût pour les lettres que pour les autres arts. C'est un trait vraiment digne d'estime, et d'autant plus louable qu'il est rare de notre temps ; on ne se souvient guère des morts que pour s'en plaindre. Agréez donc, croyez-moi, l'amitié d'un homme si avide de la vôtre : acceptez-la avec empressement, ou plutôt recher-

---

liariæ. Ego jussus a legato consulari rationes alarum et cohortium excutere, ut magnam quorumdam fœdamque avaritiam, et negligentiam parem, ita hujus summam integritatem, sollicitam diligentiam inveni. Postea promotus ad amplissimas procurationes, nulla occasione corruptus ab insito abstinentiæ amore deflexit. Nunquam secundis rebus intumuit, nunquam officiorum varietate continuam laudem humanitatis infregit; eademque firmitate animi laboribus suffecit, qua nunc otium patitur. Quod quidem paulisper cum magna sua laude intermisit et posuit, a Corellio nostro ex liberalitate imperatoris Nervæ emendis dividendisque agris adjutor assumptus. Etenim qua gloria dignum est, summo viro in tanta eligendi facultate præcipue placuisse? Idem quam reverenter, quam fideliter amicos colat, multorum supremis judiciis, in his Musonii Bassi, gravissimi civis, credere potes, cujus memoriam tam grata prædicatione prorogat, et extendit, ut librum de vita ejus (nam studia quoque, sicut alias artes bonas, veneratur) ediderit. Pulchrum istud, et raritate ipsa probandum, quum plerique hactenus defunctorum meminerint, ut querantur. Hunc hominem, appetentissimum tui (mihi crede) complectere, apprehende, immo et invita,

chez-la avec ardeur. Aimez-le, comme si la reconnaissance vous y engageait. Dans le commerce de l'amitié, c'est peu de rendre ; on doit du retour à celui qui a commencé le premier. Adieu.

### XXXII. — *Pline à Fabatus.*

Je suis charmé que la visite de mon cher Tiron vous ait fait plaisir ; mais je suis ravi surtout que la présence du proconsul ait, comme vous me l'écrivez, fourni l'occasion d'affranchir un grand nombre d'esclaves. Je souhaite que notre patrie s'accroisse en toutes choses, mais particulièrement en citoyens. C'est là le plus solide rempart d'une ville. Vous ajoutez que l'on nous a comblés de remercîments et d'éloges. Je m'en félicite, sans que la vanité y ait part. Xénophon l'a dit : « La louange flatte délicieusement les oreilles, surtout quand on croit la mériter. Adieu. »

### XXXIII. — *Pline à Tacite.*

J'ai le pressentiment (et je ne me trompe pas), que vos histoires seront immortelles. C'est, je l'avoue ingénument, ce qui m'inspire un désir plus ardent d'y trouver une place. Si nous aimons que notre portrait soit tracé de la main du plus habile artiste, ne devons-nous pas aussi souhaiter que nos actions trouvent un historien et un panégyriste tel que vous? Je vous signale donc un fait qui ne

---

ac sic ama tanquam gratiam referas. Neque enim obligandus, sed remunerandus est in amoris officio, qui prior cœpit. Vale.

### XXXII. — *Pline à Fabatus.*

Delector jucundum tibi fuisse Tironis mei adventum. Quod vero scribis, oblata occasione proconsulis, plurimos manumissos, unice lætor. Cupio enim patriam nostram omnibus quidem rebus augeri, maxime tamen civium numero. Id enim oppidis firmissimum ornamentum. Illud etiam me, non ut ambitiosum, sed tamen juvat, quod adjicis, te meque et gratiarum actione et laude celebratos. Est enim, ut Xenophon ait, ἥδιστον ἄκουσμα ἔπαινος, utique si te mereri putes. Vale.

### XXXIII. — *Pline à Tacite.*

Auguror, nec me fallit augurium, historias tuas immortales futuras; quo magis illis (ingenue fatebor) inseri cupio. Nam, si esse nobis curæ solet, ut facies nostra ab optimo quoque artifice exprimatur, nonne debemus optare, ut operibus nostris similis tui scriptor prædicatorque contingat ? Demonstro itaque, quanquam diligentiam tuam fugere non possit, quum sit in publicis actis, demonstro tamen, quo magis

peut échapper à votre attention, puisqu'il est dans les registres publics. Je vous la signale néanmoins : tant il me sera agréable qu'une action, dont le péril a doublé l'intérêt, reçoive de votre témoignage un nouveau lustre !

Le sénat nous avait donnés, Hérennius Sénécion et moi, pour avocats à la province de Bétique, contre Bébius Massa. Il fut condamné, et ses biens furent placés sous la surveillance publique. Peu après, Sénécion apprit que les consuls devaient donner audience sur les requêtes qui leur étaient présentées. Il vint me trouver. *Puisque nous avons été si parfaitement d'accord,* dit-il, *en soutenant ensemble l'accusation dont nous étions chargés, allons du même pas nous présenter aux consuls, et demandons que ceux auxquels on a confié la garde des biens ne souffrent pas qu'on les dissipe.* — *Faites attention,* lui répondis-je, *que nous avons été nommés avocats par le sénat, qu'il a prononcé, et que, par son jugement, toute la mesure de notre obligation paraît remplie.* — *Vous pouvez,* reprit-il, *donner à vos devoirs telles bornes qu'il vous plaira, vous qui n'avez aucune autre liaison avec cette province que par le service que vous venez de lui rendre. Je ne puis en faire autant, moi qu'elle a vu naître, moi qu'elle a vu questeur.* — *Si votre résolution est ferme et inébranlable,* lui répliquai-je, *je vous seconderai, pour que les conséquences, s'il y en a de fâcheuses, ne pèsent pas sur vous seul.*

Nous nous adressâmes aux consuls. Sénécion dit ce qui conve-

credas jucundum mihi futurum, si factum meum, cujus gratia periculo crevit, tuo ingenio, tuo testimonio ornaveris.

Dederat me senatus cum Herennio Senecione advocatum provinciæ Bæticæ contra Bæbium Massam; damnatoque Massa censuerat, ut bona ejus publice custodirentur. Senecio, quum explorasset consules postulationibus vacaturos, convenit me, et : *Qua concordia,* inquit, *injunctam nobis accusationem exsecuti sumus, hac adeamus consules, petamusque ne bona dissipari sinant, quorum esse in custodia debent.* Respondit : *Quum simus advocati a senatu dati, dispice num peractas putes partes nostras, senatus cognitione finita.* Et ille : *Tu quem voles tibi terminum statues, cui nulla cum provincia necessitudo, nisi ex beneficio tuo, et hoc recenti. Ipse et natus ibi, et quæstor in ea fui.* Tum ego : *Si fixum tibi istud ac deliberatum, sequar te, ut si qua ex hoc invidia erit, non tua tantum sit.*

Venimus ad consules. Dicit Senecio quæ res ferebat : aliqua subjungo. Vixdum conticueramus, et Massa questus Senecionem non advocati fidem, sed inimici amaritudinem implesse, impietatis reum postulat. Horror omnium. Ego autem : *Vereor,* inquam, *clarissimi consules, ne mihi Massa silentio suo prævaricationem*

nait. J'ajoutai peu de mots. A peine avions-nous cessé de parler, Massa se plaignit que Sénécion ne remplissait plus le ministère d'un avocat, mais qu'il faisait éclater toute la fureur d'un ennemi ; et en même temps il l'accusa d'impiété. Cet excès indigna tout le monde. Alors je repris la parole : *Illustres consuls*, dis-je, *j'ai à craindre que Massa, en ne m'accusant pas aussi, ne me rende, par son silence, suspect de prévarication*. Ces paroles, recueillies aussitôt, furent bientôt après dans la bouche de tout le monde. Nerva, encore homme privé, mais déjà attentif à ce qui se faisait de bien dans le public, m'écrivit à ce sujet une lettre fort honorable. Il me félicitait, il félicitait aussi mon siècle d'un trait qui, disait-il, rappelait les vertus antiques.

Voilà les faits, et, quels qu'ils soient, votre plume en rehaussera l'éclat, la renommée, la grandeur. Je ne vous demande point cependant d'en exagérer l'importance : car l'histoire ne doit pas sortir des bornes de la vérité, et la vérité honore assez les belles actions. Adieu.

*objecerit, quod non et me reum postulavit*. Quæ vox et statim excepta, et postea multo sermone celebrata est. Divus quidem Nerva (nam privatus quoque attendebat his, quæ recte in publico fierent), missis ad me gravissimis litteris, non mihi solum, verum etiam seculo est gratulatus, cui exemplum (sic enim scripsit) simile antiquis contigisset.

Hæc, utcumque se habent, notiora, clariora, majora tu facies. Quanquam non exigo ut excedas actæ rei modum : nam nec historia debet egredi veritatem, et honeste factis veritas sufficit. Vale.

# LIVRE HUITIÈME.

### I. — *Pline à Septicius.*

Mon voyage a été assez heureux. Cependant la santé de quelques-uns de mes esclaves a souffert de l'extrême chaleur. Encolpius, mon lecteur, qui m'est si précieux pour mes occupations comme pour mes délassements, a eu la gorge irritée par la poussière, et a craché le sang. Quel accident fâcheux pour lui et cruel pour moi, s'il faut qu'il devienne inhabile à exercer l'art qui fait tout son mérite ! Où trouverai-je, après lui, quelqu'un qui lise si bien mes ouvrages, qui les aime autant, et que j'aie autant de plaisir à entendre? Mais, grâce aux dieux, j'ai meilleur espoir. Le crachement de sang a cessé ; la douleur s'est calmée. D'ailleurs il est sobre, je suis attentif, et les médecins sont pleins de zèle. Je puis ajouter que la pureté de l'air, la retraite, le repos lui promettent autant de santé qu'il aura de loisir. Adieu.

## LIBER OCTAVUS.

### I. — *Pline à Septicius.*

Iter commode explicui, excepto quod quidam ex meis adversam valetudinem fervescentibus æstibus contraxerunt. Encolpius quidem lector, ille seria nostra, ille deliciæ, exasperatis faucibus pulvere, sanguinem rejecit. Quam triste hoc ipsi, quam acerbum mihi, si is, cui omnis ex studiis gratia, inhabilis studiis fuerit! Quis deinde libellos meos sic leget? sic amabit ? quem aures meæ sic sequentur? Sed dii lætiora promittunt : stetit sanguis, resedit dolor. Præterea continens ipse, nos solliciti, medici diligentes. Ad hoc salubritas cœli, secessus, quies, tantum salutis, quantum otii pollicentur. Vale.

## II. — *Pline à Calvisius.*

D'autres vont à leurs terres pour en revenir plus riches ; moi, je vais aux miennes pour en revenir plus pauvre. J'avais vendu mes vendanges à des marchands qui avaient enchéri à l'envi, déterminés par le prix auquel on l'offrait et par celui qu'ils espéraient en obtenir. Leur attente a été trompée. J'aurais pu sur-le-champ leur faire à tous une égale remise ; mais ce n'était pas assez pour la justice. Je ne trouve pas moins glorieux de la rendre dans ma maison qu'au tribunal, dans les petites affaires que dans les grandes, dans les miennes que dans celles d'autrui. Car si l'on prétend que toutes les fautes sont égales, il faudra dire que toutes les bonnes actions le sont aussi. Je leur ai donc remis à tous la huitième partie du prix dont nous étions convenus, afin qu'il n'y en eût aucun qui n'emportât des marques de ma libéralité. Après cela, j'ai eu des égards particuliers pour ceux qui avaient placé en achats les plus grosses sommes. Leurs acquisitions avaient été plus utiles pour moi et plus onéreuses pour eux. Outre la remise commune du huitième, je leur ai fait encore celle d'un dixième de tout ce qu'ils étaient obligés de payer au delà de dix mille sesterces[1]. Je ne sais si je m'explique assez : je vais rendre ce calcul plus sensible. Celui qui avait acheté pour quinze mille sesterces[2], je lui remettais, outre son huitième de cette somme, la dixième partie de cinq mille sesterces[3]. J'ai considéré d'ailleurs

## II. — *Pline à Calvisius.*

Alii in prædia sua proficiscuntur, ut locupletiores revertantur; ego, ut pauperior. Vendideram vindemias certatim negotiatoribus ementibus. Invitabat pretium, et quod tunc, et quod fore videbatur. Spes fefellit. Erat expeditum, omnibus remittere æqualiter, sed non satis æquum. Mihi autem egregium in primis videtur, ut foris, ita domi, ut in magnis, ita in parvis, ut in alienis, ita in suis, agitare justitiam. Nam si paria peccata, pares etiam laudes. Itaque omnibus quidem, ne quis mihi non donatus abiret, partem octavam pretii quo quis emerat, concessi. Deinde his, qui amplissimas summas emptionibus occupaverant, separatim consului; nam et me magis juverant, et majus ipsi fecerant damnum. Igitur his, qui pluris quam decem millibus emerant, ad illam communem, et quasi publicam octavam, addidi decimam ejus summæ, quæ decem millia excesserat. Vereor ne parum expresserim : apertius calculos ostendam. Si qui forte quindecim millibus emerant, hi et quindecim millium

1. 1,999 francs.
2. 2,973 francs.
3. 992 francs.

que, sur leur marché, les uns avaient plus payé, les autres moins, quelques-uns rien ; et je n'ai pas cru raisonnable de traiter avec une égale bonté, dans la remise, ceux qui ne m'avaient pas traité avec une égale exactitude dans le paiement. J'ai donc encore remis à ceux qui m'avaient avancé leurs deniers le dixième de ce qu'ils m'avaient avancé. Par là je crois avoir trouvé le moyen de satisfaire, pour le passé, à ce que chacun, selon son mérite, pouvait attendre de moi, et de les décider tous davantage, pour l'avenir, soit à acheter, soit à payer.

Cette facilité, ou, si vous voulez, cette équité, me coûte cher ; mais elle vaut bien ce qu'elle me coûte. On ne parle, dans tout le pays, que de la nouveauté de cette remise, et de la manière dont elle a été faite : tout le monde la loue. Dans ceux mêmes que je n'avais pas appréciés, comme l'on dit, à la même mesure, mais avec la distinction et la proportion convenables, je trouve d'autant plus de reconnaissance, qu'il y a plus de vertu et de probité : ils me savent gré d'avoir témoigné que, chez moi,

<blockquote>Le lâche et le vaillant n'ont point le même honneur.</blockquote>

### III. — *Pline à Sparsus.*

Vous me mandez que, de tous mes ouvrages, le dernier que je vous ai envoyé est le meilleur, à votre avis. C'est aussi l'opinion d'une autre personne très-éclairée. J'en ai d'autant plus de pen-

---

octavam, et quinque millium decimam tulerunt. Præterea, quum reputarem quosdam ex debito aliquantum, quosdam aliquid, quosdam nihil reposuisse ; nequaquam verum arbitrabar, quos non æquasset fides solutionis, hos benignitate remissionis æquare. Rursus ergo iis qui solverant, ejus, quod solverant, decimam remisi. Per hoc enim aptissime et in præteritum singulis, pro cujusque merito, gratia referri, et in futurum omnes quum ad emendum, tum etiam ad solvendum allici videbantur.

Magno mihi seu ratio hæc, seu facilitas stetit ; sed fuit tanti. Nam regione tota et novitas remissionis et forma laudatur. Ex ipsis etiam, quos non una, ut dicitur, pertica, sed distincte gradatimque tractavi, quanto quis melior et probior, tanto mihi obligatior abiit, expertus non esse apud me,

Ἐν δὲ ἰῇ τιμῇ ἠμὲν κακός, ἠδὲ καὶ ἐσθλός.

### III. — *Pline à Sparsus.*

Librum, quem novissime tibi misi, ex omnibus meis vel maxime placere significas. Est eadem opinio cujusdam eruditissimi. Quo magis adducor ut neutrum falli

chant à croire que vous ne vous trompez ni l'un ni l'autre, soit parce qu'il n'est pas vraisemblable que vous vous trompiez tous deux, soit parce que j'aime à me flatter. Je veux toujours que mon dernier ouvrage soit le meilleur. C'est par cette raison que je me déclare aujourd'hui contre celui que vous possédez déjà, en faveur d'un discours que je viens de donner au public, et que je ne manquerai pas de vous communiquer, dès que j'aurai trouvé un messager diligent. Je vous ai promis beaucoup, et je crains bien que, lorsque vous lirez mon discours, il ne réponde pas à votre attente. Cependant attendez-le comme s'il devait vous plaire : peut-être vous plaira-t-il. Adieu.

### IV. — *Pline à Caninius.*

C'est un fort beau sujet que la guerre contre les Daces. Vous n'en pouviez trouver un plus nouveau, plus riche, plus étendu, plus poétique, et où l'exacte vérité ressemblât davantage à la fable. Vous peindrez les nouveaux fleuves s'élançant à travers les campagnes, les nouveaux ponts jetés sur les fleuves, les camps suspendus à la cime des monts, un roi, toujours plein de confiance, chassé de son palais, et réduit à se donner la mort. Vous nous représenterez deux triomphes, dont l'un a été le premier que l'on eût remporté sur une nation jusque-là invincible ; l'autre sera le dernier. Il n'y a qu'une difficulté, mais elle est très-grande, c'est d'égaler votre style à ces exploits. C'est un effort immense, même pour votre génie qui sait si bien s'élever et s'agrandir avec le sujet

---

putem ; quia non est credibile utrumque falli, et quia tantum blandior mihi. Volo enim proxima quæque absolutissima videri ; et ideo jam nunc contra istum librum faveo orationi, quam nuper in publicum dedi ; communicaturus tecum, ut primum diligentem tabellarium invenero. Erexi exspectationem tuam, quam vereor ne destituat oratio in manus sumpta. Interim tamen, tanquam placituram (et fortasse placebit) exspecta. Vale.

### IV. — *Pline à Caninius.*

Optime facis, quod bellum dacicum scribere paras. Nam quæ tam recens, tam copiosa, tam lata, quæ denique tam poetica, et (quanquam in verissimis rebus) tam fabulosa materia ? Dices immissa terris nova flumina, novos pontes fluminibus injectos, insessa castris montium abrupta, pulsum regia, pulsum etiam vita, regem nihil desperantem. Super hæc, actos bis triumphos, quorum alter ex invicta gente primus, alter novissimus fuit. Una, sed maxima difficultas, quod hæc æquare dicendo, arduum, immensum, etiam tuo ingenio, quanquam altissime assurgat, et amplissimis

qu'il embrasse. Ce ne sera pas encore une chose facile que de faire entrer dans des vers grecs, sans en détruire l'harmonie, des noms durs et barbares, surtout celui du roi. Mais il n'est point d'obstacle que le travail et l'art ne parviennent à surmonter, ou du moins à affaiblir. D'ailleurs, si l'on permet à Homère, pour rendre les vers plus coulants, d'abréger, d'étendre, de modifier des mots grecs, naturellement si doux, pourquoi vous interdirait-on une pareille licence, quand ce n'est plus seulement le plaisir de l'oreille, mais la nécessité qui la réclame ? Ainsi donc, lorsque, suivant le droit des poëtes, vous aurez invoqué les dieux, sans oublier celui dont vous allez nous raconter les desseins, les exploits, les succès, lâchez les câbles, déployez les voiles, et donnez plus que jamais l'essor à votre génie. Car pourquoi ne prendrais-je pas aussi le style poétique avec un poëte ?

Toute la grâce que je vous demande aujourd'hui, c'est que vous m'envoyiez les premiers essais de votre ouvrage, à mesure qu'ils seront achevés, ou plutôt avant qu'ils le soient, dès qu'ils auront reçu leur première forme, et qu'ils ne seront encore qu'ébauchés. Vous me direz qu'il n'est pas possible que les morceaux détachés aient l'agrément d'une pièce suivie, ni l'ouvrage commencé les grâces d'un ouvrage fini. Je le sais ; je les regarderai donc comme des ébauches, comme des fragments qui attendront leur dernière perfection dans mon portefeuille. A tant de témoignages de votre amitié, daignez en ajouter un nouveau, en me confiant ce que vous ne voudriez confier à personne. En un mot, il est possible que, plus vous mettrez de lenteur et de réserve à m'envoyer vos

operibus increscat. Nonnullus et in illo labor, ut barbara et fera nomina, in primis regis ipsius, græcis versibus non resultent. Sed nihil est quod non arte curaque, si non potest vinci, mitigetur. Præterea, si datur Homero et mollia vocabula et græca ad lenitatem versus contrahere, extendere, inflectere, cur tibi similis audentia, præsertim non delicata, sed necessaria, negetur ? Proinde jure vatum, invocatis diis, et inter deos ipso, cujus res, opera, consilia dicturus es, immitte rudentes, pande vela, ac, si quando alias, toto ingenio vehere. Cur enim non ego quoque poetice cum poeta ?

Illud jam nunc paciscor ; prima quæque ut absolveris, mitte, immo etiam antequam absolvas, sic ut erunt recentia, et rudia, et adhuc similia nascentibus. Respondebis non posse perinde carptim, ut contexta, perinde inchoata placere, ut effecta. Scio. Itaque et a me æstimabuntur ut cœpta, spectabuntur ut membra, extremamque limam tuam opperientur scrinio nostro. Patere hoc me super cetera habere amoris tui pignus, ut ea quoque norim, quæ nosse neminem velles. In summa, potero for-

écrits, plus je les aime et plus je les loue. Mais, plus vous y mettrez de promptitude et de confiance, plus vous obtiendrez pour vous-même mes éloges et mon amitié. Adieu.

### V. — *Pline à Géminius.*

Notre cher Macrinus vient d'être frappé d'un coup bien cruel : il a perdu sa femme dont la vertu eût été admirée même parmi les anciens. Leur union a duré trente-neuf ans, sans trouble et sans nuage. Quel respect n'avait-elle pas pour son mari, elle qui était si digne d'être respectée! Que de vertus éminentes, propres aux différents âges, se réunissaient et s'associaient en elle! Sans doute c'est une grande consolation pour Macrinus, d'avoir si longtemps possédé un tel trésor ; mais il n'en ressent que plus vivement la douleur de l'avoir perdu : car, plus la possession a de charmes, plus la perte coûte de regrets. Je serai donc inquiet pour un homme que j'aime tant, jusqu'à ce qu'il puisse trouver quelque distraction à sa peine, et que sa blessure soit cicatrisée. C'est ce qu'il faut attendre surtout de la nécessité, du temps et de l'épuisement de la douleur. Adieu.

### VI. — *Pline à Montanus.*

Ma dernière lettre doit vous avoir appris que j'ai remarqué dernièrement une inscription sur le tombeau de Pallas, conçue en ces termes : *Pour récompenser son attachement et sa fidélité*

---

tasse scripta tua magis probare, laudare, quanto illa tardius cautiusque; sed ipsum te magis amabo, magisque laudabo, quanto celerius et incautius miseris. Vale.

### V. — *Pline à Géminius.*

Grave vulnus Macrinus noster accepit. Amisit uxorem singularis exempli, etiamsi olim fuisset. Vixit cum hac triginta novem annis sine jurgio, sine offensa. Quam illa reverentiam marito suo præstitit, quum ipsa summam mereretur! Quot quantasque virtutes ex diversis ætatibus sumptas collegit et miscuit! Habet quidem Macrinus grande solatium, quod tantum bonum tamdiu tenuit; sed hoc magis exacerbatur, quod amisit. Nam fruendis voluptatibus crescit carendi dolor. Ero ergo suspensus pro homine amicissimo, dum admittere avocamenta, et cicatricem pati possit. Quam nihil æque ac necessitas ipsa, et dies longa, et satietas doloris inducit. Vale.

### VI. — *Pline à Montanus.*

Cognovisse jam ex epistola mea debes, annotasse me nuper monumentum Pallantis

envers ses maîtres, le sénat lui a décerné les marques de distinction réservées aux préteurs, et le don de quinze millions de sesterces. Et il s'est contenté de la distinction honorifique. Cela m'inspira l'idée de rechercher le décret même qui devait être fort curieux. Je l'ai découvert; et Pallas y est si honorablement traité, que cette fastueuse épitaphe est, en comparaison, des plus modestes et des plus humbles. Que nos illustres Romains (je ne parle pas de ceux des siècles éloignés, des Africains, des Numantins, des Achaïques), mais que ceux des derniers temps, les Marius, les Sylla, les Pompée (je ne veux pas pousser les citations plus loin), viennent se comparer à Pallas : leur gloire pâlira auprès de la sienne.

Faut-il attribuer ce décret à la plaisanterie ou au malheur? Je serais du premier avis, si la plaisanterie convenait au sénat. Il faut donc s'en prendre au malheur. Mais est-il un malheur assez terrible pour réduire à une telle indignité? C'était peut-être ambition et désir de s'avancer? Mais serait-il possible qu'il y eût quelqu'un assez fou pour vouloir s'avancer aux dépens de son propre honneur et de celui de la république, dans une ville où l'avantage du poëte le plus élevé était de pouvoir donner, comme sénateur, les premières louanges à Pallas?

Qu'on offre les prérogatives de la préture à Pallas, à un esclave ; je n'en dis rien : ce sont des esclaves qui les offrent. Je ne relève point l'avis émis par eux, *que l'on ne doit pas seulement exhorter, mais même forcer Pallas à porter des anneaux d'or.* Il eût été

---

sub hac inscriptione : *Huic senatus, ob fidem pietatemque erga patronos, ornamenta prætoria decrevit, et sestertium centies quinquagies. Cujus honore contentus fuit.* Postea mihi visum est pretium operæ ipsum senatusconsultum quærere. Inveni tam copiosum et effusum, ut ille superbissimus titulus modicus atque etiam demissus videretur. Conferant se, non dico illi veteres Africani, Achaici, Numantini, sed hi proximi, Marii, Syllæ, Pompeii (nolo progredi longius), infra Pallantis laudes jacebunt.

Urbanos, qui illa censuerunt, putem, an miseros? Dicerem urbanos, si senatum deceret urbanitas. Miseros ergo? sed nemo tam miser est, ut illa cogatur. Ambitio ergo, et procedendi libido? sed quis adeo demens, ut per suum, per publicum dedecus procedere velit in ea civitate, in qua hic esset usus florentissimæ dignitatis ut primus in senatu laudare Pallantem posset?

Omitto, quod Pallanti servo prætoria ornamenta offeruntur; quippe offeruntur a servis : mitto, quod censent : *Non exhortandum modo, verum etiam compellendum ad usum aureorum annulorum.* Erat enim contra majestatem senatus si

contre la majesté du sénat qu'un homme revêtu des ornements de préteur eût porté des anneaux de fer. Ce ne sont là que des bagatelles qui ne méritent pas que l'on s'y arrête. Voici des faits bien plus dignes d'attention : *Les sénateurs, au nom de Pallas* (et la curie n'a pas encore été purifiée !), *les sénateurs, au nom de Pallas, remercient l'empereur d'avoir parlé de son affranchi en termes si honorables, et de leur avoir permis de lui témoigner aussi leur bienveillance.* En effet, que pouvait-il arriver de plus glorieux au sénat, que de ne paraître pas ingrat envers Pallas? On ajoute dans ce décret : *Qu'afin que Pallas, à qui chacun en particulier reconnait avoir les plus grandes obligations, puisse recevoir les justes récompenses de ses glorieux travaux et de sa rare fidélité....* Ne croiriez-vous pas qu'il a reculé les frontières de l'empire, ou sauvé les armées de l'État ? On continue.... *Le sénat et le peuple romain ne pouvant trouver une plus agréable occasion d'exercer leurs libéralités qu'en augmentant la fortune du gardien le plus fidèle et le plus désintéressé des finances du prince....* Voilà où se bornaient alors tous les désirs du sénat et toute la joie du peuple ; voilà l'occasion la plus précieuse d'ouvrir le trésor public : il faut l'épuiser pour enrichir Pallas. Écoutez ce qui suit : *Que le sénat ordonnait qu'on tirerait de l'épargne quinze millions de sesterces pour les donner à Pallas ; et que, moins son âme était accessible au désir des richesses, plus il fallait redoubler ses instances auprès du père commun pour en obtenir qu'il obligeât Pallas de déférer au vœu du sénat.* Il ne manquait plus, en effet, que de traiter, au nom

---

ferreis prætorius uteretur. Levia hæc et transeunda; illa memoranda, quod *Nomine Pallantis senatus* (nec expiata postea curia est!), *Pallantis nomine senatus gratias agit Cæsari, quod et ipse cum summo honore mentionem ejus prosecutus esset, et senatui facultatem fecisset testandi erga eum benevolentiam suam.* Quid enim senatui pulchrius, quam ut erga Pallantem satis gratus videretur? Additur : *Ut Pallas, cui se omnes pro virili parte obligatos fatentur, singularis fidei, singularis industriæ fructum meritissimo ferat....* Prolatos imperii fines, redditos exercitus reipublicæ credas. Astruitur his : *Quum senatui populoque romano liberalitatis gratior repræsentari nulla materia posset quam si abstinentissimi fidelissimique custodis principalium opum facultates adjuvare contigisset.* Hoc tunc votum senatus, hoc præcipuum gaudium populi, hæc liberalitatis materia gratissima, si Pallantis facultates adjuvare publicarum opum egestione contingeret. Jam quæ sequuntur : *Voluisse quidem senatum censere, dandum ex ærario sestertium centies quinquagies ; et quanto ab ejusmodi cupiditatibus remotior ejus animus esset, tanto impensius petere a publico parente, ut cum*

du public, avec Pallas, que de le supplier de céder aux empressements du sénat, que d'interposer la médiation de l'empereur pour surmonter cette insolente modération, et pour faire en sorte que Pallas ne dédaignât pas quinze millions de sesterces. Il les dédaigna pourtant. Refuser de si grandes richesses offertes par l'État, c'était le seul parti qui lui restait pour montrer plus d'orgueil qu'à les accepter. Le sénat cependant semble se plaindre de ce refus, et le comble en même temps d'éloges en ces termes : *Mais l'empereur et le père commun ayant voulu, à la prière de Pallas, que le sénat lui remît l'obligation de satisfaire à cette partie du décret qui lui ordonnait de recevoir du trésor public quinze millions de sesterces, le sénat déclare, que c'est avec plaisir et avec justice, qu'entre les honneurs qu'il avait commencé de décerner à Pallas, il avait mêlé le don de cette somme pour reconnaître son zèle et sa fidélité; que cependant le sénat se conformerait encore en cette occasion à la volonté du prince, qui doit être toujours respectée.*

Imaginez-vous Pallas qui s'oppose à un décret du sénat, qui modère lui-même ses propres honneurs, qui refuse quinze millions de sesterces, comme si c'était trop, et qui accepte les marques de la dignité de préteur, comme si c'était moins. Représentez-vous l'empereur qui, à la face du sénat, obéit aux prières, ou plutôt aux ordres de son affranchi : car un affranchi qui, dans le sénat, prie son patron, lui commande en effet. Figurez-vous le sénat qui déclare partout qu'il a commencé, avec autant de plaisir que

*compelleret ad cedendum senatui.* Id vero deerat, ut cum Pallante auctoritate publica ageretur; Pallas rogaretur ut senatui cederet ; ut illi superbissimæ abstinentiæ Cæsar ipse patronus advocaretur, ne sestertium centies quinquagies sperneret. Sprevit : quod solum potuit, tantis opibus publice oblatis, arrogantius facere, quam si accepisset. Senatus tamen id quoque, similis querenti, laudibus tulit, his quidem verbis : *Sed quum princeps optimus, parensque publicus, rogatus a Pallante, eam partem sententiæ, quæ pertinebat ad dandum ei ex ærario centies quinquagies sestertium, remitti voluisset, testari senatum et se libenter ac merito hanc summam inter reliquos honores, ob fidem diligentiamque Pallanti decernere cœpisse; voluntati tamen principis sui, cui in nulla re fas putaret repugnare, in hac quoque re obsequi.*

Imaginare Pallantem velut intercedentem senatusconsulto, moderantemque honores suos, et sestertium centies quinquagies, ut nimium, recusantem, quum prætoria ornamenta, tanquam minus, recepisset. Imaginare Cæsarem, liberti precibus, vel potius imperio, coram senatu obtemperantem : imperat enim libertus patrono, quem

de justice, à décerner cette somme et de tels honneurs à Pallas ; et qu'il persisterait encore, s'il n'était obligé de se soumettre aux volontés du prince qu'il n'est permis de contredire en rien. Ainsi, pour ne point forcer Pallas de prendre quinze millions de sesterces dans le trésor public, on a eu besoin de sa retenue et de la soumission du sénat, qui n'aurait pas obéi, s'il lui eût été permis de résister en rien aux volontés de l'empereur.

Vous croyez être à la fin ; attendez et écoutez le plus beau : *Dans tous les cas, comme il est utile de faire connaître partout les insignes faveurs dont le prince a honoré et récompensé ceux qui le méritaient, et particuliérement dans les lieux où l'on peut engager à l'imitation les personnes chargées du soin de ses affaires ; et que l'éclatante fidélité et la probité de Pallas sont les modèles les plus propres à exciter une noble émulation, il a été résolu que le discours prononcé dans le sénat par l'empereur, le vingt-huit janvier dernier, et le décret du sénat à ce sujet, seraient gravés sur une table d'airain qui sera appliquée près de la statue représentant Jules César en habit de guerre.*

Il ne suffisait pas que le sénat eût été témoin de ces honteuses bassesses ; on a choisi le lieu le plus fréquenté pour les exposer aux yeux de notre siècle et des siècles futurs. On a pris soin de consigner sur l'airain tous les honneurs d'un dédaigneux esclave, ceux même qu'il avait refusés, mais qu'il avait possédés cependant, autant qu'il dépendait de la volonté des auteurs du décret.

in senatu rogat. Imaginare senatum, usquequaque testantem, merito libenterque se hanc summam, inter reliquos honores, Pallanti cœpisse decernere ; et perseveraturum fuisse se, nisi obsequeretur principis voluntati, cui non esset fas in ulla re repugnare. Ita, ne sestertium centies quinquagies Pallas ex ærario referret, verecundia ipsius, obsequio senatus opus fuit, in hoc præcipue non obscuturi, si in ulla re putasset fas esse non obsequi.

Finem existimas ? Mane dum, et majora accipe. *Utique, quum sit utile, principis benignitatem promptissimam ad laudem præmiaque merentium illustrari ubique, et maxime iis locis, quibus incitari ad imitationem præpositi rerum ejus curæ possent, et Pallantis spectatissima fides, atque innocentia exemplo provocare studium tam honestæ æmulationis posset, ea quæ quarto calendas februarias, quæ proxime fuissent, in amplissimo ordine optimus princeps recitasset, senatusque consulta de his rebus facta in æs inciderentur, idque æs figeretur ad statuam loricatam divi Julii.*

Parum visum, tantorum dedecorum esse curiam testem ; delectus est celeberrimus locus, quo legenda præsentibus, legenda futuris proderentur. Placuit ære signari omnes honores fastidiosissimi mancipii, quosque repudiasset, quosque, quan-

On a gravé sur les monuments publics, pour en conserver à jamais la mémoire, qu'on avait déféré à Pallas les marques de distinction réservées aux préteurs, comme on y gravait autrefois les anciens traités d'alliance, les lois sacrées. L'empereur, le sénat, Pallas lui-même ont eu assez de.... (je ne sais quel mot employer), pour vouloir qu'on étalât à tous les yeux l'insolence de Pallas, la faiblesse de l'empereur et l'avilissement du sénat. Eh! quoi, le sénat n'a pas eu honte de chercher des prétextes à son infamie? La belle, l'admirable raison, que l'envie d'exciter une noble émulation dans les esprits par l'exemple des récompenses dont était comblé Pallas! Voyez par là dans quel mépris tombaient les honneurs, je dis ceux même que Pallas ne refusait pas. On trouvait pourtant des hommes d'une naissance distinguée qui demandaient, qui convoitaient ce qu'ils voyaient accorder à un affranchi et promettre à des esclaves. Que j'ai de joie de n'être point né dans ces temps qui me font rougir, comme si j'y avais vécu! Je ne doute point que vous ne pensiez de même. Je connais votre délicatesse, votre grandeur d'âme. Je suis donc persuadé que, malgré quelques endroits où l'indignation m'a emporté au delà des justes bornes d'une lettre, vous aurez plus de penchant à croire que je ne me plains pas assez, qu'à penser que je me plains trop. Adieu.

### VII. — *Pline à Tacite.*

Ce n'est point comme de maître à maître, ni comme d. disci-

tum ad decernentes pertinet, gessisset. In isa et insculpta sunt publicis æternisque monumentis prætoria ornamenta Pallantis, sic quasi fœdera antiqua, sic quasi sacræ leges. Tanta principis, tanta senatus, tanta Pallantis ipsius.... (quid dicam nescio), ut vellent in oculis omnium figi Pallas insolentiam suam, patientiam Cæsar, humilitatem senatus. Nec puduit rationem turpitudini obtendere; egregiam quidem pulchramque rationem, ut exemplo Pallantis præmiorum ad studium æmulationis cæteri provocarentur. Eâ bonorum vilitas erat, illorum etiam quos Pallas non se dignabatur. Inveniebantur tamen honesto loco nati, qui peterent cuperentque, quod dari liberto, promitti servis videbant. Quam juvat quod in tempora illa non incidi, quorum sic me, tanquam illis vixerim, pudet! Non dubito similiter affici te. Scio quam sit tibi vivus et ingenuus animus; ideoque facilius est, ut me quanquam indignatione quibusdam in locis fortasse ultra epistolæ modum extulerim, parum doluisse, quam nimis credas. Vale.

### VII. — *Pline à Tacite.*

Neque ut magistro magister, neque ut discipulo discipulus (sic enim scribis), sed

ple à disciple, ainsi que vous me le mandez, mais comme de maître à disciple, que vous m'avez envoyé votre livre : car vous êtes le maître et moi l'élève; aussi me rappelez-vous à l'école, moi qui prolonge encore les Saturnales. Je ne pouvais vous faire un compliment plus embarrassé, et vous mieux prouver par là, que, loin de passer pour votre maître, je ne mérite pas même le nom de votre disciple. Toutefois je vais essayer le rôle de maître, et j'exercerai sur votre livre le droit que vous m'avez donné. J'en userai d'autant plus librement, que je ne vous enverrai pendant ce temps rien sur quoi vous puissiez vous venger. Adieu.

### VIII. — *Pline à Romanus.*

N'avez-vous jamais vu la source du Clitumne ? Je ne le crois pas, car vous m'en auriez parlé. Voyez-la donc. Je viens de la visiter, et je regrette d'y avoir songé si tard. Du pied d'une petite colline, couronnée d'un bois touffu d'antiques cyprès, jaillit une fontaine dont les eaux se font jour par plusieurs veines inégales, et forment ensuite un large bassin, si pur et si limpide, que l'on peut compter les pièces de monnaie qu'on y jette, et les cailloux qu'on y voit reluire. De là elle se précipite, moins par la pente qu'elle trouve, que par sa propre abondance et par son propre poids. A peine est-elle sortie de sa source, qu'elle devient un grand fleuve navigable, et où se rencontrent sans obstacles les

---

ut discipulo magister (nam tu magister, ego contra; atque ideo tu in scholam revocas, ego adhuc Saturnalia extendo) librum misisti. Num potui longius hyperbaton facere, atque hoc ipso probare eum me esse, qui non modo magister tuus, sed ne discipulus quidem debeam dici? Sumam tamen personam magistri, exseramque in librum tuum jus quod dedisti; eo liberius, quod nihil ex meis interim missurus sum tibi, in quo te ulciscaris. Vale.

### VIII. — *Pline à Romanus.*

Vidistine aliquando Clitumnum fontem? Si nondum (et puto nondum, alioquin narrasses mihi), vide; quem ego (pœnitet tarditatis) proxime vidi. Modicus collis assurgit, antiqua cupressu nemorosus et opacus. Hunc subter fons exit, et exprimitur pluribus venis, sed imparibus; eluctatusque facit gurgitem, qui lato gremio patescit purus et vitreus, ut numerare jactas stipes et relucentes calculos possis. Inde non loci devexitate, sed ipsa sui copia et quasi pondere impellitur. Fons adhuc, et jam amplissimum flumen, atque etiam navium patiens; quas obvias quo-

bateaux qui montent et ceux qui descendent. Ses eaux sont si fortes, que la rame est inutile, en suivant la pente, quoiqu'elle soit presque insensible, et qu'on lutte difficilement contre le courant avec les rames et les avirons. Ceux qui naviguent par amusement se plaisent, selon leur direction, à faire succéder le repos au travail, et le travail au repos. Les rives sont bordées de frênes et de peupliers qui réfléchissent si clairement leur verdoyante image au fond du canal, qu'on peut les y compter. Ses eaux, froides comme la neige, en ont aussi la blancheur.

Près de là est un temple antique et respecté. Le Clitumne lui-même y paraît couvert et orné de la prétexte. C'est un dieu secourable qui dévoile l'avenir et qui rend des oracles. Le temple est environné de chapelles : chacune a son dieu, son culte et son nom particulier. Quelques-unes même ont leurs fontaines : car, outre la principale, qui est comme la mère des autres, il s'en trouve encore plusieurs dont la source est différente, mais qui se perdent dans le fleuve. On le passe sur un pont qui sépare les lieux sacrés des lieux profanes. Au-dessus du pont, il n'est permis que de naviguer ; au-dessous, on peut se baigner. Les Hispellates, auxquels Auguste a concédé ce lieu, offrent gratuitement le bain et l'hospitalité. Les deux rives sont parsemées de maisons de campagne où l'on jouit de la beauté du fleuve. Tout vous charmera dans ce lieu. Vous pourriez même vous y occuper à lire les nombreuses inscriptions tracées sur toutes les colonnes et sur tous les murs en l'honneur de la source et du dieu qui y préside. Vous

que et contrario nisu in diversa tendentes transmittit et perfert; adeo validus, ut illa, qua properat ipse, quanquam per solum planum, remis non adjuvetur, idem ægerrime remis contisque superetur adversus. Jucundum utrumque per jocum ludumque fluitantibus, ut flexerint cursum, laborem otio, otium labore variare. Ripæ fraxino multa, multa populo vestiuntur, quas perspicuus amnis, velut mersas, viridi imagine annumerat. Rigor aquæ certaverit nivibus; nec color cedit.

Adjacet templum priscum et religiosum. Stat Clitumnus ipse amictus ornatusque prætexta. Præsens numen, atque etiam fatidicum, indicat sortes. Sparsa sunt circa sacella complura, totidemque dei : sua cuique veneratio, suum nomen, quibusdam vero etiam fontes. Nam præter illum quasi parentem cæterorum, sunt minores capite discreti; sed flumini miscentur, quod ponte transmittitur. Is terminus sacri profanique. In superiore parte navigare tantum, infra etiam natare concessum. Balineum Hispellates, quibus illum locum divus Augustus dono dedit, publice præbent, præbent et hospitium. Nec desunt villæ, quæ secutæ fluminis amœnitatem, margini insistunt. In summa, nihil erit ex quo non capias voluptatem. Nam studebis quoque, et leges multa multorum omnibus columnis, omnibus parietibus inscripta,

en louerez plusieurs, vous rirez de quelques autres ; ou plutôt, je connais votre bonté, vous ne rirez d'aucune. Adieu.

### IX. — *Pline à Ursus.*

Depuis longtemps je n'ai rien lu, je n'ai rien écrit. Depuis longtemps je ne connais plus le loisir, ni enfin le bonheur de ne rien faire, de n'être rien, état d'inertie qui a pourtant son charme. La multitude d'affaires dont je suis chargé pour mes amis m'éloigne de la retraite et de l'étude : car il n'y a point d'étude, quelque précieuse qu'elle soit, qu'on ne doive sacrifier aux devoirs de l'amitié que les belles-lettres elles-mêmes enseignent à compter au nombre des plus sacrés. Adieu.

### X. — *Pline à Fabatus.*

Plus vous désirez que nous vous donnions des arrière-petits-fils, plus vous aurez de chagrin d'apprendre que votre petite-fille a fait une fausse couche. Ignorante, comme toutes les jeunes femmes, elle ne se doutait pas qu'elle fût enceinte. Aussi a-t-elle négligé les précautions qu'exigeait son état, et s'est-elle permis ce qu'il lui défendait. C'est une faute qu'elle a bien expiée par son accident, et qui l'a exposée au plus grand danger. Si vous devez donc vous affliger de voir votre vieillesse frustrée d'une postérité dont elle semblait déjà jouir, vous devez aussi rendre grâces aux dieux de ce qu'en vous ôtant aujourd'hui des arrière-petits-fils,

---

quibus fons ille deusque celebratur. Plura laudabis, nonnulla ridebis; quanquam tu vero, quæ tua humanitas, nulla ridebis. Vale.

### IX. — *Pline à Ursus.*

Olim non librum in manus, non stylum sumpsi. Olim nescio quid sit otium, quid quies, quid denique illud iners quidem, jucundum tamen, nihil agere, nihil esse : adeo multa me negotia amicorum nec secedere nec studere patiuntur ! Nulla enim studia tanti sunt, ut amici iæ officium deseratur, quod religiosissime custodiendum studia ipsa præcipiunt. Vale.

### X. — *Pline à Fabatus.*

Quo magis cupis ex nobis pronepotes videre, hoc tristior audies, neptem tuam abortum fecisse, dum se prægnantem esse puellariter nescit, ac per hoc quædam custodienda prægnantibus omittit, facit omittenda. Quem errorem magnis docu-

ils paraissent vouloir vous en donner d'autres en vous conservant une petite-fille. C'est une espérance qui me paraît d'autant mieux fondée, que cette couche, toute malheureuse qu'elle est, est un gage de fécondité. Je vous donne en ce moment les mêmes consolations dont je me sers pour me fortifier et me soutenir moi-même. Vous ne souhaitez pas des arrière-petits-fils avec plus d'ardeur que je ne désire des enfants. Je me flatte que, soit de votre côté, soit du mien, ils trouveront une route facile aux honneurs. Les noms qui les attendent ne sont point inconnus, et leur noblesse ne sera point l'ouvrage d'un caprice soudain de la fortune. Puissent-ils naître seulement, et changer ainsi notre tristesse en joie ! Adieu.

## XI. — *Pline à Hispulla.*

Quand je songe à la tendresse que vous avez pour votre nièce, et qui surpasse même celle d'une mère pour sa fille, je sens qu'il faut vous écrire l'état où nous sommes, avant de vous mander celui où nous avons été, afin qu'une joie anticipée ne laisse plus de place au chagrin. Je tremble même encore que vous ne reveniez de la joie à la crainte, et qu'en vous félicitant de savoir votre nièce hors de danger, vous ne frémissiez au récit de celui qu'elle a couru. Enfin sa gaieté renaît ; enfin, rendue à elle-même et à moi, elle reprend ses forces, et revient à la vie en remontant la route qui l'en avait éloignée. Elle a couru le plus grand danger, et, il faut le dire, ce n'est point sa faute, c'est celle de son âge. De là

---

mentis expiavit, in summum periculum adducta. Igitur, ut necesse est graviter accipias senectutem tuam quasi paratis posteris destitutam, sic debes agere diis gratias, quod ita tibi in præsentia pronepotes negaverint, ut servarint neptem, illos reddituri ; quorum nobis spem certiorem hæc ipsa, quanquam parum prospere explorata, fecunditas facit. Iisdem nunc ego te, quibus ipsum me, hortor, moneo, confirmo. Neque enim ardentius tu pronepotes, quam ego liberos cupio : quibus videor a meo tuoque latere pronum ad honores iter, et audita latius nomina, et non subitas imagines relicturus. Nascantur modo, et hunc nostrum dolorem gaudio mutent. Vale.

## XI. — *Pline à Hispulla.*

Quum affectum tuum erga fratris filiam cogito, etiam materna indulgentia molliorem, intelligo prius tibi, quod est posterius, nuntiandum, ut præsumpta lætitia sollicitudini locum non relinquat. Quanquam vereor, ne post gratulationem quoque in metum redeas, atque ita gaudeas periculo liberatam, ut simul, quod periclitata sit, perhorrescas. Jam hilaris, jam sibi, jam mihi reddita, incipit refici, transmis-

viennent et sa fausse couche et les tristes suites d'une grossesse ignorée. Ainsi, quoique vous ne puissiez pas vous consoler de la perte de votre frère par la naissance d'un petit-neveu ou d'une petite-nièce, souvenez-vous que c'est un bien qui n'est que différé, et non pas perdu, puisque la personne dont nous avons le droit d'en attendre nous reste encore. Excusez donc, auprès de votre père, un malheur que les femmes sont toujours prêtes à pardonner. Adieu.

## XII. — *Pline à Minutien.*

Je vous prie de m'excuser, pour aujourd'hui seulement. Titinius Capito lit en public un de ses ouvrages. J'irai l'entendre, par devoir peut-être autant que par plaisir. C'est un homme vertueux, et qu'on doit regarder comme un des principaux ornements du siècle. Il cultive les lettres ; il aime les littérateurs, il les protége, il les élève ; il est l'asile, la ressource, le bienfaiteur de la plupart de nos écrivains et l'exemple de tous ; enfin il est l'appui, le restaurateur des lettres dans leur décadence. Il prête sa maison à ceux qui ont une lecture à faire. Personne n'écoute avec une plus merveilleuse complaisance ceux qui lisent soit chez lui, soit ailleurs. Tant qu'il s'est trouvé à Rome, il est toujours venu m'entendre. Il serait donc d'autant plus honteux d'être ingrat, qu'il s'offre une occasion plus honorable de montrer sa reconnaissance. Quoi ! si j'avais un procès, je me croirais redevable à ceux qui

---

umque discrimen convalescendo remetiri. Fuit alioquin in summo discrimine (impune dixisse liceat), fuit nulla sua culpa, ætatis aliqua. Inde abortus, et ignorati uteri triste experimentum. Proinde, etsi non contigit tibi desiderium fratris amissi aut nepote ejus, aut nepte solari, memento tamen dilatum magis istud, quam negatum, quum salva sit ex qua sperari potest. Simul excusa patri tuo casum, cui paratior apud feminas venia est. Vale.

### XII. — *Pline à Minutien.*

Hunc solum diem excuso. Recitaturus est Titinius Capito, quem ego audire nescio magis debeam, an cupiam. Vir est optimus, et inter præcipua sæculi ornamenta numerandus. Colit studia, studiosos amat, fovet, provehit ; multorumque, qui aliqua componunt, portus, sinus, præmium, omnium exemplum, ipsarum denique litterarum jam senescentium reductor ac reformator. Domum suam recitantibus præbet ; auditoria, non apud se tantum, benignitate mira frequentat : mihi certe, si modo in Urbe est, defuit nunquam. Porro tanto turpius gratiam non referre, quanto hones-

n'accompagneraient à l'audience ; et aujourd'hui que je fais mon unique affaire des belles-lettres, que j'y consacre tous mes soins, e croirais devoir moins à un homme qui s'en occupe avec tant de èle, et qui me rend les services auxquels je tiens uniquement ! D'ailleurs, quand je ne lui devrais aucun retour en égards et en ons offices, ce serait encore, pour aller l'entendre, un puissant ttrait que son génie si beau, si puissant, si doux dans son austé-ité, et que la noblesse du sujet qu'il a choisi. Il écrit la mort 'hommes illustres dont plusieurs m'ont été bien chers. C'est onc, en quelque sorte, m'acquitter d'un pieux devoir, que d'as-ister aux éloges funèbres de ceux dont il ne m'a pas été permis 'honorer les obsèques ; éloges un peu tardifs, mais qui n'en sont ue plus sincères ! Adieu.

## XIII. — *Pline à Génialis.*

Vous avez bien fait de lire mes ouvrages avec votre père. Vous e pouvez manquer de profiter beaucoup en apprenant d'un per-onnage si éclairé ce qu'il faut louer, ce qu'il faut reprendre. Formé ar ses leçons, vous vous accoutumerez aussi à dire la vérité. Vous vez sous les yeux celui dont vous devez suivre fidèlement la race. Que vous êtes heureux de trouver un vivant modèle dans objet de vos plus tendres affections, et d'avoir à imiter un omme auquel la nature vous a fait si semblable ! Adieu.

or causa referendæ. An si litibus tererer, obstrictum esse me crederem obeunti adimonia mea ? nunc quia mihi omne negotium, omnis in studiis cura, minus obligor nta sedulitate celebranti, in quo obligari ego, ne dicam solo, certe maxime pos-m ? Quod si illi nullam vicem, nulla quasi mutua officia deberem, sollicitarer men vel ingenio hominis pulcherrimo et maximo, et in summa severitate dulcis-mo, vel honestate materiæ. Scribit exitus illustrium virorum, in iis quorumdam ihi carissimorum. Videor ergo fungi pio munere, quorumque exsequias celebrare n licuit, horum quasi funebribus laudationibus, seris quidem, sed tanto magis eris, interesse. Vale.

## XIII. — *Pline à Génialis.*

Probo quod libellos meos cum patre legisti. Pertinet ad profectum tuum, a isertissimo viro discere, quid laudandum, quid reprehendendum ; simul ita institui, verum dicere assuescas. Vides quem sequi, cujus debeas implere vestigia. O te atum ! cui contigit vivum, atque idem optimum et conjunctissimum exemplar ; qui nique eum potissimum imitandum habes, cui natura esse te simillimum voluit. ale.

## XIV. — *Pline à Ariston.*

Comme vous n'êtes pas moins versé dans la connaissance du droit public, dont le droit des sénateurs fait partie, que dans celle du droit privé, je désire apprendre de vous si dernièrement je n'ai pas commis une erreur dans le sénat. Il sera trop tard pour la réparer ; mais je saurai à l'avenir ce que je dois faire, s'il se présente quelque chose de semblable.

Vous me direz : *Pourquoi demander ce que vous deviez savoir ?* La servitude des derniers temps a fait oublier les droits du sénat. aussi bien que les autres sciences utiles, et nous a plongés dans l'ignorance. Est-il un homme assez patient pour vouloir apprendre ce qui ne lui doit être d'aucun usage ? D'ailleurs, comment retenir ce qu'on apprend, si on ne le pratique jamais quand on l'a appris ? Quand la liberté revint, elle nous trouva donc novices et inexpérimentés, et l'impatience de goûter les douceurs qu'elle offre nous force d'agir avant de connaître.

Les anciennes règles voulaient que nous vissions faire, que nous entendissions dire à ceux qui nous devançaient en âge, ce que bientôt nous-mêmes nous avions à faire et à dire, et ce que nous devions, à notre tour, transmettre à ceux qui viendraient après nous. De là cette coutume d'engager les jeunes gens à servir dans l'armée, dès leur plus tendre jeunesse, afin qu'en obéissant ils apprissent à commander, et qu'en suivant les autres ils se rendissent capables de marcher à leur tête. De là vient que ceux qui

---

### XIV. — *Pline à Ariston.*

Quum sis peritissimus et privati juris et publici, cujus pars senatorium est, cupio ex te potissimum audire, erraverim in senatu proxime, necne ; non ut in præteritum (serum enim), verum ut in futurum, si quid simile inciderit, erudiar.

Dices : *Cur quæris quod nosse debebas?* Priorum temporum servitus, ut aliarum optimarum artium, sic etiam juris senatorii oblivionem quamdam et ignorationem induxit. Quotus enim quisque tam patiens, ut velit discere quod in usu non sit habiturus ? Adde quod difficile est tenere quæ acceperis, nisi exerceas. Itaque reducta libertas rudes nos et imperitos deprehendit ; cujus dulcedine accensi cogimur quædam facere ante quam nosse.

Erat autem antiquitus institutum, ut a majoribus natu, non auribus modo, verum etiam oculis disceremus quæ facienda, mox ipsi, ac per vices quasdam tradenda minoribus haberemus. Inde adolescentuli statim castrensibus stipendiis imbuebantur, ut imperare parendo, duces agere, dum sequuntur, assuescerent. Inde honores

songeaient à s'élever aux charges demeuraient debout à la porte du sénat, obligés d'être spectateurs avant d'être acteurs dans le conseil public. Chacun avait son père pour maître ; et celui qui n'avait point de père en trouvait un dans le plus illustre et le plus ancien des sénateurs. C'est ainsi qu'ils apprenaient par l'exemple, le plus sûr de tous les guides, quel était le pouvoir de celui qui proposait, le droit de celui qui opinait ; l'autorité de chaque magistrat, la liberté de tous les autres citoyens ; quand il fallait céder ou résister, quand on devait se taire, et comment on devait parler ; comment se faisait la distinction des avis contraires ; comment il était permis d'ajouter quelque chose à ce qu'on avait déjà dit ; en un mot, l'ordre qu'on devait observer au sénat.

Pour nous, il est vrai que nous avons servi dans les camps pendant notre jeunesse ; mais alors la vertu était suspecte, le vice honoré ; alors nulle autorité dans les chefs, nulle retenue dans les soldats ; alors on ne connaissait ni commandement, ni obéissance ; la licence, le désordre régnaient partout ; on ne voyait rien qui ne fût bouleversé, rien enfin qui ne méritât plutôt d'être oublié que d'être retenu. Alors, nous en fûmes témoins, le sénat était tremblant et muet : on ne pouvait, sans péril, y exprimer ce qu'on pensait, et sans infamie, ce qu'on ne pensait pas. Quelle instruction, quelles leçons utiles pouvait-on recevoir dans un temps où l'on n'assemblait le sénat que pour n'y rien faire, ou pour décider quelque grand crime ; dans un temps où on ne le convoquait que

---

petituri assistebant curiæ foribus, et consilii publici spectatores ante quam consortes erant. Suus cuique parens pro magistro, aut cui parens non erat, maximus quisque et vetustissimus pro parente. Quæ potestas referentibus, quod censentibus jus, quæ vis magistratibus, quæ cæteris libertas ; ubi cedendum, ubi resistendum ; quod silentii tempus, quis dicendi modus, quæ distinctio pugnantium sententiarum, quæ executio prioribus aliquid addentium, omnem denique senatorium morem, quod fidelissimum præcipiendi genus exemplis docebantur.

At nos juvenes fuimus quidem in castris ; sed quum suspecta virtus, inertia in pretio ; quum ducibus auctoritas nulla, nulla militibus verecundia ; nusquam imperium, nusquam obsequium ; omnia soluta, turbata, atque etiam in contrarium versa, postremo obliviscenda magis quam tenenda. Iidem prospeximus curiam trepidam et elinguem, quum dicere quod velles, periculosum, quod nolles, miserum esset. Quid tunc disci potuit, quid didicisse juvit, quum senatus aut ad otium summum, aut ad summum nefas vocaretur ? et, modo ludibrio, modo dolori retentus, nunquam seria, tristia sæpe censeret ? Eadem mala jam senatores, jam participes malorum, multos

pour se jouer de lui ou pour le contrister ; où les délibérations n'avaient jamais rien de sérieux, et où les résolutions étaient souvent funestes? Nous avons vu les mêmes maux se perpétuer durant plusieurs années, depuis que, devenus sénateurs, nous en avons pris et ressenti si cruellement notre part de douleur, que nos esprits en ont été abattus, consternés, anéantis. Il n'y a que fort peu de temps (car plus les temps sont heureux, plus ils sont courts) qu'il nous est permis de savoir, qu'il nous est permis d'être ce que nous sommes.

J'ai donc le droit de vous prier d'abord d'excuser mon erreur si j'en ai commis une ; ensuite, de m'éclairer par votre savoir. Je sais qu'il embrasse le droit public et le droit privé, l'histoire ancienne et l'histoire moderne, les faits les plus rares et les plus communs. Le cas que je vous soumets est même si extraordinaire, à mon gré, que les hommes auxquels l'usage et l'expérience des affaires ne laissent rien ignorer, pourraient bien, ou n'en être pas instruits, ou ne l'être pas assez. Nous en serons d'autant plus dignes, moi de pardon, si je me suis trompé, et vous de louanges, si vous pouvez enseigner ce que vous n'avez peut-être pas eu l'occasion d'apprendre.

Le sénat traitait l'affaire des affranchis du consul Afranius Dexter. On l'a trouvé tué chez lui, et l'on ignore s'il a été tué de sa main ou de la main des siens, par leur crime ou par leur obéissance. L'un de nous (voulez-vous savoir qui ? c'est moi ; mais qu'importe?) a été d'avis qu'après avoir souffert la question, ils fussent renvoyés absous ; l'autre, qu'il fallait les reléguer dans une île

---

per annos vidimus, tulimusque; quibus ingenia nostra in posterum quoque hebetata, fracta, contusa sunt. Breve tempus (nam tanto brevius omne, quanto felicius tempus) quo libet scire quid simus, libet exercere quod sumus.

Quo justius peto primum ut errori (si quis est error) tribuas veniam ; deinde me dearis scientia tua, cui semper fuit curæ, sic jura publica ut privata, sic antiqua ut recentia, sic rara ut assidua tractare. Atque ego arbitror illis etiam, quibus plurimarum rerum agitatio frequens nihil esse ignotum patiebatur, genus quæstionis quod affero ad te, aut non satis tritum, aut etiam inexpertum fuisse. Hoc et eg excusatior, si forte sum lapsus, et tu dignior laude, quo potes id quoque docere, quod in obscuro est an didiceris.

Referebatur de libertis Afranii Dextri consulis, incertum sua an suorum manu scelere an obsequio, perempti. Hos alius (quis? ego ; sed nihil refert) post quæstionem supplicio liberandos, alius in insulam relegandos, alius morte puniendos arbitrabatur. Quarum sententiarum tanta diversitas erat, ut non possent esse nisi sin

un troisième, qu'ils devaient être punis de mort. Ces avis étaient si opposés, qu'il n'était pas possible de les concilier entre eux : car que peuvent avoir de commun la mort et le bannissement ? rien de plus, sans doute, que le bannissement et l'absolution. Encore la proposition d'absoudre se rapproche-t-elle un peu plus de celle du bannissement, que la proposition de condamner à mort : car les deux premiers s'accordent à laisser vivre, et le dernier prive de la vie. Cependant ceux qui opinaient à la mort et ceux qui opinaient au bannissement, suspendant pour quelques instants leur désaccord, feignirent de s'entendre, et se rangèrent du même côté. Je soutenais que chacun des trois avis devait être séparément compté, qu'on ne devait point souffrir que deux des trois s'unissent à la faveur d'une trêve de quelques moments. Je prétendais donc que ceux dont les voix condamnaient à mort fussent séparés de ceux qui se contentaient de bannir, et que, tout prêts à se contredire, ils ne formassent pas un même parti contre ceux qui voulaient absoudre, parce qu'au fond il importait peu qu'ils rejetassent tous l'absolution, s'ils n'admettaient pas tous la même condamnation. Je trouvais fort étrange que celui qui avait opiné à punir de mort les esclaves et à reléguer les affranchis, fût obligé de diviser son opinion en deux parties, et que cependant on réunît, dans un même avis, celui qui voulait que les affranchis fussent relégués et celui qui voulait qu'on les fît mourir. S'il fallait diviser l'avis d'une même personne, parce qu'il renfermait deux choses, je ne concevais pas comment on pouvait unir les avis de deux personnes qui, sur la même chose, pensaient d'une manière

---

gulæ : quid enim commune habet occidere et relegare? non hercule magis quam relegare et absolvere; quanquam propior aliquanto est sententiæ relegantis, quæ absolvit, quam quæ occidit : utraque enim ex illis vitam relinquit, hæc adimit. Quum interim et qui morte puniebant, et qui relegabant, una sedebant, et temporaria simulatione concordiæ discordiam differebant. Ego postulabam, ut tribus sententiis constaret suus numerus, nec se brevibus induciis duæ jungerent. Exigebam ergo, ut, qui capitali supplicio afficiendos putabant, discederent a relegante, nec interim contra absolventes mox dissensuri congregarentur, quia parvulum referret, an idem displiceret, quibus non idem placuisset. Illud etiam mihi permirum videbatur, eum quidem, qui libertos relegandos, servos supplicio afficiendos censuisset, coactum esse dividere sententiam; hunc autem, qui libertos morte mulctaret, cum relegante numerari. Nam si oportuisset dividi sententiam unius, quia res duas comprehendebat, non reperiebam, quemadmodum posset jungi sententia duorum tam diversa censentium. Atque adeo permitte mihi sic apud te, tanquam ibi, sic peroraré, tan-

si contraire. Permettez-moi donc, je vous supplie, aujourd'hui que l'affaire est décidée, de vous rendre raison de mon sentiment, comme si elle était encore indécise ; permettez-moi de vous exposer avec ordre et à loisir ce que je fus obligé de dire alors au milieu de mille interruptions.

Supposons que l'on eût nommé seulement trois juges pour prononcer sur cette affaire ; que l'un deux eût été d'avis de condamner les affranchis au dernier supplice ; l'autre, de les reléguer ; le troisième, de les absoudre. Les deux premières opinions, réunissant leurs forces, l'emporteront-elles sur la dernière ? ou plutôt chacune des trois ne vaudra-t-elle pas séparément autant que l'autre, sans que l'on puisse joindre plutôt la première à la seconde, que la seconde à la dernière ? Il faut donc de même, dans le sénat, compter comme contraires les avis que l'on y a donnés comme différents. Si un seul et même homme opinait tout à la fois au bannissement et à la mort, pourrait-on, selon cet avis, les bannir et leur ôter la vie ? enfin, regarderait-on comme une seule opinion celle qui rassemblerait des choses si incompatibles ? Comment donc est-il possible qu'on regarde comme un seul avis les avis de deux personnes, dont l'une veut que les affranchis perdent la vie, l'autre qu'ils soient exilés, lorsqu'il faudrait les regarder comme deux avis différents, s'ils étaient proposés par une seule personne ?

La loi ne nous enseigne-t-elle pas clairement qu'il faut distinguer l'avis du bannissement de celui de la mort, lorsqu'elle

---

quam adhuc integra, rationem judicii mei reddere; quæque tunc carptim, multis obstrepentibus, dixi, per otium jungere.

Fingamus tres omnino judices in hanc causam datos esse : horum uni placuisse perire libertos, alteri relegari, tertio absolvi. Utrumne sententiæ duæ, collatis viribus, novissimam periment ? an separatim unaquæque tantumdem, quantum altera valebit ? nec magis poterit cum secunda prima connecti, quam secunda cum tertia ? Igitur in senatu quoque numerari tanquam contrariæ debent, quæ tanquam diversæ dicuntur. Quod si unus atque idem et perdendos censeret et relegandos, num ex sententia unius et perire possent et relegari ? num denique omnino una sententia putaretur, quæ tam diversa conjungeret ? Quemadmodum igitur, quum alter puniendos, alter censeat relegandos, videri potest una sententia, quæ dicitur a duobus, quæ non videretur una, si ab uno diceretur ?

Quid ? lex non aperte docet dirimi debere sententias occidentis et relegantis, quum ita discessionem fieri jubet : *Qui hæc sentitis, in hanc partem ; qui alia omnia, in illam partem ite qua sentitis?* Examina singula verba et expende.

veut que, pour recueillir les voix, on se serve de ces termes : *Vous qui êtes d'une telle opinion, passez de ce côté; vous qui êtes d'une opinion toute différente, rangez-vous du côté opposé avec ceux dont vous approuvez l'avis?* Examinez et pesez chaque mot : *Vous qui êtes d'un tel avis*, c'est-à-dire, vous qui pensez qu'on doit reléguer les affranchis, *passez de ce côté-là*, c'est-à-dire du côté où est assis l'auteur de cet avis. D'où il résulte évidemment que ceux qui opinent à la mort ne peuvent pas demeurer du même côté. *Vous qui êtes de tout autre avis*, vous voyez que la loi ne s'est pas contentée de dire *d'un autre*, mais *de tout autre*. Or, peut-on douter que celui qui ne veut que reléguer est de tout autre avis que celui qui veut que l'on fasse mourir? *Rangez-vous du côté opposé avec ceux dont vous approuvez l'avis.* La loi ne semble-t-elle pas elle-même appeler, pousser, entraîner de différents côtés ceux qui sont d'avis différents? Le consul n'indique-t-il pas, non-seulement par une formule authentique, mais du geste et de la main, la place où chacun doit rester ou passer? Mais, dit-on, si l'on sépare les voix pour le bannissement, des voix pour le dernier supplice, il arrivera que l'opinion qui absout prévaudra. Qu'importe pour les opinants? certainement il leur siérait mal de mettre tout en usage pour s'opposer au triomphe de l'opinion la plus douce. Il faut pourtant, ajoute-t-on, que ceux qui condamnent à la peine capitale, et ceux qui bannissent, soient d'abord comparés ensemble avec ceux qui veulent absoudre, et qu'ensuite on les compare eux-mêmes entre eux. Il en est comme de certains

---

*Qui hæc censetis*, hoc est, qui relegandos putatis ; *in hanc partem*, id est, in eam in qua sedet qui censuit relegandos. Ex quo manifestum est, non posse in eadem parte remanere eos qui interficiendos arbitrantur. *Qui alia omnia;* animadvertis, ut non contenta lex dicere *alia*, addiderit, *omnia*. Num ergo dubium est alia omnia sentire eos qui occidunt, quam qui relegant? *In illam partem ite qua sentitis.* Nonne videtur ipsa lex eos qui dissentiunt, in contrariam partem vocare, cogere, impellere? Non consul etiam, ubi quisque remanere, quo transgredi debeat, non tantum solemnibus verbis, sed manu gestuque demonstrat? At enim futurum est, ut, si dividantur sententiæ interficientis et relegantis, prævaleat illa quæ absolvit. Quid istud ad censentes? quos certe non decet omnibus artibus, omni ratione pugnare, ne fiat quod est mitius. Oportet tamen eos qui puniunt, et qui relegant, absolventibus primum, mox inter se comparari. Scilicet ut in spectaculis quibusdam sors aliquem seponit ac servat, qui cum victore contendat, sic in senatu sunt aliqua prima, sunt secunda certamina; et ex duabus sententiis, eam quæ superior exierit, tertia exspectat. Quid quod, prima sententia comprobata,

spectacles où le sort sépare et réserve quelqu'un qui doit combattre contre le vainqueur. Il y a dans le sénat un premier combat, puis un second ; et l'avis qui l'emporte sur un autre doit encore soutenir les efforts d'un troisième qui l'attend. Mais que dis-je? lorsqu'un avis a prévalu, tous les autres ne tombent-ils pas d'eux-mêmes? Le moyen donc de réunir dans un seul avis deux avis qui ne doivent être comptés pour rien? Je m'explique plus clairement. Si celui qui opine à la mort ne se sépare de celui qui opine au bannissement, au moment même où celui-ci donne son avis, c'est vainement qu'il voudra ensuite qu'on distingue son sentiment de celui du parti auquel il s'est naguère associé.

Mais j'ai bonne grâce de m'ériger ici en maître, moi qui ne désire que d'apprendre. Dites-moi donc s'il fallait partager ces opinions, de sorte qu'elles n'en fissent que deux, ou s'il fallait les compter comme trois opinions différentes. J'ai obtenu ce que je demandais ; mais je voudrais savoir si j'ai eu raison ou non de le demander. Et comment l'ai-je obtenu? Celui qui proposait le dernier supplice, vaincu par mes raisons, a renoncé à son premier avis (j'ignore s'il en avait le droit), et s'est réuni à ceux qui demandaient le bannissement, dans la crainte que, si l'on divisait les trois opinions, ce qui paraissait inévitable, celle de l'absolution ne vînt à l'emporter : car il y avait bien plus de suffrages pour cet avis que pour chacun des deux autres séparément. Alors tous ceux qui, entraînés par son autorité, s'étaient attachés à son opinion, voyant qu'il les abandonnait, quittèrent un avis auquel son auteur renonçait lui-même, et suivirent comme transfuge celui

---

cæteræ perimuntur? Qua ergo ratione potest esse unus atque idem locus sententiarum, quarum nullus est postea? Planius repetam. Nisi, dicente sententiam eo qui relegat, illi qui puniunt capite, initio statim in alia discedunt, frustra postea dissentient ab eo, cui paulo ante consenserint.

Sed quid ego similis docenti, quum discere velim an sententias dividi, an iri in singulas oportuerit? Obtinui quidem quod postulabam ; nihilominus tamen quæro, an postulare debuerim, an abstinere. Quemadmodum obtinui? Is qui ultimum supplicium sumendum esse censebat, nescio an jure, certe æquitate postulationis meæ victus, omissa sententia sua, accessit relegantí; veritus scilicet ne, si dividerentur sententiæ (quod alioquin fore videbatur), ea, quæ absolvendos esse censebat, numero prævaleret; etenim longe plures in hac una, quam in duabus singulis, erant. Tum illi quoque qui auctoritate ejus trahebantur, transeunte illo destituti, reliquerunt sententiam ab ipso auctore desertam, secutique sunt quasi transfugam, quem ducem sequebantur. Sic ex tribus sententiis duæ factæ ; tenuitque ex duabus altera,

qu'ils suivaient auparavant comme chef. Ainsi les trois avis ont été réduits à deux ; et de ces deux, l'un a prévalu ; le troisième, qui a été rejeté, n'ayant pu forcer les deux premiers à lui céder, a choisi du moins celui des deux auquel il céderait lui-même. Adieu.

### XV. — *Pline à Junior.*

Je vous ai sans doute accablé en vous envoyant tant de volumes à la fois ; mais je vous en ai accablé parce que vous me les avez demandés. Et d'ailleurs vous m'avez écrit que vos vendanges étaient si maigres, qu'il m'a été facile de comprendre que vous aviez assez de loisir, comme on dit communément, pour lire un livre. Je reçois les mêmes nouvelles de mes terres. J'aurai donc le temps d'écrire des ouvrages que vous puissiez lire, si pourtant j'ai de quoi acheter du papier. Mais s'il est rude, ou s'il boit, il faudra se résoudre, ou à ne point écrire, ou à écrire des choses qui, bonnes ou mauvaises, s'effaceront sans nécessité à mesure que je les écrirai. Adieu.

### XVI. — *Pline à Paternus.*

Les maladies et la mort même de quelques-uns de mes gens à la fleur de leur âge m'ont accablé de tristesse. J'ai deux sujets de consolation, trop faibles sans doute pour une telle douleur, mais qui cependant m'aident à la supporter : le premier, c'est ma facilité à les affranchir (car ceux qui sont morts libres ne me semblent pas, en quelque façon, être morts avant le temps) ; le second, c'est

---

tertia expulsa, quæ quum amba superare non posset, elegit ab utra vinceretur. Vale.

#### XV. — *Pline à Junior*

Oneravi te tot pariter missis voluminibus, sed onerari, primum quia exegeras ; deinde quia scripseras tam graciles istic vindemias esse, ut plane scirem tibi vacaturum (quod vulgo dicitur) librum legere. Eadem ex meis agellis nuntiantur. Igitur mihi quoque licebit scribere quæ legas, sic modo unde chartæ emi possint. Quæ si scabræ bibulæve sint, aut non scribendum, aut non necessario, quidquid scripserimus boni malive, delebimus. Vale.

#### XVI. — *Pline à Paternus.*

Confecerunt me infirmitates meorum, mortes etiam, et quidem juvenum. Solatia duo nequaquam paria tanto dolori, solatia tamen : unum, facilitas manumittendi

la permission que je donne aux esclaves mêmes de faire une espèce de testament que j'observe aussi religieusement que s'il était légitime. Ils consignent, à leur gré, leurs dispositions et leurs prières : ce sont des ordres auxquels j'obéis. Ils partagent, ils donnent, ils lèguent, pourvu que ce soit à quelqu'un de la maison : car la maison est comme la république et la patrie des esclaves.

Cependant, quoique je trouve dans ces consolations un adoucissement à mon chagrin, l'humanité même qui m'a dicté ces complaisances pour eux m'abat et m'accable au souvenir de leur perte. Je ne voudrais pas en devenir moins sensible, quoique tant d'autres ne voient dans de pareils malheurs qu'une perte d'argent, et qu'avec de tels sentiments ils se croient de grands hommes et des sages. Pour moi, je ne sais s'ils méritent ce double titre ; mais ils ne sont point hommes. L'homme doit être accessible à la douleur, la sentir, la combattre pourtant, écouter les consolations, et non n'avoir pas besoin d'être consolé. Peut-être en ai-je dit plus que je ne devais ; mais c'est encore moins que je n'aurais voulu. Il y a je ne sais quel charme à se plaindre, surtout quand on répand ses larmes dans le sein d'un ami toujours prêt à vous accorder son approbation ou son indulgence. Adieu.

### XVII. — *Pline à Macrinus.*

Avez-vous aussi dans le climat que vous habitez une tempéra-

---

(videor enim non omnino immaturos perdidisse, quos jam liberos perdidi); alterum, quod permitto servis quoque quasi testamenta facere, eaque ut legitima custodio. Mandant rogantque quod visum ; pareo, ut jussus. Dividunt, donant, relinquunt, duntaxat intra domum ; nam servis respublica quædam et quasi civitas domus est.

Sed quanquam his solatiis acquiescam, debilitor et frangor eadem illa humanitate, quæ me ut hoc ipsum permitterem induxit. Non ideo tamen velim durior fieri; nec ignoro alios hujusmodi casus nihil amplius vocare, quam damnum ; eoque sibi magnos homines et sapientes videri. Qui an magni sapientesque sint nescio : homines non sunt. Hominis est enim affici dolore, sentire; resistere tamen, et solatia admittere, non, solatiis non egere. Verum de his plura fortasse quam debui, sed pauciora quam volui. Est enim quædam etiam dolendi voluptas, præsertim si in amici sinu defleas, apud quem lacrymis tuis vel laus sit parata, vel venia. Vale.

### XVII. — *Pline à Macrinus.*

Num istic quoque immite et turbidum cœlum ? Hic assiduæ tempestates, et crebra

ture rude et cruelle? On ne voit à Rome qu'orages et qu'inondations. Le Tibre est sorti de son lit et s'est répandu sur ses rives basses. Quoique le canal que la sage prévoyance de l'empereur a fait faire en ait reçu une partie, il remplit les vallées, il couvre les campagnes ; partout où il trouve des plaines, elles disparaissent sous ses eaux. De là il resulte que, rencontrant les rivières qu'il a coutume de recevoir, de confondre et d'entraîner avec ses ondes, il les force à retourner en arrière, et couvre ainsi de flots étrangers les terres qu'il n'inonde pas de ses propres flots. L'Anio, la plus douce des rivières, et qui semble comme invité et retenu par les belles villas bâties sur ses bords, a déraciné et emporté les arbres qui le couvraient de leur ombrage. Il a renversé des montagnes, et, se trouvant arrêté par leur chute en plusieurs endroits, il a cherché le passage qu'il s'était fermé, il a abattu des maisons, et s'est élevé sur leurs ruines. Ceux qui habitent les lieux élevés, à l'abri de l'inondation, ont vu flotter, ici de riches débris et des meubles précieux, là des ustensiles de campagne ; d'un côté, des bœufs, des charrues, des bouviers ; de l'autre, des troupeaux abandonnés à eux-mêmes ; et, au milieu de tout cela, des troncs d'arbres, des poutres et des toits. Les lieux même où la rivière n'a pu monter ont eu leur part de ce désastre. Une pluie continuelle et des tourbillons échappés des nues ont fait autant de ravages que le fleuve. Les clôtures qui entouraient de magnifiques villas ont été ruinées et les monuments funèbres renversés. Un grand nombre de personnes ont été noyées, estro-

---

diluvia. Tiberis alveum excessit, et demissioribus ripis alte superfunditur. Quanquam fossa, quam providentissimus imperator fecit, exhaustus, premit valles, innatat campis; quaque planum solum, pro solo cernitur. Inde quæ solet flumina accipere, et permixta devehere, velut obvius sistere cogit; atque ita alienis aquis operit agros, quos ipse non tangit. Anio, delicatissimus amnium, ideoque adjacentibus villis velut invitatus retentusque, magna ex parte nemora quibus inumbratur fregit et rapuit : subruit montes, et decidentium mole pluribus locis clausus, dum amissum iter quærit, impulit tecta, ac se super ruinas ejecit atque extulit. Viderunt hi quos excelsioribus terris illa tempestas non deprehendit, alibi divitum apparatus, et gravem supellectilem, alibi instrumenta ruris; ibi boves, aratra, rectores; hic soluta et libera armenta; atque inter hæc arborum truncos, aut villarum trabes, atque culmina varie lateque fluitantia. Ac ne illa quidem loca malo vacaverunt, ad quæ non ascendit amnis. Nam pro amne imber assiduus, et dejecti nubibus turbines; proruta opera, quibus pretiosa rura cinguntur; quassata atque etiam decussa monumenta. Multi ejusmodi casibus debilitati, obruti, obtriti; et aucta luctibus damna. Ne quid

piées, écrasées, et le deuil général accroît encore la douleur de ces pertes. Je crains que, là où vous êtes, vous n'ayez essuyé quelque malheur semblable, et je mesure ma crainte à la grandeur du danger. S'il n'en est rien, rassurez-moi au plus vite, je vous en supplie ; s'il en est autrement, mandez-le-moi toujours. Car il y a peu de différence entre redouter un malheur et le souffrir : seulement le mal a ses bornes, la crainte n'en a point. On ne s'afflige qu'à proportion de ce qui est arrivé ; mais on craint tout ce qui peut arriver. Adieu.

### XVIII. — *Pline à Rufin.*

Il n'est pas vrai, comme on le croit communément, que le testament des hommes soit le miroir de leurs mœurs, puisque Domitius Tullus vient de se montrer en mourant beaucoup meilleur qu'il n'avait paru pendant sa vie. Après s'être livré à toutes les obsessions, il a institué son héritière la fille de son frère qu'il avait adoptée. Il a fait beaucoup de legs, et de legs fort riches à ses petits-enfants, et même à un arrière-petit-fils. En un mot, la tendresse paternelle règne partout dans son testament, et surprend d'autant plus qu'on s'y attendait moins. On en parle donc fort diversement à Rome. Les uns le traitent de fourbe, d'ingrat, d'oublieux, et, en se déchaînant contre lui, se trahissent eux-mêmes par un honteux aveu. On dirait, à leurs invectives, que c'était un homme sans parents ; tandis qu'il était père, aïeul et bisaïeul. Les autres, au contraire, l'élèvent jusqu'au ciel pour

---

simile istic, pro mensura periculi, vereor ; teque rogo, si nihil tale est, quam maturissime sollicitudini meæ consulas ; sed et si tale, id quoque nunties. Nam parvulum differt patiaris adversa, an exspectes, nisi quod tamen est dolendi modus, non est timendi. Doleas enim quantum scias accidisse ; timeas quantum possit accidere. Vale.

### XVIII. — *Pline à Rufin.*

Falsum est nimirum, quod creditur vulgo, testamenta hominum speculum esse morum, quum Domitius Tullus longe melior apparuerit morte quam vita. Nam quum se captandum præbuisset, reliquit filiam hæredem, quæ illi cum fratre communis, quia genitam fratre adoptaverat. Prosecutus est nepotes plurimis jucundissimisque legatis ; prosecutus etiam pronepotem. In summa, omnia pietate plenissima ac tanto magis, quoniam inexspectata sunt. Ergo varii tota civitate sermones. Alii fictum, ingratum, immemorem loquuntur ; seque ipsos, dum insectantur illum, turpissimis confessionibus produnt, ut qui de patre, avo, proavo, quasi de orbo, que-

# LIVRE VIII.

avoir frustré les sordides espérances de cette espèce d'hommes qu'il est sage de tromper ainsi, dans un siècle corrompu. Ils ajoutent qu'il n'était pas libre de laisser un autre testament ; qu'il était redevable de ses grands biens à sa fille, et qu'il les lui a moins donnés que rendus. Car Curtilius Mancia, prévenu contre Domitius Lucanus, son gendre (c'est le frère de Tullus), avait institué héritière sa fille, petite-fille de Curtius, à condition que son père l'émanciperait. Domitius l'avait émancipée, et aussitôt Tullus, son oncle, l'avait adoptée. Ainsi Domitius, qui vivait en communauté de biens avec son frère, avait, par une émancipation artificielle, éludé l'intention du testateur, et remis sa fille, avec de très-grandes richesses, sous sa puissance, après l'avoir émancipée.

Il semble d'ailleurs que la destinée de ces deux frères ait été de s'enrichir en dépit de ceux qui les ont enrichis. Car Domitius Afer, qui les adopta, est mort sans autre testament que celui qu'il avait fait de vive voix, dix-huit ans auparavant, et sur lequel il avait depuis si fort changé de sentiment, qu'il avait poursuivi la confiscation des biens de leur père. Sa disgrâce est aussi surprenante que leur bonheur : sa disgrâce ; il avait adopté pour héritiers les enfants de son ennemi capital, qu'il avait fait retrancher du nombre des citoyens : leur bonheur ; il avait retrouvé un père dans celui qui leur avait ôté le leur. Mais il était juste qu'après avoir été institué héritier par son frère, au préjudice de sa propre fille à laquelle celui-ci voulait ménager l'appui de

---

rantur. Alii contra hoc ipsum laudibus ferunt : quod sit frustratus improbas spes hominum, quos sic decipere, pro moribus temporum, prudentia est. Addunt etiam, non fuisse ei liberum alio testamento mori; neque enim reliquisse opes filiæ, sed reddidisse, quibus auctus per filiam fuerat. Nam Curtilius Mancia, perosus generum suum Domitium Lucanum (frater is Tulli), sub ea conditione filiam ejus, neptem suam, instituerat hæredem, si esset manu patris emissa. Emiserat pater ; adoptaverat patruus : atque ita circumscripto testamento, consors frater, in patris potestatem emancipatam filiam adoptionis fraude revocaverat, et quidem cum opibus amplissimis.

Fuit alioqui fratribus illis quasi fato datum, ut divites fierent, invitissimis a quibus facti sunt. Quin etiam Domitius Afer, qui illos in nomen assumpsit, reliquit testamentum ante octo et decem annos nuncupatum, adeoque postea improbatum sibi, ut patris eorum bona proscribenda curaverit. Mira illius asperitas, mira felicitas horum; illius asperitas, qui numero civium excidit, quem socium etiam in liberis habuit; felicitas horum, quibus successit in locum patris, qui patrem abstulerat. Sed

son oncle, il rendit à cette même fille la succession d'Afer, ainsi que les autres biens que les deux frères avaient acquis ensemble.

Ce testament mérite d'autant plus de louanges, que la nature, la fidélité, l'honneur l'ont dicté; que chacun, selon son degré d'affinité, selon ses services, y a trouvé des marques d'affection et de reconnaissance, la femme de Tullus comme les autres. Cette femme, d'une vertu, d'une patience singulière, et qui devait être d'autant plus chère à son mari, que son mariage l'a exposée à des reproches, a eu pour sa part de très-belles villas et une somme d'argent considérable. Il semblait qu'avec de la naissance et de bonnes mœurs, sur le déclin de l'âge, après une longue viduité, après avoir été mère autrefois, elle se fût oubliée en prenant pour mari un vieillard riche, accablé d'infirmités assez repoussantes pour dégoûter la femme même qui l'eût épousé jeune et plein de santé. Perclus et paralytique de tout son corps, il ne jouissait de sa richesse que des yeux, et ne se remuait même dans son lit que par le secours d'autrui. Il fallait, par la plus humiliante et la plus triste des nécessités, qu'il donnât sa bouche à laver et ses dents à nettoyer. On l'a plus d'une fois entendu déplorer le misérable état où il était réduit, et se plaindre que, plusieurs fois le jour, il sentait dans sa bouche les doigts de ses esclaves. Il vivait pourtant, et voulait vivre, soutenu principalement par la vertu de sa femme. Elle avait rendu honorable pour elle une union qu'on lui avait d'abord reprochée.

hæc quoque hæreditas Afri, ut reliqua cum fratre quæsita, transmittenda erat filiæ fratris, a quo Tullus ex asse hæres institutus, prælatusque filiæ fuerat, ut conciliaretur.
 Quo laudabilius testamentum est, quod pietas, fides, pudor scripsit, in quo denique omnibus affinitatibus, pro cujusque officio, gratia relata est. Relata et uxori: accepit amœnissimas villas, accepit magnam pecuniam uxor optima et patientissima; ac tanto melius de viro merita, quanto magis est reprehensa quod nupsit. Nam mulier natalibus clara, moribus proba, ætate declivis, diu vidua, mater olim, parum decore secuta matrimonium videbatur divitis senis, ita perditi morbo, ut esse tædio posset uxori, quam juvenis sanusque duxisset. Quippe omnibus membris extortus et fractus tantas opes solis oculis obibat; ac ne in lectulo quidem, nisi ab aliis, movebatur. Quin etiam (fœdum miserandumque dictu!) dentes lavandos fricandosque præbebat. Auditum est frequenter ab ipso, quum quereretur de contumeliis debilitatis suæ, se digitos servorum suorum quotidie lingere. Vivebat tamen, et vivere volebat, sustentante maxime uxore; quæ culpam inchoati matrimonii in gloriam perseverantia verterat.

Voilà tout ce qu'il y a de nouveau à Rome. Les tableaux de Tullus sont à vendre : on n'attend que le jour des enchères. Il était tellement fourni de ces raretés, et il en avait tant d'oubliées dans ses garde-meubles, que, le jour même où il acheta d'immenses jardins, il put les remplir d'une foule de statues très-anciennes. A votre tour, si vous savez quelque chose digne d'une lettre, prenez la peine de me l'écrire : car, outre que les nouvelles font plaisir, rien ne forme tant que les exemples. Adieu.

## XIX. — *Pline à Maxime.*

Les belles-lettres sont pour moi une jouissance et une consolation. Il n'est rien de si agréable qui le soit plus qu'elles ; il n'est rien de triste qui ne devienne moins triste par elles. Dans le trouble que me causent l'indisposition de ma femme, la maladie de mes gens, la mort même de quelques-uns, je ne trouve d'autre remède que l'étude. Sans doute elle me fait mieux comprendre toute la grandeur du mal ; mais elle m'apprend à le supporter avec plus de patience. Or, j'ai coutume, quand je destine quelque ouvrage au public, de le soumettre auparavant à la critique de mes amis, et particulièrement à la vôtre. Si donc vous avez quelquefois accordé votre attention à mes ouvrages, donnez-la tout entière à celui que je vous envoie ci-joint ; car je crains que la tristesse n'ait affaibli la mienne. J'ai bien pu prendre assez sur ma douleur pour écrire, mais non pour écrire d'un esprit libre et content. Et pour-

---

Habes omnes fabulas Urbis. Jam sunt venales tabulæ Tulli : exspectatur auctio. Fuit enim tam copiosus, ut amplissimos hortos eodem quo emerat die instruxerit plurimis et antiquissimis statuis : tantum illi pulcherrimorum operum in horreis, quæ negligebantur. Invicem tu, si quid istic epistola dignum, ne gravare scribere : nam quum aures hominum novitate lætantur, tum ad rationem vitæ exemplis erudimur. Vale.

### XIX. — *Pline à Maxime.*

Et gaudium mihi et solatium in litteris ; nihilque tam lætum, quod his lætius, nihil tam triste, quod non per has sit minus triste. Itaque et infirmitate uxoris, et meorum periculo, quorumdam vero etiam morte turbatus, ad unicum doloris levamentum, studia, confugio ; quæ præstant ut adversa magis intelligam, sed patientius feram. Est autem mihi moris, quod sum daturus in manus hominum, ante amicorum judicio examinare, in primis tuo. Proinde si quando, nunc intende libro quem cum hac epistola accipies ; quia vereor ne ipse, ut tristis, parum intenderim. Imperare

tant, si l'étude dispose à la gaieté, à son tour la gaieté influe heureusement sur l'étude. Adieu.

## XX. — Pline à Gallus.

Nous avons coutume de nous mettre en voyage, de passer les mers pour voir des choses que nous négligeons lorsqu'elles sont sous nos yeux ; peut-être parce que nous sommes naturellement insoucieux de ce qui est près de nous, et pleins de curiosité pour ce qui en est loin ; peut-être aussi parce que tous les désirs qu'il est aisé de satisfaire sont toujours tièdes ; peut-être enfin parce que nous différons toujours de voir ce que nous pouvons voir quand il nous plaira. Quoi qu'il en soit, il y a à Rome, il y a près de Rome beaucoup de choses que non-seulement nous n'avons jamais vues, mais dont nous n'avons même jamais entendu parler, et que nous aurions vues, dont nous parlerions, que nous irions visiter, si elles étaient en Grèce, en Égypte, en Asie, ou dans tout autre pays fécond en merveilles et enthousiaste de ses beautés. Ce qu'il y a de vrai, c'est que je viens d'apprendre une chose qui m'était inconnue, de voir ce que je n'avais point encore vu.

L'aïeul de ma femme m'avait engagé à visiter sa terre d'Amérie. Tandis que je m'y promenais, on me montra, dans un fond, un lac appelé Vadimon, et dont on me raconta des prodiges. Je m'en approche. La forme de ce lac est celle d'une roue couchée. Il est partout égal, sans aucun recoin, sans aucun angle ; tout y est uni, me-

---

enim dolori ut scriberem, potui, ut vacuo animo lætoque, non potui. Porro ut ex studiis gaudium, sic studia hilaritate proveniunt. Vale.

### XX. — Pline à Gallus.

Ad quæ noscenda iter ingredi, transmittere mare solemus, ea sub oculis posita negligimus : seu quia ita natura comparatum, ut proximorum incuriosi, longinqua sectemur ; seu quod omnium rerum cupido languescit, quum facilis occasio est ; seu quod differimus, tanquam sæpe visuri quod datur videre, quoties velis cernere. Quacumque de causa, permulta in urbe nostra ; juxtaque urbem, non oculis modo, sed ne auribus quidem novimus, quæ si tulisset Achaia, Ægyptus, Asia, aliave quælibet miraculorum ferax commendatrixque terra, audita, perlecta, lustrata haberemus. Ipse certe nuper, quod nec audieram ante, nec videram, audivi pariter et vidi.

Exegerat prosocer meus, ut amerina prædia sua inspicerem. Hæc perambulanti mihi ostenditur subjacens lacus, nomine Vadimonis ; simul quædam incredibilia narrantur. Perveni ad ipsum. Lacus est in similitudinem jacentis rotæ circumscrip-

suré, taillé, creusé, comme par la main d'un artiste. La couleur de ses eaux est plus pâle que celle des eaux ordinaires : elles sont d'un jaune foncé, tirant sur le vert. Elles ont l'odeur et le goût d'eaux sulfureuses, et guérissent les fractures. Le lac, quoique petit, s'agite et s'enfle au gré des vents.

On n'y trouve point de bateaux, parce qu'il est consacré ; mais on y voit flotter des îles de verdure, couvertes de roseaux, de joncs, de tous les produits des marais les plus fertiles, et aux extrémités mêmes du lac. Chacune a sa forme et sa grandeur particulière ; toutes ont les bords nus, parce que souvent elles s'entre-choquent, ou heurtent la rive. Elles ont toutes une égale profondeur, une égale légèreté. Terminées en coques de navire, elles s'enfoncent assez peu dans le lac. Elles se montrent de tous côtés, également plongées sous les eaux et nageant à leur surface. Quelquefois elles se rassemblent et forment une espèce de continent ; quelquefois des vents opposés les dispersent ; parfois aussi, au sein du calme, elles flottent séparément. Souvent les plus petites s'attachent aux plus grandes, comme des esquifs aux vaisseaux de charge. Tantôt les grandes et les petites semblent lutter à la course ; tantôt, arrivant toutes au même point, elles longent la rive ; puis, flottant çà et là, elles envahissent le lac et l'abandonnent tour à tour. Ce n'est que lorsqu'elles en occupent le milieu, qu'il paraît dans toute sa grandeur. On a vu des troupeaux s'avancer, en broutant l'herbe de la prairie, jusque dans ces îles qui leur semblaient l'extrémité de la rive, et ne s'apercevoir que le terrain était

---

tus, et undique æqualis; nullus sinus, obliquitas nulla; omnia dimensa, paria, et quasi artificis manu cavata et excisa. Color cœruleo albidior, viridior et pressior; sulphuris odor saporque medicatus; vis, qua fracta solidantur : spatium modicum, quod tamen sentiat ventos, et fluctibus intumescat.

Nulla in hoc navis (sacer enim est), sed innatant insulæ herbidæ, omnes arundine et junco lætæ, quæque alia fecundior palus, ipsaque illa extremitas lacus effert. Sua cuique figura, ut modus ; cunctis margo derasus, quia frequenter vel littori vel sibi illisæ terunt teruntque. Par omnibus altitudo, par levitas ; quippe in speciem carinæ humili radice descendunt. Hæc ab omni latere perspicitur; eadem aqua pariter suspensa et mersa. Interdum junctæ copulatæque et continenti similes sunt; interdum discordantibus ventis digeruntur; nonnunquam destitutæ, tranquillitate, singulæ fluitant. Sæpe minores majoribus, velut cymbulæ onerariis, adhærescunt; sæpe inter se majores minoresque quasi cursum certamenque desumunt. Rursus omnes in eumdem locum appulsæ, qua steterunt, promovent terram, et modo hac, modo illac, lacum reddunt auferuntque; ac tum demum, quum medium tenuere, non

mouvant, que lorsque, éloignés de la terre, ils se sentaient avec terreur comme emportés au milieu du lac qui les environnait. Bientôt ils abordaient où il plaisait au vent de les porter, et ils descendaient sur le bord aussi insensiblement qu'ils s'en étaient éloignés.

Ce même lac se décharge dans un fleuve, qui, après s'être montré quelque temps, se précipite dans une grotte. Il continue son cours sous la terre, et si, avant qu'il s'y précipite, on jette quelque chose dans les eaux, il le conserve, et le rend quand il sort.

Je vous ai donné tous ces détails, parce que j'ai pensé qu'ils ne vous sembleraient ni moins neufs, ni moins intéressants qu'à moi : car nous prenons tous deux un extrême plaisir à connaître les ouvrages de la nature. Adieu.

## XXI. — *Pline à Arrien.*

Je suis persuadé que, dans les études, comme dans la vie, rien n'est si beau, et plus conforme à la nature humaine que de tempérer la gravité par l'enjouement, en sorte que l'une ne dégénère pas en tristesse, et l'autre en folle joie. Voilà pourquoi, après avoir travaillé des ouvrages sérieux, je m'amuse à composer quelques bagatelles. J'ai choisi, pour les mettre au jour, le temps et le lieu le plus convenable. Afin de les accoutumer dès à présent à être entendues par des oisifs et dans la salle des repas, j'ai pris le mois de juillet, c'est-à-dire le temps où il se plaide le moins d'affaires,

contrahunt. Constat, pecora herbas secuta sic in insulas, ut in extremam ripam, procedere solere, nec prius intelligere mobile solum, quam littore abrepta, quasi illata et imposita, circumfusum undique lacum paveant; mox quo tulerit ventus egressa, non magis se descendisse sentire, quam senserint ascendisse.

Idem lacus in flumen egeritur, quod ubi se paulisper oculis dedit, specu mergitur, alteque conditum meat ; ac si quid ante, quam subduceretur, accepit, servat et profert.

Hæc tibi scripsi, quia nec minus ignota quam mihi, nec minus grata credebam : nam te quoque, ut me, nihil æque ac naturæ opera delectant. Vale.

## XXI. — *Pline à Arrien.*

Ut in vita, sic in studiis pulcherrimum et humanissimum existimo, severitatem comitatemque miscere, ne illa in tristitiam, hæc in petulantiam procedat. Qua ratione ductus, graviora opera lusibus jocisque distinguo. Ad hos proferendos et tempus et locum opportunissimum elegi, utque jam nunc assuescerent et ab otiosis

et j'ai placé mes amis sur des siéges disposés devant les lits des convives.

Le hasard a voulu que ce jour-là même on vînt le matin me demander à l'improviste de plaider une cause. Cette circonstance me fournit un préambule. Je suppliai l'auditoire de penser que, bien que j'eusse à faire une lecture devant des amis, et des amis en petit nombre, je n'avais pas cru témoigner peu d'intérêt pour cette séance, en me livrant ce même jour aux affaires et au barreau où d'autres amis m'appelaient. Je les assurai que j'en usais toujours ainsi en écrivant ; que je sacrifiais toujours les plaisirs aux devoirs, l'agréable à l'utile, et que j'écrivais d'abord pour mes amis, et ensuite pour moi-même. Au reste, l'ouvrage dont je leur ai fait part est diversifié, non-seulement par la nature des sujets, mais encore par la mesure des vers. C'est ainsi que, dans la défiance où je suis de mon esprit, j'ai coutume de me précautionner contre l'ennui. J'ai lu pendant deux jours pour satisfaire à l'empressement des auditeurs. Cependant les autres passent ou retranchent certains endroits, et pensent qu'on doit leur en savoir gré ; moi, je ne passe, je ne retranche rien, et j'en avertis ceux qui m'écoutent. Je lis tout pour être en état de tout corriger, ce que ne peuvent faire ceux qui ne lisent que des morceaux choisis. Peut-être marquent-ils en cela plus de défiance d'eux-mêmes, et plus de respect pour leurs auditeurs ; mais du moins je montre plus de franchise et plus d'amitié. C'est agir en ami, que de compter assez sur l'affection de ses auditeurs pour ne pas craindre de les ennuyer. D'ailleurs, quelle obligation leur a-t-on, s'ils ne

---

et in triclinio audiri, julio mense, quo maxime lites interquiescunt, positis ante lectos cathedris, amicos collocavi.

Forte accidit, ut eo die mane in advocationem subitam rogarer ; quod mihi causam præloquendi dedit. Sum enim deprecatus, ne quis ut irreverentem operis argueret, quod recitaturus quanquam et amicis et paucis, idem iterum amicis, foro et negotiis non abstinuissem. Addidi hunc ordinem me et in scribendo sequi, ut necessitates voluptatibus, seria jucundis anteferrem ; ac primum amicis, tum mihi scriberem. Liber fuit et opusculis varius et metris. Ita solemus, qui ingenio parum fidimus, satietatis periculum fugere. Recitavi biduo : hoc assensus audientium exegit ; et tamen, ut alii transeunt quædam, imputantque quod transeant, sic ego nihil prætereo, atque etiam non præterire me testor. Lego enim omnia ut omnia emendem, quod contingere non potest electa recitantibus. At illud modestius, et fortasse reverentius ; sed hoc simplicius et amantius. Amat enim, qui se sic amari putat, ut tædium non pertimescat. Alioqui quid præstant sodales, si conveniunt voluptatis suæ

s'assemblent que pour se divertir? Il faut être égoïste et presque indifférent pour aimer mieux entendre un bon ouvrage, que de contribuer à le rendre tel.

Votre amitié pour moi ne me permet pas de douter que vous ne souhaitiez de lire au plus tôt cette pièce dans sa nouveauté. Vous la lirez, mais retouchée : car c'est pour la retoucher que je l'ai lue. Vous en connaissez déjà pourtant une bonne partie. Que ces passages aient été perfectionnés depuis, ou qu'à force de les corriger ils en soient devenus plus mauvais, comme cela arrive souvent, ils vous paraîtront nouveaux. Car, lorsque presque tout est changé, il semble que l'on ait refait les endroits même que l'on a conservés. Adieu.

### XXII. — *Pline à Géminius.*

Ne connaissez-vous point de ces gens qui, esclaves de toutes leurs passions, s'élèvent contre les vices d'autrui comme s'ils en étaient jaloux? Ceux qu'ils punissent le plus sévèrement, sont ceux qu'ils imitent le plus. Et cependant rien ne fait tant d'honneur que l'indulgence aux hommes même qui peuvent dispenser tout le monde d'en avoir pour eux. Le meilleur et le plus parfait, selon moi, est celui qui pardonne aux autres comme s'il commettait lui-même des fautes continuelles, et qui les évite comme s'il ne pardonnait à personne. Soyons donc en particulier, en public, et dans toute la conduite de notre vie, inexorables pour nous,

---

causa? Delicatus ac similis ignoto est, qui amici librum bonum mavult audire, quam facere.

Non dubito cupere te, pro cætera mei caritate, quam maturissime legere hunc adhuc musteum librum. Leges, sed retractatum, quæ causa recitandi fuit ; et tamen nonnulla jam ex eo nosti. Hæc vel emendata postea, vel (quod interdum longiore mora solet) deteriora facta, quasi nova rursus, et rescripta cognosces. Nam plerisque mutatis, ea quoque mutata videntur quæ manent. Vale.

### XXII. — *Pline à Géminius.*

Nostine hos qui, omnium libidinum servi, sic aliorum vitiis irascuntur, quasi invideant ; et gravissime puniunt, quos maxime imitantur? quum eos etiam, qui non indigent clementia ullius, nihil magis quam lenitas deceat. Atque ego optimum et emendatissimum existimo, qui cæteris ita ignoscit, tanquam ipse quotidie peccet ; ita peccatis abstinet, tanquam nemini ignoscat. Proinde hoc domi, hoc foris, hoc in omni vitæ genere teneamus, ut nobis implacabiles simus, exorabiles istis etiam, qui

indulgents pour les autres, même pour ceux qui ne savent excuser qu'eux. N'oublions jamais ce que disait souvent Thraséas, l'homme le plus humain, et par cela même le plus grand : *Celui qui hait les vices, hait les hommes.* Vous demandez à qui j'en veux en écrivant ceci? Un individu, ces jours derniers... Mais il sera mieux de vous conter l'affaire de vive voix, ou plutôt de me taire. Je crains que poursuivre, blâmer, rapporter une action que je désapprouve, ne soit contraire à la tolérance que je prescris. Quel que soit donc cet homme, ne le nommons point. Il serait peut-être utile, pour l'exemple, de le faire connaître; mais il importe beaucoup, pour l'indulgence, de ne le point signaler. Adieu.

### XXIII. — *Pline à Marcellin.*

Études, soins, distractions, tout cède à la douleur extrême que me cause la mort de Junius Avitus : elle m'enlève et m'arrache tout. Il avait pris chez moi le laticlave. Je l'avais aidé de mon suffrage, lorsqu'il sollicitait les charges publiques. Il m'aimait, il me respectait comme le guide de sa conduite; il m'écoutait comme son maître. C'est une disposition fort rare dans nos jeunes gens. En est-il beaucoup qui veuillent bien déférer, ou à l'âge, ou à l'autorité? Dès qu'ils entrent dans le monde, ils sont parfaits, ils savent tout; ils ne respectent, ils n'imitent personne, et se suffisent à eux-mêmes. Avitus était bien éloigné de ces sentiments. Il mettait surtout sa sagesse à croire toujours les autres plus sages que lui,

---

dare veniam nisi sibi nesciunt; mandemusque memoriæ, quod vir mitissimus, et ob hoc quoque maximus, Thraseas, crebo dicere solebat : *Qui vitia odit, homines odit.* Fortasse quæris, quo commotus hæc scribam? Nuper quidam.... Sed melius coram, quanquam ne tunc quidem. Vereor enim, ne id, quod improbo, insectari, carpere, referre, huic, quod quum maxime præcipimus, repugnet. Quisquis ille, qualiscumque, sileatur. Quem insignire, exempli nonnihil, non insignire, humanitatis plurimum refert. Vale.

### XXIII. — *Pline à Marcellin.*

Omnia mihi studia, omnes curas, omnia avocamenta exemit, excussit, eripuit dolor, quem ex morte Junii Aviti gravissimum cepi. Latum clavum in domo mea induerat; suffragio meo adjutus in petendis honoribus fuerat. Ad hoc, ita me diligebat, ita verebatur, ut me formatore morum, me quasi magistro uteretur. Rarum hoc in adolescentibus nostris. Nam quotusquisque vel ætati alterius, vel auctoritati, ut minor, cedit? Statim sapiunt, statim sciunt omnia : neminem verentur, imitantur

et sa science à vouloir s'instruire. Sans cesse il consultait, ou sur les belles-lettres, ou sur les devoirs de la vie. Il ne vous quittait jamais, sans avoir profité ; et il en valait davantage, en effet, ou par ce qu'il avait appris, ou pour avoir voulu apprendre. Quel attachement n'a-t-il pas marqué pour Servianus, l'un des hommes les plus accomplis de ce siècle ? Lorsque celui-ci, en qualité de lieutenant du proconsul, passait de Germanie en Pannonie, Avitus, alors tribun, comprit si bien tout son mérite, et le captiva si bien lui-même, qu'il le suivit, non comme compagnon d'armes, mais comme attaché à sa personne, comme ami. Quelle habileté et quelle modération n'a-t-il pas montrées sous les consuls dont il a été le questeur (car il l'a été de plusieurs)! Quel agrément, quelle satisfaction, quel avantage n'ont-ils point tiré de ses services ! Cette charge d'édile, dont une mort imprévue l'empêche de jouir, par combien de démarches, par combien de zèle ne l'avait-ils pas achetée! Et c'est ce qui aigrit le plus ma douleur. Je me représente tant de peines perdues, tant de prières inutiles, et une dignité qui lui échappe, après qu'il l'a si bien méritée. Je me rappelle que c'est chez moi qu'il a pris le laticlave ; je me rappelle mes premières, mes dernières sollicitations en sa faveur, nos entretiens, nos discussions. Je suis touché de sa jeunesse, du malheur de ses parents. Il avait une mère fort âgée, une femme qu'il avait épousée depuis moins d'un an, une fille qu'il venait de voir naître. Quel changement un seul jour apporte à tant d'espérances, à tant de joie! Édile nouveau, nouveau mari, nouveau

---

neminem, atque ipsi sibi exempla sunt. Sed non Avitus, cujus hæc præcipua prudentia, quod alios prudentiores arbitrabatur; hæc præcipua eruditio, quod discere volebat. Semper ille aut de studiis aliquid, aut de officiis vitæ consulebat; semper ita recedebat, ut melior factus; et erat factus vel eo quod audierat, vel quod omnino quæsierat. Quod ille obsequium Serviano, exactissimo viro, præstitit! quem legatum tribunus ita et intellexit, et cepit, ut ex Germania in Pannoniam transeuntem, non ut commilito, sed ut comes assectatorque sequeretur. Qua industria, qua modestia quæstor consulibus suis (et plures habuit) non minus jucundus et gratus, quam usui fuit! Quo discursu, qua vigilantia hanc ipsam ædilitatem, cui præreptus est, petiit! Quod vel maxime dolorem meum exulcerat. Obversantur oculis cassi labores, et infructuosæ preces, et honor quem meruit tantum. Redit animo ille latus clavus, in penatibus meis sumptus; redeunt illa prima, illa postrema suffragia mea, illi sermones, illæ consultationes. Afficior adolescentia ipsius, afficior necessitudinum casu. Erat illi grandis natu parens ; erat uxor, quam ante annum virginem acceperat; erat filia, quam paulo ante sustulerat. Tot spes, tot gaudia dies unus in

père, il laisse une charge sans l'avoir exercée, une mère sans appui, une femme veuve, une fille dans l'enfance, qui n'a jamais connu ni son aïeul, ni son père. Pour comble de chagrin, je l'ai perdu pendant mon absence. J'ai appris en même temps sa maladie et sa mort, et lorsque je m'y attendais le moins, comme si l'on eût appréhendé que la crainte ne me familiarisât avec une si cruelle douleur. Tels sont les tourments que j'éprouve en vous écrivant, tout plein d'un seul objet. En l'état où je suis, je ne puis ni m'occuper ni parler d'autre chose. Adieu.

### XXIV. — *Pline à Maxime.*

Mon amitié pour vous m'oblige, non pas à vous instruire (car vous n'avez pas besoin de maître), mais à vous avertir de ne pas oublier ce que vous savez déjà, de le pratiquer, ou même de travailler à le savoir encore mieux. Songez que l'on vous envoie dans l'Achaïe, c'est-à-dire dans la véritable, dans la pure Grèce, où, selon l'opinion commune, la civilisation, les lettres, l'agriculture même, ont pris naissance ; songez que vous allez gouverner des cités libres, c'est-à-dire des hommes vraiment dignes du nom d'hommes, des hommes libres par excellence, dont les vertus, les bienfaits, les alliances, les traités, la religion ont eu pour principal objet la conservation du plus beau droit que nous tenions de la nature. Respectez les dieux qui ont créé cette contrée, et les noms mêmes de ces dieux ; respectez l'ancienne gloire de cette

---

diversa convertit. Modo designatus ædilis, recens maritus, recens pater, intactum honorem, orbam matrem, viduam uxorem, filiam pupillam, ignaramque patris reliquit. Accedit lacrymis meis, quod absens, et impendentis mali nescius, pariter ægrum, pariter decessisse cognovi, ne gravissimo dolori timore consuescerem. In tantis tormentis eram, quum scriberem hæc, scriberem sola. Neque enim nunc aliud aut cogitare aut loqui possum. Vale.

### XXIV. — *Pline à Maxime.*

Amor in te meus cogit, non ut præcipiam (neque enim præceptore eges), admoneam tamen, ut, quæ scis, teneas et observes, aut scias melius. Cogita te missum in provinciam Achaiam, illam veram et meram Græciam, in qua primum humanitas, litteræ, etiam fruges inventæ esse creduntur ; missum ad ordinandum statum liberarum civitatum, id est, ad homines maxime homines, ad liberos maxime liberos, qui jus a natura datum virtute, meritis, amicitia, fœdere denique, et religione tenuerunt. Reverere conditores deos, nomina deorum. Reverere gloriam veterem, et

nation, et cette vieillesse des villes, aussi sacrée que celle des hommes est vénérable. Rendez honneur à leur antiquité, à leurs exploits extraordinaires, à leurs fables même. N'entreprenez rien sur la dignité, sur la liberté, ni même sur la vanité de personne. Rappelez-vous toujours que nous avons puisé nos lois chez ce peuple ; qu'il ne nous les a pas imposées en vainqueur, mais qu'il les a cédées à nos prières. C'est dans Athènes que vous allez entrer : c'est à Lacédémone que vous devez commander. Il y aurait de l'inhumanité, de la cruauté, de la barbarie à leur ôter l'ombre et le nom de liberté qui leur restent. Voyez comment en usent les médecins. Relativement à leur art, il n'y a point de différence entre l'homme libre et l'esclave ; cependant ils traitent l'un plus doucement et plus humainement que l'autre. Rappelez-vous ce que fut autrefois chaque ville, mais non pour mépriser ce qu'elle est aujourd'hui.

Soyez sans fierté, sans orgueil, et ne redoutez pas le mépris. Peut-on mépriser celui qui est revêtu du pouvoir et qui porte les faisceaux, s'il ne montre une âme sordide et basse, et s'il ne se méprise pas le premier ? Un magistrat éprouve mal son pouvoir en insultant autrui. La terreur est un mauvais moyen de s'attirer la vénération, et l'on obtient ce qu'on veut bien plus aisément par l'amour que par la crainte. Car, pour peu que vous vous éloigniez, la crainte s'éloigne avec vous, mais l'affection reste ; et, comme à la première succède la haine, la seconde se change en respect. Vous devez donc, je le répète, vous rappeler sans cesse

hanc ipsam senectutem, quæ in homine venerabilis, in urbibus sacra est. Sit apud te honor antiquitati, sit ingentibus factis, sit fabulis quoque. Nihil ex cujusquam dignitate, nihil ex libertate, nihil etiam ex jactatione decerpseris. Habe ante oculos hanc esse terram, quæ nobis miserit jura, quæ leges non victis, sed petentibus dederit ; Athenas esse quas adeas, Lacedæmonem esse quam regas : quibus reliquam umbram, et residuum libertatis nomen eripere, durum, ferum, barbarumque est. Vides a medicis, quanquam in adversa valetudine nihil servi ac liberi differant, mollius tamen liberos clementiusque tractari. Recordare quid quæque civitas fuerit ; non ut despicias, quod esse desierit.

Absit superbia, asperitas ; nec timueris contemptum. An contemnitur, qui imperium, qui fasces habet, nisi qui humilis, et sordidus, et qui se primus ipse contemnit ? Male vim suam potestas aliorum contumeliis experitur ; male terrore veneratio acquiritur ; longeque valentior amor ad obtinendum quod velis, quam timor. Nam timor abit, si recedas ; manet amor ; ac sicut ille in odium, hic in reverentiam vertitur. Te vero etiam atque etiam (repetam enim) meminisse oportet officii tui titulum,

le titre de votre charge, et l'importance de vos devoirs quand il s'agit d'organiser des cités libres. Qu'y a-t-il qui exige plus d'humanité que le gouvernement? Qu'y a-t-il de plus précieux que la liberté? Quelle honte serait-ce d'ailleurs de transformer la règle en désordre et la liberté en esclavage!

Je dirai plus : vous avez à vous mesurer avec vous-même. Vous avez à soutenir l'excellente réputation que vous vous êtes acquise dans l'emploi de trésorier de Bithynie, l'estime du prince, l'honneur que vous ont fait les charges de tribun, de préteur, et enfin ce gouvernement même qui est la récompense de tant de travaux. Mettez toute votre gloire à ce qu'on ne puisse pas dire que vous avez été plus humain, plus intègre et plus habile dans une province éloignée, qu'aux portes de Rome ; parmi des peuples esclaves, que chez des hommes libres ; désigné par le sort, que choisi par nos concitoyens ; inconnu et sans expérience, qu'éprouvé et honoré. D'ailleurs n'oubliez pas ce que souvent vous avez lu, ce que vous avez souvent entendu dire, qu'il est bien plus humiliant de perdre l'estime que de n'en pas acquérir.

Veuillez prendre tout ceci, comme je vous l'ai dit d'abord, non pour des leçons, mais pour des conseils, quoiqu'après tout, quand ce seraient des leçons, je ne craindrais pas qu'on me reprochât d'avoir porté l'amitié à l'excès. Car on ne doit point appréhender qu'il y ait de l'excès dans ce qui doit être si grand. Adieu.

---

ac tibi ipsi interpretari, quale quantumque sit ordinare statum liberarum civitatum. Nam quid ordinatione civilius? quid libertate pretiosius? Porro quam turpe, si ordinatio eversione, libertas servitute mutetur?

Accedit, quod tibi certamen est tecum. Onerat te quæsturæ tuæ fama, quam ex Bithynia optimam revexisti ; onerat testimonium principis ; onerat tribunatus, prætura, atque hæc ipsa legatio, quasi præmium data. Quo magis nitendum est, ne in longinqua provincia, quam suburbana, ne inter servientes, quam liberos, ne sorte, quam judicio missus, ne rudis et incognitus, quam exploratus probatusque, humanior, melior, peritior fuisse videaris, quum sit alioquin, ut sæpe audisti, sæpe legisti, multo deformius amittere, quam non assequi laudem.

Hæc velim credas, quod initio dixi, scripsisse me admonentem, non præcipientem, quanquam præcipientem quoque. Quippe non vereor, in amore ne modum excesserim. Neque enim periculum est, ne sit nimium, quod esse maximum debet. Vale.

# LIVRE NEUVIÈME.

### I. — *Pline à Maxime.*

Je vous ai souvent conseillé de publier au plus tôt les ouvrages que vous avez composés, ou pour votre défense, ou contre Planta, ou tout à la fois, et pour vous et contre lui ; car le sujet le voulait ainsi. Mais aujourd'hui que je viens d'apprendre sa mort, je joins mes exhortations à mes conseils. Quoique vous les ayez lus et que vous les ayez donnés à lire à beaucoup de personnes, je serais fâché, qu'après les avoir achevés de son vivant, on pût soupçonner que vous ne les avez commencés qu'après sa mort. Soutenez l'opinion qu'on a conçue de votre courage. Or vous la soutiendrez, en faisant connaître à tout homme, équitable ou non, que ce n'est point seulement après la mort d'un ennemi que vous avez osé écrire, mais que cette mort a prévenu la publication toute prête de votre ouvrage. Vous éviterez en même temps ce reproche :

> C'est une impiété que d'insulter aux morts.

## LIBER NONUS.

### I. — *Pline à Maxime.*

Sæpe te monui, ut libros, quos vel pro te, vel in Plantam, immo et pro te et in illum (ita enim materia cogebat) composuisti, quam maturissime emitteres : quod nunc præcipue, morte ejus audita, et hortor, et moneo. Quamvis enim legeris multis, legendosque dederis, nolo tamen quemquam opinari, defuncto demum inchoatos, quos incolumi eo peregisti. Salva sit tibi constantiæ fama. Erit autem, si notum, æquis iniquisque fuerit, non post inimici mortem scribendi tibi natam esse fiduciam, sed jam paratam editionem morte præventam. Simul vitabis illud,

> Οὐχ ὁσίη φθιμένοισιν.

Car ce qu'on a composé, ce qu'on a lu contre un homme vivant, c'est presque le publier pendant sa vie, que le publier au moment même de sa mort. Ajournez donc tout travail, si vous faites quelqu'autre ouvrage, et mettez la dernière main à celui-ci. Il me parut achevé à l'époque où vous me le donnâtes à lire. Mais aujourd'hui il doit vous paraître tel à vous-même, qui ne pouvez plus vous permettre aucun retard. Votre ouvrage n'en a pas besoin, et la circonstance vous le défend. Adieu.

## II. — Pline à Sabinus.

Vous me faites plaisir de me presser si fort, non-seulement de vous écrire souvent, mais encore de vous écrire de très-longues lettres. Je les ai jusqu'ici ménagées ; d'abord, pour ne pas vous détourner de vos occupations, et ensuite, parce que j'étais moi-même dérangé par des affaires qui, toutes frivoles qu'elles sont, ne laissent pas de captiver et de fatiguer l'esprit. De plus, je manquais de matière pour écrire une longue lettre : car je n'ai pas les ressources qu'avait Cicéron dont vous me proposez l'exemple. Indépendamment de la fécondité de son génie, il était abondamment entretenu, soit par la diversité, soit par la grandeur des événements. Quant à moi, vous savez assez, sans que je vous le dise, dans quelles bornes je me trouve resserré, si je ne veux pas vous envoyer une de ces lettres oiseuses et qui sentent le rhéteur. Mais rien ne me semble moins convenable, quand je vous vois dans un camp, au milieu des clairons et des trompettes,

---

Nam quod de vivente scriptum, de vivente recitatum est, in defunctum quoque, tanquam viventem adhuc, editur, si editur statim. Igitur, si quid aliud in manibus interim differ ; hoc perfice, quod nobis, qui legimus olim, absolutum videtur. Sed jam videatur et tibi, cujus cunctationem nec res ipsa desiderat, et temporis ratio præcidit. Vale.

## II. — Pline à Sabinus.

Facis jucunde, quod non solum plurimas epistolas meas, verum etiam longissima flagitas ; in quibus parcior fui, partim quia tuas occupationes verebar, partim quia ipse multum distringebar plerumque frigidis negotiis, quæ simul et avocant animum et comminuunt. Præterea nec materia plura scribendi dabatur : neque enim eadem nostra conditio, quæ M. Tullii, ad cujus exemplum nos vocas. Illi enim et copiosissimum ingenium, et ingenio qua varietas rerum, qua magnitudo largissime suppetebat. Nos quam angustis terminis claudamur, etiam tacente me, perspicis ; nisi forte volumus scholasticas tibi, atque, ut ita dicam, umbraticas litteras mittere. Sed nihi

couvert de sueur et de poussière, et tout brûlé du soleil. Voilà mon excuse. Je ne sais trop pourtant si je voudrais qu'elle vous parût bonne : car, malgré les raisons les plus légitimes, la tendre amitié ne pardonne point la brièveté d'une lettre. Adieu.

### III. — *Pline à Paulinus.*

Chacun juge différemment du bonheur d'autrui. Pour moi, je regarde comme le plus heureux des hommes, celui qu'enivre l'espoir d'une grande et immortelle renommée, et qui, sûr des suffrages de la postérité, jouit d'avance de toute la gloire qu'elle lui destine. Je l'avoue, si je n'avais un tel prix devant les yeux, je n'aimerais rien tant que l'indolence d'un repos complet.

Car enfin je crois que tous les hommes doivent songer à l'immortalité ou à la mort. Ceux qui aspirent à la première doivent s'appliquer et travailler sans cesse ; les autres doivent chercher le plaisir et le repos. Il ne faut pas qu'ils fatiguent, par d'inutiles travaux, une vie éphémère. C'est ce que font bien des gens qui, abusés par une vaine et déplorable apparence d'activité, n'aboutissent qu'à se mépriser eux-mêmes. Je vous communique des réflexions que je fais tous les jours, pour cesser de les faire, si elles ne sont pas de votre goût. Mais j'ai peine à croire que vous ne les approuviez pas, vous dont l'esprit n'est jamais occupé de rien que de grand et d'immortel. Adieu.

---

minus aptum arbitramur, quum arma vestra, quum castra, quum denique cornua, tubas, sudorem, pulverem, soles cogitamus. Habes, ut puto, justam excusationem; quam tamen dubito, an tibi probari velim : est enim summi amoris, negare veniam brevibus epistolis amicorum, quamvis scias illis constare rationem. Vale.

### III. — *Pline à Paulinus.*

Alius alium, ego beatissimum existimo, qui bonæ mansuræque famæ præsumptione perfruitur, certusque posteritatis cum futura gloria vivit. Ac mihi, nisi præmium æternitatis ante oculos, pingue illud altumque otium placeat.

Etenim omnes homines arbitror oportere aut immortalitatem suam, aut mortalitatem cogitare; et illos quidem contendere, eniti, hos quiescere, remitti; nec brevem vitam caducis laboribus fatigare; ut video multos, misera simul et ingrata imagine industriæ, ad vilitatem sui pervenire. Hæc ego tecum, quæ quotidie mecum, ut desinam mecum, si dissenties tu ; quanquam non dissenties, ut qui semper clarum aliquid et immortale mediteris. Vale.

## IV. — *Pline à Macrinus.*

Je craindrais fort que le plaidoyer qui accompagne cette lettre ne vous parût trop long, s'il ne semblait, par un caractère qui lui est particulier, commencer et finir plus d'une fois : car chaque accusation renferme en quelque sorte une cause. Vous pourrez donc, par quelque endroit que vous commenciez, et en quelque endroit que vous vous arrêtiez, reprendre votre lecture, u comme si vous la commenciez, ou comme si vous la poursuiviez. Je vous paraîtrai prolixe dans l'ensemble et bref dans les détails. Adieu.

## V. — *Pline à Tiron.*

Continuez (car je m'en informe) de rendre la justice aux peuples de votre gouvernement avec une extrême douceur. Le principal effet de cette justice, c'est d'honorer les personnes d'un rang élevé, et, en vous faisant aimer des petits, de vous attirer la considération des grands. La plupart des gens en place, de peur qu'on ne les soupçonne de trop flatter la puissance, se font passer pour malveillants et grossiers. Je sais combien vous êtes éloigné de ce défaut ; mais je ne puis m'empêcher de joindre le conseil à la louange, et de vous exhorter à garder cette juste mesure qui assigne aux différents ordres ce qui leur est dû. On ne peut les dépla-

---

### IV. — *Pline à Macrinus.*

Vererer ne immodicam orationem putares, quam cum hac epistola accipies, nisi esset generis ejus, ut sæpe incipere, sæpe desinere videatur, nam singulis criminibus singulæ velut causæ continentur. Poteris ergo, undecumque inceperis, ubicumque desieris, quæ deinceps sequentur, et quasi incipientia legere, et quasi cohærentia ; meque in universitate longissimum, brevissimum in partibus judicare. Vale.

### V. — *Pline à Tiron.*

Egregie facis (inquiro enim) et persevera, quod justitiam tuam provincialibus multa humanitate commendas ; cujus præcipua pars est, honestissimum quemque complecti, atque ita a minoribus amari, ut simul a principibus diligare. Plerique autem, dum verentur, ne gratiæ potentium nimium impertiri videantur, sinisteritatis atque etiam malignitatis famam consequuntur. A quo vitio tu longe recessisti, scio ; sed temperare mihi non possum, quominus laudem similis monenti, quod eum

cer, les mêler et les confondre, sans tomber, par cette égalité même, dans une extrême injustice. Adieu.

### VI. — *Pline à Calvisius.*

J'ai passé tous ces derniers jours dans la plus douce tranquilité, entre mes tablettes et mes livres. *Comment, dites-vous, cela se peut-il au milieu de Rome?* C'était le temps des spectacles du Cirque qui n'ont pas pour moi le moindre attrait. Je n'y trouve rien de nouveau, rien de varié, rien qu'il ne suffise d'avoir vu une fois. C'est ce qui me fait trouver d'autant plus étrange ce désir puéril que tant de milliers d'hommes éprouvent de revoir de temps en temps des chevaux qui courent et des hommes qui conduisent des chars. Encore, s'ils étaient attirés par la vitesse des chevaux ou par l'adresse des hommes, leur curiosité aurait quelque motif. Mais non, ils ne s'attachent qu'à la couleur des combattants : c'est là tout ce qu'ils aiment. Que dans le milieu de la course ou du combat, on fasse passer d'un côté la couleur qui est de l'autre, on verra leurs goûts et leurs vœux changer tout à coup avec elle, et abandonner les hommes et les chevaux qu'ils connaissent de loin, qu'ils appellent par leurs noms : tant une vile casaque fait impression, je ne dis pas sur la populace, plus vile encore que ces casaques, mais sur des hommes graves! Quand je songe qu'ils ne se lassent point de revoir avec tant d'ardeur des choses si vaines, si froides et si communes, je trouve une satisfaction se-

---

modum tenes, ut discrimina ordinum dignitatumque custodias. Quæ si confusa, turbata, permixta sunt, nihil est ipsa æqualitate inæqualius. Vale.

### VI. — *Pline à Calvisius.*

Omne hoc tempus inter pugillares ac libellos jucundissima quiete transmisi. *Quemadmodum*, inquis, *in Urbe potuisti?* Circenses erant ; quo genere spectaculi ne levissime quidem teneor. Nihil novum, nihil varium, nihil quod non semel spectasse sufficiat. Quo magis miror, tot millia virorum tam pueriliter identidem cupere currentes equos, insistentes curribus homines videre. Si tamen aut velocitate equorum, aut hominum arte traherentur, esset ratio nonnulla. Nunc favent panno, pannum amant ; et si in ipso cursu, medioque certamine, hic color illuc, ille huc transferatur, studium favorque transibit, et repente agitatores illos, equos illos, quos procul noscitant, quorum clamitant nomina, relinquent. Tanta gratia, tanta auctoritas in una vilissima tunica! mitto apud vulgus, quod vilius tunica est, sed apud quosdam graves homines; quos ego quum recordor in re inani, frigida, assidua,

crète à n'être point sensible à ces bagatelles, et c'est avec un grand plaisir que je consacre aux belles-lettres un loisir que les autres perdent dans de si frivoles amusements. Adieu.

### VII. — *Pline à Romanus.*

Vous me mandez que vous bâtissez. J'en suis ravi : voilà de quoi me justifier. Je bâtis aussi, et sans doute j'ai raison, puisque je vous imite. Je vous ressemble même en ce point, que vous bâtissez près de la mer, moi près du lac de Côme. J'ai sur ses bords plusieurs villas ; mais deux, entre autres, me donnent à la fois plus de plaisir et d'embarras.

L'une, bâtie dans le genre de celles que l'on voit à Baïes, s'élève sur des rochers et domine le lac ; l'autre, bâtie de la même manière, est baignée par ses eaux. J'appelle donc habituellement, l'une la tragédie, l'autre la comédie ; la première, parce qu'elle semble avoir chaussé le cothurne, la seconde le brodequin. Elles ont chacune leurs agréments, et cette diversité même ajoute à leur beauté pour celui qui les possède toutes deux. L'une jouit du lac de plus près ; l'autre en a une vue plus étendue. Celle-là, par son gracieux hémicycle, forme une espèce de golfe ; celle-ci en présente deux par son roc élevé qui s'avance dans le lac. Là vous avez une promenade droite qui, par une longue allée, s'étend le long du rivage ; ici la promenade suit une allée spacieuse et qui tourne un peu. Les flots n'approchent point de la première de

---

tam insatiabiliter desidere, capio aliquam voluptatem, quod hac voluptate non capior ; ac per hos dies libentissime otium meum in litteris colloco, quos alii otiosissimis occupationibus perdunt. Vale.

### VII. — *Pline à Romanus.*

Ædificare te scribis. Bene est : inveni patrocinium. Ædifico enim jam ratione, quia tecum. Nam hoc quoque non dissimile, quod ad mare tu, ego ad Larium lacum. Hujus in littore plures villæ meæ ; sed duæ, ut maxime delectant, ita exercent.

Altera imposita saxis, more bajano, lacum prospicit ; altera, æque more bajano, lacum tangit. Itaque illam tragœdiam, hanc appellare comœdiam soleo : illam, quod quasi cothurnis, hanc, quod quasi socculis sustinetur. Sua utrique amœnitas, et utramque possidenti ipsa diversitate jucundior. Hæc lacu propius, illa latius utitur. Hæc unum sinum molli curvamine amplectitur, illa editissimo dorso duos dirimit. Illic recta gestatio longo limite super littus extenditur, hic spatiosissimo xysto leviter inflectitur. Illa fluctus non sentit, hæc frangit. Ex illa possis despicere piscantes ;

ces villas ; ils viennent se briser contre la seconde. De l'une vous voyez pêcher ; de l'autre vous pouvez pêcher vous-même, sans sortir de votre chambre, et presque de votre lit, d'où vous jetez l'hameçon comme d'un bateau.

Voilà pourquoi je veux ajouter ce qui manque à chacune en faveur de ce qu'elles ont déjà. Mais pourquoi vous expliquer les raisons de ma conduite? la vôtre vous les dira de reste. Adieu.

### VIII. — *Pline à Augurinus.*

Si je réponds à vos éloges en vous louant, je crains que mes louanges ne paraissent moins l'expression de mon jugement que celle de ma reconnaissance. Mais, dût-on avoir cette pensée, tous vos ouvrages me semblent admirables, surtout ceux que vous avez composés pour moi. Une seule et même raison me fait juger ainsi ; c'est que tout ce que vous écrivez en l'honneur de vos amis est excellent, et que je trouve parfait tout ce qu'on écrit à mon éloge. Adieu.

### IX. — *Pline à Colon.*

J'approuve fort la profonde douleur que vous cause la mort de Pompéius Quinctianus : vos regrets font voir que votre amitié lui survit. Vous n'êtes pas comme la plupart des hommes qui n'aiment que les vivants, ou plutôt qui feignent de les aimer, et qui même ne se donnent cette peine que pour ceux qu'ils voient dans

---

ex hac ipse piscari, hamumque de cubiculo ac pæne etiam de lectulo, ut e navicula jacere.

Hæ mihi causæ utrique, quæ desunt, astruendi, ob ea quæ supersunt. Etsi quid ego rationem tibi, apud quem pro ratione erit, idem facere? Vale.

### VIII. — *Pline à Augurinus.*

Si laudatus a te laudare te cœpero, vereor ne non tam proferre judicium meum, quam referre gratiam videar. Sed licet videar, omnia scripta tua pulcherrima existimo, maxime tamen illa quæ de nobis. Accidit hoc una eademque de causa ; nam et tu, quæ de amicis, optime scribis, et ego, quæ de me, ut optima lego. Vale.

### IX. — *Pline à Colon.*

Unice probo, quod Pompeii Quinctiani morte tam dolenter afficeris, ut amissi caritatem desiderio extendas; non ut plerique, qui tantum viventes amant, seu

prospérité : car ils confondent dans le même oubli les malheureux et les morts. Quant à vous, votre attachement est à l'épreuve du temps, et votre constance en amitié est si forte, qu'elle ne peut finir qu'avec vous. Aussi Quinctianus méritait-il l'amitié dont il était un parfait modèle. Il aimait ses amis dans la bonne fortune; il les soutenait dans la mauvaise; il les regrettait quand ils n'étaient plus. Comme la probité respirait sur son visage! que de réserve dans ses discours! quel judicieux mélange de gravité et d'enjouement! quel amour pour les lettres! quel goût exquis! quelle pitié filiale envers un père qui lui ressemblait si peu! comme il a su paraître bon fils, sans cesser d'être homme de bien!

Mais pourquoi augmenter vos regrets? quoique pourtant, si l'on considère la tendresse que vous aviez pour lui, mes éloges doivent vous être plus agréables que mon silence; surtout si vous pensez qu'ils peuvent illustrer sa vie, étendre sa renommée, et lui rendre, en quelque sorte, cette fleur de jeunesse à laquelle il vient d'être enlevé. Adieu.

## X. — *Pline à Tacite.*

J'aurais grande envie de suivre vos leçons; mais les sangliers sont si rares ici, qu'il n'est pas possible d'accorder Minerve avec Diane, quoique, selon vous, on les doive servir toutes deux ensemble. Il faut donc se contenter de rendre ses hommages à

---

tius amare se simulant, ac ne simulant quidem, nisi quos florentes vident : nam mœrorum, non secus ac defunctorum, obliviscuntur. Sed tibi perennis fides, tantaque in amore constantia, ut finiri nisi tua morte non possit. Et hercule is fuit Quinctianus, quem diligi deceat exemplo ipsius. Felices amabat, miseros tuebatur, desiderabat amissos. Jam illi, quanta probitas in ore! quanta in sermone cunctatio! quam pari libra gravitas comitasque! quod studium litterarum! quod judicium! qua ætate cum dissimillimo patre vivebat! quam non obstabat illi, quominus vir optimus haberetur, quod erat optimus filius!

Sed quid dolorem tuum exulcero? quanquam sic amasti viventem, ut hoc potius, quam de illo sileri velis; a me præsertim, cujus prædicatione putas vitam ejus ornari, memoriam prorogari, ipsamque illam, qua est raptus, ætatem posse restitui. Vale.

### X. — *Pline à Tacite.*

Cupio præceptis tuis parere; sed aprorum tanta penuria est, ut Minervæ et Dianæ, quas ais pariter colendas, convenire non possit. Itaque Minervæ tantum serviendum

Minerve, et avec ménagement, comme il convient à la campagne et pendant l'été. J'ai composé en voyage quelques bagatelles asse[z] peu dignes d'être conservées. Aussi n'y ai-je donné d'autre application que celle qu'on donne en voiture aux conversations ordi naires. Depuis que je suis dans ma villa, j'y ai ajouté quelqu[e] chose, n'ayant pas trouvé à propos de m'attacher à d'autre ou[-] vrage. Je laisse donc reposer les poésies que vous croyez ne pou[-] voir être plus heureusement achevées qu'à l'ombre des bois. J'[ai] retouché une ou deux petites harangues, quoique ce genre d'exer[-] cice, sans agrément et sans attrait, tienne plus des travaux qu[e] des plaisirs de la vie champêtre. Adieu.

## XI. — *Pline à Géminus.*

Votre lettre m'a charmé, surtout parce que vous y exprimez l[e] désir d'avoir quelque chose de moi à insérer dans votre ouvrag[e]. Nous trouverons un sujet, ou celui que vous m'indiquez, ou quel[-] qu'autre plus convenable. Il y a, en effet, à redire dans celui do[nt] vous me parlez. Regardez-y bien, et vous le verrez. Je ne sava[is] pas qu'il y eût des libraires à Lyon, et c'est avec d'autant pl[us] de plaisir que j'ai appris par votre lettre que mes ouvrages s'[y] vendent. Je suis bien aise qu'ils conservent dans ces pays étrange[rs] la faveur qu'ils se sont acquise à Rome. Je commence à estim[er] un ouvrage sur lequel des hommes de climats si différents so[nt] de même avis. Adieu.

---

est, delicate tamen, ut in secessu, et æstate. In via plane nonnulla leviora, statim que delenda, ea garrulitate, quâ sermones in vehiculo seruntur, extendi. His qui dam addidi in villa, quum aliud non liberet. Itaque poemata quiescunt, quæ tu int[er] nemora et lucos commodissime perfici putas. Oratiunculam unam et alteram retra[c]tavi; quanquam id genus operis inamabile, inamœnum, magisque laboribus ru[ris] quam voluptatibus simile. Vale.

### XI. — *Pline à Géminus.*

Epistolam tuam jucundissimam recepi, eo maxime quod aliquid ad te scribi voleb[as] quod libris inseri posset. Obveniet materia, vel hæc ipsa quam monstras, vel poti[us] alia. Sunt enim in hac offendicula nonnulla : circumfer oculos, et occurrent. Bibli[o]polas Lugduni esse non putabam; ac tanto libentius ex litteris tuis cognovi vend[i]tari libellos meos, quibus peregre manere gratiam, quam in Urbe collegerint, d[elector]. Incipio enim satis absolutum existimare, de quo tanta diversitate regionu[m] discreta hominum judicia consentiunt. Vale.

## XII. — *Pline à Junior.*

Un père châtiait son fils parce qu'il faisait trop de dépense en chevaux et en chiens. Quand le fils fut sorti, je dis au père : *N'avez-vous donc jamais rien fait dont votre père eût lieu de vous reprendre? plus d'une fois, sans doute. Ne vous échappe-t-il pas souvent telle faute sur laquelle votre fils, s'il devenait tout à coup votre père, pourrait vous réprimander avec la même sévérité? Tous les hommes n'ont-ils pas leur faible? Celui-ci ne se pardonne-t-il pas telle erreur, celui-là telle autre?* L'amitié qui nous lie m'a engagé à vous communiquer ces réflexions et cet exemple d'une sévérité excessive, pour vous engager vous-même à ne point traiter votre fils avec trop de dureté et de rigueur. Songez qu'il est enfant, et que vous l'avez été, et, en usant de l'autorité paternelle, n'oubliez pas que vous êtes homme, et le père d'un homme. Adieu.

## XIII. — *Pline à Quadratus.*

Vous avez lu mon ouvrage sur la vengeance d'Helvidius avec tant d'empressement et d'ardeur, que vous me priez avec instance de vous mander toutes les particularités qui ne se trouvent pas dans mon livre et celles qui sont relatives à mon livre. Vous voulez savoir toute la suite de cette affaire dont votre extrême jeunesse vous a dérobé la connaissance.

Lorsque Domitien eut été mis à mort, je jugeai, après de mûres

### XII. — *Pline à Junior.*

Castigabat quidam filium suum, quod paulo sumptuosius equos et canes emeret. Huic ego, juvene digresso : « Heus tu, nunquamne fecisti, quod a patre corripi posset? fecisti, dico. Non interdum facis, quod filius tuus, si repente pater ille, tu filius, pari gravitate reprehendat? Non omnes homines aliquo errore ducuntur? non hic in illo sibi, in hoc alius indulget? » Hæc tibi, admonitus immodicæ severitatis exemplo, pro amore mutuo scripsi, ne quando tu quoque filium tuum acerbius duriusque tractares. Cogita et illum puerum esse, et te fuisse; atque ita hoc, quod es pater, utere, ut memineris et hominem esse te, et hominis patrem. Vale.

### XIII. — *Pline à Quadratus.*

Quanto studiosius intentiusque legisti libros, quos de Helvidii ultione composui, tanto impensius postulas, ut perscribam tibi quæque extra libros, quæque circa libros, totum denique ordinem rei, cui per ætatem non interfuisti.

Occiso Domitiano, statui mecum ac deliberavi esse magnam pulchramque mate-

réflexions, qu'il se présentait une grande et belle occasion de pour
suivre le crime, de venger le malheur et d'illustrer son nom. Dan
le grand nombre de forfaits commis par tant de gens, je n'e
voyais pas de plus atroce que celui d'un sénateur qui, dans l
sénat même, avait attenté aux jours d'un sénateur; qui, aprè
avoir été préteur, s'était attaqué à un consulaire; qui, lors mêm
qu'il était juge, avait porté ses mains sur l'accusé. J'avais d'ailleur
été lié avec Helvidius d'une amitié aussi étroite qu'on le pouva
être avec un homme obligé, dans un temps de terreur, à cache
dans la retraite un grand nom et de grandes vertus. J'avais tou
jours été des amis d'Arria et de Fannia, dont l'une était la belle
mère d'Helvidius, ayant épousé son père, et dont l'autre était l
mère de sa belle-mère. Mais les droits de l'amitié me détermi
naient moins que l'intérêt public, la monstruosité du fait et l'uti
lité de l'exemple.

Dans les premiers jours où la liberté nous fut rendue, chacun
par des cris tumultueux et confus, s'était empressé d'accuser e
d'accabler à la fois ses amis, mais seulement ceux de moindr
importance. Pour moi, je crus qu'il y aurait plus de sagesse e
de courage à terrasser un criminel si abominable sous le poids
non de la haine commune, mais de son propre crime. Lorsqu
le premier feu se fut un peu ralenti, et que la colère, qui se cal
mait de jour en jour, eut fait place à la justice, quoiqu'alors l
perte de ma femme m'eût plongé dans la douleur, j'envoyai che
Antéia, veuve d'Helvidius, et je la suppliai de vouloir bien m
venir voir, parce que mon deuil tout récent ne me permetta

---

riam insectandi nocentes, miseros vindicandi, se proferendi. Porro inter mult
scelera multorum, nullum atrocius videbatur, quam quod in senatu senator sena
tori, prætorius consulari, reo judex manus intulisset. Fuerat alioqui mihi cun
Helvidio amicitia, quanta potuerat esse cum eo, qui metu temporum nomen ingen
paresque virtutes secessu tegebat. Fuerat cum Arria et Fannia, quarum altera Hel
vidii noverca, altera mater novercæ. Sed non ita me jura privata, ut publicum fa
et indignitas facti, et exempli ratio incitabat.

Ac primis quidem diebus redditæ libertatis pro se quisque inimicos suos, duntaxi
minores, incondito turbidoque clamore postulaverant simul et oppresserant. Eg
et modestius et constantius arbitratus immanissimum reum non communi temporun
invidia, sed proprio crimine urgere; quum jam satis primus ille impetus deferbuisse
et languidior in dies ira ad justitiam redisset, quanquam tum maxime tristis, amiss
nuper uxore, mitto ad Anteiam (nupta hæc Helvidio fuerat); rogo ut veniat, qui
me recens adhuc luctus limine contineret. Ut venit : « Destinatum est, inquam

# LIVRE IX.

as de sortir. Dès qu'elle fut entrée chez moi : *J'ai résolu*, lui *dis-je, de venger la mort de votre mari. Portez-en la nouvelle à Arria et à Fannia* (elles avaient été rappelées de leur exil). *Consultez-vous, consultez-les, et voyez si vous voulez vous associer à mon entreprise. Ce n'est pas que j'aie besoin de soutien; mais je ne suis pas assez jaloux de ma gloire pour refuser de la partager avec vous.*

Antéia leur rapporta ce que je lui avais dit, et elles n'hésitèrent pas. Le sénat devait fort à propos s'assembler trois jours après. Je ne faisais jamais rien sans consulter Corellius que j'ai toujours regardé comme l'homme le plus sage et le plus habile de notre siècle. Cependant, en cette occasion, je ne consultai que moi-même, dans la crainte qu'il ne voulût m'empêcher d'agir; en effet, il était timide et circonspect. Mais je ne pus prendre sur moi, le jour même de l'exécution, de ne pas lui communiquer mon dessein, sans lui demander pourtant ce que je devais faire. Car je sais par expérience que, sur ce que vous avez bien résolu, il ne faut point consulter les personnes dont les conseils deviennent pour vous des ordres. Je me rendis au sénat. Je demandai la permission de parler. Mes premières paroles furent très-bien accueillies. Mais, à peine eus-je dit un mot de l'accusation, à peine eus-je désigné le coupable, sans pourtant le nommer encore, qu'on s'éleva contre moi de tous côtés. L'un s'écria : *Sachons contre qui vous prétendez faire cette poursuite extraordinaire.* Un autre : *Quel est celui qu'on accuse ainsi, avant que le sénat l'ait permis?* Un autre : *Laissez en sûreté ceux qui ont échappé.* J'écoutai sans

---

mihi, maritum tuum non inultum pati. Nuntia Arriæ et Fanniæ (ab exsilio redierant). Consule te, consule illas, an velitis ascribi facto, in quo ego comite non egeo ; sed non ita gloriæ meæ faverim, ut vobis societatem ejus invideam. »
Perfert Anteia mandata : nec illæ morantur. Opportune senatus intra diem tertium. Omnia ego semper ad Corellium retuli, quem providentissimum ætatis nostræ sapientissimumque cognovi. In hoc tamen contentus consilio meo fui, veritus, ne vetaret : erat enim cunctantior cautiorque. Sed non sustinui inducere in animum, quominus illi eodem die facturum me indicarem, quod an facerem non deliberaram, expertus usu, de eo, quod destinaveris, non esse consulendos, quibus consultis obsequi debeas. Venio in senatum; jus dicendi peto ; dico paulisper maximo assensu. Ubi cœpi crimen attingere, reum destinare, adhuc tamen sine nomine, undique mihi reclamari. Alius : *Sciamus qui sit, de quo extra ordinem referas;* alius : *quis est ante relationem reus?* alius : *Salvi simus, qui supersumus.* Audio im-

m'inquiéter, sans me troubler : tant la justice de l'entreprise [a] de force pour vous soutenir dans l'exécution! tant il est différen[t] pour vous donner de la confiance ou de la crainte, que les homm[es] ne veuillent pas que vous fassiez ce que vous faites, ou qu'ils [ne] l'approuvent pas!

Il faudrait trop de temps pour vous raconter tout ce qui fut d[it] sur ce sujet de part et d'autre. Enfin le consul m'adressant [la] parole : *Pline*, me dit-il, *vous direz ce qu'il vous plaira, quan[d] votre tour d'opiner sera venu.* — *Vous me permettez*, lui répondi[s]-je, *ce que jusqu'ici vous n'avez refusé à personne.* Je m'assis, [et] l'on traita d'autres affaires. Un consulaire de mes amis m'avert[it] tout bas et en termes délicats, que je m'étais exposé avec trop [de] courage et trop peu de prudence. Il me reprit, il me gronda, il m[e] pressa de me désister; il ajouta même que je me rendais redou[te]table aux empereurs à venir. « Tant mieux, lui dis-je, pourvu q[ue] ce soit aux méchants empereurs. » A peine m'eut-il quitté, qu'u[n] autre revint à la charge : « Qu'osez-vous entreprendre? pourqu[oi] vous perdre? à quels périls vous exposez-vous? Quelle impru[]dence de vous fier au présent, sans être sûr de l'avenir! Vou[s] offensez un trésorier de l'épargne qui dans peu sera consul. D'ai[l]leurs, de quel crédit, de quel patronage n'est-il point appuyé? » Il me désigna un personnage qui alors commandait en Orient un[e] puissante armée, et sur le compte duquel couraient des brui[ts] assez peu favorables. A ces discours je répondais :

J'ai tout prévu, mon cœur est raffermi d'avance.

perturbatus, interritus : tantum susceptæ rei honestas valet, tantumque ad fiducia[m] vel metum differt, nolint homines quod facias, an non probent !

Longum est omnia, quæ tunc hinc inde jactata sunt, recensere. Novissime co[n]sul : *Secunde, sententiæ loco dices, si quid volueris.* — *Permiseris*, inquam[,] *quod usque adhuc omnibus permisisti.* Resido. Aguntur alia. Interea me quida[m] ex consularibus amicis secreto accuratoque sermone, quasi nimis fortiter incauteq[ue] progressum, corripit, revocat, monet, ut desistam ; adjicit etiam : « Notabilem futuris principibus fecisti. — Esto, inquam, dum malis. » Vix ille discesserat, rurs[us] alter : « Quid audes ? quo ruis? quibus te periculis objicis ? Quid præsentibus co[n]fidis, incertus futurorum? Lacessis hominem jam præfectum ærarii, et brevi cons[u]lem? præterea qua gratia, quibus amicitiis fultum? » Nominat quemdam, qui tu[m] ad Orientem amplissimum exercitum, non sine magnis dubiisque rumoribus, obt[i]nebat. Ad hæc ego :

Omnia præcepi, atque animo mecum ante peregi.

si la fortune l'ordonne ainsi, en poursuivant la punition d'une [acti]on infâme, je suis prêt à porter la peine d'une action glo[ri]euse. »

Enfin on commença à opiner. Domitius Apollinaris, consul dé[sig]né, prit la parole ; après lui, Fabricius Véiento, Fabius Pos[thu]mius, Vectius Proculus, collègue de Publicius Certus, que [l'af]faire regardait, et beau-père de l'épouse que je venais de [per]dre ; ensuite Ammius Flaccus. Tous firent l'apologie de Certus, [co]mme si je l'avais nommé, quoique je n'eusse point encore pro[non]cé son nom. Tous entreprirent de le justifier d'une accusa[tio]n générale et qui ne tombait encore sur personne. Il n'est pas [né]cessaire de vous raconter ce qu'ils dirent. Vous le trouverez [dan]s mon ouvrage ; j'y ai rapporté leurs propres termes. Avidius [Qu]iétus et Tertullus Cornutus furent d'un sentiment contraire. [Qu]iétus représenta que rien n'était plus injuste que de ne vouloir [pa]s écouter les plaintes de ceux qui se prétendent offensés ; qu'il [ne] fallait donc pas priver Arria et Fannia du droit de se plaindre, [ni] considérer le rang de la personne, mais examiner la cause. [Co]rnutus dit que les consuls l'avaient donné pour tuteur à la fille [d'H]elvidius, sur la demande que leur en firent sa mère et le mari [de] sa mère ; qu'il ne pouvait, en cette occasion, manquer aux de[voi]rs de sa charge ; mais qu'en les remplissant il saurait modérer [la] douleur, et se conformer aux nobles sentiments de ces femmes [ver]tueuses qui se contentaient de rappeler au sénat les sanglantes [sim]ulations de Publicius Certus, et de demander que, si on lui re[me]ttait la peine due à son crime, il demeurât au moins flétri par

recuso, si ita casus attulerit, luere pœnas ob honestissimum factum, dum flagi[tios]issimum ulciscor. »

[J]am censendi tempus. Dicit Domitius Apollinaris, consul designatus ; dicit Fabri[cius] Veiento, Fabius Posthumius, Vectius Proculus, collega Publicii Certi, de quo [age]batur, uxoris autem meæ, quam amiseram, vitricus : post hos Ammius Flaccus. [Om]nes Certum, nondum a me nominatum, ut nominatum defendunt, crimenque [qua]si in medio relictum defensione suscipiunt. Quæ præterea dixerint, non est ne[cess]e narrare : in libris habes. Sum enim cuncta ipsorum verbis persecutus. Dicunt [con]tra Avidius Quietus, Cornutus Tertullus. Quietus : « Iniquissimum esse, querelas [dol]entium excludi ; ideoque Arriæ et Fanniæ jus querendi non auferendum ; nec [inte]resse cujus ordinis quis sit, sed quam causam habeat. » Cornutus : « Datum se [a c]onsulibus tutorem Helvidii filiæ, petentibus matre ejus et vitrico ; nunc quoque [non] sustinere deserere officii sui partes ; in quo tamen et suo dolori modum impo[situr]e, et optimarum feminarum perferre modestissimum affectum, quas contentas

le sénat, comme s'il l'avait été par le censeur. Alors Satrius Rufus prenant, en termes obscurs, je ne sais quel parti moyen : *Sénateurs, dit-il, nous serions injustes envers Publicius Certus, si nous ne le regardions pas comme innocent. Il n'a encore été nommé que par les amis d'Arria, de Fannia, et par ses propres amis. Rien ne doit ici nous inquiéter : car, ce qui n'est encore qu'une prévention avantageuse, sera bientôt un jugement, si Certus est en effet innocent, comme je l'espère et le désire. Mais jusqu'à ce qu'il y ait quelque chose de prouvé contre lui, vous pourrez, ce me semble, le déclarer innocent.*

Chacun parla de cette sorte à son tour. Le mien arriva. J'entrai en matière, ainsi que je l'ai dit dans mon livre. Je répondis à tout ce qu'on avait avancé. Je ne saurais vous dire avec quelle attention, avec quels applaudissements ceux même qui peu auparavant se récriaient, accueillirent mon discours : tant fut subit le changement que produisit, ou l'importance de la cause, ou l'énergie des paroles, ou le courage de l'accusateur! Je finis. Véiento commença à répondre. On ne put le supporter ; on murmura, on l'interrompit. Alors il s'écria : *Je vous supplie, pères conscrits, de ne me pas forcer à implorer le secours des tribuns.* Aussitôt le tribun Muréna, reprenant la parole, dit : *Je vous permets de parler, illustre Véiento.* Mais on ne s'en éleva pas moins contre lui. Cependant le consul, ayant achevé de faire l'appel nominal et de prendre les voix, congédia le sénat. Il laissa Véiento debout et s'efforçant toujours de parler. Véiento se plaignit avec amer-

---

esse admonere senatum Publicii Certi cruentæ adulationis ; et petere, si pœna flagitii manifestissimi remittatur, nota Certo quasi censoria inuratur. Tum Satrius Rufus medio ambiguoque sermone : *Puto, inquit, injuriam factam Publicio Certo, si non absolvitur. Nominatus est ab amicis Arriæ et Fanniæ; nominatus ab amicis suis. Nec debemus solliciti esse. Idem enim nos, qui bene sentimus de homine, judicaturi sumus, si innocens est, sicuti et spero et malo. Donec aliquid probetur, credo, poteritis absolvere.*

Hæc illi, quo quisque ordine citabantur. Venitur ad me ; consurgo ; utor initio, quod in libro est ; respondeo singulis. Mirum qua intentione, quibus clamoribus omnia exceperint, qui modo reclamabant : tanta conversio vel negotii dignitatem, vel proventum orationis, vel actoris constantiam subsecuta est. Finio. Incipit respondere Veiento. Nemo patitur ; obturbatur, obstrepitur, adeo quidem, ut diceret : *Rogo, P. C., ne me cogatis implorare auxilium tribunorum.* Et statim Murena tribunus : *Permitto tibi, vir clarissime Veiento, dicere.* Tunc quoque reclamatur. Inter moras consul, citatis nominibus, et peracta discessione, mittit senatum ; ac

me de ce traitement qu'il appelait une injure, et s'appliqua ce
rs d'Homère :

> Ces jeunes combattants outragent ta vieillesse.

n'y eut presque personne dans le sénat qui ne vînt m'embrasser,
e baiser, et me louer à l'envi de ce que, à mes risques et périls,
vais rétabli la coutume, si longtemps interrompue, de délibérer
 commun sur les intérêts publics, et lavé enfin le sénat du re-
oche que lui faisaient les autres ordres, de réserver contre eux
ute sa sévérité, tandis que les sénateurs s'épargnaient seuls
tre eux, et s'accordaient mutuellement un silence indulgent.

Tout cela se passa en l'absence de Certus. Car, soit qu'il se
fiât de quelque chose, soit, comme on le disait pour l'excuser,
'il fût indisposé, il ne parut point au sénat. L'empereur n'or-
nna pas au sénat d'achever l'instruction du procès. J'obtins
pendant ce que je m'étais proposé. Le collègue de Certus par-
nt au consulat auquel il avait été destiné; mais un autre fut
mmé à la place de Certus. Ainsi fut accompli le vœu qui ter-
inait mon discours : *Qu'il rende sous le meilleur des princes la
compense qu'il a reçue du prince le plus méchant!* Depuis j'ai
cueilli dans mes livres, le mieux que j'ai pu, tout ce que j'avais
t, et j'y ai ajouté beaucoup de choses nouvelles. Il est survenu,
r hasard, un événement qui semble cependant ne rien tenir du
sard. Peu de jours après la publication de cet ouvrage, Certus
mba malade, et mourut. J'ai ouï dire que, pendant sa maladie,
n imagination me représentait sans cesse à lui ; sans cesse il

e adhuc stantem tentantemque dicere Veientonem relinquit. Multum ille de hac
vocitabat) contumelia, questus est homerico versu :

Ὦ γέρον, ἦ μάλα δή σε νέοι τείρουσι μαχηταί.

 fere quisquam in senatu fuit, qui non me complecteretur, exoscularetur, certaque laude cumularet, quod intermissum tamdiu morem in publicum consulendi,
eptis propriis simultatibus, reduxissem ; quod denique senatum invidia liberas-
, qua flagrabat apud ordines alios, quod severus in cæteros, senatoribus solis,
mulatione quasi mutua, parceret.
ec acta sunt absente Certo. Abfuit enim, seu tale aliquid suspicatus, sive, ut
sabatur, infirmus. Et relationem quidem de eo Cæsar ad senatum non remisit :
nui tamen quod intenderam. Nam collega Certi consulatum, successorem Certus
epit ; planeque factum est quod dixeram in fine : *Reddat præmium sub optimo
cipe quod a pessimo accepit.* Postea actionem meam, utcumque potui, regi : addidi multa. Accidit fortuitum, sed non tanquam fortuitum, quod, editis

croyait me voir le poursuivre l'épée à la main. Je n'oserais assurer que cela soit vrai ; mais il importe, pour l'exemple, que cela le paraisse. Voilà une lettre qui, pour une lettre, n'est pas moins longue que l'ouvrage que vous avez lu. Mais vous ne vous en prendrez qu'à vous-même qui ne vous êtes pas contenté de l'ouvrage. Adieu.

### XIV. — *Pline à Tacite.*

Vous n'êtes pas homme à vous flatter, et moi je n'écris rien avec tant de franchise que ce que j'écris sur vous. Je ne sais si nous fixerons les regards de la postérité ; du moins nous le méritons, je ne dis pas par notre esprit (il y aurait de l'orgueil à le prétendre), mais par notre application, par notre travail, par notre respect pour elle. Continuons notre route. Si par là peu de gens sont parvenus à l'illustration et à la renommée, beaucoup du moins se sont dérobés à l'obscurité et à l'oubli. Adieu.

### XV. — *Pline à Falcon.*

Je m'étais réfugié dans ma terre de Toscane pour jouir d'une entière liberté. Mais point de liberté pour moi, même en Toscane, tant je suis persécuté de tous côtés par les plaintes et les requêtes des paysans, que je lis avec un peu plus de répugnance que mes ouvrages. Et néanmoins ce n'est pas volontiers que je lis mes ouvrages. Je retouche quelques petits plaidoyers ; travail qui, après un certain temps, est froid et désagréable. Cependant on

libris, Certus intra paucissimos dies implicitus morbo decessit. Audivi referentes hanc imaginem menti ejus, hanc oculis oberrasse, tanquam videret me sibi cum ferro imminere. Verane hæc, affirmare non ausim : interest tamen exempli, ut vera videantur. Habes epistolam, si modum epistolæ cogites, libris quos legisti non minorem. Sed imputabis tibi, qui contentus libris non fuisti. Vale.

### XIV. — *Pline à Tacite.*

Nec ipse tibi plaudis, et ego nihil magis ex fide, quam de te scribo. Posteris an aliqua cura nostri, nescio : non certe meremur, ut sit aliqua, non dico ingenio (id enim superbum), sed studio, et labore, et reverentia posterorum. Pergamus modo itinere instituto, quod ut paucos in lucem famamque provexit, ita multos e tenebris et silentio protulit. Vale.

### XV. — *Pline à Falcon.*

Refugeram in Tuscos, ut omnia ad arbitrium meum facerem. At hoc ne in Tuscis quidem : tam multis undique rusticorum libellis, et tam querulis inquietor, quos aliquanto magis invitus quam meos lego : nam et meos invitus. Retracto enim actiun-

ne se presse pas plus de me rendre compte, que si j'étais absent. Je monte pourtant quelquefois à cheval; et tout ce que je fais du rôle de propriétaire, c'est de parcourir quelque partie de mes domaines, mais seulement pour me promener. Quant à vous, conservez votre habitude, et daignez informer un campagnard de ce qui se passe à la ville. Adieu.

### XVI. — *Pline à Mamilien.*

Je ne suis pas surpris que vous ayez trouvé un plaisir infini à une chasse si abondante, où, comme vous me le mandez en style d'historien, il est impossible de compter les morts. Pour moi, je n'ai ni le loisir, ni l'envie de chasser : le loisir, parce que nous faisons vendanges; l'envie, parce que ces vendanges sont trop modiques. Mais je vous ferai porter, en guise de vin nouveau, de petits vers nouveaux de ma façon. Vous me les demandez de si bonne grâce, que je vous les enverrai dès que la fermentation me paraîtra calmée. Adieu.

### XVII. — *Pline à Génitor.*

J'ai reçu la lettre où vous vous plaignez de l'ennui que vous ont causé dans un festin, d'ailleurs somptueux, des bouffons, des débauchés et des fous qui voltigeaient autour des tables. Ne voulez-vous donc jamais vous dérider le front? Je n'ai point de ces sortes de

---

culas quasdam, quod post intercapedinem temporis et frigidum et acerbum est. Rationes, quasi absente me, negliguntur. Interdum tamen equum conscendo, et patrem familiæ hactenus ago, quod aliquam partem prædiorum, sed pro gestatione, percurro. Tu consuetudinem serva, nobisque sic rusticis urbana acta perscribe. Vale.

### XVI. — *Pline à Mamilien.*

Summam te voluptatem percepisse ex isto copiosissimo genere venandi non miror, quum historicorum more scribas numerum iniri non potuisse. Nobis venari nec vacat, nec libet : non vacat, quia vindemiæ in manibus; non libet, quia exiguæ. Devehemus tamen pro novo musto novos versiculos, tibique jucundissime exigenti, ut primum videbuntur defervisse, mittemus. Vale.

### XVII. — *Pline à Génitor.*

Accepi tuas litteras, quibus quereris tædio tibi fuisse quamvis lautissimam cœnam, quia scurræ, cinædi, moriones mensis inerrabant. Vis tu remittere aliquid ex rugis? Equidem nihil tale babeo; habentes tamen fero. Cur ergo non habeo? quia nequa-

gens à mon service; mais je tolère ceux qui en ont. Pourquoi donc n'en ai-je point? C'est que, s'il échappe à un débauché quelque parole obscène, à un bouffon quelque impertinence, à un fou quelque ineptie, cela ne me fait aucun plaisir, parce que cela ne me cause aucune surprise. Je vous allègue mon goût; mais ce n'est pas une raison. Aussi combien n'y a-t-il pas de gens qui regardent comme sottes et insupportables beaucoup de choses qui nous plaisent et nous enchantent? Combien ne s'en trouve-t-il pas qui, dès qu'un lecteur, un joueur de lyre ou un comédien paraît, prennent congé de la compagnie; ou qui, si elles demeurent à table, n'ont pas moins d'ennui que vous en ont fait souffrir ces *monstres* (car c'est le nom que vous leur donnez)? Ayons donc de l'indulgence pour les plaisirs d'autrui, si nous voulons en obtenir pour les nôtres. Adieu.

### XVIII. — *Pline à Sabinus.*

Votre lettre me prouve avec quel soin, avec quelle attention et quelle heureuse mémoire vous avez lu mes ouvrages. C'est donc vous-même qui vous attirez un embarras, lorsque vous m'invitez et m'engagez à vous en communiquer le plus que je pourrai. Je le ferai volontiers, mais successivement et avec ordre. J'ai à craindre de fatiguer, par un travail trop assidu et par la multitude des sujets, une mémoire à laquelle je dois déjà tant. Je ne veux point la surcharger, l'accabler, la forcer à laisser échapper chaque ouvrage en cherchant à les embrasser tous, et à quitter les premiers pour courir après les derniers. Adieu.

---

quam me ut inexspectatum festivumve delectat, si quid molle a cinædo, petulans a scurra, stultum a morione proferatur. Non rationem, sed stomachum tibi narro. Atque adeo quam multos putas esse, quos æque ea, quibus ego et tu capimur et ducimur, partim ut inepta, partim ut molestissima offendant? Quam multi, quum lector aut lyristes aut comœdus inductus est, calceos poscunt, aut non minore cum tædio recubant, quam tu ista (sic enim appellas) prodigia perpessus es? Demus igitur alienis oblectationibus veniam, ut nostris impetremus. Vale.

### XVIII. — *Pline à Sabinus.*

Qua intentione, quo studio, qua denique memoria legeris libellos meos, epistola tua ostendit. Ipse igitur exhibes negotium tibi, qui elicis et invitas, ut quamplurima communicare tecum velim. Faciam, per partes tamen, et quasi digesta, ne istam ipsam memoriam, cui gratias ago, assiduitate et copia turbem, oneratamque, et quasi oppressam cogam pluribus singula, posterioribus priora dimittere. Vale.

## XIX. — Pline à Rufon.

Vous me mandez que, dans une de mes lettres, vous avez lu que Virginius Rufus ordonna qu'on gravât ces vers sur son tombeau :

> Ci-gît Rufus, dont la victoire
> De Vindex punit l'attentat,
> Et qui ne voulut d'autre gloire
> Que la liberté de l'État.

Vous le blâmez de l'avoir ordonné. Vous ajoutez que Frontinus fit bien mieux, lorsqu'il défendit qu'on lui élevât aucun tombeau. Vous finissez par me prier de vous dire ce que je pense de tous les deux. J'ai tendrement aimé l'un et l'autre, et celui que vous blâmez est celui que j'admirais le plus. Je l'admirais au point de ne pas croire qu'on pût jamais le louer assez; et me voilà réduit à prendre sa défense! Je vous avoue que tous ceux qui ont fait quelque chose de grand et de mémorable me paraissent dignes, non-seulement d'excuse, mais d'éloge, lorsqu'ils recherchent l'immortalité, et qu'ils s'efforcent d'éterniser par des inscriptions un nom qui ne doit jamais périr. Je ne trouve guère que Virginius qui, après avoir tout fait pour la gloire, ait parlé si peu de ce qu'il a fait. Je puis l'attester : quoiqu'il m'accordât sans réserve son amitié et sa confiance, je ne l'ai jamais entendu parler de lui-même qu'une seule fois. Il racontait que Cluvius lui avait un jour tenu ce discours : *Vous savez, Virginius, quelle fidélité on doit à*

## XIX. — Pline à Rufon.

Significas legisse te in quadam epistola mea, jussisse Virginium Rufum inscribi sepulcro suo :

> Hic situs est Rufus, pulso qui Vindice quondam
> Imperium asseruit non sibi, sed patriæ.

Reprehendis quod jusserit. Addis etiam melius rectiusque Frontinum, quod vetuerit omnino monumentum sibi fieri; meque ad extremum quid de utroque sentiam consulis. Utrumque dilexi; miratus sum magis, quem tu reprehendis, atque ita miratus, ut non putarem satis unquam laudari posse, cujus nunc mihi subeunda defensio est. Omnes ego, qui magnum aliquod memorandumque fecerunt, non modo, venia, verum etiam laude dignissimos judico, si immortalitatem, quam meruere, sectantur, victurique nominis famam supremis etiam titulis prorogare nituntur. Nec facile quemquam nisi Virginium invenio, cujus tanta in prædicando verecundia, quanta gloria ex facto. Ipse sum testis, familiariter ab eo dilectus probatusque, semel om-

*l'histoire. Pardonnez-moi donc, je vous en supplie, si vous lisez, dans celle que j'écris, quelque chose que vous ne voudriez pas y lire.* A cela Virginius répondit : *Vous ne savez donc pas, Cluvius, que, dans tout ce que j'ai fait, je n'ai eu qu'un but : c'était de vous assurer, à vous autres historiens, la liberté d'écrire tout ce qu'il vous plairait.*

Maintenant comparons-lui Frontinus en cela même où ce dernier vous paraît plus modeste et plus retenu. Il a défendu qu'on lui élevât un tombeau ; mais en quels termes ? *La dépense d'un tombeau est inutile. Mon nom ne périra point, si ma vie est digne de mémoire.* Donner à lire à tout l'univers que la mémoire de notre nom durera, est-ce donc plus modeste que de marquer par deux vers, dans un coin du monde, une action que l'on a faite ? Je n'ai pourtant pas l'intention de blâmer le premier, mais de défendre le second ; et comment le faire avec plus d'avantage qu'en lui comparant celui que vous lui avez préféré ? A mon avis, ni l'un ni l'autre ne mérite de reproches. Tous deux, avec une égale ardeur, et par des routes différentes, ont recherché la gloire, l'un en réclamant les titres qui lui sont dus, l'autre en aimant mieux montrer qu'il les a méprisés. Adieu.

## XX. — *Pline à Vénator.*

Plus votre lettre était longue, plus elle m'a fait plaisir, parce qu'elle roulait tout entière sur mes ouvrages. Je ne suis point sur-

nino, me audiente, provectum, ut de rebus suis hoc unum referret, ita secum aliquando Cluvium locutum : « Scis, Virgini, quae historiae fides debeatur. Proinde si quid in historiis meis legis aliter ac velles, rogo ignoscas. » Ad hoc ille : « Tune, Cluvi, ignoras, ideo me fecisse quod feci, ut esset liberum vobis scribere, quae libuisset ? »

Agedum, hunc ipsum Frontinum in hoc ipso, in quo tibi parcior videtur et pressior, comparemus. Vetuit exstrui monumentum ; sed quibus verbis ? « Impensa monumenti supervacua est : memoria nostri durabit, si vita meruimus. » An restrictius arbitraris per orbem terrarum legendum dare, duraturam memoriam sui, quam uno in loco duobus versiculis signare quod feceris ? Quanquam non habeo propositum illum reprehendendi, sed hunc tuendi ; cujus quae potest apud te justior esse defensio, quam ex collatione ejus quem praetulisti ? Meo quidem judicio neuter culpandus, quorum uterque ad gloriam pari cupiditate, diverso itinere contendit ; alter, dum expetit debitos titulos ; alter, dum mavult videri contempsisse. Vale.

### XX. — *Pline à Vénator.*

Tua vero epistola tanto mihi jucundior fuit, quanto longior erat, praesertim quum

pris qu'ils vous plaisent, puisque vous n'aimez pas moins tout ce qui vient de moi, que vous ne m'aimez moi-même. Je suis ici principalement occupé à faire mes vendanges. Elles sont assez maigres, mais plus abondantes que je ne l'espérais ; si toutefois c'est vendanger, que de m'amuser à cueillir une grappe de raisin, que de visiter mon pressoir, de goûter le vin doux dans la cuve, et de m'approcher de mes domestiques de ville qui, pour avoir l'œil sur nos campagnards, m'abandonnent à mes lecteurs et à mes secrétaires. Adieu.

### XXI. — *Pline à Sabinien.*

Votre affranchi, contre lequel vous m'aviez dit que vous étiez en colère, est venu me trouver. Il s'est jeté à mes pieds, et il y est resté attaché, comme si c'eût été aux vôtres. Il a beaucoup pleuré, beaucoup prié ; longtemps aussi il a gardé le silence ; en un mot, il m'a convaincu de son repentir. Je le crois véritablement corrigé, parce qu'il reconnaît sa faute. Je sais que vous êtes irrité ; je sais que vous l'êtes avec raison. Mais jamais la modération n'est plus louable que quand la colère est plus juste. Vous avez aimé cet homme, et j'espère que vous lui rendrez un jour votre bienveillance. En attendant, il me suffit que vous m'accordiez son pardon. Vous pourrez, s'il le mérite encore, reprendre votre colère. Après s'être laissé désarmer une fois, elle sera bien plus excusable. Accordez quelque chose à sa jeunesse, à ses larmes,

---

de libellis meis tota loqueretur ; quos tibi voluptati esse non miror, quum omnia nostra perinde ac uos ames. Ipse quum maxime vindemias, graciles quidem, uberiores tamen quam exspectaveram, colligo, si colligere est, nonnunquam decerpere uvam, torculum invisere, gustare de lacu mustum, obrepere urbanis, qui nunc rusticis præsunt, meque notariis et lectoribus reliquerunt. Vale.

### XXI. — *Pline à Sabinien.*

Libertus tuus, cui succensere te dixeras, venit ad me, advolutusque pedibus meis, tanquam tuis, hæsit. Flevit multum, multumque rogavit, multum etiam tacuit : in summa, fecit mihi fidem pœnitentiæ. Vere credo emendatum, quia deliquisse se sentit. Irasceris, scio ; et irasceris merito, id quoque scio. Sed tunc præcipua mansuetudinis laus, quum iræ causa justissima est. Amasti hominem, et, spero, amabis. Interim sufficit ut exorari te sinas. Licebit rursus irasci, si meruerit ; quod exoratus excusatius facies. Remitte aliquid adolescentiæ ipsius ; remitte lacrymis, remitte indulgentiæ tuæ : ne torseris illum, ne torseris etiam te. Torqueris enim, quum tam

à votre bonté naturelle. Ne le tourmentez pas davantage, ne vous tourmentez plus vous-même : car, avec un caractère si doux, c'est vous tourmenter que de vous fâcher. Je crains de ne pas avoir l'air de prier, mais d'exiger, si je joins mes supplications aux siennes. Je les joindrai néanmoins, avec d'autant plus d'instance et d'abandon, que les réprimandes qu'il a reçues de moi ont été plus vives et plus sévères. Je l'ai menacé très-positivement de ne jamais intercéder en sa faveur. Mais cette menace n'était que pour lui, qu'il fallait intimider, et non pour vous. Peut-être, en effet, serai-je encore une autre fois obligé de vous demander grâce, et vous de me l'accorder, si la faute est telle que nous puissions honnêtement, moi intercéder, et vous pardonner. Adieu.

## XXII. — *Pline à Sévérus*

La maladie de Passiénus Paulus m'a donné de vives inquiétudes, et pour plusieurs raisons, toutes fort légitimes. C'est un excellent homme, d'une exacte probité et plein d'amitié pour moi. D'ailleurs, dans ses écrits, il imite les anciens, il prend leur physionomie, et nous rend leurs beautés, surtout celles de Properce, dont il descend. Il est vraiment de sa famille, et lui ressemble surtout dans ce qu'il a de mieux. Si ses vers élégiaques vous tombent entre les mains, vous lirez des vers polis, tendres, agréables, et qui sortent réellement de la maison de Properce. Depuis peu, il s'est livré à la poésie lyrique, et il a, dans ce genre, repro-

---

lenis irasceris. Vereor ne videar non rogare, sed cogere, si precibus ejus meas junxero. Jungam tamen tanto plenius et effusius, quanto ipsum acrius severiusque corripui, destricte minatus nunquam me postea rogaturum. Hoc illi, quem terreri oportebat; tibi non idem. Nam fortasse iterum rogabo, iterum impetrabo, sit modo tale, ut rogare me, ut præstare te deceat. Vale.

### XXII. — *Pline à Sévérus.*

Magna me sollicitudine affecit Passieni Pauli valetudo, et quidem plurimis justissimisque de causis. Vir est optimus, honestissimus, nostri amantissimus; præterea in litteris veteres æmulatur, exprimit, reddit ; Propertium in primis. a quo genus ducit, vera soboles, eoque simillima illi, in quo ille præcipuus. Si elegos ejus in manus sumpseris, leges opus tersum, molle, jucundum, et plane in Propertii domo scriptum. Nuper ad lyrica deflexit, in quibus ita Horatium, ut in illis illum alterum, effingit. Putes, si quid in studiis cognatio valet, et hujus propinquum. Magna varietas, magna mobilitas. Amat ut qui verissime, dolet ut qui impatientissime, laudat

it Horace aussi heureusement qu'il a rendu Properce dans l'au-
e. On le croirait parent d'Horace, si la parenté est de quelque
influence dans les lettres. Ses écrits sont pleins de grâces légères
et de variété. Il parle d'amour comme s'il aimait ; il se plaint en
homme désolé ; il loue avec une bonté charmante ; il badine avec
l'enjouement le plus délicat ; en un mot, il est aussi parfait dans
tous les genres, que s'il n'excellait que dans un seul. Un tel ami,
d'un si rare génie, ne m'avait pas moins rendu malade d'esprit,
qu'il l'était de corps. Enfin nous sommes guéris tous deux. Fé-
licitez-moi, félicitez les lettres mêmes qui ont couru autant de
péril pendant sa maladie qu'elles tireront de gloire de sa santé.
Adieu.

## XXIII. — *Pline à Maxime.*

Il m'est souvent arrivé, quand j'ai plaidé, que les centumvirs,
après avoir gardé longtemps cet air de gravité et de dignité qui
convient aux juges, se sont subitement levés tous ensemble,
comme par un mouvement involontaire, et m'ont félicité. J'ai
souvent remporté du sénat toute la gloire que je pouvais désirer.
Mais jamais rien ne m'a autant fait de plaisir, que ce que m'a dit
Tacite ces jours derniers. Il me contait qu'il s'était trouvé aux
spectacles du Cirque, assis près d'un chevalier romain. Après une
conversation savante et variée, le chevalier lui demanda : *Êtes-
vous d'Italie ou de quelque autre province? — Vous me connaissez,* lui répondit Tacite ; *c'est un avantage que je dois aux lettres.*

---

ut qui benignissime, ludit ut qui facetissime; omnia denique, tanquam singula, absolvit. Pro hoc ego amico, pro hoc ego ingenio, non minus æger animo, quam cor-
re ille, tandem illum, tandem me recepi. Gratulare mihi; gratulare etiam litteris
ipsis, quæ ex periculo ejus tantum discrimen adierunt, quantum ex salute gloriæ
consequentur. Vale.

## XXIII. — *Pline à Maxime.*

Frequenter agenti mihi evenit, ut centumviri, quum diu se intra judicum auctoritatem gravitatemque tenuissent, omnes repente quasi victi coactique consurgerent
laudarentque. Frequenter e senatu famam, qualem maxime optaveram, retuli;
nunquam tamen majorem cepi voluptatem, quam nuper ex sermone Cornelii Tacit.
Narrabat sedisse se cum quodam Circensibus proximis; hunc, post varios eruditosque
sermones, requisisse : « Italicus es, an provincialis? » se respondisse : « Nosti me
et quidem ex studiis. » Ad hoc illum : « Tacitus es an Plinius? » Exprimere non

— *Seriez-vous*, reprit celui-ci, *ou Tacite ou Pline ?* Je ne puis vous exprimer combien je suis flatté que les lettres rappellent le souvenir de son nom et du mien, comme si ce n'étaient pas des noms d'hommes, mais les noms des lettres mêmes, et que, grâce à elles, nous soyions tous deux connus de gens qui d'ailleurs ne nous connaissent point.

Il m'arriva dernièrement quelque chose de semblable. J'étais à table auprès de Fabius Rufinus, personnage très-distingué. Au-dessus de lui était un de ses compatriotes qui venait d'arriver à Rome pour la première fois. Rufinus, me montrant du doigt, lui dit : *Voyez-vous cet homme ?* Et ensuite il l'entretint de mon goût pour la littérature. — *C'est Pline*, dit l'autre. Voilà, je vous l'avoue, la plus douce récompense de mes travaux. Si Démosthène a pu légitimement se réjouir qu'une vieille femme d'Athènes l'ait désigné en disant : *Voilà Démosthène !* ne dois-je pas aussi être charmé que mon nom soit connu ? Je m'en applaudis donc, et je ne le cache pas : car je ne crains pas de paraître vain, en racontant, non ce que je pense de moi, mais ce que le public en pense, surtout à vous qui ne portez envie à la gloire de personne, et qui vous intéressez à la mienne. Adieu.

### XXIV. — *Pline à Sabinien.*

Je vous remercie d'avoir, à ma recommandation, reçu dans votre maison un affranchi que vous aimiez autrefois, et de lui

possum, quam sit jucundum mihi, quod nomina nostra, quasi litterarum propria, non hominum, litteris redduntur ; quod uterque nostrum his etiam ex studiis notus, quibus aliter ignotus est.

Accidit aliud ante pauculos dies simile. Recumbebat mecum, vir egregius, Fabius Rufinus, super eum municeps ipsius, qui illo die primum in Urbem venerat. Cui Rufinus, demonstrans me : « Vides hunc ? » Multa deinde de studiis nostris. Et ille: « Plinius est, » inquit. Verum fatebor, capio magnum laboris mei fructum. An si Demosthenes jure lætatus est, quod illum anus attica ita noscitavit, Οὗτός ἐστι Δημοσθένης, ego celebritate nominis mei gaudere non debeo ? Ego vero et gaudeo, et gaudere me dico : neque enim vereor ne jactantior videar, quum de me aliorum judicium, non meum profero, præsertim apud te, qui nec ullius invides laudibus, et faves nostris. Vale.

### XXIV. — *Pline à Sabinien.*

Bene fecisti, quod libertum aliquando tibi carum, reducentibus epistolis meis, in domum, in animum recepisti. Juvabit hoc te. Me certe juvat, primum quod te tam

voir rendu vos bonnes grâces. Vous aurez à vous en féliciter. our moi, je suis charmé de vous voir traitable dans la colère, et e reconnaitre que vous avez, ou tant de déférence pour mes seniments, ou tant d'égards pour mes prières. Je vous loue donc et je vous rends grâces. Mais en même temps je vous conseille d'avoir, à l'avenir, de l'indulgence pour les fautes de vos gens, quand même ils manqueraient d'intercesseur auprès de vous. Adieu.

## XXV. — *Pline à Mamilien.*

Vous vous plaignez d'être accablé de vos occupations à l'armée, et, comme si vous jouissiez d'un profond loisir, vous lisez les bagatelles que je compose en m'amusant. Vous les aimez, vous les demandez avec instance, et vous m'inspirez une pressante envie de ne m'en pas tenir là. Car depuis que ces opuscules ont l'approbation d'un homme aussi savant, aussi sage, et surtout aussi sincère que vous, je commence à croire qu'outre le plaisir, je puis encore trouver quelque gloire. Je suis maintenant chargé de causes qui, sans m'accabler, me donnent pourtant quelque embarras. Dès que j'en serai quitte, ma muse ira vous faire encore quelques confidences, puisque vous les accueillez si bien. Vous ferez voler mes passereaux et mes colombes parmi vos aigles, si la bonne opinion que vous en avez conçue répond à leur confiance. Si vous les trouvez téméraires, vous aurez soin de les renfermer dans la cage ou dans le nid. Adieu.

---

tractabilem video, ut in ira regi possis, deinde quod tantum mihi tribuis, ut vel auctoritati meæ pareas, vel precibus indulgeas. Igitur et laudo et gratias ago. Simul in posterum moneo ut te erroribus tuorum, etsi non fuerit qui deprecetur, placabilem præstes. Vale.

### XXV. — *Pline à Mamilien.*

Quereris de turba castrensium negotiorum, et, tanquam summo otio perfruare, lusus et ineptias nostras legis, amas, flagitas, meque ad similia condenda non mediocriter incitas. Incipio enim ex hoc genere studiorum non solum oblectationem, verum etiam gloriam petere, post judicium tuum, viri gravissimi, eruditissimi, ac super ista verissimi. Nunc me rerum actus modice, sed tamen distringit. Quo finito aliquid earumdem camœnarum in istum benignissimum sinum mittam. Tu passerculis et columbulis nostris inter aquilas vestras dabis pennas, si tamen et sibi et tibi placebunt. Si tantum sibi, continendos cavea nidove curabis. Vale.

## XXVI. — *Pline à Lupercus.*

Je me suis exprimé, je crois, avec justesse, quand j'ai dit d'un orateur judicieux et sage de notre temps, mais trop timide et trop circonspect : *Il n'a qu'un défaut, c'est de n'en point avoir.* En effet, l'orateur doit s'élever, s'élancer, quelquefois s'échauffer, se laisser emporter, et souvent s'avancer jusqu'au bord du précipice. Il n'est guère de hauteur et de sommité qui ne soit voisine d'un abîme. Le chemin est plus sûr à travers la plaine, mais il est plus bas et plus obscur. Ceux qui rampent ne risquent point de tomber comme ceux qui courent ; mais il n'y a pour ceux-là nulle gloire à ne pas tomber : ceux-ci en acquièrent même en tombant. Les dangers ont leur prix dans l'éloquence, comme dans les autres arts. Lorsque nos funambules semblent le plus près de la chute, c'est alors qu'ils excitent les plus vives acclamations. Ce que nous admirons surtout, c'est ce qui passe notre attente, ce qui a été le plus hasardé, ce qui, dans la langue des Grecs, s'exprime mieux encore par le mot de παράβολον. Voilà pourquoi l'habileté du pilote est moins estimée dans le calme que dans la tempête. Dans le calme, il entre au port sans être admiré, sans être loué : point de gloire pour lui. Mais, quand les cordages sifflent, quand le mât plie, quand le gouvernail gémit, c'est alors qu'on le proclame illustre et qu'on l'égale presque aux dieux de la mer.

Pourquoi ces réflexions ? C'est que vous avez noté dans mes

## XXVI. — *Pline à Lupercus.*

Dixi de quodam oratore sæculi nostri, recto quidem et sano, sed parum grandi et ornato, ut opinor, apte : « Nihil peccat, nisi quod nihil peccat. » Debet enim orator erigi, attolli, interdum etiam effervescere, efferri, ac sæpe accedere ad præceps. Nam plerumque altis et excelsis adjacent abrupta. Tutius per plana, sed humilius et depressius iter. Frequentior currentibus quam reptantibus lapsus ; sed his non labentibus nulla, illis nonnulla laus, etiamsi labantur. Nam ut quasdam artes, ita eloquentiam nihil magis, quam aucipitia commendant. Vides, qui per funem in summa nituntur, quantos soleant excitare clamores, quum jam jamque casuri videntur. Sunt enim maxime mirabilia, quæ maxime insperata, maxime periculosa, utque Græci magis exprimunt, παράβολα. Ideo nequaquam par gubernatoris est virtus, quum placido, et quum turbato mari vehitur ; tunc admirante nullo illaudatus, inglorius subit portum : at quum strident funes, curvatur arbor, gubernacula gemunt, tunc ille clarus et diis maris proximus.

Cur hæc ? quia visus es mihi in scriptis meis annotasse quædam ut tumida, quæ

## LIVRE IX.

écrits quelques endroits où vous trouvez de l'enflure, et où je me trouvais, moi, que de l'élévation ; d'autres qui vous paraissent forcés, et qui ne me semblaient que hardis ; d'autres où vous voyez du luxe, et où je ne voyais que de la richesse. Il y a une grande différence entre les endroits défectueux et les endroits saillants. Chacun est frappé de tout ce qui a de la grandeur et de l'éclat. Mais il faut un discernement bien fin, pour juger si c'est grandeur ou exagération, hauteur ou boursouflure. Et, pour parler d'abord d'Homère, qui ne remarquera pas, dans un sens ou dans l'autre, les passages suivants :

> La terre s'en ébranle, et l'Olympe en mugit....

et,

> Sur un nuage épais sa lance est appuyée....

et tout ceci,

> Ainsi que des torrents descendus des montagnes
> Remplissent les vallons, inondent les campagnes.

Mais il faut une mesure et une balance bien justes pour décider si c'est là du phébus et de l'amphigouri, ou bien du magnifique et du divin. Ce n'est pas que je m'imagine avoir dit ou pouvoir dire quelque chose de semblable : je ne suis pas assez fou pour le croire. Je veux seulement faire entendre qu'il faut quelquefois laisser un libre essor à l'éloquence, et ne pas renfermer dans un cercle trop étroit les mouvements impétueux du génie.

ego sublimia, ut improba, quæ ego audentia ; ut nimia, quæ ego plena arbitrabar. Plurimum autem refert, deprehendenda annotes, an insignia. Omnes enim advertit, quod eminet et exstat. Sed acri intentione dijudicandum est, immodicum sit an grande, altum an enorme. Atque ut Homerum potissimum attingam, quem tandem alterutram in partem potest fugere,

> . . . . . . . Βράχε δ' εὐρεῖα χθών,
> Ἀμφὶ δὲ σάλπιγξεν μέγας οὐρανός.....

et,

> . . . . Ἠέρι δ' ἔγχος ἐκέκλιτο . . .

et totum illud,

> Ὡς δ' ὅτε χείμαρροι ποταμοὶ κατ' ὄρεσφι ῥέοντες,
> Ἐς μισγάγκειαν συμβάλλετον ὄβριμον ὕδωρ.

Sed opus est examine et libra, incredibilia sint hæc et immania, an magnifica et cælestia. Nec nunc ego me his similia aut dixisse aut posse dicere puto : non ita insanio. Sed hoc intelligi volo, laxandos esse eloquentiæ frenos, nec angustissimo pro ingeniorum impetus refringendos.

Mais, dira-t-on, le style des orateurs n'est pas celui des poëtes. Comme si, en effet, Cicéron était moins hardi! Je ne m'arrête pas à ses ouvrages, parce qu'il n'y a pas, je pense, de doute à son égard. Mais Démosthène lui-même, ce type, ce modèle de l'orateur, songe-t-il à mesurer et à contraindre son essor dans ce passage si connu : *Ames de boue, vils flatteurs, détestables fléaux?* Rappelez-vous encore cet endroit : *Non, ce n'est point avec des briques ni avec des pierres que j'ai fortifié Athènes.* Et bientôt après : *Voici les remparts dont j'ai couvert l'Attique, autant que le pouvait la prudence humaine.* Et ailleurs : *Pour moi, je crois, Athéniens, oui, je crois qu'il est enivré de la grandeur de ses exploits.* Est-il rien de plus hardi que cette éloquente et longue digression : *Un mal contagieux...?* Le trait suivant est plus court, mais n'est pas moins hardi : *On ne me vit pas alors céder à l'insolence de Python qui se répandait en invectives contre vous.* Ceci est du même caractère : *Quand un homme s'élève par l'ambition et la perversité, comme Philippe, le moindre prétexte, le moindre revers suffit pour tout ébranler et tout dissoudre.* Ce qui suit est pareil : *Exclus de tous les droits de citoyen par les décisions de trois tribunaux....* Et dans le même discours : *Sous ce rapport, Aristogiton, vous les avez frustrés de la compassion; que dis-je? vous l'avez éteinte dans tous les cœurs. Ne vous réfugiez donc pas dans les ports que vous avez comblés vous-même et dont vous vous êtes fermé l'entrée.* Il avait déjà dit : *Je crains que vous ne paraissiez ouvrir la carrière à tout méchant déter-*

---

At enim alia conditio oratorum, alia poetarum. Quasi vero M. Tullius minus audeat! Quanquam hunc omitto; neque enim ambigi puto. Sed Demosthenes ipse, ille norma oratoris et regula, num se cohibet et comprimit, quum dicit illa notissima? Ἄνθρωποι μιαροὶ, καὶ κόλακες, καὶ ἀλάστορες. Et rursus : Οὐ γὰρ λίθοις ἐτείχισα τὴν πόλιν, οὐδὲ πλίνθοις ἐγώ. Et statim : Ταῦτα προὐβαλόμην ἐγὼ πρὸ τῆς Ἀττικῆς, ὅσον ἦν ἀνθρωπίνῳ λογισμῷ δυνατόν. Et alibi : Ἐγὼ δὲ οἶμαι μὲν, ὦ ἄνδρες Ἀθηναῖοι, νὴ τοὺς θεοὺς, ἐκεῖνον μεθύειν τῷ μεγέθει τῶν πεπραγμένων. Jam quid audentius illo pulcherrimo ac longissimo excessu : Νόσημα γάρ...? Quid hæc, breviora superioribus, sed audacia paria : Τότ' ἐγὼ μὲν τῷ Πύθωνι θρασυνομένῳ, καὶ πολλῷ ῥέοντι καθ' ὑμῶν? Ex eadem nota : Ὅταν δὲ ἐκ πλεονεξίας καὶ πονηρίας τις, ὥσπερ οὗτος, ἰσχύσῃ, ἡ πρώτη πρόφασις, καὶ μικρὸν πταῖσμα ἅπαντα ἀνεχαίτισε καὶ διέλυσε. Simile his : Ἀπεσχοινισμένος ἅπασι τοῖς ἐν τῇ πόλει δικαίοις, γνώσει τριῶν δικαστηρίων. Et ibidem : Σὺ τὸν εἰς ταῦτα ἴλεων προὔδωκας, Ἀριστογεῖτον, μᾶλλον δὲ ἀνῄρηκας ὅλως. Μὴ δὴ πρὸς οὓς αὐτὸς ἰάλωκας λιμένας, καὶ προσβολὰς ἐνέπλησας, πρὸς τούτους ὁρμίζου. Et dixerat : Δέδοικα μὴ δόξητέ τισι τὸν ἀεὶ βουλόμενον εἶναι πονηρὸν τῶν ἐν τῇ πόλει παιδοτριβεῖν· ἀσθενὴς μὲν γὰρ ἐστι πᾶς ὁ πονηρὸς καθ' ἑαυτόν. Et deinceps : Τούτῳ δ' οὐδένα ὁρῶ τῶν τόπων τούτων

miné : car le méchant est faible par lui-même. Et plus bas : *Pour celui que j'accuse, je ne vois nulle part d'accès au pardon et à la pitié : tout est escarpé, tout est abime et précipice.* Ce n'est pas tout : *Je ne pense pas que nos ancêtres nous aient construit ces tribunaux pour y implanter des hommes d'un tel caractère, mais plutôt pour les réprimer, les punir, et empêcher ainsi que leur exemple n'excite dans les autres une funeste émulation.* Il dit encore : *Mais s'il commerce et trafique de méchanceté....* Et mille autres traits pareils, pour ne rien dire de ce qu'Eschine appelait, non des expressions, mais des prestiges. Je parle contre moi, quand je rappelle les reproches qu'Eschine lui adresse. Mais voyez l'avantage de l'écrivain critiqué sur celui qui le critique : cet avantage est fondé sur les passages même qui sont blâmés. Car si l'énergie est empreinte en d'autres parties des ouvrages de Démosthène, c'est en celles-ci qu'éclate la sublimité de son génie.

Et Eschine lui-même est-il exempt des défauts qu'il relève dans Démosthène? *Il faut, Athéniens, que l'orateur parle comme la loi. Mais si la loi et l'orateur ont un langage différent, on doit donner son suffrage à l'équité de la loi, et non à l'impudence de l'orateur.* Ailleurs : *Ensuite il fait voir clairement que tout son décret n'a d'autre motif que le vol, lorsqu'il veut que les députés exigent des habitants d'Oréum qu'ils paient leurs cinq talents, non à vous, mais à Callias. Pour preuve que je dis vrai, laissant là l'emphase, les galères et la forfanterie de son décret, lisez.* Et dans un

---

βάσιμον ὄντα, ἀλλὰ πάντα ἀπόκρημνα, φάραγγας, βάραθρα, Nec satis : Οὐδὲ γὰρ τοὺς προγόνους ὑπολαμβάνω τὸ δικαστήρια ταῦτα οἰκοδομῆσαι, ἵνα τοὺς τοιούτους ἐν αὐτοῖς μοσχεύητε, ἀλλὰ τοὐναντίον, ἵν' ἀνείργητε, καὶ κολάζητε, καὶ μηδεὶς ζηλοῖ, μηδ' ἐπιθυμῇ κακίας. Adhuc : Εἰ δὲ κάπηλός ἐστι πονηρίας, καὶ παλιγκάπηλος καὶ μεταβολεύς. Et mille talia, ut præteream quæ ab Æschine θαύματα, non ῥήματα, vocantur. In contrarium incidi. Dices hunc quoque ob ista culpari. Sed vide quanto major sit, qui reprehenditur, ipso reprehendente ; et major ob hæc quoque. In aliis enim vis, in his granditas ejus elucet.

Num autem Æschines ipse iis, quæ in Demosthene carpebat, abstinuit? Χρὴ γάρ, ὦ ἄνδρες Ἀθηναῖοι, τὸ αὐτὸ φθέγγεσθαι τὸν ῥήτορα, καὶ τὸν νόμον· ὅταν δ' ἑτέραν μὲν φωνὴν ἀφιῇ ὁ νόμος, ἑτέραν δὲ ὁ ῥήτωρ, τῇ τοῦ νόμου δικαίῳ χρὴ διδόναι τὴν ψῆφον, οὐ τῇ τοῦ λέγοντος ἀναισχυντίᾳ. Alio loco : Ἔπειτα ἀναφαίνεται περὶ πάντων ἐν τῷ ψηφίσματι πρὸς τῷ κλέμματι γράψας, τὰ πέντε τάλαντα τοὺς πρέσβεις ἀξιῶν τοὺς Ὠρείτας μὴ ὑμῖν, ἀλλὰ Καλλίᾳ διδόναι. Ὅτι δὲ ἀληθῆ λέγω, ἀφελὼν τὸν κόμπον, καὶ τὰς τριήρεις, καὶ τὴν ἀλαζονίαν ἐκ τοῦ ψηφίσματος, ἀνάγνωθι. Iterum alio : Καὶ μὴ ἐᾶτε αὐτὸν εἰς τοὺς τοῦ παρανόμου λόγους περιίστασθαι. Quod adeo probavit, ut repetat : Ἀλλὰ ἐγκαθήμενοι καὶ ἐνιδρύσαντες ἐν τῇ ἐκκλησίᾳ εἰσελαύνετε αὐτὸν εἰς τοὺς

autre endroit : *Ne souffrez pas qu'il s'écarte par des faux-fuyants du sujet de contravention à la loi....* Ce qu'il a si fort approuvé, qu'il ajoute : *Toujours en observation et sur vos gardes dans ce jugement, obligez-le de se renfermer dans sa cause, et défiez-vous de ses détours artificieux.* Est-il plus mesuré et plus timide lorsqu'il dit : *Chaque jour vous nous faites de nouvelles blessures, et vous vous inquiétez plus du succès de vos discours que du salut de l'État?* Ce qui suit est encore plus énergique : *Ne chasserez-vous pas ce fléau commun de la Grèce? ou plutôt, ne saisirez-vous point, pour le punir, cet usurpateur du gouvernement qui nous maîtrise avec des paroles ?* Et beaucoup d'autres endroits.

Je suis sûr que vous allez critiquer certains passages de cette lettre, ainsi que vous avez censuré ceux de l'ouvrage que je cherche à justifier, comme *le gouvernail qui gémit; le pilote comparé aux dieux de la mer* : car je m'aperçois qu'en voulant défendre ce que vous blâmez, je suis retombé dans la même faute. Mais critiquez tant qu'il vous plaira, pourvu que vous me donniez un jour où nous puissions discuter de vive voix et vos anciennes et vos nouvelles critiques. En effet, ou vous me rendrez moins téméraire, ou je vous rendrai plus hardi. Adieu.

## XXVII. — *Pline à Paternus.*

J'ai souvent senti, mais jamais autant que ces jours derniers, la puissance, la grandeur, la majesté, et, en quelque sorte, la

---

τοῦ παρανόμου λόγους, καὶ τὰς ἰατρικὰς αὐτοῦ τῶν λόγων ἐπιτηρεῖτε. An illa custoditius pressiusque ? Σὺ δὲ ἑλκοποιεῖς, καὶ μᾶλλόν σοι μέλει τῶν αὐθημερῶν λόγων, ἢ τῆς σωτηρίας τῆς πόλεως. Altius illa : Οὐκ ἀποπέμψεσθε τὸν ἄνθρωπον ὡς κοινὴν τῶν Ἑλλήνων συμφοράν ; ἢ συλλαβόντες ὡς λῃστὴν τῶν πραγμάτων διὰ τῆς πολιτείας πλέοντα τιμωρήσεσθε; et alia.

Exspecto, ut quædam ex hac epistola, ut illud, *gubernacula gemunt,* et, *diis maris proximus,* iisdem notis, quibus ea de quibus scribo, confodias. Intelligo enim me, dum veniam prioribus peto, in illa ipsa, quæ annotaveras, incidisse. Sed confodias licet, dummodo jam nunc destines diem; quo et de illis, et de his coram exigere possimus. Aut enim tu me timidum, aut ego te temerarium faciam. Vale.

## XXVII. — *Pline à Paternus.*

Quanta potestas, quanta dignitas, quanta majestas, quantum denique numen sit historiæ quum frequenter alias, tum proxime sensi. Recitaverat quidam verissimum librum, partemque ejus in alium diem reservaverat. Ecce amici cujusdam orantes

divinité de l'histoire. Quelqu'un avait lu en public une relation très-sincère, et en avait réservé une partie pour un autre jour. Plusieurs de ses amis vinrent le prier, le supplier de ne point lire le reste : tant ceux qui n'avaient pas rougi de faire ce qu'ils entendaient, rougissaient d'entendre ce qu'ils avaient fait! Il leur accorda leur demande, et il le pouvait sans trahir la vérité. Cependant l'histoire demeure aussi bien que l'action, et elle demeurera, et elle sera lue avec d'autant plus d'empressement, qu'elle le sera plus tard. Car rien n'excite la curiosité des hommes, comme une longue attente. Adieu.

### XXVIII. — *Pline à Romanus.*

J'ai enfin reçu trois de vos lettres à la fois, toutes des plus élégantes, toutes pleines de tendresse, et telles que je devais les espérer de vous, surtout après les avoir si longtemps attendues. Dans l'une, vous me chargez d'une fort agréable commission, de faire porter vos lettres à Plotine, cette femme si respectable par ses vertus. Je m'en acquitterai. Ensuite vous me recommandez Popilius Artémisius. J'ai satisfait immédiatement à ce qu'il souhaitait. Vous me marquez aussi que vos vendanges ont été chétives. En cela nous avons eu la même chance, quoique nos climats soient fort différents. Dans la seconde lettre, vous me mandez que tantôt vous dictez, tantôt vous écrivez beaucoup de choses qui me rendent présent à votre esprit. Je vous en remercie, et je vous

---

obsecrantesque, ne reliqua recitaret : tantus audiendi quæ fecerint pudor, quibus nullus faciendi, quæ audire erubescunt! Et ille quidem præstitit quod rogabatur : sinebat fides. Liber tamen, ut factum ipsum, manet, manebit, legeturque semper tanto magis, quia non statim. Incitantur enim homines ad cognoscenda quæ differuntur. Vale.

### XXVIII. — *Pline à Romanus.*

Post longum tempus epistolas tuas, sed tres pariter recepi, omnes elegantissimas, amantissimas, et quales a te venire, præsertim desideratas, oportebat. Quarum una injungis mihi jucundissimum ministerium, ut ad Plotinam, sanctissimam feminam, litteræ tuæ perferantur; perferentur. Eadem commendas Popilium Artemisium : statim præstiti, quod petebat. Indicas etiam modicas te vindemias collegisse. Communis hæc mihi tecum, quanquam in diversissima parte terrarum, querela est. Altera epistola nuntias multa te nunc dictare, nunc scribere, quibus nos tibi repræsentes. Gratias ago : agerem magis, si me illa ipsa, quæ scribis aut dictas, legere voluisses.

en remercierais davantage, si vous aviez bien voulu me communiquer ce que vous dictez, ou ce que vous écrivez. En effet, il était juste qu'ayant eu communication de mes écrits, vous me fissiez part des vôtres, quand même ils seraient destinés à d'autres qu'à moi. Vous me promettez, en finissant, qu'aussitôt que vous aurez appris le plan de vie que je me suis proposé, vous vous déroberez à toutes vos affaires domestiques pour vous rendre ici. Regardez-vous donc déjà comme lié par des nœuds indissolubles. Dans la dernière, vous me dites que vous avez reçu mon plaidoyer pour Clarius, et qu'il vous a paru plus riche en développements que quand vous me l'avez entendu prononcer. Il est vrai qu'il est plus étendu, car j'y ai intercalé beaucoup de choses. Vous ajoutez que vous m'avez écrit d'autres lettres un peu plus travaillées. Vous demandez si je les ai reçues. Non, et je meurs d'envie de les recevoir. Ne manquez donc pas de me les envoyer, à la première occasion, avec les intérêts du retard. Je vous les compterai (et je ne le puis à moins) sur le pied de douze pour cent. Adieu.

### XXIX. — *Pline à Rusticus.*

S'il vaut mieux exceller en une chose que d'être médiocre en plusieurs, du moins vaut-il mieux être médiocre en plusieurs, quand on ne peut exceller en une seule. C'est pour cette raison que je m'exerce à différents genres d'études, n'osant me fier à mes talents dans un genre unique. Quand donc vous lirez divers ou-

---

Et erat æquum, ut te mea, ita me tua scripta cognoscere, etiamsi ad alium, quam ad me, pertinerent. Polliceris in fine, quum certius de vitæ nostræ ordinatione aliquid audieris, futurum te fugitivum rei familiaris, statimque ad nos evolaturum, qui jam tibi compedes nectimus, quas perfringere nullo modo possis. Tertia epistola continebat, esse tibi redditam orationem pro Clario, eamque visam uberiorem, quam dicente me, audiente te, fuerit. Est uberior; multa enim postea inserui. Adjicis, alias te litteras curiosius scriptas misisse : an acceperim, quæris. Non accepi et accipere gestio. Proinde prima quaque occasione mitte, appositis quidem usuris, quas ego (num parcius possum?) centesimas computabo. Vale.

### XXIX. — *Pline à Rusticus.*

Ut satius, unum aliquid insigniter, quam facere plurima mediocriter ita plurima mediocriter, si non possis unum aliquid insigniter. Quod intuens ego, variis me studiorum generibus, nulli satis confisus, experior. Proinde quum hoc vel illud leges,

vrages de ma façon, ayez pour chacun l'indulgence que leur nombre vous demande. Est-il juste que, dans les autres arts, la quantité des ouvrages soit un titre à l'indulgence, et que dans les lettres, où il est bien plus difficile d'arriver à la perfection, on subisse une loi plus dure? Mais ne dois-je point vous paraître ingrat, lorsque je vous demande de l'indulgence! Car si vous recevez les derniers ouvrages avec la même bonté que les premiers, je dois attendre des éloges, plutôt que de demander grâce. Il me suffit pourtant qu'on me fasse grâce. Adieu.

## XXX. — *Pline à Géminius.*

Vous louez souvent dans vos conversations, et aujourd'hui dans vos lettres, votre ami Nonius, pour sa libéralité envers certaines personnes. Je le loue aussi, pourvu qu'il ne la borne pas à ces personnes. Je veux qu'un homme vraiment libéral donne à sa patrie, à ses parents, à ses alliés, à ses amis ; mais à ses amis qui sont dans le besoin, et non comme ces gens qui ne donnent jamais tant qu'à ceux qui peuvent donner le plus. Ce n'est pas là, selon moi, donner son bien ; c'est, avec des présents trompeurs qui cachent l'hameçon et la glu, dérober le bien d'autrui. Il y a des personnes d'un caractère semblable, qui ne donnent à l'un que ce qu'elles enlèvent à l'autre, et qui obtiennent la réputation de générosité par leur avarice. La première règle, c'est de se contenter de ce que l'on a; après cela, d'embrasser, comme dans un

---

ita singulis veniam, ut non singulis, dabis. An cæteris artibus excusatio in numero litteris durior lex, in quibus difficilior effectus est? Quid autem ego de venia quasi ingratus? Nam si ea facilitate hæc proxima acceperis, qua priora, laus potius speranda, quam venia obsecranda est. Mihi tamen venia sufficit. Vale.

### XXX. — *Pline à Géminius.*

Laudas mihi, et frequenter præsens, et nunc per epistolas, Nonium tuum, quod sit liberalis in quosdam : et ipse laudo, si tamen non in hos solos. Volo enim eum, qui sit vere liberalis, tribuere patriæ, propinquis, affinibus, amicis, sed amicis dico pauperibus; non ut isti, qui iis potissimum donant, qui donare maxime possunt. Hos ego viscatis hamatisque muneribus non sua promere puto, sed aliena corripere. Sunt ingenio simili, qui quod huic donant, auferunt illi, famamque liberalitatis avaritia petunt. Primum est autem, suo esse contentum; deinde quos præcipue scias indigere, sustentantem foventemque, orbe quodam societatis ambire. Quæ cuncta

cercle, selon l'ordre que la société prescrit, tous ceux qui ont besoin de protection et d'assistance. Si votre ami suit ces règles, on ne peut trop le louer. S'il en observe seulement quelques-unes, il mérite moins d'éloges; mais il en mérite toujours. Un modèle de libéralité, même imparfait, est aujourd'hui si rare! La soif de l'or a tellement saisi les hommes, qu'on dirait qu'ils ne possèdent pas leurs richesses, mais qu'ils en sont possédés. Adieu.

### XXXI. — *Pline à Sardus.*

Depuis que je vous ai quitté, je n'en ai pas moins été avec vous. J'ai lu votre livre; et, pour ne vous point mentir, j'ai lu particulièrement les endroits où vous parlez de moi, et où vous vous êtes si longuement étendu. Quelle abondance! quelle variété! Combien, sur un même sujet, de choses qui, sans être les mêmes, ne sont pourtant pas différentes! Mêlerai-je mes éloges à mes remerciments? Je ne puis m'acquitter dignement et des uns et des autres; et si je le pouvais, je craindrais encore qu'il n'y eût de la vanité à vous louer d'un ouvrage dont je vous remercierais. J'ajouterai seulement que toutes les parties de votre ouvrage m'ont paru d'autant plus dignes d'éloge, qu'elles m'étaient plus agréables, et qu'elles m'ont d'autant plus charmé, qu'elles étaient plus parfaites. Adieu.

### XXXII. — *Pline à Titien.*

Que faites-vous? qu'avez-vous dessein de faire? Pour moi, je

---

si facit iste, usquequaque laudandus est; si unum aliquod, minus quidem, laudandus tamen : tam rarum est etiam imperfectæ liberalitatis exemplar! Ea invasit homines habendi cupido, ut possideri magis, quam possidere, videantur. Vale.

### XXXI. — *Pline à Sardus.*

Postquam a te recessi, non minus tecum, quam quum apud te, fui. Legi enim librum tuum, identidem repetens maxime (non enim mentiar) quæ de me scripsisti: in quibus quidem percopiosus fuisti. Quàm multa, quàm varia, quam non eadem de eodem, nec tamen diversa, dixisti! Laudem pariter et gratias agam? Neutrum satis possum; et, si possem, timerem ne arrogans esset, ob ea laudare, ob quæ gratias agerem. Unum illud addam, omnia mihi tanto laudabiliora visa, quanto jucundiora, et tanto jucundiora, quanto laudabiliora erant. Vale.

### XXXII. — *Pline à Titien.*

Quid agis? quid acturus es? Ipse vitam jucundissimam, id est otiosissimam, vivo:

mène la vie la plus délicieuse, c'est-à-dire la plus oisive. De là vient que je ne veux point écrire de longues lettres, mais que j'aime à en lire. L'un convient à mon indolence, l'autre à mon loisir. Car rien n'est si paresseux qu'un homme indolent, et rien de si curieux qu'un homme oisif. Adieu.

### XXXIII. — *Pline à Caninius.*

J'ai trouvé un sujet dont le fond est vrai, quoiqu'il ait tout l'air d'une fable. Il mérite d'être traité par un génie aussi fertile, aussi élevé, aussi poétique que le vôtre. J'en ai fait la découverte à table où chacun contait à l'envi son prodige. L'auteur passe pour très-véridique (et, après tout, qu'importe la vérité à un poëte?). Cependant c'est un auteur auquel vous ne refuseriez pas d'ajouter foi, si vous écriviez l'histoire.

Près de la colonie d'Hippone, en Afrique, sur le bord de la mer, on voit un étang navigable, d'où sort, comme un fleuve, un large canal, tour à tour entraîné dans la mer, et repoussé dans l'étang par le flux et le reflux. Tous les âges viennent y prendre le plaisir de la pêche, de la navigation, du bain; les enfants surtout qui en ont le goût et le temps. Ils mettent leur gloire et leur courage à s'avancer le plus loin qu'ils peuvent du rivage. Celui qui s'en éloigne le plus, et qui laisse derrière lui tous les autres, est le vainqueur. Dans cette sorte de lutte, un enfant plus hardi que ses compagnons s'étant aventuré fort loin, un dauphin se présente, le suit, tourne autour de lui, se glisse sous son corps,

---

quo fit ut scribere longiores epistolas nolim, velim legere; illud, tanquam delicatus, hoc, tanquam otiosus. Nihil est enim aut pigrius delicatis, aut curiosius otiosis. Vale.

### XXXIII. — *Pline à Caninius.*

Incidi in materiam veram, sed simillimam fictæ, dignamque isto lætissimo, altissimo, planeque poetico ingenio. Incidi autem, dum super cœnam varia miracula hinc inde referuntur. Magna auctoris fides (tametsi quid poetæ cum fide?): is tamen auctor, cui bene vel historiam scripturus credidisses.

Est in Africa hipponensis colonia, mari proxima. Adjacet navigabile stagnum. Ex hoc, in modum fluminis, æstuarium emergit, quod vice alterna, prout æstus aut repressit, aut impulit, nunc infertur mari, nunc redditur stagno. Omnis hic ætas piscandi, navigandi, atque etiam natandi studio tenetur; maxime pueri, quos otium ludusque sollicitat. His gloria et virtus altissime provehi : victor ille qui longissime,

le laisse, le reprend et l'emporte tout tremblant, d'abord en pleine mer ; mais bientôt après, il revient à terre, et le rend au rivage et à ses camarades.

Le bruit s'en répand dans la colonie. On accourt en foule. Cet enfant est une merveille qu'on ne peut trop regarder. On l'interroge, on l'écoute, on raconte son aventure. Le lendemain, on assiége le rivage. Tous les yeux sont fixés sur la mer ou sur ce qui lui ressemble. Les enfants se mettent à la nage, et parmi eux celui dont je vous parle, mais avec plus de précaution. Le dauphin revient à la même heure, et s'adresse au même enfant. Celui-ci prend la fuite avec les autres. Le dauphin, comme s'il voulait le rappeler et l'attirer, saute, plonge et fait cent tours différents. Même scène le lendemain, le jour suivant, et plusieurs jours de suite, jusqu'à ce que ces jeunes gens, presque élevés sur la mer, rougissent de leur crainte. Ils approchent du dauphin, ils l'appellent, ils jouent avec lui, ils le touchent, et il semble s'offrir à leurs mains. Cette épreuve les encourage. L'enfant surtout qui en avait fait le premier essai, ose nager auprès du dauphin, et sauter sur son dos. Il est porté et rapporté. Reconnu, aimé de son compagnon, il l'aime à son tour. Ils n'éprouvent plus, ils n'inspirent plus de crainte : la confiance de l'un s'augmente avec la douceur de l'autre. Les enfants même nagent autour de lui, et l'animent par leurs paroles et par leurs cris. Notre dauphin était accompagné d'un autre (et ceci n'est pas moins merveilleux), qui se contentait de le suivre et de le regarder. Il ne partageait point ses

---

ut littus, ita simul nantes, reliquit. Hoc certamine puer quidam audentior cæteris in ulteriora tendebat. Delphinus occurrit, et nunc sequi, nunc circuire, postremo subire, deponere, iterum subire, trepidantemque perferre primum in altum. Mox flectit ad littus, redditque terræ et æqualibus.

Serpit per coloniam fama. Concurrere omnes, ipsum puerum tanquam miraculum aspicere, interrogare, audire, narrare. Postero die obsident littus, prospectant mare, et si quid est mari simile. Natant pueri : inter hos ille, sed cautius. Delphinus rursus ad tempus, rursus ad puerum venit. Fugit ille cum cæteris. Delphinus, quasi invitet et revocet, exsilit, mergitur, variosque orbes implicitat expeditque. Hoc altero die, hoc tertio, hoc pluribus, donec homines innutritos mari subiret timendi pudor. Accedunt, et alludunt, et appellant ; tangunt etiam, pertrectantque præbentem. Crescit audacia experimento. Maxime puer, qui primus expertus est, adnatat natanti, insilit tergo; fertur referturque; agnosci se, amari putat, amat ipse; neuter timet, neuter timetur : hujus fiducia, mansuetudo illius augetur. Nec non alii pueri dextra lævaque simul eunt hortantes monentesque. Ibat una (id

jeux, il ne souffrait point qu'on l'y mêlât : il le conduisait et le ramenait, comme les enfants conduisaient et ramenaient leur camarade.

On ne pourra le croire (et pourtant ceci n'est pas moins vrai que ce qui précède), le dauphin, en portant cet enfant et en jouant avec lui, s'avançait ordinairement jusque sur le rivage. Après s'être séché sur le sable, dès qu'il sentait la chaleur, il se rejetait à la mer. On dit qu'Octavius Avitus, lieutenant du proconsul, cédant à une superstition, profita du moment où le dauphin était sur le rivage pour faire répandre sur lui des parfums dont l'odeur inconnue le chassa en pleine mer. Plusieurs jours s'écoulèrent sans qu'il parût. Enfin il revint, d'abord languissant et triste. Bientôt après, avec ses forces, il reprit sa première gaieté, et recommença ses jeux ordinaires. Tous les magistrats des lieux voisins accouraient à ce spectacle. Leur arrivée et leur séjour engageaient cette ville, assez pauvre, à de nouvelles dépenses, qui achevaient de l'épuiser. Enfin elle y perdait les douceurs de la tranquillité et de l'isolement. On prit donc le parti de tuer secrètement l'objet de cette curiosité générale.

Quelle compassion sa mort n'excitera-t-elle pas dans vos vers ! Avec quelle éloquence, avec quelle grâce n'embellirez-vous pas cette histoire, quoiqu'elle n'ait besoin ni d'art ni d'inventions nouvelles, et qu'il suffise de ne rien ôter à la vérité ! Adieu.

---

quoque mirum) delphinus alius, tantum spectator et comes. Nihil enim simile aut faciebat, aut patiebatur ; sed alterum illum ducebat, reducebat, ut puerum cæteri pueri.

Incredibile (tam verum tamen quam priora) delphinum gestatorem collusoremque puerorum in terram quoque extrahi solitum, arenisque siccatum, ubi incaluisset, in mare revolvi. Constat Octavium Avitum, legatum proconsulis, in littus educto religione parva superfudisse unguentum; cujus illum novitatem odoremque in altum refugisse, nec nisi post multos dies visum languidum et mœstum ; mox, redditis viribus, priorem lasciviam et solita ministeria repetisse. Confluebant ad spectaculum omnes magistratus, quorum adventu, et mora, modica respublica novis sumptibus atterebatur. Postremo locus ipse quietem suam secretumque perdebat. Placuit occulte interfici, ad quod coibatur.

Hæc tu qua miseratione, qua copia deflebis, ornabis, attolles ! Quanquam non est opus affingas aliquid, aut adstruas : sufficit, ne ea, quæ sunt vera, minuantur. Vale.

## XXXIV. — *Pline à Suétone.*

Tirez-moi d'un embarras. On me dit que je lis mal les vers, les vers seulement : car, pour les harangues, je les lis assez bien, et c'est précisément pour cela que je réussis moins à la lecture des vers. Je songe donc à en faire lire quelques pièces à mes amis par mon affranchi, dont j'essaierai le talent en cette occasion. C'est agir, je le sens, avec la liberté d'un ami, que de choisir un lecteur qui n'est pas excellent ; mais il lira toujours mieux que moi, pourvu qu'il ne se trouble pas : car il est aussi nouveau lecteur, que moi nouveau poëte. Ce qui m'embarrasse, c'est le personnage qu'il me faudra faire pendant qu'il lira. Dois-je demeurer assis, les yeux baissés, muet, et comme un homme oisif ; ou bien dois-je, comme on fait quelquefois, accompagner sa lecture de l'œil, du geste ou de la voix ? Mais je ne sais pas mieux gesticuler que je ne sais lire. Je vous le répète donc, tirez-moi d'embarras, et écrivez-moi sincèrement s'il vaut encore mieux lire très-mal, que de faire ou ne pas faire ce que je vous dis. Adieu.

## XXXV. — *Pline à Appius.*

J'ai reçu le livre que vous m'avez envoyé : je vous en remercie. Il m'a trouvé fort occupé, et, par cette raison, je ne l'ai pas encore lu, quoique d'ailleurs j'en aie le plus vif désir. Mais je dois

---

### XXXIV. — *Pline à Suétone.*

Explica æstum meum. Audio me male legere, duntaxat versus : orationes enim commodius, sed tanto minus versus. Cogito ergo recitaturus familiaribus amicis, experiri libertum meum. Hoc quoque familiare, quod elegi, non bene, sed melius lecturum, si tamen non fuerit perturbatus. Est enim tam novus lector, quam ego poeta. Ipse nescio quid ille legente interim faciam ; sedeam defixus, et mutus, et similis otioso, an, ut quidam, quæ pronuntiabit, murmure, oculis, manu prosequar. Sed puto me non minus male saltare, quam legere. Iterum dicam, explica æstum meum, vereque rescribe, num sit melius pessime legere, quam ista vel non facere, vel facere. Vale.

### XXXV. — *Pline à Appius.*

Librum quem misisti recepi, et gratias ago : sum tamen hoc tempore occupatissimus. Ideo nondum eum legi, quum alioqui validissime cupiam. Sed eam reveren-

ce respect aux belles-lettres et à vos écrits, de croire que je ne pourrais, sans une espèce d'irréligion, en approcher avec un esprit qui ne serait pas entièrement libre. J'approuve très-fort votre zèle à retoucher vos écrits : il faut cependant qu'il ait des bornes. On affaiblit un ouvrage à force de le polir ; et puis ce travail ne permet pas d'en entreprendre un autre : il ne rend pas meilleurs nos anciens ouvrages, et nous empêche en même temps d'en commencer de nouveaux. Adieu.

## XXXVI. — *Pline à Fuscus.*

Vous demandez comment je règle ma journée en été dans ma villa de Toscane? Je m'éveille quand je puis, ordinairement vers la première heure, quelquefois avant, rarement plus tard. Je tiens mes fenêtres fermées : car le silence et les ténèbres laissent à l'esprit toute sa force. N'étant pas distrait par les objets extérieurs, il demeure libre et maître de lui-même. Je ne veux pas assujettir mon esprit à mes yeux ; j'assujettis mes yeux à mon esprit : car ils ne voient que ce qu'il voit, tant qu'ils ne sont pas attentifs à autre chose. Si j'ai quelque ouvrage commencé, je m'en occupe. Je dispose jusqu'aux paroles, comme si j'écrivais et corrigeais. Je travaille, tantôt plus, tantôt moins, selon que je me trouve plus ou moins de facilité à composer et à retenir. J'appelle un secrétaire, je fais ouvrir les fenêtres, et je dicte ce que j'ai composé. Il me quitte; je le rappelle encore une fois, et je le renvoie. A la

---

tiam quum litteris ipsis, tum scriptis tuis debeo, ut sumere illa, nisi vacuo animo, irreligiosum putem. Diligentiam tuam in retractandis operibus valde probo. Est tamen aliquis modus, primum, quod nimia cura deterit magis, quam emendat ; deinde, quod nos a recentioribus revocat, simulque nec absolvit priora, et inchoare posteriora non patitur. Vale.

### XXXVI. — *Pline à Fuscus.*

Quæris quemadmodum in Tuscis diem æstate disponam. Evigilo quum libuit, plerumque circa horam primam, sæpe ante, tardius raro. Clausæ fenestræ manent : mire enim silentio et tenebris animus alitur. Ab iis quæ avocant abductus, et liber, et mihi relictus, non oculos animo, sed animum oculis sequor, qui eadem quæ mens vident, quoties non vident alia. Cogito, si quid in manibus, cogito ad verbum scribenti emendantique similis, nunc pauciora, nunc plura, ut vel difficile, vel facile componi tenerive potuerunt. Notarium voco, et, die admisso, quæ formaveram, dicto ; abit, rursusque revocatur, rursusque remittitur. Ubi hora quarta vel quinta

quatrième ou cinquième heure (car mes moments ne sont pas régulièrement distribués), selon le temps qu'il fait, je vais me promener dans une allée ou dans une galerie. Je continue de composer et de dicter. Ensuite je monte en voiture ; et là, mon attention étant ranimée par le changement, je reprends l'ouvrage entrepris pendant que j'étais couché ou que je me promenais. Je dors un peu, puis je me promène. Je lis à haute voix une harangue grecque ou latine, moins pour me fortifier la voix que la poitrine ; mais la voix elle-même en profite. Je me promène encore une fois ; on me frotte d'huile ; je fais de l'exercice ; je me baigne. Pendant le repas, si je mange avec ma femme ou avec un petit nombre d'amis, on fait une lecture. Au sortir de table vient un comédien ou un joueur de lyre. Après quoi je me promène avec mes employés, parmi lesquels il y en a de fort instruits. La soirée se prolonge ainsi par une conversation variée, et les jours, quoique fort longs, s'écoulent rapidement.

Quelquefois je m'écarte un peu de cet ordre. Car si je suis resté au lit, ou si je me suis promené longtemps après mon sommeil et ma lecture, je ne monte pas en voiture, mais à cheval : je vais plus vite, et reviens plus tôt. Mes amis viennent me voir des villes voisines, et m'occupent une partie de la journée. Ils me délassent quelquefois par une utile diversion. Je chasse de temps en temps, mais jamais sans mes tablettes, afin que si je ne prends rien, je rapporte au moins quelque chose. Je donne aussi quelques heures à mes fermiers, trop peu à leur avis. Mais leurs plaintes

---

(neque enim certum dimensumque tempus), ut dies suasit, in xystum me, vel cryptoporticum confero ; reliqua meditor et dicto. Vehiculum ascendo : ibi quoque idem, quod ambulans aut jacens. Durat intentio, mutatione ipsa refecta : paulum redormio, dein ambulo, mox orationem græcam latinamve clare et intente, non tam vocis causa, quam stomachi, lego ; pariter tamen et illa firmatur. Iterum ambulo, ungor, exerceor, lavor. Cœnanti mihi, si cum uxore vel paucis, liber legitur. Post cœnam, comœdus aut lyristes : mox cum meis ambulo, quorum in numero sunt eruditi. Ita variis sermonibus vespera extenditur, et, quanquam longissimus, dies cito conditur.

Nonnunquam ex hoc ordine aliqua mutantur. Nam si diu jacui, vel ambulavi, post somnum demum lectionemque, non vehiculo, sed, quod brevius, quia velocius, equo gestor. Interveniunt amici ex proximis oppidis, partemque diei ad se trahunt, interdumque lassato mihi opportuna interpellatione subveniunt. Venor aliquando, sed non sine pugillaribus, ut, quamvis nihil ceperim, nonnihil referam. Datur et

rustiques ne servent qu'à me donner plus de goût pour les lettres et pour les occupations de la ville. Adieu.

## XXXVII. — *Pline à Paulinus.*

Vous n'êtes pas homme à exiger de vos amis, et contre leurs intérêts, les devoirs de convention, de pure cérémonie, et je vous aime trop pour craindre que vous ne jugiez mal de moi, si je manque à vous féliciter sur votre consulat le jour même des calendes. Je suis retenu ici par la nécessité de trouver des fermiers : il s'agit de mettre des terres en valeur pour longtemps, et de changer tout le plan de leur régie. Car, les cinq dernières années, mes fermiers sont demeurés fort en reste, malgré les grandes remises que je leur ai faites. De là vient que la plupart négligent de diminuer leur dette, désespérant de pouvoir l'acquitter entièrement. Ils arrachent même et consument tout ce qui est déjà sur terre, persuadés que ce ne serait pas pour eux qu'ils épargneraient. Il faut donc aller au-devant d'un désordre qui augmente tous les jours, et y remédier. Le seul moyen d'y parvenir, c'est de ne point affermer en argent, mais en nature à partager dans la récolte avec le fermier, et de préposer quelques-uns de mes gens pour avoir l'œil sur la culture des terres, pour exiger ma part dans les fruits, et pour les garder. D'ailleurs il n'est pas de revenu plus légitime que celui qui nous vient de la terre, du ciel et des saisons ; mais il exige une probité parfaite, des yeux vigi-

colonis, ut videtur ipsis, non satis temporis, quorum mihi agrestes querelæ litteras nostras et isthæc urbana opera commendant. Vale.

## XXXVII. — *Pline à Paulinus.*

Nec tuæ naturæ est, translatitia hæc et quasi publica officia a familiaribus amicis contra ipsorum commodum exigere, et ego te constantius amo, quam ut verear, ne aliter ac velim accipias, nisi te calendis statim consulem videro, præsertim quum me necessitas locandorum prædiorum plures annos ordinatura detineat : in qua mihi nova consilia sumenda sunt. Nam priore lustro, quanquam post magnas remissiones, reliqua creverunt. Inde plerisque nulla jam cura minuendi æris alieni, quod desperant posse persolvi. Rapiunt etiam, consumuntque quod natum est, ut qui jam putent se non sibi parcere. Occurrendum ergo augescentibus vitiis, et medendum est. Medendi una ratio, si non nummo, sed partibus locem, ac deinde ex meis aliquos exactores operi, custodes fructibus ponam. Et alioqui nullum justius genus reditus, quam quod terra, cœlum, annus refert. At hoc magnam fidem, acres oculos,

lants et beaucoup de bras. Je veux pourtant essayer de tenter, comme dans une maladie invétérée, tous les secours que le changement des remèdes pourra me donner. Vous voyez que ce n'est pas pour mon plaisir, que je m'abstiens d'assister à votre installation dans le consulat. Je vous promets pourtant d'en célébrer le jour par mes vœux, par ma joie, par mes félicitations, comme si j'étais présent. Adieu.

### XXXVIII. — *Pline à Saturnin.*

Si je loue notre ami Rufus, ce n'est point parce que vous m'en avez prié, mais parce qu'il en est très-digne. J'ai lu son livre qui est parfait; et mon amitié pour l'auteur lui prêtait encore un charme de plus. Cependant je l'ai bien jugé : car, pour être bon juge, il ne suffit pas de lire avec des intentions malignes. Adieu.

### XXXIX. — *Pline à Mustius.*

Je me vois obligé, par l'avis des aruspices, de reconstruire et d'agrandir un temple de Cérès qui se trouve dans mes terres. Quoique vieux et petit, il est très-fréquenté à une époque fixe : aux ides de septembre, le peuple s'y rassemble de tous les pays d'alentour. On y traite beaucoup d'affaires; on y fait, et on y acquitte beaucoup de vœux. Mais, près de là, l'on ne trouve aucun abri contre le soleil ou contre la pluie. J'imagine donc qu'il y aura tout à la fois piété et munificence à élever un temple somp-

---

numerosas manus poscit. Experiendum tamen, et, quasi in veteri morbo, quælibet mutationis auxilia tentanda sunt. Vides quam non delicata me causa obire primum consulatus tui diem non sinat. Quem tamen hic, ut præsens, votis, gaudio, gratulatione celebrabo. Vale.

### XXXVIII. — *Pline à Saturnin.*

Ego vero Rufum nostrum laudo, non quia tu, ut ita facerem, petiisti, sed quia est ille dignissimus. Legi enim librum omnibus numeris absolutum, cui multum apud me gratiæ amor ipsius adjecit. Judicavi tamen; neque enim soli judicant, qu maligne legunt. Vale.

### XXXIX. — *Pline à Mustius.*

Aruspicum monitu reficienda est mihi ædes Cereris in prædiis in melius, et in majus. Vetus sane et angusta, quum sit alioqui stato die frequentissima; nam idibus septembribus magnus et regione tota coit populus. Multæ res aguntur, multa vota

tueux, et à joindre au temple un portique ; l'un pour la déesse, l'autre pour les hommes. Je vous prie donc de m'acheter quatre colonnes de marbre, de telle espèce qu'il vous plaira, et tout le marbre qui peut être nécessaire pour paver le temple et en incruster les murs. Il faut aussi commander ou se procurer une statue de la déesse. Le temps a mutilé dans quelques parties la statue de bois que l'on y avait anciennement placée. Quant au portique, je crois ne devoir rien faire venir du pays où vous êtes. Je vous prie seulement de m'en tracer la forme. Il n'est pas possible de le construire autour du temple, environné d'un côté par le fleuve, dont les rives sont fort escarpées, de l'autre par le grand chemin. Au delà du chemin est une vaste prairie, où il me semble qu'on pourrait fort bien élever le portique en face du temple, à moins que vous n'ayez à me proposer quelque chose de mieux, vous dont l'art sait si bien surmonter les obstacles que lui oppose la nature. Adieu.

### XL. — *Pline à Fuscus.*

La lettre où je vous racontais de quelle manière je règle ma journée en été dans ma maison de Toscane, vous a fait, dites-vous, beaucoup de plaisir. Vous désirez savoir ce que je change à cet ordre en hiver, quand je suis à ma villa de Laurente. Rien, si ce n'est que je me retranche la méridienne, et que je prends beaucoup sur la nuit, soit avant que le jour commence, soit après qu'il est fini. S'il survient quelque affaire pressante, ce qui est fré-

---

suscipiuntur, multa redduntur. Sed nullum in proximo suffugium aut imbris aut solis. Videor ergo munifice simul religioseque facturus, si ædem quam pulcherrimam exstruxero, addidero porticus ædi; illam ad usum deæ, has ad hominum. Velim ergo emas quatuor marmoreas columnas, cujus tibi videbitur generis; emas marmora, quibus solum, quibus parietes excolantur. Erit etiam vel faciendum vel emendum ipsius deæ signum, quia antiquum illud e ligno quibusdam sui partibus vetustate truncatum est. Quantum ad porticus, nihil interim occurrit, quod videatur istinc esse repetendum, nisi tamen ut formam secundum rationem loci scribas. Neque enim possunt circumdari templo : nam solum templi hinc flumine et abruptissimis ripis, hinc via cingitur. Est ultra viam latissimum pratum, in quo satis apte contra templum ipsum porticus explicabuntur ; nisi quid tu melius inveneris, qui soles locorum difficultates arte superare. Vale.

### XL. — *Pline à Fuscus.*

Scribis pergratas tibi fuisse litteras meas, quibus cognovisti quemadmodum in

quent en hiver, je congédie après le repas le comédien et le joueur de lyre. Je revois de temps en temps ce que j'ai dicté, et, en corrigeant souvent, sans rien écrire, j'exerce d'autant ma mémoire. Vous voilà instruit de mon régime d'hiver et d'été ; vous pouvez ajouter encore de l'automne et du printemps. Dans ces saisons moyennes, comme je ne perds rien du jour, je ne gagne presque rien sur la nuit. Adieu.

Tuscis otium æstatis exigerem. Requiris quid ex hoc in Laurentino hieme permutem. Nihil, nisi quod meridianus somnus eximitur, multumque de nocte vel ante vel post diem sumitur ; et, si agendi necessitas instat, quæ frequens hieme, non jam comœdo vel lyristæ post cœnam locus ; sed illa quæ dictavi, identidem retractantur, ac simul memoriæ frequenti emendatione proficitur. Habes æstate, hieme consuetudinem ; addas huc licet ver et autumnum, quæ inter hiemem æstatemque media, ut nihil de die perdunt, ita de nocte parvulum acquirunt. Vale.

# LIVRE DIXIÈME.

### I. — *Pline à l'empereur Trajan.*

Votre piété, vertueux empereur, vous avait fait désirer de ne succéder que fort tard à votre père ; mais les dieux immortels se sont hâtés de remettre en de si nobles mains les rênes d'un empire déjà confié à vos soins. Je vous souhaite donc, et, par vous, u genre humain, toutes sortes de prospérités, c'est-à-dire, tout ce qui est digne de votre règne. Excellent prince, je fais des vœux publics et particuliers pour le bonheur et la santé do otre personne sacrée.

### II. — *Pline à l'empereur Trajan.*

Je ne puis exprimer, seigneur, de quelle joie vous m'avez comlé en me jugeant digne du privilége réservé aux pères de trois nfants. Je sais que vous avez accordé cette grâce aux sollicita-

# LIBER DECIMUS.

### I. — *Pline à l'empereur Trajan.*

Tua quidem pietas, imperator sanctissime, optaverat ut quam tardissime succe- eres patri; sed dii immortales festinaverunt virtutes tuas ad gubernacula reipublicæ, uam susceperas, admovere. Precor ergo ut tibi, et per te, generi humano pro- pera omnia, id est, digna sæculo tuo contingant. Fortem te et hilarem, imperator ptime, et privatim et publice opto.

### II. — *Pline à l'empereur Trajan.*

Exprimere, domine, verbis non possum, quantum mihi gaudium attuleris, quod e dignum putasti jure trium liberorum. Quamvis enim Julii Serviani, optimi viri,

tions de Julius Servianus, homme d'une rare probité, et qui vous aime tendrement ; mais, je n'en puis douter aux termes du rescrit : vous avez cédé d'autant plus volontiers à sa demande, que j'en étais l'objet. Je n'ai plus de vœux à former, quand vous daignez, dès le commencement de votre heureux principat, me témoigner une bienveillance particulière. Cette faveur redoublera en moi le désir d'avoir des enfants. J'en ai souhaité sous le plus malheureux de tous les règnes, ainsi que l'attestent les deux mariages que j'ai contractés ; mais les dieux en ont mieux ordonné en réservant à vos bontés le pouvoir de tout m'accorder. Je serai plus content d'être père, aujourd'hui que je puis me promettre de vivre heureux et tranquille.

### III. — *Pline à l'empereur Trajan.*

La bienveillance dont vous m'honorez, seigneur, et dont je reçois tant de preuves, m'enhardit à vous demander des grâces, même pour mes amis, entre lesquels Voconius Romanus tient le premier rang. Dès notre plus jeune âge, nous avons été élevés et nous sommes toujours demeurés ensemble. Ces raisons m'avaient engagé à supplier votre auguste père de vouloir bien lui donner place dans le sénat. Mais il a été réservé à votre bonté de me faire cette faveur, parce que la mère de Romanus ne lui avait pas encore assuré avec les solennités requises le don des quarante millions de sesterces[1] qu'elle

---

tuique amantissimi, precibus indulseris, tamen etiam ex rescripto intelligo, libentius hoc ei te præstitisse, quia pro me rogabat. Videor ergo summam voti mei consecutus, quum inter initia felicissimi principatus tui probaveris, me ad peculiarem indulgentiam tuam pertinere ; eoque magis liberos concupisco, quos habere etiam illo tristissimo sæculo volui, sicut potes duobus matrimoniis meis credere. Sed dii melius, qui omnia integra bonitati tuæ reservarunt. Malui hoc potius tempore me patrem fieri, quo futurus essem et securus et felix.

### III. — *Pline à l'empereur Trajan.*

Indulgentia tua, imperator optime, quam plenissimam experior, hortatur me, ut audeam tibi etiam pro amicis obligari, inter quos sibi vel præcipuum locum vindicat Voconius Romanus, ab ineunte ætate condiscipulus et contubernalis meus. Quibus ex causis et a divo patre tuo petieram, ut illum in amplissimum ordinem promoveret. Sed hoc votum meum bonitati tuæ reservatum est, quia mater Romani liberalitatem

---

1. 7,870,000 francs.

avait déclaré lui faire dans les lettres qu'elle avait écrites à l'empereur votre père. Elle a depuis satisfait à tout, selon mes avis. Elle lui a cédé des fonds de terre, en observant dans cette cession les formalités nécessaires. Ainsi, aujourd'hui que l'obstacle qui retardait nos espérances est levé, c'est avec une grande confiance que je sollicite pour mon ami. Je vous réponds de ses mœurs que relèvent encore son goût pour les nobles études et sa tendresse pour ses parents. C'est à cette tendresse qu'il doit la libéralité de sa mère, l'avantage d'avoir recueilli sur-le-champ la succession de son père, celui d'avoir été adopté par son beau-père. Ajoutez l'éclat de sa naissance et des richesses de sa famille. J'espère assez en vos bontés pour penser que mes prières donneront quelque poids à ces motifs. Daignez donc, seigneur, me mettre à même de le féliciter sur l'accomplissement de ce que je souhaite tant pour lui ; et, par votre condescendance pour mes affections, que j'ose croire honorables, faites que je puisse me glorifier de votre estime, non-seulement pour moi, mais encore pour mes amis.

### IV. — *Pline à l'empereur Trajan.*

Une cruelle maladie, seigneur, pensa m'emporter l'année dernière. J'eus recours à un médecin dont je ne puis dignement reconnaître le zèle et les services, si vos bontés ne m'aident à m'acquitter. Je vous supplie donc de lui accorder le droit de cité : car,

---

sestertii quadringenties, quod conferre se filio codicillis ad patrem tuum scriptis professa fuerat, nondum satis legitime peregerat; quod postea fecit admonita a nobis. Nam et fundos emancipavit, et cætera, quæ in emancipatione implenda solent exigi, consummavit. Quum sit ergo finitum, quod spes nostras morabatur, non sine magna fiducia subsigno apud te fidem pro moribus Romani mei, quos et liberalia studia exornant, et eximia pietas, quæ hanc ipsam matris liberalitatem, et statim patris hæreditatem, et adoptionem a vitrico meruit. Auget hæc et natalium et paternarum facultatum splendor. Quibus singulis multum commendationis accessurum etiam ex meis precibus indulgentiæ tuæ credo. Rogo ergo, domine, ut me exoptatissimæ mihi gratulationis compotem facias ; et honestis (ut spero) affectibus meis præstes, ut non in me tantum, verum et in amico gloriari judiciis tuis possim.

### IV. — *Pline à l'empereur Trajan.*

Proximo anno, domine, gravissima valetudine usque ad periculum vitæ vexatus, iatralipten assumpsi, cujus sollicitudini et studio, tuæ tantum indulgentiæ beneficio,

ayant été affranchi par une étrangère, il est lui-même étranger. Il s'appelle Harpocras. Celle qui lui a donné la liberté s'appelait Thermutis, femme de Théon, morte il y a longtemps. Je vous supplie encore d'accorder le même droit, au premier degré, à Hélia et à Antonia Harméridès, affranchies d'Antonia Maximilla, femme d'un mérite distingué. Je ne vous adresse cette prière qu'à la sollicitation de leur maîtresse.

### V. — *Pline à l'empereur Trajan.*

Je ne puis vous exprimer, seigneur, de quelle joie m'a comblé votre lettre, en m'apprenant que vous avez daigné accorder aussi le droit de cité d'Alexandrie à mon médecin Harpocras, quoiqu'à l'exemple de vos prédécesseurs vous vous fussiez fait une loi de ne la conférer qu'avec choix. Harpocras est du *nome* de Memphis. Je vous supplie donc, seigneur, de vouloir bien m'envoyer, comme vous me l'avez promis, une lettre pour Planta, gouverneur d'Égypte, votre ami. Je compte aller au-devant de vous pour jouir plus tôt du bonheur de votre présence, si impatiemment désirée, et je vous demande la permission d'aller à votre rencontre aussi loin qu'il me sera possible.

### VI. — *Pline à l'empereur Trajan.*

Seigneur, le médecin Posthumius Marinus m'a tiré de ma der-

---

referre gratiam possum. Quare rogo, des ei civitatem romanam. Est enim peregrinæ conditionis, manumissus a peregrina. Vocatur ipse Harpocras. Patronam habuit Thermutin Theonis, quæ jampridem defuncta est. Item rogo des jus Quiritium libertis Antoniæ Maximillæ, ornatissimæ feminæ, Heliæ et Antoniæ Harmeridi. Quod a te, petente patrona, peto.

### V. — *Pline à l'empereur Trajan.*

Exprimere, domine, verbis non possum, quanto me gaudio affecerint epistolæ tuæ, ex quibus cognovi te Harpocrati, iatraliptæ meo, etiam alexandrinam civitatem tribuisse, quamvis, secundum institutionem principum, non temere eam dare proposuisses. Esse autem Harpocran νομοῦ Μεμφιτικοῦ indico tibi. Rogo ergo, indulgentissime imperator, ut mihi ad Pompeium Plantam, præfectum Ægypti, amicum tuum, sicut promisisti, epistolam mittas. Obviam iturus, quo maturius, domine, exoptatissimi adventus tui gaudio frui possim, rogo permittas mihi quam longissime occurrere tibi.

### VI. — *Pline à l'empereur Trajan.*

Proxima infirmitas mea, domine, obligavit me Posthumio Marino medico; cui

nière maladie. Je ne puis m'acquitter envers lui que par le secours des grâces que votre bonté ne refuse pas ordinairement à mes prières. Je vous supplie donc de vouloir bien conférer le droit de cité romaine à ses proches parents, Chrysippe, fils de Mithridate, et à sa femme Stratonice, fille d'Épigone ; de concéder aussi la même faveur à Épigone et à Mithridate, enfants de Chrysippe, de manière qu'ils soient en la puissance de leur père, et qu'ils conservent leur droit sur leurs affranchis. J'ajoute une dernière supplication, c'est d'accorder le plein droit de cité romaine à Lucius Satrius Abascantius, à Publius Césius Phosphorus, et à Pancharie Sotéridès. C'est du consentement de leurs patrons que je vous le demande.

## VII. — *Pline à l'empereur Trajan.*

Seigneur, je sais que ma demande est gravée dans votre mémoire, toujours si fidèle, quand il s'agit de faire du bien. J'ose cependant, comme vous me l'avez permis quelquefois, vous faire souvenir, et en même temps vous supplier de nouveau d'accorder la charge de préteur, qui est vacante, à Accius Sura. Quoiqu'il l'attende sans impatience, il fonde l'espoir de l'obtenir sur l'éclat de sa naissance, sur une vertu demeurée intègre dans une fortune plus que médiocre, et, avant tout, sur les circonstances heureuses qui engagent tous les citoyens dont la conscience est pure à rechercher et à briguer vos bonnes grâces.

parem gratiam referre beneficio tuo possum, si precibus meis, ex consuetudine bonitatis tuæ, indulseris. Rogo ergo ut propinquis ejus des civitatem, Chrysippo Mithridatis, uxorique Chrysippi Stratonicæ Epigoni, item liberis ejusdem Chrysippi, Epigono et Mithridati, ita ut sint in patris potestate, utque iis in libertos servetur jus patronorum. Item rogo, indulgeas jus Quiritium L. Satrio Abascantio, et P. Cæsio Phosphoro, et Panchariæ Soteridi. Quod a te, volentibus patronis, peto.

## VII. — *Pline à l'empereur Trajan.*

Scio, domine, memoriæ tuæ, quæ est benefaciendi tenacissima, preces nostras inhærere. Quia tamen in hoc quoque sæpe indulsisti, admoneo simul et impense rogo, ut Accium Suram prætura exornare digneris, quum locus vacet. Ad quam spem alioquin quietissimum hortatur et natalium splendor, et summa integritas in paupertate, et ante omnia felicitas temporum, quæ bonam conscientiam civium tuorum ad usum indulgentiæ tuæ provocat et attollit.

### VIII. — *Pline à l'empereur Trajan.*

Persuadé, seigneur, que rien ne peut donner une si haute opinion de mon caractère que les témoignages d'estime dont m'aura honoré un si bon prince, je vous supplie de vouloir bien ajouter la dignité, ou d'augure, ou de septemvir (car elles sont toutes deux vacantes), à celle où votre faveur m'a déjà élevé. Le sacerdoce me donnera le droit d'adresser publiquement aux dieux les vœux que je leur adresse sans cesse en particulier pour votre prospérité.

### IX. — *Pline à l'empereur Trajan.*

Excellent prince, je félicite et la république et vous-même de la victoire si grande, si belle, si mémorable, que vous venez de remporter. Je prie les dieux immortels d'accorder un aussi heureux succès à toutes vos entreprises, pour que vous renouveliez et accroissiez par vos rares vertus la gloire de cet empire.

### X. — *Pline à l'empeur Trajan.*

Servilius Pudens, que vous m'aviez envoyé, seigneur, est arrivé à Nicomédie le vingt-quatre novembre, et m'a enfin délivré de l'inquiétude d'une longue attente.

---

### VIII. — *Pline à l'empereur Trajan.*

Quum sciam, domine, ad testimonium laudemque morum meorum pertinere, tam boni principis judicio exornari, rogo dignitati, ad quam me provexit indulgentia tua, vel auguratum, vel septemviratum, quia vacant, adjicere digneris, ut jure sacerdotii precari deos pro te publice possim, quos nunc precor pietate privata.

### IX. — *Pline à l'empereur Trajan.*

Victoriæ tuæ, optime imperator, maximæ, pulcherrimæ, antiquissimæ, et tuo nomine et reipublicæ gratulor ; deosque immortales precor, ut omnes cogitationes tuas tam lætus sequatur eventus, ut virtutibus tantis gloria imperii et novetur et augeatur.

### X. — *Pline à l'empereur Trajan.*

Servilius Pudens legatus, domine, viii calendas decembres Nicomediam venit, meque longæ exspectationis sollicitudine liberavit.

XI. — *Pline à l'empereur Trajan.*

Vos bienfaits, seigneur, m'ont très-étroitement lié à Rosianus Géminus. Je l'ai eu pour questeur pendant mon consulat, et je l'ai toujours trouvé plein d'égards pour moi. Il continue, depuis que je suis sorti de charge, à me donner tant de marques de déférence, que son attachement particulier met le comble aux preuves publiques que j'avais déjà de son amitié. Je vous supplie donc de vouloir bien l'élever selon son mérite. Si vous daignez vous en fier à moi, vous lui accorderez même votre bienveillance. Il saura bien, par son exactitude à exécuter vos ordres, s'acquitter des charges les plus importantes. Si je m'étends moins sur son éloge, c'est que je me flatte que son intégrité, sa probité, son talent vous sont connus par les emplois qu'il a exercés sous vos yeux à Rome, et par l'honneur qu'il a eu de servir dans les mêmes armées que vous. Mais ce que je ne crois pas avoir fait autant que le veut mon amitié pour lui, c'est de vous supplier, seigneur, avec les dernières instances, de me donner au plus tôt la joie de voir croître la dignité de mon questeur, c'est-à-dire la mienne en sa personne.

XII. — *Pline à l'empereur Trajan.*

Il serait difficile, seigneur, d'exprimer la joie que j'ai éprouvée en voyant qu'à la prière de ma belle-mère et à la mienne, vous

---

XI. — *Pline à l'empereur Trajan.*

Rosianum Geminum, domine, arctissimo vinculo mecum tua in me beneficia junxerunt. Habui enim illum quæstorem in consulatu, mei summe observantissimum expertus. Tantam mihi post consulatum reverentiam præstat, ut publicæ necessitudinis pignora privatis cumulet officiis. Rogo ergo, ut ipse apud te, pro dignitate ejus, precibus meis faveas, cui et, si quid mihi credis, indulgentiam tuam dabis. Dabit ipse operam, ut in his quæ ei mandaveris majora mereatur. Parciorem me in laudando facit, quod spero tibi et integritatem ejus, et probitatem, et industriam, non solum ex ejus honoribus, quos in Urbe sub oculis tuis gessit, verum etiam ex commilitio, esse notissimam. Illud unum quod propter caritatem ejus nondum mihi videor satis plene fecisse, etiam atque etiam facio; teque, domine, rogo, gaudere me exornata quæstoris mei dignitate, id est, per illum mea, quam maturissime velis.

XII. — *Pline à l'empereur Trajan.*

Difficile est, domine, exprimere verbis, quantam perceperim lætitiam, quod et

ayez bien voulu accorder le gouvernement de cette province à Célius Clémens, après son consulat. Quand je reçois de vous, avec toute ma maison, des témoignages d'une bienveillance si complète, je comprends parfaitement quelle est l'étendue de la faveur dont vous m'honorez. Quoique je sente bien à quelles actions de grâces elle m'oblige, je n'ose me hasarder à payer ma dette. C'est donc aux vœux que j'ai recours, et je prie les dieux de ne me rendre jamais à vos yeux indigne des faveurs dont vous me comblez chaque jour.

### XIII. — Pline à l'empereur Trajan.

Lycormas, votre affranchi, m'a mandé, seigneur, que, s'il passait par ici des ambassadeurs du Bosphore pour aller à Rome, je les retinsse jusqu'à son arrivée. Il n'est encore venu, au moins dans la ville où je suis, aucun ambassadeur de ce pays-là ; mais il y est arrivé un courrier de Sarmatie. J'ai cru devoir profiter de cette occasion pour le faire partir avec celui que Lycormas a envoyé et qui a pris les devants, afin que vous sachiez en même temps, et par les lettres de Lycormas et par celles du roi des Sarmates, les nouvelles qu'il vous importe peut-être de savoir tout à la fois.

### XIV. — Pline à l'empereur Trajan.

Le roi des Sarmates m'a écrit qu'il vous mandait certaines

---

mihi et socrui meæ præstitisti, ut ad finem consulatus Cœlium Clementem in hanc provinciam transferres. Ex illo enim mensuram beneficii tui penitus intelligo, quum tam plenam indulgentiam cum tota domo mea experiar : cui referre gratiam parem ne audeo quidem, quamvis maxime debeam. Itaque ad vota confugio, deosque precor ut iis, quæ in me assidue confers, non indignus existimer.

### XIII. — Pline à l'empereur Trajan.

Scripsit mihi, domine, Lycormas libertus tuus, ut, si qua legatio a Bosporo venisset Urbem petitura, usque in adventum suum retineretur. Et legatio quidem, duntaxat in eam civitatem, in qua ipse sum, nulla adhuc venit ; sed venit tabellarius Sauromata. Quem ego, usus opportunitate, quam mihi casus obtulerat, cum tabellario, qui Lycormam ex itinere præcessit, mittendum putavi, ut posses ex Lycormæ et ex regis epistolis pariter cognoscere, quæ fortasse pariter scire deberes.

### XIV. — Pline à l'empereur Trajan.

Rex Sauromates scripsit mihi, esse quædam, quæ deberes quam maturissime

choses dont il était important que vous fussiez instruit au plus tôt. Par cette raison, et pour lever tous les obstacles qu'aurait pu trouver sur la route le courrier qui vous porte ses dépêches, je lui ai donné un passe-port.

### XV. — *Pline à l'empereur Trajan.*

L'ambassadeur du roi des Sarmates, seigneur, s'étant volontairement arrêté deux jours entiers à Nicée où il m'avait trouvé, je n'ai pas cru devoir y prolonger son séjour; premièrement, parce que je ne savais pas encore quand arriverait votre affranchi Lycormas, et puis parce que je partais moi-même, appelé par des affaires indispensables en d'autres endroits de la province. Je me crois obligé de vous mander ceci, parce que je vous avais écrit dernièrement que Lycormas m'avait prié de retenir jusqu'à son arrivée les ambassadeurs qui pourraient venir du Bosphore. Je ne vois aucune raison plausible de me conformer plus longtemps à cet avis, d'autant plus que les lettres de Lycormas, dont je n'ai pas voulu retarder le courrier, ainsi que je vous l'ai déjà mandé, auront devancé l'ambassadeur de quelques jours.

### XVI. — *Pline à l'empereur Trajan.*

Apuléius, soldat de la garnison de Nicomédie, m'a écrit, seigneur, qu'un nommé Callidrome, arrêté par Maxime et Denys,

---

scire. Qua ex causa festinationem tabellarii, quem ad te cum epistolis misit, diplomate adjuvi.

### XV. — *Pline à l'empereur Trajan.*

Legato Sauromatæ regis, quum sua sponte Niceæ, ubi me invenerat, biduo substitisset, longiorem moram faciendam, domine, non putavi; primum, quod incertum adhuc erat quando libertus tuus Lycormas venturus esset; deinde, quod ipse proficiscebar in diversam provinciæ partem, ita officii necessitate exigente. Hæc in notitiam tuam perferenda existimavi, quia proxime scripseram, petiisse Lycormam, ut legationem, si qua venisset a Bosporo, usque in adventum suum retinerem. Quod diutius faciendi nulla mihi probabilis ratio occurrit; præsertim quum epistolæ Lycormæ, quas detinere, ut ante prædixi, nolui, aliquot diebus hunc legatum antecessuræ viderentur.

### XVI. — *Pline à l'empereur Trajan.*

Apuleius, domine, miles, qui est in statione nicomedensi, scripsit mihi quemdam

boulangers, au service desquels il s'était engagé, avait cherché un asile aux pieds de votre statue. Conduit devant le magistrat, il avait déclaré qu'autrefois, et pendant qu'il était esclave de Labérius Maximus, il avait été pris par Susagus dans la Mœsie, et donné par Décébale à Pacore, roi des Parthes; qu'il l'avait servi plusieurs années; qu'ensuite il s'était échappé, et s'était sauvé à Nicomédie. Amené devant moi, il m'a fait la même déclaration, et j'ai cru alors devoir vous l'envoyer. J'ai un peu différé, parce que je faisais rechercher une pierre précieuse où était gravée l'image du roi Pacore avec ses ornements royaux : on la lui avait volée, disait-il. Je voulais, si on eût pu la trouver, vous l'envoyer, comme je vous ai envoyé un lingot de métal qu'il disait avoir rapporté du pays des Parthes. Je l'ai scellé de mon cachet dont l'empreinte est un quadrige.

### XVII. — Pline à l'empereur Trajan.

Pendant tout le temps, seigneur, que j'ai demeuré avec Maxime, votre affranchi et votre intendant, je l'ai toujours trouvé homme de bien, habile, appliqué, et aussi attaché à vos intérêts que rigoureux observateur de la discipline. C'est un témoignage que je lui rends avec plaisir, et avec toute la fidélité que je vous dois.

nomine Callidromum, quum detineretur a Maximo et Dionysio pistoribus, quibus operas suas locaverat, confugisse ad tuam statuam, perductumque ad magistratus indicasse, servisse aliquando Laberio Maximo, captumque a Susago in Mœsia, et a Decebalo muneri missum Pacoro, Parthiæ regi, pluribusque annis in ministerio ejus fuisse, deinde fugisse, atque ita in Nicomediam pervenisse. Quem ego perductum ad me, quum eadem narrasset, mittendum ad te putavi. Quod paulo tardius feci, dum requiro gemmam, quam sibi, habentem imaginem Pacori, et quibus insignibus ornatus fuisset, subtractam indicabat. Volui enim hanc quoque, si inveniri potuisset, simul mittere, sicut glebulam misi, quam se ex parthico metallo attulisse dicebat. Signata est annulo meo, cujus aposphragisma quadriga.

### XVII. — Plime à l'empereur Trajan.

Maximum, libertum et procuratorem tuum, domine, per omne tempus quo fuimus una, probum, et industrium, et diligentem, ac, sicut rei tuæ amantissimum ita disciplinæ tenacissimum expertus, libenter apud te testimonio prosequor, ea fide, quam tibi debeo.

XVIII. — *Pline à l'empereur Trajan.*

J'ai trouvé, seigneur, dans Gabius Bassus, commandant sur la côte du Pont, toute l'intégrité, toute la probité, toutes les lumières possibles, accompagnées de beaucoup de déférence pour moi, et je ne puis lui refuser mes vœux et mon suffrage : je les lui accorde avec toute la fidélité que je vous dois. Car j'ai bien reconnu qu'il s'était formé en servant sous vous, et qu'il était redevable à la sévérité de votre discipline de tout ce qui lui a fait mériter votre bienveillance. Les soldats et les bourgeois ont si bien connu sa justice, qu'ils se sont empressés à l'envi de s'en louer en public et en particulier. C'est ce que je vous certifie avec toute la fidélité dont vos bontés m'ont fait un devoir.

XIX. — *Pline à l'empereur Trajan.*

Seigneur, Nymphidius Lupus le primipilaire, et moi, nous avons servi ensemble. J'étais à la tête d'une légion, et il commandait une cohorte : ainsi commença notre liaison. Le temps accrut ensuite notre mutuelle amitié. Je l'ai donc tiré de sa retraite, et je l'ai engagé à m'assister de ses conseils en Bithynie. C'est ce qu'il a fait d'une manière très-obligeante ; c'est ce qu'il continuera de faire, sans écouter ce que la vieillesse et l'amour du repos lui

---

XVIII. — *Pline à l'empereur Trajan.*

Gabium Bassum, domine, præfectum oræ ponticæ, integrum, probum, industrium, atque inter ista reverentissimum mei expertus, voto pariter et suffragio prosequor, ea fide, quam tibi debeo. Quem abunde conspexi instructum commilitio tuo, cujus disciplinæ debet, quod indulgentia tua dignus est. Apud me et milites, et pagani, a quibus justitia ejus et humanitas penitus inspecta est, certatim ei qua privatim, qua publice, testimonium retribuerunt. Quod in notitiam tuam perfero, ea fide, quam tibi debeo.

XIX. — *Pline à l'empereur Trajan.*

Nymphidium Lupum, domine, primipilarem, commilitonem habui, quum ipse tribunus essem, ille præfectus ; inde familiariter diligere cœpi. Crevit postea caritas ipsa mutuæ vetustate amicitiæ. Itaque et quieti ejus injeci manum, et exegi ut me in Bithynia consilio instrueret. Quod ille amicissime, et otii et senectutis ratione postposita, et jam fecit, et facturus est. Quibus ex causis necessitudines ejus inter meas numero, filium in primis, Nymphidium Lupum, juvenem probum, industrium, et egregio patre dignissimum, suffecturum indulgentiæ tuæ ; sicut primis ejus expe-

peuvent demander. Aussi je m'associe à toutes ses affections, et surtout à sa tendresse pour son fils, Nymphidius Lupus. C'est un jeune homme plein de droiture, de talent, et bien digne d'un père si distingué. Il saura répondre à votre bienveillance. Nous en avons pour garants la conduite qu'il a tenue comme chef de cohorte, et les honorables témoignages que lui ont accordés des hommes tels que Julius Férox et Fuscus Salinator. Je trouverai, seigneur, dans l'élévation du fils, un nouveau sujet de joie et de reconnaissance.

---

# CORRESPONDANCE DE PLINE ET DE TRAJAN.

### XX. — *Pline à l'empereur Trajan.*

Aussitôt que votre bienveillance, seigneur, m'a élevé à la place de préfet du trésor de Saturne, j'ai entièrement renoncé à plaider, ce qu'au reste je n'ai jamais fait indistinctement et sans choix. J'ai voulu me livrer tout entier aux devoirs de mon nouvel emploi. Voilà pourquoi, lorsque les peuples d'Afrique me demandèrent au sénat pour avocat contre Marius Priscus, je m'en excusai, et mon excuse fut reçue. Mais lorsque ensuite le consul désigné eut déclaré que ceux dont l'excuse avait été admise n'en étaient pas moins

---

rimentis cognoscere potes, quum præfectus cohortis plenissimum testimonium meruerit Julii Ferocis et Fusci Salinatoris, clarissimorum virorum. Meum gaudium, domine, meam gratulationem filii honores continuent.

---

## PLINII ET TRAJANI EPISTOLÆ MUTUÆ.

### XX. — *Pline à l'empereur Trajan.*

Ut primum me, domine, indulgentia vestra promovit ad præfecturam ærarii Saturni, omnibus advocationibus, quibus alioquin nunquam eram promiscue functus, renuntiavi, ut toto animo, delegato mihi officio vacarem. Qua ex causa, quum patronum me provinciales optassent contra Marium Crispum, et petii veniam hujus

soumis à la puissance du sénat, et qu'ils devaient souffrir que leurs noms fussent jetés dans l'urne avec les autres, j'ai cru qu'on ne pouvait moins faire, sous un empire aussi doux que le vôtre, que de céder aux sages décrets de cette illustre compagnie. Je souhaite que vous approuviez les raisons de mon obéissance : car je ne veux rien faire, ni rien dire, qu'une prudence aussi éclairée que la vôtre puisse condamner.

### XXI. — *Trajan à Pline.*

Vous avez rempli tous les devoirs d'un bon citoyen et d'un bon sénateur en déférant à ce que le sénat désirait justement de vous. Je ne doute pas que vous ne remplissiez avec fidélité le ministère dont vous avez été chargé.

### XXII. — *Pline à l'empereur Trajan.*

Je vous rends grâces, seigneur, d'avoir bien voulu si promptement accorder le droit de bourgeoisie romaine aux affranchis d'une dame de mes amies, et à Harpocras, mon médecin. Mais lorsque j'ai voulu faire enregistrer son âge et son revenu, ainsi que vous me l'aviez ordonné, des gens habiles m'ont averti qu'avant de lui obtenir la bourgeoisie romaine, je devais lui obtenir celle d'Alexandrie, parce qu'il est Égyptien. Comme je ne croyais pas qu'il y eût de différence entre les Égyptiens et les autres peuples étrangers, je m'étais contenté de vous mander qu'il avait été af-

---

muneris et impetravi. Sed quum postea consul designatus censuisset agendum nobiscum, quorum erat excusatio recepta, ut essemus in senatus potestate, pateremurque nomina nostra in urna conjici, convenientissimum esse tranquillitati sæculi putavi, præsertim tam moderatæ voluntati amplissimi ordinis non repugnare. Cui obsequio meo opto ut existimes constare rationem, quum omnia facta dictaque mea probare sanctissimis moribus tuis cupiam.

### XXI. — *Trajan à Pline.*

Et civis et senatoris boni partibus functus es, obsequium amplissimi ordinis, quod justissime exigebat, præstando. Quas partes impleturum te secundum susceptam fidem confido.

### XXII. — *Pline à l'empereur Trajan.*

Ago gratias, domine, quod et jus Quiritium libertis necessariæ mihi feminæ, et civitatem romanam Harpocrati, iatraliptæ meo, sine mora indulsisti. Sed quum an-

franchi par une étrangère, et que cette étrangère était morte, il y avait déjà longtemps. Je ne me plains pas pourtant de mon ignorance, puisqu'elle me donne lieu de recevoir de vous plus d'une grâce pour un même homme. Je vous supplie donc, afin que je puisse jouir de votre bienfait selon les lois, de lui accorder le droit de cité d'Alexandrie et de Rome. Pour ne rien laisser qui pût retarder le cours de vos bontés, j'ai envoyé son âge et l'état de ses biens à vos affranchis, comme vous me l'aviez commandé.

## XXIII. — *Trajan à Pline.*

J'ai résolu, en suivant la coutume de mes prédécesseurs, de n'accorder qu'avec beaucoup de circonspection le droit de cité d'Alexandrie. Mais, après vous avoir déjà donné, pour Harpocras, votre médecin, le droit de bourgeoisie romaine, je ne puis me résoudre à vous refuser ce que vous me demandez encore pour lui. Faites-moi donc savoir à quel *nome* il appartient, afin que je vous envoie une lettre pour Pompéius Planta, gouverneur d'Égypte, mon ami.

## XXIV. — *Pline à l'empereur Trajan.*

Après que votre auguste père eut invité tous les citoyens à la munificence par un magnifique discours et par de glorieux exemples, je lui demandai la permission de transporter dans ma

---

nos ejus et censum, sicut præceperas, ederem, admonitus sum a peritioribus debuisse me ante ei alexandrinam civitatem impetrare, deinde romanam, quoniam esset Ægyptius. Ego autem, quia inter Ægyptios, cæterosque peregrinos, nihil interesse credebam, contentus fueram hoc solum scribere tibi, eum scilicet a peregrina manumissum, patronamque ejus jampridem decessisse. De qua ignorantia mea non queror, per quam stetit ut tibi pro eodem homine sæpius obligarer. Rogo itaque, ut beneficio tuo legitime frui possim, tribuas ei et alexandrinam civitatem, et romanam. Annos ejus et censum (ne quid rursus indulgentiam tuam moraretur) libertis uis, quibus jusseras, misi.

XXIII. — *Trajan à Pline.*

Civitatem alexandrinam, secundum institutionem principum, non temere dare proposui. Sed quum Harpocrati, iatraliptæ tuo, jam civitatem romanam impetraveris, huic quoque petitioni tuæ negare non sustineo. Tu, ex quo nomo sit, notum mihi facere debebis, ut epistolam tibi ad Pompeium Plantam, præfectum Ægypti, amicum meum, mittam.

XXIV. — *Pline à l'empereur Trajan.*

Quum divus pater tuus, domine, et oratione pulcherrima, et honestissimo exemplo,

ville adoptive les statues des empereurs qui m'étaient venues par différentes successions, et que, je gardais, telles que je les avais reçues, dans des terres éloignées. Je le suppliai de souffrir que j'y ajoutasse la sienne. Dès qu'il y eut consenti, en y joignant beaucoup de témoignages de satisfaction, j'en écrivis aux décurions, afin qu'ils marquassent le lieu où je pourrais bâtir un temple à mes frais. Ils crurent devoir, par honneur pour mon entreprise, me laisser le choix du lieu. Mais ce que je n'ai pu encore entreprendre, retenu d'abord par ma maladie, ensuite par celle de votre auguste père, et enfin par les devoirs de la charge que vous m'avez confiée, je crois pouvoir aisément l'exécuter aujourd'hui : car mon mois de service finit au premier septembre, et il y a beaucoup de fêtes dans le mois suivant. Je vous supplie donc, avant toute autre chose, de souffrir que votre statue ait sa place dans le temple que je vais bâtir ; ensuite, pour me mettre en état d'y travailler au plus tôt, de m'accorder un congé. Mais il ne convient pas à ma franchise de vous dissimuler qu'en m'accordant cette grâce, vous servirez beaucoup mes intérêts particuliers. Il m'est tellement impossible de différer la location des terres que je possède dans ce pays, et dont le bail d'ailleurs passe quatre cent mille sesterces[1], que le fermier qui entrera en jouissance doit tailler les vignes aussitôt après la prochaine vendange. La continuelle stérilité m'oblige de plus à faire des remises que je ne puis bien régler, si je ne suis présent. Je devrai donc, seigneur,

---

omnes cives ad munificentiam esset cohortatus, petii ab eo ut statuas principum, quas in longinquis agris per plures successiones traditas mihi, quales acceperam, custodiebam, permitteret in municipium transferre, adjecta sua statua. Quodque ille mihi cum plenissimo testimonio indulserat, ego statim decurionibus scripseram, ut assignarent solum, in quo templum pecunia mea exstruerem. Illi in honorem operis ipsius electionem loci mihi obtulerant. Sed primum mea, deinde patris tui valetudine, postea curis delegari a vobis officii retentus, nunc videor commodissime posse in rem præsentem excurrere. Nam et menstruum meum calendis septembris finitur, et sequens mensis complures dies feriatos habet. Rogo ergo ante omnia permittas mihi opus, quod inchoaturus sum, exornare et tua statua; deinde ut hoc facere quam maturissime possim, indulgeas commeatum. Non est autem simplicitatis meæ dissimulare apud bonitatem tuam, obiter te plurimum collaturum utilitatibus rei familiaris meæ. Agrorum enim, quos in eadem regione possideo, locatio quum alioquin quadringenta excedat, adeo non potest differri, ut proximam putationem novus colonus facere debeat. Præterea continuæ sterilitates cogunt me de

1. 66,170 francs.

à vos bontés, et le prompt accomplissement du religieux devoir que je me suis imposé, et la satisfaction de placer mes statues, si vous voulez bien m'accorder un congé de trente jours : car un temps plus court ne me serait d'aucun usage, puisque la ville et les terres dont je parle sont à plus de cent cinquante milles de Rome.

### XXV. — *Trajan à Pline.*

Vous m'avez expliqué, pour obtenir votre congé, toutes les raisons tirées de l'utilité publique et de votre intérêt particulier ; mais une seule me suffisait : c'est que vous le désiriez. Car je ne doute point qu'aussitôt que vous le pourrez, vous ne vous rendiez à un emploi qui exige tant d'assiduité. Je vous permets de placer ma statue dans le lieu que vous lui destinez, quoique j'aie résolu d'être fort réservé sur ces honneurs. Je ne veux pas avoir l'air de gêner l'expression de votre dévouement pour moi.

### XXVI. — *Pline à l'empereur Trajan.*

Comme j'ose croire, seigneur, que cette nouvelle vous intéresse, je vous annonce que je suis arrivé à Éphèse avec toute ma suite, après avoir passé le cap Malée. En dépit des vents contraires, je me dispose à me rendre d'ici dans mon gouvernement, en employant tour à tour des bâtiments légers et des chariots : car si les

---

remissionibus cogitare, quarum rationem, nisi præsens, inire non possum. Debebo ergo, domine, indulgentiæ tuæ, et pietatis meæ celeritatem, et status ordinationem, si mihi ob utraque hæc dederis commeatum triginta dierum. Neque enim angustius tempus præfinire possum, quum et municipium et agri, de quibus loquor, sint ultra centesimum et quinquagesimum lapidem.

### XXV. — *Trajan à Pline.*

Et privatas multas et omnes publicas causas petendi commeatus reddidisti : mihi autem vel sola voluntas tua suffecisset. Neque enim dubito te, ut primum potueris, ad tam districtum officium reversurum. Statuam poni mihi a te eo, quo desideras loco, quanquam ejusmodi honorum parcissimus, tamen patior, ne impedisse cursum erga me pietatis tuæ videar.

### XXVI. — *Pline à l'empereur Trajan.*

Quia confido, domine, ad curam tuam pertinere, nuntio tibi me Ephesum cum omnibus meis ὑπὲρ Μαλέαν navigasse. Quamvis contrariis ventis retentus, nunc de

chaleurs sont incommodes par terre, les vents Étésiens ne permettent pas non plus de faire toute la route par mer.

## XXVII. — *Trajan à Pline.*

Votre avis m'a fait plaisir, mon cher Pline. Il importe à mon affection pour vous de savoir par quel chemin vous vous rendez dans votre gouvernement. Vous faites sagement d'user tantôt de chariots, tantôt de barques, selon que les lieux vous y invitent.

## XXVIII. — *Pline à l'empereur Trajan.*

Ma navigation, seigneur, avait été très-heureuse jusqu'à Éphèse. Mais dès que j'ai fait usage des voitures, l'extrême chaleur, et même quelques accès de fièvre m'ont forcé de m'arrêter à Pergame. M'étant rembarqué, j'ai été retenu par les vents contraires, et je suis arrivé en Bithynie un peu plus tard que je l'avais espéré, c'est-à-dire le quinzième jour avant les calendes d'octobre. Cependant je ne puis me plaindre de ce retard, puisque je suis entré dans mon gouvernement assez tôt pour y célébrer le jour de votre naissance, ce qui est pour moi le plus favorable de tous les présages. J'examine actuellement l'état des affaires publiques des Prusiens, leurs charges, leurs revenus, leurs dettes. Plus j'avance dans cet examen, plus j'en reconnais la nécessité. D'un côté, plusieurs particuliers retiennent, sous divers prétextes, ce qu'ils doi-

---

stino partim orariis navibus, partim vehiculis provinciam petere. Nam sicut itineri graves aestus, ita continuae navigationi Etesiae reluctantur.

### XXVII. — *Trajan à Pline.*

Recte renuntiasti mihi, Secunde carissime. Pertinet enim ad animum meum quali itinere in provinciam pervenias. Prudenter autem constituis interim navibus, interim vehiculis uti, prout loca suaserint.

### XXVIII. — *Pline à l'empereur Trajan.*

Sicut saluberrimam navigationem, domine, usque Ephesum expertus, ita inde, postquam vehiculis iter facere coepi, gravissimis aestibus, atque etiam febriculis vexatus Pergami substiti. Rursus, quum transissem in orarias naviculas, contrariis ventis retentus, aliquanto tardius quam speraveram, id est, quintodecimo calendas octobres, Bithyniam intravi. Non possum tamen de mora queri, quum mihi contigerit, quod erat auspicatissimum, natalem tuum in provincia celebrare. Nunc rei-

vent à cette république; et, de l'autre, on la surcharge par des dépenses qui ne sont guère légitimes. Je vous ai écrit tout ceci, seigneur, presque en arrivant. Je suis entré dans la province le quinzième jour avant les calendes d'octobre. Je l'ai trouvée dans les sentiments de soumission et de dévouement pour vous que vous méritez de tout le genre humain. Voyez, seigneur, s'il serait à propos que vous envoyassiez ici un architecte. Il me semble que si les ouvrages publics sont fidèlement mesurés, on pourra obliger les entrepreneurs de rapporter des sommes considérables. Au moins cela me paraît ainsi, par l'examen que je fais avec Maxime des comptes de cette république.

### XXIX. — *Trajan à Pline.*

Je voudrais que vous eussiez pu arriver en Bithynie sans que votre santé en souffrît, non plus que celle de vos gens, et que votre route depuis Éphèse vous eût été aussi commode que votre navigation avait été heureuse. Votre lettre m'apprend, mon cher Pline, quel jour vous êtes entré dans la Bithynie. Je ne doute pas que ces peuples ne sentent bientôt que je m'occupe de leur bonheur. En effet, je suis sûr que vous n'oublierez rien de ce qui pourra prouver, qu'en vous choisissant j'ai choisi l'homme le plus propre à tenir ma place chez eux. Vous devez commencer par examiner les comptes des affaires publiques, car on dit qu'elles sont dans un grand désordre. Quant aux architectes, à peine en ai-je ici ce

---

publicæ Prusensium impendia, reditus, debitores excutio. Quod ex ipso tractu magis ac magis necessarium intellige. Multæ enim pecuniæ variis ex causis a privatis detinentur; præterea quædam minime legitimis sumptibus erogantur. Hæc tibi, domine, in ipso ingressu meo scripsi. Quintodecimo calendas octobres, domine, provinciam intravi, quam in eo obsequio, in ea erga te fide, quam de genere humano mereris, inveni. Dispice, domine, an necessarium putes, mittere huc mensorem. Videntur enim non mediocres pecuniæ posse revocari a curatoribus operum, si mensuræ fideliter agantur. Ita certe prospicio ex ratione Prusensium quam cum Maximo tracto.

### XXIX. — *Trajan à Pline.*

Cuperem sine querela corpusculi tui, et tuorum, pervenire in Bithyniam potuisses, ac simile tibi iter ab Epheso ei navigationi fuisset, quam expertus usque illo eras. Quo autem die pervenisses in Bithyniam cognovi, Secunde carissime, litteris tuis. Provinciales, credo, prospectum sibi a me intelligent. Nam et tu dabis operam ut manifestum sit illis, electum te esse, qui ad eosdem mei loco mittereris. Rationes

qu'il en faut pour les ouvrages publics qui se font à Rome et aux environs. Mais il n'y a point de province où il ne s'en trouve en qui l'on puisse avoir confiance. Vous n'en manquerez donc pas, si vous vous donnez bien la peine d'en chercher.

### XXX. — *Pline à l'empereur Trajan.*

Je vous supplie, seigneur, d'éclairer mes doutes sur un point. Dois-je faire garder les prisons par des soldats, ou, comme on l'a pratiqué jusqu'ici, par des esclaves publics? Je crains qu'elles ne soient pas assez sûrement gardées par des esclaves, et que ce soin n'occupe un grand nombre de soldats. Cependant j'ai renforcé de quelques soldats la garde ordinaire des esclaves publics. Mais je m'aperçois que cette précaution a ses inconvénients, et qu'elle peut fournir aux esclaves et aux soldats une occasion de se négliger dans l'espérance de pouvoir rejeter les uns sur les autres une faute commune.

### XXXI. — *Trajan à Pline.*

Il n'est pas nécessaire, mon cher Pline, d'employer les soldats à la garde des prisons. Tenons-nous-en à l'usage toujours observé dans cette province, d'en confier le soin à des esclaves publics. C'est à votre zèle et à votre sévérité à faire en sorte qu'ils s'en acquittent fidèlement. Car il est surtout à craindre, comme vous

autem in primis tibi rerumpublicarum excutiendæ sunt : nam et esse eas vexatas satis constat. Mensores vix etiam iis operibus quæ aut Romæ, aut in proximo fiunt, sufficientes habeo. Sed in omni provincia invenientur, quibus credi possit, et ideo non deerunt tibi, modo velis diligenter excutere.

### XXX. — *Pline à l'empereur Trajan.*

Rogo, domine, consilio me regas hæsitantem, utrum per publicos civitatum servos, quod usque adhuc factum, an per milites asservare custodias debeam. Vereor enim, ne et per servos publicos parum fideliter custodiantur, et non exiguum militum numerum hæc cura distringat. Interim publicis servis paucos milites addidi. Video tamen periculum esse, ne id ipsum utriusque negligentiæ causa sit, dum communem culpam hi in illos, illi in hos regerere posse confidant.

### XXXI. — *Trajan à Pline.*

Nihil opus est, mi Secunde carissime, ad continendas custodias plures commilitones converti. Perseveremus in ea consuetudine, quæ isti provinciæ est, ut per

me le mandez, que si on les mêle ensemble, ils ne s'en reposent les uns sur les autres, et n'en deviennent plus négligents. Souvenons-nous d'ailleurs qu'il faut, autant qu'on le peut, ne point éloigner les soldats de leurs drapeaux.

### XXXII. — *Pline à l'empereur Trajan.*

Gabius Bassus, qui commande sur la côte du Pont avec beaucoup de zèle et de dévouement pour votre service, est venu me trouver, seigneur, et est demeuré plusieurs jours avec moi. C'est, autant que je l'ai pu connaître, un homme distingué et digne de votre bienveillance. Je lui ai communiqué l'ordre que j'avais de ne lui laisser, de toutes les troupes dont il vous a plu de me donner le commandement, que dix soldats bénéficiaires, deux cavaliers et un centurion. Il m'a répondu que ce nombre ne lui suffisait pas, et qu'il vous en écrirait. Cela m'a empêché jusqu'ici de rappeler ceux qu'il a de plus.

### XXXIII. — *Trajan à Pline.*

Gabius Bassus m'a écrit aussi que le nombre de soldats que je lui avais destiné ne lui suffisait pas. Vous demandez quelle a été ma réponse. Afin que vous en soyez bien informé, je la fais transcrire ici. Il importe beaucoup de distinguer ce qui est exigé par

---

publicos servos custodiantur. Etenim ut fideliter hoc faciant, in tua severitate ac diligentia positum est. In primis enim, sicut scribis, verendum est ne, si permisceantur servis publicis milites, mutua inter se fiducia negligentiores sint. Sed et illud hæreat nobis, quam paucissimos milites a signis avocandos esse.

### XXXII. — *Pline à l'empereur Trajan.*

Gabius Bassus, præfectus oræ ponticæ, et reverentissime, et officiosissime, domine, venit ad me, et compluribus diebus fuit mecum. Quantum perspicere potui, vir egregius, et indulgentia tua dignus. Cui ego notum feci, præcepisse te, ut ex cohortibus, quibus me præesse voluisti, contentus esset beneficiariis decem, equitibus duobus, centurione uno. Respondit non sufficere sibi hunc numerum, idque se scripturum tibi. Hoc in causa fuit, quominus statim revocandos putarem, quos habet supra numerum.

### XXXIII. — *Trajan à Pline.*

Et mihi scripsit Gabius Bassus non sufficere sibi eum militum numerum, qui ut

les circonstances, et ce qui est réclamé par les hommes avides d'étendre leur pouvoir. Quant à nous, l'utilité publique doit être notre seule règle, et nous devons, autant que possible, prendre garde que les soldats ne quittent point leurs drapeaux.

### XXXIV. *Pline à l'empereur Trajan.*

Les Prusiens, seigneur, ont un bain vieux et en mauvais état. Ils voudraient le rétablir, si vous le permettez. Je crois, après examen, qu'il est nécessaire d'en construire un nouveau, et il me semble que vous pouvez leur accorder leur demande. Les fonds pour le construire se composeront d'abord des sommes que j'ai obligé les particuliers à restituer, et puis de l'argent qu'ils avaient coutume d'employer à l'huile du bain, et qu'ils ont résolu de consacrer à la construction. C'est, d'ailleurs, ce que semblent exiger à la fois la beauté de la ville et la splendeur de votre règne.

### XXXV. — *Trajan à Pline.*

Si la construction d'un nouveau bain n'est point à charge aux Prusiens, nous pouvons leur accorder ce qu'ils souhaitent, pourvu qu'ils n'imposent aucune contribution pour cet ouvrage, et qu'ils ne prennent rien sur leurs besoins ordinaires.

---

daretur illi, mandatis meis complexus sum. Quod, quæris, scripsisse me? Ut notum haberes, his litteris subjici jussi. Multum interest, res poscat, an homines imperare latius velint. Nobis autem utilitas demum spectanda est; et, quantum fieri potest, curandum ne milites a signis absint.

### XXXIV. — *Pline à l'empereur Trajan.*

Prusenses, domine, balineum habent et sordidum et vetus. Id itaque indulgentia tua restituere desiderant. Ego tamen æstimans novum fieri debere, videris mihi desiderio eorum indulgere posse. Erit enim pecunia ex qua fiat, primum ea, quam revocare a privatis et exigere jam cœpi; deinde, quam ipsi erogare in oleum soliti, parati sunt in opus balinei conferre. Quod alioquin et dignitas civitatis, et sæculi tui nitor postulat.

### XXXV. — *Trajan à Pline.*

Si instructio novi balinei oneratura vires Prusensium non est, possumus desiderio eorum indulgere, modo ne quid ideo aut intribuant, aut minus illis in posterum fiat ad necessarias erogationes.

## XXXVI. — *Pline à l'empereur Trajan.*

Maximus, votre affranchi et votre intendant, m'assure, seigneur, qu'outre les dix soldats que, par votre ordre, j'ai donnés à l'honorable Gémellinus, il en a besoin aussi pour lui. J'ai cru lui devoir laisser provisoirement ceux qui étaient déjà attachés à sa commission, surtout le voyant partir pour se procurer des blés en Paphlagonie. J'y ai même ajouté deux cavaliers qu'il m'a demandés pour sa garde. Je vous supplie de m'apprendre ce que vous voulez dans la suite que je fasse.

## XXXVII. — *Trajan à Pline.*

Vous avez bien fait de donner des soldats à mon affranchi qui partait pour aller chercher des blés : car il s'acquittait en cela d'une commission extraordinaire. Quand il sera revenu à son premier emploi, il aura assez des deux soldats que vous lui avez donnés, et des deux qu'il a reçus de Virbius Gémellinus, mon intendant, auquel il sert de second.

## XXXVIII. — *Pline à l'empereur Trajan.*

Sempronius Cœlianus, jeune homme plein de mérite, m'a envoyé deux esclaves qu'il a trouvés parmi les soldats de recrue. J'ai

---

### XXXVI. — *Pline à l'empereur Trajan.*

Maximus, libertus et procurator tuus, domine, præter decem beneficiarios, quos assignari a me Gemellino, optimo viro, jussisti, sibi quoque confirmat necessarios esse milites. Ex his interim, sicut inveneram, in ministerio ejus reliquendos existimavi, præsertim quum ad frumentum comparandum iret in Paphlagoniam. Quin etiam tutelæ causa, quia desiderabat, addidi duos equites. In futurum quid servari velis, rogo rescribas.

### XXXVII. — *Trajan à Pline.*

Nunc quidem proficiscentem ad comparationem frumentorum Maximum, libertum meum, recte militibus instruxisti : fungebatur enim et ipse extraordinario munere. Quum ad pristinum actum reversus fuerit, sufficient illi duo a te dati milites, et totidem a Virbio Gemellino, procuratore meo, quem adjuvat.

### XXXVIII. — *Pline à l'empereur Trajan.*

Sempronius Cœlianus, egregius juvenis, repertos inter tirones duos servos misi

différé leur supplice, afin de vous consulter sur le genre de peine à leur infliger, vous le créateur et le soutien de la discipline militaire. Pour moi, j'ai quelque scrupule, parce que, bien qu'ils eussent prêté serment, ils n'étaient encore enrôlés dans aucune légion. Ayez donc la bonté, seigneur, de me prescrire vos intentions dans une occasion qui doit faire exemple.

### XXXIX. — *Trajan à Pline.*

Sempronius Cœlianus a exécuté mes ordres, quand il vous a envoyé des hommes dont il fallait juger le crime en connaissance de cause, pour savoir s'il était capital. Mais il faut bien distinguer s'ils se sont offerts volontairement, ou s'ils ont été choisis, ou enfin s'ils ont été donnés pour en remplacer d'autres. S'ils ont été choisis, c'est la faute de l'officier chargé des levées; s'ils ont été donnés pour en remplacer d'autres, il faut s'en prendre à ceux qui les ont donnés; si, quoique instruits de leur état, ils sont venus volontairement s'offrir, il faut les punir. Il importe peu qu'ils n'aient été encore distribués dans aucune légion : car, le jour qu'ils ont été engagés, ils ont dû déclarer leur origine.

### XL. — *Pline à l'empereur Trajan.*

Puisque vous m'avez donné, seigneur, le droit de vous **consul**-

---

ad me. Quorum ego supplicium distuli, ut te, conditorem disciplinæ militaris firmatoremque, consulerem de modo pœnæ. Ipse enim dubito ob hæc maxime, quod, ut jam dixerant, sacramento militari nondum distributi in numeros erant. Quid ergo debeam sequi, rogo, domine, scribas, præsertim quum pertineat ad exemplum.

### XXXIX. — *Trajan à Pline.*

Secundum mandata mea fecit Sempronius Cœlianus, mittendo ad te eos de quibus cognosci oportebat, an capitale supplicium meruisse videantur. Refert autem voluntarii se obtulerint, an lecti sint, vel etiam vicarii dati. Lecti si sunt, inquisitor peccavit; si vicarii dati, penes eos culpa est, qui dederunt; si ipsi, quum haberent conditionis suæ conscientiam, venerunt, animadvertendum in illos erit. Neque enim multum interest, quod nondum per numeros distributi sunt : ille enim dies, quo primum probati sunt, veritatem ab his originis suæ exigit.

### XL. — *Pline à l'empereur Trajan.*

Salva magnitudine tua, domine, descendas oportet ad meas curas, quum jus mihi

ter sur mes doutes, il faut, sans déroger à votre grandeur, que vous descendiez aux moindres soins qui m'embarrassent. Dans la plupart des villes, particulièrement à Nicomédie et à Nicée, des hommes condamnés, soit aux mines, soit aux combats de gladiateurs, soit à d'autres peines semblables, servent comme esclaves publics, et reçoivent même des gages en cette qualité. J'en ai été averti ; mais j'ai beaucoup hésité sur ce que je devais faire. D'un côté, je trouvais trop rigoureux de renvoyer au supplice, après un long temps, des hommes dont la plupart sont vieux maintenant, et dont la conduite, m'assure-t-on, est sage et réglée ; de l'autre, e ne croyais pas convenable de retenir au service de la république des criminels condamnés ; mais aussi je jugeais qu'il lui serait inutile de les nourrir oisifs, et dangereux de ne les nourrir pas. J'ai donc été contraint de suspendre ma décision jusqu'à la vôtre. Vous demanderez peut-être comment il a pu se faire qu'ils se soient dérobés à leur condamnation. Je m'en suis informé, sans en avoir pu rien découvrir que j'ose vous certifier. Les décrets de leur condamnation m'ont été représentés ; mais je n'ai vu nul acte qui prouve que la peine leur ait été remise. Il y en a pourtant quelques-uns qui m'ont dit que, sur leurs instantes supplications, les gouverneurs ou leurs lieutenants les avaient fait mettre en liberté. Ce qui pourrait donner lieu de le penser, c'est qu'il n'est pas croyable qu'on eût osé l'entreprendre sans y être autorisé.

dederis referendi ad te de quibus dubito. In plerisque civitatibus, maxime Nicomediæ et Niceæ, quidam vel in opus damnati, vel in ludum, similiaque his genera pœnarum, publicorum servorum officio ministerioque funguntur, atque etiam, ut publici servi, annua accipiunt. Quod ego quum audissem, diu multumque hæsitavi quid facere deberem. Nam et reddere pœnæ post longum tempus plerosque jam senes, et, quantum affirmatur, frugaliter modestique viventes, nimis severum arbitrabar ; et in publicis officiis retinere damnatos, non satis honestum putabam. Eosdem rursus a republica pasci otiosos, inutile ; non pasci, etiam periculosum existimabam. Necessario ergo rem totam, dum te consulerem, in suspenso reliqui. Quæres fortasse quemadmodum evenerit, ut pœnis, in quas damnati erant, exsolverentur. Et ego quæsivi ; sed nihil comperi, quod affirmare tibi possim. Ut decreta, quibus damnati erant, proferebantur, ita nulla monumenta, quibus liberati probarentur. Erant tamen qui dicerent, deprecantes jussu proconsulum legatorumve dimissos. Addebat fidem, quod credibile erat, neminem hoc ausum sine auctore.

## XLI. — Trajan à Pline.

Souvenez-vous que si vous avez été envoyé dans cette province, c'est surtout parce qu'il y avait beaucoup d'abus à réformer. L'un des plus grands qui doivent disparaître, c'est que des criminels condamnés à des peines capitales, non-seulement en aient été affranchis sans ordre supérieur, mais encore qu'on leur rende les priviléges des esclaves irréprochables. Il faut donc faire subir leur condamnation à ceux qui ont été jugés dans le cours des dix dernières années, et qui n'en ont pas été valablement déchargés. S'il s'en trouve de plus anciennement jugés, des vieillards, dont la condamnation remonte à plus de dix ans, il faut les employer à des travaux qui se rapprochent de leurs peines. Ordinairement on charge ces malheureux de soigner les bains, de nettoyer les égouts, de travailler aux réparations des grands chemins et des rues.

## XLII. — Pline à l'empereur Trajan.

Pendant que je visitais une autre partie de ma province, un incendie affreux a consumé à Nicomédie, non-seulement plusieurs maisons particulières, mais même deux édifices publics, la Maison-de-Ville et le temple d'Isis, quoique la voie les séparât. Ce qui a contribué à en étendre les ravages, c'est d'abord la violence du vent, ensuite l'insouciance du peuple : car il paraît certain que, dans un si grand désastre, il est demeuré spectateur oisif et

---

### XLI. — *Trajan à Pline.*

Memineris idcirco te in istam provinciam missum, quoniam multa in ea emendanda apparuerint. Erit autem vel hoc maxime corrigendum, quod qui damnati ad pœnam erant, non modo ea sine auctore, ut scribis, liberati sunt, sed etiam in conditionem proborum ministrorum retrahuntur. Qui igitur intra hos proximos decem annos damnati, nec ullo idoneo auctore liberati sunt, hos oportebit pœnæ suæ reddi. Si qui vetustiores invenientur, et senes, ante annos decem damnati, distribuamus illos in ea ministeria, quæ non longe a pœna sint. Solent enim ejusmodi ad balineum, ad purgationes cloacarum, item munitiones viarum et vicorum dari.

### XLII. — *Pline à l'empereur Trajan.*

Quum diversam partem provinciæ circumirem, Nicomediæ vastissimum incendium multas privatorum domos, et duo publica opera, quanquam via interjacente, Gerusian et Isson, absumpsit. Est autem latius sparsum, primum violentia venti, deinde inertia hominum : quod satis constat otiosos et immobiles tanti mali specta-

immobile. D'ailleurs, il n'y a dans la ville, pour le service public, ni pompes, ni crocs, enfin aucun des instruments nécessaires pour éteindre le feu. J'ai donné des ordres pour qu'il y en ait à l'avenir. C'est à vous, seigneur, d'examiner s'il serait bon d'établir une communauté de cent cinquante artisans. J'aurai soin, en effet, que l'on n'y reçoive que des artisans, et qu'on ne fasse point servir à autre chose le privilége accordé. Il ne serait pas difficile de surveiller une association aussi peu nombreuse.

### XLIII. — Trajan à Pline.

Vous avez pensé qu'on pouvait établir une communauté à Nicomédie, à l'exemple de plusieurs autres villes. Mais n'oublions pas combien cette province et ces villes surtout ont été troublées par des sociétés de ce genre. Quelque nom que nous leur donnions, quelque raison que nous ayons de former un corps de plusieurs personnes, il s'y établira, au moins passagèrement, des intelligences de confrérie. Il sera donc plus prudent de se procurer tout ce qui peut servir à éteindre le feu, d'engager les possesseurs des biens de ville à en arrêter eux-mêmes les ravages, et, si les circonstances l'exigent, d'y employer le concours de la multitude.

### XLIV. — Pline à l'empereur Trajan.

Nous avons acquitté, seigneur, et renouvelé nos vœux solen-

---

tores perstitisse. Et alioquin nullus usquam in publico sipho, nulla hama, nullum denique instrumentum ad incendia compescenda. Et hæc quidem, ut jam præcepi, parabuntur. Tu, domine, dispice an instituendum putes collegium fabrorum, duntaxat hominum centum quinquaginta. Ego attendam ne quis, nisi faber, recipiatur, neve jure concesso in aliud utatur. Nec erit difficile custodire tam paucos.

### XLIII. — Trajan à Pline.

Tibi quidem, secundum exempla complurium, in mentem venit, posse collegium fabrorum apud Nicomedenses constitui. Sed meminerimus provinciam istam, et præcipue eas civitates, ab ejusmodi factionibus esse vexatas. Quodcumque nomen ex quacumque causa dederimus iis, qui in idem contracti fuerint, hetæriæ, quamvis breves, fient. Satius itaque est comparari ea, quæ ad coercendos ignes auxilio esse possint, admonerique dominos prædiorum, ut et ipsi inhibeant, ac, si res poposcerit, accursu populi ad hoc uti.

### XLIV. — Pline à l'empereur Trajan.

Solennia vota pro incolumitate tua, qua publica salus continetur, et suscipimus,

nels pour votre conservation à laquelle est attaché le salut de l'empire; nous avons en même temps prié les dieux de permettre que ces vœux soient toujours accomplis, et que le témoignage en subsiste toujours.

### XLV. — *Trajan à Pline.*

J'ai appris avec plaisir, par votre lettre, mon cher Pline, que vous aviez acquitté, avec le peuple de votre gouvernement, les vœux faits aux dieux immortels pour ma santé, et que vous en aviez fait de nouveaux.

### XLVI. — *Pline à l'empereur Trajan.*

Les habitants de Nicomédie, seigneur, ont dépensé pour se construire un aqueduc, trois millions trois cent vingt-neuf mille sesterces[1], et cet ouvrage a été laissé imparfait; il est même détruit. On en a depuis commencé un autre, et l'on y a dépensé deux millions de sesterces[2]. Il a été encore abandonné; et, après avoir si mal employé tout cet argent, il faut faire une nouvelle dépense, si l'on veut avoir de l'eau. J'ai trouvé une source très-pure, d'où il semble que l'on en pourra tirer, ainsi que l'on avait d'abord tenté de le faire, par un ouvrage cintré, afin que l'eau ne soit pas seulement portée à la basse ville. Il nous reste encore quelques arcades de cet ouvrage. On peut en élever d'autres: les unes, avec de la pierre carrée, tirée du premier édifice; d'autres, je crois,

---

domine, pariter et solvimus, precati deos ut velint ea semper solvi, semperque signari.

### XLV. — *Trajan à Pline.*

Et solvisse vos cum provincialibus diis immortalibus vota pro mea salute et incoluminate, et nuncupasse, libenter, mi Secunde carissime, cognovi ex litteris tuis.

### XLVI. — *Pline à l'empereur Trajan.*

In aquæductum, domine, Nicomedenses impenderunt sestertium tricies trecenta viginti novem millia, qui imperfectus adhuc relictus, atque etiam destructus est. Rursus in alium ductum erogata sunt ducenta millia. Hoc quoque relicto, novo impendio est opus, ut aquam habeant, qui tantam pecuniam male perdiderunt. Ipse pervexi ad fontem purissimum, ex quo videtur aqua debere perduci, sicut initio tentatum erat, arcuato opere, ne tantum ad plana civitatis et humilia perveniat.

1. 622,726 francs 50 centimes.
2. 389,600 francs.

pourront être bâties en briques ; ce qui sera plus aisé et moins coûteux. Il est surtout nécessaire que vous veuillez bien nous envoyer un ingénieur ou un architecte pour éviter ce qui est arrivé. Je puis seulement vous répondre que, par son utilité et par sa beauté, cette entreprise est tout à fait digne de votre règne.

### XLVII. — *Trajan à Pline.*

Il faut avoir soin de faire conduire de l'eau à Nicomédie. Je suis très-persuadé que vous dirigerez cette entreprise avec tout le zèle nécessaire. Mais, en vérité, vous n'en devez pas moins apporter à découvrir par la faute de qui les habitants de Nicomédie ont perdu de si grandes sommes, et si ces ouvrages commencés et laissés ne leur ont point servi de prétexte à se faire des gratifications mutuelles. Vous me ferez savoir ce que vous en aurez appris.

### XLVIII. — *Pline à l'empereur Trajan.*

Le théâtre de Nicée, bâti en très-grande partie, mais encore inachevé, a déjà coûté, seigneur, plus de dix millions de sesterces[1]. C'est du moins ce que l'on me dit, car je n'en ai pas vérifié le compte. Je crains que cette dépense ne soit inutile. Le théâtre s'affaisse et s'entr'ouvre déjà, soit par la faute du terrain, qui est humide et mou, soit par celle de la pierre, qui est mince et sans

---

Manent adhuc paucissimi arcus. Possunt et erigi quidam lapide quadrato, qui ex superiore opere detractus est ; aliqua pars, ut mihi videtur, testaceo opere agenda erit : id enim et facilius et vilius. Et in primis necessarium est mitti a te vel aquilegem vel architectum, ne rursus eveniat quod accidit. Ego illud unum affirmo, et utilitatem operis et pulchritudinem sæculo tuo esse dignissimam.

### XLVII. — *Trajan à Pline.*

Curandum est ut aqua in nicomedensem civitatem perducatur. Vere credo te ea, qua debebis, diligentia hoc opus aggressurum. Sed, me dius fidius, ad eamdem diligentiam tuam pertinet inquirere, quorum vitio ad hoc tempus tantam pecuniam Nicomedenses perdiderint, ne, quum inter se gratificantur, et inchoaverint aquæductus, et reliquerint. Quid itaque compereris, perfer in notitiam meam.

### XLVIII. — *Pline à l'empereur Trajan.*

Theatrum, domine, Niceæ maxima jam parte constructum, imperfectum tamen,

1. 1,779,000 francs.

consistance. Il y a lieu de délibérer si on l'achèvera, si on l'abandonnera, ou même s'il faut le détruire : car les appuis et les constructions dont on l'étaie de temps en temps me paraissent moins solides que dispendieux. Des particuliers ont promis un grand nombre d'accessoires, des basiliques autour du théâtre, des galeries qui en couronnent les derniers gradins. Mais ces travaux sont ajournés, depuis qu'on a suspendu la construction du théâtre qu'il faut d'abord achever. Les mêmes habitants de Nicée ont commencé, avant mon arrivée, à rétablir un gymnase que le feu a détruit ; mais ils le rétablissent beaucoup plus considérable et plus vaste qu'il n'était. Cela leur coûte encore, et il est à craindre que ce ne soit sans utilité : car il est irrégulier, et les parties en sont mal ordonnées. Outre cela, un architecte (à la vérité, c'est le rival de l'entrepreneur) assure que les murs, quoiqu'ils aient vingt-deux pieds de large, ne peuvent soutenir la charge qu'on leur destine, parce qu'ils ne sont point liés avec du ciment et flanqués de briques.

Les habitants de Claudiopolis creusent aussi, plutôt qu'ils ne bâtissent, un bain immense dans un bas-fond dominé par une montagne. Ils y emploient l'argent que les sénateurs surnuméraires que vous avez daigné agréger à leur sénat, ont déjà offert pour leur entrée, ou paieront dès que je leur en ferai la demande. Comme je crains que les deniers publics dans une de ces entreprises, et que dans l'autre vos bienfaits (ce qui est plus précieux

sestertium, ut audio (neque enim ratio plus excussa est), amplius centies hausit : vereor ne frustra. Ingentibus enim rimis descendit et hiat, sive in causa solum humidum et molle, sive lapis ipse gracilis et putris. Dignum est certe deliberatione, sitne faciendum, an sit relinquendum, an etiam destruendum : nam futuræ ac substructiones, quibus subinde suscipitur, non tam firmæ mihi, quam sumptuosæ videntur. Huic theatro ex privatorum pollicitationibus multa debentur, ut basilicæ circa, ut porticus supra caveam : quæ nunc omnia differuntur, cessante eo, quod ante peragendum est. Iidem Nicenses gymnasium, incendio amissum, ante adventum meum, restituere cœperunt longe numerosius laxiusque, quam fuerat. Et jam aliquantum erogaverunt ; periculum est ne parum utiliter. Incompositum enim et sparsum est. Præterea architectus, sane æmulus ejus a quo opus inchoatum est, affirmat parietes (quanquam viginti et duos pedes latos) imposita onera sustinere non posse, quia sine cæmento medio farti, nec testaceo opere præcincti.

Claudiopolitani quoque in depresso loco, imminente etiam monte, ingens balineum defodiunt magis quam ædificant, et quidem ex ea pecunia quam bulcutæ additi beneficio tuo, aut jam obtulerunt ob introitum, aut nobis exigentibus conferent. Ergo quum timeam ne illic publica pecunia, hic, quod est omni pecunia pre-

que tout l'argent du monde) ne soient mal placés, je me vois obligé de vous supplier d'envoyer ici un architecte pour déterminer le parti à prendre à l'égard et du théâtre et des bains. Il examinera s'il est plus avantageux, après la dépense qui a été faite, d'achever ces ouvrages d'après le premier plan, ou bien de changer ce qui doit l'être, de déplacer ce qui doit être déplacé. Car il faut craindre, en voulant conserver ce que nous avons déjà dépensé, de perdre ce que nous dépenserons encore.

### XLIX. — Trajan à Pline.

C'est à vous, qui êtes sur les lieux, d'examiner et de régler ce qu'il convient de faire relativement au théâtre de Nicée. Il me suffira de savoir à quel parti vous vous êtes arrêté. Le théâtre achevé, n'oubliez pas de réclamer des particuliers les accessoires qu'ils ont promis d'y ajouter. Les Grecs aiment beaucoup les gymnases, et ce goût excessif pourrait bien leur avoir fait entreprendre indiscrètement celui-ci. Mais il faut sur ce point qu'ils se contentent du nécessaire. Quant aux habitants de Claudiopolis, vous leur ordonnerez ce que vous jugerez le plus à propos sur le bain dont ils ont, dites-vous, si mal choisi l'emplacement. Vous ne pouvez manquer d'architectes. Il n'est point de province où l'on ne trouve des gens entendus et habiles ; à moins que vous ne pensiez qu'il soit plus court de vous en envoyer d'ici, quand nous sommes obligés de les faire venir de Grèce.

tiosius, munus tuum male collocetur, cogor petere a te, non solum ob theatrum, verum etiam ob hæc balinea, mittas architectum, dispecturum utrum sit utilius, post sumptum, qui factus est, quoquo modo consummare opera, ut inchoata sunt; an quæ videantur emendanda, corrigere, quæ transferenda, transferre; ne, dum servare volumus quod impensum est, male impendamus quod addendum est.

### XLIX. — Trajan à Pline.

Quid oporteat fieri circa theatrum quod inchoatum apud Nicenses est, in re præsenti optime deliberabis et constitues. Mihi sufficiet indicari cui sententiæ accesseris. Tunc autem e privatis exigi opera tibi curæ sit, quum theatrum, propter quod illa promissa sunt, factum erit. Gymnasiis indulgent Græculi. Ideo forsitan Nicenses majore animo constructionem ejus aggressi sunt. Sed oportet illos eo contentos esse, quod possit illis sufficere. Quid Claudiopolitanis circa balineum, quod parum, ut scribis, idoneo loco inchoaverunt, suadendum sit, tu constitues. Architecti tibi deesse non possunt. Nulla provincia est, quæ non peritos ut ingeniosos homines habeat, modo ne existimes brevius esse ab Urbe mitti, quum ex Græcia etiam ad nos venire soliti sunt.

## L. — *Pline à l'empereur Trajan.*

Quand je songe à votre rang et à votre grandeur d'âme, il me semble que c'est un devoir de vous proposer des ouvrages dignes de votre gloire et de l'immortalité de votre nom, des ouvrages dont l'utilité égale la magnificence. Sur les confins du territoire de Nicomédie est un lac immense dont on se sert pour transporter jusqu'au grand chemin, à peu de frais et sans beaucoup de peine, le marbre, les fruits, le bois et toute sorte de matériaux. De là on les conduit jusqu'à la mer sur des chariots, ce qui coûte beaucoup de travail et plus encore d'argent. Pour remédier à cet inconvénient, il faudrait beaucoup de bras ; mais ils ne manquent pas ici. La campagne et la ville surtout sont fort peuplées, et l'on peut compter que tout le monde s'empressera de travailler à un ouvrage utile à tout le monde. Il faudrait seulement, si vous le jugez à propos, envoyer ici un ingénieur ou un architecte qui examinât de près si le lac est plus haut que la mer. Les experts de ce pays soutiennent qu'il est plus élevé de quarante coudées. J'ai trouvé près de là un bassin creusé par un roi. Mais on ne sait pas trop si c'était pour recevoir les eaux des champs d'alentour, ou pour joindre le lac à un fleuve voisin : car ce bassin est demeuré imparfait. On ignore également si cet ouvrage a été abandonné parce que ce roi fut surpris par la mort, ou parce qu'il désespéra du succès. Mais je désire ardemment pour votre gloire

---

L. — *Pline à l'empereur Trajan.*

Intuenti mihi et fortunæ tuæ et animi magnitudinem, convenientissimum videtur demonstrare opera non minus æternitate tua, quam gloria digna, quantumque pulchritudinis, tantum utilitatis habitura. Est in Nicomedensium finibus amplissimus lacus : per hunc marmora, fructus, ligna, materiæ, et sumptu modico et labore usque ad viam navibus, inde magno labore, majore impendio, vehiculis ad mare devehuntur. Sed hoc opus multas manus poscit : at hæ pro re non desunt. Nam et in agris magna copia est hominum, est maxima in civitate, certaque spes omnes libentissime aggressuros opus omnibus fructuosum. Superest ut tu libratorem vel architectum, si tibi videbitur, mittas, qui diligenter exploret, sitne lacus altior mari, quem artifices regionis hujus quadraginta cubitis altiorem esse contendunt. Ego per eadem loca invenio fossam a rege percussam. Sed incertum, utrum ad colligendum humorem circumjacentium agrorum, an ad committendum flumini lacum ; est enim imperfecta. Hoc quoque dubium, intercepto rege mortalitate, an desperato operis

(vous excuserez une telle ambition) de vous voir achever ce que les rois n'ont fait que commencer.

### LI. — *Trajan à Pline.*

La jonction de ce lac à la mer peut me tenter ; mais il faut avant tout s'assurer complétement qu'en l'y joignant il ne s'y écoulera pas tout entier. Instruisez-vous de la quantité d'eau qu'il reçoit, et d'où elle lui vient. Vous pourrez demander à Calpurnius Macer un ingénieur ; et moi, je vous enverrai d'ici quelque artiste habile dans ces sortes d'ouvrages.

### LII. — *Pline à l'empereur Trajan.*

En examinant les dépenses publiques des Byzantins, dépenses qui se montent très-haut, j'ai appris, seigneur, que pour vous offrir leurs hommages et vous en porter le décret, ils vous envoyaient tous les ans un député auquel ils donnaient douze mille sesterces [1]. Attentif à l'exécution de vos desseins, j'ai retenu le député, et je vous envoie le décret, épargnant ainsi les deniers de la province, sans nuire à l'accomplissement des devoirs publics. La même ville est chargée de trois mille sesterces [2] qu'elle paie tous les ans pour frais de voyage à celui qui va de sa part saluer le gouverneur de Mésie. J'ai cru qu'il fallait retrancher ces

---

effectu. Sed hoc ipso (feres enim me ambitiosum) pró tua gloria incitor et accendor, ut cupiam peragi a te, quæ tantum cœperant reges.

### LI. — *Trajan à Pline.*

Potest nos sollicitare lacus iste, ut committere illum mari velimus ; sed plane explorandum est diligenter, ne, si immissus in mare fuerit, totus effluat ; certe, quantum aquarum, et unde accipiat. Poteris a Calpurnio Macro petere libratorem ; et ego hinc aliquem tibi, peritum ejus modi operum, mittam.

### LII. — *Pline à l'empereur Trajan.*

Requirenti mihi Byzantiorum reipublicæ impendia, quæ maxima fecit, indicatum est, domine, legatum ad te salutandum annis omnibus cum psephismate mitti, eique dari nummorum duodena millia. Memor ergo propositi tui, legatum quidem retinendum, psephisma autem mittendum putavi, ut simul et sumptus levaretur, et impleretur publicum officium. Eidem civitati imputata sunt terna millia, quæ viatici no-

---

1. 2,376 francs.
2. 593 francs 50 centimes.

dépenses à l'avenir. Je vous supplie, seigneur, de vouloir bien me faire connaître votre avis, et de daigner me confirmer dans ma pensée ou corriger mon erreur.

### LIII. — *Trajan à Pline.*

Vous avez très-bien fait, mon cher Pline, d'épargner aux Byzantins les douze mille sesterces alloués au député qu'ils m'envoient tous les ans pour me renouveler les assurances de leur soumission. Le décret seul, que vous m'adressez y suppléera suffisamment. Le gouverneur de Mésie voudra bien aussi leur pardonner, s'ils ne lui font pas leur cour à si grands frais.

### LIV. — *Pline à l'empereur Trajan.*

Je vous supplie, seigneur, de me marquer vos intentions sur les passe-ports dont le terme est expiré; si c'est votre volonté qu'ils continuent, et pour combien de temps. Dans l'incertitude où je suis, je crains de me tromper dans l'un ou dans l'autre sens, soit que j'autorise des choses défendues, soit que j'en défende de permises.

### LV. — *Trajan à Pline.*

Les passe-ports dont le terme est expiré ne doivent plus servir,

---

mine annua dabantur legato eunti ad eum, qui Mœsiæ præest, publice salutandum. Hæc ego in posterum circumcidenda existimavi. Te, domine, rogo ut, quid sentias rescribendo, aut consilium meum confirmare, aut errorem emendare digneris.

### LIII. — *Trajan à Pline.*

Optime fecisti, Secunde carissime, duodena ista Byzantiis, quæ ad salutandum me in legatum impendebantur, remittendo. Fungetur his partibus, etsi solum eorum psephisma per te missum fuerit. Ignoscet illis et Mœsiæ præses, si minus illum sumptuose coluerint.

### LIV. — *Pline à l'empereur Trajan.*

Diplomata, domine, quorum dies præterita, an omnino observari, et quandiu velis, rogo scribas, meque hæsitatione liberes. Vereor enim, ne in alterutram partem ignorantia lapsus, aut illicita confirmem, aut necessaria impediam.

### LV. — *Trajan à Pline.*

Diplomata, quorum præteritus est dies, in usu esse non debent. Ideo inter prima

et je me fais un devoir particulier d'en envoyer dans toutes les provinces, avant qu'elles puissent en avoir besoin.

### LVI. — *Pline à l'empereur Trajan.*

Lorsque j'ai voulu, seigneur, connaître les débiteurs publics d'Apamée, ses revenus et ses dépenses, on m'a représenté qu'ils souhaitaient tous que je discutasse les comptes de leur ville ; que cependant aucun des proconsuls ne l'avait fait avant moi ; que c'était pour eux un privilége et une ancienne coutume d'administrer à leur discrétion les affaires publiques. J'ai voulu qu'ils exposassent dans une requête tout ce qu'ils ont dit et rappelé. Je vous l'ai adressée telle que je l'ai reçue, quoiqu'ils l'aient remplie de détails dont la plupart sont étrangers à la question. Je vous supplie de vouloir bien me prescrire ce que je dois faire : car j'ai peur d'avoir dépassé les bornes, ou de n'avoir pas rempli toute l'étendue de mon devoir.

### LVII. — *Trajan à Pline.*

La requête des habitants d'Apamée, jointe à votre lettre, m'a dispensé de l'obligation d'examiner les raisons qui ont empêché, disent-ils, les proconsuls d'examiner leurs comptes, puisqu'ils ne refusent pas de vous les communiquer. Pour récompenser leur droiture, je veux donc qu'ils sachent que l'examen que vous en

---

injungo mihi, ut per omnes provincias ante mittam nova diplomata, quam desiderari possint.

### LVI. — *Pline à l'empereur Trajan.*

Quum vellem Apameæ, domine, cognoscere publicos debitores, et reditum et impendia, responsum est mihi, cupere quidem universos, ut a me rationes coloniæ legerentur nunquam tamen esse lectas ab ullo proconsulum : habuisse privilegium et vetustissimum morem arbitrio suo rempublicam administrare. Exegi ut quæ dicebant, quæque recitabant, libello complecterentur. Quem tibi, qualem acceperam, misi, quamvis intelligerem, pleraque ex illo ad id, de quo quæritur, non pertinere. Te rogo, ut mihi præcipere digneris, quid me putes observare debere : vereor enim, ne aut excessisse, aut non implesse officii mei partes videar.

### LVII. — *Trajan à Pline.*

Libellus Apameorum, quem epistolæ tuæ junxeras, remisit mihi necessitatem perpendendi qualia essent, propter quæ videri volunt eos, qui pro consulibus hauc provinciam obtinuerunt, abstinuisse inspectione rationum suarum, quum ipsum te,

ferez par mon ordre ne dérogera ni ne préjudiciera point à leurs priviléges.

LVIII. — *Pline à l'empereur Trajan.*

Avant mon arrivée, les habitants de Nicomédie avaient entrepris d'ajouter une nouvelle place publique à l'ancienne. Dans un angle se trouve un temple de Cybèle qu'il faut reconstruire ou transférer ailleurs, par la raison surtout qu'il se trouve aujourd'hui beaucoup trop bas, auprès du nouvel ouvrage dont l'élévation est considérable. Je me suis informé s'il y avait eu quelque acte de consécration, et j'ai appris qu'elle se faisait ici autrement qu'à Rome. Je vous supplie donc, seigneur, d'examiner si un temple, qui n'a point été solennellement consacré, peut être transféré sans offenser la religion. Rien ne sera plus facile, si la religion le permet.

LIX. — *Trajan à Pline.*

Vous pouvez, sans scrupule, mon très-cher Pline, si la situation des lieux le demande, transporter le temple de Cybèle de l'endroit où il est à celui qui lui convient mieux. S'il ne se trouve point d'acte de consécration, c'est une circonstance qui ne doit pas vous arrêter : le sol d'une ville étrangère ne comporte pas la consécration selon les rites de notre patrie.

---

ut eas inspiceres, non recusaverint. Remuneranda est igitur probitas corum, ut jam nunc sciant hoc, quod inspecturus es, ex mea voluntate, salvis quæ habent privilegiis, esse facturum.

LVIII. — *Pline à l'empereur Trajan.*

Ante adventum meum, domine, Nicomedenses priori foro novum adjicere cœperunt, cujus in angulo est ædes vetustissima Matris Magnæ, aut reficienda aut transferenda; ob hoc præcipue, quod est multo depressior opere eo, quod quum maxime surgit. Ego quum quærerem num esset aliqua lex dicta templo, cognovi alium hic, alium apud nos esse morem dedicationis. Dispice ergo, domine, an putes ædem, cui nulla lex dicta est, salva religione posse transferri. Alioquin commodissimum est, si religio non impedit.

LIX. — *Trajan à Pline.*

Potes, mi Secunde carissime, sine sollicitudine religionis, si loci positio videtur hoc desiderare, ædem Matris deum transferre in eam, quæ est accommodatior. Nec te moveat, quod lex dedicationis nulla reperitur, quum solum peregrinæ civitatis capax non sit dedicationis, quæ fit nostro jure.

### LX. — *Pline à l'empereur Trajan.*

Nous avons célébré, seigneur, avec tout l'enthousiasme que vous devez inspirer, ce jour où, vous chargeant de l'empire, vous l'avez sauvé. Nous avons prié les dieux de conserver votre personne sacrée et vos vertus au genre humain dont elles font le repos et la sûreté. Vos troupes et tout le peuple ont renouvelé entre mes mains leur serment de fidélité dont je leur ai dicté la formule, d'après la coutume ordinaire, et tous ont à l'envi signalé leur zèle.

### LXI. — *Trajan à Pline.*

J'ai appris avec plaisir par votre lettre, mon cher Pline, que vous avez, à la tête des troupes et du peuple, célébré avec autant de joie que de zèle le jour de mon avénement à l'empire.

### LXII. — *Pline à l'empereur Trajan.*

Je crains, seigneur, que les deniers publics que j'ai déjà fait recouvrer par vos ordres, et que l'on recouvre encore actuellement, ne demeurent sans emploi. On ne trouve pas l'occasion d'acheter des fonds de terre, ou du moins elle est fort rare. On ne trouve pas, non plus, des gens qui veuillent devoir à une république, principalement pour lui payer des intérêts à douze pour

### LX. — *Pline à l'empereur Trajan.*

Diem, domine, quo servasti imperium, dum suscipis, quanta mereris lætitia celebravimus, precati deos, ut te generi humano, cujus tutela et securitas saluti tuæ innisa est, incolumem florentemque præstarent. Præivimus et commilitonibus jusjurandum more solenni præstantibus, et provincialibus, qui eadem certarunt pietate, jurantibus.

### LXI. — *Trajan à Pline.*

Quanta religione ac lætitia commilitones cum provincialibus, te præeunte, diem imperii mei celebraverint, libenter, mi Secunde carissime, cognovi ex litteris tuis.

### LXII. — *Pline à l'empereur Trajan.*

Pecuniæ publicæ, domine, providentia tua et ministerio nostro et jam exactæ sunt, et exiguntur, quæ vereor ne otiosæ jaceant. Nam et prædiorum comparandorum aut nulla, aut rarissima occasio est; nec inveniuntur qui velint debere reipublicæ, præsertim duodenis assibus, quanti a privatis mutuantur. Dispice ergo, do-

cent par an, et sur le même pied qu'aux particuliers. Examinez donc, seigneur, s'il serait à propos de les prêter à un intérêt plus bas, et d'inviter par là des débiteurs solvables à les prendre; ou si, en supposant qu'avec cette facilité on n'en puisse encore trouver, il ne faudrait point obliger les décurions à s'en charger, chacun pour sa part, sous bonne et suffisante caution. Quelque fâcheux qu'il soit de les contraindre, il le sera toujours moins quand l'intérêt sera plus modique.

### LXIII. — *Trajan à Pline.*

Je ne vois, comme vous, mon cher Pline, d'autre remède que de baisser le taux de l'intérêt pour trouver à placer plus aisément les deniers publics. Vous en règlerez le cours sur le nombre de ceux qui se présenteront pour les demander. Mais il ne convient pas à la justice qui doit honorer mon règne, de forcer quelqu'un à emprunter un argent qui pourrait lui être inutile.

### LXIV. — *Pline à l'empereur Trajan.*

Je vous rends mille grâces, seigneur, d'avoir daigné, au milieu de tant d'importantes affaires, m'éclairer sur celles que j'ai soumises à vos lumières. Je vous demande encore aujourd'hui la même faveur. Un homme est venu me trouver, et m'a fait connaître que ses adverses parties, condamnées par l'illustre Servilius

---

mine, numquid minuendam usuram, ac per hoc idoneos debitores invitandos, putes; et, si ne sic quidem reperiuntur, distribuendum inter decuriones pecuniam, ita ut recte reipublicæ caveant. Quod, quanquam invitis et recusantibus, minus acerbum erit, leviore usura constituta.

### LXIII. — *Trajan à Pline.*

Et ipse non aliud remedium dispicio, mi Secunde carissime, quam ut quantitas usurarum minuatur, quo facilius pecuniæ publicæ collocentur. Modum ejus ex copia eorum qui mutuabuntur, tu constitues. Invitos ad accipiendum compellere, quod fortassis ipsis otiosum futurum sit, non est ex justitia nostrorum temporum.

### LXIV. — *Pline à l'empereur Trajan.*

Summas, domine, gratias ego, quod inter maximas occupationes, in iis, de quibus te consului, me quoque regere dignatus es. Quod nunc quoque facias rogo. Adiit enim me quidam, indicavitque, adversarios suos a Servilio Calvo, clarissimo viro,

Calvus à un bannissement de trois ans, séjournaient encore dans la province. Ceux-ci ont soutenu, au contraire, qu'ils avaient été réhabilités par Calvus lui-même, et m'en ont lu le décret. En conséquence, j'ai cru nécessaire d'en référer à votre sagesse : car vos instructions portent bien que je ne dois pas relever de leur condamnation ceux qui auront été condamnés, soit par moi, soit par un autre; mais il n'y est rien dit de ceux qu'un autre aura condamnés et rétablis. J'ai donc cru, seigneur, qu'il fallait savoir de vous ce qu'il vous plaisait que je fisse, non-seulement de ces gens, mais même de ceux qui, après avoir été bannis à perpétuité hors de la province, y sont toujours demeurés, quoiqu'ils n'aient point été relevés de la condamnation : car j'ai à décider aussi sur cette espèce. On m'a amené un homme banni à perpétuité par Julius Bassus. Comme je sais que tout ce qui a été fait par Bassus a été cassé, et que le sénat a donné à tous ceux que Bassus avait condamnés le droit de réclamer et de demander un nouveau jugement dans les deux ans, j'ai demandé au banni, si dans les deux ans il s'était adressé au gouverneur, et l'avait instruit de l'affaire. Il m'a répondu que non. J'ai donc à vous consulter sur ceci : dois-je lui faire subir la peine qui lui était destinée, ou le condamner à une peine plus grande? et, dans ce dernier cas, quelle peine lui imposer, à lui et à ceux qui se trouveront dans une pareille position? Je joins à cette lettre le jugement rendu par Calvus, et l'acte qui l'annule. Vous y trouverez aussi le jugement prononcé par Bassus.

---

in triennium relegatos, in provincia morari. Illi contra, ab eodem se restitutos affirmaverunt, edictumque recitaverunt. Qua causa necessarium credidi rem integram ad te referre. Nam sicut mandatis tuis cautum est, ne restituam ab alio, aut a me relegatos, ita de iis, quos alius relegaverit et restituerit, nihil comprehensum est. Ideo tu, domine, consulendus fuisti, quid observare me velles, tam hercule de his, quam de illis qui in perpetuum relegati nec restituti, in provincia deprehenduntur. Nam hæc quoque species incidit in cognitionem meam. Est enim adductus ad me in perpetuum relegatus a Julio Basso proconsule. Ego, quia sciebam acta Bassi rescissa, datumque a senatu jus omnibus, de quibus ille aliquid constituisset, ex integro agendi duntaxat per biennium, interrogavi hunc quem relegaverat, an adiisset, docuissetque proconsulem. Negavit. Per quod effectum est, ut te consulerem, reddendum eum pœnæ suæ, an gravius aliquid, et quid potissimum constituendum putares et in hunc, et in eos, si qui forte in simili conditione invenirentur. Decretum Calvi et edictum, item decretum Bassi his litteris subjeci.

## LXV. — *Trajan à Pline.*

Je vous manderai prochainement ce qu'il faut faire de ceux qui ont été bannis pour trois ans par P. Servilius Calvus, et qui, après avoir été réhabilités par ses édits, sont restés dans la province. Je veux apprendre d'abord, de Calvus même, les motifs qui l'ont fait agir ainsi. Quant à celui qui, banni à perpétuité par Julius Bassus, pouvait, s'il se croyait injustement condamné, réclamer pendant deux ans, et qui, sans l'avoir fait, est toujours demeuré dans la province, vous l'enverrez lié aux préfets du prétoire : car il ne suffit pas de faire exécuter contre un coupable la condamnation à laquelle il a eu l'audace de se soustraire.

## LXVI. — *Pline à l'empereur Trajan.*

Comme je convoquais des juges pour tenir ma séance, Flavius Archippus a demandé une dispense en qualité de philosophe. Quelques personnes ont prétendu qu'il fallait, non pas l'affranchir de l'obligation de juger, mais le retrancher tout à fait du nombre des juges, et le rendre au supplice auquel il s'était dérobé en se sauvant de prison. On rapportait la sentence de Vélius Paulus, proconsul, qui le condamne aux mines comme faussaire. Archippus ne présentait aucun acte qui l'eût réhabilité, mais il prétendait y suppléer, et par une requête qu'il avait adressée à Domitien, et

### LXV. — *Trajan à Pline.*

Quid in personam eorum statuendum sit, qui a Publio Servilio Calvo proconsule in triennium relegati, et mox ejusdem edicto restituti, in provincia remanserunt, proxime tibi rescribam, quum causas hujus facti a Calvo requisiero. Qui a Julio Basso in perpetuum relegatus est, quum per biennium agendi facultatem habuerit, si existimabat se injuria relegatum, neque id fecerit, atque in provincia morari perseveraverit, vinctus mitti ad præfectos prætorii mei debet : neque enim sufficit, eum pœnæ suæ restitui, quam contumacia elusit.

### LXVI. — *Pline à l'empereur Trajan.*

Quum citarem judices, domine, conventum inchoaturus, Flavius Archippus vacationem petere cœpit, ut philosophus. Fuerunt qui dicerent non modo liberandum eum judicandi necessitate, sed omnino tollendum de judicum numero, reddendumque pœnæ, quam fractis vinculis evasisset. Recitata est sententia Velii Pauli proconsulis, qua probatur Archippus crimine falsi damnatus in metallum. Ille nihil proferebat, quo restitutum se doceret. Allegabat tamen pro restitutione et libellum a

par des lettres honorables de ce prince qui le réhabilitaient, et par une délibération des habitants de Pruse. Il joignait à tout cela des lettres que vous lui aviez écrites, un édit de votre auguste père, et une de ses lettres, par laquelle il confirmait toutes les grâces que Domitien avait accordées. Ainsi, malgré les crimes qu'on lui imputait, j'ai cru devoir ne rien résoudre sans avoir su vos intentions sur une affaire qui me paraît digne d'être décidée par vous-même. Je renferme dans ce paquet tout ce qui a été dit de part et d'autre.

### LETTRE DE DOMITIEN A TÉRENCE MAXIME.

« Flavius Archippus, philosophe, a obtenu de moi qu'on lui
« achetât aux environs de Pruse, sa patrie, une terre de six
« cent mille sesterces[1], avec le revenu de laquelle il pût nourrir
« sa famille. Je vous ordonne de lui faire payer cette somme, et
« de la porter en dépense dans le compte de mes libéralités. »

### LETTRE DU MÊME A LUCIUS APPIUS MAXIMUS.

« Je vous recommande Archippus, philosophe, homme de bien,
« qui n'est point au-dessous de sa profession, et qui soutiendrait
« même une plus grande élévation. Accordez-lui, mon cher
« Maxime, une entière bienveillance pour toutes les demandes
« raisonnables qu'il pourra vous adresser. »

---

se Domitiano datum, et epistolas ejus ad honorem suum pertinentes, et decretum Prusensium. Addebat his et tuas litteras scriptas sibi. Addebat et patris tui edictum, et epistolam, quibus confirmasset beneficia a Domitiano data. Itaque, quamvis eidem talia crimina applicarentur, nihil decernendum putavi, donec te consulerem de eo, quod mihi constitutione tua dignum videbatur. Ea quæ sunt utrinque recitata, his litteris subjeci.

### LETTRE DE DOMITIEN A TÉRENCE MAXIME.

« Flavius Archippus philosophus impetravit a me, ut agrum ei DC circa Prusiadem,
« patriam suam, emi juberem, cujus reditu suos alere posset. Quod ei præstari volo.
« Summam expensam liberalitati meæ feres. »

### LETTRE DU MÊME A LUCIUS APPIUS MAXIMUS.

« Archippum philosophum, bonum virum, et professioni suæ, etiam majoribus,
« respondentem, commendatum habeas velim, mi Maxime, et plenam ei humanita-
« tem tuam præstes in iis quæ verecunde a te desideraverit. »

1. 112,350 francs.

## ÉDIT DE NERVA.

« Romains, il est, sans contredit, certaines choses dont le bon-
« heur seul des circonstances fait un devoir, et dont il ne faut pas
« faire honneur à la bonté du prince. Il suffit de me connaître ; il
« suffit de s'interroger. Il n'est pas un citoyen qui ne puisse ré-
« pondre que j'ai sacrifié mon repos particulier au repos public,
« afin d'être en état de répandre de nouvelles grâces, et de main-
« tenir celles qui ont été accordées avant moi. Cependant, pour
« que l'allégresse générale ne soit troublée ni par la crainte de
« ceux qui les ont obtenues, ni par la mémoire de celui qui les a
« données, j'ai cru qu'il était bon et nécessaire de prévenir tous
« ces doutes en expliquant ma volonté. Je ne veux pas qu'on pense
« que, si l'on a obtenu de mes prédécesseurs quelque privilége ou
« public ou particulier, je puisse l'annuler pour qu'on me doive
« de l'avoir rétabli. Tous ces priviléges sont reconnus et con-
« firmés. Il ne faudra pas renouveler les remerciments pour une
« grâce déjà obtenue de la bienveillance d'un empereur. Qu'on me
« laisse m'occuper de bienfaits nouveaux, et qu'on ne sollicite
« que ce qu'on n'a pas. »

### LETTRE DU MÊME A TULLIUS JUSTUS.

« La résolution que j'ai prise de respecter tout ce qui a été
« fait par mes prédécesseurs veut que l'on défère aussi aux
« lettres de Domitien. »

### ÉDIT DE NERVA.

« Quædam sine dubio, Quirites, ipsa felicitas temporum edicit, nec speciandus
« est in iis bonus princeps, quibus illum intelligi satis est, quum hoc sibi quisque
« civium meorum spondere possit, me securitatem omnium quieti meæ prætulisse,
« ut et libenter nova beneficia conferrem, et ante me concessa servarem. Ne tamen
« aliquam gaudiis publicis afferat hæsitationem vel eorum qui impetraverunt diffi-
« dentia, vel ejus memoria qui præstitit, necessarium pariter credidi ac lætum,
« obviam dubitantibus indulgentiam meam mittere. Nolo existimet quisquam, quæ
« alio principe vel privatim vel publice consecutus, ideo saltem a me rescindi, ut
« potius mihi debeat. Sint illa rata et certa. Nec gratulatio ullius instauratis eget
« precibus, quem fortuna imperii vultu meliore respexit. Me novis beneficiis vacare
« patiantur, et ea demum sciant roganda esse, quæ non habent. »

### LETTRE DU MÊME A TULLIUS JUSTUS.

« Quum rerum omnium ordinatio, quæ prioribus temporibus inchoatæ consum-
« matæ sunt, observanda sit, tum epistolis etiam Domitiani standum est. »

## LXVII. — *Pline à l'empereur Trajan.*

Flavius Archippus m'a conjuré, par vos jours sacrés et par votre gloire immortelle, de vous envoyer la requête qu'il m'a présentée. Je lui ai accordé ce qu'il demandait, mais après en avoir averti la personne qui l'accuse. De son côté, elle m'a donné une requête, que je joins aussi à cette lettre, afin que vous puissiez prononcer, comme si vous aviez entendu les deux parties.

## LXVIII. — *Trajan à Pline.*

Domitien a bien pu ignorer le véritable état d'Archippus, lorsqu'il écrivait tant de choses honorables pour lui. Mais il est plus conforme à mon caractère de croire que ce prince, par ces marques d'estime, a voulu le réhabiliter. Ce qui me confirme dans cette opinion, c'est l'honneur des statues qui lui a été tant de fois décerné par ceux qui n'ignoraient pas le jugement que Paulus, leur gouverneur, avait rendu. Ce que je vous écris, mon cher Pline, ne doit pourtant pas vous empêcher de le poursuivre, si on l'accuse de quelque nouveau crime. J'ai lu les requêtes de Furia Prima, accusatrice, et celles d'Archippus, que vous aviez jointes à votre lettre.

### LXVII. — *Pline à l'empereur Trajan.*

Flavius Archippus per salutem tuam æternitatemque petiit a me, ut libellum, quem mihi dedit, mitterem tibi. Quod ego sic roganti præstandum putavi, ita tamen ut, missurum me, notum accusatrici ejus facerem, a qua et ipsa acceptum libellum his epistolis junxi, quo facilius, velut audita utraque parte, dispiceres quid statuendum putares.

### LXVIII. — *Trajan à Pline.*

Potuit quidem ignorasse Domitianus in quo statu esset Archippus, quum tam multa ad honorem ejus pertinentia scriberet. Sed meæ naturæ accommodatius est credere, etiam statui ejus subventum interventu principis, præsertim quum etiam statuarum ei honor toties decretus sit ab iis qui non ignorabant quid de illo Paulus proconsul pronuntiasset. Quæ tamen, mi Secunde carissime, non eo pertinent, ut, si quid illi novi criminis objiciatur, minus de eo audiendum putes. Libellos Furiæ Primæ accusatricis, item ipsius Archippi, quos alteri epistolæ tuæ junxeras, legi.

## LXIX. — *Pline à l'empereur Trojan.*

Votre sage prévoyance, seigneur, vous fait craindre que le lac, une fois uni au fleuve, et par conséquent à la mer, ne s'y écoule tout entier. Mais moi, qui suis sur les lieux, je crois avoir trouvé un moyen de prévenir ce danger. On peut, par un canal, conduire le lac jusqu'au fleuve, mais sans l'y introduire. Il restera une côte qui l'en séparera, et qui contiendra les eaux. Ainsi, sans le réunir au fleuve, nous jouirons du même avantage que si leurs eaux se confondaient : car il sera aisé de transporter sur le fleuve, par cette rive étroite, tout ce qui aura été chargé sur le canal. C'est le parti qu'il faudra prendre, si la nécessité nous y force ; mais je ne crois pas que nous devions le craindre. Le lac par lui-même est assez profond, et de l'extrémité opposée à la mer sort un fleuve. Si l'on en arrête le cours dans cette direction pour le porter du côté où nous en avons besoin, il versera dans le lac, sans aucune perte, toute l'eau qu'il en détourne aujourd'hui. D'ailleurs, sur la route qu'il faut creuser au canal, coulent des ruisseaux qui, recueillis avec soin, augmenteront encore la masse d'eaux fournies par le lac. Toutefois si l'on aimait mieux prolonger et resserrer le canal, le mettre au niveau de la mer, et, au lieu de le conduire dans le fleuve, le verser dans la mer même, le reflux de la mer arrêterait les eaux du lac, et les lui conserverait. Si la nature du lieu ne nous permettait aucun de ces expédients, il nous serait

## LXIX. — *Pline à l'empereur Trajan.*

Tu quidem, domine, providentissime vereris ne, commissus flumini, atque ita mari, lacus effluat. Sed ego in re præsenti invenisse videor, quemadmodum huic periculo occurrerem. Potest enim lacus fossa usque ad flumen adduci, nec tamen in flumen emitti, sed relicto quasi margine contineri pariter et dirimi. Sic consequemur, ut nec vicino videatur flumini mistus, et sit perinde ac si misceatur : erit enim facile per illam brevissimam terram, quæ interjacebit, advecta fossa onera transponere in flumen. Quod ita fiet, si necessitas coget ; et, spero, non coget. Est enim et lacus ipse satis altus, et nunc in contrariam partem flumen emittit, quod interclusum inde, et quo volumus aversum, sine ullo detrimento, lacui tantum aquæ, quantum nunc portat, affundet. Præterea per id spatium, per quod fossa facienda est, incidunt rivi, qui, si diligenter colligantur, augebunt illud quod lacus dederit. Enimvero si placeat fossam longius ducere, et arctius pressam mari æquare, nec in flumen, sed in ipsum mare emittere, repercussus maris servabit et reprimet quidquid e lacu veniet. Quorum si nihil nobis loci natura præstaret, expeditum tamen erat, cataractis aquæ cursum temperare. Verum et hæc et alia multo sagacius conquiret

facile de nous rendre maîtres du cours des eaux par des écluses. Tout cela sera mieux conçu et calculé par l'ingénieur que vous devez m'envoyer, seigneur, comme vous me l'avez promis : car cette entreprise est digne de votre magnificence et de vos soins. J'ai écrit, suivant vos ordres, à l'illustre Calpurnius Macer de m'envoyer l'ingénieur le plus propre à ces travaux.

### LXX. — *Trajan à Pline.*

Il paraît, mon cher Pline, que vous n'avez négligé ni soins ni recherches pour le succès de l'entreprise du lac, puisque vous avez rassemblé tant d'expédients pour éviter qu'il ne s'épuise, et pour nous le rendre d'un usage plus commode. Choisissez donc celui que la nature des lieux vous fera juger le plus convenable. Je compte que Calpurnius Macer vous fournira un ingénieur, car les provinces où vous êtes ne manquent pas de ces hommes habiles.

### LXXI. — *Pline à l'empereur Trajan.*

L'état et l'entretien des enfants, appelés ici du nom de θρεπτοί (nourris), sont la matière d'une grande question qui intéresse toute la province. Comme, dans les constitutions de vos prédécesseurs, je n'ai trouvé sur ce sujet aucune décision, ni générale ni particulière, qui s'appliquât à la Bithynie, j'ai cru devoir vous

---

explorabitque librator, quem plane, domine, debes mittere, ut polliceris. Est enim res digna et magnitudine tua et cura. Ego interim Calpurnio Macro, clarissimo viro, auctore te, scripsi, ut libratorem quam maxime idoneum mitteret.

### LXX. — *Trajan à Pline.*

Manifestum est, mi Secunde carissime, nec prudentiam nec diligentiam tibi defuisse circa istum lacum, quum tam multa provisa habeas, per quæ nec periclitetur exhauriri, et magis in usus nobis futurus sit. Elige igitur id, quod præcipue res ipsa suaserit. Calpurnium Macrum credo facturum ut te libratore instruat : neque enim provinciæ istæ his artificibus carent.

### LXXI. — *Pline à l'empereur Trajan.*

Magna, domine, et ad totam provinciam pertinens quæstio est de conditione et alimentis eorum, quos vacant θρεπτούς. In qua ego, auditis constitutionibus principum, quia nihil inveniebam aut proprium, aut universale, quod ad Bithynos ferretur, consulendum te existimavi quid observari velles. Neque enim putavi posse me,

consulter sur vos intentions à cet égard : car je ne pense point qu'il me soit permis de me régler par des exemples dans ce qui ne doit être décidé que par votre autorité. On m'a lu un édit qu'on me disait être d'Auguste, pour Annia, des lettres de Vespasien aux Lacédémoniens, de Titus aux mêmes et aux Achéens, et enfin de Domitien aux proconsuls Avidius Nigrinus, Arménius Brocchus, et aux Lacédémoniens. Je ne vous les envoie point, parce que ces pièces ne me paraissent pas en assez bonne forme ; quelques-unes même ne me semblent pas authentiques. Je sais d'ailleurs que les véritables originaux sont en bon état dans vos archives.

### LXXII. — *Trajan à Pline.*

On a souvent traité la question relative aux enfants nés libres, exposés, recueillis ensuite par quelque citoyen, et élevés dans la servitude. Mais, parmi les constitutions de mes prédécesseurs, il ne s'en trouve sur ce sujet aucune qui regarde toutes les provinces. Il est vrai qu'il existe des lettres de Domitien à Avidius Nigrinus et à Arménius Brocchus, sur lesquelles on pouvait peut-être se régler. Toutefois parmi les provinces dont elles parlent il n'est point fait mention de la Bithynie. Je ne crois donc pas, ni que l'on doive refuser la liberté à ceux qui la réclameront sur un tel fondement, ni qu'on les puisse obliger à la racheter par le remboursement des aliments qu'on leur aura fournis.

in eo quod auctoritatem tuam posceret, exemplis esse contentum. Recitabatur autem apud me edictum, quod dicebatur divi Augusti, ad Anniam pertinens ; recitatæ et epistolæ divi Vespasiani ad Lacedæmonios, et divi Titi ad eosdem, dein ad Achæos, et Domitiani ad Avidium Nigrinum et Armenium Brocchum, proconsules, item ad Lacedæmonios. Quæ ideo tibi non misi, quia et parum emendata, et quædam non certæ fidei videbantur, et quia vera et emendata in scriniis tuis esse credebam.

### LXXII. — *Trajan à Pline.*

Quæstio ista, quæ pertinet ad eos, qui liberti nati, expositi, deinde sublati a quibusdam, et in servitute educati sunt, sæpe tractata est. Nec quidquam invenitur in commentariis eorum principum, qui ante me fuerunt, quod ad omnes provincias sit constitutum. Epistolæ sane sunt Domitiani ad Avidium Nigrinum et Armenium Brocchum, quæ fortasse debeant observari. Sed inter eas provincias de quibus rescripsit, non est Bithynia ; et ideo nec assertionem denegandam iis, qui ex ejusmodi causa in libertatem vindicabuntur, puto, neque ipsa libertatem redimendam pretio alimentorum.

### LXXIII. — *Pline à l'empereur Trajan.*

Plusieurs personnes m'ont demandé permission de transporter d'un lieu dans un autre les cendres de leurs parents dont les tombeaux ont été détruits, ou par l'injure des temps, ou par des inondations, ou par d'autres accidents; et elles se sont fondées sur les exemples de mes prédécesseurs. Mais, comme je sais qu'à Rome on n'entreprend rien de semblable sans en avoir référé au collége des pontifes, j'ai cru devoir vous consulter, seigneur, vous souverain pontife, pour conformer ma conduite à vos volontés.

### LXXIV. — *Trajan à Pline.*

Il y aurait de la dureté à contraindre ceux qui demeurent dans les provinces de s'adresser aux pontifes, lorsque, par des raisons légitimes, ils désireront transporter, d'un lieu dans un autre, les cendres de leurs parents. Vous ferez donc bien mieux de suivre l'exemple de vos prédécesseurs, et d'accorder ou de refuser cette autorisation, suivant la justice des demandes.

### LXXV. — *Pline à l'empereur Trajan.*

Je cherchais à Pruse, seigneur, une place où l'on pût commo-

---

### LXXIII. — *Pline à l'empereur Trajan.*

Petentibus quibusdam ut sibi reliquias suorum, aut propter injuriam vetustatis, aut propter fluminis incursum, aliaque his similia quæcumque, secundum exemplum proconsulum, transferre permitterem, quia sciebam in urbe nostra ex ejusmodi causis collegium pontificum adiri solere, te, domine, maximum pontificem, consulendum putavi, quid observare me velis.

### LXXIV. — *Trajan à Pline.*

Durum est injungere necessitatem provincialibus pontificum adeundorum, si reliquias suorum propter aliquas justas causas transferre ex loco in alium locum velint. Sequenda ergo potius tibi exempla sunt eorum, qui isti provinciæ præfuerunt, et ex causa cuique ita aut permittendum, aut negandum.

### LXXV. — *Pline à l'empereur Trajan.*

Quærenti mihi, domine, Prusæ ubi posset balineum, quod indulsisti fieri, placuit

dément élever le bain que vous avez permis à ses habitants de bâtir. J'en ai trouvé une qui me convient. On y voit encore les ruines d'une maison qui, dit-on, a été fort belle. Je trouve ainsi le moyen d'embellir la ville que ces ruines défigurent, et même d'en accroître la grandeur. Je ne démolis aucun bâtiment, et je répare, au contraire, ceux que le temps a détruits. Voici ce que j'ai appris de cette maison. Claudius Polyénus l'avait léguée à l'empereur Claude auquel il voulut que l'on dressât un temple dans une cour environnée de colonnes, et que le reste fût loué. La ville en a touché quelque temps le revenu. Ensuite le pillage et la négligence ruinèrent peu à peu toute cette maison, ainsi que le péristyle, de sorte qu'il n'en reste presque plus rien que la place. Si vous daignez, seigneur, ou la donner ou la faire vendre aux Prusiens qui y trouveront un emplacement commode, ils en seront reconnaissants comme du plus grand bienfait. S'ils obtiennent ce qu'ils demandent, je me propose d'établir le bain dans cette cour, vide aujourd'hui, d'entourer de galeries et de sièges les lieux où étaient autrefois les bâtiments, enfin de vous consacrer cet ouvrage dont la ville sera redevable à vos bontés, et qui, par sa magnificence, sera digne de votre nom. Je vous envoie une copie du testament, quoiqu'elle soit peu correcte. Vous verrez que Polyénus, outre la maison, avait laissé, pour l'embellir, bien des choses qui ont péri comme elle. J'en ferai pourtant la plus exacte recherche que je pourrai.

---

locus in quo fuit aliquando domus (ut audio) pulchra, nunc deformis ruinis. Per hoc enim consequemur, ut fœdissima facies civitatis ornetur, atque etiam ut ipsa civitas amplietur, nec ulla ædificia tollantur, sed quæ sunt vetustate sublapsa, reparentur in melius. Est autem hujus domus conditio talis. Legaverat eam Claudius Polyænus Claudio Cæsari, jusseratque in peristylio templum ei fieri, reliqua ex domo locari, ex quo reditum aliquandiu civitas percepit. Deinde paulatim partim spoliata, partim neglecta, cum peristylio domus tota collapsa est, ac jam pæne nihil ex ea, nisi solum superest. Quod tu, domine, sive donaveris civitati, sive vænire jusseris, propter opportunitatem loci, pro summo munere accipiet. Ego, si permiseris, cogito in area vacua balineum collocare; eum autem locum, in quo ædificia fuerunt, exhedra et porticibus amplecti, atque tibi consecrare, cujus beneficio elegans opus, dignumque nomine tuo fiet. Exemplar testamenti, quanquam mendosum, misi tibi. Ex quo cognosces, multa Polyænum in ejusdem domus ornatum reliquisse, quæ, ut domus ipsa, perierunt. A me tamen, in quantum potuerit, requirentur.

### LXXVI. — *Trajan à Pline.*

On peut se servir, pour bâtir le bain des Prusiens, de cet emplacement, et de cette maison tombée en ruine, qui est vide, comme vous me le mandez. Mais vous ne me marquez point assez nettement si l'on a élevé un temple à Claude dans la cour environnée de colonnes. Car si le temple a été élevé, quoique depuis il ait été détruit, la place demeure toujours consacrée.

### LXXVII. — *Pline à l'empereur Trajan.*

Plusieurs personnes m'ont pressé de prononcer sur les questions d'état relatives à la reconnaissance des enfants et à leur rétablissement dans tous les droits de leur naissance suivant une lettre de Domitien à Minutius Rufus, et conformément à l'exemple de mes prédécesseurs. Mais, ayant examiné le décret du sénat sur cette matière, j'ai trouvé qu'il ne parle que des provinces qui sont gouvernées par des proconsuls. Par cette raison, j'ai tout suspendu, jusqu'à ce qu'il vous ait plu, seigneur, de me faire savoir vos intentions.

### LXXVIII. — *Trajan à Pline.*

Quand vous m'aurez envoyé le décret du sénat qui a causé vos doutes, je déciderai s'il vous appartient de prononcer sur ce qui regarde les reconnaissances des enfants, et leur rétablissement dans tous les droits de leur naissance.

### LXXVI. — *Trajan à Pline.*

Possumus apud Prusenses area ista cum domo collapsa, quam vacare scribis, ad exstructionem balinei uti. Illud tamen parum expressisti, an ædes in peristylio Claudio facta esset. Nam si facta ædes esset, licet collapsa sit, religio ejus occupavit solum.

### LXXVII. — *Pline à l'empereur Trajan.*

Postulantibus quibusdam, ut de agnoscendis liberis restituendisque natalibus, et secundum epistolam Domitiani scriptam Minutio Rufo, et secundum exempla proconsulum, ipse cognoscerem, respexi ad senatusconsultum pertinens ad eadem genera causarum, quod de his tantum provinciis loquitur, quibus proconsules præsunt; ideoque rem integram distuli, dum tu, domine, præceperis quid observare me velis.

### LXXVIII. — *Trajan à Pline.*

Si mihi senatusconsultum miseris, quod hæsitationem tibi fecit, æstimabo an debeas cognoscere de agnoscendis liberis, et natalibus suis restituendis.

### LXXIX. — *Pline à l'empereur Trajan.*

Julius Largus, de la province du Pont, que je n'avais jamais vu, dont je n'avais même jamais entendu parler, estimant en moi l'homme de votre choix, seigneur, m'a chargé, en mourant, des derniers hommages qu'il a voulu rendre à votre personne sacrée. Il m'a prié, par son testament, d'accepter sa succession, d'en faire le partage, et, après en avoir retiré pour moi cinquante mille sesterces [1], de remettre le surplus aux villes d'Héraclée et de Thiane, pour qu'il soit employé, selon que je le trouverais plus à propos, ou à des ouvrages qui vous seraient consacrés, ou à des jeux publics que l'on célébrerait tous les cinq ans, et que l'on appellerait *les jeux de Trajan*. J'ai cru, seigneur, vous en devoir informer, pour savoir ce qu'il faut choisir.

### LXXX. — *Trajan à Pline.*

Julius Largus vous a choisi pour placer en vous sa confiance, comme s'il vous eût parfaitement connu. C'est donc à vous, pour immortaliser son nom, à examiner et à faire ce qui conviendra le mieux, selon les mœurs du pays.

### LXXXI. — *Pline à l'empereur Trajan.*

Dans votre sage prévoyance, seigneur, vous avez donné ordre

---

### LXXXIX. — *Pline à l'empereur Trajan.*

Julius, domine, Largus ex Ponto, nondum mihi visus, ac ne auditus quidem, sed judicio tuo credens dispensationem quamdam mihi erga te pietatis suæ ministeriumque mandavit. Rogavit enim testamento, ut hæreditatem suam adirem, ceneremque ; ac deinde, præceptis quinquaginta millibus nummum, reliquum omne Heracleotarum et Thianorum civitatibus redderem, ita ut esset arbitrii mei, utrum opera facienda, quæ honori tuo consecrarentur, putarem, an instituendos quinquennales agonas, qui Trajani appellentur. Quod in notitiam tuam perferendum existimavi, ob hoc maxime, ut dispiceres quid eligere debeam.

### LXXX. — *Trajan à Pline.*

Julius Largus fidem tuam, quasi te bene nosset, elegit. Quid ergo potissimum ad perpetuitatem memoriæ ejus faciat, secundum cujusque loci conditionem ipse dispice, et quod optimum existimaveris sequere.

### LXXXI. — *Pline à l'empereur Trajan.*

Providentissime, domine, fecisti, quod præcepisti Calpurnio Macro, clarissimo

[1]. 8,895 francs.

à l'illustre Calpurnius Macer d'envoyer un centurion légionnaire à Byzance. Daignez examiner si les habitants de Juliopolis ne mériteraient point une pareille faveur. C'est une très-petite ville, qui supporte pourtant de très-grandes charges, et qui est d'autant plus foulée qu'elle est plus faible. D'ailleurs le bien que vous ferez aux habitants de Juliopolis, vous le ferez à toute la province : car ils sont à l'entrée de la Bithynie, et fournissent le passage aux nombreux voyageurs qui la traversent.

### LXXXII. — *Trajan à Pline.*

La ville de Byzance est si considérable par le concours de ceux qui y abordent de toutes parts, que nous n'avons pu nous dispenser, à l'exemple de nos prédécesseurs, de lui accorder un centurion légionnaire pour veiller à la conservation des priviléges de ses habitants. Accorder la même grâce à ceux de Juliopolis, ce serait nous engager par un exemple imprudent. D'autres villes nous demanderaient la même faveur avec d'autant plus d'instances qu'elles seraient plus faibles. J'ai confiance dans vos soins, et vous n'oublierez rien, j'en suis sûr, pour préserver les habitants de Juliopolis de toute injustice. Si quelqu'un agit contre mes ordonnances qu'il soit réprimé aussitôt. Dans le cas où la faute serait trop grave pour qu'on la punît sur-le-champ, si le coupable était soldat, vous en informeriez ses chefs; s'il devait venir à Rome, vous m'en donneriez avis.

---

viro, ut legionarium centurionem Byzantium mitteret. Dispice an etiam Juliopolitanis simili ratione consulendum putes; quorum civitas, quum sit perexigua, onera maxima sustinet, tantoque graviores injurias, quanto est infirmior, patitur. Quidquid autem Juliopolitanis præstiteris, id etiam toti provinciæ proderit. Sunt enim in capite Bithyniæ, plurimisque per eam commeantibus transitum præbent.

### LXXXII. — *Trajan à Pline.*

Ea conditio est civitatis Byzantiorum, confluente undique in eam commeantium turba, ut, secundum consuetudinem præcedentium temporum, honoribus ejus præsidio centurionis legionarii consulendum habuerimus. Si Juliopolitanis succurrendum eodem modo putaverimus, onerabimus nos exemplo. Plures enim tanto magis eadem requirent, quanto infirmiores erunt. Tibi eam fiduciam diligentiæ habeo, ut credam te omni ratione id acturum, ne sint obnoxii injuriis. Si qui autem se contra disciplinam meam gesserint, statim coerceantur; aut, si plus admiserint, quam ut in re præsenti satis puniantur, si milites erunt, legatis eorum quæ deprehenderis notum facies; aut, si in Urbem versus venturi erunt, mihi scribes.

## LXXXIII. — *Pline à l'empereur Trajan.*

La loi Pompéia, donnée à la Bithynie, défend d'exercer aucune magistrature, et d'entrer au sénat avant trente ans. La même loi veut que ceux qui auront été magistrats, soient de plein droit sénateurs. Auguste a publié depuis un édit qui permet, à vingt-deux ans accomplis, d'exercer les magistratures inférieures. On demande donc si les censeurs peuvent donner place au sénat à celui qui a été magistrat avant trente ans; et, en cas qu'ils le puissent, si, par une suite naturelle de la même interprétation, il ne leur est pas permis d'y donner entrée à ceux qui ont atteint l'âge auquel ils pourraient avoir été créés magistrats. C'est ce qu'on prétend être autorisé par l'usage et même par la nécessité, puisqu'il est plus convenable de remplir le sénat de jeunes gens de grande famille, que de personnes d'une naissance obscure. Les censeurs m'ont demandé ce que j'en pensais. Je leur ai dit qu'il me semblait que, selon l'édit d'Auguste et la loi Pompéia, rien n'empêchait ceux qui, avant trente ans, avaient été magistrats, d'avoir entrée au sénat avant leur trentième année, parce qu'Auguste permettait d'exercer la magistrature avant trente ans, et que la loi Pompéia voulait que ceux qui avaient exercé la magistrature fussent sénateurs. Mais j'ai plus longtemps hésité sur ceux qui ont atteint l'âge où les autres ont été magistrats, sans pourtant l'avoir été eux-mêmes. C'est ce qui m'oblige, sei-

## LXXXIII. — *Pline à l'empereur Trajan.*

Cautum est, domine, Pompeia lege, quæ Bithynis data est, ne quis capiat magistratum, neve sit in senatu minor annorum triginta. Eadem lege comprehensum est, ut qui ceperint magistratum, sint in senatu. Secutum est dein edictum divi Augusti, quo permisit minores magistratus ab annis duobus et viginti capere. Quæritur ergo an, qui minor triginta annorum gessit magistratus, possit a censoribus in senatum legi, et, si potest, an ii quoque, qui non gesserint, possint per eamdem interpretationem ab ea ætate senatores legi, a qua illis magistratum gerere permissum est. Quod alioquin factitatum adhuc et esse necessarium dicitur, quia sit aliquanto melius honestorum hominum liberos, quam e plebe in curiam admitti. Ego a destinatis censoribus quid sentirem interrogatus, eos quidem, qui minores triginta annis gessissent magistratum, putabam posse in senatum, et secundum edictum Augusti, et secundum legem Pompeiam, legi, quoniam Augustus gerere magistratus minoribus annis triginta permisisset, lex senatorem esse voluisset, qui gessisset magistratum. De his autem qui non gessissent, quamvis essent ætatis ejusdem, cujus illi quibus

gneur, à vous soumettre cette question. Je joins à cette lettre les titres de la loi et l'édit d'Auguste.

## LXXXIV. — *Trajan à Pline.*

J'approuve votre interprétation, mon cher Pline, et je pense que l'édit d'Auguste a dérogé à la loi Pompéia, en permettant à ceux qui ont vingt-deux ans accomplis, d'exercer la magistrature, et à ceux qui l'auraient exercée, d'entrer dans le sénat de chaque ville. Mais je ne crois pas que ceux qui sont au-dessous de trente ans, et qui n'ont point été magistrats, puissent, sous prétexte qu'ils pourraient l'avoir été, demander entrée dans le sénat.

## LXXXV. — *Pline à l'empereur Trajan.*

Pendant que j'étais à Pruse, près du mont Olympe, seigneur, et que j'expédiais quelques affaires dans la maison où je logeais, me disposant à partir ce jour-là même, Asclépiade, magistrat, m'apprit que Claudius Eumolpe demandait à paraître devant mon tribunal. Coccéianus Dion avait demandé, dans le sénat de cette ville, que l'on reçût l'ouvrage qu'il avait exécuté. Alors Eumolpe, plaidant pour Flavius Archippus, dit qu'il fallait faire rendre compte à Dion de l'ouvrage avant de le recevoir, parce qu'il l'avait exécuté autrement qu'il ne le devait. Il ajouta que dans le

---

gerere permissum est, hæsitabam. Per quod effectum est ut te, domine, consulerem quid observari velles. Capita legis, tum edictum Augusti, litteris subjeci.

### LXXXIV. — *Trajan à Pline.*

Interpretationi tuæ, mi Secunde carissime, idem existimo ; hactenus edicto divi Augusti novatam esse legem Pompeiam, ut magistratum quidem capere possent ii, qui non minores duorum et viginti annorum essent ; et qui accepissent, in senatum cujusque civitatis pervenirent. Cæterum non capto magistratu, eos qui minores triginta annorum sint, quia magistratum capere possent, in curiam etiam loci cujusque non existimo legi posse.

### LXXXV. — *Pline à l'empereur Trajan.*

Quum Prusæ, ad Olympum, domine, publicis negotiis intra hospitium, eodem die exiturus, vacarem, Asclepiades magistratus indicavit appellatum me a Claudio Eumolpo. Quum Cocceianus Dion in bule assignari civitatis opus, cujus curam egerat, vellet, tum Eumolpus assistens Flavio Archippo dixit exigendam esse a Dione ratio-

même lieu on avait élevé votre statue, et enterré les corps de la femme et du fils de Dion. Il demandait que je voulusse bien décider la cause en audience publique. Je déclarai que j'étais tout prêt et que je différerais mon départ. Alors il me pria de remettre à en juger dans un autre temps et dans une autre ville. J'indiquai Nicée. Comme j'y prenais séance pour connaître de cette affaire, Eumolpe, sous prétexte de n'être pas encore préparé, me supplia d'accorder un nouveau délai. Dion, au contraire, insista pour être jugé. On dit de part et d'autre beaucoup de choses, même sur le fond de l'affaire. Mais, comme je pensais qu'il ne fallait rien précipiter, et qu'il était à propos de vous consulter sur une question si importante pour l'exemple, je dis aux parties de me remettre entre les mains leurs requêtes. Je voulais que vous fussiez instruit par elles-mêmes de leurs prétentions et de leurs raisons. Dion déclara qu'il me donnerait la sienne; Eumolpe dit qu'il expliquerait ce qu'il demandait pour la république; que du reste, quant aux sépultures, il n'était point l'accusateur de Dion, mais l'avocat de Flavius Archippus, auquel il avait seulement prêté son ministère. Archippus, pour qui Eumolpe plaidait comme pour la ville de Pruse, dit qu'il me remettrait ses mémoires. Cependant, quoiqu'un temps considérable se soit écoulé depuis, Eumolpe et Archippus ne m'ont rien donné. Dion seul m'a remis son mémoire que j'ai joint à cette lettre. Je me suis transporté sur le lieu. On m'y a montré votre statue dans une bibliothèque. Quant à l'endroit

---

nem operis, antequam reipublicæ traderetur, quod aliter fecisset ac debuisset. Adjecit etiam esse in eodem opere positam tuam statuam, et corpora sepultorum, uxoris Dionis, et filii; postulavitque ut cognoscerem pro tribunali. Quod quum ego me protinus facturum, dilaturumque profectionem dixissem, ut longiorem diem ad instruendam causam darem, utque in alia civitate cognoscerem, petiit. Ego me auditurum Niceæ respondi. Ubi quum sedissem cogniturus, idem Eumolpus, tanquam adhuc parum instructus, dilationem petere cœpit; contra Dion, ut audiretur, exigere. Dicta sunt utrinque multa, etiam de causa. Ego quum dandam dilationem, et consulendum existimarem in re ad exemplum pertinente, dixi utrique parti, ut postulationum suarum libellos darent. Volebam enim te ipsorum potissimum verbis ea, quæ erant proposita, cognoscere. Et Dion quidem se daturum dixit; et Eumolpus respondit complexurum se libello, quæ reipublicæ peteret. Cæterum, quod ad sepultos pertinet, non accusatorem se, ad advocatum Flavii Archippi, cujus mandata pertulisset. Archippus, cui Eumolpus, sicut Prusæ, assistebat, dixit se libellum daturum. Ita nec Eumolpus, nec Archippus, quam plurimis diebus exspectati, adhuc mihi libellos dederunt. Dion dedit, quem huic epistolæ junxi. Ipse in re præsenti fui, et vidi tuam quoque statuam in bibliotheca positam. Id autem, in quo dicuntur sepulti

où la femme et le fils de Dion sont enterrés, c'est une grande cour, enfermée de galeries. Je vous supplie, seigneur, de vouloir bien m'éclairer dans le jugement d'une affaire de ce genre. Tout le monde en attend ici la décision qui d'ailleurs est nécessaire, soit parce que le fait est certain et publiquement reconnu, soit parce qu'on allègue pour le défendre plus d'un exemple.

### LXXXVI. — *Trajan à Pline.*

Vous ne deviez pas hésiter, mon cher Pline, sur la question que vous me proposez. Vous savez fort bien que mon intention n'est point de m'attirer le respect par la crainte et par la terreur, ou par des accusations de lèse-majesté. Laissez donc là cette information que je ne permettrais pas quand il y en aurait des exemples ; mais prenez connaissance de ce qui regarde l'ouvrage entrepris par Coccéianus Dion, et réglez les contestations formées sur ce point, puisque l'utilité de la ville le demande, et que Dion s'y soumet, ou doit s'y soumettre.

### LXXXVII. — *Pline à l'empereur Trajan.*

Les Nicéens, seigneur, m'ont conjuré, par tout ce que j'ai et dois avoir de plus sacré, c'est-à-dire par vos jours et par votre gloire immortelle, de vous faire connaître leurs prières. Je n'ai pas cru

---

filius et uxor Dionis, in area collocatum, quæ porticibus includitur. Te, domine, rogo, ut me in hoc præcipue genere cognitionis regere digneris, quum alioquin magna sit exspectatio, ut necesse sit in ea re, quæ et in confessum venit, et exemplis defenditur, deliberare.

### LXXXVI. — *Trajan à Pline.*

Potuisti non hærere, mi Secunde carissime, circa id, de quo me consulendum existimasti, quum propositum meum optime nosses, non ex metu nec terrore hominum, aut criminibus majestatis, reverentiam nomini meo acquiri. Omissa ergo ea quæstione, quam non admitterem, etiamsi exempla adjuvaretur, ratio totius operis effecti sub cura tua Cocceiano Dioni excutiatur, quum et utilitas civitatis exigat, nec aut recuset Dion, aut debeat recusare.

### LXXXVII. — *Pline à l'empereur Trajan.*

Rogatus, domine, a Nicensibus publice per ea, quæ mihi et sunt et debent esse

qu'il me fût permis de refuser. J'ai joint à cette lettre la requête qu'ils m'ont remise.

## LXXXVIII. — *Trajan à Pline.*

Les Nicéens prétendent tenir d'Auguste le privilége de recueillir la succession de ceux de leurs citoyens qui meurent sans avoir fait de testament. Examinez cette affaire en présence des parties intéressées avec Virbius Gémellinus et Epimachus, mon affranchi, tous deux mes intendants; et, après avoir pesé toutes les raisons, de part et d'autre, ordonnez ce qui vous paraîtra le plus juste.

## LXXXIX. — *Pline à l'empereur Trajan.*

Je souhaite, seigneur, que cet heureux anniversaire de votre naissance soit suivi de beaucoup d'autres aussi heureux ; que vous jouissiez, dans une longue et parfaite santé, de cette immortelle gloire que vous ont méritée vos vertus ; qu'elle puisse croître de plus en plus par des exploits sans nombre.

## XC. — *Trajan à Pline.*

Je suis sensible, mon cher Pline, aux vœux que vous faites le jour de ma naissance pour m'obtenir des dieux une longue suite d'autres anniversaires au milieu de la gloire et du bonheur de la république.

---

sanctissima, id est, per æternitatem tuam salutemque, ut preces suas ad te perferrem, fas non putavi negare, acceptumque ab his libellum huic epistolæ junxi.

### LXXXVIII. — *Trajan à Pline.*

Nicensibus, qui intestatorum civium suorum concessam vindicationem bonorum a divo Augusto affirmant, debebis vacare, contractis omnibus personis ad idem negotium pertinentibus, adhibitis Virbio Gemellino et Epimacho liberto meo, procuratoribus, ut, æstimatis etiam iis quæ contra dicuntur, quod optimum credideritis statuatis.

### LXXXIX. — *Pline à l'empereur Trajan.*

Opto, domine, et hunc natalem, et plurimos alios quam felicissimos agas ; æternaque laude florentem virtutis tuæ gloriam, incolumis et fortis, aliis super alia operibus augeas.

### XC. — *Trajan à Pline.*

Agnosco vota tua, mi Secunde carissime, quibus precaris, ut plurimos et felicissimos natales, florente statu reipublicæ nostræ, agam

XCI. — *Pline à l'empereur Trajan.*

Les habitants de Sinope, seigneur, manquent d'eau. Il y en a de fort bonne et en grande abondance, à peu près à seize milles de là, que l'on y pourrait conduire. Il se trouve cependant, près de la source, un endroit long de mille pas environ, dont le terrain humide ne me paraît pas sûr. J'ai donné ordre que l'on examinât ce qu'il est possible de faire à peu de frais, si le sol peut soutenir un ouvrage solide. J'ai rassemblé l'argent nécessaire. Il ne nous manquera pas, si vous approuvez, seigneur, ce dessein en faveur de l'embellissement et de la salubrité de la colonie qui a vraiment besoin d'eau.

XCII. — *Trajan à Pline.*

Examinez avec soin, comme vous avez commencé, mon cher Pline, si ce lieu qui vous est suspect peut porter un aqueduc. Car il n'est point douteux que l'on doive fournir de l'eau à la colonie de Sinope, si, par ses propres moyens, elle peut se procurer un avantage qui doit contribuer beaucoup à son agrément et à sa salubrité.

XCIII. — *Pline à l'empereur Trajan.*

Grâce à votre indulgence, la ville d'Amise, libre et alliée de Rome, se gouverne par ses propres lois. J'y ai reçu une requête

XCI. — *Pline à l'empereur Trajan.*

Sinopenses, domine, aqua deficiuntur. Quæ videtur et bona et copiosa ab sextodecimo milliario posse perduci. Est tamen statim ab capite paulo amplius mille passibus locus suspectus et mollis, quem ego interim explorari modico impendio jussi, an recipere et sustinere opus possit. Pecunia curantibus nobis contracta non deerit, si tu, domine, hoc genus operis et salubritati et amœnitati valde sitientis coloniæ indulseris.

XCII. — *Trajan à Pline.*

Ut cœpisti, Secunde carissime, explora diligenter, an locus ille, quem suspectum habes, sustinere opus aquæductus possit. Neque enim dubitandum puto, quin aqua perducenda sit in coloniam sinopensem, si modo et viribus suis ipsa id assequi potest, quum plurimum ea res et salubritati et voluptati ejus collatura sit.

XCIII. — *Pline à l'empereur Trajan.*

Amisenorum civitas et libera et fœderata, beneficio indulgentiæ tuæ, legibus suis

relative à leurs contributions volontaires. Je l'ai jointe à cette lettre, afin que vous vissiez, seigneur, ce que l'on pouvait sur cela tolérer ou défendre.

### XCIV. — *Trajan à Pline.*

Si les habitants d'Amise, dont vous avez joint la requête à votre lettre, peuvent, aux termes de leurs lois autorisées par le traité d'alliance, s'imposer des contributions, nous ne pouvons les empêcher de le faire, et moins encore s'ils emploient les impôts qu'ils lèvent, non à former des cabales et à tenir des assemblées illicites, mais à soulager les pauvres. Dans toutes les autres villes sujettes à notre obéissance, il ne faut point le souffrir.

### XCV. — *Pline à l'empereur Trajan.*

Suétone, le plus intègre, le plus honorable, le plus savant de nos Romains, seigneur, partage depuis longtemps ma maison. J'aimais en lui son caractère, son érudition, et, plus je l'ai vu de près, plus je me suis attaché à lui. Il peut appuyer d'un double motif ses droits au privilége dont jouissent ceux qui ont trois enfants. Il mérite d'abord tout l'intérêt de ses amis, et ensuite son mariage n'a pas été heureux. Il faut qu'il obtienne de votre bonté ce que lui a refusé l'injustice de la fortune. Je sais, seigneur,

---

utitur. In hac datum mihi publice libellum ad eranos pertinentem his litteris subjeci, ut tu, domine, despiceres quid et quatenus aut permittendum aut prohibendum putares.

### XCIV. — *Trajan à Pline.*

Amisenos, quorum libellum epistolæ tuæ junxeras, si legibus istorum, quibus de officio fœderis utuntur, concessum est eranos habere, possumus quominus habeant non impedire, eo facilius, si tali collatione, non ad turbas et illicitos cœtus, sed ad sustinendam tenuiorum inopiam utuntur. In cæteris civitatibus, quæ nostro jure obstrictæ sunt, res hujusmodi prohibenda est.

### XCV. — *Pline à l'empereur Trajan.*

Suetonium Tranquillum, probissimum, honestissimum, eruditissimum virum, et mores ejus secutus et studia, jampridem, domine, in contubernium assumpsi; tantoque magis diligere cœpi, quanto hunc propius inspexi. Huic jus trium liberorum necessarium faciunt duæ causæ. Nam et judicia amicorum promeretur, et parum felix matrimonium expertus est. Impetrandumque a bonitate tua per nos habet,

combien est importante la grâce que je sollicite. Mais c'est à vous que je la demande, à vous dont j'ai toujours trouvé la bienveillance si facile à mes désirs. Vous pouvez juger à quel point je souhaite cette faveur : si je ne la désirais que médiocrement, je ne la demanderais pas de si loin.

### XCVI. — *Trajan à Pline.*

Vous savez, mon cher Pline, combien je suis avare de ces sortes de grâces. Vous m'avez entendu souvent assurer le sénat que je n'ai point encore dépassé le nombre dont je lui ai déclaré que je me contenterais. J'ai néanmoins souscrit à vos désirs. Et afin que vous ne puissiez douter que vous n'ayez obtenu pour Suétone le privilége de ceux qui ont trois enfants, sous la condition accoutumée, j'ai ordonné que le brevet en fût enregistré.

### XCVII. — *Pline à l'empereur Trajan.*

Je me suis fait un devoir, seigneur, de vous consulter sur tous mes doutes. Car qui peut mieux que vous me guider dans mes incertitudes ou éclairer mon ignorance? Je n'ai jamais assisté aux informations contre les chrétiens ; aussi j'ignore à quoi et selon quelle mesure s'applique ou la peine ou l'information. Je n'ai pas su décider s'il faut tenir compte de l'âge, ou confondre dans le même châtiment l'enfant et l'homme fait ; s'il faut pardonner au

---

quod illi fortunæ malignitas denegavit. Scio, domine, quantum beneficium petam. Sed peto a te, cujus in omnibus desideriis meis plenissimam indulgentiam experior. Potes autem colligere, quantopere cupiam, quod non rogarem absens, si mediocriter cuperem.

### XCVI. — *Trajan à Pline.*

Quam parce hæc beneficia tribuam, utique, mi Secunde carissime, hæret tibi, quum etiam in senatu affirmare soleam, non excessisse me numerum, quem apud amplissimum ordinem suffecturum mihi professus sum. Tuo tamen desiderio subscripsi ; et ut scias dedisse me jus trium liberorum Suetonio Tranquillo, ea conditione qua assuevi, referri in commentarios meos jussi.

### XCVII. — *Pline à l'empereur Trajan.*

Solenne est mihi, domine, omnia, de quibus dubito, ad te referre. Quis enim potest melius vel cunctationem meam regere, vel ignorantiam instruere? Cognitionibus de christianis interfui nunquam ; ideo nescio quid et quatenus aut puniri

repentir, ou si celui qui a été une fois chrétien ne doit pas trouver de sauvegarde à cesser de l'être ; si c'est le nom seul, fût-il pur de crime, ou les crimes attachés au nom, que l'on punit. Voici toutefois la règle que j'ai suivie à l'égard de ceux que l'on a déférés à mon tribunal comme chrétiens. Je leur ai demandé s'ils étaient chrétiens. Quand ils l'ont avoué, j'ai réitéré ma question une seconde et une troisième fois, et les ai menacés du supplice. Quand ils ont persisté, je les y ai envoyés : car, de quelque nature que fût l'aveu qu'ils faisaient, j'ai pensé qu'on devait punir au moins leur opiniâtreté et leur inflexible obstination. J'en ai réservé d'autres, entêtés de la même folie, pour les envoyer à Rome, car ils sont citoyens romains.

Bientôt après, les accusations se multipliant, selon l'usage, par la publicité même, le délit se présenta sous un plus grand nombre de formes. On publia un écrit anonyme, où l'on dénonçait beaucoup de personnes qui niaient être chrétiennes ou avoir été attachées au christianisme. Elles ont, en ma présence, invoqué les dieux, et offert de l'encens et du vin à votre image que j'avais fait apporter exprès avec les statues de nos divinités; elles ont, en outre, maudit le Christ (c'est à quoi, dit-on, l'on ne peut jamais forcer ceux qui sont véritablement chrétiens). J'ai donc cru qu'il les fallait absoudre. D'autres, déférés par un dénonciateur, ont d'abord reconnu qu'ils étaient chrétiens, et se sont rétractés aussitôt, déclarant que véritablement ils l'avaient été, mais

---

soleat, aut quæri. Nec mediocriter hæsitavi, sitne aliquod discrimen ætatum, an quamlibet teneri nihil a robustioribus differant; deturne pœnitentiæ venia, an ei qui omnino christianus fuit, desiisse non prosit; nomen ipsum, etiamsi flagitiis careat, an flagitia cohærentia nomini puniantur. Interim in iis qui ad me tanquam christiani deferebantur, hunc sum secutus modum. Interrogavi ipsos, an essent christiani : confitentes iterum ac tertio interrogavi, supplicium minatus : perseverantes duci jussi. Neque enim dubitabam, qualecumque esset quod faterentur, pervicaciam certe, et inflexibilem obstinationem debere puniri. Fuerunt alii similis amentiæ, quos, quia cives romani erant, annotavi in Urbem remittendos.

Mox ipso tractatu, ut fieri solet, diffundente se crimine, plures species inciderunt. Propositus est libellus sine auctore, multorum nomina continens, qui negarent se esse christianos, aut fuisse. Quum, præeunte me, deos appellarent, et imagini tuæ, quam propter hoc jusseram cum simulacris numinum afferri, thure ac vino supplicarent, præterea maledicerent Christo (quorum nihil cogi posse dicuntur, qui sunt re vera christiani), dimittendos esse putavi. Alii ab indice nominati, esse se christianos dixerunt, et mox negaverunt : fuisse quidem, sed desiisse, quidam ante triennium, quidam ante plures annos, non nemo etiam ante viginti quoque. Omnes

qu'ils ont cessé de l'être, les uns depuis plus de trois ans, les autres depuis un plus grand nombre d'années, quelques-uns depuis plus de vingt ans. Tous ont adoré votre image et les statues des dieux ; tous ont maudit le Christ.

Au reste ils assuraient que leur faute ou leur erreur n'avait jamais consisté qu'en ceci : ils s'assemblaient, à jour marqué, avant le lever du soleil ; ils chantaient tour à tour des hymnes à la louange du Christ, comme en l'honneur d'un dieu ; ils s'engageaient par serment, non à quelque crime, mais à ne point commettre de vol, de brigandage, d'adultère, à ne point manquer à leur promesse, à ne point nier un dépôt ; après cela, ils avaient coutume de se séparer, et se rassemblaient de nouveau pour manger des mets communs et innocents. Depuis mon édit, ajoutaient-ils, par lequel, suivant vos ordres, j'avais défendu les associations, ils avaient renoncé à toutes ces pratiques. J'ai jugé nécessaire, pour découvrir la vérité, de soumettre à la torture deux femmes esclaves qu'on disait initiées à leur culte. Mais je n'ai rien trouvé qu'une superstition extraordinaire et bizarre. J'ai donc suspendu l'information pour recourir à vos lumières. L'affaire m'a paru digne de réflexion, surtout à cause du nombre que menace le même danger. Une multitude de gens de tout âge, de tout ordre, de tout sexe, sont et seront chaque jour impliqués dans cette accusation. Ce mal contagieux n'a pas seulement infecté les villes ; il a gagné les villages et les campagnes. Je crois pourtant que l'on y peut remédier, et qu'il peut être arrêté. Ce qu'il y a de

---

et imaginem tuam, deorumque simulacra venerati sunt ; ii et Christo maledixerunt.

Affirmabant autem, hanc fuisse summam vel culpæ suæ, vel erroris, quod essent soliti stato die ante lucem convenire ; carmenque Christo, quasi deo, dicere secum invicem ; seque sacramento non in scelus aliquod obstringere, sed ne furta, ne latrocinia, ne adulteria committerent, ne fidem fallerent, ne depositum appellati abnegarent ; quibus peractis morem sibi discedendi fuisse, rursusque coeundi ad capiendum cibum, promiscuum tamen et innoxium ; quod ipsum facere desiisse post edictum meum, quo secundum mandata tua hetærias esse vetueram. Quo magis necessarium credidi, ex duabus ancillis, quæ ministræ dicebantur, quid esset veri et per tormenta quærere. Sed nihil aliud inveni, quam superstitionem pravam et immodicam. Ideo dilata cognitione, ad consulendum te decurri. Visa est enim mihi res digna consultatione, maxime propter periclitantium numerum. Multi enim omnis ætatis, omnis ordinis, utriusque sexus, et jam vocantur in periculum, et vocabuntur. Neque enim civitates tantum, sed vicos etiam atque agros superstitionis istius contagio pervagata est. Quæ videtur sisti et corrigi posse. Certe satis constat prope jam desolata

certain, c'est que les temples, qui étaient presque déserts, sont fréquentés, et que les sacrifices, longtemps négligés, recommencent. On vend partout des victimes qui trouvaient auparavant peu d'acheteurs. De là on peut aisément juger combien de gens peuvent être ramenés de leur égarement, si l'on fait grâce au repentir.

### XCVIII. — *Trajan à Pline.*

Vous avez fait ce que vous deviez faire, mon cher Pline, dans l'examen des poursuites dirigées contre les chrétiens. Il n'est pas possible d'établir une forme certaine et générale dans cette sorte d'affaires. Il ne faut pas faire de recherches contre eux. S'ils sont accusés et convaincus, il faut les punir; si pourtant l'accusé nie qu'il soit chrétien, et qu'il le prouve par sa conduite, je veux dire en invoquant les dieux, il faut pardonner à son repentir, de quelque soupçon qu'il ait été auparavant chargé. Au reste, dans nul genre d'accusation, il ne faut recevoir de dénonciation sans signature. Cela serait d'un pernicieux exemple et contraire aux maximes de notre règne.

### XCIX. — *Pline à l'empereur Trajan.*

La ville d'Amastris, seigneur, qui est belle et bien bâtie, compte parmi ses principaux ornements une place magnifique et d'une vaste étendue, le long de laquelle se trouve ce qu'on appelle une

---

templa cœpisse celebrari, et sacra solennia diu intermissa repeti, passimque venire victimas, quarum adhuc rarissimus emptor inveniebatur. Ex quo facile est opinari, quæ turba hominum emendari possit, si fiat pœnitentiæ locus.

### XCVIII. — *Trajan à Pline.*

Actum quem debuisti, mi Secunde, in excutiendis causis eorum qui christiani ad te delati fuerant, secutus es. Neque enim in universum aliquid, quod quasi certam formam habeat, constitui potest. Conquirendi non sunt. Si deferantur et arguantur, puniendi sunt; ita tamen, ut qui negaverit se christianum esse, idque re ipsa manifestum fecerit, id est supplicando diis nostris, quamvis suspectus in præteritum fuerit, veniam ex pœnitentia impetret. Sine auctore vero propositi libelli, nullo crimine locum habere debent. Nam est pessimi exempli, nec nostri sæculi est.

### XCIX. — *Pline à l'empereur Trajan.*

Amastrianorum civitas, domine, et elegans et ornata, habet inter præcipua opera

rivière; mais ce qui n'est en effet qu'un cloaque impur, dont l'aspect est aussi choquant que les exhalaisons en sont dangereuses. Il n'importe donc pas moins à la santé des habitants qu'à la beauté de leur ville de le couvrir d'une voûte. C'est ce que l'on fera, si vous le permettez. J'aurai soin que l'argent ne manque pas pour un ouvrage si grand et si nécessaire.

### C. — *Trajan à Pline.*

Il est juste, mon cher Pline, de couvrir d'une voûte ce cloaque dont les exhalaisons sont préjudiciables à la santé des habitants d'Amastris. Je suis très-persuadé que votre diligence ordinaire ne laissera pas manquer l'argent nécessaire à cet ouvrage.

### CI. — *Pline à l'empereur Trajan.*

Nous nous sommes acquittés, seigneur, avec beaucoup d'enthousiasme et de joie des vœux que nous avions faits pour vous les années précédentes, et nous en avons fait de nouveaux. Les troupes et les peuples y ont également signalé leur zèle. Nous avons prié les dieux pour votre santé et pour la prospérité de votre empire; et nous les avons conjurés de veiller à votre conservation avec cette bonté que vous avez méritée d'eux par tant de hautes vertus, mais particulièrement par votre piété et par le culte religieux que vous leur rendez.

pulcherrimam, eamdemque longissimam plateam, cujus a latere per spatium omne porrigitur nomine quidem flumen, re vero cloaca fœdissima; quæ, sicut turpis et immundissima aspectu, ita pestilens est odore teterrimo. Quibus ex causis, non minus salubritatis quam decoris interest, eam contegi, quod fiet, si permiseris, curantibus nobis, ne desit quoque pecunia operi tam magno quam necessario.

### C. — *Trajan à Pline.*

Rationis est, mi Secunde carissime, contegi aquam istam, quæ per civitatem Amastrianorum fluit, si intecta salubritati obest. Pecunia ne huic operi desit, curaturum te secundum diligentiam tuam certum habeo.

### CI. — *Pline à l'empereur Trajan.*

Vota, domine, priorum annorum nuncupata alacres lætique persolvimus; novaque rursus, curante commilitonum et provincialium pietate, suscepimus; precati deos, ut te remque publicam florentem et incolumem ea benignitate servarent, quam, super magnas plurimasque virtutes, præcipua sanctitate consequi et deorum honore meruisti.

### CII. — *Trajan à Pline.*

J'apprends avec plaisir par votre lettre, mon cher Pline, qu'à la tête des troupes et des peuples vous avez, avec allégresse, acquitté vos anciens vœux, et que vous en avez formé de nouveaux pour ma santé.

### CIII. — *Pline à l'empereur Trajan.*

Nous avons solennisé avec zèle le jour où une heureuse succession vous a chargé de la tutelle du genre humain; et nous avons recommandé aux dieux qui vous ont donné l'empire l'accomplissement des vœux publics auquel est attachée toute notre joie.

### CIV. — *Trajan à Pline.*

J'ai appris avec plaisir par votre lettre, mon cher Pline, qu'à la tête des troupes et des peuples vous avez célébré avec zèle et avec joie le jour de mon avénement à l'empire.

### CV. — *Pline à l'empereur Trajan.*

Valérius Paulinus, seigneur, m'a confié ses affranchis, à l'exception d'un seul, avec droit pour eux de cité latine. Je vous supplie aujourd'hui de vouloir bien accorder le droit de cité romaine

---

### CII. — *Trajan à Pline.*

Solvisse vota diis immortalibus, te præeunte, pro mea incolumitate, commilitones cum provincialibus lætissimo consensu, in futurumque nuncupasse, libenter, mi Secunde carissime, cognovi litteris tuis.

### CIII. — *Pline à l'empereur Trajan.*

Diem, in quem tutela generis humani felicissima successione translata est, debita religione celebravimus, commendantes diis, imperii tui auctoribus, et vota publica et gaudia.

### CIV. — *Trajan à Pline.*

Diem imperii mei debita lætitia et religione a commilitonibus et provincialibus, præeunte te, celebratum, libenter, mi Secunde carissime, cognovi litteris tuis.

### CV. — *Pline à l'empereur Trajan.*

Valerius, domine, Paulinus, excepto uno, jus Latinorum suorum mihi reliquit; ex quibus rogo tribus interim jus Quiritium des. Vereor enim, ne sit immodicum,

seulement à trois d'entre eux : car je craindrais qu'il n'y eût trop d'indiscrétion à demander à la fois la même grâce pour tous. Plus vous me prodiguez votre bienveillance, plus je dois la ménager. Ceux pour qui je vous adresse ma prière, sont C. Valérius Estiéus, C. Valérius Dionysius et C. Valérius Aper.

### CVI. — *Trajan à Pline.*

La prière que vous m'adressez en faveur de ceux que Valérius Paulinus a confiés à votre foi fait honneur à vos sentiments. J'ai donné le droit de cité romaine à ceux pour qui vous l'avez demandé, et j'en ai fait enregistrer l'acte, prêt à accorder la même grâce à tous les autres, si vous la demandez pour eux.

### CVII. — *Pline à l'empereur Trajan.*

Publius Accius Aquila, centurion de la sixième cohorte à cheval, m'a prié de vous envoyer sa requête où il implore votre bienveillance pour sa fille. J'ai cru qu'il y aurait de la dureté à le refuser, sachant avec quelle douceur et avec quelle bonté vous écoutez les prières des soldats.

### CVIII. — *Trajan à Pline.*

J'ai lu la requête que vous m'avez envoyée au nom de Publius

---

pro omnibus pariter invocare indulgentiam tuam, qua debeo tanto modestius uti, quanto pleniorem experior. Sunt autem, pro quibus peto, C. Valerius Æstiæus, C. Valerius Dionysius, C. Valerius Aper.

### CVI. — *Trajan à Pline.*

Quum honestissime iis, qui apud fidem tuam a Valerio Paulino depositi sunt, consultum velis mature per me, iis interim, quibus nunc petisti, ut scias dedisse me jus Quiritium, referri in commentarios meos jussi. idem facturus in cæteris pro quibus petieris.

### CVII. — *Pline à l'empereur Trajan.*

Rogatus, domine, a P. Accio Aquila, centurione cohortis sextæ equestris, ut mitterem tibi libellum, per quem indulgentiam pro statu filiæ suæ implorat, durum putavi negare, quum scirem quantam soleres militum precibus patientiam humanitatemque præstare.

### CXIII. — *Trajan à Pline.*

Libellum P. Accii Aquilæ, centurionis cohortis sextæ equestris, quem mihi mi-

Accius Aquila, centurion de la sixième cohorte à cheval. J'ai accordé, à sa prière, le droit de cité romaine pour sa fille, et je vous en ai envoyé le brevet pour le lui remettre.

### CIX. — *Pline à l'empereur Trajan.*

Je vous supplie, seigneur, de m'apprendre quel droit il vous plaît qu'on accorde aux villes de Bithynie et du Pont pour le recouvrement des sommes qui leur sont dues, soit pour loyer, soit pour prix de ventes ou autres causes. Je trouve que la plupart des proconsuls leur ont accordé la préférence sur tous les créanciers, et que cela s'est établi comme une loi. Je crois pourtant qu'il serait à propos que vous voulussiez bien établir sur cela quelque règlement certain qui assurât à l'avenir leur état. Car ce que d'autres ont ordonné, quoique avec sagesse, ne se soutiendra pas, si votre autorité ne le confirme.

### CX. — *Pline à Trajan.*

Le droit à accorder aux villes de Bithynie et du Pont sur les biens de leurs débiteurs doit être déterminé par les lois particulières à chacune d'elles. Car si elles ont un privilége qui leur assure une préférence sur tous les autres créanciers, il le leur faut conserver ; si elles n'en ont pas, je ne dois pas le leur donner au préjudice des particuliers.

---

sisti, legi. Cujus precibus motus, dedi filiæ ejus civitatem romanam. Libellum rescripti, quem illi redderes, misi tibi.

### CIX. — *Pline à l'empereur Trajan.*

Quid habere juris velis et bithynas et ponticas civitates in exigendis pecuniis, quæ illis vel ex locationibus, vel ex venditionibus aliisve causis debeantur, rogo, domine, rescribas. Ego inveni a plerisque proconsulibus concessam ei protopraxian, eamque pro lege valuisse. Existimo tamen tua providentia constituendum aliquid et sanciendum, per quod utilitatibus eorum in perpetuum consulatur. Nam quæ sunt ab aliis instituta, sint licet sapienter indulta, brevia tamen et infirma sunt, nisi illis tua contingat auctoritas.

### CX. — *Trajan à Pline.*

Quo jure uti debeant bithynæ vel ponticæ civitates in iis pecuniis, quæ ex quaque causa reipublicæ debebuntur, ex lege cujusque animadvertendum est. Nam sive habent privilegium, quo cæteris creditoribus anteponantur, custodiendum est; sive non habent, in injuriam privatorum id dari a me non oportebit.

### CXI. — *Pline à l'empereur Trajan.*

Le procureur syndic de la ville des Amiséniens a poursuivi devant moi Jules Pison pour la restitution de quarante mille deniers[1] environ qui lui ont été donnés par la ville, il y a plus de vingt ans, du consentement de leur sénat, et s'est fondé sur vos édits qui défendent ces sortes de donations. Pison a soutenu, au contraire, que la ville lui devait beaucoup, et qu'il avait presque épuisé tout son bien pour elle. Il s'est retranché d'ailleurs dans l'espace de temps qui s'est écoulé depuis, et a demandé qu'on ne lui arrachât pas, avec l'honneur, ce qui lui avait été accordé depuis tant d'années, et ce qui lui avait tant coûté. J'ai cru, par ces raisons, que je devais suspendre mon jugement jusqu'à ce que j'eusse appris, seigneur, vos intentions.

### CXII. — *Trajan à Pline.*

Il est vrai que mes édits défendent les largesses qui se font des deniers publics. Mais, d'un autre côté, la tranquilité du grand nombre de particuliers dont la fortune serait dérangée, si l'on révoquait toutes les donations de cette espèce, faites depuis un certain temps, exige qu'elles soient respectées. Laissons donc subsister les actes de cette nature faits il y a plus de vingt ans. Car je ne veux pas prendre moins de soin du repos des habitants de chaque ville, que de la conservation des deniers publics.

### CXI. — *Pline à l'empereur Trajan.*

Ecdicus, domine, Amisenorum civitatis petebat apud me a Julio Pisone denariorum circiter quadraginta millia, donata ei publice ante viginti annos, et bule et ecclesia consentiente, utebaturque mandatis tuis, quibus ejusmodi donationes vetantur. Piso contra plurima se in rempublicam contulisse, ac prope totas facultates erogasse dicebat. Addebat etiam temporis spatium, postulabatque ne id, quod pro multis et olim accepisset, cum eversione reliquæ dignitatis reddere cogeretur. Quibus ex causis integram cognitionem differendam existimavi, ut te, domine, consulerem, quid sequendum putares.

### CXII. — *Trajan à Pline.*

Sicut largitiones ex publico fieri mandata prohibent, ita, ne multorum securitas subruatur, factas ante aliquantum temporis retractari atque in irritum vindicar non oportet. Quidquid ergo ex hac causa actum ante viginti annos erit, omittamus. Non minus enim hominibus cujusque loci, quam pecuniæ publicæ consultum volo.

---

1. 23,400 francs.

## CXIII. — *Pline à l'empereur Trajan.*

La loi Pompéia, seigneur, qui s'observe dans la Bithynie et dans le royaume du Pont, n'assujettit point ceux qui sont choisis par les censeurs pour être admis au sénat à donner de l'argent. Mais ceux qui n'y sont entrés que par votre faveur, et par la permission que vous avez accordée à quelques villes d'ajouter de nouveaux sénateurs aux anciens, ont payé au trésor public, les uns mille deniers [1], les autres deux mille. Dans la suite, le proconsul Anicius Maximus a voulu que ceux même qui seraient choisis par les censeurs payassent en quelques villes une certaine somme, les uns plus, les autres moins. C'est à vous, seigneur, à régler si à l'avenir tous ceux qui seront choisis pour sénateurs paieront également dans toutes les villes une somme fixe pour leur entrée. Il vous appartient d'établir les lois destinées à subsister toujours, vous, seigneur, dont les paroles et les actions sont destinées à l'immortalité.

## CXIV. — *Trajan à Pline.*

Je ne puis faire pour toutes les villes de la Bithynie une loi générale qui décide que pour être admis au sénat il faut, ou non, payer une certaine somme et en déterminer la quotité. Il me semble donc que, pour nous tenir à ce qui est toujours le plus sûr, il faut suivre la coutume de chaque ville contre ceux qui sont

---

### CXIII. — *Pline à l'empereur Trajan.*

Lex Pompeia, domine, qua Bithyni et Pontici utuntur, eos, qui in bulen a censoribus leguntur, dare pecuniam non jubet. Sed ii, quos indulgentia tua quibusdam civitatibus super legitimum numerum adjicere permisit, et singula millia denariorum, et bina intulerunt. Anicius deinde Maximus proconsul eos etiam qui a censoribus legerentur, duntaxat in paucissimis civitatibus, aliud aliis, jussit inferre. Superest ergo ut ipse dispicias, an in omnibus civitatibus certum aliquid omnes, qui deinde buleutæ leguntur, debeant pro introitu dare. Nam quod in perpetuum mansurum est, a te constitui decet, cujus factis dictisque debetur æternitas.

### CXIV. — *Trajan à Pline.*

Honorarium decurionatus omnes, qui in quaque civitate Bithyniæ decuriones fiunt, inferre debeant, necne, in universum a me non potest statui. Id ergo quod

---

1. 710 francs.

nommés sénateurs malgré eux. Je pense que les censeurs feront en sorte que ceux qui sont disposés à contribuer volontairement soient préférés aux autres.

### CXV. — *Pline à l'empereur Trajan.*

La loi Pompéia, seigneur, permet aux villes de Bithynie de donner le droit de cité à leur gré, pourvu que ce soit à des citoyens, non d'une ville étrangère, mais de quelque autre ville de la province. La même loi énonce les raisons qui autorisent les censeurs à exclure quelqu'un du sénat, et il n'y est point fait mention de celui qui n'est pas citoyen du lieu. Quelques censeurs ont pris de là occasion de me demander s'ils devaient exclure un homme qui était citoyen d'une ville étrangère. J'ai cru, seigneur, qu'il fallait savoir vos intentions sur cette affaire : car, si la loi défend d'agréger un citoyen qui n'est pas d'une ville de la province, elle n'ordonne pas que l'on retranche du sénat celui qui n'est pas citoyen. D'ailleurs plusieurs personnes m'ont assuré qu'il n'y avait point de ville où il ne se trouvât grand nombre de sénateurs dans ce cas, et que l'on troublerait beaucoup de villes et de familles, sous prétexte d'une loi qui, dans ce chef, semblerait depuis longtemps abolie par un consentement tacite. J'ai joint à cette lettre les divers titres de la loi.

---

semper tutissimum est, sequendum cujusque civitatis legem puto, scilicet adversus eos, qui inviti fiunt decuriones. Id existimo acturos, ut erogatio cæteris præferatur.

### CXV. — *Pline à l'empereur Trajan.*

Lege, domine, Pompeia, permissum bithynicis civitatibus, adscribere sibi quos vellent cives, dum civitatis non sint alienæ, sed suarum quisque civitatum, quæ sunt in Bithynia. Eadem lege sancitur, quibus de causis senatu a censoribus ejiciantur, inter quas nihil de cive alieno cavetur. Inde me quidam ex censoribus consulendum putaverunt, an ejicere deberent eum, qui esset alterius civitatis. Ego, quia lex sicut adscribi civem alienum vetabat, ita ejici e senatu ob hanc causam non jubebat, præterea quia ab aliquibus affirmabatur mihi, in omni civitate plurimos esse buleutas ex aliis civitatibus, futurumque ut multi homines, multæque civitates concuterentur ea parte legis, quæ jampridem consensu quodam exolevisset, necessarium existimavi consulere te, quid servandum putares. Capita legis his litteris subjeci.

## CXVI. — *Trajan à Pline.*

C'est avec raison, mon cher Pline, que vous avez hésité sur la réponse à faire aux censeurs qui vous demandaient s'ils pouvaient choisir pour sénateurs des citoyens d'autres villes que de la leur, mais de la même province : car vous pouviez être partagé entre l'autorité de la loi et l'ancienne coutume qui avait prévalu. Voici le tempérament que je crois devoir prendre. Ne touchons point au passé. Laissons dans leur état ceux qui ont été faits sénateurs, quoique contre la disposition de la loi, et de quelque ville qu'ils soient ; mais suivons exactement, à l'avenir, la loi Pompéia, dont nous ne pourrions faire remonter l'observation aux temps passés, sans causer beaucoup de troubles.

## CXVII. — *Pline à l'empereur Trajan.*

Ceux qui prennent la robe virile, qui célèbrent un mariage, qui entrent en exercice d'une charge, ou qui consacrent quelque ouvrage public, ont coutume d'y inviter tout le sénat de la ville, même un grand nombre de personnes du peuple, et de donner à chacun un ou deux deniers [1]. Je vous supplie de m'apprendre si vous approuvez ces cérémonies, et jusqu'à quel point on doit les souffrir. Pour moi, comme j'ai cru, et peut-être avec raison, qu'il fallait permettre d'inviter, principalement en ces occasions

---

## CXVI. — *Trajan à Pline.*

Merito hæsisti, Secunde carissime, quid a te rescribi oporteret censoribus consulentibus, an legerent in senatum aliarum civitatum, ejusdem tamen provinciæ, cives. Nam et legis auctoritas, et longa consuetudo usurpata contra legem, in diversum movere te potuit. Mihi hoc temperamentum ejus placuit, ut ex præterito nihil novaremus, sed manerent, quamvis contra legem adsciti, quarumcumque civitatum cives ; in futurum autem lex Pompeia observaretur, cujus vim si retro quoque velimus custodire, multa necesse est perturbari.

## CXVII. — *Pline à l'empereur Trajan.*

Qui virilem togam sumunt, vel nuptias faciunt, vel ineunt magistratum, vel opus publicum dedicant, solent totam bulen, atque etiam a plebe non exiguum numerum vocare, binosque denarios, vel singulos dare ; quod an celebrandum, et quatenus putes, rogo scribas. Ipse enim, sicut arbitror, non imprudenter, præsertim ex solennibus causis, concedendum ipsis invitationes, ita vereor, ne ii qui mille homines,

---

1. Le denier valait 71 centimes.

solennelles, je crains aussi que ceux qui invitent quelquefois jusqu'à mille personnes et plus, ne passent toutes les bornes permises, et ne donnent lieu à l'accusation de former un attroupement défendu.

### CXVIII. — *Trajan à Pline.*

Vous n'avez pas tort, mon cher Pline, de craindre que ces assemblées si nombreuses où l'on invite, pour des rétributions publiques, non les personnes que l'on connaît, mais, pour ainsi dire, des corps entiers de citoyens, ne semblent bientôt dégénérer en attroupements. J'ai compté sur votre prudence pour réformer les abus de cette province, et y fonder les institutions qui peuvent lui procurer une perpétuelle tranquillité.

### CXIX. — *Pline à l'empereur Trajan.*

Les athlètes, seigneur, prétendent que le prix que vous avez établi pour les vainqueurs, dans les combats isélastiques, leur est dû dès le jour qu'ils ont reçu leur couronne; qu'il importe peu quel jour ils font leur entrée solennelle dans leur patrie; qu'il ne faut songer qu'au jour où ils ont vaincu, et à celui, par conséquent, où ils ont pu la faire. Pour moi, au contraire, le nom même d'isélastique me fait pencher à croire qu'il ne faut compter que du jour où ils ont fait leur entrée. Ces athlètes demandent encore leur rétribution pour le combat que vous avez depuis rendu isélas-

---

interdum etiam plures, vocant, modum excedere; et in speciem dianomes incidere videantur.

### CXVIII. — *Trajan à Pline.*

Merito vereris, ne in speciem dianomes incidat invitatio, quæ et in numero modum excedit, et quasi per corpora, non viritim singulos ex notitia, ad solennes sportulas contrahit. Sed ego ideo prudentiam tuam elegi, ut formandis istius provinciæ moribus ipse moderareris, et ea constituas quæ ad perpetuam ejus provinciæ quietem essent profutura.

### CXIX. — *Pline à l'empereur Trajan.*

Athletæ, domine, ea quæ pro iselasticis certaminibus constituisti, deberi sibi putant statim ex eo die quo sunt coronati; nihil enim referre, quando sint patriam invecti, sed quando certamine vicerint, ex quo invehi possint. Ego contra iselasticorum nomine vehementer addubitem, an sit potius id tempus, quo εἰσήλασαν, intuendum. Iidem obsonia petunt pro eo agone, qui a te iselasticus factus est,

tique, quoiqu'il ne le fût pas encore au temps où ils ont remporté la victoire. Ils allèguent que, si on ne leur donne rien pour ces combats qui ont cessé d'être isélastiques depuis qu'ils ont vaincu, il est juste de leur donner pour ceux qui le sont devenus. Je me trouve encore fort embarrassé sur ce point. Je doute que l'on doive faire remonter les prix avant leur établissement, et les donner à ceux à qui ils n'avaient point été proposés, quand ils ont vaincu. Je vous supplie donc, seigneur, de résoudre mes doutes, ou plutôt de vouloir bien interpréter vos grâces.

### CXX. — *Trajan à Pline.*

La récompense assignée au vainqueur dans les combats isélastiques ne me paraît due que du jour où il a fait son entrée dans sa ville. Les rétributions pour les combats qui, avant que je les eusse rendus isélastiques, ne l'étaient point, ne peuvent remonter au temps où elles n'étaient point établies. Et les changements survenus, soit dans les combats qui ont commencé à être isélastiques, soit dans ceux qui ont cessé de l'être, ne décident rien en faveur des athlètes : car, bien que la nature de ces combats change, on ne leur fait point rendre ce qu'ils ont une fois reçu.

### CXXI. — *Pline à l'empereur Trajan.*

Jusqu'à présent, seigneur, je n'ai accordé aucun passe-port de

---

quamvis vicerint, antequam fieret. Aiunt enim congruens esse, sicut non datur sibi pro his certaminibus quæ esse iselastica, postquam vicerunt, desierunt, ita pro iis dari, quæ esse cœperunt. Hic quoque non mediocriter hæreo, ne cujusquam retro habeatur ratio, dandumque quod tunc, quum vincerent, non debebatur. Rogo ergo, ut dubitationem meam regere, id est, beneficia tua interpretari ipse digneris.

### CXX. — *Trajan à Pline.*

Iselasticum tunc primum mihi videtur incipere deberi, quum quis in civitatem suam ipse εἰσήλασεν. Obsonia eorum certaminum quæ iselastica esse placuit mihi, si ante iselastica non fuerunt, retro non debentur. Nec proficere pro desiderio athletarum potest, tam eorum quæ postea iselastica lege constitui, quam quæ, quum vincerent, esse desierunt : mutata enim conditione certaminum, nihilominus, quæ ante perceperant, non revocantur.

### CXXI. — *Pline à l'empereur Trajan.*

Usque in hoc tempus, domine, neque cuiquam diplomata commodavi, neque in

faveur, ni pour d'autres affaires que pour les vôtres. Une nécessité imprévue m'a forcé de violer cette loi que je m'étais faite. Sur la nouvelle que ma femme a reçue de la mort de son aïeul, elle a souhaité de se rendre au plus tôt près de sa tante. J'ai cru qu'il y aurait de la dureté à lui refuser des passe-ports. Le mérite d'un devoir si légitime consiste dans l'empressement à le remplir, et je savais d'ailleurs que vous ne désapprouveriez pas un voyage entrepris par piété. Je vous mande ces détails, seigneur, parce que je me serais accusé d'ingratitude, si, parmi tant de grâces que je dois à votre bienveillance, j'avais dissimulé celle-ci. C'est la confiance que j'ai en elle qui m'a fait faire, comme si vous me l'aviez permis, ce que j'eusse fait trop tard, si j'eusse attendu votre permission.

### CXXII. — *Trajan à Pline.*

Vous avez eu raison, mon cher Pline, de compter sur mon affection. S'il vous eût fallu me consulter et attendre ma réponse pour délivrer à votre femme les passe-ports nécessaires à son voyage, et que vous pouvez accorder par un privilége que j'ai attaché à vos fonctions, ces passe-ports, sans contredit, eussent mal servi son dessein. C'était une obligation pour elle d'ajouter par sa diligence au plaisir que son arrivée devait causer à sa tante.

rem ullam, nisi tuam, misi. Quam perpetuam servationem meam quædam necessitas rupit. Uxori enim meæ, audita morte avi, volenti ad amitam suam excurrere, usum eorum negare durum putavi, quum talis officii gratia in celeritate consisteret, sciremque te rationem itineris probaturum, cujus causa erat pietas. Hæc scripsi, quia mihi parum gratus tibi fore videbar, si dissimulassem inter alia beneficia hoc unum me debere indulgentiæ tuæ, quod fiducia ejus, quasi consulto te, non dubitavi facere, quem si consuluissem, sero fecissem.

### CXXII. — *Trajan à Pline.*

Merito habuisti, Secunde carissime, fiduciam animi mei. Nec dubitandum fuisset, si exspectasses donec me consuleres, an iter uxoris tuæ diplomatibus, quæ officio tuo dedi, adjuvandum esset, usum eorum intentioni non profuisse, quum apud amitam suam uxor tua deberet etiam celeritate gratiam adventus sui augere.

# TABLE DES MATIÈRES

Pages

## LIVRE PREMIER.

| | | |
|---|---|---|
| 1. | Pline à *Septicius*. Préface de l'auteur...................... | 1 |
| 2. | — à *Arrien*. Imitation de Démosthène et de Calvus.......... | 1 |
| 3. | — à *Caninius Rufus*. La campagne et l'étude............. | 3 |
| 4. | — à *Pompéia Célérina*. Invitation..................... | 4 |
| 5. | — à *Voconius Romanus*. Le délateur Régulus............. | 4 |
| 6. | — à *Tacite*. L'heureux chasseur....................... | 8 |
| 7. | — à *Octavius Rufus*. Le procès des habitants de la Bétique..... | 9 |
| 8. | — à *Pompéius Saturninus*. Révision d'un discours de Pline.... | 10 |
| 9. | — à *Minutius Fundanus*. Le charme des lettres à la campagne.. | 14 |
| 10. | — à *Atrius Clémens*. Éloge du philosophe Euphrate......... | 15 |
| 11. | — à *Fabius Justus*. Reproche affectueux................ | 18 |
| 12. | — à *Calestrius Tiron*. Mort de Corellius Rufus............. | 18 |
| 13. | — à *Sosius Sénécion*. Les lectures publiques............. | 21 |
| 14. | — à *Junius Mauricus*. Le choix d'un époux............... | 22 |
| 15. | — à *Septicius Clarus*. L'invitation oubliée............... | 24 |
| 16. | — à *Érucius*. Éloge de Pompéius Saturninus............. | 25 |
| 17. | — à *Cornélius Titanus*. La statue élevée à L. Silanus....... | 27 |
| 18. | — à *Suétone*. Le songe............................. | 27 |
| 19. | — à *Romanus*. Le don de 300,000 sesterces............. | 29 |
| 20. | — à *Tacite*. L'amplification oratoire................... | 29 |
| 21. | — à *Paternus*. L'achat d'esclaves..................... | 35 |
| 22. | — à *Catilius Sévérus*. Éloge de Titus Ariston............. | 35 |
| 23. | — à *Pompéius Falco*. Incompatibilité des fonctions d'avocat avec celles de tribun................................ | 38 |
| 24. | — à *Bébius Hispanus*. La villa d'un homme de lettres........ | 39 |

## LIVRE DEUXIÈME.

| | | |
|---|---|---|
| 1. | Pline à *Voconius Romanus*. Éloge funèbre de Virginius Rufus.... | 40 |
| 2. | — à *Paulinus*. La colère d'un ami..................... | 42 |
| 3. | — à *Népos*. L'improvisateur......................... | 43 |

4. Pline à *Calvina*. La donation généreuse...................... 45
5. — à *Lupercus*. Envoi d'un discours....................... 46
6. — à *Avitus*. Le magnifique parcimonieux................. 48
7. — à *Macrinus*. La statue élevée à Spurinna et à son fils Cottius. 50
8. — à *Caninius*. Les affaires et les plaisirs................... 51
9. — à *Apollinaire*. Sollicitation........................... 52
10. — à *Octavius*. Le recueil de Poésies..................... 53
11. — à *Arrien*. L'affaire de Marius Priscus, proconsul en Afrique.. 55
12. — à *Arrien*. Suite de cette affaire....................... 60
13. — à *Priscus*. Recommandation.......................... 62
14. — à *Maxime*. Décadence de l'éloquence judiciaire........... 63
15. — à *Valérien*. Les propriétés acquises................... 66
16. — à *Annien*. Le respect dû aux volontés dernières........... 67
17. — à *Gallus*. La villa de Pline à Laurente................ 67
18. — à *Mauricus*. Le choix d'un précepteur................. 74
19. — à *Cérealis*. La lecture d'un plaidoyer................ 75
20. — à *Calvisius*. La chasse aux testaments................. 77

### LIVRE TROISIEME.

1. Pline à *Calvisius*. La vieillesse d'un sage.................... 80
2. — à *Maxime*. Éloge d'Arrianus Maturius.................. 82
3. — à *Corellia Hispulla*. Le bon précepteur................ 83
4. — à *Macrin*. Deuxième plaidoyer en faveur des habitants des Bétique.............................................. 85
5. — à *Macer*. Pline l'Ancien et ses ouvrages................ 87
6. — à *Sévérus*. La statuette en bronze de Corinthe............ 91
7. — à *Caninius*. La vie et la mort du poëte Silius Italicus...... 92
8. — à *Suétone*. La cession officieuse....................... 95
9. — à *Minucien*. Compte rendu du second procès des habitants de la Bétique............................................ 96
10. — à *Spurinna et à Coccia*. Envoi d'un ouvrage consacré à la mémoire du fils de Spurinna........................... 104
11. — à *Julius Génitor*. Le bienfaiteur reconnaissant........... 105
12. — à *Catilius*. L'ivresse de Caton....................... 107
13. — à *Romanus*. Opinion de Pline sur son Panégyrique de Trajan. 107
14. — à *Acilius*. Un maître assassiné par ses esclaves........... 108
15. — à *Proculus*. Les poésies de Proculus.................. 110
16. — à *Népos*. Héroïsme d'Arria......................... 111
17. — à *Servien*. Les nouvelles........................... 113
18. — à *Sévérus*. Lecture publique du Panégyrique de Trajan..... 114
19. — à *Calvisius Rufus*. L'achat d'une terre................ 116
20. — à *Maxime*. Le scrutin secret........................ 118
21. — à *Priscus*. Regrets sur la mort du poëte Martial.......... 120

## LIVRE QUATRIÈME.

| | | |
|---|---|---|
| 1. | Pline à *Fabatus*. Le départ... | 123 |
| 2. | — à *Clémens*. L'amour paternel dans un méchant homme... | 124 |
| 3. | — à *Antonin*. Beautés des poésies d'Antonin... | 125 |
| 4. | — à *Sossius*. Lettre de recommandation... | 127 |
| 5. | — à *Sparsus*. Approbation donnée au Panégyrique de Trajan... | 127 |
| 6. | — à *Nason*. La récolte assurée... | 128 |
| 7. | — à *Lépidus*. L'oraison funèbre d'un enfant... | 128 |
| 8. | — à *Arrien*. Promotion de Pline à la dignité d'augure... | 130 |
| 9. | — à *Ursus*. Le procès de Junius Bassus... | 131 |
| 10. | — à *Sabinus*. Le legs de liberté... | 136 |
| 11. | — à *Minucien*. Le supplice d'une vestale... | 136 |
| 12. | — à *Arrien*. Le désintéressement... | 140 |
| 13. | — à *Tacite*. L'école municipale... | 141 |
| 14. | — à *Paternus*. Les hendécasyllabes de Pline... | 143 |
| 15. | — à *Fundanus*. Sollicitation... | 145 |
| 16. | — à *Valérius Paulinus*. Un triomphe oratoire... | 148 |
| 17. | — à *Gallus*. La cause délicate... | 148 |
| 18. | — à *Antonin*. Envoi d'une traduction... | 151 |
| 19. | — à *Hispulla*. L'heureux mariage... | 151 |
| 20. | — à *Maxime*. Jugement de Pline sur l'ouvrage de Maxime... | 152 |
| 21. | — à *Vélius Céréalis*. Malheur des Helvidies... | 153 |
| 22. | — à *Sempronius Rufus*. Suppression des jeux publics à Vienne... | 154 |
| 23. | — à *Pomponius Bassus*. L'honorable retraite... | 155 |
| 24. | — à *Valens*. La rapidité de la vie... | 156 |
| 25. | — à *Messius Maximus*. L'impertinence anonyme... | 157 |
| 26. | — à *Népos*. La revue d'un des exemplaires des ouvrages de Pline... | 158 |
| 27. | — à *Falcon*. Les poésies de Sentius Augurinus... | 159 |
| 28. | — à *Sévérus*. Les deux portraits... | 160 |
| 29. | — à *Romanus*. L'exactitude... | 161 |
| 30. | — à *Licinius*. La fontaine merveilleuse... | 161 |

## LIVRE CINQUIÈME.

| | | |
|---|---|---|
| 1. | Pline à *Sévérus*. L'exhérédé reconnaissant... | 164 |
| 2. | — à *Flaccus*. Les grives... | 166 |
| 3. | — à *Ariston*. Les poésies légères... | 167 |
| 4. | — à *Valérien*. L'affaire des Vicentins... | 169 |
| 5. | — à *Maxime*. L'histoire interrompue... | 170 |
| 6. | — à *Apollinaire*. La villa de Pline en Toscane... | 172 |
| 7. | — à *Calvisius*. Une question de droit... | 181 |
| 8. | — à *Capiton*. L'histoire et l'éloquence... | 183 |

## TABLE DES MATIÈRES.

| | | |
|---|---|---|
| 9. | *Pline* à *Saturnin*. La mort de Julius Avitus................. | 185 |
| 10. | — à *Antonin*. L'éloge flatteur..................... | 187 |
| 11. | — à *Suétone*. Un ouvrage à publier................ | 187 |
| 12. | — à *Fabatus*. La générosité du beau-père de Pline........... | 188 |
| 13. | — à *Scaurus*. La critique....................... | 188 |
| 14. | — à *Valérien*. Issue de l'accusation intentée contre Nominatus.. | 189 |
| 15. | — à *Pontius*. Éloge de Cornutus Tertullus............... | 192 |
| 16. | — à *Marcellus*. La mort d'une jeune fille............. | 193 |
| 17. | — à *Spurinna*. Les métamorphoses en astres............ | 195 |
| 18. | — à *Macer*. Les heureux loisirs................... | 196 |
| 19. | — à *Paulinus*. L'affranchi Zosime................. | 197 |
| 20. | — à *Ursus*. Le plaidoyer pour Varénus............... | 198 |
| 21. | — à *Rufus*. L'édit d'un préteur................... | 200 |

### LIVRE SIXIÈME.

| | | |
|---|---|---|
| 1. | *Pline* à *Tiron*. Les regrets de l'absence................. | 203 |
| 2. | — à *Arrien*. Les avocats et les claqueurs............... | 203 |
| 3. | — à *Vérus*. La terre de la nourrice de Pline.............. | 206 |
| 4. | — à *Calpurnie*. La vive attente.................... | 206 |
| 5. | — à *Ursus*. Dispute entre Népos et Celsus............... | 207 |
| 6. | — à *Fundanus*. Recommandation.................... | 208 |
| 7. | — à *Calpurnie*. L'épanchement intime................ | 210 |
| 8. | — à *Priscus*. L'amitié de Pline pour Attilius Crescens......... | 211 |
| 9. | — à *Tacite*. La protection assurée.................. | 213 |
| 10. | — à *Albin*. Le tombeau de Virginius Rufus............. | 213 |
| 11. | — à *Maxime*. Les deux jeunes avocats................ | 214 |
| 12. | — à *Fabatus*. L'encouragement au bien................ | 215 |
| 13. | — à *Ursus*. Suite de l'affaire des Bithyniens............. | 216 |
| 14. | — à *Mauricus*. La visite sans gêne.................. | 217 |
| 15. | — à *Romanus*. La lecture interrompue................ | 218 |
| 16. | — à *Tacite*. La mort de Pline l'Ancien................ | 218 |
| 17. | — à *Restitutus*. L'indifférence pour les lectures publiques...... | 223 |
| 18. | — à *Sabinus*. Le procès des Firmiens................ | 224 |
| 19. | — à *Népos*. Cause de l'augmentation du prix des terres........ | 225 |
| 20. | — à *Tacite*. Dangers de Pline le Jeune pendant l'éruption du Vésuve................................... | 226 |
| 21. | — à *Caninius*. Succès de Virginius Romanus dans le genre comique. | 230 |
| 22. | — à *Tiron*. La confiance aveugle................... | 232 |
| 23. | — à *Triarius*. La fraternité littéraire................ | 233 |
| 24. | — à *Macer*. Acte de dévouement obscur................ | 234 |
| 25. | — à *Hispanus*. La disparition d'un chevalier romain.......... | 235 |
| 26. | — à *Servien*. Félicitation sur un mariage............... | 236 |
| 27. | — à *Sévérus*. Honneurs dus à Trajan................. | 236 |

| | | |
|---|---|---|
| 28. Pline à Pontius. L'officieuse prodigalité | | 237 |
| 29. — à Quadratus. Le choix des causes pour un avocat | | 238 |
| 30. — à Fabatus. L'intendant d'une villa | | 240 |
| 31. — à Cornélien. Les travaux d'un prince avec un de ses sujets | | 241 |
| 32. — à Quintilien. Le présent délicat | | 244 |
| 33. — à Romanus. Le grand succès oratoire | | 245 |
| 34. — à Maxime. Un combat de gladiateurs | | 247 |

## LIVRE SEPTIÈME.

| | | |
|---|---|---|
| 1. Pline à Restitutus. Le malade impatient | | 249 |
| 2. — à Justus. L'envoi différé | | 250 |
| 3. — à Présens. Les loisirs de la campagne | | 251 |
| 4. — à Pontius. Goût de Pline pour la poésie | | 252 |
| 5. — à Calpurnie. L'époux affectueux | | 254 |
| 6. — à Macrinus. Le procès de Varénus | | 254 |
| 7. — à Saturninus. L'amitié et les affaires | | 257 |
| 8. — à Priscus. La correspondance active | | 258 |
| 9. — à Fuscus. Plan d'études | | 258 |
| 10. — à Macrinus. Fin du procès de Varénus et des Bithyniens | | 261 |
| 11. — à Fabatus. Vente d'une terre | | 262 |
| 12. — à Minucius. Le mémoire promis | | 263 |
| 13. — à Férox. L'énigme | | 264 |
| 14. — à Corellia. La lutte délicate | | 265 |
| 15. — à Saturninus. Les occupations diverses | | 265 |
| 16. — à Fabatus. L'obligeance entre amis | | 266 |
| 17. — à Céler. Utilité des lectures publiques | | 267 |
| 18. — à Caninius. Le don patriotique | | 270 |
| 19. — à Priscus. La maladie d'une femme célèbre | | 271 |
| 20. — à Tacite. L'amitié de Tacite et de Pline | | 273 |
| 21. — à Cornutus. L'ophthalmie | | 274 |
| 22. — à Falcon. Le tribun accompli | | 275 |
| 23. — à Fabatus. La course pénible | | 276 |
| 24. — à Géminius. Le testament de Quadratilla | | 276 |
| 25. — à Rufus. Le savant ignoré | | 278 |
| 26. — à Maxime. Les mortels parfaits | | 279 |
| 27. — à Sura. Les revenants | | 280 |
| 28. — à Septicius. La véritable amitié | | 284 |
| 29. — à Montanus. L'épitaphe d'un affranchi | | 284 |
| 30. — à Génitor. Pline et ses fermiers | | 285 |
| 31. — à Cornutus. Éloge de Claudius Pollion | | 286 |
| 32. — à Fabatus. Un affranchissement d'esclaves | | 288 |
| 33. — à Tacite. Confidence | | 289 |

## LIVRE HUITIÈME.

| | | |
|---|---|---|
| 1. Pline à Septicius. Le lecteur malade | | 291 |
| 2. — à Calvisius. La justice distributive | | 292 |
| 3. — à Sparsus. Le dernier ouvrage | | 293 |
| 4. — à Caninius. La guerre contre les Daces | | 294 |
| 5. — à Géminius. L'ami compatissant | | 296 |
| 6. — à Montanus. Les honneurs funèbres | | 296 |
| 7. — à Tacite. La critique difficile | | 301 |
| 8. — à Romanus. Le Clitumne et ses bords | | 302 |
| 9. — à Ursus. Les devoirs de l'amitié | | 304 |
| 10. — à Fabatus. Consolation | | 304 |
| 11. — à Hispulla. La convalescence | | 305 |
| 12. — à Minutien. La reconnaissance | | 306 |
| 13. — à Génialis. L'exemple paternel | | 307 |
| 14. — à Ariston. La consultation | | 308 |
| 15. — à Junior. Le paquet de livres | | 315 |
| 16. — à Paternus. Les pertes domestiques | | 315 |
| 17. — à Macrinus. L'inondation | | 316 |
| 18. — à Rufin. Le testament de Domitius Tullus | | 318 |
| 19. — à Maxime. Le charme des belles-lettres | | 321 |
| 20. — à Gallus. Le lac Vadimon | | 322 |
| 21. — à Arrien. La pièce nouvelle | | 324 |
| 22. — à Géminius. L'indulgence pour les défauts d'autrui | | 326 |
| 23. — à Marcellin. Éloge de Junius Avitus | | 327 |
| 24. — à Maxime. Le gouvernement de l'Achaïe | | 329 |

## LIVRE NEUVIÈME.

| | | |
|---|---|---|
| 1. Pline à Maxime. La publication opportune | | 332 |
| 2. — à Sabinus. Les lettres courtes | | 333 |
| 3. — à Paulinus. L'amour de la gloire | | 334 |
| 4. — à Macrinus. Le long plaidoyer | | 335 |
| 5. — à Tiron. La balance égale | | 335 |
| 6. — à Calvisius. Les amusements frivoles | | 336 |
| 7. — à Romanus. Les deux villas | | 337 |
| 8. — à Augurinus. L'échange d'éloges | | 338 |
| 9. — à Colon. La douleur partagée | | 338 |
| 10. — à Tacite. Occupations de Pline à la campagne | | 339 |
| 11. — à Géminius. Les libraires de Lyon | | 340 |
| 12. — à Junior. Sévérité d'un père | | 341 |
| 13. — à Quadratus. La vengeance d'Helvidius | | 341 |
| 14. — à Tacite. Regard jeté sur la postérité | | 348 |

15. *Pline à Falcon.* La liberté à la campagne.................... 348
16. — *à Mamilien.* Le gibier nouveau..................... 349
17. — *à Génitor.* Les bouffons à table.................... 349
18. — *à Sabinus.* L'heureuse mémoire................... 350
19. — *à Rufon.* La renommée......................... 351
20. — *à Vénator.* Les vendanges...................... 352
21. — *à Sabinien.* Le pardon......................... 353
22. — *à Sévérus.* Le parent de Properce................ 354
23. — *à Maxime.* La vanité littéraire................... 355
24. — *à Sabinien.* La recommandation fructueuse......... 356
25. — *à Mamilien.* Les passereaux et les colombes......... 357
26. — *à Lupercus.* La hardiesse oratoire................ 358
27. — *à Paternus.* Importance de l'histoire.............. 362
28. — *à Romanus.* Les trois lettres.................... 363
29. — *à Rusticus.* La critique indulgente................ 364
30. — *à Géminius.* La vraie libéralité.................. 365
31. — *à Sardus.* Éloges et remercîments................ 366
32. — *à Titien.* La vie oisive......................... 366
33. — *à Caninius.* L'enfant et le dauphin................ 367
34. — *à Suétone.* Un doute à éclaircir.................. 370
35. — *à Appius.* Le coup de lime...................... 370
36. — *à Fuscus.* Vie de Pline en été dans sa villa de Toscane..... 371
37. — *à Paulinus.* Exigence des fermiers de Pline.......... 373
38. — *à Saturnin.* Le livre de Rufus.................... 374
39. — *à Mustius.* Reconstruction d'un temple............. 374
40. — *à Fuscus.* Vie de Pline en hiver dans sa villa de Laurente..... 375

## LIVRE DIXIÈME.

1. *Pline à l'empereur Trajan.* Il le félicite sur son avénement au trône. 377
2. *Au même.* Il le remercie de lui avoir accordé le privilége dont jouissent les pères de famille qui ont trois enfants................. 377
3. *Au même.* Il le prie d'admettre Voconius au nombre des sénateurs.. 378
4. *Au même.* Il lui demande le droit de cité en faveur de son médecin Harpocras et de deux femmes affranchies................ 379
5. *Au même.* Remercîment.......................... 380
6. *Au même.* Suppliques diverses..................... 380
7. *Au même.* Requête............................. 381
8. *Au même.* Supplique personnelle................... 382
9. *Au même.* Il le félicite d'une victoire................ 382
10. *Au même.* Information........................... 382
11. *Au même.* Il demande de l'avancement pour son questeur Rosianus Géminius................................... 383
12. *Au même.* Remercîment.......................... 383

13. *Pline à l'empereur Trajan.* Avis.................................. 384
14. *Au même.* Avis.................................................. 384
15. *Au même.* Avis.................................................. 385
16. *Au même.* Avis.................................................. 385
17. *Au même.* Certificat............................................. 386
18. *Au même.* Certificat............................................. 387
19. *Au même.* Recommandation......................................... 387

## CORRESPONDANCE DE PLINE ET DE TRAJAN.

20. *Pline à l'empereur Trajan.* Il lui explique les motifs de sa conduite. 388
21. *Trajan à Pline.* Réponse approbative............................. 389
22. *Pline à l'empereur Trajan.* Sollicitation........................ 389
23. *Trajan à Pline.* Consentement.................................... 390
24. *Pline à l'empereur Trajan.* Il lui demande un congé.............. 390
25. *Trajan à Pline.* Congé accordé................................... 392
26. *Pline à l'empereur Trajan.* Avis................................. 392
27. *Trajan à Pline.* Approbation..................................... 393
28. *Pline à l'empereur Trajan.* Il lui mande son arrivée en Bithynie, et en quel état il a trouvé cette province.......................... 393
29. *Trajan à Pline.* Encouragement flatteur.......................... 394
30. *Pline à l'empereur Trajan.* Difficulté à résoudre................ 395
31. *Trajan à Pline.* Solution........................................ 395
32. *Pline à l'empereur Trajan.* Question douteuse.................... 396
33. *Trajan à Pline.* Explication..................................... 396
34. *Pline à l'empereur Trajan.* Demande de construction d'un nouveau bain à Pruse..................................................... 397
35. *Trajan à Pline.* Demande accordée................................ 397
36. *Pline à l'empereur Trajan.* Avis................................. 398
37. *Trajan à Pline.* Approbation de l'empereur....................... 398
38. *Pline à l'empereur Trajan.* Consultation......................... 398
39. *Trajan à Pline.* Éclaircissement donné par le prince............. 399
40. *Pline à l'empereur Trajan.* Il le consulte au sujet des criminels condamnés........................................................ 399
41. *Trajan à Pline.* Éclaircissement................................. 401
42. *Pline à l'empereur Trajan.* Projet d'une assurance contre l'incendie. 401
43. *Trajan à Pline.* Instruction donnée à ce sujet................... 402
44. *Pline à l'empereur Trajan.* Acquittement des vœux pour la santé de l'empereur et le salut de l'empire................................ 402
45. *Trajan à Pline.* Remerciment du prince........................... 403
46. *Pline à l'empereur Trajan.* Demande au sujet de la construction d'un nouvel aqueduc à Nicomédie........................................ 403
47. *Trajan à Pline.* Demande accordée................................ 404

## TABLE DES MATIÈRES. 457

48. *Pline à l'empereur Trajan.* Reconstruction du gymnase de Nicée, et établissement de bains à Claudiopolis. .................... 404
49. *Trajan à Pline.* Instruction donnée à ce sujet. ............... 406
50. *Pline à l'empereur Trajan.* Projet d'unir par un canal le lac de Nicomédie à la mer. ........................................ 407
51. *Trajan à Pline.* Instruction relative à ce sujet. .............. 408
52. *Pline à l'empereur Trajan.* Économie proposée. .............. 408
53. *Trajan à Pline.* Approbation. .............................. 409
54. *Pline à l'empereur Trajan.* Les passe-ports périmés peuvent-ils servir? 409
55. *Trajan à Pline.* Réponse négative. ......................... 409
56. *Pline à l'empereur Trajan.* Consultation relative à l'administration des revenus de la ville d'Apamée. ......................... 410
57. *Trajan à Pline.* Instruction donnée à ce sujet. .............. 410
58. *Pline à l'empereur Trajan.* Il le consulte au sujet du transfert d'un temple de Cybèle. ........................................ 411
59. *Trajan à Pline.* Autorisation du prince. .................... 411
60. *Pline à l'empereur Trajan.* Célébration du jour anniversaire où Trajan fut appelé à l'empire. .................................. 412
61. *Trajan à Pline.* Remercîment du prince. .................... 412
62. *Pline à l'empereur Trajan.* Demande relative à l'abaissement du taux de l'intérêt pour le placement des deniers publics. ........... 412
63. *Trajan à Pline.* Consentement accordé. .................... 413
64. *Pline à l'empereur Trajan.* Explications relatives au sort de quelques bannis. ................................................ 413
65. *Trajan à Pline.* Distinction sur la pénalité qu'ils ont encourue. .... 415
66. *Pline à l'empereur Trajan.* Affaire de Flavius Archippus. ....... 415
67. *Pline à l'empereur Trajan.* Envoi de deux requêtes. ........... 418
68. *Trajan à Pline.* Réhabilitation accordée à Flavius Archippus. .... 418
69. *Pline à l'empereur Trajan.* Il lui prouve qu'il est facile d'unir, sans aucune perte, le canal de Nicomédie à la mer. ................ 419
70. *Trajan à Pline.* Acceptation de l'empereur. ................. 420
71. *Pline à l'empereur Trajan.* Il le consulte au sujet des enfants *entretenus*. .............................................. 420
72. *Trajan à Pline.* Explication de l'empereur. ................. 421
73. *Pline à l'empereur Trajan.* Les Bithyniens peuvent-ils transférer d'un lieu dans un autre les cendres de leurs parents? ............. 422
74. *Trajan à Pline.* Réponse affirmative. ...................... 422
75. *Pline à l'empereur Trajan.* Sur l'emplacement d'un bain à Pruse. .. 422
76. *Trajan à Pline.* Autorisation accordée. ..................... 424
77. *Pline à l'empereur Trajan.* Requête au sujet de la reconnaissance des enfants *entretenus*. ...................................... 424
78. *Trajan à Pline.* Décision ajournée. ........................ 424
79. *Pline à l'empereur Trajan.* Communication d'un testament favorable à Pline ................................................. 425

80. *Trajan à Pline.* Le prince l'autorise à l'accepter............... 425
81. *Pline à l'empereur Trajan.* Il réclame un centurion légionnaire en faveur de Juliopolis..................................... 425
82. *Trajan à Pline.* Refus du prince......................... 426
83. *Pline à l'empereur Trajan.* Il demande des éclaircissements relatifs à la loi Pompéia........................................ 427
84. *Trajan à Pline.* Il accepte l'interprétation de Pline............ 428
85. *Pline à l'empereur Trajan.* Il lui soumet un doute............ 428
86. *Trajan à Pline.* Décision de l'empereur.................... 430
87. *Pline à l'empereur Trajan.* Il lui offre les félicitations des Nicéens. 430
88. *Trajan à Pline.* Il lui recommande l'examen d'une question...... 431
89. *Pline à l'empereur Trajan.* Souhaits...................... 431
90. *Trajan à Pline.* Remerciment de l'empereur................ 431
91. *Pline à l'empereur Trajan.* Requête pour obtenir un aqueduc à Sinope.................................................. 432
92. *Trajan à Pline.* Demande accordée...................... 432
93. *Pline à l'empereur Trajan.* Requête au sujet des contributions volontaires de la ville d'Amise........................... 432
94. *Trajan à Pline.* Autorisation du prince.................... 433
95. *Pline à l'empereur Trajan.* Il lui demande, en faveur de Suétone, le privilège accordé aux pères qui ont trois enfants............ 433
96. *Trajan à Pline.* Consentement accordé par l'empereur........ 434
97. *Pline à l'empereur Trajan.* Il l'informe de sa conduite envers les chrétiens............................................. 434
98. *Trajan à Pline.* Approbation donnée à cette conduite......... 437
99. *Pline à l'empereur Trajan.* Il lui demande la permission de faire voûter un cours d'eau qui infecte la ville d'Amastris.......... 437
100. *Trajan à Pline.* Demande accordée..................... 438
101. *Pline à l'empereur Trajan.* Acquittement solennel des vœux pour la santé de l'empereur et la prospérité de l'empire........... 438
102. *Trajan à Pline.* Remerciment de l'empereur................ 439
103. *Pline à l'empereur Trajan.* Solennisation anniversaire du joyeux avénement de Trajan à l'empire........................ 439
104. *Trajan à Pline.* Remerciment de l'empereur................ 439
105. *Pline à l'empereur Trajan.* Il le prie d'accorder le droit de cité romaine à trois enfants de Valérius Paulinus................ 439
106. *Trajan à Pline.* Demande accordée..................... 440
107. *Pline à l'empereur Trajan.* Il appuie la requête d'Accius Aquila. 440
108. *Trajan à Pline.* Demande accordée..................... 440
109. *Pline à l'empereur Trajan.* Requête en faveur des villes de Bithynie et du Pont..................................... 441
110. *Trajan à Pline.* Refus de l'empereur..................... 441
111. *Pline à l'empereur Trajan.* Requête en faveur de Jules Pison... 442
112. *Trajan à Pline.* Demande accordée..................... 442

113. *Pline à l'empereur Trajan.* A quelle condition peut-on être admis dans le sénat de Bithynie ?.................................. 443
114. *Trajan à Pline.* Les conditions d'admission doivent varier selon l'usage de chaque ville............................... 443
115. *Pline à l'empereur Trajan.* Les censeurs de Bithynie peuvent-ils choisir des sénateurs qui ne soient pas de leur ville ?.......... 444
116. *Trajan à Pline.* Réponse affirmative quant au présent........... 445
117. *Pline à l'empereur Trajan.* Il le consulte au sujet d'assemblées trop nombreuses................................... 445
118. *Trajan à Pline.* Il approuve la conduite de Pline.............. 446
119. *Pline à l'empereur Trajan.* Requête au sujet des récompenses dues aux vainqueurs dans les combats isélastiques................ 446
120. *Trajan à Pline.* Ces récompenses ne leur sont dues que du jour où ils font leur entrée dans la ville........................ 447
121. *Pline à l'empereur Trajan.* Il l'avertit qu'il a enfreint les règlements pour délivrer un passe-port à sa femme................... 447
122. *Trajan à Pline.* Approbation bienveillante du prince........... 448

FIN DE LA TABLE.

Paris. — Imprimerie de P.-A. Bourdier, Capiomont fils et Cie, 6, rue des Poitevins.

# EXTRAIT DU CATALOGUE

DE LA LIBRAIRIE

# GARNIER FRÈRES

6, rue des Saints-Pères et Palais-Royal, 215

## DICTIONNAIRE NATIONAL

OUVRAGE ENTIÈREMENT TERMINÉ

MONUMENT ÉLEVÉ A LA GLOIRE DE LA LANGUE ET DES LETTRES FRANÇAISES

Ce grand Dictionnaire classique de la Langue française contient, pour la première fois, outre les mots mis en circulation par la presse, et qui sont devenus une des propriétés de la parole, les noms de tous les Peuples anciens, modernes ; de tous les Souverains de chaque État ; des Institutions politiques ; des Assemblées délibérantes ; des Ordres monastiques, militaires ; des Sectes religieuses, politiques, philosophiques ; des grands Evénements historiques : Guerres, Batailles, Siéges, Journées mémorables, Conspirations, Traités de paix, Conciles ; des Titres, Dignités, Fonctions, des Hommes ou Femmes célèbres en tout genre ; des Personnages historiques de tous les pays et de tous les temps : Saints, Martyrs, Savants, Artistes, Ecrivains ; des Divinités, Héros et personnages fabuleux de tous les peuples ; des Religions et Cultes divers, Fêtes, Jeux, Cérémonies publiques, Mystères, enfin la Nomenclature de tous les Chefs-lieux, Arrondissements, Cantons, Villes, Fleuves, Rivières, Montagnes de la France et de l'Etranger ; avec les Etymologies grecques, latines, arabes, celtiques, germaniques, etc., etc.

Cet ouvrage classique est rédigé sur un plan entièrement neuf, plus exact et plus complet que tous les dictionnaires qui existent, et dans lequel toutes les définitions, toutes les acceptions des mots et les nuances infinies qu'ils ont reçues sont justifiées par plus de quinze cent mille exemples extraits de tous les écrivains moralistes et poètes philosophes et historiens, etc., etc. Par M. BESCHERELLE aîné, principal auteur de la *Grammaire nationale*. 2 magnifiques vol. in-4 de plus de 3,000 pages, à 4 col., imprimés en caractères neufs et très-lisibles, sur papier grand raisin glacé, contenant la matière de plus de 300 volumes in-8. . . . . . **50 fr**

Demi-reliure chagrin, plats en toile. . . . . . . . . . . . . . . **10 fr.**

## GRAMMAIRE NATIONALE

Ou Grammaire de Voltaire, de Racine, de Bossuet, de Fénelon, de J. J. Rousseau, de Bernardin de Saint-Pierre, de Chateaubriand, de Casimir Delavigne, et de tous les écrivains les plus distingués de la France ; par MM. BESCHERELLE FRÈRES et LITAIS DE CAUX. 1 fort vol. grand in-8. Complément indispensable du *Dictionnaire national*. . . . . . . . . . **10 fr.**

## NOUVEAU DICTIONNAIRE CLASSIQUE DE LA LANGUE FRANÇAISE

Comprenant : Les mots du Dictionnaire de l'Académie française, et un très grand nombre d'autres autorisés par l'emploi qu'en ont fait les bons écrivains; leurs acceptions propres et figurées et l'indication de leur emploi dans les difflérents genres de style; — 2° Les termes usités dans les sciences, les arts, les manufactures, ou tirés des langues étrangères; — 3° La synonymie rédigée sur un plan tout nouveau; — 4° La prononciation figurée de tous les mots qui représentent quelque difficulté;—5° Un Vocabulaire général de géographie, d'histoire et de biographie, etc., etc.; par MM. Bescherelle aîné, et J. A. Pons, professeur d'histoire. 1 vol. gr. in-8 de 1100 pag. . . . . . . . . . . . . . . . . . . . . . . . 10 fr.

## GRAMMAIRE ESPAGNOLE-FRANÇAISE DE SOBRINO

Très-complète et très-détaillée, contenant toutes les notions nécessaires pour apprendre à parler et à écrire correctement l'espagnol. Nouvelle édition, refondue avec le plus grand soin, par A. Galban. 1 vol. in-8. . . . 5 fr.

## GRAMMATICA DE LA LENGUA FRANCESA

Para los Españoles, por Chantreau, corrigée avec le plus grand soin par A. Galban, 1 vol, in-8. . . . . . . . . . . . . . . . . . . . . . . . 4 fr.

## GRAMMAIRE ITALIENNE

En 25 leçons, d'après Vergani, corrigée et complétée par C. Ferrari, ancien professeur à l'école normale et à l'Université de Turin, auteur du *Nouveau Dictionnaire italien-français et français-italien*. 1 vol. . . . . . . . 2 fr.

## PETIT DICTIONNAIRE NATIONAL

Contenant la définition très-claire et très-exacte de tous les mots de la langue usuelle; l explication la plus simple des termes scientifiques et techniques; la prononciation figurée dans tous les cas douteux ou difficiles, etc., etc.; à l'usage de la jeunesse, des maisons d'éducation et de tous ceux qui ont besoin de renseignements prompts et précis, par M. Bescherelle aîné, auteur du *Grand Dictionnaire national,* etc. 1 fort vol. in-32 jésus, de plus de 600 pag. . . . . . . . . . . . . . . . . . . . . . . 2 fr. 25

## PETIT DICTIONNAIRE D'HISTOIRE, DE GÉOGRAPHIE ET DE MYTHOLOGIE

Par J. P. Quitard, auteur du *Dictionnaire des Proverbes,* faisant suite au *Petit Dictionnaire national* de M. Bescherelle aîné. 1 vol. in-32. 1 fr. 75
Les deux ouvrages réunis en 1 fort vol., rel. toile. . . . . . . . . . 4 fr.

## DICTIONNAIRE USUEL DE TOUS LES VERBES FRANÇAIS,

Tant réguliers qu'irréguliers ; par MM. Bescherelle frères. 3° édition. 2 forts vol. in-8 à 2 colonnes. . . . . . . . . . . . . . . . . . . . . . 12 fr.
Ce livre est indispensable à tous les écrivains et à toutes les personnes qui s'occupent de la langue française. La conjugaison des verbes est sans contredit ce qu'il y a de plus difficile dans notre langue, puisqu'on y compte plus de trois cents verbes irréguliers. A l'aide de ce dictionnaire, tous les doutes sont levés, toutes les difficultés vaincues.

## PETITS DICTIONNAIRES EN DEUX LANGUES

Avec la prononciation figurée, très-complets et exécutés avec le plus gr soin, contenant chacun la matière d'un fort volume in-8, à l'usage voyageurs, des lycées, des collèges, de la jeunesse des deux sexes, et toutes les personnes qui étudient les langues étrangères.

**Dictionnaire grec-français**, Rédigé sur un plan nouveau, contenant tous les termes employés par les auteurs classiques présentant un aperçu de la dérivation des mots dans la langue grecque et suivi d'un lexique des noms propres, par A. CHASSANG, maître de Conférences de langue et littérature grecques à l'École normale supérieure. 1 vol. grand in-32 de plus de 1000 pages. . . . . . . . . 7 fr. 50

**Nouveau dictionnaire latin-français** contenant tous les termes employés par les auteurs classiques; l'explication d'un certain nombre de mots appartenant à la langue du droit; les noms propres d'hommes et de lieux, etc., par E. DE SUCKAU, chargé du cours de littérature française à la Faculté d'Aix. 1 fort vol. grand in-32. . . . 4 fr. 50

**Nouveau dictionnaire anglais-français et français-anglais** contenant : Tout le vocabulaire de la langue usuelle, et donnant la *prononciation* figurée de tous les mots anglais, et celle des mots français dans les cas douteux, par M. CLIFTON. 1 vol. grand in-32, imprimé avec soin. . 4 fr. 50

**Nouveau dictionnaire allemand-français et français-allemand** du langage littéraire, scientifique et usuel, contenant, à leur ordre alphabétique, tous les mots usités et nouveaux de ces deux idiomes ; les noms propres de personnes, de pays, de villes, etc.; la grammaire et les idiotismes, et suivi d'un Tableau des verbes irréguliers, par K. ROTTECK (de Berlin). 1 fort vol. grand in-32 jésus. . . 4 fr. 50

**Nouveau dictionnaire de poche français-espagnol et espagnol-français** avec *la prononciation* dans les deux langues, rédigé d'après les matériaux réunis par D. VICENTE SALVA et les meilleurs dictionnaires parus jusqu'à ce jour. 1 fort vol. grand in-32, format dit Cazin, d'environ 1,100 p. . . 5 fr.

**Dictionnaire italien-français et français-italien**, contenant tous les mots de la langue usuelle et donnant la prononciation figurée des mots italiens et des mots français, dans les cas douteux et difficiles, par C. FERRARI. 1 fort volume in-32. . . . . 4. fr. 50

**Dictionnaire de poche français-turc**, par A. CALFA. 3e édition refondue. 1 vol. gr. in-32, relié. . . . . . . . 6 fr.

Reliure percaline, tr.-jaspée, de chacun de ces quatre dictionnaires. . 0, 60 c.

Les dictionnaires en petit format publiés jusqu'à ce jour sont plutôt des vocabulaires, souvent très-incomplets, qui ne contiennent aucune des indications nécessaires pour aider un commençant à traduire correctement d'une langue dans une autre.

Dans ces dictionnaires que nous recommandons à l'attention du public ami des lettres :

1° Tous les mots, sans exception, sont à leur ordre alphabétique; pas de liste particulière de noms propres, de mots géographiques, etc.

2° Les diverses acceptions de chaque mot sont indiquées par des numéros. Le premier numéro donne le sens le plus conforme à l'étymologie ; les numéros suivants présentent successivement les sens dérivés, détournés ou figurés. Enfin différents signes typographiques et de ponctuation viennent encore guider l'étranger dans le choix des mots.

3° La prononciation a été figurée avec le plus grand soin et à l'aide des moyens les plus simples.

On voit que nous n'avons rien négligé pour rendre cette publication aussi utile et pratique que possible. Si l'on considère encore que nous donnons également la solution des difficultés grammaticales, relatives, par exemple, à la conjugaison des verbes, des prépositions, etc., on sera forcé de convenir que jamais on n'a présenté autant de matières sous un aussi petit volume.

### GRAND DICTIONNAIRE
### ESPAGNOL-FRANÇAIS ET FRANÇAIS-ESPAGNOL

Avec la prononciation dans les deux langues, plus exact et plus complet que tous ceux qui ont paru jusqu'à ce jour, rédigé d'après les matériaux réunis par D. VICENTE SALVA, et les meilleurs dictionnaires anciens et modernes, par F. DE P. NORIÉGA ET GUIM. 1 fort vol. gr. in-8 jésus, d'environ 1,600 pag., à 3 col. . . . . . . 18 fr.

## EXTRAIT DU CATALOGUE

### GUIDES POLYGLOTTES

Manuels de la conversation et du style épistolaire, à l'usage des voyageurs et des écoles. Grand in-32, format dit Cazin, papier satiné, élégamment cartonnés. Prix du vol.. . . . . . . . . . . . . . . . . . . . . . . . . . . . . . . . 2 fr.

Français - anglais, par M. Clifton, 1 vol.

Français-italien, par M. Vitali, 1 vol.

Français-allemand, par M. Ebeling, 1 vol.

Français - espagnol, par M. Corona Bustamente, 1 vol.

Espanol-francés, por Corona Bustamente.

English-french, by Clifton 1 vol.

Hollandsch - fransch, van A. Dufriche, 1 vol.

Espanol-inglés, por Corona Bustamente y Clifton, 1 vol.

English and italian. 1 vol.

Espanol-aleman, por Corona Bustamente Ebeling, 1 vol.

Deutsch-english, von Carolino Duarte, 1 vol.

Espanol-italiano, por M. Corona Bustamente y Vitali, 1 vol.

Italiano-Tedesco, da Giovani Vitali et D' Ebeling, 1 vol.

Portuguez-francez, por M. Caroline Duarte y Clifton, 1 vol.

Portuguez-ingles, por Duarte y Clifton, 1 vol.

**GUIDE EN SIX LANGUES.** Français-anglais-allemand-italien-espagnol-portugais. 1 fort in-16 de 550 pages. . . . . . . . . . . . . . . . . 5 fr.

**GUIDE EN QUATRE LANGUES**, français-anglais-allemand-italien, 1 vol. grand in-32, cartonné.. . . . . . . . . . . . . . . . . . . . . . . . . . . . . . . . . . 4 fr.

Nous appelons d'une manière toute spéciale l'attention sur nos *Guides polyglottes*. Le soin intelligent et scrupuleux qui en a dirigé l'exécution leur assure, parmi les livres de ce genre, une incontestable supériorité. Le texte original a été fait et préparé, avec beaucoup d'adresse et d'habileté, par un maître de conférences à l'École normale supérieure. Les besoins de la conversation usuelle y sont très-heureusement prévus. Les dialogues, au lieu de se traîner dans l'ornière des banalités ennuyeuses, ont un à propos, une vivacité, un sel, qui amusent et réveillent le lecteur. Les traducteurs se sont acquittés de leur tâche avec exactitude et fidélité.

Guide français-anglais, manuel de la conversation et du style épistolaire, avec la *prononciation figurée de tous les mots anglais*, à l'usage des voyageurs. 1 vol. in-16. . . . . . . . 4 fr.

Polyglot guides manual of conversation with models of letters for the use of travellers and students. English and French with the figured pronunciation of the French, by MM. Clifton and Dufriche-Desgenettes. 1 volume in-16. . . . . . . . . . . . . . . . . . . . . 4 fr.

### CODES ET LOIS USUELLES

Classés par ordre alphabétique, édition sans supplément conforme à la législation la plus récente, collationnée sur les textes officiels, contenant en note sous chaque article des codes ses différentes modifications, la corrélation des articles, entre eux, la concordance avec le droit romain, l'ancienne législation française et les lois nouvelles, précédée de la constitution de l'Empire français et accompagnée d'une table chronologique et d'une table générale des matières, par M. A. Roger, avocat à la Cour impériale de Paris, auteur de la 2e édition du *Traité de la Saisie-Arrêt*, et M. A. Sorel, avocat à la Cour impériale de Paris, suppléant du juge de paix du VIII<sup>e</sup> arrondissement de Paris. 1 beau v. gr. in-8 raisin de 1,200 pages. Prix, br. . 15 fr.
La reliure, demi-chagrin. . . . . . . . . . . . . . . . . . . . . . . . . . 3 fr.

### LE MÊME OUVRAGE

Édition portative, format gr. in-32 jésus, en deux parties :

Ire Partie. Les *Codes*. . . . . . . . . . . . . . . . . . . . . . . . . . . . . 4 fr.

IIe Partie. Les *Lois usuelles*. . . . . . . . . . . . . . . . . . . . . . . 4 fr.

## DICTIONNAIRE DE LA CONVERSATION ET DE LA LECTURE.

52 vol. grand in-8 de 500 pages à 2 col., contenant la matière de plus de 300 vol. . . . . . . . . . . . . . . . . . . . . . . . . . 208 fr.

## SUPPLÉMENT AU DICTIONNAIRE DE LA CONVERSATION ET DE LA LECTURE

Rédigé par tous les écrivains et savants dont les noms figurent dans cet ouvrage et publié sous la direction du même rédacteur en chef. 16 vol. in-8 de 500 pages, pareilles à celles des 52 vol. publiés de 1833 à 1839. 80 fr.

Le *Supplément*, aujourd'hui TERMINÉ, se compose de *seize volumes* formant les tomes 53 à 68 de cette Encyclopédie si populaire.

Le *Supplément* a réparé toutes les erreurs, toutes les omissions qui avaient échappé dans le travail si rapide de la rédaction des 52 premiers volumes. Tous les *renvois* que le lecteur chercherait vainement dans l'ouvrage principal se trouvent traités dans le *Supplément*.

Aujourd'hui les seuls exemplaires qui conservent *leur valeur primitive* sont ceux qui sont accompagnés du *Supplément*, en d'autres termes des tomes 53 à 68.

## COURS COMPLET D'AGRICULTURE,

Ou Nouveau Dictionnaire d'agriculture théorique et pratique d'économie rurale et de médecine vétérinaire, sur le plan de l'ancien Dictionnaire de l'abbé Rosnier, par MM. le baron de MOROGUES, membre de l'Institut; MIRBEL, professeur de culture au Jardin des Plantes, etc.; le vicomte HÉRICART DE THURY, président de la Société impériale d'agriculture; PAYEN, professeur de chimie agricole; MATHIEU DE DOMBASLE, etc., etc. 4ᵉ édition, revue et corrigée. 20 vol. br. en 19 gr. in-8 à 2 col, avec environ 4,000 sujets grav., relat. à la grande et à la petite culture, à l'économie rurale et domestique, à la description des plantes, etc. Complet. . . . 112 fr.

Chaque volume est orné du portrait d'un des hommes les plus notables des sciences agricoles. Le *Supplément* compte des textes tout récents; on y voit figurer les noms de MM. Chevreul, Gaudichaud, Boucherie, Paul Gaubert, Polonceau, Fuster, Morin, etc.

## DICTIONNAIRE D'HIPPIATRIQUE ET D'ÉQUITATION.

Ouvrage où se trouvent réunies toutes les connaissances équestres et hippiques, par F. CARDINI, lieutenant-colonel en retraite. 2 vol. grand in-8 ornés de 70 figures; 2ᵉ édition, considérablement augmentée. . . 20 fr.

## NOUVEAU DICTIONNAIRE COMPLET DES COMMUNES DE LA FRANCE

De l'Algérie et des autres colonies françaises, contenant la Nomenclature de toutes les communes, leur division administrative, leur population d'après le dernier recensement; les bureaux de poste; leur distance de Paris; les stations de chemins de fer; les bureaux télégraphiques; l'industrie; le commerce; les productions du sol; les châteaux et tous les renseignements relatifs à l'organisation administrative, ecclésiastique, judiciaire, universitaire, financière, militaire et maritime de la France, avant et depuis 1789, par A. GINDRE DE MANCY. 1 fort vol. gr. in-8 d'environ 1,000 p., à deux colonnes avec une carte des chemins de fer, par CHARLE, géographe. 12 fr

## DICTIONNAIRE PORTATIF DES COMMUNES DE LA FRANCE, DE L'ALGÉRIE ET DES AUTRES COLONIES FRANÇAISES

Précédé de tableaux synoptiques, et accompagné d'une carte de la France, par M. GINDRE DE MANCY, membre de la Société philotechnique et de plusieurs sociétés savantes. 1 fort vol. in-32 de 750 pages. . . . . . . 3 fr. 50

## DICTIONNAIRE GÉNÉRAL DES SCIENCES THÉORIQUES ET APPLIQUÉES

Comprenant les mathématiques, la physique et la chimie, la mécanique et la technologie, l'histoire naturelle et la médecine, l'économie rurale et l'art vétérinaire, par MM. Privat-Deschanel et Ad. Focillon, professeurs des sciences physiques et des sciences naturelles au lycée de Louis-le-Grand, avec la collaboration d'une réunion de savants ; 4 parties, vol. gr. in-8. Prix. 30 fr.

## GÉOGRAPHIE UNIVERSELLE,

Par Malte-Brun. Description de toutes les parties du monde sur un nouveau plan, d'après les grandes divisions du globe; précédée de l'histoire de la géographie chez les peuples anciens et modernes, et d'une théorie générale de la géographie mathématique, physique et politique. 6ᵉ édition revue, corrigée et augmentée, mise dans un nouvel ordre et enrichie de toutes les nouvelles découvertes, par J. J. N. Huot. 6 beaux vol. gr. in-8, ornés de 41 grav. sur acier, . . . . . . . . . . . . . . . . . 60 fr.
Avec un superbe Atlas entièrement établi à neuf. 1 vol. in-folio, composé de 72 magnifiques cartes coloriées, dont 14 doubles. . . . . . . . . . . 80 fr.
On peut acheter l'Atlas séparément. . . . . . . . . . . . . . 20 fr

## CHEFS-D'ŒUVRE DE LA LITTÉRATURE FRANÇAISE
### 21 volumes sont en vente à 7 fr. 50

Cette collection imprimée avec luxe par M. Claye, sur magnifique papier des Voges fabriqué spécialement pour cette édition est ornée de vignettes gravées sur acier, d'après les dessins de Staal.

On tire de chaque volume de la collection 150 *exemplaires numérotés* sur papier de Hollande, avec figures sur chine avant la lettre, au prix de : 15 fr. le vol.

**Œuvres complètes de Molière**, nouvelle édition très-soigneusement revue sur les textes origmaux avec un nouveau travail de critique et d'érudition, aperçus d'histoire littéraire, examen de chaque pièce, commentaire, biographie, etc., etc., par M. Louis Moland. 7 vol. in-8 cavalier.

**Chefs-d'œuvre littéraires de Buffon**, avec une introduction par M. Flourens, membre de l'Académie française, secrétaire de l'Académie des sciences, etc. 2 vol in-8 cavalier.

**Histoire de Gil Blas de Santillane**, par le Sage, avec les principales remarques des divers annotateurs, précédée d'une notice par Sainte-Beuve, les jugements et témoignages sur le Sage et sur *Gil Blas*. 2 vol in-8 illustrés de 6 belles gravures sur acier d'après les dessins de Staal.

**Imitation de Jésus-Christ**. Traduction nouvelle avec des réflexions à la fin de chaque chapitre, par M. l'abbé de Lamennais. 1 vol. in-8.

**Essais de Michel de Montaigne**, nouvelle édition, avec les notes de tous les commentateurs, choisies et complétées par M. J. V. le Clerc, ornée d'un magnifique portrait de Montaigne, précédée d'une nouvelle étude sur Montaigne, par M. Prévost-Paradol, de l'Académie française. 4 vol.

**Œuvres complètes de Boileau Despréaux**, avec un nouveau travail et un commentaire, par M. Géruzez. 4 v.

**Œuvres choisies de Marot**, accompagnées de notes philologiques et littéraires et précédées d'une étude sur l'auteur, par M. d'Héricault. 1 vol.

### EN PRÉPARATION

**Œuvres complètes de Racine**, avec un travail nouveau, par M. Saint-Marc Girardin, de l'Académie française.

**Œuvres complètes de la Fontaine**. avec un nouveau travail de critique et d'érudition, par M. Louis Moland.

Nous avons promis, dans le prospectus de *Molière*, de chercher à remettre en honneur les belles éditions de nos auteurs classiques. Les volumes qui ont paru permettent de juger si nous avons tenu parole.
Notre collection contiendra la fleur de la littérature française. Elle se composera d'une soixantaine de volumes environ, imprimés avec le plus grand luxe par Claye, et dignes de tenir une place d'honneur dans les meilleures bibliothèques.

## BIBLIOTHÈQUE AMUSANTE

Contenant les meilleurs romans du xvII<sup>e</sup> et du xvIII<sup>e</sup> siècles, et quelques-uns des principaux du xIX<sup>e</sup>. Le volume, grand in-8 cavalier, 3 grav. sur acier d'après STAAL. . . . . . . . . . . . . . . . . . . . . . . . 7 fr. 50

Œuvres de madame de la Fayette. 1 vol.

Œuvres de mesdames de Fontaines et Tencin. 1 vol.

Gil Blas, par LE SAGE. 2 vol.

Diable boiteux, suivi de *Estévanille Gonzalès*, par LE SAGE.

Histoire de Guzman d'Alfarache, par LE SAGE.

Vie de Marianne, suivie du *Paysan parvenu*, par MARIVAUX. 2 vol.

Œuvres de madame Riccoboni. 1 v.

Lettres du marquis de Roselle, par madame ELIE DE BEAUMONT; Mademoiselle de Clermont, par madame DE GENLIS, et la Dot de Suzette, par FIÉVÉE. 1 vol.

Chefs-d'œuvre de madame de Souza. 1 vol.

Corinne, par madame de STAEL. 1 vol.

### HISTOIRE DE FRANCE PAR ANQUETIL

Avec continuation jusqu'en 1852, par BAUDE, l'un des principaux auteurs du *Million de faits* et de *Patria*. 8 demi-vol. gr. in-8, illustrés de 120 gravures, renfermant la collection complète des portraits des rois, imprimés en beaux caractères, à 2 colonnes, sur papier des Vosges.. . . . . . 50 fr.

### HISTOIRE DE FRANCE D'ANQUETIL

Continuée depuis la Révolution de 1789, par LÉONARD GALLOIS. Edition ornée de 50 gravures en taille-douce. 5 vol. gr. in-8 jésus à 2 colonnes, contenant la matière de 40 vol. in-8 ordinaire, 62 fr. 50; net.. . . . . 30 fr.

### ŒUVRES COMPLÈTES DE CHATEAUBRIAND

Nouvelle édition, précédée d'une étude littéraire sur Chateaubriand, par M. SAINTE-BEUVE, de l'Académie française. 12 très-forts volumes in-8, sur papier cavalier vélin, ornés d'un beau portrait de Chateaubriand et de 42 gravures exécutées spécialement pour cette édition, et avec le plus grand soin, par MM. F. DELANNOY, G. THIBAULT, OUTHWAITE, MASSARD, etc., d'après les dessins originaux de STAAL, de RACINET, etc.

ON VEND SÉPARÉMENT AVEC UN TITRE SPÉCIAL

Le Génie du christianisme. 1 vol. orné de 5 grav. sur acier.

Les Martyrs. 1 vol. orné de 5 grav. sur acier.

L'Itinéraire de Paris à Jérusalem. 1 vol. orné de 6 gravures.

Atala, René, le Dernier Abencérage, les Natchez, Poésies. 1 vol. orné de 4 grav. sur acier.

Voyage en Amérique, en Italie et en Suisse. 1 vol orné de 4 gravures.

Le Paradis perdu. 1 vol. orné de 4 grav. sur acier.

Histoire de France. 1 vol. orné de 4 grav. sur acier.

Études historiques. 1 vol. orné de 3 grav. sur acier.

Le prix de chaque volume, avec 3, 4 ou 5 gravures, est de 6 fr.
Sans gravures. . . . . . . . . . . . . . . . . . . . 5 fr.

### CHATEAUBRIAND ET SON GROUPE LITTÉRAIRE

Sous l'Empire, par M. SAINTE-BEUVE, de l'Académie française. 2 volumes in-8.. . . . . . . . . . . . . . . . . . . . . . . . . . . 15 fr.

## HISTOIRE DE NAPOLÉON

Par Laurent (de l'Ardèche); illustrée de 500 vignettes, avec les types en noir imprimés dans le texte, par Horace Vernet. 1 vol. gr. in-8. .. 10 fr.
Reliure toile, tranche dorée.. . . . . . . . . . . . . . . 4 fr. 50

## NOUVEAU TRAITÉ DE BLASON

Ou science des armoiries, d'après le P. Ménétrier, d'Hozier, Ségoing, Scohier, Palliot, H. de Bara, Favyn, par Victor Bouton, peintre héraldique et paléographe. 1 vol. in-8 de 500 pag. 460 blasons, 800 noms de familles. 10 fr

## ABRÉGÉ MÉTHODIQUE DE LA SCIENCE DES ARMOIRIES

Suivi d'un glossaire des attributs héraldiques, d'un traité élémentaire des ordres modernes de chevalerie, et de notions sur l'origine des noms de familles et des classes nobles, etc., par M. Maigne. 1 vol. gr. in-18 jésus, orné d'environ 300 vignettes dans le texte, grav. par V. Dufrénoy. 6 fr.

## LA SCIENCE DU BLASON

Accompagnée d'un armorial général des familles nobles de l'Europe, publiée par le vicomte de Magny, directeur de l'Institut héraldique. 1 vol. gr. in-8, jésus vélin, enrichi de 2,000 blasons gravés dans le texte, 25 fr.; net. 12 fr

## LE HÉRAUT D'ARMES

Revue illustrée de la noblesse. — Directeur : le comte Alfred de Bizemont.—
Gérant : Victor Bouton. Tome I (novembre 1861, à janvier 1863), 30 fr. net. . . . . . . . . . . . . . . . . . . . . . . 12 fr.

## L'ITALIE CONFÉDÉRÉE

Histoire politique, militaire et pittoresque de la campagne de 1859, par Amédée de Césena. 4 beaux vol. gr. in-8. . . . . . . . . 24 fr.
Illustrée de très-belles gravures sur acier, parmi lesquelles un magnifique portrait de l'Empereur et de l'Impératrice, de vingt types militaires coloriés, d'une excellente carte du nord de l'Italie, par Vuillemin; des plans de bataille de Magenta et de Solferino, des plans coloriés de Venise, de Mantoue et de Vérone.

## CAMPAGNE DE PIÉMONT ET DE LOMBARDIE

Par Amédée de Césena. 1 vol. gr. in-8 jésus.. . . . . . . . . 20 fr.
L'ouvrage est orné des portraits de l'Empereur, de l'Impératrice, et de Victor-Emmanuel, admirablement gravés sur acier par Delannoy, d'après Winterhalter, de plans et de cartes, de types militaires des trois armées et de planches sur acier représentant les batailles; il renferme aussi la liste complète et nominale des décorés et des médaillés de l'armée d'Italie.

## HISTOIRE DES DUCS DE BOURGOGN

Par M. de Barante, membre de l'Académie française; 7e édition. 12 vol. in-8, caractères neufs, imprimés sur papier vélin satiné des Vosges, ornés de 104 gravures et d'un grand nombre de cartes. Prix du volume.. . 5 fr.

## HISTOIRE UNIVERSELLE

Par le comte de Ségur, de l'Académie française; contenant l'histoire de tous les peuples de l'antiquité, l'histoire romaine et l'histoire du Bas-Empire 6e édition, ornée de 50 gravures sur acier, d'après les grands maîtres de l'école française. 5 vol. gr in-8.. . . . . . . . . . . 37 fr. 50
On peut acheter séparément chaque volume, qui forme un tout complet.

## LAMARTINE

**Histoire de la Révolution de 1848.** Nouvelle édition, complétement revue par l'auteur. 2 vol. in-8, papier cavalier vélin, 12 fr.; net. . . . 10 fr.
**Raphaël.** Pages de la vingtième année. Deuxième édition. 1 v. in-8 cavalier vélin . . . . . . . . . . . . . . . . . . . . . 5 fr.
**Histoire de Russie.** Paris, Perrotin, 1856. 2 vol. in-8, 10 fr.; net. . . 6 fr.

## ŒUVRES COMPLÈTES DE BUFFON
### (OUVRAGE TERMINÉ)

Avec la nomenclature linnéenne et la classification de Cuvier ; édition nouvelle, revue sur l'édition in-4 de l'Imprimerie impériale ; annotée par M. Flourens, membre de l'Académie française, secrétaire perpétuel de l'Académie des sciences, professeur au Muséum d'histoire naturelle. Les *Œuvres complètes de Buffon* forment 12 vol. gr. in-8 jésus, illustrés de 163 planches, 800 sujets coloriés, gravés sur acier, d'après les dessins originaux de M. Victor Adam ; imprimés en caractères neufs, sur papier pâte vélin, par la typographie J. Claye. . . . . . . . . . . . . . . . 120 fr.

M. le ministre de l'instruction publique a souscrit pour les bibliothèques à cette magnifique publication (aujourd'hui complètement achevée), reconnue par les hommes les plus compétents comme une édition modèle des œuvres du grand naturaliste. Le nom et le travail de M. Flourens la recommandent d'une façon toute particulière et lui donnent un cachet spécial.

## ŒUVRES DE P. ET TH. CORNEILLE

Précédées de la Vie de P. Corneille, par Fontenelle, et des Discours sur la poésie dramatique. Nouvelle édition, ornée de gravures sur acier. 1 beau vol. gr. in-8, même format que le Racine et le Molière. . . . . 12 fr. 50

## ŒUVRES DE J. RACINE

Avec un essai sur la vie et les ouvrages de J. Racine, par Louis Racine ; ornées de 13 vignettes, d'après Gérard, Girodet, Desenne, etc. 1 beau vol. gr. in-8 jésus. . . . . . . . . . . . . . . . . . . . . . . . 12 fr. 50

## ŒUVRES COMPLÈTES DE BOILEAU

Avec une notice par M. Sainte-Beuve, et les notes de tous les commentateurs ; illustrées de gravures sur acier. Nouv. édit. 1 vol. gr. in-8. . . 12 fr. 50

## MOLIÈRE

1 beau vol. gr. in-8, pareil au *Corneille*, au *Racine* et au *Boileau*, orné de charmantes gravures sur acier, par F. Delannoy, d'après les dessins de Staal, et accompagné de notes explicatives, philologiques et littéraires. . . . . . . . . . . . . . . . . . . . . . . . . . 12 fr. 50

## MOLIÈRE

Œuvres complètes, précédées d'une notice sur la vie et les ouvrages de Molière, par M. Sainte-Beuve, illustrées de 800 dessins, par Tony Johannot. Nouvelle édit. 1 magnifique vol. gr. in-8 jésus, impr. par Plon frères. 20 fr.

## ŒUVRES COMPLÈTES DE CASIMIR DELAVIGNE

Comprenant le *Théâtre*, les *Messéniennes* et les *Chants sur l'Italie*. Nouvelle édition. 1 beau vol. gr. in-8 jésus, illustré de 12 belles vignettes de A. Johannot. . . . . . . . . . . . . . . . . . . . . . . 12 fr. 50

—— LE MÊME OUVRAGE. 6 vol. in-8 cavalier. . . . . . . . 42 fr.

## ENCYCLOPÉDIE THÉORIQUE ET PRATIQUE DES CONNAISSANCES UTILES

Composée de traités sur les connaissances les plus indispensables, ouvrage entièrement neuf, avec environ 1,500 gravures intercalées dans le texte, par MM. Alcan, L. Baude, Bellanger, Berthelet, Delafond, Deyeux, Dubreuil, Foucault, H. Fournier, Génin, Giguet, Girardin, Léon Lalanne, Elizée Lefèvre, Henri Martin, Martins, Mathieu, Moll, Moreau de Jonnès, Ludovic Lalanne, Péclet, Persoz, Louis Reybaud, L. de Wailly, Wolowski, etc. 2 vol. grand in-8. . . . . . . . . . . . . . . . . . . . . . . . . . 25 fr.

## DICTIONNAIRE HISTORIQUE DE LA MÉDECINE ANCIENNE ET MODERNE

Ou précis de l'histoire générale, technologique et littéraire de la médecine; suivi de la bibliographie médicale du dix-neuvième siècle, et d'un répertoire bibliographique par ordre de matières, par DEZEIMERIS, docteur en médecine, bibliothécaire à la Faculté de médecine de Paris. 4 tomes en 7 vol. in-8 de 400 pag. chacun, 42 fr.; net. . . . . . . . . . . . . . 10 fr.

## DICTIONNAIRE UNIVERSEL DE MATIÈRES MÉDICALES ET DE THÉRAPEUTIQUE GÉNÉRALE

Contenant l'indication, la description et l'emploi de tous les médicaments connus dans les diverses parties du globe, ouvrage complet, par MERAT F. et DELENS. Paris 1829-1846. 7 forts vol. in-8 de 7 à 800 pag. chacun. 56 fr.; net.. . . . . . . . . . . . . . . . . . . . . . . 20 fr.

## HISTOIRE DES HOTELLERIES

Cabarets, Courtilles, Hôtels garnis, Restaurants et Cafés, et des anciennes Communautés et Confréries d'hôteliers, de taverniers, de marchands de vins, de restaurateurs, de limonadiers, etc., par MICHEL FRANCISQUE et FOURNIER EDOUARD. Paris, Librairie archéologique de Séré, 1854. 2 vol. gr. in-8 jésus vélin, illustrés de 31 grandes vignettes sur bois tirées à part. 30 fr. net. . . . . . . . . . . . . . . . . . . . . . . . . 12 fr.

## RUBENS ET L'ÉCOLE D'ANVERS

Par MICHIELS. 1 beau vol. in-8, suivi du Catalogue des tableaux de Rubens. 6 fr.; net. . . . . . . . . . . . . . . . . . . . . . . 4 fr.

## BIOGRAPHIE UNIVERSELLE

BIOGRAPHIE PORTATIVE UNIVERSELLE, contenant 29,000 noms, suivie d'une table chronologique et alphabétique, où se trouvent répartis en cinquante-quatre classes différentes les noms mentionnés dans l'ouvrage, par L. LALANNE, L. RENIER, TH. BERNARD, CH. LAUMIER, E. JANIN, A. DELLOYE, etc. 1 vol. de 2,000 col., format du *Million de faits*, contenant la matière de 17 vol. 12 fr.; net. . . . . . . . . . . . . . . . . . . . . . . . . 7 fr. 50

## LETTRES CHOISIES DE MADAME DE SÉVIGNÉ

Avec une magnifique galerie de portraits sur acier, représentant les personnages principaux qui figurent dans la correspondance. 1 très-beau vol. gr. in-8. . . . . . . . . . . . . . . . . . . . . . . . . 20 fr

## HISTOIRE DE FRANCE

Depuis la fondation de la monarchie, par MENNECHET, illustrée de 20 gravures sur acier, d'après les grands maîtres de l'école française, gravées par F. DELANNOY, MASSARD, OUTHWAITE, etc, 1 vol. gr. in-8 jesus.. . . . 20 fr

## LES FEMMES D'APRÈS LES AUTEURS FRANÇAIS

Par E. MULLER. Ouvrage illustré de portraits des femmes les plus illustres, gravés au burin, d'après les dessins de STAAL, par MASSARD, DELANNOY, REGNAULT et GEOFFROY. 1 vol. gr. in-8 jésus. . . . . . . . . . . . 20 fr,
Ce livre, imprimé avec luxe et orné de très-belles gravures sur acier, contient la fleur de tout ce que les prosateurs et les poètes français ont écrit de plus original et de plus piquant sur un sujet qui excite éternellement la curiosité.

## L'ESPACE CÉLESTE ET LA NATURE TROPICALE

Description physique de la terre et des divers corps que renferme l'espace céleste, d'après des observations personnelles faites dans les deux Hémisphères, par M. EMM. LIAIS, illustré de nombreuses gravures d'après les dessins de YAN' DARGENT. 1 magnifique volume gr. in-8 jésus. . . 20 fr

### GALERIE DE FEMMES CÉLÈBRES

Tirée des *Causeries du lundi*, par M. Sainte-Beuve, de l'Académie française. 1 beau vol. gr. in-8 jésus, orné de 12 magnifiques portraits dessinés par Staal, et gravés sur acier par Massard, Thibault, Gouttière, Geoffroy, Gervais, Outhwaite, etc. . . . . . . . . . . . . . . . . . . . . . . 20 fr.

De magnifiques gravures, une très-belle impression se joignent à un texte charmant pour faire de cet ouvrage, à tous les points de vue, une œuvre d'art très remarquable.

### NOUVELLE GALERIE DE FEMMES CÉLÈBRES

Tirée des *Causeries du lundi*, des *Portraits littéraires*, des *Portraits de femmes*, par M. Sainte-Beuve, de l'Académie française, 1 vol. gr. in-8 jésus, semblable au volume que nous avons publié il y a quatre ans, et illustré de portraits inédits. . . . . . . . . . . . . . . . . . . . . . . . . 20 fr.

Ces volumes se complètent l'un par l'autre et se vendent séparément. Ils contiennent la fleur des *Causeries du Lundi*, des *Portraits littéraires* et des *Portraits de femmes*. Nous ne pouvions offrir à la gravure un cadre meilleur.

### CORINNE

Par madame la baronne de Staël. Nouvelle édition, richement illustrée de 250 bois dans le texte, et de 8 grandes gravures sur bois, par Karl Girardet, Barrias, Staal, tirées à part. 1 magnifique vol. gr. in-8 jésus vélin, glacé. . . . . . . . . . . . . . . . . . . . . . . . . . . . . . . . . 10 fr.

### LES MILLE ET UNE NUITS

Contes arabes, traduits par Galland, illustrés par MM. Francis, Baron, Wattier, etc., etc., revus et corrigés sur l'édition princeps de 1794, augmentés d'une dissertation sur les Mille et une Nuits, par le baron Silv. de Sacy. 1 vol. gr. in-8 de 1,100 pag. . . . . . . . . . . . . . . . . . . . 15 fr.

### LES MILLE ET UN JOURS

Contes persans, turcs et chinois, traduits par Pétis de la Croix, Cardanne, Cayrus, etc. 1 magnifique vol. gr. in-8 jésus vélin. Edition illustrée de 400 dessins par nos premiers artistes. 15 fr.; net. . . . . . . . . . . 10 fr

### ŒUVRES CHOISIES DE GAVARNI

Revues, corrigées et classées par l'auteur; notices par MM. de Balzac, Th. Gautier, Léon Gozlan, Jules Janin, Alph. Karr. etc. 2 vol. gr. in-8, renfermant chacun 80 grandes vignettes. Prix de chaque vol. . . . 10 fr

Le Carnaval à Paris. — Paris le matin. — Les Étudiants. 1 vol.
La Vie de jeune homme. — Les Débardeurs. . . . . . . . 1 vol.

---

## COLLECTION DE 16 BEAUX VOLUMES ILLUSTRÉS

### Grand in-8 raisin, à 10 fr.

Cette charmante collection se distingue par un grand nombre de gravures sur bois dans le texte et hors texte, exécutées par les premiers artistes. *Jamais livres édités à ce prix n'ont offert autant de belles illustrations.*

### Prix de la reliure des seize volumes ci-dessous:
Demi-reliure, maroquin, plats toile, doré sur tranche, le vol. 4 fr.

L'Homme depuis 5,000 ans, par S. Henry Berthoud, illustré d'un grand nombre de vignettes sur bois, gravées par les premiers artistes, d'après les dessins de Yan' Dargent. 1 vol.

Le Monde des Insectes, par S. Henry Berthoud, illustré d'un grand nombre de vignettes sur bois, gravées par les premiers artistes, d'après les dessins de Yan' Dargent. 1 vol.

...ntes du docteur Sax, par S. HENRY BERTHOUD, illustrés de gravures sur bois dans le texte et de grandes vignettes hors texte, par STAAL. 1 vol.

Le Magasin des Enfants, ou Dialogues d'une sage Gouvernante avec ses élèves, par M<sup>me</sup> LEPRINCE DE BEAUMONT, augmenté d'un Conte du même auteur. Édition revue et corrigée, d'après les plus anciennes et meilleures éditions, précédée d'une notice par M<sup>me</sup> S. L. BELLOC, illustré d'un grand nombre de gravures d'après les dessins de STAAL. 1 beau vol.

Contes des Fées, par PERRAULT, M<sup>me</sup> D'AULNOY, M<sup>me</sup> LEPRINCE DE BEAUMONT et HAMILTON, illustrés par STAAL et BERTALL, contenant tous les contes reconnus classiques et reconnus les modèles du genre ; 1 très-beau vol.

L'Ami des Enfants, de Berquin, nouvelle édition, illustrée de dessins par STAAL et GÉRARD SEGUIN. 1 vol.

Œuvres de Berquin. Sandford et Merton. — Le petit Grandisson. — Le Retour de Croisière. — Les Sœurs de Lait. — Les Joueurs. — Le Page. — L'Honnête Fermier. Nouvelle édition illustrée de nombreuses vignettes dessinées par STAAL. 1 vol.

Robinson Suisse, par M. WYSS, avec la suite donnée par l'auteur, traduit de l'allemand par M<sup>me</sup> Élise VOIART ; précédé d'une Notice de Ch. NODIER. 1 vol. illustré de 200 vign.

Contes de Schmid, traduction de l'abbé MACKER, la seule approuvée par l'auteur. 2 beaux vol. avec de nombreuses vignettes, d'après les dessins de G. STAAL.

Les Animaux Historiques, par ORTAIRE FOURNIER, suivis des LETTRES SUR L'INTELLIGENCE ET LA PERFECTIBILITÉ DES ANIMAUX, par C. G. LEROY, et de *particularités curieuses extraites de Buffon.* 1 vol. illustré par VICTOR ADAM.

Les Veillées du Château, ou Cours de morale à l'usage des enfants, par M<sup>me</sup> la comtesse DE GENLIS. Nouvelle édition, illustrée de dessins par STAAL. 1 volume.

Aventures de Robinson Crusoé, par D. DE FOE, ill. par GRANDVILLE. 1 beau volume.

Voyages illustrés de Gulliver. 400 dessins par GRANDVILLE. 1 beau vol., papier glacé.

Le Don Quichotte de la Jeunesse, par FLORIAN, illustré d'un grand nombre de vignettes, etc., d'après les dessins de STAAL. 1 vol.

Fables de Florian, 1 vol. illustré par GRANDVILLE de 80 grandes gravures, 25 vignettes dans le texte.

L'illustration de Florian appartenait de droit au crayon qui venait de peindre avec tant de bonheur les bêtes de La Fontaine.

Découverte de l'Amérique, par J. H. CAMPE, précédée d'un Essai sur la vie et les ouvrages de l'auteur, par CH. SAINT-MAURICE. 1 vol. ill. de 120 bois dans le texte et à part.

Œuvres complètes du comte Xavier de Maistre. Nouvelle édition. Expédition nocturne ; le Lépreux de la Cité d'Aoste ; Voyage autour de ma chambre ; les Prisonniers du Caucase ; la Jeune Sibérienne, avec une préface par M. SAINTE-BEUVE, illustrées avec le plus grand soin par STAAL. 1 vol.

### FABLES DE LA FONTAINE.

Illustrations de GRANDVILLE. 1 splendide vol. grand in-8 jésus, sur papier glacé, satiné, avec encadrement des pages et un sujet pour chaque fable. Édition unique par les soins qui y ont été apportés. . . . . . . 18 fr.

### GRANDVILLE.

ALBUM de 120 sujets tirés des Fables de la Fontaine. 1 vol. gr. in-8. 6 fr.

### ALBUM DES RÉBUS.

1 vol. petit in-4 illustré, relié en toile, tranche dorée. . . . . . 5 fr. 50

### ŒUVRES DE TOPFFER

Albums formant chacun un grand volume jésus oblong à. . . . . 7 fr. 50

| | | | |
|---|---|---|---|
| Monsieur Jabot. . . . . . . | 1 vol. | Monsieur Pencil. . . . . . . | 1 vol. |
| Monsieur Vieux-Bois. . . . . | 1 vol. | Docteur Festus. . . . . . . | 1 vol. |
| Monsieur Crépin. . . . . . . | 1 vol. | Albert . . . . . . . . . . . | 1 vol. |

Histoire de Cryptogame. . . 1 vol.

On sait la vogue si méritée des albums de Topffer. Ces œuvres spirituelles et charmantes ont le privilège d'être admises dans tous les salons, d'y figurer sans choquer personne, d'amuser tous les âges, et de pouvoir être offertes aux dames, aux demoiselles, aux adolescents et même aux enfants.

### PAUL ET VIRGINIE (ÉDITION V. LECOU),

Suivi de *la Chaumière indienne*, par BERNARDIN DE SAINT-PIERRE, nouvelle édition richement illustrée de 120 bois dans le texte, et de 14 gravures sur chine tirées à part. 1 vol. grand in-8 jésus. . . . . . . . . . . 7 fr. 50

### PREMIERS VOYAGES EN ZIGZAG,
OU EXCURSIONS D'UN PENSIONNAT EN VACANCES DANS LES CANTONS SUISSES ET SUR LE REVERS ITALIEN DES ALPES,

Par R. TÖPFFER. Magnifiquement illustrés, d'après les dessins de l'auteur, de 53 grands dessins par CALAME et d'un grand nombre de bois dans le texte; nouvelle édition. 1 vol. grand in-8 jésus, papier glacé satiné.   12 fr.

### NOUVEAUX VOYAGES EN ZIGZAG
A LA GRANDE-CHARTREUSE, AU MONT BLANC, DANS LES VALLÉES D'HERENZ, DE ZERMATT, AU GRIMSEL ET DANS LES ÉTATS SARDES,

Par R. TÖPFFER. Splendidement illustrés de 48 gravures sur bois tirées à part et de 320 sujets dans le texte, dessinés d'après les dessins originaux de Töpffer, par MM. CALAME, KARL GIRARDET, FRANÇAIS, DAUBIGNY, et gravés par nos meilleurs artistes. 1 volume grand in-8 jésus, papier glacé, satiné. . . . . . . . . . . . . . . . . . . . . . . . . . . . . . 12 fr.
Ce second volume est le complément du premier.

### LES NOUVELLES GENEVOISES,

Par TÖPFFER, illustrées, d'après les dessins de l'auteur, d'un grand nombre de bois dans le texte et de 40 hors texte, gravés par BEST, LELOIR, HOTELIN et RÉGNIER. 1 charmant vol. grand in-8 jésus. . . . . . . . . 12 fr.

### HISTOIRE DE PARIS,

Par TH. LAVALLÉE. 207 vues par CHAMPIN. 1 vol. gr. in-8 jésus. . . . 12 fr.

### HISTOIRE DE L'EMPIRE OTTOMAN
DEPUIS LES TEMPS LES PLUS ANCIENS JUSQU'A NOS JOURS,

Par M. THÉOPHILE LAVALLÉE. 1 magnifique volume grand in-8, accompagné de 18 belles gravures anglaises sur acier, représentant des scènes historiques, des vues, des portraits, etc. . . . . . . . . . . . . . . . . 15 fr.

### LA NORMANDIE HISTORIQUE

Pittoresque et monumentale, par M. JULES JANIN, illustrée par MM. H. BELLANGÉ, GIGOUX, MOREL-FATIO, TELLIER, DAUBIGNY et J. NOEL. Troisième édition, revue et corrigée par l'auteur. 1 volume grand in-8, 15 francs; net. . . . . . . . . . . . . . . . . . . . . . . . . . . . . . . . . . 12 fr.

### LA BRETAGNE HISTORIQUE

Pittoresque et monumentale, par JULES JANIN, illustré par H. BELLANGÉ, GIROUX, RAFFET, GUDIN, ISABEY, MOREL-FATIO, JULES NOEL et DAUBIGNY. Deuxième édition, revue et corrigée par l'auteur. 1 vol. grand in-8 jésus vélin, 15 fr. net. . . . . . . . . . . . . . . . . . . . . . . . . . . . . . . . 12 fr.

La *Normandie* et la *Bretagne* forment chacune un splendide volume grand in-8 jésus vélin et contiennent : de 140 à 180 gravures sur bois, imprimées dans le texte; 20 belles vignettes; un beau portrait en pied de CORNEILLE, pour la *Normandie* et de CHATEAUBRIAND, pour la *Bretagne*, gravés sur acier 12 types *normands* et *bretons*, imprimés en couleurs, de 4 planches d'armoiries tirées en couleurs, or et argent, par le même; 2 cartes de la *Normandie* et de la *Bretagne*, gravées sur acier. coloriées.

### DON QUICHOTTE DE LA MANCHE

Traduction nouvelle, précédée d'une notice sur la vie et les ouvrages de l'auteur, par Louis Viardot, orné de 800 dessins par Tony Johannot. 1 vol. gr. in-8 jésus, 20 fr.; net. . . . . . . . . . . . . . . . . . . 15 fr.

### PHYSIOLOGIE DU GOUT

Par Brillat-Savarin; illustrée par Bertall. 1 beau vol. in-8, illustré d'un grand nombre de gravures sur bois intercalées dans le texte, et de 8 sujets gravés sur acier, par Ch. Geoffroy. . . . . . . . . . . . . 8 fr

### HISTOIRE PITTORESQUE DES RELIGIONS

Doctrines, Cérémonies et Coutumes religieuses de tous les peuples du monde, par F. T. B. Clavel; ill. de 29 gravures sur acier. 2. vol. gr. in-8 20 fr.; net. . . . . . . . . . . . . . . . . . . . . . . . 12 fr. 50

### VOYAGE ILLUSTRÉ DANS LES CINQ PARTIES DU MONDE

Par Adolphe Joanne. 1 vol. in-folio (format de l'*Illustration*), illustré d'environ 700 gravures . . . . . . . . . . . . . . . . . . . 15 fr.

### TABLEAU DE PARIS

Par Edmond Texier; ouvrage illustré de 1,500 gravures, d'après les dessins de Blanchard, Cham, Champin, Forest, Français, Gavarni, etc. 2 vol. in-folio, du format de l'*Illustration*, 50 fr.; net. . . . . . . . . . . . 20 fr.

### CHANTS ET CHANSONS POPULAIRES DE LA FRANCE

Nouvelle édition *avec musique*, illustrée de 539 belles gravures sur acier, d'après MM. E de Beaumont, Daubigny, Dubouloz, E. Giraud, Meissonnier, Pascal, Staal, Steinheil, Trimolhet, gravées par les meilleurs artistes, et augmentée de la *Marseillaise*, notice par A. de Lamartine. 3 vol. gr. in-8, 54 fr.; net. . . . . . . . . . . . . . . . . . . . . . 36 fr.

### CHANTS ET CHANSONS POPULAIRES DES PROVINCES DE FRANCE (4ᵉ volume)

Notices par Champfleury. Accompagnement de piano par J. B. Wekerlin. Illustrations par Bida, Courbet, Jacques, etc., etc. Paris, 1860. 1 vol. gr. in-8. . . . . . . . . . . . . . . . . . . . . . . . . 12 fr.

—— LE MÊME OUVRAGE, sans notes et sans musique, avec addition de plus de 800 chansons. Nouvelle édit. ornée des mêmes gravures. 2 beaux vol. gr. in-8, prix de chaque volume. . . . . . . . 11 fr.

### LES CONTES DROLATIQUES

Colligez es abbayes de Touraine et mis en lumières par le sieur de Balzac, pour l'esbattement des pantagruélistes et non aultres. Edition illustrée de 425 dessins par Gustave Doré. 1 magnifique vol. in-8, papier vélin, glacé, satiné, 12 fr.; net. . . . . . . . . . . . . . . . . . 10 fr.
Reliure toile, non rogné. . . . . . . . . . . . . . . 1 fr. 50

### ENCYCLOPEDIANA

Recueil d'anecdotes anciennes, modernes et contemporaines, etc., édition illustrée de 120 vignettes. 1 vol. in-8 de 840 pages. . . . . . 4 fr. 50

### UN MILLION DE FAITS

Aide-mémoire universel des sciences, des arts et des lettres, par MM. J. Aicard, Desportes, Léon Lalanne, Ludovic Lalanne, Gervais, A. le Pileur, Ch. Martins, Ch. Vergé et Juno. 1 fort vol. portatif, petit in-8 de 1,720 col., orné de gravures sur bois. 12 fr.; net. . . . . . . . . . 9 fr.

## COLLECTION D'OUVRAGES ILLUSTRÉS POUR LES ENFANTS

### Jolis volumes grand in-18 anglais à 3 fr.

Reliés en toile, dorés sur tranche, 4 fr. 30 c.

CHAQUE VOLUME FORME UN TOUT COMPLET SANS TOMAISON, ET SE VEND SÉPARÉMENT

**Le Livre du premier âge illustré.** 1 fort vol. in-18 orné de 250 gravures environ.

**Abrégé de l'Ami des enfants et des adolescents.** par BERQUIN, illustré de bois dans le texte. 1 vol.

**Sandford et Merton**, par BERQUIN. Nouvelle édition illustrée d'un grand nombre de vignettes sur bois intercalées dans le texte, dessinées par STAAL. 1 vol.

**Le Petit Grandisson, etc., etc.,** par BERQUIN. Nouvelle édition, illustrée d'un grand nombre de vignettes sur bois intercalées dans le texte, dessinées par STAAL. 1 vol.

**Théâtre choisi de Berquin** Illustré de vignettes sur bois intercalées dans le texte. 1 vol.

**Contes des Fées**, de PERRAULT, M<sup>me</sup> D'AULNOY, &c., illustrés de gravures dans le texte 1 vol.

**Contes de Schmid**, illustrés de gravures dans le texte. 4 vol.

**Paul et Virginie**, suivi de **la Chaumière indienne**, par BERNARDIN DE SAINT-PIERRE, illustrés de vignettes par BERTALL et DEMARLE. 1 vol.

**Aventures de Télémaque**, par FÉNELON, avec des notes géographiques et littéraires et les Aventures d'Aristonoüs. 8 gravures. 1 vol.

**Fables de la Fontaine**, avec des notes philologiques et littéraires, par I. FÉLIX LEMAISTRE, et illustrées de 8 gravures. 1 vol.

**Mes Prisons**, suivi des Devoirs des hommes, par SILVIO PELLICO; traduction nouvelle par le comte H. DE MESSET, revue par le vicomte ALBAN DE VILLENEUVE. 6 grav. 1 vol.

**Le Langage des Fleurs.** Édition de luxe, ornée de gravures entièrement nouvelles, coloriées avec le plus grand soin, avec un texte remarquable d'AIMÉ MARTIN, sous le nom de CHARLOTTE DE LA TOUR. 1 vol.

**Contes et scènes de la vie de famille**, dédiés aux enfants, par M<sup>me</sup> DESBORDES-VALMORE, illustrés de nombreuses vignettes. 2 vol.

**Le Magasin des Enfants**, par M<sup>me</sup> LE PRINCE DE BEAUMONT. 2 vol. illustrés d'un grand nombre de vignettes.

**Choix de Nouvelles**, tirées de M<sup>me</sup> DE GENLIS et de BERQUIN, suivies de nouvelles instructives et amusantes par M<sup>me</sup> ADAM-BOISGONTIER. 1 vol. orné de vignettes.

**Lettres choisies de madame de Sévigné**, accompagnées de notes explicatives sur les faits et les personnages du temps et précédées d'observations littéraires par M. SAINTE-BEUVE. 1 vol.

**Œuvres complètes du comte Xavier de Maistre.** Nouvelle édition. L'Expédition nocturne, le Lépreux de la Cité d'Aoste, Voyage autour de ma chambre, les Prisonniers du Caucase, la Jeune Sibérienne, avec une Préface par M. SAINTE-BEUVE. 1 vol.

**Alphabet français**, nouvelle méthode de lecture en 80 tableaux, illustré de 25 gravures, par M<sup>me</sup> DE LANSAC. 1 vol.

### 60,000 VOLUMES COMPLETS DE L'ILLUSTRATION

DIVISÉS EN 4 CATÉGORIES DE PRIX

1° Volumes isolés : 3, 8, 9, 10, 13, 17, 18, 19, 20, 22, 25, 26, 27, 28, 29, 30 31, 32, 33, 34, à . . . . . . . . . . . . . . . . . . . . . . . . . . . . . . . . . . . . . . . . . . . . 10 fr

2° Série de 21 volumes, 25 à 45 inclusivement, contenant les *guerres de Crimée, des Indes, de la Chine, d'Italie, du Mexique*, etc. Au lieu de 18 fr. le vol.; net. . . . . . . . . . . . . . . . . . . . . . . . . . . . . . . . . . . . . . . . . . . . . . . . . 16 fr.

3° Les collections complètes dont il ne nous reste plus qu'un petit nombre d'exemplaires, restent fixées au même prix que précédemment, 46 volumes; chacun. . . . . . . . . . . . . . . . . . . . . . . . . . . . . . . . . . . . . . . . . . . . . . . . . . 18 fr.

4° A partir du tome 41 et les suivants, nous sommes *exclusivement chargés, en vertu d'un traité*, de la vente des volumes composant cette nouvelle série. Prix de chaque tome . . . . . . . . . . . . . . . . . . . . . . . . . . . . . . . . . . 18 fr.

## COURS ÉLÉMENTAIRE D'HISTOIRE NATURELLE

A l'usage des Lycées et des Maisons d'éducation, rédigé conformément au programme de l'Université. Le cours comprend :

**Zoologie**, par M. Milne-Edwards, membre de l'Institut, professeur au Jardin des Plantes.

**Botanique**, par M. A. de Jussieu, de l'Institut, professeur au Jardin des Plantes.

**Minéralogie et Géologie**, par M. F. S. Beudant, de l'Institut, inspecteur général des études. 3 forts vol. in-12 ornés de plus de 2,000 figures intercalées dans le texte. Chaque vol. se vend séparément.................. 6 fr.

## TRAITÉ DE CHIMIE APPLIQUÉE AUX ARTS

Par M. Dumas, sénateur, ancien ministre, membre de l'Académie des sciences et de l'Académie de médecine, etc. 8 vol. in-8 et 2 atlas in-4. édition de Liége, introduite en France avec l'autorisation de l'auteur..... 150 fr.

Cet ouvrage, dont l'édition française est aujourd'hui totalement épuisée et que recommande si puissamment le nom de M. Dumas, fait autorité dans la science. Il est indispensable aux industriels comme aux savants. C'est un livre essentiellement pratique, où les fabricants puiseront les plus utiles notions sur toutes les applications de la chimie. Le traité de M. Dumas a jeté une vive lumière sur cet intéressant sujet, et son succès est aujourd'hui européen.

## COURS ÉLÉMENTAIRE DE MÉCANIQUE THÉORIQUE ET APPLIQUÉE

A l'usage des Facultés, des établissements d'enseignement secondaire, des écoles normales et des écoles industrielles, par M. Delaunay, de l'Institut, ingénieur des Mines, professeur à la Faculté des sciences de Paris, etc. 1 vol. in-18 jésus, illustré de 540 fig. dans le texte. 5ᵉ édit...... 8 fr.

## TRAITÉ DE MÉCANIQUE RATIONNELLE

tenant les éléments de mécanique exigés pour l'admission à l'Ecole polytechnique et toute la partie théorique du cours de mécanique et machines de cette école, par M. Ch. Delaunay, de l'Institut, professeur à l'Ecole polytechnique et à la Faculté des sciences de Paris. 4ᵉ édit. 1 vol. in-8. 8 fr.

## COURS ÉLÉMENTAIRE D'ASTRONOMIE

Concordant avec les articles du programme officiel pour l'enseignement de la cosmographie dans les lycées, par le même. 1 vol. in-18 jésus, illustré de planches en taille-douce et de vignettes dans le texte. 3ᵉ édit... 7 fr. 50

## COURS ÉLÉMENTAIRE THÉORIQUE ET PRATIQUE D'ARBORICULTURE

Comprenant l'étude des pépinières d'arbres et d'arbrisseaux forestiers, fruitiers et d'ornements, celle des plantations d'alignement forestières et d'ornement, la culture spéciale des arbres à fruits à cidre, et de ceux à fruits de table, précédé de quelques notions d'anatomie et de physiologie végétales ; par M. A. Du Breuil, professeur d'agriculture et de sylviculture, chargé du cours d'arboriculture au Conservatoire impérial des Arts et métiers, membre de la Société d'horticulture de France, correspondant de la Société d'agriculture de France, etc. Cinquième édition, considérablement augmentée. 1 très-fort vol. in-18 jésus, illustré de 811 figures dans le texte et de 5 planches gravées sur acier. Publié en deux parties. 12 fr.

Ouvrage approuvé par l'Université, couronné par les Sociétés d'horticulture de Paris, de Rouen et de Versailles.

### INSTRUCTION ÉLÉMENTAIRE POUR LA CONDUITE DES ARBRES FRUITIERS

reffe. — Taille. — Restauration des arbres mal taillés ou épuisés par la vieillesse. — Culture, récolte et conservation des fruits, par Dubreuil Ouvrage destiné aux jardiniers, aux élèves des fermes-écoles et des écoles normales. 1 vol in-18 jésus illustré de fig. dans le texte. 6e édit. 2 fr. 50

### MANUEL D'ARBORICULTURE DES INGÉNIEURS

Plantations des alignements forestiers et d'ornement.— Boisement des dunes, etc., etc., par Dubreuil, illustré d'un grand nombre de gravures sur bois. 1 vol. gr. in-18. . . . . . . . . . . . . . . . . 3 fr. 50

### ULTURE PERFECTIONNÉE ET MOINS COUTEUSE DU VIGNOBLE

Par A. Dubreuil. 1 vol. gr. in-18 jésus. . . . . . . . . 3 fr. 50

### COURS ÉLÉMENTAIRE L'AGRICULTURE

estiné aux élèves des écoles d'agriculture et des écoles normales primaires, aux propriétaires et aux cultivateurs, par MM. Girardin, correspondant de l'Institut, professeur, et Du Breuil, 2 forts vol. in-18 jésus, illustrés de 842 fig. dans le texte. 3e édition . . . . . . . . . . 16 fr.

### ÉLÉMENTS DE BOTANIQUE

remière partie : Organographie, par M. Payer, de l'Institut, professeur de botanique à la Faculté des sciences et à l'Ecole normale supérieure. 1 vol. gr. in-18, avec 668 fig. intercalées dans le texte.. . . . . . . . . 5 fr.

### NOUVELLE FLORE FRANÇAISE

escriptions succinctes et rangées par tableaux dichotomiques des plantes qui croissent spontanément en France et de celles qu'on y cultive en grand avec l'indication de leurs propriétés et de leurs usages en médecine, en hygiène vétérinaire, dans les arts et dans l'économie domestique, par M. Gillet, vétérinaire principal de l'armée, et par M. J. H. H. Magne, professeur de botanique à l'Ecole d'Alfort. 1 beau vol. gr. in-18 jésus orné de 97 planches comprenant plus de 1,200 fig. Prix. . . . . . . . . . 8 fr.

### MANUEL DE GÉOLOGIE ÉLÉMENTAIRE

u changements anciens de la terre et de ses habitants, tels qu'ils sont démontrés par les monuments géologiques, par sir Ch. Lyell, membre de la Société royale de Londres, traduit de l'anglais par M. Hugard, 2 forts vol. in-8, illustrés de 720 fig. . . . . . . . . . . . . . . . 20 fr.
— Supplément au Manuel de géologie.. . . . . . . . . . . . 1 fr. 25

### GÉOLOGIE APPLIQUÉE

traité du gisement et de l'exploitation des minéraux utiles, par M. A. Burat, ingénieur, professeur de géologie et d'exploitation des mines à l'Ecole centrale des arts et manufactures. 4e édition divisée en deux parties : — *Géologie ; — Exploitation.* 2 forts vol. in-8 illustrés. . . . . . . . 20 fr.

### COURS ÉLÉMEMTAIRE DE CHIMIE

r M. V. Regnault, de l'Institut, directeur de la Manufacture impériale de Sèvres, professeur au Collège de France et à l'Ecole polytechnique. 4 vol. in-18 jésus, ornés de 700 figures dans le texte. 5e édition. . . . . 20 fr.

### PREMIERS ÉLÉMENTS DE CHIMIE

l'usage des Facultés, des établissements d'enseignement secondaire, des écoles normales et des écoles industrielles, par M. V. Regnault. In-18 jésus, illustré d'un grand nombre de figures dans le texte. . . . . . . . 5 fr.

## COURS COMPLET DE MÉTÉOROLOGIE

De L. F. Kaemtz, professeur de physique à l'Université de Hall, traduit et annoté par Ch. Martens, professeur agrégé d'histoire naturelle à la Faculté de médecine de Paris, avec un appendice contenant la représentation graphique des tableaux numériques, par L. Lalanne, ingénieur 1 fort vol de plus de 500 pages, gr. in-18 jésus, orné de figures.. . . . . . . 8 fr

## GUIDE DU SONDEUR

Ou traité théorique et pratique des sondages, par MM. Degousée et Ch. Laurent, ingénieurs civils, fabricants d'équipages de sonde, entrepreneurs de sondages. 2ᵉ édition, composée de 2 forts vol. in-8, avec un grand nombre de gravures sur bois intercalées dans le texte, et accompagnés d'un Atlas de 62 pl gravées sur acier, représentant un très-grand nombre de figures, d'outils, coupes de terrains, etc. Prix des 2 vol. brochés et de l'atlas cartonné. . . . . . . . . . . . . . . . . . . . . 30 fr.

## TRAITÉ ÉLÉMENTAIRE DES CHEMINS DE FER

Par Aug. Perdonnet, ancien élève de l'Ecole polytechnique, directeur de l'Ecole impériale centrale des arts et manufactures. 3ᵉ édit., revue, corrigée et considérablement augmentée, 4 très-forts vol. in-8 avec 1,100 fig. sur bois et sur acier, cartes, tableaux, etc. . . . . . . . . . . . . 70 fr.

Un ouvrage complet et spécial avait jusqu'à ce jour manqué aux ingénieurs et aux personnes qui s'occupent de chemins de fer. Beaucoup, et des plus compétents, ont écrit sur cette matière ; mais chacun traitait d'une partie séparée de cette grande industrie ; tel s'était attaché spécialement aux travaux d'art, tel autre au matériel, etc., et personnne n'avait tenté de résumer sous une forme compacte ce travail de chacun. M. Perdonnet, qui joint aux connaissances théoriques les plus étendues une très-grande pratique industrielle et administrative des chemins de fer, a pensé qu'un livre qui pourrait être lu par le public, et qui en même temps fournirait aux ingénieurs des renseignements qu'il leur serait à peu près impossible de se procurer ailleurs, serait une chose utile pour combler cette lacune.

Telle est l'importance de ce livre si impatiemment attendu du public, et auquel rien n'a manqué, ni les peines de l'auteur, ni les sacrifices des éditeurs, pour arriver à faire une œuvre consciencieuse.

## MANUEL DU CAPITALISTE.

Ou Comptes faits des intérêts à tous les taux, pour toutes sommes, de 1 jusqu'à 366 jours, ouvrage utile aux négociants, banquiers, commerçants de tous les états, trésoriers, receveurs généraux, comptables, aux employés des administrations de finances et de commerce et à tous les particuliers, par Bonnet, ancien caissier de l'Hôtel des Monnaies de Rouen, auteur du *Manuel monétaire*, Nouvelle édition, augmentée d'une Notice sur l'intérêt, l'escompte, etc., par M. Joseph Garnier, professeur à l'École supérieure du Commerce et à l'École impériale des Ponts et Chaussées; revue, pour les calculs, par M. X. Rymkiewicz, calculateur au Crédit foncier. 1 vol. in-8. . . . . . . . . . . . . . . . . . . . 6 fr.

Ce livre, éminemment commode pour les opérations financières, qui ont pris une si grande extension, est devenu, par le soin extrême donné à sa révision, et par les excellentes additions et corrections qu'on y a faites, un ouvrage de première utilité pour tous les comptables, tous les négociants, tous les banquiers, toutes les administrations financières. Aussi est-il recherché et demandé avec le plus vif empressement.

## MANUEL DES FONDS PUBLICS ET DES SOCIÉTÉS PAR ACTIONS,

Par A. Courtois fils, membre de la Société libre d'économie politique de Paris. 5ᵉ édition, entièrement refondue. 1 fort volume grand in-18 jésus, de 750 pages. . . . . . . . . . . . . . . . . . . . . 7 fr. 50

## ANNUAIRE DE LA BOURSE ET DE LA BANQUE.

Guide universel des capitalistes et des actionnaires, par une Société de jurisconsultes et de financiers, sous la direction de M. A. F. de Birieux, avocat, rédacteur principal. 4 vol. in-12, 20 fr.; net. . . . . . . . 6 fr.

### ÉTUDE SUR LA CIRCULATION ET LES BANQUES

Par M. Alfred Sudre. 1 vol. grand in-18. . . . . . . . . 3 fr. 50

### ÉTUDES POUR TOUS DES VALEURS DE BOURSE

Par J. Prudhan. Janvier à juin 1865, 1 vol. in-18. . . . . . . 2 fr.

### VIGNOLE. — TRAITÉ ÉLÉMENTAIRE PRATIQUE D'ARCHITECTURE,

Ou étude des cinq ordres, d'après Jacques Barozzio de Vignole. Ouvrage divisé en 72 planches, comprenant les cinq ordres, avec l'indication des ombres nécessaires au lavis, le tracé des frontons, etc., et des exemples relatifs aux ordres; composé, dessiné et mis en ordre par J. A. Leveil, architecte, ancien pensionnaire du roi à Rome, et gravé sur acier par Hibon. 1 vol. in-4. . . . . . . . . . . . . . . . 10 fr.

Le beau travail de M. Leveil est le plus complet, le mieux exécuté, en même temps que le plus exact qu'on ait publié jusqu'ici d'après Barozzio de Vignole. Les planches se distinguent par une élégance et un fini remarquables. Elles sont d'ailleurs plus nombreuses que dans les autres traités sur la matière. Le texte, au lieu d'être groupé en tête de l'ouvrage, se trouve au bas des pages auxquelles il s'applique; ce qui en rend l'usage infiniment plus commode et plus facile.

---

## OUVRAGES DE M. JOSEPH GARNIER

Professeur d'économie politique à l'École impériale des ponts et chaussées, secrétaire perpétuel de la Société d'économie politique, etc.

### ÉCONOMIE POLITIQUE, FINANCES, etc.

**Traité d'Économie politique.** Exposé didactique des principes et des applications de cette science et de l'organisation économique de la Société — Adopté dans plusieurs Écoles ou Universités. — Cinquième édition, considérablement augmentée. 1 très-fort vol. grand in-18. . . . . . . 7 fr.

**Traité de finances.** — L'impôt, son assiette, ses effets économiques et moraux — Catégories et espèces diverses d'impôts. — Les Emprunts et le Crédit public. — Les Dépenses publiques et les attributions de l'État. — Les Réformes financières. — L'Impôt et la Misère. — Notes historiques et documents. 2e édition, considérablement augmentée. 1 vol. grand in-18. 3 fr. 50

**Notes et petits Traités,** faisant suite au Traité d'économie politique, et contenant

**Éléments de Statistique et Opuscules divers,** faisant suite aux Traités d'Économie politique et de Finances. 2e édition, considérablement augmentée. 1 fort vol. grand-18 jésus. . 4 fr. 50

Ces cinq ouvrages constituent un Cours complet d'études pour les questions qu'embrasse l'économie politique; ils sont devenus classiques et font autorité dans la science.

« Un style à la fois ingénieux, simple et correct, un esprit droit et pénétrant, un savoir sérieux et fort étendu, un juste respect pour l'autorité des maîtres, toutes ces qualités ont valu à ses publications un succès mérité... L'économie politique est aujourd'hui une science faite. M. Joseph Garnier aura beaucoup contribué à ce résultat, après J. B. Say, par l'ordre, la méthode et les perfectionnements qu'il a introduits dans l'exposé des théories et dans les démonstrations par la justesse des analyses, par la précision des termes et par le soin rigoureux qu'il a mis à s'en servir, toujours dans le même sens. »

(Rapport de M. H. Passy, à l'Académie des sciences morales et poliques.)

### ENSEIGNEMENT COMMERCIAL

**Traité complet d'Arithmétique, théorique et appliquée** au Commerce, à la Banque, aux Finances, à l'Industrie, contenant un recueil de Problèmes avec les Solutions, Cours professé à l'École supérieure du Commerce. — Nouvelle édition, avec figures et trèsconsidérablement augmentée. 1 très-fort vol. in-8 . . . . . . . 7 fr. 50

Ouvrage essentiellement utile à tous ceux qui s'occupent d'affaires, et à tous les jeunes gens qui se destinent aux carrières financières, commerciales, industrielles, agricoles, maritimes.

**Traité des Mesures métriques** (Mesures. — Poids. — Monnaies.). Exposé succinct et complet du système français métrique et décimal; avec une notice historique, et *gravures* intercalées dans le texte. 1 vol. in-18. 75 c.

## ŒUVRES DE ED. MENNECHET

**Matinées Littéraires.** Cours complet de littérature moderne. Troisième édition. 4 vol. grand in-18. . 14 fr.

Nous n'entreprendrons point ici l'éloge du dernier ouvrage de M. Ed. Mennechet. Quelle louange pourrions-nous en faire qui parlât plus haut que le succès éclatant des leçons dont ce livre offre le recueil? Ces leçons offrent un ensemble intéressant et varié qui instruit et amuse à la fois le lecteur. Ce livre mérite l'attention de tous ceux qui désirent connaître l'histoire de la littérature moderne.

**Histoire de France**, depuis la fondation de la monarchie. 2 volumes grand in-18 jésus . . . . . . . . . 7 fr.

Ouvrage dédié aux pères de famille et couronné par l'Académie française.

**Cours de lecture à haute voix.** 1 vol. in-18 broché . . . . . . . . 3 fr.

# BIBLIOTHÈQUE LATINE-FRANÇAISE

PUBLIÉE PAR M. C. L. F. PANCKOUCKE

CHAQUE AUTEUR SE VEND SÉPARÉMENT

Au lieu de 7 fr. . . . . . . . . . . . . . . 3 fr. 50 c. le vol.

Papier des Vosges, non mécanique, caractères neufs.

### PREMIÈRE SÉRIE

**Œuvres complètes de Cicéron**, traduites en français. 36 vol. in-8.

Les *Œuvres complètes de Cicéron*, publiées au prix de 7 fr. le volume, ont été jusqu'ici d'une acquisition difficile. Nous avons pensé en assurer le débit et les rendre accessibles à tous les amateurs de la belle et grande latinité, au moyen d'un rabais considérable sur le prix de l'ouvrage. Les *Œuvres de Cicéron* doivent figurer au premier rang dans la bibliothèque de tout homme lettré; mais beaucoup d'acheteurs reculaient devant une acquisition très-coûteuse. En faciliter l'achat et le rendre désirable par l'attrait du bon marché est donc une combinaison qui ne peut manquer de réussir — Cette édition est celle de la Bibliothèque Panckoucke.

**Œuvres complètes de Tacite**, traduites en français. 7 vol. in-8.

Tacite, signalé par Racine comme le plus grand peintre de l'antiquité, est un des auteurs latins qu'on recherche le plus, et dont les œuvres sont d'un débit constant et assuré. Cette édition est fort estimée, soit pour la traduction, soit pour la correction du texte.

**Œuvres complètes de Quintilien**, traduites en français, 6 vol. in-8.

Les *Œuvres de Quintilien* font loi en matière de critique comme en matière d'éducation. Elles s'adressent donc à un grand nombre de lecteurs.

**Justin**, traduction nouvelle par MM. J. PIERROT, ex-proviseur du collége Louis-le-Grand, et BOITARD, avec une notice par M. LAYA. 2 vol.

**Florus**, traduction nouvelle par M. RAGON, professeur d'histoire, avec une Notice par M. VILLEMAIN, de l'Académie française. 1 vol.

**Velleius Paterculus**, traduction nouvelle par M. DESPRÉS. 1 vol.

**Valère Maxime**, traduction nouvelle par M. FRÉMION, professeur au lycée Charlemagne. 3 vol.

**Pline le Jeune**, traduction nouvelle de SACY, revue et corrigée par M. J. PIERROT. 3 vol.

**Juvénal**, traduction de M. DUSAULX, revue par M. J. PIERROT. 2 vol.

**Ovide**, *Métamorphoses*, par M. GROS, inspecteur de l'Académie. 3 vol.

**Valerius Flaccus**, traduit pour la première fois en prose par M. CAUSSIN DE PERCEVAL, membre de l'Institut. 1 vol.

**Stace**, traduction nouvelle, 4 vol. :
Tome 1, *Silves*, par MM. Rinn, professeur au collège Rollin, et Achaintre.
Tomes 2, 3, 4. La *Thébaïde*, par MM. Achaintre et Boutteville.
L'*Achilléide*, par M. Boutteville.

**Phèdre**, traduction nouvelle par M. E. Panckoucke. — Avec un *fac-simile* du manuscrit découvert à Reims, par le P. Sirmond, en 1608. 1 vol.

## SECONDE SÉRIE, 33 VOLUMES A 7 FR. 50

Les ouvrages suivants nous restent en nombre, 7 fr. 50; net, 3 fr. 50

Les auteurs désignés par un * sont traduits pour la première fois en français
Aulu-Gelle et Sulpice Sévère ne se vendent pas séparément.

**Poetæ Minores** : Arborius*, Calpurnius, Eucheria*, Gratius Faliscus, Lupercus Servasius*, Nemesianus, Pentadius*, Sabinus*, Valerius Cato*, Vestritius Spurinna* et le *Pervigilium Veneris*; traduction de M. Cabaret-Dupaty, 1 vol.

**Jornandès**, traduct. de M. Savagner, professeur d'histoire en l'Université. 1 vol.

**Censorinus***, traduction de M. Mangeart, ancien professeur de philosophie; — **Julius Obsequens**, **Lucius Ampellius***, traduction de M. Verger, 1 vol.

**Ausone**, traduction de M. E. F. Corpet. 2 vol.

**Pomponius Mela, Vibius Sequester***, **Ethicus Ister***, **P. Victor***, traduction de M. Louis Baudet, professeur. 1 vol.

**R. Festus Avienus***, **Cl. Rutilius Numatianus**, etc., traduction de MM. Eug. Despois et Ed. Saviot, anciens élèves de l'École normale. 1 vol.

**Varron**, *Économie rurale*, traduction, de M. Rousselot, professeur. 1 vol.

**Eutrope, Messala Corvinus***. **Sextus Rufus**, traduction de M. N. A. Dubois professeur. 1 vol.

**Palladius**, *Économie rurale*, traduct. de M. Cabaret-Dupaty, professeur. 1 vol.

**Histoire Auguste**. 3 vol.

**C. Lucilius**, traduction de M. E. F. Corpet; — **Lucilius Junior, Saleius Bassus, Cornelius Severus, Avianus***, **Dionysius Caton**, traduction de M. Jules Chenu. 1 vol.

**Sextus Pompeius Festus**, traduction de M. Savagner. 2 vol.

**S. J. Solin***, traduction de M. Alph Agnant, élève de l'École normale, agrégé des classes supérieures. 1 vol.

**Vitruve**, *Architecture*, avec de nombreuses figures pour l'intelligence du texte; traduction de M. Ch. de Maufras, professeur au collège Rollin. 2 vol.

**Sextus Aurelius Victor**, traduction de M. N. A. Dubois, professeur. 1 vol.

**Pline l'Ancien**. *Histoire naturelle*, traduction française, par Ajasson de Grandsagne. 20 vol. (presque épuisé. Il n'en reste plus que quelques exemplaires), par exception, au lieu de 7 fr., le vol., net. . . . . . . . . 4 fr.

N. B. Il existe encore dans nos magasins trois ou quatre collections complètes de la Bibliothèque latine, composée de 211 volumes au prix de 1,500 fr. net. . . . . . . . . . . . . . . . . . . . . . . . . . . . . . . . . . . . . 1,200 fr.

Un certain nombre des ouvrages composant la collection, étant épuisés, ne figurent pas sur le Catalogue. Comme il nous rentre de temps en temps des volumes, et que nous sommes disposés à faire l'acquisition de ceux qu'on vient nous offrir, on peut toujours nous adresser des demandes pour les ouvrages mêmes qui ne sont pas indiqués ici.

## COLLECTION FORMAT IN-24 JÉSUS (ANCIEN IN-12)

### PUBLIÉE SOUS LA DIRECTION DE M. LEFÈVRE

Prix de chaque volume, FR. 50 c.

**Plaute**. Son théâtre, trad. de M. Naudet, de l'Académie des inscriptions et belles-lettres. 4 vol.

**Tacite**, trad. de Doreau de la Malle, revue et corrigée, augmentée de la vie de Tacite, des suppléments de Brottier. 3 vol.

**Pline l'Ancien**. L'Histoire des Animaux traduction de Guéroult, augmentée de sommaires et de notes nouvelles. 1 vol. de près de 700 pages.

**Morceaux extraits de Pline le Naturaliste**, traduction de Guéroult, augmentée de sommaires et de notes nouvelles. 1 vol.

**Q. Horatii Flacci**, Opera omnia, ex recensione Joannis Gasparis Orelli. 1 vol, in-24, édition Lefèvre, 1851. 4 fr.
Édition remarquable par l'exécution typographique et la correction du texte.

# BIBLIOTHÈQUE LATINE-FRANÇAISE

### RÉIMPRESSION DES CLASSIQUES LATINS DE LA COLLECTION PANCKOUCKE

46 volumes sont en vente, format grand in-18 jésus

TRADUCTIONS REVUES ET REFONDUES AVEC LE PLUS GRAND SOIN

Ces réimpressions, si bien accueillies du public, se poursuivent activement. 44 volumes sont maintenant en vente, et plusieurs autres sont sous presse ou en préparation. Le succès de cette collection est aujourd'hui avéré. Belle impression, joli papier, correction soignée, révision intelligente et sérieuse, rien n'a été négligé pour recommander nos éditions aux amis de la bonne littérature. La modicité du prix, jointe aux avantages d'une bonne exécution, fait rechercher nos classiques avec prédilection.

### VOLUMES A 4 FR. 50

**Œuvres complètes de Virgile**, traduites en français (traduction de la collection Panckoucke). Nouvelle édition, refondue par M. Félix Lemaistre, et précédée d'une étude sur Virgile par M. Sainte-Beuve. 1 fort vol.

**Confessions de saint Augustin**, avec la traduction française d'Arnauld d'Andilly, revue avec le plus grand soin et adaptée pour la première fois au texte latin, par M. Charpentier, inspecteur de l'Académie de Paris. 1 vol.

**Les Métamorphoses d'Ovide.** Traduction française de Gros, refondue par M. Cabaret-Dupaty, professeur de l'Université, auteur d'ouvrages classiques; et précédée d'une Notice sur Ovide par M. Charpentier. Édition complète en 1 vol.

**Les Comédies de Térence**, traduction nouvelle par Victor Bétolaud, docteur ès lettres de la Faculté de Paris, ancien professeur de l'Université, traducteur d'Apulée. 1 fort vol. de 750 pag.

**César**, *Commentaires sur la guerre des Gaules et sur la guerre civile*, traduit par M. Artaud. Nouvelle édition, revue par M. Félix Lemaistre, et précédée d'une notice par M. Charpentier. 1 vol.

**Claudien**, œuvres complètes. 1 vol. Traduit par M. Héguin de Guerle.

### VOLUMES A 3 FR. 50

**Œuvres complètes d'Horace**, traduites en français, nouvelle édition enrichie de notes explicatives, accompagnée du texte latin, précédée d'une étude sur Horace, par H. Rigault, 1 vol.

**Œuvres complètes de Salluste**, avec la traduction française de du Rozoir, revue par MM. Charpentier, inspecteur de l'Académie de Paris, et Félix Lemaistre; précédées d'un nouveau travail sur Salluste, par M. Charpentier. 1 vol.

**Œuvres complètes de Quinte-Curce**, avec la traduction française de la collection Panckoucke, par MM. Auguste et Alphonse Trognon. Nouvelle édition, revue avec le plus grand soin par M. E. Pessonneaux, professeur au Lycée Napoléon. 1 vol.

**Œuvres de Suétone**, traduction française de la Harpe, refondue par M. Cabaret-Dupaty, professeur de l'Université, auteur de divers ouvrages classiques. 1 vol.

**Œuvres complètes de Tite-Live**, traduites par MM. Liez, Dubois, Verger et Corpet. Nouvelle édition, revue par E. Pessonneaux, Blanchet et Charpentier, et précédée d'une *Étude* sur Tite Live, par M. Charpentier. 6 vol.

**Œuvres complètes de Sénèque le philosophe.** Nouvelle édition, revue par MM. Charpentier et Félix Lemaistre. 4 vol.

**Œuvres complètes de Juvénal et de Perse**, suivies des fragments de *Turnus* et de *Sulpicia*, traduction de Dussaulx. Nouvelle édition, revue avec le plus grand soin par MM. Jules Pierrot et Félix Lemaistre. 1 vol.

**Œuvres complètes de Justin.** Abrégé de l'Histoire universelle de Trogue Pompée, traduction française par MM. Jules Pierrot et E. Boitard. Édition soigneusement revue par M. Pessonneaux. 1 vol.

vres d'Ovide. Les Amours, l'Art d'Aimer, etc. Nouvelle édition, revue par M. Félix Lemaistre, et précédée d'une *Étude sur Ovide et la Poésie amoureuse* par M. Jules Janin. 1 vol.

Les Fastes, les Tristes, nouvelle édition, revue par M. Pessonneaux. 1 v.

vres complètes de Lucrèce, avec la traduction française de Lagrange, revue par M. Blanchet, professeur de rhétorique au lycée de Strasbourg. 1 vol.

uvres complètes de Pétrone, traduites par M. Héguin de Guerle, ancien inspecteur de l'académie de Lyon. 1 vol.

uvres complètes d'Apulée, traduites en français par Victor Bétolaud, docteur ès lettres de la faculté de Paris, ancien professeur de l'Université, etc. 2 vol.

tulle, Tibulle et Properce, traduits par Héguin de Guerle, Valatour et Genouille. Nouvelle édition, revue par M. Valatour. 1 vol.

uvres complètes d'Aulu-Gelle. Nouvelle édition, revue par MM. Charpentier et Blanchet. 2 vol.

vres complètes de Tacite. Traduction de Dureau de la Malle, revue par M. Charpentier. 2 vol.

line le Jeune, Lettres trad. par M. Cabaret-Dupaty. 1 vol.

ragédies de Sénèque. Traduction française par E. Greslou. Nouvelle édition revue par M. Cabaret-Dupaty. ancien professeur de l'Université. 1 v.

vres complètes de Quintilien. raduction de la collection Panckoucke par M. C. V. Ouisille. Nouvelle édition, revue par M. Charpentier. 5 vol.

Œuvres complètes de Valère Maxime Traduction française de C. A. F. Frémion. Nouvelle édition, revue par M. Paul Charpentier. 2 vol.

Œuvres complètes de M. V. Martial, avec la traduction de MM. V. Verger, N. A. Dubois et J. Mangeart. Nouvelle édition, revue avec le plus grand soin par M. Félix Lemaistre, et précédée des *Mémoires de Martial*, par M. Jules Janin. 2 vol.

Fables de Phèdre, traduites en français par M. Panckoucke, suivies des *Œuvres d'Avianus*, de Denys Caton, de *Publius Syrus*, traduites par Levasseur et J. Chenu. Nouvelle édition, revue par M. E. Pessonneaux, professeur au lycée Napoléon, et précédée d'une Étude sur Phèdre, par M. Charpentier. 1 vol.

Cornélius Nepos, avec une traduction nouvelle par M. Amédée Pommier. — Eutrope, abrégé de l'Histoire romaine, traduit par M. N. A. Dubois. 1 vol.

Velleius Paterculus, traduction de Després, refondue avec le plus grand soin par M. Guéard, professeur au lycée Bonaparte. — Œuvres de Florus, traduites par M. Ragon, précédées d'une notice sur Florus, par M. Villemain. 1 vol.

Lucain. — La Pharsale, Traduction de Marmontel, revue et complétée avec le plus grand soin par M. H. Durand, professeur au lycée Charlemagne; précédée d'une *Étude sur la Pharsale*, par M. Charpentier. 1 vol.

En Préparation : **CICÉRON.**

## COLLECTION DES CLASSIQUES FRANÇAIS

### DIRIGÉE PAR M. A. MARTIN

Format in-24 jésus (ancien in-12), 2 fr. 50 c. le vol.

vres de Jacques Delille, avec otes de Delille, Choiseul-Gouffier, eletz. Aimé Martin. 2 vol.

ury. Discours sur l'histoire ecclésiastique, Mœurs des Israélites, Mœurs es Chrétiens, Traité des études, etc. vol.

Bossuet. Oraisons funèbres, Panégyriques et sermons. 4 vol.

Bourdaloue. Chefs-d'œuvre ratoires. 1 vol.

Essai sur l'éloquence de la chaire, par le cardinal Maury. 1 vol.

EXTRAIT DU CATALOGUE

### FABLES DE LA FONTAINE

Avec les notes de M. Walckenaer. 2 vol. in-8, cavalier vélin, avec 12 gravures d'après Moreau, 10 fr.; net. . . . . . . . . . . . . . . . . . 6 fr. 50

### LA HENRIADE DE VOLTAIRE

Édition collationnée sur les textes originaux, avec notes et variantes. 1 vol. grand in-18, imprimé par M. Didot sur papier grand raisin vélin, et illustré de 11 gravures. . . . . . . . . . . . . . . . . . . . . . . 2 fr. 50

### LES HISTORIETTES DE TALLEMANT DES RÉAUX

Mémoires pour servir à l'histoire du seizième siècle, publiés sur le manuscrit autographe de l'auteur. Deuxième édition, précédée d'une notice, sur l'auteur, augmentée de passages inédits et accompagnée de notes et d'éclaircissements, par M. Monmerqué. 10 tomes brochés en 5 volumes ornés de 10 portraits gravés sur acier. . . . . . . . . . . . . . . . . . . 17 fr. 50

## NOUVELLE COLLECTION DE GUIDES EUROPÉENS

### Complets chacun en 1 vol. grand in-18 jésus

TOUS ACCOMPAGNÉS DE CARTES GÉNÉRALES ET SPÉCIALES, DE PLANS DE VILLES, DE PANORAMAS ET DE VUES PITTORESQUES

**Nouveau Guide général du Voyageur en France**, par Amédée de Césena, avec une grande carte générale des chemins de fer, 5 cartes spéciales, 2 panoramas, 1 vol. . . . . 7 fr. 50

**Nouveau Guide complet du Voyageur en Allemagne**, par Édouard Simon, avec 3 cartes générales des routes et des chemins de fer, 20 plans de villes et 20 gravures. 1 vol. . 11 fr.

**Nouveau Guide général du Voyageur en Angleterre**, par William Darcy, avec une carte générale des routes et des chemins de fer, 15 plans de villes et 75 gravures. 1 vol. 11 fr.

**Nouveau Guide général du Voyageur en Belgique et en Hollande**, par Eug. d'Auriac, avec deux cartes, 12 plans de villes et 60 grav. . 8 fr.
Ce volume se compose de deux parties qui se vendent séparément :

**La Belgique**, 4 fr.

**La Hollande**, 4 fr.

**Nouveau Guide général du Voyageur en Espagne et en Portugal**, par Lannau-Rolland, avec deux cartes, 9 plans de villes et 20 grav. . . 10 fr.

**Nouveau Guide général du Voyageur en Italie**, par Edmond Renaudin, avec une carte générale, 40 plans de villes et de musées et 20 gravures, 1 vol. . . . . . . . . . . . 10 fr.

**Nouveau Guide général du Voyageur aux bords du Rhin**, ou le Rhin de Constance à Amsterdam. Par Edmond Renaudin, avec 7 cartes, 30 plans de villes et 40 grav. . . 5 fr.

**Nouveau Guide général du Voyageur en Suisse**, par J. Lacroix, avec une carte générale, 8 plans de villes et 60 gravures. 1 vol. . . . . . 8 fr.

**Nouveau Guide général du Voyageur aux Pyrénées**, par J. Lacroix, avec une grande carte routière, des cartes partielles et des vues de villes et de montagnes. 1 vol. grand in-18. 7 fr. 50

**Nouveau Guide aux Bains de mer**, des côtes de France, par Eugène d'Auriac, avec une carte de paysages, des vues de villes et des principaux établissements de bains. 1 vol.

**Nouveau Guide du Voyageur en Algérie**, par Achille Fillias, avec vues des principales villes et des monuments. 1 vol. grand in-18. . 5 fr.

**Le Nouveau Paris**, par Am. de Césena. Guide pratique, historique, descriptif et pittoresque. 1 plan, 60 gravures. 1 vol. . . . . . . . . . . . . . . . 7 fr. 50

**Nouveau Guide complet aux Eaux de Vichy**, avec une carte des chemins de fer, un plan et des vues pittoresques. 2 fr. Reliure toile. . . 2 fr. 50

# RÉIMPRESSION DES CLASSIQUES LATINS DE LA COLLECTION PANCKOUCKE

**Format grand in-18 jésus. — 3 fr. 50 c. le volume**

1. **OEUVRES COMPLÈTES D'HORACE.** Nouv. édit., revue par M. F. LEMAISTRE, précédée d'une *Etude* par H. RIGAULT. 1 vol.
2. **OEUVRES COMPLÈTES DE SALLUSTE.** Traduction par DUROZOIR. Nouv. édition, revue par MM. CHARPENTIER et F. LEMAISTRE; précédée d'un nouveau travail sur Salluste, par M. CHARPENTIER. 1 vol.
3. **OEUVRES CHOISIES D'OVIDE** (LES AMOURS, L'ART D'AIMER, etc.). Nouv. édit., revue par M. F. LEMAISTRE, précédée d'une *Etude*, par M. J. JANIN. 1 vol.
4. **OEUVRES DE VIRGILE.** Nouv. édit.. revue par M. F. LEMAISTRE; précédée d'une *Etude* sur Virgile, par M. SAINTE-BEUVE, 1 vol. Par exception. 4 fr. 50
5 à 8. **OEUVRES COMPLÈTES DE SÉNÈQUE LE PHILOSOPHE.** Nouvelle édition, revue par MM. CHARPENTIER et F. LEMAISTRE. 4 vol.
9. **CATULLE, TIBULLE ET PROPERCE,** traduits par MM. HÉGUIN DE GUERLE, VALATOUR et GENOUILLE. Nouv. édit., revue par M. VALATOUR. 1 vol.
10. **CESAR.** Commentaires sur la *Guerre des Gaules,* avec les réflexions de Napoléon Ier, suivis des Commentaires sur la *Guerre civile* et de la *Vie de César,* par SUÉTONE, traduction d'ARTAUD, nouvelle édition, très-soigneusement revue par M. Félix LEMAISTRE; précédée d'une *Etude* sur César, par M. CHARPENTIER. 1 fort vol. Par exception. 4 fr. 50
11. **OEUVRES COMPLÈTES DE PÉTRONE,** traduites par M. HÉGUIN DE GUERLE. 1 vol.
12. **OEUVRES COMPLÈTES DE QUINTE-CURCE,** avec la traduction de MM. AUG. et ALPH. TROGNON, revue avec le plus grand soin par M. PESSONNEAUX, professeur au lycée Napoléon. 1 vol.
13. **OEUVRES COMPLÈTES DE JUVÉNAL.** Trad. de DUSAULX, revue par MM. JULES PIERROT et F. LEMAISTRE. 1 vol.
14. **OEUVRES CHOISIES D'OVIDE.** — LES FASTES, LES TRISTES. Nouvelle édition, revue par M. E. PESSONNEAUX. 1 vol.
15 à 20. **OEUVRES COMPLÈTES DE TITE-LIVE,** traduites par MM. LIEZ, DUBOIS, VERGER et CORPET. Nouv. édit., revue par MM. E. PESSONNEAUX, BLANCHET et CHARPENTIER, précédée d'une *Etude,* par M. CHARPENTIER. 6 vol.
21. **OEUVRES COMPLÈTES DE LUCRÈCE,** avec la traduction de LAGRANGE; revue avec le plus grand soin, par M. BLANCHET. 1 vol.
22. **LES CONFESSIONS DE SAINT AUGUSTIN.** Traduction française d'ARNAULD D'ANDILLY, très-soigneusement revue et adaptée pour la première fois au texte latin, avec une introduction, par M. CHARPENTIER. 1 vol. Par exception. 4 fr. 50
23. **OEUVRES COMPLÈTES DE SUÉTONE.** Traduction de LA HARPE, refondue avec le plus grand soin par M. CABARET-DUPATY. 1 vol.
24-25. **OEUVRES COMPLÈTES D'APULÉE,** traduites en français par M. VICTOR BÉTOLAUD. Nouvelle édition, entièrement refondue. 2 vol.
26. **OEUVRES COMPLÈTES DE JUSTIN,** traduites par MM. J. PIERROT et E. BOITARD. Nouv. édit., revue par M. PESSONNEAUX. 1 vol.
27. **OEUVRES CHOISIES D'OVIDE. — LES MÉTAMORPHOSES.** Nouvelle édition, revue par M. CABARET-DUPATY, avec une préface par M. CHARPENTIER. 1 fort vol. Par exception. 4 fr. 50
28-29. **OEUVRES COMPLÈTES DE TACITE.** Traduction de DUREAU-DELAMALLE, revue par M. CHARPENTIER. 2 vol.
30. **LETTRES DE PLINE LE JEUNE,** traduites par MM. DE SACY et J. PIERROT. Nouv. édit. revue par M. CABARET-DUPATY. 1 vol.
31-32. **OEUVRES COMPLÈTES D'AULU-GELLE.** Nouv. édit., revue par MM. CHARPENTIER et BLANCHET. 2 vol.
33 à 35. **QUINTILIEN.** OEuvres complètes, traduites par M. C. V. OUIZILLE. Nouvelle édition revue par M. CHARPENTIER. 3 vol.
36. **TRAGÉDIES DE SÉNÈQUE,** trad. par E. GRESLOU. Nouvelle édition revue par M. CABARET-DUPATY. 1 vol.
37-38. **VALÈRE-MAXIME.** OEuvres complètes, trad. de C. A. F. FRÉMION. Nouv. éd. revue par M. PAUL CHARPENTIER. 2 vol.
39. **LES COMÉDIES DE TÉRENCE,** traduction nouv. par M. VICTOR BÉTOLAUD. 1 très-fort vol. Par exception. 4 fr. 50
40-41. **MARTIAL.** OEuvres complètes, avec la trad. de MM. V. VERGER, N. A. DUBOIS et J. MANGEART. Nouvelle édition revue avec le plus grand soin, par M. F. LEMAISTRE et M. N. A. DUBOIS, et précédée des *Mémoires de Martial,* par M. JULES JANIN. 2 vol.
42. **FABLES DE PHÈDRE,** traduites en français, par M. PANCKOUCKE, suivies des œuvres d'AVIANUS, de DENYS CATON, de PUBLIUS SYRUS, traduites par LEVASSEUR et J. CHENU. Nouv. édit. revue par M. E. PESSONNEAUX, et précédée d'une Etude par M. CHARPENTIER. 1 vol.
43. **VELLEIUS PATERCULUS:** Traduction de DESPRÉS, refondue avec le plus grand soin par M. GRÉARD, professeur au lycée Bonaparte. Suivi des **OEUVRES DE FLORUS**. Traduites par M. RAGON, précédées d'une *Notice* sur Florus, par M. VILLEMIN. 1 vol.
44. **CORNÉLIUS NÉPOS,** avec une traduction nouvelle, par M. AMÉDÉE POMMIER. Suivi d'**EUTROPE.** *Abrégé de l'histoire romaine,* traduit par M. N. A. DUBOIS. Nouvelle édition, revue avec le plus grand soin par le traducteur. 1 vol.
45. **LUCAIN.** — LA PHARSALE, traduction de MARMONTEL, revue et complétée avec le plus grand soin, par M. H. DURAND, professeur au lycée Charlemagne, précédée d'une étude sur *la Pharsale,* par M. CHARPENTIER. 1 vol.
46. **OEUVRES COMPLÈTES DE CLAUDIEN,** traduites en français par M. HÉGUIN DE GUERLE, ancien inspecteur de l'Université, ancien professeur au lycée Louis-le-Grand. Traduction de la collection Panckoucke, revue avec le plus grand soin. 1 vol. Prix, par exception. 4 fr. 50

www.ingramcontent.com/pod-product-compliance
Lightning Source LLC
Chambersburg PA
CBHW051136230426
43670CB00007B/830